Português
LINGUAGENS

3

William Roberto Cereja

Professor graduado em Português e Linguística e licenciado em Português pela Universidade de São Paulo

Mestre em Teoria Literária pela Universidade de São Paulo

Doutor em Linguística Aplicada e Análise do Discurso pela PUC-SP

Professor da rede particular de ensino em São Paulo, capital

Thereza Cochar Magalhães

Professora graduada e licenciada em Português e Francês pela FFCL de Araraquara, SP

Mestra em Estudos Literários pela Unesp de Araraquara, SP

Professora da rede pública de ensino em Araraquara, SP

Autores também de:

Obras para o ensino fundamental
Português: linguagens (1º ao 9º ano)
Gramática – Texto, reflexão e uso (6º ao 9º ano)
Gramática reflexiva (6º ao 9º ano)
Todos os textos (6º ao 9º ano)

Obras para o ensino médio
Literatura brasileira
Literatura portuguesa
Gramática reflexiva – Texto, semântica e interação
Texto e interação
Interpretação de textos

Atual Editora

Copyright desta edição:
SARAIVA S.A. Livreiros Editores, São Paulo
Avenida das Nações Unidas, 7221 – 1º Andar – Setor C – Pinheiros – CEP 05425-902

SAC 0800-0117875
De 2ª a 6ª, das 8h30 às 19h30
www.editorasaraiva.com.br/contato

Dados Internacionais de Catalogação na Publicação (CIP)
(Câmara Brasileira do Livro, SP, Brasil)

Cereja, William Roberto
Português : linguagens, 3 / William Roberto Cereja, Thereza Cochar Magalhães. – 8. ed. – São Paulo : Atual, 2012.

Suplementado pelo manual do professor.
Bibliografia.
ISBN 978-85-357-1526-2 (aluno)
ISBN 978-85-357-1527-9 (professor)

1. Português (Ensino médio) I. Magalhães, Thereza Cochar. II. Título.

12-11284 CDD-469.07

Índice para catálogo sistemático:

1. Português : Ensino médio 469.07

Português: linguagens
Volume 3

Gerente editorial: Lauri Cericato
Editor: Noé G. Ribeiro
Editoras-assistentes: Paula Junqueira e Caroline Zanelli Martins
Preparação de texto: Célia Tavares
Revisão: Pedro Cunha Jr. e Lilian Semenichin (coords.)/Albertina Piva/Aline Araújo/Eduardo Sigrist/Elza Gasparotto/Luciana Batista/Maura Loria/Patricia Cordeiro/Rhennan Santos
Pesquisa iconográfica: Cristina Akisino (coord.)/Renata Martins/Andrea Bolanho/Alessandra Fernandes/Thiago Fontana
Licenciamento de textos: Marina Murphy
Sugestões de textos e atividades: Carlos Henrique Carneiro, Carolina Assis Dias Vianna, Norberto Lourenço Nogueira Júnior, Pedro Reinato e Rosineide de Melo

Gerente de arte: Nair de Medeiros Barbosa
Supervisor de arte: José Maria de Oliveira
Projeto gráfico e capa: Homem de Melo & Troia Design
Imagens de capa: Retratos, Alex Flemming© Flemming, Alex
Licenciado por AUTVIS, Brasil, 2012
Estação Sumaré do metrô em São Paulo
Ilustrações: Estudio Ampla Arena/Filipe Rocha/Jótah/Laerte Silvino/Marcos Guilherme/Psonha/Ricardo Dantas/Roberto Weigand/Rodrigo Rosa/Vicente Mendonça
Diagramação: Alexandre M. Uehara/José Aparecido de Oliveira/Setsumi Sinzato
Assessoria de arte: Maria Paula Santo Siqueira e Carlos Magno
Encarregada de produção e arte: Grace Alves
Coordenação de editoração eletrônica: Silvia Regina E. Almeida
Produção gráfica: Thais Mendes Petruci Galvão
Impressão e acabamento: Bercrom Gráfica Editora
CNPJ: 11.229.710/0001-04
Rua Luiz Carlos Brunello, 165 Chac. São Bento - Valinhos - SP, Cep 13278-074

729.240.008.006

Prezado estudante:

No mundo em que vivemos, a linguagem perpassa cada uma de nossas atividades, individuais e coletivas. Verbais, não verbais ou transverbais, as linguagens se cruzam, se completam e se modificam incessantemente, acompanhando o movimento de transformação do ser humano e suas formas de organização social.

A invenção e a popularização do cinema, do rádio e da tevê nos conduziram à era da informação, que, em virtude dos avanços da informática, tem como marca principal a aproximação entre vários povos e nações, propiciada pela rede internacional de computadores, a Internet.

Nesse mundo em movimento e em transformação, os estudos de linguagem ou de linguagens tornam-se cada vez mais importantes. É por meio das linguagens que interagimos com outras pessoas, próximas ou distantes, informando ou informando-nos, esclarecendo ou defendendo nossos pontos de vista, alterando a opinião de nossos interlocutores ou sendo modificados pela opinião deles. É pela linguagem que é expressa toda forma de opinião, de informação e de ideologia.

Também é por meio da linguagem ou das linguagens que o homem tem se expressado, no transcorrer da História, registrando o resultado de suas ideias, emoções e inquietações em livros científicos ou filosóficos, nas artes plásticas, na música, na literatura – enfim, nas obras que constituem o rico acervo científico-cultural que temos hoje à disposição.

Esta obra pretende ajudá-lo na desafiante tarefa de resgatar a cultura em língua portuguesa, nos seus aspectos artísticos, históricos e sociais, e, ao mesmo tempo, cruzá-la com outras culturas e artes. Assim, coloca-se o desafio de estabelecer relações e contrastes com o mundo contemporâneo, por meio das diferentes linguagens em circulação – o cinema, a pintura, a música, o teatro, a tevê, o quadrinho, o cartum, a informática, etc. –, e analisar os diálogos que a literatura brasileira estabeleceu com outras literaturas, bem como o diálogo que as literaturas africanas de língua portuguesa têm estabelecido com a literatura brasileira.

Por meio de atividades sistematizadas e de roteiros de leitura, pretende também dar-lhe suporte para a leitura e interpretação de textos não verbais, como o cinema e a pintura, prepará-lo para os desafios do Enem e dos vestibulares e oferecer-lhe condições para que produza, com adequação e segurança, textos verbais, orais e escritos, de diferentes gêneros, como um seminário, um debate, um relatório científico, uma carta argumentativa de reclamação, um poema, um anúncio publicitário, um editorial, um texto dissertativo-argumentativo para o vestibular, etc.

Além disso, tem em vista ajudá-lo a compreender o funcionamento e a fazer o melhor uso possível da língua portuguesa, em suas múltiplas variedades, regionais e sociais, e nas diferentes situações sociais de interação verbal.

Enfim, este livro foi feito para você, jovem sintonizado com a realidade do século XXI, que, dinâmico e interessado, deseja, por meio das linguagens, descobrir, criar, relacionar, pesquisar, transformar... viver intensa e plenamente.

Um abraço,

Os Autores.

Para Ciley e Rodolfo,
companheiros de todas as horas,
e para Lis e Carolina,
irmãs desta obra.

Agradecimentos

A Noé G. Ribeiro, editor incomum, que, sem temer o novo, compartilha todas as decisões sobre esta obra.

Ao competente grupo editorial: a Paula Junqueira e Caroline Zanelli Martins, pelo grande apoio; a Cristina Akisino, pelo entusiasmo e pela cuidadosa pesquisa iconográfica; a Célia Tavares, pelas preciosas sugestões na preparação de texto; aos demais membros da equipe editorial, pelo dedicado acompanhamento do processo de edição da obra.

Aos professores Norberto Lourenço Nogueira Júnior, Rosineide de Melo e Carlos Henrique Carneiro, pelas sugestões de textos e atividades.

À equipe de assessores pedagógicos, que, em todo o país, difunde nossas propostas de ensino e otimiza o diálogo entre professores e autores.

Aos professores de todo o Brasil, que enriqueceram esta reformulação com suas sugestões, em especial a Fernanda Cabral Costa, Janaína Patrícia, Joana D'arque Paula Carvalho, Helenice Rodrigues Carvalho Figueira, Kátia Cristina de Oliveira Torres, Nilza Elnia Pires Bonfin e Valéria Duarte Ferreira Guedes.

Os Autores

Sumário

LITERATURA | PRODUÇÃO DE TEXTO | LÍNGUA: USO E REFLEXÃO | INTERPRETAÇÃO DE TEXTO

UNIDADE 1

Giorgio de Chirico

Costa Pinheiro

LITERATURA | PRODUÇÃO DE TEXTO | LÍNGUA: USO E REFLEXÃO | INTERPRETAÇÃO DE TEXTO

LITERATURA | PRODUÇÃO DE TEXTO | LÍNGUA: USO E REFLEXÃO | INTERPRETAÇÃO DE TEXTO

UNIDADE 4 A LITERATURA CONTEMPORÂNEA 390

Werner Forman Archive/Glow Images

O retorno do filho pródigo (1922), do pintor surrealista grego Georgio de Chirico.

Giorgio de Chirico. O retorno do filho pródigo. 1922.

UNIDADE 1 HISTÓRIA SOCIAL DO MODERNISMO

Tudo o que existe hoje no campo da literatura, das artes plásticas, da música e do cinema está de alguma forma relacionado às propostas e às experiências desenvolvidas pela arte moderna no começo do século XX.

De modo geral, o que marcou o espírito da arte moderna foi o desejo de libertação das amarras do passado e a busca de uma forma de expressão artística nova e sintonizada com a mentalidade do novo século.

Compreender a arte moderna implica conhecer o formidável conjunto de transformações que ocorreram nesse período – desenvolvimento científico e tecnológico, invenções, guerra mundial, revolução comunista, etc. – e a forma de ver e sentir o mundo que delas resultou.

Angelo Hornak/Alamy/Other Images

··INTERVALO··

Projeto:

Arte e ciência em revista

Produção, pela classe, de duas revistas digitais, uma literária e outra científica.

Não é o medo da loucura que nos vai obrigar a hastear a meio pau a bandeira da imaginação.

(André Breton)

Desejamos demolir os museus e as bibliotecas.

(Filippo Marinetti)

O que caracteriza esta realidade que o movimento modernista impôs é, a meu ver, a fusão de três princípios fundamentais: o direito permanente à pesquisa estética; a atualização da inteligência artística brasileira; e a estabilização de uma consciência criadora nacional.

(Mário de Andrade)

Fique ligado! Pesquise!

Para saber mais sobre as origens da arte moderna e seu contexto histórico-cultural, sugerimos:

- No bloco 9 do DVD ***Literatura e outras linguagens*** há declamações, entrevistas, depoimentos, trechos de filmes e músicas relacionados com o Pré-Modernismo e com a primeira geração do Modernismo. Converse com seu professor sobre a possibilidade de assistir a esse bloco.
- De época: ***Tempos modernos***, de Charles Chaplin; *1900*, de Bernardo Bertolucci; ***Metrópolis***, de Fritz Lang; ***O encouraçado Potemkin***, de Sergei Eisenstein; ***Reds***, de Warren Beatty; ***Sacco e Vanzetti***, de Giuliano Montaldo. Surrealistas: ***O fantasma da liberdade***, ***O discreto charme da burguesia***, de Luis Buñuel. Nacionais: ***Paixão e guerra no sertão de Canudos***, de Antônio Olavo; ***Triste fim de Policarpo Quaresma, herói do Brasil***, de Paulo Thiago; ***Pagu***, de Norma Bengell; ***Macunaíma***, de Joaquim Pedro de Andrade; ***Lição de amor***, de Eduardo Escorel; ***O quatrilho***, de Fábio Barreto; ***Os amores de Picasso***, de James Ivory; ***Rumo ao paraíso perdido***, de Mário Andreacchio.

- ***Os sertões***, de Euclides da Cunha (Ediouro); ***Triste fim de Policarpo Quaresma***, de Lima Barreto (Ática); ***Urupês***, de Monteiro Lobato (Brasiliense); ***Eu e outras poesias***, de Augusto dos Anjos (Martins Fontes); ***Mensagem***, de Fernando Pessoa (Moderna); ***O ano da morte de Ricardo Reis***, de José Saramago (Companhia das Letras); ***A confissão de Lúcio***, de Mário de Sá-Carneiro (Moderna); ***Macunaíma***, de Mário de Andrade (Itatiaia); ***Poesias reunidas***, de Oswald de Andrade (Civilização Brasileira); ***Estrela da vida inteira***, de Manuel Bandeira (Nova Fronteira); ***Brás, Bexiga e Barra Funda***, de Antônio de Alcântara Machado (Nova Alexandria); ***Os pintores cubistas***, de Guillaume Apollinaire (L&PM); ***Monteiro Lobato***, de Marisa Lajolo (Moderna); ***Futurismo***, de Richard Humphreys (Cosac & Naify); ***Expressionismo***, de Shulamith Behr (Cosac & Naify); ***Modernismo***, de Charles Harrison (Cosac & Naify); ***Juó Bananére***, de Cristina Fonseca (Editora 34); ***Anita Malfatti – Tomei a liberdade de pintar a meu modo***, de Luzia Portinari Greggio (Magma).

- Ouça a música do compositor francês Claude Debussy e do brasileiro Heitor Villa-Lobos. Ouça também poemas de Augusto dos Anjos, declamados por Othon Bastos, da coleção Poesia Falada (Luz da Cidade).

- Conheça a obra de Picasso, Boccioni, Kandinsky, Max Ernst, Picabia, Gauguin, Marcel Duchamp, Magritte, Salvador Dalí, Le Corbusier, De Chirico, Léger, Miró e dos brasileiros Anita Malfatti, Tarsila do Amaral, Di Cavalcanti e Portinari.

- http://lobato.globo.com
- www.mac.usp.br/mac/templates/projetos/seculoxx/modulo2/modernismo/index.html
- www.itaucultural.org.br/aplicExternas/enciclopedia_IC/index.cfm?fuseaction=marcos_texto&cd_verbete=344

A IMAGEM EM FOCO

Observe atentamente esta pintura:

Museo Nacional Centro de Arte Reina Sofía, Madri, Espanha

Guernica (1937), de Pablo Picasso.

1. Picasso criou *Guernica* em 1937, exatamente trinta anos depois de ter pintado a tela *Les demoiselles d'Avignon*, com a qual deu início ao Cubismo. Em linhas gerais, essa corrente caracteriza-se, na pintura, pela decomposição dos objetos em diferentes planos, pelo uso de formas geométricas e por colagens. É possível identificar influências do Cubismo em *Guernica*? Justifique sua resposta.

2. *Guernica* é uma obra de denúncia social, feita com o objetivo de sensibilizar as pessoas do mundo inteiro para a tragédia ocorrida na aldeia basca assim denominada. Observe as cores do quadro e duas das personagens em destaque: a mulher com criança no colo, à esquerda, e o cavalo, no centro.

a) Considerando que cor significa vida, relacione o branco, o preto e o cinza utilizados no quadro com o tema que ele aborda.

b) O que as feições da mulher e do cavalo expressam?

c) A que a língua pontiaguda de cada um deles se assemelha?

O bombardeio de Guernica

Guernica é uma antiga aldeia da região basca da Espanha, país de origem de Picasso.

Em 1937, a Espanha vivia os efeitos da Guerra Civil, travada entre os republicanos e as forças extremistas de direita lideradas pelo general Francisco Franco, apoiado pelo nazismo alemão e pelo fascismo italiano.

Em abril de 1937, com a finalidade única de mostrar força, Franco ordenou o bombardeio, por aviões alemães, da indefesa cidade de Guernica. Da população de 7 mil habitantes, 1654 foram mortos e 889 ficaram feridos.

Picasso, indignado, pintou o quadro *Guernica* em poucas semanas, procurando despertar a opinião pública para a tragédia. Por determinação do pintor, a obra permaneceu em Paris até o fim da ditadura franquista, em 1975. Hoje se encontra em Madri.

3. *Guernica* é um quadro que sugere a destruição de forma direta, sem recorrer a muitos símbolos. Apesar disso, há no quadro alguns elementos de forte significação simbólica: o cavalo, o touro (no alto, à esquerda) e a flor (embaixo, no centro, acima da mão com espada). Considerando o contexto de guerra e destruição em que estão inseridos, busque sentidos coerentes para esses elementos.

4. A imagem abaixo é o quadro em que Goya retratou uma situação trágica vivida pelos espanhóis: a invasão da Espanha pelo exército napoleônico, em 1808, e o fuzilamento de espanhóis nas ruas. Compare a figura central do quadro com a figura humana que está à direita no quadro de Picasso.

a) Que semelhanças existem entre essas duas personagens?

b) E entre as situações vividas pelos espanhóis, em 1808 e 1937?

c) Na sua opinião, Picasso quis criar relações intertextuais com o quadro de Goya?

Museu do Prado, Madri, Espanha

Fuzilamentos de 3 de maio de 1808, de Goya.

5. Picasso é autor de uma frase que ficou muito conhecida: "A arte é uma mentira que nos faz perceber a verdade". Na sua opinião, o quadro *Guernica* exemplifica essa afirmação? Justifique.

LITERATURA

Flávio de Barros s/d

: População reunida na época do início da Guerra de Canudos (1896-7).

CAPÍTULO 1

O Pré-Modernismo

No início do século XX, a literatura brasileira atravessava um período de transição. De um lado, ainda era forte a influência das tendências artísticas da segunda metade do século XIX; de outro, já começava a ser preparada a grande renovação modernista, cujo marco no Brasil é a Semana de Arte Moderna (1922). Esse período de transição, que não chega a constituir um movimento literário, é chamado Pré-Modernismo.

As estéticas literárias não são estanques entre si e, muitas vezes, se tocam, se influenciam e se fundem. No início do século XX, por exemplo, vários de nossos escritores do Realismo, Naturalismo, Parnasianismo e Simbolismo ainda estavam vivos, escrevendo e publicando. Ao mesmo tempo, começava a surgir em nosso país um grupo de novos escritores que, embora ainda presos aos movimentos literários do século anterior, apresentavam algumas inovações quanto aos temas e à linguagem. Concomitantemente, já começavam a chegar ao nosso país as primeiras influências dos movimentos artísticos europeus, as chamadas vanguardas europeias, que iriam impulsionar o Modernismo brasileiro.

A esse período, marcado pelo sincretismo de tendências artísticas, costuma-se chamar **Pré-Modernismo**. Sem constituir um movimento literário propriamente dito, o Pré-Modernismo consiste na fase de transição pela qual passou a produção literária brasileira entre o final do século XIX e o movimento modernista.

AS NOVIDADES

Embora os autores pré-modernistas ainda estivessem presos aos modelos do romance realista-naturalista e da poesia simbolista, duas novidades essenciais podem ser observadas em suas obras:

- **o interesse pela realidade brasileira:** os modelos literários realistas-naturalistas eram essencialmente universalizantes. Tanto a prosa de Machado de Assis e Aluísio Azevedo quanto a poesia dos parnasianos e simbolistas não revelavam interesse em tratar da realidade brasileira. A preocupação central desses autores era abordar o homem universal, sua condição e seus anseios. Aos escritores pré-modernistas, ao contrário, interessavam assuntos do dia a dia dos brasileiros, originando-se, assim, obras de nítido caráter social. Graça Aranha, por exemplo, retrata em seu romance *Canaã* a imigração alemã no Espírito Santo; Euclides da Cunha, em *Os sertões*, aborda o tema da guerra e do messianismo em Canudos, no sertão da Bahia; Lima Barreto detém-se na análise das populações suburbanas do Rio de Janeiro; Monteiro Lobato descreve a miséria do caboclo na região decadente do Vale do Paraíba, no Estado de São Paulo. A exceção está na poesia de Augusto dos Anjos, que foge a esse interesse social.
- **a busca de uma linguagem mais simples e coloquial:** embora não se verifique na obra de todos os pré-modernistas, essa preocupação é explícita na prosa de Lima Barreto e representa um importante passo para a renovação modernista de 1922. Lima Barreto procurou "escrever brasileiro", com simplicidade. Para isso, teve de ignorar muitas vezes as normas gramaticais e de estilo, o que provocou a ira dos meios acadêmicos conservadores e parnasianos.

A expansão do regionalismo

Com a virada do século, o regionalismo se expande. Aparecem descrições de problemas novos – os da nova imigração europeia juntamente com o abandono dos ex-escravos e de seus descendentes pela política oficial. As guerras desencadeadas pelas lutas entre facções da classe dominante – os senhores da terra – ganham destaque sobretudo na narrativa, na qual o conto ganha um espaço considerável, ao lado do romance, consolidado como gênero de prestígio. O estilo torna-se descritivo, etnográfico, buscando caracterizar a junção entre forma de vida e peculiaridade linguística. [...]

Mas sem dúvida a grande estrela desse período é o sertanejo, descrito e imortalizado nas páginas de diferentes autores – sobretudo de Euclides da Cunha – que tratam dos acontecimentos da Guerra de Canudos.

(Flávio Aguiar. *Com palmos medida.* São Paulo: Boitempo, 1999. p. 13.)

EUCLIDES DA CUNHA: EM BUSCA DA VERDADE HISTÓRICA

Euclides da Cunha (1866-1909) nasceu no Rio de Janeiro, estudou na Escola Militar e fez curso de Engenharia. De formação positivista e republicano convicto, sempre mostrou grande interesse por ciências naturais e filosofia. Viveu durante algum tempo em São Paulo e, em 1897, foi enviado pelo jornal *O Estado de S. Paulo* ao sertão da Bahia, para cobrir, como correspondente, a guerra de Canudos. Na condição de ex-militar, Euclides pôde informar com precisão os movimentos de guerra das três últimas semanas de conflito. Mobilizando e dividindo a opinião pública, suas mensagens, transmitidas pelo telégrafo, permitiram que o sul do país acompanhasse passo a passo a campanha. Cinco anos depois, o autor lançou *Os sertões*, obra que narra e analisa os acontecimentos de Canudos à luz das teorias científicas da época.

Arquivo Iconographia

Euclides da Cunha.

Euclides deixou também vários outros escritos – tratados, cartas, artigos –, todos relacionados ao país, às suas características regionais, geográficas e culturais.

Canudos: miséria e violência

Flávio de Barros. 1896

Casa e morador da região do conflito, em foto histórica de Flávio de Barros, de 1896. Pobre e abandonada pelos governos estadual e federal, a população foi facilmente influenciada pelo discurso social e religioso de Antônio Conselheiro.

A guerra de Canudos, que ocorreu entre 1896 e 1897 e provocou a morte de 15 mil pessoas, entre sertanejos e militares, foi um dos mais violentos conflitos da história brasileira.

O Nordeste brasileiro vivia nas últimas décadas do século XIX uma de suas piores crises econômicas e sociais. Entre 1877 e 1880, só em Fortaleza morreram 64 mil pessoas vitimadas pela seca. Quando foi proclamada a República, em 1889, uma nova seca ameaçava a população, cuja média de vida não ultrapassava os 27 anos.

Canudos, no sertão da Bahia, era uma fazenda abandonada, quando ali se instalou o religioso Antônio Maciel, conhecido como Conselheiro. Em pouco tempo, em torno do líder religioso formou-se uma cidade de pessoas miseráveis e abandonadas à própria sorte. A cidade, que passou a chamar-se Belo Monte, chegou a contar com cerca de 15 mil a 25 mil habitantes, população superada na época apenas pela de Salvador.

Isolados, alheios a pagamentos de impostos e à oficialização da cidade junto ao Estado, seus moradores logo passaram a ter problemas com a Igreja e com as leis locais, o que originou o conflito.

Além disso, os sermões de Conselheiro não tratavam apenas da salvação das almas, mas também de problemas concretos, como a miséria e a opressão política. Talvez sem ter completa clareza do que falava, Conselheiro fazia críticas à República nascente, acusando-a de responsável pelas precárias condições de vida do povo nordestino.

Embora Canudos tivesse uma organização social e econômica que se assemelhava ao comunismo primitivo dos cristãos, com todos trabalhando e dividindo igualmente os frutos do trabalho, o movimento passou a ser visto em todo o país como monarquista e considerado uma ameaça à soberania nacional. Suas verdadeiras causas, na época, não foram objeto de nenhuma discussão mais aprofundada.

O início da guerra

Antônio Conselheiro, em 1896, encomendou e pagou em Juazeiro uma remessa de madeira para a construção da Igreja Nova de Canudos. O juiz local impediu a entrega da encomenda, sendo então ameaçado pelos canudenses. O juiz pediu reforço militar de Salvador. Foram enviados 107 soldados, que não resistiram. A partir daí foram feitas mais duas investidas do Exército, também frustradas. A quarta e última investida contou com a participação de 10 mil soldados, vindos de dez Estados brasileiros. Idosos, crianças, mulheres e feridos foram violentamente massacrados, sob a força de canhões e armas pesadas.

Os sertões: o Brasil esquecido

Durante o conflito, os militares mantiveram os jornais sob censura. O país recebia apenas a versão oficial da guerra: a luta da República contra focos monarquistas no sertão baiano. Terminada a guerra, as verdadeiras ações dos vencedores – degola de prisioneiros, tortura, prostituição, estupros e comércio de crianças – continuaram sendo encobertas.

Flávio de Barros/Arquivo Histórico do Museu da República, Rio de Janeiro

: Igreja de Santo Antônio, palco das batalhas de Canudos.

A obra *Os sertões*, de Euclides da Cunha, publicada cinco anos depois do término do conflito, consiste em uma tentativa de rever a versão oficial da guerra de Canudos.

Com sua obra, Euclides não pretendia apenas contar o que presenciara no sertão. Munido das teorias científicas vigentes – determinismo, positivismo e conhecimentos de sociologia e geografia natural e humana –, pretendia também compreender e explicar o fenômeno cientificamente.

Os sertões, portanto, constitui uma experiência única em nossa literatura: é uma obra com estilo literário, de fundo histórico (apesar do fato recente) e de rigor científico.

Adotando o modelo determinista, segundo o qual o meio determina o homem, a obra organiza-se em três partes: "A terra", que descreve as condições geográficas do sertão; "O homem", que descreve os costumes do sertanejo; e "A luta", que descreve os ataques a Canudos e sua extinção.

Colocando-se nitidamente a favor do sertanejo, Euclides da Cunha situa o fenômeno de Canudos como um problema social decorrente do isolamento político e econômico do sertão brasileiro em relação ao Brasil cosmopolita, do sul e do litoral. Assim, ele desmontou a versão oficial do Exército, segundo a qual o movimento tinha a finalidade de destruir a República.

Os sertões: literatura ou ciência?

Os sertões é uma obra híbrida que transita entre a literatura, a história e a ciência, ao unir a perspectiva científica, de base naturalista e evolucionista, à construção literária, marcada pelo fatalismo trágico e por uma visão romântica da natureza. Euclides recorreu a formas de ficção, como a tragédia e a epopeia, para compreender o horror da guerra e inserir os fatos em um enredo capaz de ultrapassar a sua significação particular. A epopeia gloriosa da República brasileira, pela qual combatera na juventude, adquiriu caráter de tragédia na violenta intervenção militar que testemunhou em Canudos.

(Roberto Ventura. Do mar se fez o sertão: Euclides da Cunha e Canudos. www.euclidesdacunha.org/ventura.htm)

LEITURA

A seguir, você vai ler quatro textos. Os três primeiros são de *Os sertões*: o texto I, retirado da primeira parte da obra, é uma descrição da caatinga; o texto II, da segunda parte, descreve o sertanejo; e o III, da terceira parte, trata da guerra e de seu significado. O texto IV é parte do prefácio que o escritor português José Saramago, prêmio Nobel de literatura em 1998, fez para o livro *Terra*, de Sebastião Salgado. Após a leitura dos textos, responda às questões propostas.

TEXTO I

Então, a travessia das veredas sertanejas é mais exaustiva que a de uma estepe nua. Nesta, ao menos, o viajante tem o desafogo de um horizonte largo e a perspectiva das planuras francas.

Ao passo que a caatinga o afoga; abrevia-lhe o olhar; agride-o e estonteia-o; enlaça-o na trama espinescente e não o atrai; repulsa-o com as folhas urticantes, com o espinho, com os gravetos estalados em lanças, e desdobra-se-lhe na frente léguas e léguas, imutável no aspecto desolado: árvore sem folhas, de galhos estorcidos e secos, revoltos, entrecruzados, apontando rijamente no espaço ou estirando-se flexuosos pelo solo, lembrando um bracejar imenso, de tortura, da flora agonizante...

espinescente: que cria espinhos.
estepe: vasta planície ou região semidesértica.
flexuoso: sinuoso, ondulante.
urticante: que queima como urtiga.
vereda: trilha que marca o rumo a seguir.

(Euclides da Cunha. *Os sertões*. São Paulo: Círculo do Livro, 1975. p. 38.)

TEXTO II

O sertanejo é, antes de tudo, um forte. Não tem o raquitismo exaustivo dos mestiços neurastênicos do litoral.

A sua aparência, entretanto, ao primeiro lance de vista, revela o contrário. Falta-lhe a plástica impecável, o desempenho, a estrutura corretíssima das organizações atléticas.

É desgracioso, desengonçado, torto. Hércules-Quasímodo, reflete no aspecto a fealdade típica dos fracos. O andar sem firmeza, sem aprumo, quase gigante e sinuoso, aparenta a translação de membros desarticulados.

[...]

Reflete a preguiça invencível, a atonia muscular perene, em tudo: na palavra remorada, no gesto contrafeito, no andar desaprumado, na cadência langorosa das modinhas, na tendência constante à imobilidade e à quietude.

Entretanto, toda esta aparência de cansaço ilude.

Nada é mais surpreendedor do que vê-la desaparecer de improviso. Naquela organização combalida operam-se, em segundos, transmutações completas. Basta o aparecimento de qual-

Flávio de Barros/Museu de Artes Assis Chateaubriand, SP

Mulheres e crianças prisioneiras na Guerra de Canudos, em foto de 1897, de Flávio de Barros.

adormido: adormecido.
atonia: perda do tônus, das forças.
estadear: manifestar, demonstrar.
Hércules: personagem da mitologia caracterizado por ter uma força incomum.
neurastênico: fraco, irritado.
Quasímodo: personagem corcunda da obra *O corcunda de Notre Dame*, de Victor Hugo.
remorado: adiado, retardado.
tabaréu: soldado inexperiente; pessoa inapta para fazer alguma coisa; caipira.
titã: personagem da mitologia; pessoa dotada de força extraordinária.
transmutação: ato ou efeito de transformar-se.

quer incidente exigindo-lhe o desencadear das energias adormidas. O homem transfigura-se. Empertiga-se, estadeando novos relevos, novas linhas na estatura e no gesto; e a cabeça firma-se-lhe, alta, sobre os ombros possantes, aclarado pelo olhar desassombrado e forte; [...] e da figura vulgar do tabaréu canhestro, reponta, inesperadamente, o aspecto dominador de um titã acobreado e potente, num desdobramento surpreendente de força e agilidade extraordinárias.

(Idem, p. 92-93.)

TEXTO III

Decididamente era indispensável que a campanha de Canudos tivesse um objetivo superior à função estúpida e bem pouco gloriosa de destruir um povoado dos sertões. Havia um inimigo mais sério a combater, em guerra mais demorada e digna. Toda aquela campanha seria um crime inútil e bárbaro, se não se aproveitassem os caminhos abertos à artilharia para uma propaganda tenaz, contínua e persistente, visando trazer para o nosso tempo e incorporar à nossa existência aqueles rudes compatriotas retardatários.

Sérgio Rezende/Columbia TriStar Pictures

Guerra de Canudos, adaptação da obra de Euclides da Cunha.

tenaz: firme.

[...]

Fechemos este livro.

Canudos não se rendeu. Exemplo único em toda a história, resistiu até ao esgotamento completo. Expugnado palmo a palmo, na precisão integral do termo, caiu no dia 5, ao entardecer, quando caíram os seus últimos defensores, que todos morreram. Eram quatro apenas: um velho, dois homens feitos e uma criança, na frente dos quais rugiam raivosamente cinco mil soldados.

(Idem, p. 405 e 476.)

TEXTO IV

No dia 17 de abril de 1996, no estado brasileiro do Pará, perto de uma povoação chamada Eldorado dos Carajás (Eldorado: como pode ser sarcástico o destino de certas palavras...), 155 soldados da polícia militarizada, armados de espingardas e metralhadoras, abriram fogo contra uma manifestação de camponeses que bloqueavam a estrada em ação de protesto pelo atraso dos procedimentos legais de expropriação de terras, como parte do esboço ou simulacro de uma suposta reforma agrária na qual, entre avanços mínimos e dramáticos recuos, se gastaram já cinquenta anos, sem que alguma vez tivesse sido dada suficiente satisfação aos gravíssimos problemas de subsistência (seria mais rigoroso dizer sobrevivência) dos trabalhadores do campo. Naquele dia, no chão de Eldorado dos Carajás ficaram 19 mortos, além de umas quantas dezenas de pessoas feridas.

Cia. das Letras

Capa do livro *Terra*, de Sebastião Salgado, obra de fotografias que registram momentos relativamente recentes da histórica luta pela posse da terra no Brasil.

Passados três meses sobre este sangrento acontecimento, a polícia do estado do Pará, arvorando-se a si mesma em juiz numa causa em que, obviamente, só poderia ser a parte acusada, veio a público declarar inocentes de qualquer culpa os seus 155 soldados, alegando que tinham agido em legítima defesa, e, como se isto lhe parecesse pouco, reclamou processamento judicial contra três dos camponeses, por desacato, lesões e detenção ilegal de armas. O arsenal bélico dos manifestantes era constituído por três pistolas, pedras e instrumentos de lavoura mais ou menos manejáveis. Demasiado sabemos que, muito antes da invenção das primeiras armas de fogo, já as pedras, as foices e os chuços haviam sido considerados ilegais nas mãos daqueles que, obrigados pela necessidade a reclamar pão para comer e terra para trabalhar, encontraram pela frente a polícia militarizada do tempo, armada de espadas, lanças e alabardas. Ao contrário do que geralmente se pretende fazer acreditar, não há nada mais fácil de compreender que a história do mundo, que muita gente ilustrada ainda teima em afirmar ser complicada demais para o entendimento rude do povo.

(José Saramago. In: Sebastião Salgado. *Terra*. São Paulo: Companhia das Letras, 1997. p. 11.)

alabarda: arma antiga, formada por haste de madeira em ferro largo e pontiagudo, atravessado por outro em forma de meia-lua.
chuço: vara ou pau armado de ponta de ferro ou de aço.
simulacro: ação simulada, falsificação.

O sebastianismo no Brasil

A partir das fontes orais que recolheu, Euclides recriou o imaginário coletivo dos seguidores do Conselheiro. Propôs uma outra interpretação de Canudos, não como centro de uma conspiração monárquica, mas enquanto comunidade messiânica, em que haveria a espera do rei português D. Sebastião, que voltaria, com seus exércitos, para derrotar as forças da República. Foi assim revivido no Belo Monte o mito do retorno glorioso de D. Sebastião, morto em batalha em 1578, na tentativa de expandir os domínios portugueses na África. O sebastianismo se manteve em Portugal até o século XIX e se manifestou no Brasil em movimentos messiânicos, como na Cidade do Paraíso Terrestre e em Pedra Bonita, ambos em Pernambuco, ou no Contestado, no sul do país.

(Roberto Ventura. Do mar se fez o sertão: Euclides da Cunha e Canudos. www.euclidesdacunha.org/ventura.htm)

1. De acordo com o texto I, como se caracteriza o lugar onde vive o sertanejo?

2. No texto II, contrapondo o sertanejo ao homem do litoral, o narrador descreve os aspectos contraditórios da constituição física e do comportamento do sertanejo.

a) Explicite essa contradição.

b) Que personagens da literatura foram utilizadas para dar ideia de quanto a figura do sertanejo é contraditória?

c) Na oposição entre o homem do litoral e o sertanejo, interprete: Quem é o mais forte, segundo o ponto de vista do narrador? Justifique sua resposta.

3. No 1º parágrafo do texto III, o autor critica a guerra em si e afirma que outra "guerra mais demorada e digna" deveria ser travada. Qual é essa guerra?

Euclides: do preconceito racial a uma visão crítica

Quando desembarcou no sertão, o jovem engenheiro e ex-militar, positivista e republicano convicto, estava certo de que encontraria apenas uma manifestação da brutalidade dos miscigenados caboclos da região. Pelo menos, assim rezava a cartilha intelectual de quem conhecia e apreciava teóricos racistas europeus da pureza racial e da superioridade dos povos. Os fatos se encarregaram de mudar seu ponto de vista, ao perceber que os verdadeiros selvagens trajavam farda.

(*Superinteressante*, nov. 1993.)

4. O relato de Euclides da Cunha revela influência da ciência da época e, ao mesmo tempo, o empenho em chegar à verdade dos fatos.

a) Identifique no texto II um trecho que comprove a influência de teorias raciais existentes no começo do século XX.

b) Os textos I, II e III são trechos, respectivamente, das três partes que constituem a obra *Os sertões*: "A terra", "O homem" e "A luta". Por que se pode afirmar que a própria estrutura da obra revela uma concepção naturalista?

c) Euclides não aceita a versão oficial dada pelo Exército: a de que Canudos era um foco monarquista. Na visão do autor, quais tinham sido as causas daquele fenômeno social?

5. No texto IV, José Saramago comenta o massacre ao movimento dos sem-terra ocorrido em Eldorado dos Carajás, no Pará, em 1996. Compare o texto de Saramago aos outros três textos.

a) O que há em comum entre o movimento de Canudos e a luta pela reforma agrária encabeçada pelo movimento dos sem-terra?

b) Que semelhanças existem entre o massacre de Carajás e o de Canudos quanto às condições de armamento dos soldados e da população civil?

c) Que semelhança existe entre a versão oficial dada à guerra de Canudos e a apuração que a própria polícia fez dos atos de violência cometidos em Carajás?

6. José Saramago conclui seu texto afirmando: "Ao contrário do que geralmente se pretende fazer acreditar, não há nada mais fácil de compreender que a história do mundo, que muita gente ilustrada ainda teima em afirmar ser complicada demais para o entendimento rude do povo".

a) Tomando como base os acontecimentos de Canudos e Carajás, levante hipóteses: De acordo com o ponto de vista de Saramago, o que essencialmente caracteriza a "história do mundo"?

b) Na sua opinião, o povo é capaz de compreender a história do mundo? Por quê?

Diálogos com Canudos e *Os sertões*

Canudos e a obra de Euclides da Cunha têm suscitado inúmeros diálogos com artistas contemporâneos, em diferentes linguagens.

No campo da literatura, por exemplo, diversos autores, nacionais e estrangeiros, escreveram sobre o tema. Destacam-se as obras *A guerra do fim do mundo* (Alfaguara Brasil), do peruano Mario Vargas Llosa, e *Veredicto em Canudos* (Companhia das Letras), do húngaro Sándor Márai.

Em quadrinhos, Jô Oliveira criou *A guerra do Reino Divino*, que situa o rei português D. Sebastião em meio aos movimentos messiânicos do sertão brasileiro.

Na música, o compositor Gereba lançou o CD *Canudos* (CPC - UMES) em 1997.

Editora Objetiva

LIMA BARRETO: A HISTÓRIA DOS VENCIDOS

O escritor carioca Lima Barreto (1881-1922) é hoje considerado um dos principais romancistas brasileiros, embora sua importância literária tenha sido reconhecida aos poucos e se firmado apenas nas últimas décadas. Mulato, pobre, orgulhoso de suas origens, ferino e severo em suas críticas, alcoólatra e subversivo, Lima Barreto foi incompreendido pela crítica de seu tempo e alcançou em vida apenas uma relativa popularidade.

Além do preconceito de que sempre foi vítima, por ser mulato e alcoólatra, sua distância em relação ao grupo paulista que daria início à revolução modernista na literatura e nas artes também pode explicar seu ofuscamento como escritor.

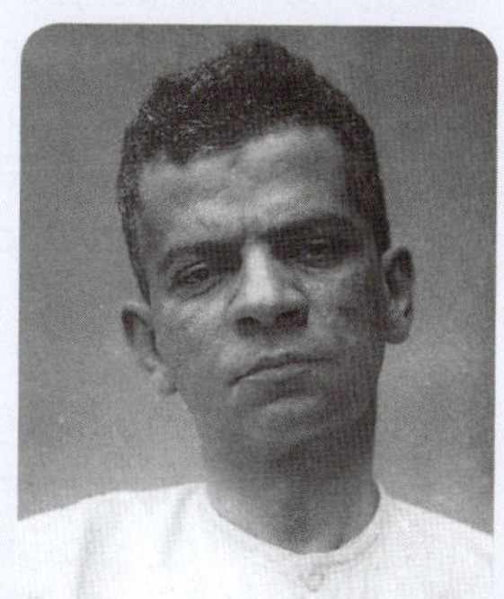

Agência Estado

Lima Barreto em foto tirada em 1919, quando internado no Hospício Nacional, no Rio de Janeiro.

Lima Barreto foi um dos poucos em nossa literatura que combateram o preconceito racial e a discriminação social do negro e do mulato. Essa abordagem está presente, por exemplo, nos romances *Clara dos Anjos*, *Vida e morte de M. J. Gonzaga de Sá* e no quase autobiográfico *Recordações do escrivão Isaías Caminha*. Escreveu ainda um curioso romance, *Cemitério dos vivos*, que ficou inacabado, resultado de suas observações e reflexões nas duas vezes em que, por alcoolismo, esteve internado num hospício.

Em 2004, foi publicada *Toda crônica*, obra em dois volumes que reúne 435 crônicas de Lima Barreto escritas entre 1900 e 1922, ano de sua morte. No ano seguinte, ocorreu a primeira publicação de *Cemitério dos vivos*.

Escritor de seu tempo e de sua terra, Lima Barreto anotou e registrou, asperamente, quase todos os acontecimentos da República. Embora no plano pessoal fosse conservador em relação às novidades trazidas pela modernidade, como o cinema, os arranha-céus e o futebol, em sua obra registra de forma crítica os episódios da insurreição antiflorianista, a campanha contra a febre amarela, a política de valorização do café, o governo do marechal Hermes da Fonseca, a participação do Brasil na Primeira Guerra Mundial, etc.

A paixão de Lima Barreto por sua cidade, o Rio de Janeiro, com seus subúrbios, sua gente pobre e seus dramas humildes, também está presente nas obras do escritor, assim como a crítica a figuras da classe média que lutam desesperadamente para ascender socialmente ou a políticos da época, sarcasticamente retratados, pela mania de ostentação, pelo vazio intelectual e pela ganância.

Triste fim de Policarpo Quaresma: entre o ideal e o real

Contextualizado no fim do século XIX, no Rio de Janeiro, *Triste fim de Policarpo Quaresma*, o principal romance de Lima Barreto, narra os ideais e a frustração do funcionário público Policarpo Quaresma, homem metódico e nacionalista fanático.

Sonhador e ingênuo, Policarpo dedica a vida a estudar as riquezas do país: a cultura popular, a fauna, a flora, os rios, etc. Sua primeira decepção se dá quando sugere a substituição do português, como língua oficial, pelo tupi. O resultado é sua internação em um hospício.

Aposentado, confiante na fertilidade do solo brasileiro, dedica-se à agricultura no sítio Sossego. Contudo, depara-se com uma dura realidade: a esterilidade do solo, o ataque das saúvas, a falta de apoio ao pequeno agricultor.

Por fim, com a eclosão da Revolta da Armada, no Rio de Janeiro, Quaresma apoia o então presidente, o marechal Floriano Peixoto, e participa do conflito como voluntário. No cargo de carcereiro, critica as injustiças que vê serem praticadas contra os prisioneiros. Em razão dessas críticas, é preso e condenado ao fuzilamento por ordem do próprio Floriano, seu ídolo.

Além de fazer uma descrição política do país no início da República, a obra traça um rico painel social e humano dos subúrbios cariocas na virada do século. Aposentados, profissionais liberais, moças casadoiras, carreiristas, músicos, donas de casa, o mulato – esse é o uni-

Diálogos com Policarpo Quaresma

O médico e escritor gaúcho Moacyr Scliar mostrou que ler pode ser muito divertido, principalmente se o leitor for um jovem que gosta de informática. Em sua obra *Ataque do Comando P. Q.* (Ática), Scliar conta a história de Caco, um adolescente que, por sua intimidade com computadores, é convidado a desvendar as misteriosas mensagens que chegam às telas dos computadores da prefeitura, invadidos por um *hacker*. Como as mensagens estão relacionadas com *Triste fim de Policarpo Quaresma*, de Lima Barreto, Caco conta com a ajuda de seu professor de literatura para desvendar o mistério. Diversão certa, que vale a pena conferir.

Editora Ática

verso retratado por Lima Barreto em *Triste fim*... Destacam-se, nesse conjunto, as personagens Ismênia, que, tendo sido educada para o casamento, enlouquece quando abandonada pelo noivo; Olga, sobrinha de Policarpo, que difere da maioria das mulheres por ser mais independente; e o violonista e cantor de modinhas Ricardo Coração-dos-Outros, amigo de Policarpo.

LEITURA

O fragmento a seguir situa-se no último capítulo de *Triste fim de Policarpo Quaresma* e mostra Quaresma logo após ter denunciado ao presidente marechal Floriano Peixoto as injustiças feitas aos prisioneiros na prisão.

Como lhe parecia ilógico com ele mesmo estar ali metido naquele estreito calabouço. Pois ele, o Quaresma plácido, o Quaresma de tão profundos pensamentos patrióticos, merecia aquele triste fim?

[...]

Por que estava preso? Ao certo não sabia; o oficial que o conduzira nada lhe quisera dizer; e, desde que saíra da ilha das Enxadas para a das Cobras, não trocara palavra com ninguém, não vira nenhum conhecido no caminho [...]. Entretanto, ele atribuía a prisão à carta que escrevera ao presidente, protestando contra a cena que presenciara na véspera.

Não se pudera conter. Aquela leva de desgraçados a sair assim, a desoras, escolhidos a esmo, para uma carniçaria distante, falara fundo a todos os seus sentimentos; pusera diante dos seus olhos todos os seus princípios morais; desafiara a sua coragem moral e a sua solidariedade humana; e ele escrevera a carta com veemência, com paixão, indignado. Nada omitiu do seu pensamento; falou claro, franca e nitidamente.

Devia ser por isso que ele estava ali naquela masmorra, engaiolado, trancafiado, isolado dos seus semelhantes como uma fera, como um criminoso, sepultado na treva, sofrendo umidade, misturado com os seus detritos, quase sem comer... Como acabarei? Como acabarei? E a pergunta lhe vinha, no meio da revoada de pensamentos que aquela angústia provocava pensar. Não havia base para qualquer hipótese. Era de conduta tão irregular e incerta o Governo que tudo ele podia esperar: a liberdade ou a morte, mais esta que aquela.

Editora Desiderata

O tempo estava de morte, de carnificina; todos tinham sede de matar, para afirmar mais a vitória e senti-la bem na consciência cousa sua, própria, e altamente honrosa.

Iria morrer, quem sabe se naquela noite mesmo? E que tinha ele feito de sua vida? Nada. Levara toda ela atrás da miragem de estudar a pátria, por amá-la e querê-la muito, no intuito de contribuir para a sua felicidade e prosperidade. Gastara sua mocidade nisso, a sua virilidade também; e, agora que estava na velhice, como ela o recompensava, como ela o premiava, como ela o condecorava? Matando-o. E o que não deixara de ver, de gozar, de fruir, na sua vida? Tudo. Não brincara, não pandegara, não amara —

todo esse lado da existência que parece fugir um pouco à sua tristeza necessária, ele não vira, ele não provara, ele não experimentara.

Desde dezoito anos que o tal patriotismo lhe absorvia e por ele fizera a tolice de estudar inutilidades. Que lhe importavam os rios? Eram grandes? Pois que fossem... Em que lhe contribuiria para a felicidade saber o nome dos heróis do Brasil? Em nada... O importante é que ele tivesse sido feliz. Foi? Não. Lembrou-se das suas cousas de tupi, do folclore, das suas tentativas agrícolas... Restava disso tudo em sua alma uma satisfação? Nenhuma! Nenhuma!

O tupi encontrou a incredulidade geral, o riso, a mofa, o escárnio; e levou-o à loucura. Uma decepção. E a agricultura? Nada. As terras não eram ferazes e ela não era fácil como diziam os livros. Outra decepção. E, quando o seu patriotismo se fizera combatente, o que achara? Decepções. Onde estava a doçura de nossa gente? Pois ele não a viu combater como feras? Pois não a via matar prisioneiros, inúmeros? Outra decepção. A sua vida era uma decepção, uma série, melhor, um encadeamento de decepções.

(São Paulo: Saraiva, 2007. p. 199-201.)

desora: tarde da noite, altas horas.
feraz: muito produtivo, fecundo, fértil.
fruir: desfrutar, aproveitar, gozar.
mofa: zombaria, troça.
pandegar: viver em festa.

1. Policarpo Quaresma participava, ao lado de Floriano Peixoto, na Revolta da Armada, quando foi preso. De acordo com as pistas do texto, levante hipóteses:

a) Por que Quaresma foi preso?

b) O que provavelmente ele viu na prisão que o teria levado a escrever a carta-denúncia?

c) Como Quaresma supõe que Floriano Peixoto interpretou essa iniciativa dele?

Reprodução

Lima Barreto em charge de 1919, por Hugo Pires.

2. Na prisão, Quaresma faz uma retrospectiva e uma avaliação de sua vida, de sua conduta e de seus valores. A que conclusão chega?

3. Observe estes fragmentos do texto:

"e, agora que estava na velhice, como ela [a pátria] o recompensava, como ela o premiava, como ela o condecorava? Matando-o."

"Onde estava a doçura de nossa gente? Pois ele não a viu combater como feras?"

a) Nesses fragmentos, a quem Quaresma atribui a responsabilidade, respectivamente, por sua prisão e pela violência da guerra?

b) Quem, na verdade, tinha responsabilidade por tais ocorrências?

c) Apesar de Quaresma fazer uma autocrítica, que característica da personagem ainda se mantém nesses fragmentos?

4. No texto, é empregada a técnica do discurso indireto livre. Identifique um trecho em que tal recurso foi utilizado e explique o efeito de sentido que ele provoca no texto.

5. No final do texto se lê: "A sua vida era uma decepção, uma série, melhor, um encadeamento de decepções". Explique a diferença de sentido entre "série de decepções" e "encadeamento de decepções".

6. Policarpo Quaresma, muitas vezes associado a D. Quixote, personagem de Miguel de Cervantes, é um típico herói problemático. Explique por quê.

7. Pode-se dizer que o romance *Triste fim de Policarpo Quaresma* faz uma crítica à sociedade da época. Qual é o alvo dessa crítica?

MONTEIRO LOBATO: UM DÍNAMO EM MOVIMENTO

Biblioteca Municipal de Frankfurt am Main

Monteiro Lobato.

Monteiro Lobato (1882-1948), paulista de Taubaté, foi um dos escritores brasileiros de maior prestígio, em consequência de sua atuação como intelectual polêmico e autor de histórias infantis.

Sua ação foi além do círculo literário, tendo se estendido também para o âmbito da luta política e social. Moralista e doutrinador, aspirava ao progresso material e mental do povo brasileiro. Com a personagem Jeca Tatu – um típico caipira acomodado e miserável do interior paulista –, por exemplo, Lobato criticava a face de um Brasil agrário, atrasado e ignorante, cheio de vícios e vermes. Seu ideal de país era um Brasil moderno, estimulado pela ciência e pelo progresso.

De fazendeiro, Lobato passou ao ramo editorial. Criou a Monteiro Lobato & Cia., a primeira editora nacional, e mais tarde a Companhia Editora Nacional e a Editora Brasiliense.

Nacionalista, envolveu-se na década de 1930 com a luta pela defesa das reservas naturais brasileiras, que vinham sendo inescrupulosamente exploradas por grandes empresas multinacionais. Com a publicação de *O escândalo do petróleo* (1936), denunciou o jogo de interesses relacionado com a extração do petróleo e a ligação das autoridades brasileiras com interesses internacionais. Em 1941, já durante a ditadura de Vargas, foi preso por ataques ao governo, fato que provocou intensa comoção no país inteiro.

A obra

Monteiro Lobato situa-se entre os autores regionalistas do Pré-Modernismo e destaca-se no gênero *conto*. O universo retratado por ele geralmente são os vilarejos decadentes do Vale do Paraíba (região paulista entre São Paulo e Rio de Janeiro) na época da crise do plantio do café, como se vê nestes trechos de um conto de *Cidades mortas*:

A cidadezinha, onde moro, lembra soldado que fraqueasse na marcha e, não podendo acompanhar o batalhão, à beira do caminho se deixasse ficar, exausto e só, com os olhos saudosos pousados na nuvem de poeira erguida além.

Desviou-se dela a civilização. O telégrafo não a põe à fala com o resto do mundo, nem as estradas de ferro se lembram de uni-la à rede por intermédio de humilde ramalzinho.

O mundo esqueceu Oblivion, que já foi rica e lépida, como os homens esquecem a atriz famosa logo que se lhe desbota a mocidade. E sua vida de vovó entrevada, sem netos, sem esperança, é humilde e quieta como a do urupê escondido no sombrio dos grotões. [...]

("A vida em Oblivion". *Cidades mortas*. 14. ed. São Paulo: Brasiliense, 1972. p. 6.)

Marc Ferrez/Coleção Gilberto Ferrez/Acervo Instituto Moreira Salles

Escravos trabalhando em fazenda de café, em 1882, no Vale do Paraíba.

Ou as consequências da decadência da cultura cafeeira para os moradores das pequenas cidades:

> Da geração nova, os rapazes debandam cedo, quase meninos ainda; só ficam as moças – sempre fincadas de cotovelos à janela, negaceando um marido que é um mito em terra assim, donde os casadouros fogem. Pescam, às vezes, as mais jeitosas, o seu promotorzinho, o seu delegadozinho de carreira – e o caso vira prodigioso acontecimento estórico, criador de lendas.
>
> (Idem, p. 4.)

Escritor sem nenhuma pretensão de promover renovação psicológica ou estética, Lobato foi antes de tudo um extraordinário contador de histórias, de casos interessantes, preso ainda a certos modelos realistas. Dono de um estilo cuidadoso, não perdeu oportunidade para criticar certos hábitos brasileiros, como a obediência a modelos estrangeiros, a subserviência ao capitalismo internacional, a submissão das massas eleitorais, o nacionalismo ufanista cego, etc.

Apesar de ideologicamente avançado, do ponto de vista artístico mostrou-se conservador quando começaram a surgir as primeiras manifestações modernistas em São Paulo. Ficou famoso o seu polêmico artigo intitulado "Paranoia ou mistificação", publicado no jornal *O Estado de S. Paulo* em 1917. Nele Lobato criticava violentamente a exposição de pinturas expressionistas de Anita Malfatti, pintora paulista recém-chegada da Europa, considerando seu trabalho resultado de uma deformação mental. Apesar disso, na década de 1920, na condição de integrante da direção da *Revista do Brasil*, Lobato acabou sendo um dos colaboradores do movimento de divulgação das ideias modernistas.

Um Lobato desconhecido

Em 2005, com a publicação de *Quando o carteiro chegou...*, a professora e pesquisadora da Unicamp Marisa Lajolo revelou ao país um lado desconhecido do escritor paulista: o sentimental.

O livro reúne postais enviados por Monteiro Lobato a sua noiva (e futura esposa) Purezinha.

Lobato vivia então em Taubaté, onde procurava emprego como advogado, e Purezinha (Maria Pureza da Natividade) era professora em São Paulo. Numa época em que nem telefone nem Internet existiam, os cartões-postais foram, durante dois anos, o principal veículo de comunicação entre os dois.

Esses cartões, cuja leitura é prazerosa por si só, são também um importante registro de como os jovens namoravam no início do século XX.

Editora Moderna

A literatura infantil

Monteiro Lobato foi também um dos primeiros autores de literatura infantil em nosso país e em toda a América Latina. Personagens como Narizinho, Pedrinho, a boneca Emília, Dona Benta, Tia Nastácia, o Visconde de Sabugosa e o porco Rabicó ficaram conhecidas por inúmeras gerações de crianças de vários países.

Na década de 1970, as histórias da turma foram adaptadas para a TV e levadas ao ar no programa seriado *Sítio do Picapau Amarelo*.

Tal qual no conjunto de suas obras, também na produção infantil Lobato aproveitou para transmitir às crianças valores morais, conhecimentos sobre nosso país, nossas tradições (como o saci), nossa língua.

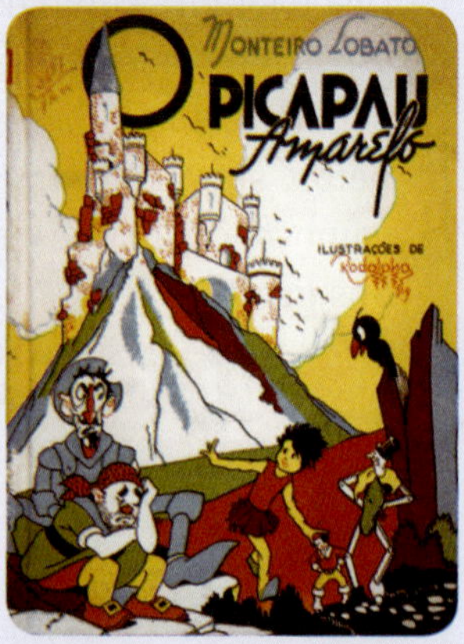

Acervo Iconographia

O Picapau Amarelo (1939), de Monteiro Lobato.

LEITURA

Na crônica *Urupês*, Monteiro Lobato traça o perfil do caipira, o Jeca Tatu, que ele imortalizou em nossa literatura. O texto a seguir é um fragmento dessa crônica.

Jeca Tatu é um piraquara do Paraíba, maravilhoso epítome de carne onde se resumem todas as características da espécie.

Ei-lo que vem falar ao patrão. Entrou, saudou. Seu primeiro movimento após prender entre os lábios a palha de milho, sacar o rolete de fumo e disparar a cusparada d'esguicho, é sentar-se jeitosamente sobre os calcanhares. Só então destrava a língua e a inteligência.

— "Não vê que..."

De pé ou sentado as ideias se lhe entramam, a língua emperra e não há de dizer coisa com coisa.

De noite, na choça de palha, acocora-se em frente ao fogo para "aquentá-lo", imitado da mulher e da prole.

Para comer, negociar uma barganha, ingerir um café, tostar um cabo de foice, fazê-lo noutra posição será desastre infalível. Há de ser de cócoras.

Nos mercados, para onde leva a quitanda domingueira, é de cócoras, como um faquir do Bramaputra, que vigia os cachinhos de brejaúva ou o feixe de três palmitos.

Pobre Jeca Tatu! Como és bonito no romance e feio na realidade!

Jeca mercador, Jeca lavrador, Jeca filósofo...

Quando comparece às feiras, todo mundo logo adivinha o que ele traz: sempre coisas que a natureza derrama pelo mato e ao homem só custa o gesto de espichar a mão e colher — cocos de tucum ou jissara, guabirobas, bacuparis, maracujás, jataís, pinhões, orquídeas; [...]

Seu grande cuidado é espremer todas as consequências da lei do menor esforço — e nisto vai longe.

Começa na morada. Sua casa de sapé e lama faz sorrir aos bichos que moram em toca e gargalhar ao joão-de-barro. Pura biboca de bosquímano. Mobília, nenhuma. A cama é uma espipada esteira de peri posta sobre o chão batido.

Jeca Tatu: um soco no estômago

O jornalista Roberto Pompeu de Toledo comenta sobre o significado que a personagem de Monteiro Lobato teve quando foi publicada pela primeira vez a obra *Urupês*:

Jeca Tatu é uma grande descoberta. Ou, se não uma descoberta, uma grande sacudida nas consciências. Será uma descoberta na hipótese, não desprezível, de que os brasileiros bem-nascidos e letrados não tivessem ideia, ou tivessem apenas uma ideia vaga, da existência, no subsolo do país onde se moviam, de um Brasil miserável, ignorante e desprezado. Será uma sacudida nas consciências se esses brasileiros, conhecendo esse Brasil, fingissem que ele não existia. Num caso como no outro, Jeca Tatu é um soco no estômago — no estômago da ignorância ou no da hipocrisia.

(*Veja*, nº 1588.)

Acervo Iconografia

[...]

Nenhum talher. Não é a munheca um talher completo — colher, garfo e faca a um tempo?

No mais, umas cuias, gamelinhas, um pote esbeiçado, a pichorra e a panela de feijão.

Nada de armários ou baús. A roupa, guarda-a no corpo. Só tem dois parelhos; um que traz no uso e outro na lavagem. [...]

Seus remotos avós não gozaram maiores comodidades. Seus netos não meterão quarta perna ao banco. Para quê? Vive-se bem sem isso.

Se pelotas de barro caem, abrindo seteiras na parede, Jeca não se move a repô-las. Ficam pelo resto da vida os buracos abertos, a entremostrarem nesgas de céu.

Quanto à palha do teto, apodrecida, greta em fendas por onde pinga a chuva, Jeca, em vez de remendar a tortura, limita-se, cada vez que chove, a aparar numa gamelinha a água gotejante...

Remendo... Para quê? Se uma casa dura dez anos e faltam "apenas" nove para que ele abandone aquela? Esta filosofia economiza reparos.

Um terreirinho descalvado rodeia a casa. O mato o beira. Nem árvores frutíferas, nem horta, nem flores — nada revelador de permanência.

Há mil razões para isso; porque não é sua a terra; porque se o "tocarem" não ficará nada que a outrem aproveite; porque para frutas há o mato; porque a "criação" come; porque...

— "Mas criatura, com um vedozinho por ali... A madeira está à mão, o cipó é tanto..."

Jeca, interpelado, olha para o morro coberto de moirões, olha para o terreiro nu, coça a cabeça e cuspilha.

— "Não paga a pena."

Todo o inconsciente filosofar do caboclo grulha nessa palavra atravessada de fatalismo e modorra. Nada paga a pena. Nem culturas, nem comodidades. De qualquer jeito se vive.

(22. ed. São Paulo: Brasiliense, 1978. p. 147-50.)

biboca: casa pequena, com cobertura de palha.

bosquímano: relativo aos bosquímanos, povo sul-africano.

Bramaputra: rio da Ásia meridional.

brejaúva: palmeira silvestre.

descalvado: com ausência de vegetação, árido.

epítome: resumo, síntese.

espipado: repuxado.

gamela: vasilha de madeira ou de barro.

grulhar: tagarelar.

modorra: prostração, preguiça.

moirão: pau que serve para esteio.

parelho: roupa de homem, geralmente calça e paletó.

peri: o mesmo que piri, junco com o qual se faz esteira.

pichorra: pequeno cântaro com bico.

piraquara: habitante das margens do rio Paraíba do Sul.

seteira: abertura longa e estreita.

vedozinho: diminutivo de vedo, tapume.

1. O texto descreve Jeca Tatu em três papéis: o de mercador, o de lavrador e o de filósofo. Como se sai Jeca nesses papéis?

2. Que comportamentos de Jeca comprovam a afirmação do narrador de que "Seu grande cuidado é espremer todas as consequências da lei do menor esforço"?

3. O Romantismo brasileiro, em sua vertente regionalista, enalteceu o homem rural, tanto o do Sul quanto o do Norte, idealizando-o ou tratando-o como herói. A personagem Jeca Tatu, de Lobato, confirma ou nega o tratamento romântico dado ao homem rural?

4. Em suas obras, Lobato busca compreender as causas do comportamento desinteressado do caboclo paulista e acaba atribuindo à preguiça a responsabilidade principal. Contudo, o narrador, ou o próprio Lobato, afirma no texto lido: "nada revelador de permanência". Confronte esse dado com o texto que segue, do crítico Silviano Santiago:

> Para se chegar ao diagnóstico sobre o atraso do Jeca Tatu, o "médico" [Lobato] neutralizou os efeitos nocivos causados por ele e seus pares na constituição do miserável objeto de estudo e, por isso, Lobato posava de libertador do povo e, no entanto, era injusto e impiedoso para com esse povo. Lobato se esqueceu de que ele e demais latifundiários amigos eram os verdadeiros parasitas dos antepassados dos atuais agregados, como o tinham sido dos velhos escravos. É na condição de também parasita que competia a ele diagnosticar os males do caboclo-parasita. Os defeitos do explorador do trabalho alheio (do latifundiário) se escondem para que mais salientem a indolência do explorado (do caboclo).
>
> (Um dínamo em movimento. *Folha de S. Paulo*, 28/6/1998.)

a) Relacionando o comentário de Lobato ao do crítico Silviano Santiago, responda: Que outra causa social é responsável pela falta de apego do caboclo à terra?

b) Explique este trecho de Silviano Santiago: "Lobato posava de libertador do povo e, no entanto, era injusto e impiedoso para com esse povo".

AUGUSTO DOS ANJOS: O ÁTOMO E O COSMOS

Augusto dos Anjos (1884-1914) nasceu em Pau D'Arco, na Paraíba, estudou Direito em Recife e viveu no Rio de Janeiro e em Minas Gerais. Depois de exercer a profissão de advogado, foi promotor e professor de literatura.

Como poeta, produziu textos de grande originalidade. Considerado por alguns como poeta simbolista, Augusto dos Anjos é na verdade representante de uma experiência única na literatura universal: a união do Simbolismo com o cientificismo naturalista. Por isso, dado o caráter sincrético de sua poesia, convém situá-lo entre os pré-modernistas.

Os poemas de sua única obra, *Eu* (1912), chocam pela agressividade do vocabulário e pela visão dramaticamente angustiante da matéria, da vida e do cosmos. Compõem sua linguagem termos até então considerados antipoéticos, como *escarro*, *verme*, *germe*, etc. Os temas são igualmente inquietantes: a prostituta, as substâncias químicas que compõem o corpo humano, a decrepitude dos cadáveres, os vermes, o sêmen, etc.

Além dessa "camada científica", há na poesia do autor a dor de ser dos simbolistas, marcada por anseios e angústias existenciais, provável influência do pessimismo do filósofo alemão Arthur Schopenhauer.

Para o poeta, não há Deus nem esperança; há apenas a supremacia da ciência. Quanto ao homem, as substâncias e energias do universo que o geraram, compondo a matéria de que ele é feito – carne, sangue, instinto, células –, tudo fatalmente se arrasta para a podridão e para a decomposição, para o mal e para o nada.

Augusto dos Anjos vira personagem

A escritora Ana Miranda já romanceou a vida dos poetas Gregório de Matos e Gonçalves Dias. Em *A última quimera* (Companhia das Letras) quem vira personagem da autora é Augusto dos Anjos.

Narrada em 1ª pessoa por um suposto amigo e conterrâneo de Augusto, a obra traça um rico quadro da vida política e cultural brasileira do início do século XX, reunindo personalidades de prestígio de nossa literatura, como – além do próprio Augusto – Olavo Bilac, Raul Pompeia e Alberto de Oliveira, e inclui fatos marcantes da época, como a proclamação da República, a Revolta da Chibata e a modernização do Rio de Janeiro.

Em síntese, a poesia de Augusto dos Anjos é caracterizada pela união de duas concepções de mundo distintas: de um lado, a objetividade do átomo; de outro, a dor cósmica, que busca descobrir o sentido da existência humana. Observe alguns desses procedimentos neste soneto:

Versos íntimos

Vês?! Ninguém assistiu ao formidável
Enterro de tua última quimera.
Somente a Ingratidão — esta pantera
Foi tua companheira inseparável!

Acostuma-te à lama que te espera!
O Homem, que, nesta terra miserável,
Mora, entre feras, sente inevitável
Necessidade de também ser fera.

Toma um fósforo. Acende teu cigarro!
O beijo, amigo, é a véspera do escarro.
A mão que afaga é a mesma que apedreja.

Rodrigo Rosa

Se a alguém causa inda pena a tua chaga,
Apedreja essa mão vil que te afaga,
Escarra nessa boca que te beija!

(*Eu e outros poemas*. 30. ed. Rio de Janeiro: Livraria São José, 1965. p. 146.)

quimera: fantasia, sonho, ilusão.

Observe que, no plano da linguagem, além da novidade do vocabulário até então considerado "baixo" em poesia, como a palavra *escarro*, o poema também inova no tom coloquial e cotidiano da linguagem, como se observa na 3ª estrofe: "Toma um fósforo. Acende teu cigarro!". Note ainda o enfoque naturalista dado ao homem em sociedade: fera entre feras (ideia ligada ao determinismo, à seleção natural). A carga pessimista, por outro lado, não foge aos valores simbolistas.

Com sua poesia antilírica, Augusto dos Anjos deu início à discussão sobre o conceito de "boa poesia", preparando o terreno para a grande renovação modernista iniciada na segunda década do século XX.

Mais tarde, essa tradição do antilirismo ou da antipoesia foi retomada. João Cabral de Melo Neto, por exemplo, é um dos poetas que buscaram pôr fim ao eu lírico e à poesia dita "profunda". Na MPB, além dos Titãs, João Bosco e Aldir Blanc também exploram aspectos grotescos da realidade, como o submundo urbano do Rio de Janeiro, com suas carências e decrepitude moral. Aldir Blanc chega, inclusive, a parodiar o poema "Vandalismo", de Augusto dos Anjos, na canção "Bandalhismo", que integra o disco *Bandalhismo*, de 1980.

LEITURA

A Ideia

De onde ela vem?! De que matéria bruta
Vem essa luz que sobre as nebulosas
Cai de incógnitas criptas misteriosas
Como as estalactites duma gruta?!

Vem da psicogenética e alta luta
Do feixe de moléculas nervosas,
Que, em desintegrações maravilhosas,
Delibera, e depois, quer e executa!

Vem do encéfalo absconso que a constringe,
Chega em seguida às cordas do laringe,
Tísica, tênue, mínima, raquítica...

Quebra a força centrípeta que a amarra,
Mas, de repente, e quase morta, esbarra
No mulambo da língua paralítica!

(*Eu e outros poemas*. São Paulo: Ática, 2005. p. 54.)

Images.com/Corbis/Corbis (DC)/Latinstock

Mulher sentada no escuro (s/d), de Kari Van Tine.

centrípeta: que busca o centro.
constringir: apertar.
cripta: caverna, gruta.
encéfalo: cérebro.
molécula: a menor partícula em que uma substância pode ser dividida sem que ocorra perda de suas propriedades químicas.
mulambo: molambo; farrapo, indivíduo fraco.
nebulosa: nuvem de poeira e gás em suspensão no espaço sideral.
psicogenética: qualidade do que é a origem dos processos mentais ou psicológicos da mente e da personalidade individuais.
tísico: tuberculoso, fraco.

1. A linguagem do poema surpreende e modifica uma tradição poética brasileira, em grande parte construída com base em sentimentalismo, delicadezas, sonhos e fantasias.

a) Destaque do texto vocábulos empregados poeticamente por Augusto dos Anjos e tradicionalmente considerados antipoéticos.

b) De que área do conhecimento humano provêm esses vocábulos?

2. O poema pode ser dividido em duas partes: na primeira, o eu lírico pergunta sobre a origem da Ideia; na segunda, apresenta uma resposta.

a) Na 1ª estrofe, são empregadas uma metáfora e uma comparação para referir-se à Ideia. Quais são?

b) Como é a origem e o percurso da Ideia, conforme a descrição feita pelo eu lírico nas estrofes 2 e 3?

c) Nesse percurso, a Ideia mantém-se como na origem ou sofre perdas?

3. No último terceto, o eu lírico apresenta o momento em que a Ideia adquire forma.

a) Qual é o instrumento responsável por dar forma à Ideia?

b) Nesse estágio, a Ideia é reproduzida em sua plenitude?

4. Segundo a concepção do eu lírico:

a) A Ideia tem uma origem material ou imaterial? Explique.

b) O vocabulário empregado pelo eu lírico está de acordo com essa concepção?

c) Essa concepção retoma uma visão romântica do mundo interior do ser humano ou rompe com ela?

5. Identifique no texto ao menos uma característica simbolista e outra naturalista.

Para quem quer mais

Se você deseja aprofundar os seus conhecimentos sobre a literatura pré-modernista, leia os textos a seguir e, posteriormente, sozinho, em dupla ou em grupo, procure resolver as questões propostas pelo **Roteiro de estudo**. O poema "Budismo moderno" foi musicado pelo compositor Arnaldo Antunes e encontra-se no CD *Ninguém*.

Augusto dos Anjos

Budismo moderno

Tome, Dr., esta tesoura, e... corte
Minha singularíssima pessoa.
Que importa a mim que a bicharia roa
Todo o meu coração, depois da morte?!

Ah! Um urubu pousou na minha sorte!
Também, das diatomáceas da lagoa
A criptógama cápsula se esbroa
Ao contacto de bronca destra forte!

Dissolva-se, portanto, minha vida
Igualmente a uma célula caída
Na aberração de um óvulo infecundo;

Mas o agregado abstrato das saudades
Fique batendo nas perpétuas grades
Do último verso que eu fizer no mundo!

(*Eu e outros poemas*. 30. ed. Rio de Janeiro: Livraria São José, 1965. p. 146.)

Augusto dos Anjos na voz de Othon Bastos

O ator Othon Bastos é um grande admirador da poesia de Augusto dos Anjos. No CD *Augusto dos Anjos por Othon Bastos* (coleção Poesia Falada, nº 9), o ator declama 36 poemas do poeta maldito. Na capa do CD, Bastos conta:

> Li o *Eu* na adolescência e foi como se levasse um soco na cara [...]. Quis ler mais esse poeta diferente dos clássicos, dos românticos, dos parnasianos, dos simbolistas, de todos os poetas que eu conhecia. A leitura do *Eu* foi para mim uma aventura milionária. Enriqueceu minha noção de poesia.

Reprodução

Graça Aranha

Não acredito que da fusão com espécies radicalmente incapazes resulte uma raça sobre que se possa desenvolver a civilização. Será sempre uma cultura inferior, civilização de mulatos, eternos escravos em revoltas e quedas [...]. Não, Milkau, a força é eterna e não desaparecerá; cada dia ela subjugará o escravo. Essa civilização, que é o sonho da democracia, da fraternidade, é uma triste negação de toda arte, de toda a liberdade e da própria vida. [...]

O mundo é uma expressão da harmonia e do amor universal. [...] Os seres são desiguais, mas, para chegarmos à unidade, cada um tem de contribuir com uma porção de amor. O mal está na força, é necessário renunciar a toda a autoridade, a todo o governo, a toda a posse, a toda a violência.

(Apud Alfredo Bosi. *História concisa da literatura brasileira*. São Paulo: Cultrix, 1972. p. 367-8.)

Graça Aranha e o debate racial

Nascido em São Luís, no Maranhão, Graça Aranha (1868-1931) estudou Direito em Recife, foi juiz no Espírito Santo e, mais tarde, ingressou na vida diplomática.

No período em que viveu no Espírito Santo, observando os contrastes culturais entre os imigrantes alemães e a população local, colheu material para escrever sua obra mais conhecida, *Canaã* (1902).

Síntese das tendências literárias oitocentistas – Naturalismo e Simbolismo – e de outras ideias com que Graça Aranha tomou contato em uma viagem à Europa, *Canaã* é um romance de tese que focaliza o confronto de ideias entre Milkau e Lentz, dois imigrantes alemães no Estado capixaba. Milkau defende a integração harmoniosa entre as raças e dá inúmeras demonstrações de amor ao Brasil. Lentz, ao contrário, defende a supremacia da raça ariana sobre o mestiço, visto como fraco e indolente.

Como sabemos, essa discussão étnica tomou proporções assustadoras nas décadas de 1930 e 1940, quando a Alemanha nazista, com suas teorias da supremacia da raça ariana, provocou a Segunda Grande Guerra.

Graça Aranha, com *Canaã*, foi um dos primeiros a tratar desse tema na literatura, assumindo nitidamente a postura humanista de Milkau, em defesa da miscigenação racial, do amor entre os seres humanos e da construção de uma Canaã.

• Roteiro de estudo •

Ao final da leitura, você deverá ser capaz de:

- Identificar no soneto de Augusto dos Anjos imagens inusitadas que aproximam o texto das propostas de ilogismo e absurdo que seriam feitas pelo Surrealismo cerca de vinte anos mais tarde.
- Relacionar o soneto de Augusto dos Anjos ao Simbolismo e ao Naturalismo e observar pontos de contato entre essas estéticas e o poema.
- Identificar no texto de Graça Aranha qual das partes é a expressão do pensamento de Lentz, ou seja, de uma visão colonialista e imperialista, e qual delas é a expressão do pensamento de Milkau, que defende uma visão evolucionista humanitária. Justificar as respostas.

Para quem quer mais na Internet

Se você quer ler outros textos de Euclides da Cunha, Lima Barreto, Augusto dos Anjos, Monteiro Lobato e Graça Aranha, acesse nosso *site*: http://www.atualeditora.com.br/pl/paraquemquermais.

Museu de Arte Moderna do Rio de Janeiro, RJ

LITERATURA

CAPÍTULO 2

: *O barco* (1915), de Anita Malfatti.

A linguagem do Modernismo

No início do século XX, uma verdadeira revolução começou a ocorrer nas artes em geral.
Na literatura não foi diferente: envolvidos por um espírito demolidor, os escritores voltaram-se contra o academicismo e romperam com os padrões estéticos vigentes.
Avessos às regras, os modernistas propuseram as "palavras em liberdade".

Você vai ler, a seguir, três poemas: o primeiro é de Guillaume Apollinaire, um dos principais poetas do Cubismo francês e amigo dos pintores Picasso e Braque; o segundo é de Mário de Andrade, um dos fundadores do Modernismo brasileiro; o terceiro é do poeta brasileiro Oswald de Andrade. Leia e compare os textos, observando a linguagem que apresentam.

LEITURA

TEXTO I

As janelas

Do vermelho ao verde todo amarelo morre
Quando cantam as araras nas florestas natais
[...]
Aves chinesas de uma asa só voando em dupla
É preciso um poema sobre isso
Enviaremos mensagem telefônica
Traumatismo gigante
Faz escorrer os olhos
Garota bonita entre jovens turinenses
O moço pobre se assoava na gravata branca
Você vai erguer a cortina
E agora veja a janela se abre
Aranhas quando as mãos teciam a luz
Beleza palidez insondáveis violetas
Tentaremos em vão ter algum descanso
Vamos começar à meia-noite
Quando se tem tempo tem-se a liberdade
Marisco Lampreia múltiplos Sóis e o Ouriço do crepúsculo
Um velho par de sapatos amarelos diante da janela
Tours
As Torres são as ruas
[...]
Ó Paris
Do vermelho ao verde todo jovem perece
Paris Vancouver Hyère Maintenon Nova York e as Antilhas
A janela se abre como uma laranja
O belo fruto da luz

Leemage/Other Images

Janelas abertas simultaneamente (1921), do pintor cubista Delaunay, uma das obras da série "As janelas", na qual Apollinaire se inspirou para escrever o poema ao lado.

lampreia: animal marinho.

(Guillaume Apollinaire. Tradução de Décio Pignatari. In: Décio Pignatari, org. *31 poetas e 214 poemas – Do Rig-Veda e Safo a Apollinaire*. São Paulo: Companhia das Letras, 1997. p. 109-10.)

TEXTO II

O domador

Alturas da Avenida. Bonde 3.
Asfaltos. Vastos, altos repuxos de poeira
sob o arlequinal do céu ouro-rosa-verde...
As sujidades implexas do urbanismo.
Filets de manuelino. Calvícies de Pensilvânia.

Gritos de goticismo.
Na frente o *tram* da irrigação,
Onde um Sol bruxo se dispersa
Num triunfo persa de esmeraldas, topázios e rubis...
[...]

Bilhet Postal Artistas

Rua São Bento em cruzamento com a Rua da Quintanda, em 1929.

Mário, paga os duzentos réis.
São cinco no banco: um branco,
Um noite, um ouro,
Um cinzento de tísica e Mário...
Solicitudes! Solicitudes!

Mas... olhai, oh meus olhos saudosos dos ontens
Esse espetáculo encantado da Avenida!
Revivei, oh gaúchos paulistas ancestremente!
E oh cavalos de cólera sanguínea!

Laranja da China, laranja da China, laranja da China
Abacate, cambucá e tangerina!
Guardate! Aos aplausos do esfusiante clown,
Heroico sucessor da raça heril dos bandeirantes,
Passa galhardo um filho de imigrante,
Louramente domando um automóvel!

("pauliceia desvairada". In: Mário de Andrade - *Poesias completas*. Belo Horizonte: Itatiaia, 2005. p. 92.)

ancestre: ascendente.
arlequinal: próprio de Arlequim.
esfusiante: esfuziante; alegre, radiante.
galhardo: garboso, elegante.
guardate: do italiano, "olhai".
heril: senhoril.
implexo: emaranhado, enredado, entrelaçado.
repuxo: jato de água.
tram: do inglês, "bonde".

TEXTO III

o capoeira

— Qué apanhá sordado?
— O quê?
— Qué apanhá?
Pernas e cabeças na calçada

(Oswald de Andrade. 5. ed. *Poesias reunidas*. Rio de Janeiro: Civilização Brasileira, 1978. p. 94)

Mark Hamaford/Getty Images

1. À primeira vista, a linguagem modernista causa grande estranhamento, mesmo para o leitor atual. Uma das razões desse estranhamento resulta do uso da técnica da *simultaneidade de imagens*, isto é, a junção de elementos aparentemente sem relação uns com os outros. Essa técnica dá a impressão de fragmentação da realidade, como se uma câmera estivesse captando *flashes*.

a) Identifique exemplos do emprego dessa técnica nos três poemas.

b) Na sua opinião, em qual dos poemas a técnica da livre associação de pensamentos chega a dificultar a compreensão do texto?

2. Outro traço de destaque na arte moderna como um todo é o *urbanismo* ou a *modernidade* como tema, isto é, a valorização das cidades, do trabalho, das fábricas, da convivência das raças e de situações cotidianas da vida. Na obra de alguns autores também é valorizada a noção do progresso advindo da industrialização e das máquinas.

a) Em qual ou quais dos poemas é abordado o tema do *urbanismo*?

b) Em qual ou quais dos poemas se nota uma visão positiva a respeito do crescimento das cidades?

3. Outra das propostas dos modernistas é trabalhar com *elementos-surpresa*, insólitos. Outra ainda é a inclinação para o humor, a piada, a ironia, o sarcasmo, a irreverência.

a) Quais poemas dão mostras de humor e irreverência?

b) Qual ou quais dos poemas apresenta(m) elementos-surpresa? Justifique sua resposta com elementos do texto.

4. Os poetas modernistas eram contrários a regras. Para criar, propunham as "palavras em liberdade", o que significava não se prender a regras preconcebidas. No lugar da métrica, propunham o uso do verso livre (sem um número predeterminado de sílabas poéticas); em vez de formas fixas, inventavam novas formas a cada novo poema.

   a) Observe a métrica dos versos dos três poemas. Eles fazem uso do verso regular ou do verso livre?

   b) Qual dos três poemas é composto em estrofes? As estrofes são regulares, isto é, todas têm o mesmo número de versos?

5. Outra manifestação da proposta de "palavras em liberdade" é o uso diferente da pontuação, de outras regras ortográficas e a busca de uma fala brasileira.

   a) Como se dá o uso da pontuação nesses textos?

   b) Que regra gramatical é quebrada no modo como se apresenta o título do poema de Oswald de Andrade?

   c) Que outros traços modernistas podem ser observados na linguagem do poema de Oswald de Andrade?

Verso livre: quem é capaz?

Quando o Modernismo propôs o fim do verso regular, muitos acharam que tinha ficado fácil ser poeta, pois qualquer um saberia empregar o verso livre.

Com o tempo, entretanto, foi ficando claro que o emprego do verso livre, sob certo sentido, é muito mais difícil que o do verso regular. Isso porque, se antes o próprio verso regular definia antecipadamente o momento em que ele devia terminar, com o verso livre isso não acontece. Cada situação exige uma solução diferente e é aí que os bons poetas, criativos e inteligentes, se destacam entre a maioria.

6. O modernismo brasileiro recebeu influência de várias correntes artísticas surgidas na Europa no início do século XX; mas, em contrapartida, representou uma retomada do *nacionalismo*, introduzido em nossa literatura pelos românticos. Que elementos do poema de Oswald de Andrade podem ser associados à valorização da cultura brasileira?

Como síntese, compare as características do Modernismo com as do Parnasianismo:

MODERNISMO	PARNASIANISMO
Nacionalismo	Universalismo (exceto em alguns poemas de Bilac)
Revisão crítica de nosso passado histórico-cultural	Apego à tradição clássica
Valorização de temas ligados ao cotidiano	Arte pela arte ou arte sobre a arte
Subjetivismo	Objetivismo
Urbanismo	Presença da mitologia greco-latina
Ironia, humor, piada, irreverência	Descritivismo
Versos livres, "palavras em liberdade"	Versos regulares, gosto pelo verso decassílabo e pelo soneto
Síntese na linguagem, fragmentação, *flashes* cinematográficos, elementos-surpresa, livre associação de ideias	Linguagem discursiva, retórica
Busca de uma língua brasileira, mais popular e coloquial	Linguagem de acordo com a norma-padrão formal da língua
Pontuação relativa	Pontuação

DO TEXTO AO CONTEXTO MODERNISTA

Leia, a seguir, um painel de textos que relacionam a produção literária do Modernismo ao contexto histórico, social e cultural em que o movimento floresceu.

Anita Malfatti. *A boba*, 1915/16. Museu de Arte Contemporânea da Universidade de São Paulo

Exposição de pinturas de Anita Malfatti.

Tarsila do Amaral. *Abaporu*. 1928. Coleção particular

Pintura de *Abaporu*, por Tarsila do Amaral, lançamento do Manifesto Antropófago, de Oswald de Andrade, e publicação de *Macunaíma*, de Mário de Andrade.

- **1907** — Início do Cubismo, com a pintura de *Les demoiselles d'Avignon*, por Pablo Picasso
- **1914** — Primeira Guerra Mundial
- **1917** — Eclosão da Revolução Russa e de greves operárias em São Paulo; Exposição de pinturas de Anita Malfatti.
- **1918** — Primeira Guerra Mundial
- **1922** — Realização da Semana de Arte Moderna, em São Paulo, e publicação de *Pauliceia desvairada*, de Mário de Andrade; Eleição de Artur Bernardes, movimento dos 18 do Forte de Copacabana e fundação do Partido Comunista
- **1924** — Movimento tenentista e início da marcha da Coluna Prestes
- **1928** — Pintura de *Abaporu*, por Tarsila do Amaral, lançamento do Manifesto Antropófago, de Oswald de Andrade, e publicação de *Macunaíma*, de Mário de Andrade.
- **1929** — Quebra da Bolsa de Valores de Nova Iorque
- **1930** — Revolução de 30 e início da era Vargas

Aceno Iconographia

Os dezoito do Forte de Copacabana, no Rio de Janeiro.

Associated press

Multidão em pânico no mercado de ações de Wall Street, em 1929.

O século XX

O século XX é o momento em que o capitalismo e o modo de vida urbano e industrial alcançaram a plenitude, assumindo diversas e contraditórias faces em todo o planeta. Apesar de seu desenvolvimento, o capitalismo teve que conviver com uma série de adversidades durante toda a primeira metade do século. Despontaram profundas crises econômicas, como, por exemplo, a crise de 1929; foram armados incríveis confrontos militares em escala quase planetária (as duas guerras mundiais); ideias totalitárias como o nazifascismo avançaram de maneira preocupante; surgiram novidades e superações, principalmente as relacionadas aos meios de comunicação de massas; e, finalmente, os questionamentos tornaram-se mais reais e evidentes, principalmente das correntes socialistas (por exemplo, a Revolução Russa de 1917).

(José Geraldo Vinci de Moraes. *Caminhos das civilizações*. São Paulo: Atual, 1998. p. 386.)

A *belle époque*: luxo, prazeres e lutas sociais

A ciência e a técnica, que já contavam com algumas conquistas desde a segunda metade do século XIX – como o transporte ferroviário, o barco a vapor e a eletricidade –, apresentavam na transição para o século XX conquistas e invenções que dariam maior dinamismo à vida moderna: as transmissões radiofônicas, o aeroplano, o automóvel e o cinematógrafo, entre outras.

Muitas dessas conquistas favoreciam diretamente o setor industrial, levando à acumulação de capitais e a novos investimentos, dos quais resultava uma farta produção de artigos manufaturados. Vivia-se nas classes dominantes um clima de euforia e confiança.

The Bridgeman Art Library/Getty Images

Em *família*, de Gustave Grau.

As burguesias industrial e financeira e a classe média gozavam os prazeres materiais que a vida moderna lhes podia oferecer. Tinha-se a sensação de conforto e de segurança, como se nada pudesse abalar a "doçura de viver".

Culturalmente, vivia-se a chamada *belle époque*, período caracterizado por uma intensa atividade artística, principalmente em Paris e Viena. Para essas cidades acorriam artistas de toda parte da Europa, atraídos por seu ritmo intenso de vida, pelos modismos, pela vida noturna, pelos bares e cabarés e pelas novidades artísticas introduzidas por correntes de vanguarda.

Contudo, conforme vinha ocorrendo desde a Revolução Industrial, no século XVIII, a classe operária continuava à margem do progresso material. Lutando, então, por melhores condições de vida e de trabalho, os trabalhadores empenhavam-se na defesa de ideias socialistas e anarquistas, fundavam associações e sindicatos, faziam greves.

A ilusão de estabilidade econômica e política vivida pela burguesia durante a *belle époque* teve fim com o início da Primeira Guerra Mundial, em 1914, e com a Revolução Russa, em 1917, que puseram a nu as contradições desse período.

Dois Brasis no início do século XX

O quadro geral da sociedade brasileira dos fins do século [XIX] vai-se transformando graças a processos de urbanização e à vinda de imigrantes europeus em levas cada vez maiores para o centro-sul. Paralelamente, deslocam-se ou marginalizam-se os antigos escravos em vastas áreas do país. Engrossam-se, em consequência, as fileiras da pequena classe média, da classe operária e do subproletariado. Acelera-se ao mesmo tempo o declínio da cultura canavieira no Nordeste, que não pode competir, nem em capitais, nem em mão de obra, com a ascensão do café paulista.

Um olhar, ainda que rápido, para esse conjunto mostra que deviam separar-se cada vez mais os polos da vida pública nacional: de um lado, arranjos políticos manejados pelas oligarquias rurais; de outro, os novos estratos socioeconômicos que o poder oficial não representava.

(Alfredo Bosi. *História concisa da literatura brasileira*. São Paulo: Cultrix, 1975. p. 340.)

O tenentismo e seus desdobramentos

1922 - Eclode nas fileiras do Exército brasileiro, principalmente entre os tenentes, uma rebelião contra a eleição de Artur Bernardes, candidato representante da política do café com leite. Essa rebelião, que levaria à Revolta do Forte de Copacabana, marca o início do Tenentismo.

1925 - Os tenentes paulistas, juntando-se a outros revoltosos de várias partes do país, formam a Coluna Prestes, que, com 1 500 homens, marcha pelo país com o objetivo de insuflar as massas contra o governo federal.

1930 - Tem início, no Rio Grande do Sul, um movimento militar que se rebela contra o governo por não aceitar a eleição de Júlio Prestes e culmina com a Revolução de 1930.

1930-1945 - Transcorre nesse período a era Vargas, que representa uma mudança de orientação na vida política e econômica do país.

Acervo Iconographia

: O movimento tenentista na Revolução de 1924.

O lirismo nas metrópoles

No século XX, a relação da lírica com o mundo apresenta aspectos múltiplos. Porém, o resultado é sempre o mesmo: desvalorização do mundo real. Como no romance, também na lírica o mundo real é esmiuçado em fenômenos isolados, apanhados com meticulosidade em lugar de um todo. [...] Quase não mais existe uma lírica mediadora que, através de coisas ou paisagens, deixe falar uma alma humanamente próxima. [...] Detritos das grandes cidades, bebedeiras, trilhos de bonde, cervejarias, pátios de fábricas, pedaços de jornal e outras coisas semelhantes aparecem, animados, nos bons textos, por aquele "estremecimento galvânico", a que Poe e Baudelaire já tinham aspirado para infundir lirismo ao cotidiano moderno.

(Hugo Friedrich. *Estrutura da lírica moderna.* São Paulo: Duas Cidades, 1978. p. 196.)

O Modernismo brasileiro e o contexto sociopolítico

Uma simples inspeção dos números mostra que o Modernismo se vincula estreitamente a certas transformações da sociedade, determinadas em geral por fenômenos exteriores, que vêm repercutir aqui. 1922 é um ano simbólico do Brasil moderno, coincidindo com o Centenário da Independência. A Guerra Mundial de 1914-1918 influiu no crescimento da nossa indústria e no conjunto da economia, assim como nos costumes e nas relações políticas. Não apenas surge uma mentalidade renovadora na educação e nas artes, como se principia a questionar seriamente a legitimidade do sistema político, dominado pela oligarquia rural. Torna-se visível, prin-

Emiliano di Cavalcanti. Coleção Mário de Andrade, Instituto de Estudos Brasileiros, USP-SP cipalmente nos Estados do Sul, que dominam a vida econômica e política, a influência da grande leva de imigrantes, que forneceram mão de obra e quadros técnicos depois de 1890, trazendo elementos novos ao panorama material e espiritual.

Em 1922 irrompe a transformação literária, ocorre o primeiro dos levantes político-militares que acabariam por triunfar com a Revolução de Outubro de 1930, funda-se o Partido Comunista Brasileiro, etapa significativa da política das massas, que se esboçava e que avultaria cada vez mais.

Em 1930, segunda data-chave, sofríamos, como todo o mundo civilizado, os efeitos da grande crise econômica mundial, aberta em 1929, que motivou um decênio de depressão. Golpeando na base o nosso produto de exportação, o café, ela abalou a oligarquia dirigente, apoiada na economia rural, e permitiu a vitória dos liberais na Revolução de Outubro. Um grande sopro de esperança percorreu o País, criando um clima favorável para as renovações. A arte e a literatura modernas – antes postas à margem e consideradas capricho de alguns iconoclastas irresponsáveis – são agora reconhecidas como expressão legítima de nossa sensibilidade e da nossa mentalidade; ocorre uma intensa radicalização política, tanto para a esquerda quanto para a direita; e a comoção das velhas estruturas sociais favorece o desejo de descrever e esquadrinhar a realidade social e espiritual do País.

Acervo Iconographia

Anúncio da Semana de Arte Moderna de 1922.

(Antonio Candido e José A. Castello. *Presença da literatura brasileira*. São Paulo/Rio de Janeiro: Difel, 1979. v. 3, p. 7-8.)

• Roteiro de estudo •

Ao final da leitura dos textos, você deverá:

- Identificar os setores da sociedade europeia dos quais a *belle époque* era expressão artística e cultural.
- Saber comentar a oposição existente entre a oligarquia rural e a emergente burguesia industrial e os fazendeiros paulistas.
- Reconhecer e explicar a importância do tenentismo no processo de mudança da política do café com leite.
- Comentar, a partir do texto de "O lirismo na metrópole", qual é o material de que é feito o lirismo moderno.
- Estabelecer relações entre as duas datas-chave do Modernismo brasileiro – 1922 e 1930, que dão origem, respectivamente, à primeira e à segunda geração do Modernismo – e os fatos sociais e políticos mais importantes.

PRODUÇÃO DE TEXTO

Moacyr Lopes Junior/Folhapress

CAPÍTULO 3

A crônica

TRABALHANDO O GÊNERO

Leia esta crônica, de Lourenço Diaféria:

Recado pro bolsinho da camisa

Não sei como você se chama, garoto, mas te vi um dia atravessando o viaduto de concreto.

Caía chuvisco.

Teus cabelos estavam ensopados e a camisa de brim grudada no teu corpo magro e ágil como flecha disparada pelo arco do trabalho.

Você corria saltando no reflexo do asfalto molhado, como bolinha de gude rolada na infância.

Não deu tempo para perguntar teu nome. Tuas pernas finas tinham pressa. Você carregava a maleta de mão com fecho cromado, e dentro dela havia o peso da responsabilidade de papéis sérios e urgentes, que deviam chegar a um ponto qualquer da Cidade, antes que se fechassem os guichês e portarias.

Outra vez te vi, garoto.

Fazia então um sol redondo e cheio pendurado no travessão do espaço.

Outra vez, teus cabelos úmidos de suor, a camisa de brim manchada, as calças rústicas mostrando a marca da barra que tua mãe soltou de noite, fio por fio, com um sorriso e um orgulho: — O moleque está crescendo!

Não sei como você se chama, garoto.

Te conheço de vista escalando os edifícios, alpinista de elevadores, abridor de picadas na multidão, ponta de lança rompedor nesta briga de foice que são as ruas da Cidade.

Garoto que cresce sob sol e chuva carregando na maleta cheques, duplicatas, títulos, recibos, cartas, telegramas, tutu, bufunfa, grana e um retrato de menina que te espera na lanchonete.

Teu nome é: — gente.

Inventaram outro nome enrolado para dizer que você é garoto do batente.

Office-boy.

Guri que finta banco, escritório, repartição, fila, balcão, pedido de certidão, imposto a pagar, taxa de conservação, título no protesto, e que mata no peito e baixa no terreno quando encontra os olhos da garota da caixa, que pergunta de modo muito legal:

— Tem dois cruzeiros trocados?

Moleque valente que acorda cedo, engole café com pão, fala tchau mesmo, vai pro ponto do ônibus ou estação, se pendura na condução, se vira mais que pião, tem sua turma, conta vantagem, lê jornal na banca, esquenta a marmita, discute a seleção, e depois do almoço bebe um refrigerante gelado e pede uma esfirra com limão.

Moacyr Lopes Junior/Folhapress

E depois toca de novo a zunir pela Cidade, conhecido em tudo quanto é esquina, oi daqui, oi dali, até que a tarde chega e o garoto sai correndo de volta pra casa, vestir o guarda-pó, apanhar a esferográfica, enfiar os cadernos na sacola e enfrentar a escola, o sono, a voz do professor, o quadro-negro, a equação de duas incógnitas, depois de ter passado o dia inteiro gastando sola.

Guri, teu nome é: — gente.

Menino de escritório, menino do batente, que agarra o trabalho com unhas e dentes, sem você a Cidade amanheceria paralisada como bicho enorme ao qual houvessem cortado as pernas.

Pois bem: este recado não é para ser entregue a ninguém, a não ser a você mesmo.

Se quiser, guarde-o no bolsinho da camisa.

Um dia, quando você estiver completamente crescido, quando tiver bigodes, telefones, papéis importantes para preencher, alguns cabelos brancos; e sua mãe não precisar (ou não puder mais) desmanchar a barra de suas calças que ficaram curtas; quando você tiver de dar ordens de serviço a outros garotos da Cidade, saberá que, para chegar a qualquer lugar, o segredo é não desistir no meio do caminho.

Mas não se esqueça nunca de que as oportunidades não apenas se recebem ou se conquistam.

As oportunidades também devem ser oferecidas para que as pessoas pequenas saibam que seu nome é: — gente.

No futebol da vida, garoto, a parada é dura e a bola, dividida. Jogue o jogo mais limpo que você tiver. Jogue sério.

Não afrouxe se o passe recebido parecer longo demais.
Os mais bonitos gols da vida são marcados pelos que acreditam na força de seu pique.
Ponha esse recado no bolsinho da camisa, guri.
Um dia você descobrirá que a vida nem sempre é a conquista da taça.
A vida é participar do campeonato.
Vai nela, garotão!

(*Antologia da crônica brasileira - de Machado de Assis a Lourenço Diaféria*. São Paulo: Moderna, 2005. p. 196-9.)

1. A crônica é um gênero textual que oscila entre literatura e jornalismo e, antes de ser publicada em livro, costuma ser veiculada em jornal ou revista. Na crônica lida, o cronista dirige-se diretamente à personagem que é tema do seu texto.

a) A personagem é uma celebridade ou uma pessoa comum, encontrada no cotidiano da cidade grande?

b) O assunto é originário de situações circunstanciais comuns, ou de uma situação especial?

A crônica: gênero jornalístico ou literário?

Gênero híbrido que oscila entre a literatura e o jornalismo, a crônica é o resultado da visão pessoal, subjetiva, do cronista diante de um fato qualquer, colhido no noticiário do jornal ou no cotidiano. Quase sempre explora o humor; às vezes, diz as coisas mais sérias por meio de uma aparente conversa fiada; outras vezes, despretensiosamente, faz poesia da coisa mais banal e insignificante.

Registrando o circunstancial do nosso cotidiano mais simples, acrescentando, aqui e ali, fortes doses de humor, sensibilidade, ironia, crítica e poesia, o cronista, com graça e leveza, proporciona ao leitor uma visão mais abrangente, que vai além do fato; mostra-lhe, de outros ângulos, os sinais de vida que diariamente deixamos escapar da nossa observação.

2. A crônica é quase sempre um texto curto, com poucas personagens, e que chama a atenção para acontecimentos ou seres aparentemente inexpressivos do cotidiano. Na crônica lida, o cronista focaliza uma personagem comum na vida urbana.

a) O que chama a atenção do cronista nessa personagem?

b) O cronista diz que inventaram para essa personagem um "nome enrolado": *office-boy*. Essa personagem é focalizada pelo cronista como um ser individual ou como um ser coletivo?

c) Em que lugares e em que períodos de tempo o cronista situa sua personagem?

3. Em uma crônica, o narrador pode ser observador ou personagem. Qual é o tipo de narrador na crônica em estudo? Justifique sua resposta.

4. O cronista costuma ter sua atenção voltada para fatos do dia a dia ou veiculados em notícias de jornal e os registra com humor, sensibilidade, crítica e poesia. Ao proceder assim, quais dos seguintes objetivos o cronista espera atingir com seu texto?

a) Informar os leitores sobre um assunto.

b) Entreter os leitores e, ao mesmo tempo, levá-los a refletir criticamente sobre a vida e os comportamentos humanos.

c) Dar instruções aos leitores.

d) Tratar de um assunto cientificamente.

e) Argumentar, defender um ponto de vista e convencer o leitor.

f) Despertar no leitor solidariedade por um tipo humano.

5. Observe a linguagem empregada na crônica em estudo.

a) Como é retratada a vida da personagem: de forma impessoal e objetiva, isto é, em linguagem jornalística, ou de forma pessoal e subjetiva, ou seja, em linguagem literária?

b) A crônica, quanto à linguagem, está mais próxima do noticiário de jornais ou revistas ou mais próxima de textos literários?

c) No diálogo imaginário que o cronista tem com sua personagem, há, no emprego das pessoas gramaticais, um desvio em relação à norma-padrão formal. Veja:

> "Não sei como *você* se chama, garoto, mas *te* vi um dia atravessando o viaduto de concreto."

Como esse desvio pode ser explicado?

d) O cronista emprega vários substantivos, sinônimos, para se referir à sua personagem. Quais são eles? E qual é, para ele, o substantivo que, de fato, corresponde ao nome do jovem?

6. Ao retratar as andanças da personagem pela cidade, o cronista emprega um vocabulário relacionado ao campo semântico de um esporte.
   a) Qual é esse esporte? Justifique.
   b) Com que finalidade o cronista tem esse procedimento?

7. Como a maioria dos gêneros ficcionais, a crônica pode ser narrada no presente ou no pretérito.
   a) Que tempo verbal predomina na crônica em estudo?
   b) Que efeito de sentido a escolha desse tempo verbal confere ao texto?

8. Reúna-se com seus colegas de grupo e, juntos, concluam. Quais são as principais características da crônica? Respondam, levando em conta os seguintes critérios: finalidade do gênero, perfil dos interlocutores, suporte ou veículo, tema, estrutura, linguagem.

A primeira crônica brasileira

Acervo Iconographia. Museu Paulista, USP, São Paulo, SP

Nau capitânea de Cabral (c. 1900), de Pereira da Silva.

[...] por mais que ele [Caminha] tenha afirmado [...] que "para o bem contar e falar, o saiba pior que todos fazer", percebemos que tem consciência da possibilidade de "aformosear" ou "afear" uma narrativa, sem esquecer que a experiência vivida é que a torna mais intensa. Daí o cuidado em reafirmar que ele escreve após ter ido à terra "para andar lá com eles e saber de seu viver e maneiras": a observação direta é o ponto de partida para que o narrador possa registrar os fatos de tal maneira que mesmo os mais efêmeros ganhem uma certa concretude. Essa concretude lhes assegura a permanência, impedindo que caiam no esquecimento, e lembra aos leitores que a realidade – conforme a conhecemos, ou como é recriada pela arte – é feita de pequenos lances. Estabelecendo essa estratégia, Caminha estabeleceu também o princípio básico da *crônica*: registrar o essencial.

A história de nossa literatura se inicia, pois, com a circunstância de um descobrimento: oficialmente, a Literatura Brasileira nasceu da crônica.

(Jorge de Sá. *A crônica*. 5. ed. São Paulo: Ática, 1997. p. 507.)

A crônica: fazendo história

A crônica é um dos mais antigos gêneros jornalísticos. No Brasil, surgiu há uns 150 anos, com o Romantismo e o desenvolvimento da imprensa.

A princípio, com o nome de folhetim, designava um artigo de rodapé escrito a propósito de assuntos do dia – políticos, sociais, artísticos, literários. Aos poucos, foi se tornando um texto mais curto e se afastando da finalidade de informar e comentar, substituída pela intenção de apresentar os fatos do cotidiano de forma artística e pessoal. Sua linguagem tornou-se mais poética, ao mesmo tempo que ganhou certa gratuidade, em razão da ausência de vínculos com interesses práticos e com as informações veiculadas nas demais partes de um jornal.

De seu surgimento aos dias atuais, a crônica ganhou prestígio entre nós e pode-se até dizer que constitui um gênero brasileiro, tal a naturalidade e originalidade com que aqui se desenvolveu. Entre os muitos escritores que se destacam como autores de crônica estão Machado de Assis, Manuel Bandeira, Carlos Drummond de Andrade, Cecília Meireles, Rubem Braga, Fernando Sabino, Paulo Mendes Campos, Rachel de Queiroz, Lourenço Diaféria, Luis Fernando Verissimo, Marcos Rey, Mário Prata.

Loucos por crônicas

Para aqueles que são aficionados de crônicas, sugerimos a leitura de *Boa companhia - Crônicas* (Companhia das Letras); *Amor é prosa, sexo é poesia* e *Pornopolítica*, de Arnaldo Jabor (Objetiva); *Comédias da vida privada*, de Luis Fernando Verissimo (L&PM); *As cem melhores crônicas brasileiras*, selecionadas por Joaquim Ferreira dos Santos (Objetiva); *Cem melhores crônicas*, de Mário Prata (Planeta do Brasil); *Merreca Christmas*, de vários autores (Matrix); *O harém das bananeiras*, de Carlos Heitor Cony (Objetiva); coleção *Para Gostar de Ler* (Ática); *A crônica*, de Jorge de Sá (Ática); *A crônica - História, teoria e prática*, de Flora Bender e Ilka Laurito (Scipione).

PRODUZINDO A CRÔNICA

Há, a seguir, duas propostas de produção de crônica. Se possível, desenvolva as duas.

1. Leia esta crônica, de Fernando Sabino:

Notícia de jornal

Leio no jornal a notícia de que um homem morreu de fome. Um homem de cor branca, 30 anos presumíveis, pobremente vestido, morreu de fome, sem socorros, em pleno centro da cidade, permanecendo deitado na calçada durante 72 horas, para finalmente morrer de fome.

Morreu de fome. Depois de insistentes pedidos e comentários, uma ambulância do Pronto Socorro e uma radiopatrulha foram ao local, mas regressaram sem prestar auxílio ao homem, que acabou morrendo de fome.

Um homem que morreu de fome. O comissário de plantão (um homem) afirmou que o caso (morrer de fome) era da alçada da Delegacia de Mendicância, especialista em homens que morrem de fome. E o homem morreu de fome.

O corpo do homem que morreu de fome foi recolhido ao Instituto Anatômico sem ser identificado. Nada se sabe dele, senão que morreu de fome.

Um homem morre de fome em plena rua, entre centenas de passantes. Um homem caído na rua. Um bêbado. Um vagabundo. Um mendigo, um anormal, um tarado, um pária, um marginal, um proscrito, um bicho, uma coisa – não é um homem. E os outros homens cumprem seu destino de passantes, que é o de passar. Durante setenta e duas horas todos passam, ao lado do homem que morre de fome, com um olhar de nojo, desdém, inquietação e até mesmo piedade, ou sem olhar nenhum. Passam, e o homem continua morrendo de fome, sozinho, isolado, perdido entre os homens, sem socorro e sem perdão.

Não é da alçada do comissário, nem do hospital, nem da radiopatrulha, por que haveria de ser da minha alçada? Que é que eu tenho com isso? Deixa o homem morrer de fome.

Roberto Weigand

E o homem morre de fome. De 30 anos presumíveis. Pobremente vestido. Morreu de fome, diz o jornal. Louve-se a insistência dos comerciantes, que jamais morrerão de fome, pedindo providências às autoridades. As autoridades nada mais puderam fazer senão remover o corpo do homem. Deviam deixar que apodrecesse, para escarmento dos outros homens. Nada mais puderam fazer senão esperar que morresse de fome.

E ontem, depois de setenta e duas horas de inanição, tombado em plena rua, no centro mais movimentado da cidade do Rio de Janeiro, Estado da Guanabara, um homem morreu de fome.

Morreu de fome.

(*As melhores crônicas de Fernando Sabino*. 2. ed. Rio de Janeiro: Best Bolso, 2008. p. 46-7.)

Leia um jornal do dia e, a partir de uma notícia sobre o cotidiano da sua cidade, escreva, a exemplo de Fernando Sabino, uma crônica que procure despertar a atenção das pessoas para uma situação normalmente vista como banal. Dê ao texto um tom irônico, ou crítico, ou poético.

2. Leia esta crônica, de Walcyr Carrasco:

Mordomias caninas

Com um ramo de flores na mão, chego para minha primeira visita à residência de um casal. As luzes acesas, o clima de festa para um jantar que será inesquecível. Mas não como eu fantasiava. Entro pelo portão automático e ouço:

— Grrrrrrr!

Dois cães enormes correm ferozmente em minha direção. Quase enterro o rosto nas flores. A anfitriã sorri docemente:

— Eles não fazem nada. Fique quietinho para se acostumarem com você.

Precisa pedir? Estou paralisado, só movo as pupilas suplicantes. Eles farejam e farejam – lá!. Sinto um pavor ancestral, enquanto a jovem vem até mim, simpática:

— São como duas crianças!

Pode ser, embora meninos não tenham dentes deste tamanho. Ela comemora:

Margo Silver/Getty Images

— Gostaram de você. Fique cuidando deles enquanto meu marido toma banho e eu preparo um drinque.

Claro, as duas crianças entram em saltos na sala. Por precaução me acomodo numa cadeira dura. E os bebês tratam de se refestelar no macio. Sinto uma coceira na orelha. Inútil. Cada vez que ergo o braço, ambos rosnam. Fico tão estático quanto a múmia de Ramsés II, até que o marido chega, exultante:

— Que bom que você se deu bem com os cachorros.

Faço uma pergunta tola sobre o *pedigree*. Descobre-se o assunto da noite: como davam mamadeirinha quando eram pequenos, como usam uma ração especial, etc. etc. Não me lembro do menu do jantar, mas poderia escrever um artigo sobre como cuidar de filas.

Gosto de cachorros, desde criança. Só ando surpreso com o exagero: sei de uma mulher que enriqueceu cortando pelo e fazendo penteado nos bichinhos. Lojas com brinquedinhos para as feras se multiplicam. Outro dia vi um osso de plástico, belíssimo. Perguntei quanto. Muito mais caro do que um de verdade. Por que o falso?

— É que nessa fase o queridinho precisa afiar os dentinhos — explicam os vendedores.

Olho os dentinhos do *doberman*, que fariam as vezes de uma serra elétrica. Cresci observando as vovós tricotando enxovais para netas e crianças carentes. Outro dia vi uma cena parecida. Duas peruas oxigenadas trocavam alegremente receitas de tricô, segundo modelos da Europa. Eram pulôveres para cães. Alguns combinando com o pelo. Conta-me uma senhora:

— Tingi o meu *poodle* de rosa e o pulôver é azul para combinar.

[...]

Sei de um namoro que acabou quando os filhos dela (de outro casamento) brigaram com os cães dele. Não se falam até hoje, mas as crianças sentem falta dos bichos, para desgosto da mãe. Os leitores devem imaginar que trato meu cachorro como presidiário. Bobagem. Confesso, porém, um gostinho sádico diante de quem é recebido por meu portentoso *husky* siberiano. Sorrio:

— Fique tranquilo. Não morde.

Admiro o visitante andando com passos pausados como os de um astronauta na Lua. Sinto-me vingado por todas as vezes que enfrentei os carnívoros. Quem puder, atire o primeiro osso.

(*O golpe do aniversariante*. 4. ed. São Paulo: Ática, 2007. p. 44-7.)

À semelhança do que fez o autor da crônica lida, pense em uma situação do cotidiano que tenha sido vivida por você, ou por um familiar ou amigo seu, e escreva uma crônica sobre ela. Por exemplo: uma brincadeira de infância, uma festa de aniversário, um episódio engraçado, um encontro inesperado, um momento constrangedor, um amor não correspondido, um episódio relacionado a conflito de gerações, a colocar ou não colocar *piercing*, a fazer ou não uma tatuagem, a sua "tribo", a sua participação num campeonato esportivo ou como integrante de uma banda ou como ator (atriz) de uma peça de teatro, etc.

Planejamento do texto

- Antes de escrever sua crônica, discuta e decida com a classe e o professor a melhor forma de circulação e divulgação dos trabalhos. Sugerimos que reúnam as crônicas deste e do próximo capítulo em uma revista literária digital da classe, a ser montada no capítulo **Intervalo** desta unidade.
- Quem vai ler sua crônica? Pense no perfil dos leitores. Dependendo do suporte escolhido, os leitores poderão ser jovens como você, adultos, familiares e amigos.
- O que você pretende com sua crônica? Ao escrever, considere se você quer entreter, ou seja, divertir o leitor, ou quer sensibilizá-lo e fazer com que ele reflita.
- Planeje o modo de construir a narrativa de sua crônica. Você pode escrever uma história que revele sua visão pessoal do acontecimento ou uma história que mostre o ponto de vista de uma das pessoas envolvidas no episódio: um garoto, os pais dele, um(a) amigo(a) do garoto, um professor de matemática, o repórter, um astrônomo, um músico, uma garota nutricionista, uma pessoa comum, etc.

A crônica no cinema

Sugerimos que você assista aos seguintes filmes, baseados em crônicas de autores brasileiros: *O homem nu*, de Hugo Carvana; *Traição*, de Arthur Fontes, Claudio Torres e José Henrique Fonseca.

Direção de Arthur Fontes, José Henrique Fonseca e Cláudio Torres/Ag. O Globo

Cena do filme *Traição*, de 1998.

- Aborde o fato ou a situação escolhida procurando ir além do que aconteceu, narrando com sensibilidade ou, se quiser, com humor. Como sua crônica deverá ser narrativa, lembre-se de mencionar o lugar onde aconteceu o fato e o tempo (se era de noite, de manhã, etc.). Faça a apresentação das personagens e, se quiser dar mais dinamismo à narrativa, utilize o discurso direto. Procure contar o fato de uma forma que envolva o leitor, despertando nele o interesse pela narração e à vontade de ler o texto até o final. Se possível, reserve uma surpresa para o fim, de modo a fazer o leitor refletir, emocionar-se ou achar graça.
- Empregue a norma-padrão da língua ou escolha uma variedade linguística que esteja de acordo com o perfil do narrador e/ou das personagens.

Revisão e reescrita

Antes de passar sua crônica para o suporte final, releia-a, observando:

- se o fato do cotidiano no qual ela se baseia é abordado por meio de uma visão pessoal (poética, irônica, crítica, etc.) que procura despertar nos leitores uma percepção diferente da realidade;
- se ela apresenta os elementos narrativos básicos;
- se ela apresenta tempo e espaço limitados;
- se a narrativa é curta e leve;
- se o texto diverte e/ou promove uma reflexão sobre o assunto;
- se a linguagem está adequada ao perfil do narrador e/ou das personagens.

Faça as alterações necessárias, deixando o texto pronto para ser publicado.

Galateia e as esferas (1952), de Salvador Dalí, o mais importante pintor do Surrealismo.

CAPÍTULO 4

Vanguardas em ação

Antipassadismo cultural e liberdade de criação são as marcas principais da arte moderna. Esse era o princípio que unia as diversas correntes artísticas que surgiram na Europa e no Brasil no início do século XX.

Na Europa e no Brasil, as primeiras manifestações modernistas começaram a surgir antes da Primeira Guerra Mundial (1914-1918). No Brasil, entretanto, o movimento modernista viria a consolidar-se apenas na década de 1920, após a realização da Semana de Arte Moderna (1922).

LEITURA

Você vai ler a seguir o *Manifesto Futurista*, do italiano Filippo Tommasio Marinetti, publicado no jornal parisiense *Le Figaro* em 1909.

Museu de Arte Moderna de Nova Iorque, Estados Unidos

Formas únicas de continuidade no espaço (1913), de Umberto Boccioni, uma das mais importantes expressões do dinamismo proposto pelo Futurismo italiano.

1. Pretendemos cantar o amor ao perigo, o hábito da energia e do destemor.
2. A coragem, a audácia e a revolta serão os elementos essenciais da nossa poesia.
3. Até agora, a literatura exaltou a imobilidade, o êxtase e o sono pensativos. Nós tencionamos exaltar a ação agressiva, uma insônia febril, o passo do atleta, o salto mortal, o soco e a bofetada.
4. Nós afirmamos que a magnificência do mundo se enriqueceu de uma nova beleza da velocidade. Um carro de corrida cujo capô é adornado de grandes tubos, qual serpentes de hálito explosivo — um automóvel que ruge e parece cavalgar uma metralha é mais belo que a Vitória de Samotrácia.
5. Queremos cantar o homem ao volante, que percorre a Terra com a lança de seu espírito, traçando o círculo de sua órbita.
6. O poeta deve consumir-se de ardor, esplendor e generosidade; dilatar o fervor entusiástico dos elementos primordiais.
7. Não há beleza senão na luta. Nenhum trabalho sem caráter agressivo pode ser uma obra-prima. A poesia deve ser concebida como um ataque violento às forças desconhecidas, deve reduzi-las e prostrá-las aos pés do homem.
8. Nós estamos no último promontório dos séculos! [...] Por que olhar para trás se o que queremos é arrombar as portas misteriosas do Impossível? O Tempo e o Espaço morreram ontem. Já estamos vivendo no absoluto, porque criamos a velocidade eterna e onipresente.
9. Glorificaremos a guerra — a única higiene do mundo —, o militarismo, o patriotismo, o gesto destrutivo dos portadores da liberdade, as belas ideias pelas quais vale a pena morrer e o desprezo pela mulher.
10. Destruiremos os museus, as bibliotecas, as academias de toda sorte, combateremos o moralismo, o feminismo, toda covardia oportunista ou utilitária.
11. Nós cantaremos as grandes multidões entusiasmadas pelo trabalho, pelo prazer e pela insurreição; cantaremos as ondas multicolores e polifônicas da revolução nas capitais modernas; cantaremos o vibrante fervor noturno dos arsenais e estaleiros iluminados por luas elétricas; nuvens ambiciosas pelas linhas arqueadas de sua fumaça; pontes que atravessam rios qual ginastas gigantes, reverberando o sol com o fulgor das navalhas; vapores aventureiros que farejam o horizonte; locomotivas de peito ancho, cujas rodas lavram os trilhos como os cascos de enormes cavalos de aço arreados com tubulações; e o voo elegante dos aviões cujas hélices rascam aos ventos qual estandartes e que parecem levantar vivas qual uma multidão entusiasmada.

(In: Richard Humphreys. *Futurismo*. São Paulo: Cosac & Naify, 2001. p. 11.)

ancho: largo, amplo, espaçoso.
arqueado: curvado, em forma de arco.
fulgor: brilho, clarão, luminosidade.
promontório: parte mais alta, proeminência, saliência.
prostrar: fazer cair, lançar por terra; tirar ou perder as forças.
rascar: raspar, tirar lascas, gritar.
reverberar: refletir, brilhar, emitir luz.

1. *O Manifesto Futurista* é apresentado sob a forma de itens. Segundo o item 3 do manifesto, até aquele momento, início do século XX, a literatura tinha exaltado "a imobilidade, o êxtase e o sono pensativos".

a) De acordo com esses atributos conferidos à literatura, como esta era vista por Marinetti?

b) De acordo com os quatro primeiros itens, que elementos da modernidade se contrapõem ao perfil da literatura e da época anterior?

2. O automóvel, uma novidade na época em que o manifesto foi publicado, é comparado por Marinetti à *Vitória de Samotrácia*, uma das mais importantes obras da cultura clássica.

Lonny Kalfus/Getty Images

Vitória de Samotrácia, de autor desconhecido, datada do século II a.C.

a) Que significado tem a comparação feita por Marinetti?

b) Dos fragmentos que seguem, qual (ou quais) traduz(em) o mesmo espírito iconoclasta da comparação?

- "Por que olhar para trás se o que queremos é arrombar as portas misteriosas do Impossível?"
- "O poeta deve consumir-se de ardor, esplendor e generosidade"
- "Destruiremos os museus, as bibliotecas, as academias de toda sorte"

3. O Futurismo italiano capta o espírito de efervescência política do período e de certa forma antevê os grandes acontecimentos políticos da época, como a Primeira Guerra Mundial (1914-1918) e a Revolução Russa (1917).

a) Qual é o ponto de vista a respeito da guerra expresso no manifesto?

b) Identifique no último item elementos que apontam para a valorização das revoluções populares.

4. No momento em que o texto foi publicado, a Itália ainda era pouco industrializada e pouco desenvolvida economicamente. Com o manifesto, Marinetti pretendia ajudar a levar o país à modernidade. Identifique, no item 11, elementos da modernidade que Marinetti gostaria de ver estabelecidos na Itália.

5. Não foi por acaso que, na década de 1920, o Futurismo tornou-se a arte oficial do fascismo italiano. Do ponto de vista ideológico, o movimento defendia algumas posições que hoje seriam recriminadas e consideradas politicamente incorretas. Além da defesa da guerra, que outra posição você incluiria entre as ideias "politicamente incorretas"?

AS VANGUARDAS EUROPEIAS

Na Europa não houve uma arte moderna uniforme. Houve, sim, um conjunto de tendências artísticas – muitas vezes provenientes de países diferentes – com propostas específicas, embora as aproximassem certos traços, como o sentimento de liberdade criadora, o desejo de romper com o passado, a expressão da subjetividade e certo irracionalismo.

Paris era o principal centro cultural europeu da época e o lugar de onde as novas ideias artísticas se irradiavam para o resto do mundo ocidental. Essas tendências, que surgiram na Europa antes, durante e depois da Primeira Guerra Mundial, foram consideradas correntes de vanguarda.

Vanguardas: o futuro é agora!

Do francês *avant-garde*, a palavra *vanguarda* significa "o que marcha na frente". Artística ou politicamente, *vanguardas* são grupos ou correntes que apresentam uma proposta e/ou uma prática inovadoras. Como se tivessem "antenas" que captam as tendências do futuro, as vanguardas acreditam perceber, ou compreender, antes de todos aquilo que mais tarde será o senso comum. Sua missão é, com suas ações (muitas vezes incompreendidas), antecipar o futuro, trazendo-o para o agora.

Na **Leitura** anterior, você leu o texto que deu início ao Futurismo. Vamos, agora, aprofundar os conhecimentos sobre esse movimento e conhecer as outras correntes de vanguarda.

O Futurismo: arte em movimento

Após a publicação, em 1909, do *Manifesto Futurista*, que define o *perfil ideológico* do movimento, Marinetti lançou, em 1912, o *Manifesto Técnico da Literatura Futurista*, cujas propostas representam uma verdadeira revolução literária. Entre elas, destacam-se:

- destruição da sintaxe e a disposição das "palavras em liberdade";
- emprego de verbos no infinitivo, com vistas à substantivação da linguagem;
- abolição dos adjetivos e dos advérbios;
- uso de substantivo duplo, em lugar de substantivo acompanhado de adjetivo (*praça-funil, mulher-golfo*, por exemplo);
- abolição da pontuação, que seria substituída por sinais da matemática (+, –, :, =, >, <) e pelos sinais musicais;
- destruição do eu psicologizante.

Estorick Collection of Modern Italian Art

Ritmo do violinista (1912), de Giacomo Balla, obra que procura captar o movimento das mãos do violinista.

Evidentemente, nem todas essas propostas se firmaram na literatura. Contudo, o **verso livre** ficou como uma das mais importantes contribuições do Futurismo e do Cubismo às correntes contemporâneas.

Embora a área de maior penetração do Futurismo tenha sido a literatura, o movimento também encontrou ecos na pintura e na escultura, particularmente nas obras de Calos Carrà, Umberto Boccioni, Gino Severini, Luigi Russolo e Giacomo Balla. Nas telas futuristas são comuns elementos que sugerem a velocidade e a mecanização da vida moderna.

As propostas técnicas do Futurismo italiano tiveram adeptos em todo o mundo, entre os quais o escritor norte-americano Walt Whitman, o poeta português Fernando Pessoa e os poetas brasileiros Mário de Andrade e Oswald de Andrade. Veja, por exemplo, como nos seguintes versos do poema "Ode triunfal", de Fernando Pessoa, manifestam-se certos traços da poesia futurista, como o tom exaltado e exclamativo, a negação do passado e a exaltação das máquinas.

À dolorosa LUZ das grandes lâmpadas elétricas da fábrica
Tenho febre e escrevo.
Escrevo rangendo os dentes, fera para a beleza disto,
Para a beleza disto totalmente desconhecida dos antigos.

Ó rodas, ó engrenagens, r-r-r-r-r-r eterno!
[...]
Ah, poder exprimir-me todo como um motor se exprime!
Ser completo como uma máquina!
Poder ir na vida triunfante como um automóvel último-modelo!
Poder ao menos penetrar-me fisicamente de tudo isto,
Rasgar-me todo, abrir-me completamente, tornar-me passento
A todos os perfumes de óleos e calores e carvões
Desta flora estupenda, negra, artificial e insaciável!

(*Obra poética*. Rio de Janeiro: Aguilar, 1965. p. 306.)

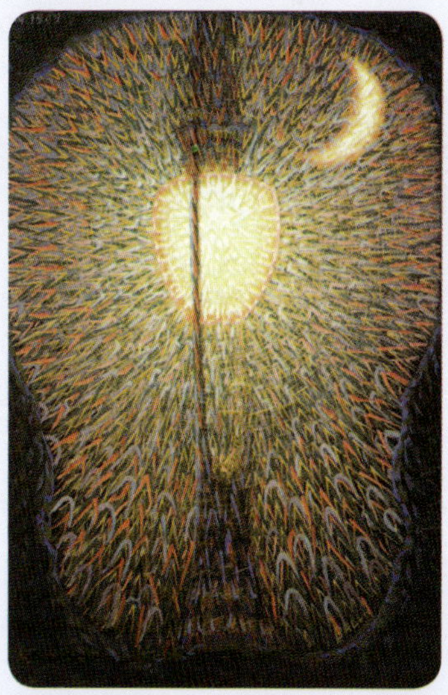

Museum of Modern Art, NY

Poste de iluminação (1909), de Giacomo Balla. Inspirada no *Manifesto Futurista* de Marinetti, essa pintura sobrepõe a modernidade da luz elétrica ao romantismo da Lua.

O Cubismo: a simultaneidade de perspectivas

O movimento cubista teve início na França, em 1907, com o quadro *Les demoiselles d'Avignon*, do pintor espanhol Pablo Picasso. A partir de então, em torno de Picasso e do poeta francês Apollinaire formou-se um grupo de artistas que cultivaria as técnicas cubistas até o término da Primeira Guerra Mundial, em 1918.

A convivência entre escritores e artistas plásticos desse grupo favoreceu uma rica troca de ideias e técnicas, de modo que os poetas se familiarizavam com técnicas pictóricas, enquanto os pintores assimilavam ideias filosóficas e poéticas.

Museum of Modern Art. NY

Les demoiselles d'Avignon (1907), de Picasso. As mulheres da esquerda identificam-se com a cultura ibérica e as da direita revelam influência da arte negra, que o pintor vinha pesquisando.

Os pintores cubistas opõem-se à objetividade e à linearidade da arte renascentista e realista. Buscando novas experiências com a perspectiva, procuram decompor os objetos representando-os em diferentes planos geométricos e ângulos retos, em espaços múltiplos e descontínuos, que se interceptam e se sucedem, de tal forma que o espectador, com o seu olhar, possa remontá-los e ter uma visão do todo, de face e de perfil, como se tivesse dado uma volta em torno deles. Outra técnica introduzida pelos cubistas é a *colagem*, que consiste em montar a obra a partir de diferentes materiais, como figuras, jornais, madeira, etc.

Na literatura, essas técnicas da pintura correspondem à fragmentação da realidade, à superposição e simultaneidade de planos – por exemplo, reunião de assuntos aparentemente sem nexo, mistura de assuntos, espaços e tempos diferentes. O poeta Apollinaire realizou, com base na disposição espacial e gráfica do poema, experiências que despertaram grande interesse. No Brasil, nas décadas de 1950-60, essa técnica influenciaria o surgimento do Concretismo.

Assim, a literatura cubista apresenta características como ilogismo, humor, anti-intelectualismo, instantaneísmo, simultaneidade, linguagem predominantemente nominal.

As principais expressões do Cubismo europeu foram, na pintura, Picasso, Léger, Braque, Gris e Delaunay; na literatura, Apollinaire e Blaise Cendrars.

Picasso no cinema

Aos 60 anos e no auge de sua carreira, o pintor Pablo Picasso convida uma jovem de 23 anos a morar com ele, iniciando com ela um relacionamento que duraria dez anos. Esse é o enredo do filme *Os amores de Picasso* (1996), de James Ivory, com o ator Anthony Hopkins no papel de Picasso.

Warner Bros/Everett Collection/Grupo Keystone

Cena do filme *Os amores de Picasso* (1996), de James Ivory.

Entre os modernistas brasileiros da década de 1920 podem ser notadas influências cubistas. Observe no poema de Oswald de Andrade a seguir, por exemplo, a presença de elementos como a fragmentação da realidade, a predominância de substantivos e *flashes* cinematográficos.

hípica

Saltos records
Cavalos da Penha
Correm jóqueis de Higienópolis
Os magnatas
As meninas
E a orquestra toca
Chá
Na sala de cocktails

(*Pau-Brasil.* 2. ed. São Paulo: Globo: 2003. p. 173.)

O Expressionismo: liberdade na expressão do mundo interior

No começo do século XX, surgiu um grupo de pintores, chamados *expressionistas* na Alemanha e *fauvistas* na França, que, curiosamente, tinha como objetivo combater o Impressionismo, tendência da qual eles provinham.

O Impressionismo consiste em uma corrente da pintura que valoriza a *impressão*, ou seja, é uma arte sensorial e subjetiva quanto ao modo de captação da realidade. Na relação entre o artista impressionista e a realidade, o movimento de criação vai do mundo exterior para o mundo interior. Já no Expressionismo ocorre o oposto: o movimento de criação parte da subjetividade do artista, do seu mundo interior, em direção ao mundo exterior. Assim, para o artista expressionista, a obra de arte é reflexo direto de seu mundo interior e toda a atenção é dada à *expressão*, isto é, ao modo como forma e conteúdo livremente se unem para dar vazão às sensações do artista no momento da criação. Essa liberdade da expressão assemelha-se à que os futuristas pregavam com seu lema "palavras em liberdade".

Galeria Nacional. Oslo, Noruega

A dança da vida (1899-1900), de Edvard Munch, um dos mais importantes pintores expressionistas.

Durante e depois da Primeira Guerra, o Expressionismo assumiu um caráter mais social e combativo, denunciando os horrores da guerra, as condições de vida desumanas das populações carentes, etc.

Segundo o crítico de arte Giulio Argan, "o Expressionismo se põe como antítese do Impressionismo, mas o pressupõe: ambos são movimentos *realistas*, que exigem a *dedicação* total do artista à questão da realidade, mesmo que o primeiro a resolva no plano do conhecimento e o segundo no plano da ação". (*Arte moderna.* São Paulo: Companhia das Letras, 1993. p. 227.)

Entre os principais fundamentos do Expressionismo destacam-se:

- A arte não é imitação, mas criação subjetiva, livre. A arte é expressão dos sentimentos.
- A realidade que circunda o artista é horrível e, por isso, ele a deforma ou a elimina, criando a arte abstrata.
- A razão é objeto de descrédito.
- A arte é criada sem obstáculos convencionais, o que representa um repúdio à repressão social.
- A intimidade e a vivência da dor derivam do sentido trágico da vida e causam uma deformação significativa, torturada.
- A arte se desvincula do conceito de belo e feio e torna-se uma forma de contestação.

Destacam-se, entre os artistas ligados ao Expressionismo: na pintura, Kandinski, Paul Klee, Chagall, Munch; na arquitetura, Erich Mendelsohn; na literatura, August Stramm, Kasimir Edschmid e, mais tarde, Herman Hesse e Thomas Mann; no teatro, Kayser e Brecht (fase inicial); na música, Schoenberg; no cinema, Wiene.

Na literatura, o Expressionismo geralmente apresenta estas características:

- linguagem fragmentada, elíptica, constituída por frases nominais (basicamente aglomerados de substantivos e adjetivos), às vezes até sem sujeito;
- despreocupação quanto à organização do texto em estrofes, ao emprego de rimas ou à musicalidade;
- combate à fome, à inércia e aos valores do mundo burguês.

Eis um fragmento do poema expressionista "O meu tempo", do poeta alemão Wilhelm Klemm:

Cantos e metrópoles, lavinas febris,
Terras descoradas, polos sem glória,
Miséria, heróis e mulheres da escória,
Sobrolhos espectrais, tumulto em carris.

Soam ventoinhas em nuvens perdidas.
Os livros são bruxas. Povos desconexos.
A alma reduz-se a mínimos complexos.
A arte está morta. As horas reduzidas

(Apud Lúcia Helena. *Movimentos da vanguarda europeia*. São Paulo: Scipione, 1993. p. 33.)

O Dadaísmo: a antiarte

Durante a Primeira Guerra Mundial, a Suíça, por ter se mantido neutra no conflito, recebeu artistas e intelectuais de todos os pontos da Europa. Abrigando-se em Zurique, alguns desses "fugidos da guerra" reuniam-se no Cabaret Voltaire, ponto de encontro e espaço cultural onde nasceu o movimento dadaísta.

O que significa *dadá*?

Segundo Tristan Tzara, o líder dadaísta, a palavra *dadá* não significa nada:

> Encontrei o nome casualmente ao meter uma espátula num tomo fechado do Petit Larousse e lendo logo, ao abrir-se o livro, a primeira linha que me saltou à vista: DADÁ.

Eis, também, um fragmento do *Manifesto do Senhor Antipirina*, a primeira exposição pública do pensamento dadaísta:

> Dadá permanece no quadro europeu das fraquezas, no fundo é tudo merda, mas nós queremos doravante cagar em cores diferentes para ornar o jardim zoológico da arte de todas as bandeiras dos consulados.

Criado a partir do clima de instabilidade, medo e revolta provocado pela guerra, o movimento dadá pretendia ser uma resposta à nítida decadência da civilização representada pelo conflito. Dessa postura provêm a irreverência, o deboche, a agressividade e o ilogismo dos textos e manifestações dadaístas.

Os dadás entendiam que, com a Europa banhada em sangue, o cultivo da arte não passava de hipocrisia e presunção. Por isso, adotaram procedimentos que tinham em vista ridicularizar, agredir e destruir a arte.

Muitas foram as atitudes demolidoras dos artistas dadaístas a partir de 1916: noitadas em que predominavam palhaçadas, declamações absurdas, exposições inusitadas, além dos espetáculos-relâmpago que faziam de improviso nas ruas, em meio a urros, vaias, gritos, palavrões e à total incompreensão da plateia.

Quanto às obras artísticas, especificamente, é pequena a produção do Dadaísmo suíço. Mas o movimento foi reforçado pelas montagens e colagens de Max Ernst e Hans Arp, feitas com diferentes materiais, e pela técnica do *ready-made* desenvolvida por Marcel Duchamp, que satiriza o mito mercantilista da civilização capitalista. A técnica do *ready-made* consiste em extrair um objeto do seu uso cotidiano e, sem nenhuma ou com pequenas alterações, atribuir-lhe um valor. Ficaram famosos certos objetos, como um urinol de porcelana, uma roda de bicicleta enxertada numa cadeira, um rolo de corda, uma ampola de vidro, um suporte para garrafa, todos elevados por Duchamp à condição de objetos de arte.

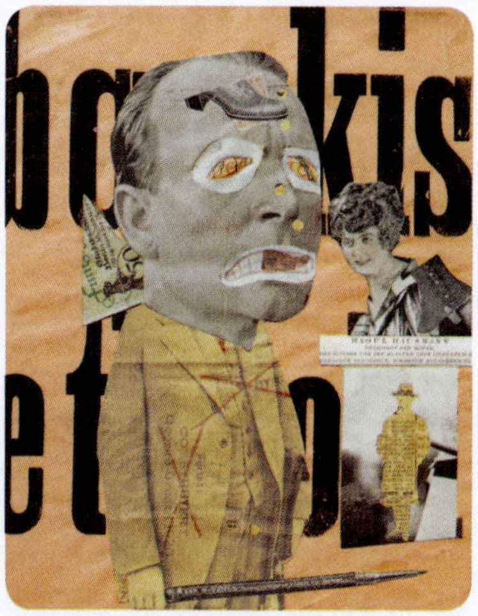
Latinstock

The art critic (1919-1920), de Raoul Hausmann.

Na literatura, o Dadaísmo caracteriza-se pela agressividade, pela improvisação, pela desordem, pela rejeição a todo tipo de racionalização e equilíbrio, pela livre associação de palavras (técnica da "escrita automática", que seria mais tarde aproveitada pelo Surrealismo) e pela invenção de palavras com base na exploração apenas do seu significante. Um exemplo dessas propostas é o poema fonético "*Die Schlacht*" ("A batalha"), de Ludwig Kassak:

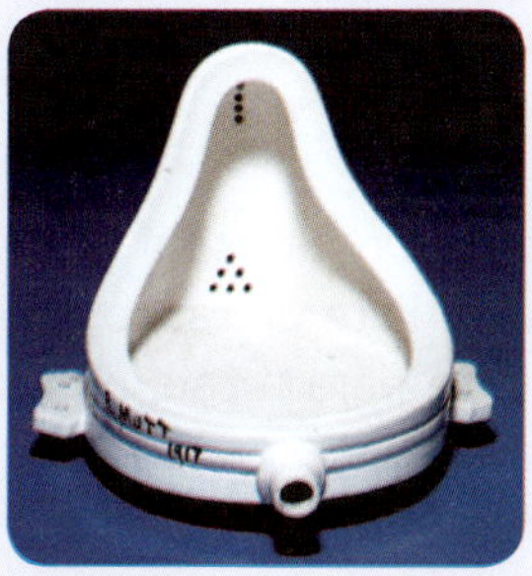
The Israel Museum, Jerusalém, Israel

Urinol de porcelana, de Duchamp.

Berr... bum, bumbum, bum...
Ssi... bum, papapa bum, bumm
Zazzau... Dum, bum, bumbumbum
Prä, prä, prä... ra, hä-hä, aa...
Hahol...

(Apud Gilberto Mendonça Teles. *Vanguardas europeias e Modernismo brasileiro*. Petrópolis: Vozes, 1983.)

A poesia sonora e o Dadaísmo

A poesia sonora (feita somente com sons, sem palavras) nasceu com os dadaístas no começo do século XX. Depois de oitenta anos desaparecida, voltou a surgir na década de 1990 e tem adeptos no Brasil e em Portugal. Em agosto de 2000, foi realizado em São Paulo o Ciclo Internacional de Poesia Experimental Sonora, que contou com a participação de poetas brasileiros e estrangeiros.

Entre os dadaístas têm destaque também Francis Picabia, Philippe Soupault e André Breton.

A orientação anarquista e niilista, bem como a falta de um programa de arte, não permitiu ao movimento longa duração. Tristan Tzara e André Breton desentenderam-se. Como a guerra terminara já havia alguns anos, era hora de reconstruir o que fora demolido: a Europa e a arte. Tzara insistia em manter a linha original do movimento; Breton, rompendo com o Dadaísmo, abandonou o grupo para criar o movimento surrealista, uma das mais importantes correntes artísticas do século XX.

O Surrealismo: o combate à razão

O movimento surrealista teve início na França, a partir da publicação do *Manifesto do Surrealismo* (1924), de André Breton. Diversos pintores aderiram ao movimento, interessados nas propostas de Breton, que, tendo sido psicanalista, procurava unir arte e psicanálise.

Duas foram as linhas de atuação do Surrealismo no seu início: as experiências criadoras automáticas e o imaginário extraído do sonho.

Freud, na psicanálise, e Bergson, na filosofia, já haviam destacado a importância do mundo interior do ser humano, as zonas desconhecidas ou pouco conhecidas da mente humana. Encaravam o inconsciente, o subconsciente e a intuição como fontes inesgotáveis e superiores de conhecimento do homem, pondo, assim, em segundo plano o pensamento sensível, racional e consciente.

O automatismo artístico consiste em extravasar sem nenhum controle da razão ou do pensamento os impulsos criadores do subconsciente. O artista, ao proceder assim, põe na tela ou no papel seus desejos interiores profundos, sem se importar com coerência, significados, adequação, etc. Na literatura, esse procedimento recebeu o nome de *escrita automática*.

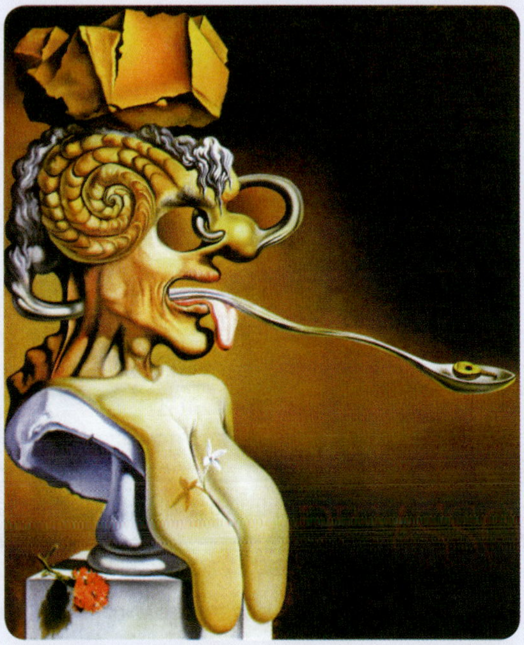

Fundação Gala-Salvador Dalí, Figueiras, Espanha

Retrato de Picasso (1947), expressão da arte surrealista de Salvador Dalí.

A outra linha de atuação surrealista, a onírica, busca a transposição do universo dos sonhos para o plano artístico.

O sonho, na concepção de Freud, é a manifestação das zonas ocultas da mente, o inconsciente e o subconsciente. Os surrealistas pretendiam criar uma arte livre da razão, que correspondesse à transferência direta das imagens artísticas do inconsciente para a tela ou para o papel, uma arte produzida num estado de consciência em que o artista estaria "sonhando acordado".

Nessas duas linhas de pesquisa e trabalho são frequentes o *ilogismo*, o *devaneio*, o *sonho*, a *loucura*, a *hipnose*, o *humor negro*, as *imagens surpreendentes*, o *impacto do inusitado*, a *livre expressão dos impulsos sexuais*, etc.

O Surrealismo teve repercussão em vários domínios da arte. Na literatura, destacam-se André Breton, Louis Aragon, Antonin Artaud; nas artes plásticas, Salvador Dalí, Max Ernst, Joan Miró, Jean Harp. No cinema, a principal expressão é o cineasta espanhol Luis Buñuel, que, juntamente com Salvador Dalí, criou o roteiro dos primeiros filmes surrealistas: *O cão andaluz* e *Idade do ouro*, de 1929. Buñuel, que morreu em 1983, dirigiu vários filmes marcantes, entre eles *A bela da tarde*, *O discreto charme da burguesia*, *O fantasma da liberdade*, *O anjo exterminador* e *Esse obscuro objeto do desejo*.

A rejeição do Surrealismo ao mundo burguês, racional, mercantil e moralista levaria alguns membros do grupo a ter ligações com o comunismo. Para alcançar o objetivo maior do movimento – amor, liberdade e poesia –, eles acreditavam ser necessária uma transformação radical da sociedade, por meio da qual se pusesse fim ao modo de produção capitalista e à estrutura de classes sociais.

A adesão desses membros, particularmente de André Breton, às ideias socialistas provocou no movimento uma cisão interna, que se agravou com a Segunda Guerra Mundial (1939-1945) e colaborou para a desarticulação do grupo.

Embora o Surrealismo tenha oficialmente desaparecido com a Segunda Guerra, resquícios do movimento ou tentativas de recuperá-lo são vistos até os dias de hoje em diferentes linguagens artísticas, o que comprova sua força criadora e a contemporaneidade de suas propostas.

No Brasil, vários escritores foram influenciados pelas ideias surrealistas, tais como Mário de Andrade, Oswald de Andrade, Murilo Mendes e Jorge de Lima.

Algumas das características surrealistas, como o ilogismo, o absurdo, as imagens surpreendentes, a atmosfera onírica, podem ser observadas, por exemplo, no poema a seguir, de Murilo Mendes.

Pré-história

Mamãe vestida de rendas
Tocava piano no caos
Uma noite abriu as asas
Cansada de tanto som,
Equilibrou-se no azul,
De tonta não mais olhou
Para mim, para ninguém!
Cai no álbum de retratos.

(In: Antonio Candido e J. A. Castello. *Presença da literatura brasileira.* 7. ed. São Paulo/Rio de Janeiro: Difel, 1979. p. 185.)

The Tan Woodner Family Collection, New York

Ophelia (1900-5), de Odilon Redon.

LITERATURA COMPARADA

DIÁLOGO DA POESIA CONTEMPORÂNEA COM A POESIA CUBISTA

A seguir você vai ler/ver quatro poemas visuais. O primeiro integra o livro *Caligramas* (1918), do poeta cubista francês Guillaume Apollinaire, um dos pioneiros da poesia visual. O segundo é de Augusto de Campos, um dos fundadores do Concretismo, movimento poético brasileiro da década de 1950; o terceiro é de Paulo Leminski, poeta brasileiro que se destacou entre as décadas de 1970 e 1990; o último é de Arnaldo Antunes, poeta e compositor da atualidade.

TEXTO I

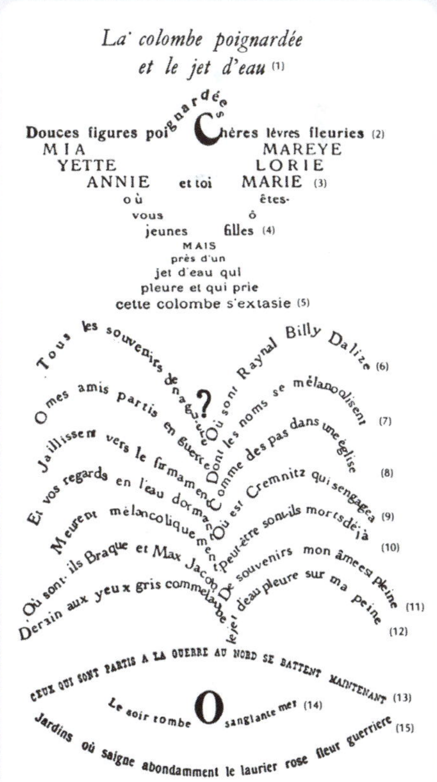

Reprodução

(1) "A pomba apunhalada e o jato d'água"
(2) "Doces figuras apunhaladas/Caros lábios floridos"
(3) Alusão às duas mulheres que dividiam seu amor
(4) "onde estão/vocês, Ó/meninas"
(5) "mas/próximo a um/jato d'água que chora e que ora/esta pomba se extasia"
(6) "Todas as lembranças recentes/Onde estão Raynal Billy Dalise?"
(7) "Ó meus amigos que partiram para a guerra/onde os nomes se tornam melancolias"
(8) "Voam em direção ao firmamento/Como passos numa igreja"
(9) "E seus olhares na água parada/Onde está Cremnitz que se engajou"
(10) "Morrem melancolicamente/Talvez já estejam mortos"
(11) "Onde estão Braque e Max Jacob/Minh'alma está cheia de lembranças"
(12) "Agora com os olhos cinza como a aurora/O jato d'água chora sobre minha dor"
(13) "Os que partiram para a guerra no Norte brigam agora"
(14) "A noite cai/Ó mar sangrento"
(15) "Jardins onde sangra abundantemente o loureiro rosa flor guerreira"

(Guillaume Apollinaire. In: A. Medina Rodrigues et alii. *Antologia da literatura brasileira.* São Paulo: Marco Editorial, 1979. p. 17. Tradução dos autores da antologia.)

TEXTO II

Augusto de Campos

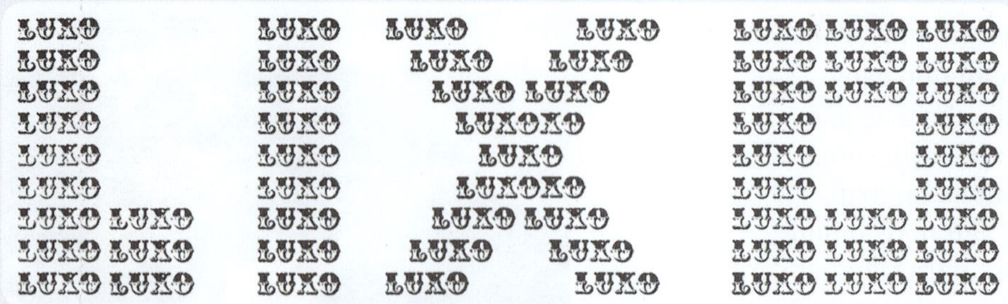

(Augusto de Campos. In: *Poesia concreta*. São Paulo: Abril Educação, 1982. Col. Literatura Comentada.)

TEXTO III

Paulo Leminski, 1983

(Paulo Leminski, 1983.
Texto extraído do *site* www.artewebbrasil.com.br/marcelo/poesia_visual.htm)

TEXTO IV

Arnaldo Antunes

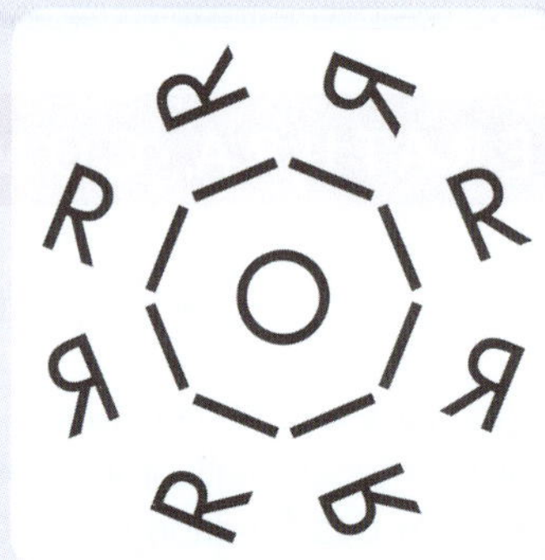

(Arnaldo Antunes. *Dois ou + corpos no mesmo espaço*. São Paulo: Perspectiva, 1997.)

1. O poema de Apollinaire foi publicado em 1918, durante a Primeira Guerra Mundial (1914-1918). Observe que, nele, os versos formam imagens.

a) Até o movimento cubista, a maior parte dos poemas apresentava uma disposição linear e discursiva dos versos. O que ocorre com os versos no poema de Apollinaire?

b) Que figuras você observa no poema?

c) Troque ideias com os colegas: O que essas figuras representam em nossa cultura?

d) A tradução do título do poema é "A pomba apunhalada e o jato d'água". Considerando o contexto político-social em que o poema foi criado, como você entende a palavra *apunhalada* do título?

e) Levante hipóteses: Qual é o provável assunto do poema?

2. Com base na tradução do poema, compare o conteúdo e a forma apresentados por ele. Há semelhança entre essas duas faces do poema? Justifique sua resposta.

3. Observe o texto II.

a) Que nova palavra é formada a partir da disposição da palavra *luxo*?

b) Considerando forma e conteúdo, dê uma interpretação coerente ao poema.

4. Observe agora o poema de Paulo Leminski. Que relação existe entre a forma e o conteúdo desse poema?

5. O poema de Arnaldo Antunes permite duas leituras: uma de dentro para fora e outra de fora para dentro.

a) Que palavras se obtêm na leitura de dentro para fora?

b) E de fora para dentro?

c) Que relação essas palavras têm entre si?

d) O visual do poema está relacionado com o conteúdo? Justifique sua resposta.

6. Observe as datas em que os quatro textos foram publicados. Entre um e outro há um intervalo de pelo menos duas décadas.

a) Apesar disso, pode-se dizer que esses textos são filiados à mesma tradição? Por quê?

b) Observe a data de publicação do poema de Arnaldo Antunes. É possível afirmar que a proposta de "palavras em liberdade" dos cubistas e dos futuristas ainda perdura na época atual? Por quê?

A VANGUARDA BRASILEIRA

O Modernismo brasileiro iniciou-se oficialmente em 1922, com a realização da Semana de Arte Moderna. Porém, desde a década de 1910 já vinham ocorrendo manifestações artísticas de um grupo que formava a vanguarda modernista brasileira, entre eles os escritores Mário de Andrade, Oswald de Andrade, Ronald de Carvalho, Manuel Bandeira, Juó Bananére (pseudônimo de Alexandre Marcondes Machado) e dos pintores Anita Malfatti e Di Cavalcanti.

Entre os fatos que precederam a Semana de Arte Moderna destacam-se a criação da revista de artes *O Pirralho*, dirigida por Oswald de Andrade e Emílio de Menezes, em 1911; a exposição de obras do pintor russo Lasar Segall, em 1913; a participação do poeta brasileiro Ronald de Carvalho, em 1915, na fundação da revista *Orpheu*, que deu início ao Modernismo em Portugal; a publicação, em 1917, de várias obras de poesia, entre elas *Há uma gota de sangue em cada poema*, de Mário de Andrade (que usou o nome Mário Sobral), e *A cinza das horas*, de Manuel Bandeira.

Contudo, o fato mais marcante desse período foi uma exposição da pintora paulista Anita Malfatti, realizada em 1917, que provocou por parte do escritor e crítico do jornal *O Estado de S. Paulo* Monteiro Lobato uma violenta crítica, intitulada "Paranoia ou mistificação?". Veja um fragmento desse artigo:

Museu de Arte de São Paulo Assis Chateaubriand, MASP, SP

Uma estudante (1915-1917), de Anita Malfatti, obra que integrou a exposição de 1917.

Há duas espécies de artistas. Uma composta dos que veem normalmente as coisas e em consequência disso fazem arte pura, guardando os eternos ritmos da vida, e adotados para a concretização das emoções estéticas, os processos clássicos dos grandes mestres. [...] A outra espécie é formada pelos que veem anormalmente a natureza, e interpretam-na à luz de teorias efêmeras, sob a sugestão estrábica de escolas rebeldes, surgidas cá e lá como furúnculos da cultura excessiva. São produtos do cansaço e do sadismo de todos os períodos de decadência: são frutos de fins de estação, bichados ao nascedouro. [...]

....

Estas considerações são provocadas pela exposição da Sra. Malfatti, onde se notam acentuadíssimas tendências para uma atitude estética forçada no sentido das extravagâncias de Picasso e companhia. [...]

Anita Malfatti: o salto no escuro

É provável que, em 1917, a própria Anita Malfatti não tivesse consciência do significado histórico que sua exposição ganharia. A verdade é que ela, então com 28 anos, assumiu sozinha a liderança da renovação das artes plásticas no Brasil.

Infelizmente, talvez por não ter preparo ou maturidade suficiente para suportar as críticas de Lobato e de outros intelectuais, bem como as pressões familiares e insegurança financeira, a pintora aos poucos abandonou o espírito vanguardista e experimental de seus trabalhos iniciais e passou a fazer uma pintura bem-comportada, com características impressionistas e realistas. Assim, perdeu o papel de liderança que naturalmente conquistara.

A SEMANA DE ARTE MODERNA

Não se sabe ao certo de quem partiu a ideia de realizar uma mostra de artes modernas em São Paulo. Contudo, há o registro de que, já em 1920, Oswald de Andrade prometera para 1922 – ano do centenário da Independência – uma ação dos artistas novos "que fizesse valer o Centenário!".

O certo é que, em 1921, o grupo modernista que realizaria a Semana estava completamente organizado e amadurecido para o evento. No mesmo ano, chegou da Europa Graça Aranha, escritor consagrado e membro da Academia Brasileira de Letras. Entusiasmado com as vanguardas artísticas europeias, com as quais tivera contato, Graça Aranha apoiou o grupo paulista. Era o impulso que faltava.

A Semana de Arte Moderna ocorreu entre 13 e 18 de fevereiro de 1922, no Teatro Municipal de São Paulo, com a participação de artistas do Rio de Janeiro e de São Paulo.

Durante toda a semana o saguão do teatro esteve aberto ao público. Nele havia uma exposição de artes plásticas com obras de Anita Malfatti, Vicente do Rego Monteiro, Zina Aita, Di Cavalcanti, Harberg, Brecheret, Ferrignac e Antonio Moya.

Col. César Luiz Pires de Melo

Vitória (1919-1921), de Victor Brecheret, que participou da exposição de artes plásticas da Semana de Arte Moderna.

Nas noites dos dias 13, 15 e 17 realizaram-se saraus com apresentação de conferências, leituras de poemas, dança e música.

A primeira noite foi aberta com uma conferência de Graça Aranha, intitulada "A emoção estética na arte moderna", na qual o escritor pré-modernista, em linguagem tradicional e acadêmica, manifestou seu apoio à arte moderna. À conferência seguiram-se declamação de poemas, por Guilherme de Almeida e Ronald de Carvalho, e execução de músicas de Ernâni Braga e Villa-Lobos.

Contrastando com o comportamento da plateia na noite anterior, a segunda foi a mais importante e a mais tumultuada das

Charge. Belmonte. s/d

Charge de Belmonte, publicada em 20/2/1922, ironizando a Semana de Arte Moderna.

três noites da Semana. Foi aberta por Menotti del Picchia, com uma conferência em que negava a filiação do grupo modernista ao futurismo de Marinetti, mas defendia a integração da poesia com os tempos modernos, a liberdade de criação e, ao mesmo tempo, a criação de uma arte genuinamente brasileira.

Quando se iniciou a leitura de poemas e fragmentos de prosa, a plateia teve reações surpreendentes, ora vaiando, relinchando, latindo, gritando, ora aplaudindo.

No intervalo entre uma parte e outra do programa, na escadaria do *hall* do teatro, Mário de Andrade fez, em meio a caçoadas e ofensas, uma pequena palestra sobre as artes plásticas ali expostas. Vinte anos depois, Mário de Andrade assim se referiu a esse episódio: "Como pude fazer uma conferência sobre artes plásticas, na escadaria do Teatro, cercado de anônimos que me caçoavam e ofendiam a valer?...".

Na segunda parte do programa, um número de dança e o concerto de Guiomar Novaes acalmaram os ânimos da plateia.

A importância da Semana

A Semana de Arte Moderna, vista isoladamente, não deveria merecer tanta atenção. Os jornais da época, por exemplo, não lhe dedicaram mais do que algumas poucas colunas e a opinião pública ficou distante. Seus participantes não tinham sequer um projeto artístico comum; unia-os apenas o sentimento de liberdade de criação e o desejo de romper com a cultura tradicional. Foi, portanto, um acontecimento bastante restrito aos meios artísticos, principalmente de São Paulo.

Apesar disso, a Semana foi aos poucos ganhando uma enorme importância histórica. Primeiramente porque representou a confluência das várias tendências de renovação que, empenhadas em combater a arte tradicional, vinham ocorrendo na cultura brasileira antes de 1922. Mário de Andrade, em 1942, em uma conferência comemorativa dos vinte anos da Semana de Arte Moderna, afirmou: "O Modernismo, no Brasil, foi uma ruptura, foi um abandono de princípios e de técnicas consequentes, foi uma revolta contra o que era a Inteligência nacional".

Em segundo lugar porque conseguiu chamar a atenção dos meios artísticos de todo o país e, ao mesmo tempo, aproximar artistas com ideias modernistas que até então se encontravam dispersos. A partir daí, em São Paulo e em várias outras cidades de todo o país, formaram-se grupos de artistas e intelectuais que fundaram revistas de arte e literatura, publicaram manifestos, enfim, levaram adiante e aprofundaram o debate acerca da arte moderna.

Além disso, a Semana, ao aproximar artistas de diferentes áreas – escritores, poetas, pintores, escultores, arquitetos, músicos e bailarinos –, permitiu o intercâmbio de ideias e de técnicas, o que ampliaria os diversos ramos artísticos e os atualizaria em relação ao que se fazia na Europa.

Os reflexos da Semana fizeram-se sentir em todo o decorrer dos anos 1920, atravessaram a década de 1930 e, de alguma forma, têm relação com a arte que se faz hoje.

Álbum de Tarsila do Amaral, 1922-28, 9 x12 cm, col. Thaís Amaral Perrox, SP; fotógrafo anônimo

Organizadores da Semana de Arte Moderna: de pé, entre outros, Manuel Bandeira (de óculos e gravata-borboleta); Mário de Andrade e Guilherme de Almeida (atrás das cadeiras); Paulo Prado (de bigode, ao centro); Gofredo Silva Telles (último à direita). Sentado no chão, Oswald de Andrade.

LEITURA

O poema a seguir, "Os sapos", de Manuel Bandeira, foi declamado por Ronald de Carvalho no segundo sarau da Semana, sob vaias e gritarias. O público, durante a leitura, gritava em uníssono: "Foi, não foi!".

Os sapos

Enfunando os papos,
Saem da penumbra,
Aos pulos, os sapos.
A luz os deslumbra.

Em ronco que aterra,
Berra o sapo-boi:
— "Meu pai foi à guerra!"
— "Não foi!" — "Foi!" — "Não foi!".

O sapo-tanoeiro
Parnasiano aguado,
Diz: — "Meu cancioneiro
É bem martelado.

Vede como primo
Em comer os hiatos!
Que arte! E nunca rimo
Os termos cognatos.

O meu verso é bom
Frumento sem joio.
Faço rimas com
Consoantes de apoio.

Vai por cinquenta anos
Que lhes dei a norma:
Reduzi sem danos
A fôrmas a forma.

Clame a saparia
Em críticas céticas:
Não há mais poesia,
Mas há artes poéticas..."

Urra o sapo-boi:
— "Meu pai foi rei" — "Foi!"
— "Não foi!" — "Foi!" — "Não foi!".

Brada em um assomo
O sapo-tanoeiro:
— "A grande arte é como
Lavor de joalheiro.

Ou bem de estatuário.
Tudo quanto é belo,
Tudo quanto é vário,
Canta no martelo".

Óleo sobre tela 50,5 x 60 cm; foto Rômulo Fialdini/Acervo Museu de Arte Brasileira da FAAP, SP

O sapo (1928), da pintora modernista Tarsila do Amaral.

Outros, sapos-pipas
(Um mal em si cabe),
Falam pelas tripas:
— "Sei!" — "Não sabe!" — "Sabe!".

Longe dessa grita,
Lá onde mais densa
A noite infinita
Verte a sombra imensa;

Lá, fugido ao mundo,
Sem glória, sem fé,
No perau profundo
E solitário, é

Que soluças tu,
Transido de frio,
Sapo-cururu
Da beira do rio...

(*Estrela da vida inteira*. 11. ed. Rio de Janeiro: José Olympio, 1986. p. 46-7.)

cético: cheio de dúvida.

cognatos: termos que têm o radical em comum, como, por exemplo, *pedra* e *pedreiro*.

frumento: o melhor trigo.

joio: planta que nasce entre o trigo e prejudica seu desenvolvimento.

perau: barranco, abismo.

transido: penetrado, repassado de frio, dor ou medo.

1. Os modernistas dos anos 1920 frequentemente tinham atitudes de ironia, deboche e crítica em relação à cultura oficial.
   a) Aponte no poema um exemplo de ironia ou deboche.
   b) Que movimento literário, visto como representante da cultura oficial, é satirizado? Comprove sua resposta com elementos do texto.
   c) A fala do sapo-tanoeiro, delimitada pelas aspas, veicula o princípio básico do movimento literário satirizado. Qual é esse princípio?

2. Explique a oposição feita entre poesia e artes poéticas na 7ª estrofe.

3. Faça uma pesquisa, no dicionário ou com o professor de Biologia, sobre os quatro tipos de sapo mencionados no poema: sapo-boi, sapo-tanoeiro (ou ferreiro), sapo-cururu e sapo-pipa. Depois responda:
   a) De que modo o poeta sugere o som característico dos sapos?
   b) Na hierarquia dos sapos, pelo critério da raridade, qual dos sapos mencionados é o mais simples e comum em nosso país?
   c) Nesse poema, os sapos são metáforas de tendências estéticas da literatura brasileira. Considerando-se a condição precária ("Sem glória, sem fé") do sapo-cururu, o que ele pode representar no cenário cultural brasileiro?

Para quem quer mais

Se você quer conhecer mais a fundo as ideias de contestação e inovação dos primeiros modernistas brasileiros, leia o poema que segue, de Manuel Bandeira. Embora publicado apenas em 1930 (portanto, oito anos após a Semana de Arte Moderna), o texto é uma espécie de plataforma tardia da poesia modernista brasileira. Após a leitura, procure resolver, sozinho, em dupla ou em grupo, as questões propostas pelo **Roteiro de estudo**.

Poética

Estou farto do lirismo comedido
Do lirismo bem comportado
Do lirismo funcionário público com livro de ponto expediente protocolo e manifestações de
[apreço ao sr. diretor.
Estou farto do lirismo que para e vai averiguar no dicionário o cunho vernáculo de
[um vocábulo.

Abaixo os puristas
Todas as palavras sobretudo os barbarismos universais
Todas as construções sobretudo as sintaxes de exceção
Todos os ritmos sobretudo os inumeráveis

Estou farto do lirismo namorador
Político
Raquítico
Sifilítico
De todo lirismo que capitula ao que quer que seja fora de si mesmo.

De resto não é lirismo.
Será contabilidade tabela de cossenos secretários do amante exemplar com cem modelos
[de cartas e as diferentes maneiras de agradar às mulheres, etc.

Quero antes o lirismo dos loucos
O lirismo dos bêbados
O lirismo difícil e pungente dos bêbados
O lirismo dos clowns de Shakespeare

— Não quero mais saber do lirismo que não é libertação.

(*Estrela da vida inteira*, cit., p. 98)

barbarismo: erro gramatical relativo à palavra, inclusive emprego de palavra estrangeira.
clown: palhaço.
pungente: que causa sofrimento ou aflição.
ritmo: no poema, com o sentido também de métrica.
vernáculo: relativo à língua genuína, pura.

• Roteiro de estudo •

Ao final da leitura, você deverá ser capaz de:

- Identificar as estrofes do texto em que há críticas e as que apresentam propostas.
- Reconhecer o movimento literário a que são feitas as críticas e o que se critica dele.
- Perceber e comprovar que o poema apresenta algumas propostas que são postas em prática no próprio texto.
- Resumir a concepção do autor acerca do lirismo na poesia moderna e explicar por que ela é associada ao lirismo de bêbados, loucos e palhaços.

Para quem quer mais na Internet

No *site* http://www.atualeditora.com.br/pl/paraquemquermais, você poderá ler "A emoção estética na arte moderna", o discurso com o qual Graça Aranha abriu a primeira noite da Semana de Arte Moderna.

AST Fotoworks/Alamy/Other Images

LÍNGUA: USO E REFLEXÃO

CAPÍTULO 5

Período composto por subordinação: as orações substantivas

CONSTRUINDO O CONCEITO

Leia o anúncio a seguir:

MPM Propaganda

(34º Anuário do Clube de Criação de São Paulo, p. 137.)

1. A respeito do anúncio, responda:
   a) Qual é a sua finalidade?
   b) A quem ele é dirigido, principalmente?
   c) A cédula rasgada que se vê é dinheiro de que país?
   d) Que relação há entre a cédula rasgada e o enunciado verbal em destaque?

2. O enunciado verbal em destaque no anúncio consiste em um período composto, formado por duas orações, ligadas pela conjunção *que*. Veja:

   Só o SulAmérica Saúde evita | que você faça isso com os recursos da sua empresa.
   (Só o SulAmérica Saúde evita = 1ª oração; que você faça isso com os recursos da sua empresa = 2ª oração)

   a) Qual é a predicação do verbo *evitar*?
   b) Qual das duas orações é a principal? Qual é a subordinada?
   c) Observe esta correspondência:

   Só o SulAmérica Saúde evita | que você faça isso com os recursos da sua empresa.

   Só o SulAmérica evita | isso.
   (evita = VTD; isso = OD)

   Com base na correspondência que você observou, deduza: Qual é a função sintática da oração *que você faça isso com os recursos da sua empresa*?

CONCEITUANDO

Como você pôde observar, a oração *que você faça isso com os recursos da sua empresa* funciona como objeto direto do verbo *evitar* da oração principal. Por isso, recebe o nome de **oração objetiva direta**. Como equivale a um substantivo ou a um pronome substantivo, denomina-se **oração substantiva**. Além disso, por ser sintaticamente dependente da oração principal – *Só o SulAmérica Saúde evita* –, uma vez que é o objeto direto do verbo *evitar*, é denominada **oração subordinada**.

Assim:

Oração subordinada substantiva é aquela que tem valor de *substantivo* e exerce, em relação a outra oração, a função de *sujeito, objeto direto, objeto indireto, predicativo, complemento nominal* ou *aposto*.

Que ou *se*?

Em relação ao emprego das conjunções integrantes, utilizamos *que* quando o verbo exprime uma certeza e *se* quando exprime uma incerteza. Exemplos: "Já sei *que* você não vai participar" e "Não sei *se* ele vai participar".

As orações substantivas são normalmente introduzidas pelas conjunções subordinativas integrantes *que* e *se*. Podem também, em alguns casos, ser introduzidas por um pronome indefinido, por um pronome ou advérbio interrogativo ou exclamativo. Veja:

Não sabemos	(por) quanto quem por que como quando onde	vendeu sua motocicleta seminova.

Claudius

A oração subordinada "quando você traz trabalho para casa" é introduzida pelo advérbio *quando*.

CLASSIFICAÇÃO DAS ORAÇÕES SUBSTANTIVAS

A oração substantiva pode desempenhar no período as mesmas funções que o substantivo pode exercer nas orações: *sujeito*, *objeto direto*, *objeto indireto*, *predicativo*, *complemento nominal* e *aposto*. Assim, de acordo com sua função, recebe as seguintes denominações: *subjetiva*, *objetiva direta*, *objetiva indireta*, *predicativa*, *completiva nominal* e *apositiva*.

Subjetiva

Exerce a função de *sujeito* da oração de que depende ou em que se insere:

Consta (or. principal) que as contas de água e luz já foram pagas. (or. subordinada substantiva subjetiva)

OBSERVAÇÃO

Certos verbos e certas expressões comumente têm por sujeito uma oração subordinada substantiva. São, entre outros:

- *acontecer*, *constar*, *cumprir*, *importar*, *urgir*, *ocorrer*, *parecer*, *suceder*, quando empregados na 3ª pessoa do singular;
- *sabe-se*, *conta-se*, *é sabido*, *ficou provado* (expressões na voz passiva);
- *é bom*, *é claro*, *parece certo*, *está visto* (expressões constituídas por um verbo de ligação acompanhado do predicativo).

Como reconhecer uma oração subordinada substantiva?

Quando a oração é substantiva, ela quase sempre pode ser substituída por um substantivo ou por um pronome substantivo, como *isto*, *isso*, *aquilo*. Observe:

Peça-lhe que me traga sal. (OSSOD) □ Peça-lhe isso. (OD)

Objetiva direta

Exerce a função de *objeto direto* do verbo da oração principal:

Achamos (VTD; or. principal) que você deve partir imediatamente. (or. subord. substantiva objetiva direta)

Objetiva indireta

Exerce a função de *objeto indireto* do verbo da oração principal:

Convenceu-o (VTDI, OD; or. principal) de que o trabalho era fácil. (or. subord. substantiva objetiva indireta)

Predicativa

Exerce a função de *predicativo* de um termo que é sujeito da oração principal:

sujeito	VL	
O problema	é	que o prazo para as inscrições já terminou.
or. principal		or. subord. substantiva predicativa

Completiva nominal

Exerce a função de *complemento nominal* de um substantivo ou adjetivo da oração principal:

VL	predicativo	
Estava	convicto	de que ele era inocente.
or. principal		or. subord. subst. completiva nominal

Apositiva

Exerce a função de *aposto* de um nome da oração principal:

VTDI	OI	OD	
Dei-	lhe	um conselho:	(que) não se importasse mais com o caso.
or. principal			or. subord. substantiva apositiva

Frequentemente é precedida por dois-pontos e, às vezes, pode vir entre vírgulas.

EXERCÍCIOS

Leia a tira a seguir, de Fernando Gonsales, e responda às questões 1 e 2.

(*Níquel Náusea - Minha mulher é uma galinha.* São Paulo: Devir, 2008. p. 30.)

1. No 1º quadrinho da tira, na fala da atendente, há uma oração subordinada substantiva. Identifique-a e classifique-a.

2. Nas tiras, o humor normalmente é construído a partir de quebra de expectativa, representada por uma situação surpreendente, que geralmente ocorre no último quadrinho. Qual é a situação surpreendente responsável pelo humor da tira?

Leia ou cante os versos da canção a seguir, de Tom Jobim e Vinícius de Morais, e responda às questões de 3 a 6.

Eu sei que vou te amar

Paul Bradbury/Getty Images

Eu sei que vou te amar
Por toda a minha vida eu vou te amar
Em cada despedida eu vou te amar
Desesperadamente, eu sei que vou te amar
E cada verso meu será
Pra te dizer que eu sei que vou te amar
Por toda a minha vida

Eu sei que vou chorar
A cada ausência tua eu vou chorar
Mas cada volta tua há de apagar
O que esta ausência tua me causou

Eu sei que vou sofrer
A eterna desventura de viver
À espera de viver ao lado teu
Por toda a minha vida

(Fermata do Brasil/Editora Musical Arapuã Ltda.)

3. Observe o primeiro verso de cada uma das estrofes:

Eu sei que vou te amar
Eu sei que vou chorar
Eu sei que vou sofrer

Cada um desses versos é formado por duas orações, ligadas pela conjunção *que*. Esses períodos são compostos por coordenação ou por subordinação?

4. O verbo *saber* é transitivo direto e, portanto, exige complemento.

a) Qual é o objeto direto desse verbo em cada um desses períodos?

b) O que a repetição dessa estrutura sintática sugere quanto aos sentimentos do eu lírico?

5. O eu lírico dessa canção é correspondido no amor? Justifique a sua resposta com versos do poema.

6. Explique o valor semântico das expressões adverbiais *por toda a minha vida* e *desesperadamente*, considerando o sentimento amoroso do eu lírico.

Leia o cartum a seguir, de Nilson, e responda às questões 7 e 8.

Nilson Adelino Azevedo

7. Na fala da personagem, há três orações.
   a) Qual delas é subordinada?
   b) A que palavra da oração anterior ela está ligada?
   c) Logo, como se classifica a oração subordinada? Por quê?

8. O cartum de Nilson mantém uma relação intertextual com o quadro *Os retirantes* (1944), de Candido Portinari, que retrata nordestinos em retirada, vitimados pela seca. Observe a obra de Portinari, ao lado, e responda:
   a) Que nova contextualização o cartunista fez para atualizar o drama retratado por Portinari?
   b) É possível associar o humor do cartum a humor negro? Justifique sua resposta.

Museu de Arte de São Paulo Assis Chateaubriand, MASP, SP

: *Os retirantes* (1944), de Candido Portinari.

ORAÇÕES SUBSTANTIVAS REDUZIDAS

Leia, a seguir, a letra de uma canção de Tom Jobim. Se possível, ouça a canção.

Wave

Vou te contar
Os olhos já não podem ver
Coisas que só o coração pode entender
Fundamental é mesmo o amor
É impossível ser feliz sozinho

O resto é mar
É tudo que não sei contar
São coisas lindas
Que eu tenho pra te dar
Vem de mansinho a brisa e me diz
É impossível ser feliz sozinho

Da primeira vez era a cidade
Da segunda o cais e a eternidade

Agora eu já sei
Da onda que se ergueu no mar
E das estrelas que esquecemos de contar
O amor se deixa surpreender
Enquanto a noite vem nos envolver

(Disponível em: www2.uol.com.br/tomjobim/ml_wave.htm. Acesso em: 7/6/2012.)

Observe o último verso das duas primeiras estrofes: É impossível ser feliz sozinho
(ser feliz sozinho: or. subord. substantiva subjetiva)

Outra redação possível para o verso seria: É impossível que eu seja feliz sozinho
(que eu seja feliz sozinho: or. subord. substantiva subjetiva)

Nos dois períodos apresentados, as orações destacadas são substantivas subjetivas e ambas expressam a mesma ideia.

A oração subordinada substantiva *que eu seja feliz sozinho* apresenta o verbo no modo subjuntivo e é introduzida por uma conjunção. Por isso, é uma **oração desenvolvida**.

Oração desenvolvida é aquela que apresenta o verbo no modo indicativo, subjuntivo ou imperativo e é introduzida por um conectivo (palavra de ligação).

A oração subordinada substantiva *ser feliz sozinho* apresenta verbo no infinitivo e dispensa a conjunção. É, portanto, uma **oração reduzida**.

Oração reduzida é aquela que apresenta o verbo numa das formas nominais (infinitivo, gerúndio e particípio) e não precisa de conectivo.

Na língua portuguesa, há três tipos de orações subordinadas reduzidas: **de infinitivo**, **de gerúndio** e **de particípio**.

As orações subordinadas substantivas geralmente são reduzidas de infinitivo.

EXERCÍCIOS

1. Transforme a oração reduzida de infinitivo numa oração desenvolvida cujo verbo fique na voz passiva pronominal. Veja o exemplo:

> Convém fazer a manutenção das máquinas periodicamente.
> Convém que se faça a manutenção das máquinas periodicamente.

a) Seria bom encontrar as meninas na praia.

b) Parece certo mudar a data do evento.

c) Convém comprar os ingressos antecipadamente.

d) É preciso atualizar os endereços do cadastro.

e) "É preciso amar as pessoas como se não houvesse amanhã." (Renato Russo)

No texto a seguir há uma pergunta de um leitor e a resposta que a pesquisadora Sonia Maciel da Rosa Osman dá a ela. Leia o texto e responda às questões de 2 a 4.

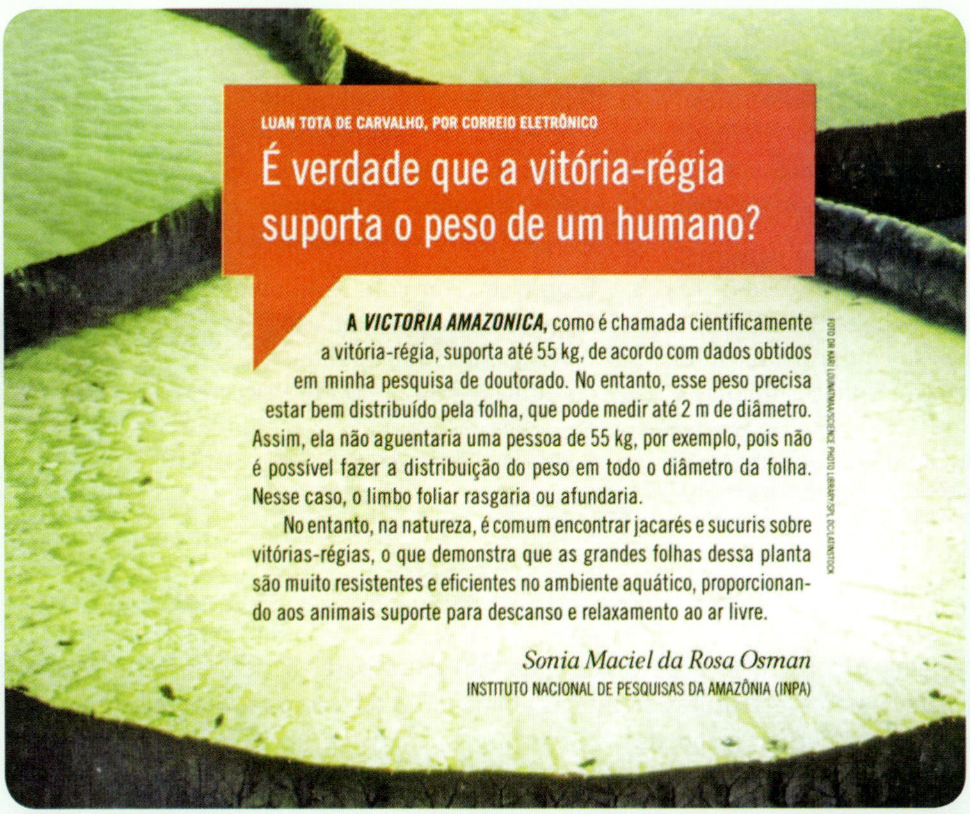

LUAN TOTA DE CARVALHO, POR CORREIO ELETRÔNICO

É verdade que a vitória-régia suporta o peso de um humano?

A *VICTORIA AMAZONICA*, como é chamada cientificamente a vitória-régia, suporta até 55 kg, de acordo com dados obtidos em minha pesquisa de doutorado. No entanto, esse peso precisa estar bem distribuído pela folha, que pode medir até 2 m de diâmetro. Assim, ela não aguentaria uma pessoa de 55 kg, por exemplo, pois não é possível fazer a distribuição do peso em todo o diâmetro da folha. Nesse caso, o limbo foliar rasgaria ou afundaria.

No entanto, na natureza, é comum encontrar jacarés e sucuris sobre vitórias-régias, o que demonstra que as grandes folhas dessa planta são muito resistentes e eficientes no ambiente aquático, proporcionando aos animais suporte para descanso e relaxamento ao ar livre.

Sonia Maciel da Rosa Osman
INSTITUTO NACIONAL DE PESQUISAS DA AMAZÔNIA (INPA)

INPA

(*Ciência Hoje*, nº 283, p. 5.)

2. Há, no texto, quatro orações subordinadas substantivas. Identifique-as.

3. Das quatro orações subordinadas, três desempenham a mesma função.

a) Quais são elas?

b) Que função desempenham?

c) Quais delas são reduzidas de infinitivo?

4. Como se classifica a oração subordinada substantiva que tem função diferente das outras três?

5. Na linguagem escrita, para dar expressividade, clareza e concisão ao texto, devemos, sempre que possível, evitar a repetição da conjunção *que*. No caso do emprego das orações subordinadas substantivas, dispomos dos recursos de substituir o verbo por um substantivo ou transformar a oração desenvolvida em uma oração substantiva reduzida. Veja o exemplo:

Basta *que* o diretor *assine* no verso do requerimento.
Basta a *assinatura* do diretor no verso do requerimento.
Basta o diretor *assinar* no verso do requerimento.

Reescreva as frases a seguir, substituindo o verbo por um substantivo e transformando as orações subordinadas substantivas desenvolvidas em orações reduzidas correspondentes.

a) O advogado sugeriu que interpretássemos a lei.

b) A ordem é que se mantenha o atleta no clube.

c) É importante que adquiramos computadores de última geração.

d) Não importa que a diretoria aprove ou não o nosso projeto.

e) É imprescindível esta medida: que se mude o horário.

AS ORAÇÕES SUBSTANTIVAS NA CONSTRUÇÃO DO TEXTO

Leia este poema, de Carlos Drummond de Andrade:

Poema da necessidade

É preciso casar João,
é preciso suportar Antônio,
é preciso odiar Melquíades,
é preciso substituir nós todos.

É preciso salvar o país,
é preciso crer em Deus,
é preciso pagar as dívidas,
é preciso comprar um rádio,
é preciso esquecer fulana.

É preciso estudar volapuque,
é preciso estar sempre bêbado,
é preciso ler Baudelaire,
é preciso colher as flores
de que rezam velhos autores.

É preciso viver com os homens,
é preciso não assassiná-los,
é preciso ter mãos pálidas
e anunciar o FIM DO MUNDO.

(*Sentimento do mundo.* Rio de Janeiro: Record.
© Graña Drummond – www.carlosdrummond.com.br)

Filipe Rocha

volapuque: língua auxiliar de comunicação internacional criada em 1879 pelo alemão Johann M. Schleyer.

1. O poema é construído a partir de uma estrutura paralelística, caracterizada por repetição de palavras e de estruturas sintáticas. Tomando o 1º verso – "É preciso casar João" – como exemplo dos outros, responda:

a) Qual é a oração principal desse período?

b) Como se classifica a oração *casar João*?

2. Como você sabe, as orações substantivas têm esse nome porque equivalem a um substantivo. Veja essa equivalência em relação ao 1º verso da 2ª estrofe:

É preciso *salvar o país*. □ É preciso o *salvamento do país*.

Faça o mesmo em relação aos demais versos da 2ª estrofe, ou seja, substitua as orações substantivas por substantivos correspondentes.

3. A oração *É preciso* se repete em quase todos os versos do poema.

a) Que efeito de sentido tem a repetição dessa oração no texto?

b) Que relação existe entre essa repetição e o título do poema?

c) As necessidades apontadas pelo eu lírico são de diferentes tipos: de ordem prática, emocional, material, espiritual, etc. De que tipo são as necessidades reunidas na 3ª estrofe?

4. A oração *É preciso* situa-se temporalmente no presente. Apesar disso, projeta a necessidade – representada por palavras com função de sujeito da oração principal – para um plano hipotético e futuro. Isso permite levantar hipóteses sobre a visão do eu lírico a respeito da realidade e da vida presentes.

a) Qual é essa visão?

b) Indique o item que completa corretamente a seguinte afirmação:

O fato de o sujeito se ligar à oração principal sempre por relações de subordinação, portanto nunca diretamente, acentua ainda mais:

- a possibilidade real de o eu lírico transformar a realidade.
- o distanciamento entre o desejo do eu lírico e sua realização efetiva.
- a ideia de que o mundo não existe fora do desejo do eu lírico.

5. No último verso, a expressão *FIM DO MUNDO*, que finaliza o poema, é destacada pelo uso de maiúsculas. Considerando a carga negativa do texto, dê uma interpretação coerente ao verso final.

SEMÂNTICA E DISCURSO

1. Leia os versos a seguir, da canção "Último desejo", de Noel Rosa, confrontando o valor semântico das conjunções integrantes destacadas.

Se alguma pessoa amiga
Pedir *que* você lhe diga
Se você me quer ou não,
Diga que você me adora,
Que você lamenta e chora
A nossa separação...

Que diferença de sentido há entre elas nesse contexto?

Pronome oblíquo na função de sujeito?

Embora desempenhem normalmente a função sintática de objetos (diretos ou indiretos), os pronomes oblíquos às vezes podem fazer o papel de adjunto adnominal, de complemento nominal e até de sujeito. Veja:

A mãe viu	quando ela entrou em casa.
or. principal	or. subord. subst. objetiva direta

Reduzindo, temos:

A mãe *a* viu entrar em casa.
A mãe viu — oração principal
a entrar em casa — or. subord. subst. objetiva direta reduzida de infinitivo

Da mesma forma que na oração desenvolvida o pronome *ela* é o sujeito de *entrar*, na oração reduzida o sujeito do verbo é o pronome oblíquo *a*.

2. Observe a classificação das orações neste período:

Ouvi | que eles gritavam palavras de ordem.
or. principal | or. subord. substantiva objetiva direta

Agora veja como fica a 2ª oração, transformada em reduzida:

Ouvi-os gritar palavras de ordem.

Repare que, nesse caso, não se emprega na norma-padrão a forma "Ouvi eles gritar palavras de ordem".
Reescreva os períodos a seguir, adequando à norma-padrão as orações subordinadas substantivas reduzidas.

a) Vi ela sussurrando algo no ouvido da amiga.

b) Mandei eles sair da sala imediatamente.

c) Desejamos ver ele jogando futebol profissionalmente.

d) De madrugada, a mãe encontrou ele navegando na Internet.

e) Deixe eu dormir até mais tarde, mãe.

Leia a tira a seguir e responda às questões 3 e 4.

HAGAR **CHRIS BROWNE**

(*Folha de S. Paulo*, 3/12/2011.)

3. Helga dá conselhos à filha, que pretende se casar. Com base na tira, por que é possível afirmar que Helga tem uma visão objetiva e "prática" do relacionamento familiar?

4. Na frase correspondente à fala de Helga, no 2º quadrinho:

"Quando ela a visitar, *faça-a sentir(-se)* como parte da família"

a) Como ficaria o trecho em destaque, desenvolvendo-se a oração reduzida?

b) Na forma desenvolvida, que palavra corresponde ao pronome oblíquo *a*? Que função sintática essa palavra desempenha?

c) Identifique e classifique as orações que fazem parte do trecho destacado.

: *Os óculos do poeta Álvaro de Campos (1980)*, de Costa Pinheiro.

CAPÍTULO 6

O Modernismo em Portugal: a primeira geração

No início do século XX, Portugal vivia um período de intensa mudança política e cultural. Fim da monarquia, efeitos da guerra, reavivamento do sentimento nacionalista, influências das correntes de vanguarda — tudo isso preparava o cenário para o despertar do Modernismo português e para o surgimento de um dos principais autores da literatura em língua portuguesa: Fernando Pessoa.

O Modernismo português surgiu em 1915, com a publicação da revista *Orpheu*, influenciado pelas correntes de vanguarda que começavam a se constituir na Europa e pela Primeira Guerra Mundial, iniciada em 1914. Portugal, nesse momento, atravessava um período conturbado politicamente. O rei D. Carlos e seu filho tinham sido assassinados, o que provocara uma grave crise política, responsável pela proclamação da República em 1910.

Formaram-se, então, duas facções políticas: a republicana, que defendia e fundamentava ideologicamente o golpe de 1910, e a antirrepublicana, que arrebanhava setores conservadores, monarquistas e integralistas. Esta, insatisfeita com os rumos políticos tomados pelo país, articulava-se em torno de Antônio Sardinha, dando origem ao integralismo português, movimento de extrema direita. Os integralistas chegaram ao poder em 1926 e, em 1928, Salazar, representante desse grupo, assumiu o governo e deu início a uma ditadura que só teria fim em 1974, com a Revolução dos Cravos.

Foi bonita sua festa, pá!

A ascensão de Salazar ao poder, em Portugal, deu início em toda a Europa a um período de avanço de ideologias nazifascistas (nazismo, fascismo, integralismo) e de luta contra a expansão comunista.

Em Portugal, a ditadura salazarista durou até 1974. Na Espanha, Franco subiu ao poder em 1936 e governou o país até 1976.

Chico Buarque comemorou a Revolução dos Cravos, ocorrida em Portugal, com a canção "Tanto mar":

Foi bonita a festa, pá
Fiquei contente
Ainda guardo renitente um velho cravo para mim

(www.chicobuarque.com.br)

AS REVISTAS E O ESPÍRITO DE RENOVAÇÃO

A repercussão da queda da monarquia e da proclamação da República foi enorme junto ao povo e à cultura portuguesa. Foram retomadas com entusiasmo antigas discussões sobre a grandiosidade da nação portuguesa, perdida a partir do declínio da Renascença; o espírito nacionalista e saudosista do povo português foi reaceso; vários artistas e intelectuais se lançaram num projeto de reconstrução da cultura portuguesa.

Um exemplo dessa preocupação é a criação, em 1910, de *A Águia*, revista mensal de literatura, arte, ciência, filosofia e crítica social que se apresentava como porta-voz de um movimento de "renascença portuguesa". A revista foi dirigida, entre outros, por Teixeira de Pascoaes e Jaime Cortesão e contou com a colaboração de Mário de Sá-Carneiro e Fernando Pessoa.

Reprodução

Revistas *A Águia*, em que Fernando Pessoa colaborou como ensaísta crítico, e *Orpheu*, presenças marcantes na vida cultural portuguesa à época do Modernismo.

Além de *A Águia*, muitas outras revistas apareceram entre as décadas de 1910 e 1920 em Portugal, tornando o ambiente cultural ainda mais propício a mudanças. Entre elas destacaram-se *Orpheu* (surgida em 1915), *Centauro* (1916), *Exílio* (1916), *Ícaro* (1916), *Portugal Futurista* (1917), *Seara Nova* (1921) e *Athena* (1924).

À parte desse espírito de renovação e ruptura, destacaram-se dois escritores ainda ligados a modelos do século XIX, mas cujas obras representaram um importante salto qualitativo: Aquilino Ribeiro e Florbela Espanca (conheça um pouco do trabalho da escritora na seção **Para quem quer mais**).

A GERAÇÃO DA REVISTA *ORPHEU*

O orfeísmo, ou a primeira geração do Modernismo português, organizou-se em torno da revista *Orpheu*, a mais importante das publicações da época. A revista notabilizou-se não só pelo escândalo que provocou, mas também pelos textos publicados e pela influência que exerceu sobre as gerações seguintes.

Revista trimestral que contou com apenas dois números – o terceiro, apesar de produzido, não chegou a ser impresso –, *Orpheu* é o resultado da convivência de jovens artistas que se reuniam nos cafés de Lisboa e buscavam trocar informações e experiências. Tinham em comum a disposição para revolucionar e atualizar a cultura portuguesa e o projeto de divulgá-la no cenário europeu por meio de uma revista que se chamaria *Europa*.

As tendências artísticas presentes em *Orpheu* eram diversificadas. Ao mesmo tempo que se viam velhos valores simbolistas e decadentistas do final do século XIX, via-se também a reformulação desses mesmos valores, orientada pelas novidades propostas pelo Futurismo e pelo Cubismo.

Entre outros, participaram de *Orpheu* e fizeram parte da primeira geração modernista em Portugal Fernando Pessoa, Mário de Sá-Carneiro, Almada Negreiros, Luís de Montalvor e o brasileiro Ronald de Carvalho. Desse grupo, merecem destaque os três primeiros.

FERNANDO PESSOA: O CALEIDOSCÓPIO POÉTICO

Fernando Pessoa.

Fernando Pessoa (1888-1935) é o principal escritor do Modernismo português e, ao lado de Camões, um dos maiores poetas portugueses de todos os tempos. Nasceu em Lisboa, ficou órfão de pai aos 5 anos e, em 1895, foi para a África do Sul com a mãe e o padrasto, nomeado cônsul em Durban. Voltando a Portugal em 1905, escreveu em língua inglesa ainda durante algum tempo, fase da qual resultou a obra *35 sonnets*, publicada em 1918.

O escritor colaborou em várias revistas literárias e atuou como crítico em *A Águia*, dirigida por Teixeira de Pascoaes, intelectual nacionalista e visionário que teve grande influência sobre ele.

Cultivou tanto a poesia quanto a prosa (contos). Escreveu também alguns textos de estrutura dramática – chamados por ele próprio de "poemas dramáticos" –, como o drama *O marinheiro*, além de ensaios sobre arte e crítica literária. Foi um estudioso da astrologia e do ocultismo.

Mas é na poesia que Fernando Pessoa mais chama a atenção. Sua singularidade e sua criatividade são incomparáveis em toda a literatura de língua portuguesa e, talvez, em toda a literatura universal. Tais atributos se devem à intrigante questão da *heteronímia*.

O roçar das línguas

Caetano Veloso, reconhecendo a importância de Fernando Pessoa, reverencia-o, bem como a Luís de Camões e Guimarães Rosa, em sua música "Língua". Os três, por sua importância histórica e por sua inventividade, podem ser considerados os "papas" da literatura em língua portuguesa. Eis um fragmento da canção:

> Gosto de sentir a minha língua roçar
> A língua de Luís de Camões
> [...]
> Gosto do Pessoa na pessoa
> Da rosa no Rosa.

Heteronímia: máscara e essência

Fernando Pessoa não foi apenas criador de obras literárias, mas também um criador de escritores. Em outras palavras, o seu projeto de arte era tão vasto e sua inteligência, imaginação e capacidade criadora tão amplas, que não lhe bastava criar uma única obra, mesmo que contivesse vários volumes e títulos. Por isso, por meio da imaginação, concebeu várias entidades poéticas, com biografia, traços físicos, profissão, ideologia e estilo próprios.

Ao todo, foram mais de setenta os heterônimos desenvolvidos, semidesenvolvidos ou apenas esboçados. Entre eles destacam-se os três heterônimos perfeitos – Alberto Caeiro, Ricardo Reis e Álvaro de Campos –, seguidos de Bernardo Soares, Coelho Pacheco, Alexandre Search e Charles Robert Anon (a quem o escritor atribuiu os primeiros poemas ingleses que produziu), Frederico Reis, Antônio Mora, Vicente Guedes. E, é claro, não se pode esquecer o próprio nome Fernando Pessoa, que, utilizado também como assinatura de muitos textos, constitui mais uma face da multifacetada obra do escritor.

As razões que teriam levado Fernando Pessoa a esse projeto de arte tão grandioso e ousado têm sido objeto de estudo há décadas e provavelmente ainda deverão ser por muitos anos. A própria obra – riquíssima em reflexões filosóficas e estéticas – contém inúmeras respostas, que, embora não satisfaçam a todas as perguntas, pelo menos oferecem pistas.

Veja, por exemplo, como estes versos de Álvaro de Campos respondem à questão:

Multipliquei-me, para me sentir,
Para me sentir, precisei sentir tudo.
Transbordei, não fiz senão extravasar-me,
despi-me, entreguei-me,
E há em cada canto da minha alma um altar a um deus diferente.

Contudo, o mais impressionante depoimento do autor sobre a heteronímia está na carta datada de 13/1/1935, escrita ao poeta e crítico Casais Monteiro em resposta à pergunta que este lhe fizera sobre o que era a heteronímia. Eis alguns fragmentos dessa carta:

[...] Vou entrar na gênese dos meus heterônimos literários, que é afinal o que V. quer saber. [...]

Aí por 1912, salvo erro [...] veio-me à ideia escrever uns poemas de índole pagã. Esbocei umas coisas em verso irregular [...] e abandonei o caso. Esboçara-se-me, contudo, uma penumbra mal urdida, um vago retrato da pessoa que estava a fazer aquilo. (Tinha nascido, sem que eu soubesse, o Ricardo Reis.)

Costa Pinheiro. *Fernando Pessoa heterónimo.* 1978

Fernando Pessoa heterônimo (1978), por Costa Pinheiro.

Ano e meio, ou dois anos depois, lembrei-me um dia de fazer uma partida ao Sá-Carneiro — de inventar um poeta bucólico [...]. Levei uns dias a elaborar o poeta mas nada consegui. Num dia em que finalmente desistira — foi em 8 de março de 1914 — acerquei-me de uma cômoda alta e, tomando um papel, comecei a escrever, de pé, como escrevo sempre que posso. E escrevi trinta e tantos poemas a fio, numa espécie de êxtase cuja natureza não conseguirei definir. Foi o dia triunfal da minha vida, e nunca poderei ter outro assim. Abri com um título — "O Guardador de Rebanhos". E o que se seguiu foi o aparecimento de alguém em mim, a quem dei desde logo o nome de Alberto Caeiro. Desculpe-me o absurdo da frase: aparecera em mim o meu mestre. Foi essa a sensação imediata que tive. E tanto assim que, escritos que foram esses trinta e tantos poemas, imediatamente, peguei noutro papel e escrevi, a fio, também, os seis poemas que constituem a "Chuva Oblíqua", de Fernando Pessoa. Imediatamente e totalmente... Foi o regresso de Fernando Pessoa Alberto Caeiro a Fernando Pessoa ele só. Ou melhor, foi a reação de Fernando Pessoa contra a sua inexistência como Alberto Caeiro.

Aparecido Alberto Caeiro, tratei logo de lhe descobrir — instintiva e subconscientemente — uns discípulos. Arranquei do seu falso paganismo o Ricardo Reis latente, descobri-lhe o nome, e ajustei-o a si mesmo, porque nessa altura já o via. E, de repente, e em derivação oposta à de Ricardo Reis, surgiu-me impetuosamente um novo indivíduo. Num jato, e à máquina de escrever, sem interrupção nem emenda, surgiu a "Ode Triunfal" de Álvaro de Campos — a Ode com esse nome e o homem com o nome que tem.

....

Como escrevo em nome desses três?... Caeiro por pura e inesperada inspiração, sem saber ou sequer calcular que iria escrever. Ricardo Reis depois de uma deliberação abstrata, que subitamente se concretiza numa ode. Campos quando sinto um súbito impulso para escrever e não sei o quê. [...]

(In: Fernando Pessoa. *Obra poética*. Rio de Janeiro: Aguilar, 1965. p. 674-6.)

partida: brincadeira, pirraça.
urdido: tecido, disposto, tramado.

Alberto Caeiro: a poesia da sensação

Alberto Caeiro é considerado por Fernando Pessoa o seu mestre, assim como o de Ricardo Reis e Álvaro de Campos. Espécie de poeta-filósofo, que extrai seu pensamento não de livros nem da civilização, mas de seu contato direto com as coisas e com a natureza, Alberto Caeiro crê que o homem complicou demais as coisas com a metafísica, com suas teorias filosóficas e científicas, com suas religiões. Por isso defende a simplicidade da vida e a *sensação* como único meio válido para a obtenção do conhecimento:

O jogo de espelhos

Em um trecho da carta que escreveu a Casais Monteiro, Pessoa diz:

> **Sinto-me múltiplo**. Sou como um quarto com inúmeros espelhos fantásticos que torcem para reflexões falsas uma única anterior realidade que não está em nenhuma e está em todas. [...] Sinto-me viver vidas alheias, em mim, incompletamente, como se o meu ser participasse de todos os homens [...].
>
> [...]
>
> **"SÊ PLURAL COMO O UNIVERSO!"**

(Apud Amélia Pinto Pais. *História da literatura em Portugal*. Lisboa: Areal, 2005. p. 66.)

> Creio no mundo como num malmequer
> Porque o vejo. Mas não penso nele
> Porque pensar é não compreender...
>
> O Mundo não se fez para pensarmos nele
> (Pensar é estar doente dos olhos)
> Mas para olharmos para ele e estarmos de acordo...
>
> Eu não tenho filosofia: tenho sentidos...
> Se falo na Natureza não é porque saiba o que ela é,
> Mas porque a amo, e amo-a por isso,
> Porque quem ama nunca sabe o que ama
> Nem sabe por que ama, nem o que é amar...
>
> Amar é a eterna inocência,
> E a única inocência não pensar...

(*Obra poética*, cit., p. 204-5.)

Alberto Caeiro, em desenho de Almada Negreiros.

Essas *sensações* – que são os pensamentos do poeta – são captadas por todos os órgãos de sentido, mas principalmente pela visão. Veja os versos ao lado.

> O essencial é saber ver,
> Saber ver sem estar a pensar,
> Saber ver quando se vê,
> E nem pensar quando se vê
> Nem ver quando se pensa.
>
> Mas isso (tristes de nós que trazemos a alma vestida!)
> Isso exige um estudo profundo,
> Uma aprendizagem de desaprender.

(Idem, p. 217.)

Integrado nas leis do Universo como se fosse uma árvore ou um animal qualquer, Caeiro vive apenas o presente e, com uma postura quase infantil, sem subjetivismo ou idealizações, procura *ver* o real como ele se configura, na sua simplicidade, sem mistérios, porque estes estão na imaginação do homem:

> O mistério das cousas? Sei lá o que é mistério!
> O único mistério é haver quem pense no mistério.

(Idem, p. 207.)

LEITURA

O poema abaixo é a parte IX de "O guardador de rebanhos", de Alberto Caeiro.

Sou um guardador de rebanhos.
O rebanho é os meus pensamentos.
E os meus pensamentos são todos sensações.
Penso com os olhos e com os ouvidos
E com as mãos e os pés
E com o nariz e a boca.

Pensar uma flor é vê-la e cheirá-la
E comer um fruto é saber-lhe o sentido.

Por isso quando num dia de calor
Me sinto triste de gozá-lo tanto,
E me deito ao comprido na erva,
E fecho os olhos quentes,

Sinto todo o meu corpo deitado na realidade,
Sei a verdade e sou feliz.

(*Obra poética*, cit., p. 212-3.)

1. O eu lírico do texto se diz um "guardador de rebanhos". No entanto, ele não arrebanha bois nem ovelhas. O que arrebanha?

2. Destaque um ou mais versos do texto que ilustrem a atitude de substituir o racionalismo pelo sensacionismo cultivada pelo eu lírico.

3. Releia os dois últimos versos do poema. O que é para o eu lírico:

a) a realidade?
b) a verdade?
c) a felicidade?

4. Como se vê no poema lido, a produção de Alberto Caeiro tende à simplicidade de ideias. Observe agora o poema no plano da expressão, isto é, a estrofação, a métrica dos versos, o vocabulário, o ritmo, a sonoridade em geral, etc. Forma e conteúdo estão em harmonia ou não? Justifique.

Ricardo Reis: o sopro clássico

O heterônimo Ricardo Reis representa a faceta clássica da obra de Fernando Pessoa. De acordo com a biografia que lhe criou o autor, Reis é monarquista, educado em colégio de jesuítas, amante das culturas grega e latina e residente no Brasil.

Como seu mestre Caeiro, também é indiferente à vida social, valoriza a vida campestre e a simplicidade das coisas. Contudo, enquanto Caeiro sente-se feliz, integrado à natureza, Reis se sente o fruto de uma civilização cristã decadente, que caminha fatalmente para a destruição.

A morte de Ricardo Reis

Em 1984, José Saramago publicou um livro curioso, considerado por alguns sua obra-prima: *O ano da morte de Ricardo Reis.*

A ideia que originou o livro é simples e engenhosa. Quando morre, em 1935, Fernando Pessoa só havia "matado" um de seus heterônimos, Alberto Caeiro; que teria acontecido com os outros?, pensou Saramago. É assim que resolve contar como, após receber um telegrama de Álvaro de Campos informando-o da morte de Pessoa, Ricardo Reis resolve deixar o Brasil, onde morava, e voltar para Lisboa, local em que passará o último ano de sua vida, em meio a dois amores, encontros com o fantasma de seu criador e todos os eventos de uma conturbada Europa que vivia os prenúncios da Segunda Guerra Mundial.

(Adriano Schwartz. *Folha de S. Paulo*, 18/10/1998.)

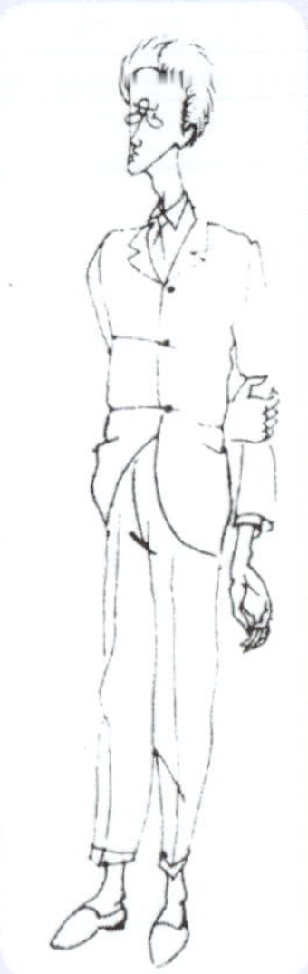

Ricardo Reis, por Almada Negreiros.

No plano individual, há a consciência da passagem do tempo e da inevitabilidade da morte. Nada resta a fazer, pois o destino de cada um já foi traçado pelo fado (fatalidade). Observe os versos a seguir.

Tudo que cessa é morte, e a morte é nossa
Se é para nós que cessa. Aquele arbusto
Fenece, e vai com ele
Parte da minha vida.

Em tudo quanto olhei fiquei em parte.
Com tudo quanto vi, se passa, passo,
Nem distingue a memória
Do que vi do que fui.

A cada qual, como a statura, é dada
A justiça: uns faz altos
O fado, outros felizes.

Nada é prêmio: sucede o que acontece.
Nada, Lídia, devemos
Ao fado, senão tê-lo.

(*Obra poética*, cit.)

fado: destino.
fenecer: morrer naturalmente.

Porém, enquanto a morte não chega, convém aproveitar os prazeres que a vida pode oferecer, mas sem excessos. Observe os versos ao lado.

Quer pouco: terás tudo.
Quer nada: serás livre.
O mesmo amor que tenham
Por nós, quer-nos, oprime-nos.

(Idem, p. 284.)

De acordo com as teorias do filósofo grego Epicuro, o homem deve buscar uma vida de prazeres naturais, de equilíbrio, sem paixões violentas. Ricardo Reis, numa atitude tipicamente epicurista, desconfia da felicidade extrema; por isso a evita ou a controla com a razão.

Enquanto a visão de mundo de Caeiro reside no objeto, nas coisas, a de Reis é extraída das próprias ideias, da abstração filosófica.

Ricardo Reis, enfim, é um neoclássico, por várias razões: pelo espírito grave e estilo elevado; pela busca de perfeição e equilíbrio; pelo intelectualismo e convencionalismo; pela frieza e distanciamento na relação amorosa; pela presença da mitologia pagã.

LEITURA

Vem sentar-te comigo, Lídia, à beira do rio.
Sossegadamente fitemos o seu curso e aprendamos
Que a vida passa, e não estamos de mãos enlaçadas.
(Enlacemos as mãos.)

Depois pensemos, crianças adultas, que a vida
Passa e não fica, nada deixa e nunca regressa,
Vai para um mar muito longe, para ao pé do Fado,
Mais longe que os deuses.

Desenlacemos as mãos, porque não vale a pena cansarmo-nos.
Quer gozemos, quer não gozemos, passamos como o rio.
Mais vale saber passar silenciosamente
E sem desassossegos grandes.

José João de Brito. Fernando Pessoa. 1978

Fernando Pessoa (1978), de José João de Brito.

Sem amores, nem ódios, nem paixões que levantem a voz,
Nem invejas que dão movimento demais aos olhos,
Nem cuidados, porque se os tivesse o rio sempre correria,
E sempre iria ter ao mar.

Amemo-nos tranquilamente, pensando que podíamos,
Se quiséssemos, trocar beijos e abraços e carícias,
Mas que mais vale estarmos sentados ao pé um do outro
Ouvindo correr o rio e vendo-o.

Colhamos flores, pega tu nelas e deixa-as
No colo, e que o seu perfume suavize o momento –
Este momento em que sossegadamente não cremos em nada,
Pagãos inocentes da decadência.

Ao menos, se for sombra antes, lembrar-te-ás de mim depois
Sem que a minha lembrança te arda ou te fira ou te mova,
Porque nunca enlaçamos as mãos, nem nos beijamos
Nem fomos mais do que crianças.

E se antes do que eu levares o óbolo ao barqueiro sombrio,
Eu nada terei que sofrer ao lembrar-me de ti.
Ser-me-ás suave à memória lembrando-te assim – à beira-rio,
Pagã triste e com flores no regaço.

(In: Carlos Felipe Moisés. *Conversa com Fernando Pessoa [entrevista e antologia]*. São Paulo: Ática, 2007. p. 59-60.)

arder: queimar.

barqueiro sombrio: referência a Caronte, que na mitologia grega é o responsável por transportar os mortos à outra margem do rio Estige, onde poderiam obter o descanso definitivo.

enlaçar: juntar, unir.

Fado: destino.

óbolo: moeda que os mortos deviam levar sob a língua para dar em pagamento ao barqueiro do rio Estige; caso o morto não tivesse a moeda, ficaria cem anos vagando no limbo.

pagão: adepto da mitologia greco-latina ou de qualquer religião politeísta; aquele que não foi batizado.

regaço: colo.

1. O poema apresenta um conteúdo filosófico. De acordo com a concepção do eu lírico:
a) A que a vida é comparada?
b) O que se leva da vida? Retire do poema um trecho que comprove sua resposta.

2. Ao refletir sobre a vida, o eu lírico acaba por expressar também seu ponto de vista sobre a morte.
a) Qual é o significado da morte para o eu lírico?
b) Usando expressões como "passamos como um rio", "se for sombra antes" e outras, o eu lírico refere-se à morte de modo eufemístico. Por que isso ocorre?

3. Lídia, a quem o eu lírico se dirige, é a mulher amada típica dos poemas filiados à tradição clássica: um ideal feminino vago, incorpóreo, distante. Pode-se dizer que a concepção de amor expressa no texto é epicurista? Justifique sua resposta com trechos do poema.

4. O poema apresenta várias características que podem ser relacionadas com a tradição da cultura clássica greco-latina. Identifique, no poema, atitudes, trechos ou ideias que exemplifiquem as seguintes características da tradição clássica:
a) racionalismo;
b) universalismo;
c) mitologia pagã.

5. Embora o eu lírico siga a tradição da cultura clássica greco-latina, o poema foi escrito no início do século XX. Considerando esse contexto, como você explica o verso "Pagãos inocentes da decadência"?

6. Como já foi visto, quanto ao plano das ideias, o poema se filia à tradição clássica. Observe-o agora no plano da expressão: a estrofação, a métrica, o vocabulário e as construções sintáticas dos versos. Esses aspectos formais estão em sintonia com o plano das ideias? Por quê?

Costa Pinheiro. *Fernando Pessoa no seu espaço poético*. 1978-1979

Fernando Pessoa no seu espaço poético (1978-1979), de Costa Pinheiro.

Álvaro de Campos: a energia futurista

Dos três heterônimos, Álvaro de Campos é o mais afinado com a tendência modernista, particularmente com o Futurismo. Engenheiro formado em Glasgow, conforme a biografia que Pessoa criou para ele, Campos é um homem voltado para o *presente*, apesar de trazer consigo saudades do tempo de menino.

Como seu mestre Alberto Caeiro, emprega o verso livre. Seu verso contém, porém, uma energia explosiva, que o difere da quase poesia em prosa de Caeiro. Procurando transmitir o espírito do mundo moderno, um mundo de máquinas, de multidões e de velocidade, a poesia de Álvaro de Campos é solta, às vezes desleixada, febril, verdadeira inspiração sem comando, cheia de gritos que exclamam e interrogam. Tais traços revelam a influência do poeta americano Walt Whitman sobre Álvaro de Campos ou sobre Fernando Pessoa.

Álvaro de Campos, por Almada Negreiros.

Como Caeiro, também Campos é sensacionista. Entretanto, o sensacionismo que o caracteriza é moderno, construído a partir das sensações da vida urbana e industrial:

Eia comboios, eia pontes, eia hotéis à hora do jantar
Eia aparelhos de todas as espécies, férreos, brutos, mínimos,
Instrumentos de precisão, aparelhos de triturar, de cavar,
Engenhos, brocas, máquinas rotativas!
Eia! eia! eia!
Eia eletricidade, nervos doentes da Matéria!
Eia telegrafia-sem-fio, simpatia metálica do Inconsciente!
Eia túneis, eia canais, Panamá, Kiel, Suez!
Eia todo o passado dentro do presente!
Eia todo o futuro já dentro de nós! eia!
Eia! eia! eia!
....

(*Obra poética*, cit.)

Na poesia de Álvaro de Campos se verificam três fases: a fase decadentista, ligada à poesia do final do século XIX; a futurista, em que se destaca o poema "Ode marítima", publicado com escândalo na revista *Orpheu*; e a fase pessoal, de descontentamento e aridez interior.

A fase final de Campos, em que o poeta aparece como cosmopolita melancólico e devaneador, aproxima-o do ortônimo Fernando Pessoa ele-mesmo, pela presença da saudade da infância e da dor de pensar.

LEITURA

Seguem alguns fragmentos de um dos mais conhecidos poemas de Fernando Pessoa. O poema é da terceira fase da poesia de Álvaro de Campos, a fase da "dor de pensar".

Tabacaria

Filipe Rocha

Não sou nada.
Nunca serei nada.
Não posso querer ser nada.
À parte isso, tenho em mim todos os sonhos do mundo.
....

Que sei eu do que serei, eu que não sei o que sou?
Ser o que penso? Mas penso ser tanta coisa!
E há tantos que pensam ser a mesma coisa que não pode haver tantos!
....

(Come chocolates, pequena;
Come chocolates!
Olha que não há mais metafísica no mundo senão chocolates.
Olha que as religiões todas não ensinam mais que a confeitaria.
Come, pequena suja, come!
Pudesse eu comer chocolates com a mesma verdade com que comes!
Mas eu penso e, ao tirar o papel de prata, que é de folha de estanho,
Deito tudo para o chão, como tenho deitado a vida.)
....

Fiz de mim o que não soube,
E o que podia fazer de mim não o fiz.
O dominó que vesti era errado.
Conheceram-me logo por quem não era e não desmenti, e perdi-me.
Quando quis tirar a máscara,
Estava pegada à cara.
Quando a tirei e me vi ao espelho,
Já tinha envelhecido.
Estava bêbado, já não sabia vestir o dominó que não tinha tirado.
Deitei fora a máscara e dormi no vestiário
Como um cão tolerado pela gerência
Por ser inofensivo
E vou escrever esta história para provar que sou sublime.
....

Mas o Dono da Tabacaria chegou à porta e ficou à porta
Olho-o com o desconforto da cabeça mal voltada
E com o desconforto da alma mal-entendendo.
Ele morrerá e eu morrerei.
Ele deixará a tabuleta, eu deixarei versos.
A certa altura morrerá a tabuleta também, e os versos também.
Depois de certa altura morrerá a rua onde esteve a tabuleta,
E a língua em que foram escritos os versos.
Morrerá depois o planeta girante em que tudo isto se deu.
Em outros satélites de outros sistemas qualquer coisa como gente
Continuará fazendo coisas como versos e vivendo por baixo de coisas como tabuletas,
Sempre uma coisa defronte da outra,
Sempre uma coisa tão inútil como a outra,
Sempre o impossível tão estúpido como o real,
Sempre o mistério do fundo tão certo como o sono de mistério da superfície.
Sempre isto ou sempre outra coisa ou nem uma coisa nem outra.

Mas um homem entrou na Tabacaria (para comprar tabaco?)
E a realidade plausível cai de repente em cima de mim
Semiergo-me enérgico, convencido, humano,
E vou tencionar escrever estes versos em que digo o contrário.

Rico Siqueira. Fernando Pessoa. 1987

Fernando Pessoa (1987), por Rico Siqueira.

Acendo um cigarro ao pensar em escrevê-los
E saboreio no cigarro a libertação de todos os pensamentos.
Sigo o fumo como um rota própria,
E gozo, num momento sensitivo e competente,
A libertação de todas as especulações
E a consciência de que a metafísica é uma consequência de estar mal disposto.

Depois deito-me para trás na cadeira
E continuo fumando.
Enquanto o Destino mo conceder, continuarei fumando.
(Se eu casasse com a filha da minha lavadeira
Talvez fosse feliz.)
Visto isto, levanto-me da cadeira. Vou à janela.

O homem saiu da Tabacaria (metendo troco na algibeira das calças?)
Ah, conheço-o; é o Esteves sem metafísica.
(O Dono da Tabacaria chegou à porta.)
Como por um instinto divino o Esteves voltou-se e viu-me.
Acenou-me adeus, gritei-lhe *Adeus ó Esteves!*, e o universo
Reconstruiu-se-me sem ideal nem esperança, e o Dono da Tabacaria sorriu.

(*Obra poética*, cit., p. 362-6.)

algibeira: bolso.
dominó: túnica com capuz e mangas para disfarce de mascarados no carnaval.

1. O eu lírico do poema faz considerações a respeito de si mesmo, de sua identidade e de sua relação com o mundo.

a) Como o eu lírico se sente diante da realidade em que vive?

b) Tendo como referência a questão da identidade individual e social de cada ser humano, explique a crítica e a autocrítica existente nestes versos:

> Quando quis tirar a máscara,
> Estava pegada à cara.

2. No texto, são feitas três referências à metafísica. *Metafísica* ("além da física"), no sentido habitual, é todo conhecimento ou especulação filosófica relacionados com o ser ou com sua transcendência.
No poema, é com certo desprezo que o eu lírico trata a metafísica, como no verso "Olha que não há mais metafísica no mundo senão chocolates".

a) Apesar disso, o eu lírico pratica a metafísica no poema? Justifique.

b) Qual a vantagem, segundo a visão expressa no texto, em comer bombons, como faz a menina, ou ser como "o Esteves sem metafísica"?

c) Com base na opinião do eu lírico sobre a metafísica, explique o sentido dos versos "(Se eu casasse com a filha da minha lavadeira / Talvez fosse feliz.)".

3. Observe que o eu lírico faz uma verdadeira "viagem" mental, especulando sobre seu próprio futuro e sobre o futuro do mundo. Na 5ª estrofe, suas reflexões são interrompidas por um fato concreto; um homem (Esteves) entra na tabacaria, fazendo com que a "realidade plausível" caia sobre o eu lírico. Este, agora "acordado", diz:

> Semiergo-me enérgico, convencido,
> [humano,
> E vou tencionar escrever estes versos
> [em que digo o contrário.

a) Com base nesses versos, levante hipóteses: É provável que o eu lírico pretendesse tratar de temas metafísicos ou de temas reais? Por quê?

b) Ele conseguiu seu objetivo? Justifique.

c) Ao dizer, então, que "a metafísica é uma consequência de estar mal disposto", o eu lírico está blefando ou não? Por quê?

Fernando Pessoa ele-mesmo: a canção de Portugal

É difícil dizer se Fernando Pessoa ortônimo condiz mais com aquilo que, de fato, era e pensava o poeta, ou se vem a constituir mais um heterônimo. Além disso, não se pode perder de vista o grandioso projeto de reconstrução da cultura portuguesa alimentado pelo poeta. A fragmentação do eu em vários eus, em vez de diluir, na verdade compõe um rico painel de Portugal, seja como síntese das mais variadas tendências literárias e filosóficas, seja como síntese de tipos humanos.

Contudo, o ortônimo Fernando Pessoa é portador de certos traços, como o nacionalismo e o saudosismo, que coincidem com os do homem Fernando Pessoa.

Por exemplo, em 1912, Pessoa escrevia em *A Águia*: "E a nossa grande Raça partirá em busca de uma Índia nova, que não existe no espaço, em naus que são construídas 'daquilo de que os sonhos são feitos'".

Júlio Pomar. *Fernando Pessoa*. 1983

Fernando Pessoa (1983), por Júlio Pomar.

É com esse tom visionário e nacionalista que Pessoa ele-mesmo escreveu *Mensagem*, iniciada em 1913 e publicada em 1934 (um ano antes de sua morte). A obra, idealizada por Fernando Pessoa como uma versão moderna da epopeia e com o nome de *Portugal*, acabou resultando numa mistura entre o épico e o lírico.

Épico porque canta os mitos e os heróis coletivos de Portugal, lembrando diretamente *Os lusíadas*, de Luís de Camões; lírico porque expõe os sentimentos de melancolia, saudosismo e euforia de um eu lírico que ora é uma personagem histórica, ora pode ser o próprio poeta.

Retomando o passado grandioso das navegações e das descobertas, Fernando Pessoa procura reacender a chama da conquista, que, tendo sido importante característica do povo português no passado, se apagara com o desaparecimento do rei D. Sebastião, na África. *Mensagem* canta não o Portugal real, de seu tempo, metido num marasmo sem fim, mas o Portugal *sonhado* por seus heróis, loucos e alucinados. É uma obra nacionalista que procura reviver o sonho da grandiosidade da nação, perseguido por vários poetas desde o século XVII. Os seguintes versos do poema "Prece" demonstram esse esforço de Fernando Pessoa:

Mas a chama, que a vida em nós criou,
Se ainda há vida ainda não é finda.
O frio morto em cinzas a ocultou:
A mão do vento pode erguê-la ainda.

Dá o sopro, a aragem, — ou desgraça ou ânsia —,
Com que a chama do esforço se remoça,
E outra vez conquistemos a Distância —
Do mar ou outra, mas que seja nossa!

(*Obra poética*, cit.)

Cantando e declamando Fernando Pessoa

Alguns dos melhores poemas da obra *Mensagem*, de Pessoa, foram musicados pelo compositor André Luiz Oliveira. O resultado está no CD também chamado *Mensagem* (Gradiente, Estúdio Eldorado): onze poemas e onze melodias que vale a pena conferir, principalmente porque são cantados pelas maiores vozes da MPB: Caetano Veloso, Gal Costa, Ney Matogrosso, Gilberto Gil, Elba Ramalho e outros.

O ator Paulo Autran também declama dezessete poemas de Fernando Pessoa no volume 7 da coleção Poesia Falada (Luz da Cidade).

Reprodução

Mas a parte verdadeiramente lírica de Fernando Pessoa ele-mesmo se acha em *Cancioneiro*. Sem que haja um conjunto uniforme de temas ou filosofia definida, nessa obra são explorados temas como saudade, solidão, infância, vida, arte e se encontram atitudes como ceticismo, nostalgia, tédio. Além disso, é patente a consciência que o autor tem de si como poeta que se insere numa tradição da poesia lírica, assim como da ligação de sua poesia com a de Almeida Garrett e Antônio Nobre.

Fernando Pessoa ele-mesmo é, sobretudo, o poeta da inteligência e da imaginação, como exemplificam os versos a seguir.

Isto

Dizem que finjo ou minto
Tudo que escrevo. Não.
Eu simplesmente sinto
Com a imaginação.
Não uso o coração.

Tudo o que sonho ou passo,
O que me falha ou finda
É como que um terraço
Sobre outra coisa ainda.
Essa coisa é que é linda.

Por isso escrevo em meio
Do que não está ao pé,
Livre do meu enleio,
Sério do que não é.
Sentir? Sinta quem lê!
....

(*Obra poética*, cit., p. 165.)

Em busca do processo de criação artística

Fernando Pessoa pertence a uma galeria de artistas que demonstraram não apenas interesse pela criação de obras de arte, mas também uma verdadeira paixão pelo processo de criação. Dessa galeria fazem parte nomes ilustres, como Leonardo da Vinci, Paul Valéry, T. S. Eliot e João Cabral de Melo Neto.

No quadro de Magritte abaixo, no qual se lê a frase "Isto não é um cachimbo", verifica-se que o pintor tinha pelas questões estéticas o mesmo interesse que Fernando Pessoa.

Bruxelas, Courtesy Galerie Isy Brachot

Os dois mistérios (1966), de René Magritte.

LEITURA

O poema que segue integra a obra *Cancioneiro* e é, provavelmente, o mais conhecido de Fernando Pessoa.

Autopsicografia

O poeta é um fingidor.
Finge tão completamente
Que chega a fingir que é dor
A dor que deveras sente.

E os que leem o que escreve,
Na dor lida sentem bem,
Não as duas que ele teve,
Mas só a que eles não têm.

E assim nas calhas de roda
Gira, a entreter a razão,
Esse comboio de corda
Que se chama o coração.

(*Obra poética*, cit., p. 164-5.)

calha: cano de zinco ou de cobre em que se escoam águas pluviais.
comboio: trem; grupo de carros com o mesmo destino.

Fundação Calouste Gulbenkian, CAMJAP, Lisboa

Autorretrato (1948), de Almada Negreiros.

1. O poema apresenta como tema a criação artística, desenvolvendo-o em três planos ou em três níveis, demarcados pelas estrofes. De que trata cada uma das estrofes?

2. Levando em conta que o poeta é um fingidor, levante hipóteses: Por que, de acordo com a 1ª estrofe, o poeta "chega a fingir que é dor / A dor que deveras sente"?

3. De acordo com a 2ª estrofe:

a) A que dores se refere o texto no verso "Não as duas que ele teve"?

b) Os leitores não sentem as duas dores do poeta, "Mas só a que eles não têm".

Levante hipóteses: Que dor pode ser essa sentida pelos leitores?

4. Na última estrofe, são aproximados dois elementos que, historicamente, são a base da criação artística em todos os tempos, ora com o predomínio de um, ora com o predomínio de outro.

a) Quais são esses elementos?

b) Que importância têm esses elementos no jogo da criação literária?

5. O poema tem como título "Autopsicografia". O termo *psicografia* significa relação mediúnica estabelecida entre dois seres humanos, um morto e um vivo, sendo este o meio pelo qual aquele se manifesta por escrito; o prefixo *auto-* significa "por si mesmo". Levando em conta esses dados e considerações sobre realidade, imaginação ou fingimento observadas no poema, dê uma interpretação coerente ao título do poema.

MÁRIO DE SÁ-CARNEIRO: LABIRINTO E BUSCA

Mário de Sá-Carneiro, companheiro de Fernando Pessoa, retratado por Almada Negreiros.

Ao lado de Fernando Pessoa, Mário de Sá-Carneiro (1890-1916), também participante da revista *Orpheu*, é outra figura de destaque da primeira geração do Modernismo português. O escritor nasceu em Lisboa e ficou órfão de mãe aos 2 anos de idade. O pai, envolvido com a carreira militar, viagens e uma vida boêmia, deixou o filho aos cuidados dos avós, que viviam em uma quinta.

Cercado de mimos e distanciado das dificuldades práticas da vida, Sá-Carneiro tornou-se um adolescente inadaptado, de difícil comunicação com as pessoas, sobretudo com as mulheres, provavelmente por causa de seu complexo de obesidade.

Iniciou sua carreira literária no liceu (equivalente ao ensino médio, atualmente), onde escreveu a peça teatral *Amizade*, em parceria com o amigo (também órfão e inadaptado como ele) Tomás Cabreira Jr. Sá-Carneiro ficou marcado para sempre pela forma como se deu a morte desse amigo, que se suicidou no pátio da escola, diante dos colegas e dos professores, numa mistura de desespero e exibicionismo.

Talvez por causa dessa experiência, a ideia de suicídio esteja presente em várias obras de Sá-Carneiro e o tenha perseguido até a morte.

Os versos do poema "Quase", de Mário de Sá-Carneiro, ilustram esse sentimento de frustração e autodestruição. Coincidentemente, o grupo musical Pato Fu também criou uma canção intitulada "Quase", com a mesma perspectiva diante da vida. Compare os dois textos:

De tudo houve um começo… e tudo errou…
— Ai a dor de ser — quase, dor sem fim… —
Eu falhei-me entre os mais, falhei em mim,
Asa que se elançou mas não voou…

(Mário de Sá-Carneiro. *Obra poética*. Lisboa: Europa-América. s.d., p. 89.)

Ela é quase tudo o que eu sonhei
E eu sou quase aquilo que sempre evitei
E falhei, sim, falhei…
Quase um amor
Quase um caminho
Que me deixou
Quase sozinho
E quase que fiquei contente

(Pato Fu. *Isopor*.)

De fato, a ideia de suicídio acabou se concretizando. Depois de se dedicar à prosa, à poesia e ao teatro, numa vida agitada em meio aos ambientes artísticos de Paris e Lisboa, o escritor, com apenas 25 anos, suicidou-se num quarto de hotel parisiense, deixando cartas para o amigo Fernando Pessoa, para a amante e para o pai.

Tanto as personagens da prosa de ficção quanto o eu lírico dos poemas de Sá-Carneiro são geralmente seres voltados para si mesmos, com a personalidade em desagregação. Por isso, buscam um "outro" no seu próprio interior, um duplo que completasse o vazio existencial e o negativismo do eu primeiro.

Esse desdobramento de personalidade lembra as experiências do amigo Fernando Pessoa com seus heterônimos. Contudo, há uma diferença essencial: enquanto em Pessoa os desdobramentos resultam numa obra rica e diversificada, com várias vozes ou poetas independentes, em Sá-Carneiro a dissociação do eu quase sempre conduz à frustração e à autoflagelação. Provavelmente o suicídio do autor deveu-se à sua incapacidade de conciliar esses dois mundos ou de suportar o mundo real, com seu moralismo e suas convenções. Toda a obra de Sá-Carneiro – de que fazem parte a peça *Amizade*, as novelas de *Princípio* e *Céu em fogo*, a narrativa *A confissão de Lúcio* e o livro de poemas *Dispersão* – foi escrita entre 1912 e 1916.

LEITURA

Os versos seguintes são um fragmento do poema "Dispersão", escrito em 1912, em Paris. O poema integra a obra homônima, publicada em 1914.

Dispersão

Perdi-me dentro de mim
Porque eu era labirinto,
E hoje, quando me sinto,
É com saudades de mim.

Passei pela minha vida
Um astro doido a sonhar.
Na ânsia de ultrapassar,
Nem dei pela minha vida...

Para mim é sempre ontem,
Não tenho amanhã nem hoje:
O tempo que aos outros foge
Cai sobre mim feito ontem.

(O Domingo de Paris
Lembra-me o desaparecido
Que sentia comovido
Os Domingos de Paris:

Porque um domingo é família,
É bem-estar, é singeleza,
E os que olham a beleza
Não têm bem-estar nem família).

O pobre moço das ânsias...
Tu, sim, tu eras alguém!
E foi por isso também
Que te abismaste nas ânsias.

A grande ave doirada
Bateu asas para os céus,
Mas fechou-as saciada
Ao ver que ganhava os céus.

Como se chora um amante,
Assim me choro a mim mesmo:
Eu fui amante inconstante
Que se traiu a si mesmo.

Não sinto o espaço que encerro
Nem as linhas que projeto:
Se me olho a um espelho, erro —
Não me acho no que projeto.

Regresso dentro de mim
Mas nada me fala, nada!
Tenho a alma amortalhada.
Sequinha, dentro de mim.

Não perdi a minha alma,
Fiquei com ela, perdida.
Assim eu choro, da vida,
A morte da minha alma.

(*Obras completas de Mário de Sá-Carneiro – Poesias*. Lisboa: Ática, s.d., v. 2, p. 61-5.)

Gilbert Mayers/Getty Images

Labirinto (1998), de Gil Mayers.

1. No poema, o eu lírico faz uma espécie de avaliação de sua trajetória de vida, tratando de momentos vividos no passado e de momentos que vive no presente.

a) Observe os tempos verbais empregados no texto. Eles confirmam ou negam essa divisão temporal? Por quê?

b) Tomando por base a 3ª estrofe, que tipo de expectativa o eu lírico tem para o presente e para o futuro?

c) Que significado tem o passado para o eu lírico?

d) Como se sente o eu lírico no presente? Comprove sua resposta retirando um ou dois versos do poema.

2. Como é comum nos escritos de Sá-Carneiro, o poema põe em questão a identidade do eu lírico.

a) Interprete estes versos:

> Não sinto o espaço que encerro
> Nem as linhas que projeto:
> Se me olho a um espelho, erro —
> Não me acho no que projeto.

b) Retire do texto exemplos de desdobramento da personalidade ou da busca de um "outro" dentro do eu.

3. Justifique o título do poema a partir das ideias nele contidas.

Para quem quer mais

Se você quer conhecer um pouco da poesia de Florbela Espanca e aprofundar seus conhecimentos sobre a poesia de Fernando Pessoa, leia os poemas a seguir e, sozinho, em dupla ou em grupo, tente resolver as questões propostas no **Roteiro de estudo**.

Florbela Espanca

Amar!

Eu quero amar, amar perdidamente!
Amar só por amar: aqui... além...
Mais Este e Aquele, o Outro e toda a gente...
Amar! Amar! E não amar ninguém!

Recordar? Esquecer? Indiferente!...
Prender ou desprender? É mal? É bem?
Quem disser que se pode amar alguém
Durante a vida inteira é porque mente!

Há uma primavera em cada vida:
É preciso cantá-la assim florida,
Pois se Deus nos deu voz, foi pra cantar!

E se um dia hei de ser pó, cinza e nada
Que seja a minha noite uma alvorada,
Que me saiba perder... pra me encontrar...

(In: Massaud Moisés. *A literatura portuguesa através dos textos*. 17. ed. São Paulo: Cultrix, 1988. p. 424.)

Florbela Espanca (1894-1930) não se filiou a nenhum movimento literário, mas sua obra recebeu influências de Antero de Quental (no cultivo do soneto) e de Antônio Nobre (pelo caráter sentimental e pela presença da morte).

Abordando temas como sofrimento, solidão, desencanto e erotismo, sua obra situa-se na literatura de orientação saudosista, produzida no final do século XIX e início do século XX.

Atualmente, a obra de Florbela Espanca vem sendo muito apreciada pelo público português e brasileiro e alguns de seus poemas chegaram a ser adaptados para a linguagem musical. O cantor e compositor Fagner, por exemplo, musicou o soneto "Fanatismo".

Alberto Caeiro

O mistério das cousas? Sei lá o que é mistério!
O único mistério é haver quem pense no mistério.
Quem está ao sol e fecha os olhos,
Começa a não saber o que é o sol

E a pensar muitas coisas cheias de calor.
Mas abre os olhos e vê o sol,
E já não pode pensar em nada,
Porque a luz do sol vale mais que os pensamentos
De todos os filósofos e de todos os poetas.
A luz do sol não sabe o que faz.
E por isso não erra e é comum e boa.

Metafísica? Que metafísica têm aquelas árvores?
A de serem verdes e copadas e de terem ramos
E a de dar fruto na sua hora, o que não nos faz pensar,
A nós, que não sabemos dar por elas.
Mas que melhor metafísica que a delas,
Que é a de não saber para que vivem
Nem saber que o não sabem?

Interior (1980), de José João de Brito, em homenagem a Fernando Pessoa.

"Constituição íntima das cousas"...
"Sentido íntimo do Universo"...
Tudo isto é falso, tudo isto não quer dizer nada.
É incrível que se possa pensar em cousas dessas.
É como pensar em razões e fins
Quando o começo da manhã está raiando, e pelos lados das árvores
Um vago ouro lustroso vai perdendo a escuridão.

Pensar no sentido íntimo das cousas
É acrescentado, como pensar na saúde
Ou levar um copo à água das fontes.

O único sentido íntimo das cousas
É elas não terem sentido íntimo nenhum.

Não acredito em Deus porque nunca o vi.
Se ele quisesse que eu acreditasse nele,
Sem dúvida que viria falar comigo
E entraria pela minha porta dentro
Dizendo-me, Aqui estou!
....

(*Obra poética*, cit., p. 207.)

Fernando Pessoa ele-mesmo

Pobre velha música!
Não sei por que agrado,
Enche-se de lágrimas
Meu olhar parado.

Recordo outro ouvir-te.
Não sei se te ouvi
Nessa minha infância
Que me lembra em ti.

Com que ânsia tão raiva
Quero aquele outrora!
E eu era feliz? Não sei:
Fui-o outrora agora.

(Idem, p. 140-1.)

Álvaro de Campos

Lisbon revisited

(1923)

Não: não quero nada.
Já disse que não quero nada.

Não me venham com conclusões!
A única conclusão é morrer.

Não me tragam estéticas!
Não me falem em moral!

Tirem-me daqui a metafísica!
Não me apregoem sistemas completos, não me
[enfileirem conquistas

Das ciências (das ciências, Deus meu, das ciências!) —
Das ciências, das artes, da civilização moderna!

Que mal fiz eu aos deuses todos?

Se têm a verdade guardem-a!

Sou um técnico, mas tenho técnica só dentro da técnica.
Fora disso sou doido, com todo o direito a sê-lo.
Com todo o direito a sê-lo, ouviram?

Não me macem, por amor de Deus!

Queriam-me casado, fútil, quotidiano e tributável?
Queriam-me o contrário disto, o contrário de qualquer coisa?
Se eu fosse outra pessoa, fazia-lhes, a todos, a vontade.
Assim, como sou, tenham paciência!
Vão para o diabo sem mim,
Ou deixem-me ir sozinho para o diabo!
Para que havermos de ir juntos?

Não me peguem no braço!
Não gosto que me peguem no braço. Quero ser sozinho.
Já disse que sou sozinho!
Ah, que maçada quererem que eu seja da companhia!

Ó céu azul — o mesmo da minha infância —
Eterna verdade vazia e perfeita!
Ó macio Tejo ancestral e mudo.
Pequena verdade onde o céu se reflete!
Ó mágoa revisitada, Lisboa de outrora de hoje!
Nada me dais, nada me tirais, nada sois que eu me sinta.

Deixem-me em paz! Não tardo, que eu nunca tardo...
E enquanto tarda o Abismo e o Silêncio quero estar sozinho.

(Idem, p. 356-7.)

Alfredo Margarido. Brincadeiras de criança. 1988

Brincadeiras de criança (1988), homenagem do pintor português Alfredo Margarido a Fernando Pessoa.

• Roteiro de estudo •

Ao final da leitura, você deverá ser capaz de:

- Comentar a ousadia da concepção amorosa de Florbela Espanca, considerando o contexto do início do século XX.
- Discutir até que ponto Alberto Caeiro, em seu texto antimetafísico, rejeita a metafísica; reconhecer a harmonia entre forma e conteúdo do texto.
- Explicar como ocorre, no poema de Pessoa ele-mesmo, a sobreposição de dois planos, o passado e o presente, e por que o último verso é a síntese dessa sobreposição; comentar o conceito de felicidade para o eu lírico.
- Identificar, no texto "Lisbon revisited", trechos que demonstrem o caráter irreverente e contestador e trechos que demonstrem o caráter nostálgico da poesia de Álvaro de Campos.

Para quem quer mais na Internet

Se você quer ler outros textos de Fernando Pessoa e Florbela Espanca, sugerimos acessar nosso *site*: http://www.atualeditora.com.br/pl/paraquemquermais.

PRODUÇÃO DE TEXTO

Jordi Elias/Illustration Works/Corbis/Latinstock

CAPÍTULO 7

A crônica argumentativa

TRABALHANDO O GÊNERO

Leia esta crônica, de Fabrício Corsaletti:

Pesadelo paulistano

É triste, irritante e assustador constatar que, de uns tempos pra cá, na maioria dos bares e restaurantes de São Paulo há uma ou mais TVs ligadas.

Provavelmente não é um problema só de São Paulo, e o resto do Brasil e do mundo também mantenha esses estridentes retângulos luminosos focados nos olhos e nos ouvidos dos seus bêbados e glutões. Mas vamos nos concentrar na nossa aldeia, seguindo o conselho atribuído ao russo Anton Tchékhov (1860-1904), que, se viveu numa era pré-penicilina, pelo menos teve a sorte de frequentar tavernas ainda não dominadas pelo rosto e pela voz do Faustão.

Não sei explicar o porquê dessa moda. Imagino que as TVs de plasma se tornaram símbolo de status – o dono de bar/restaurante que não tem a sua está excluído do mercado. Ele precisa fornecer esse serviço ao consumidor. Ou então elas são uma reação publicitária à cidade limpa do prefeito Kassab: se não se podem usar outdoors, enfiam-se as propagandas porta adentro. Mas como não entendo nada de negócios & coisas afins paro minha "análise" aí. O que não me impede de protestar.

O fato é que a TV foi inventada cinquenta anos antes das TVs de plasma e nem por isso o pessoal do ramo da comida e da bebida era obrigado a colocá-la nos seus estabelecimentos. Agora elas estão por toda parte.

Pessoalmente, não me incomodo de assistir, uma vez ou outra, a alguma partida de futebol, embora não torça pra time nenhum. Durante o jogo, se o público faz questão, tudo bem: TV ligada.

A tela verde por duas horas, às vezes um lance que vale a pena ser visto... e fim. Quem quiser ouvir os comentaristas do "Cartão Verde", que vá pra casa. [...]

Eu também acho a vida um tédio.

Vicente Mendonça

Mas nem sempre. Não quando estou com pessoas de que gosto, comendo bolinho de abóbora e tomando cerveja. Nesses momentos, que direito tem o Datena de me contar que um caminhão atropelou uma garota de cinco anos na Raposo Tavares e, além disso, repetir a cena sessenta e quatro vezes? "É a realidade brasileira, mano", me disse um garçom a quem perguntei se ele não se cansava daquele programa sensacionalista. E ele tem razão.

Por isso, resolvi criar uma campanha. O leitor interessado recorta o haicai abaixo (cedido por um amigo que prefere não se identificar) e guarda-o na carteira. Aí, quando tiver a infelicidade de beber e comer no mesmo ambiente em que o Nicolas Cage está decepando a cabeça de monges medievais possuídos pelo demônio, é só pedir a conta e, junto com o dinheiro, deixar na pastinha o poema — o espaço sublinhado preenchido com o nome da bodega. Quem sabe a gente não muda um pouco a realidade paulistana.

QUE CILADA
ATÉ NO ______________
TEM TV LIGADA

(*Folha de S. Paulo*, 15/1/2012.)

Anton Tchékhov: escritor russo que viveu entre 1860 e 1904 e se destacou na literatura com contos e peças de teatro.

Kassab: Gilberto Kassab, prefeito de São Paulo na ocasião da publicação da crônica.

1. Conforme vimos, a crônica é um texto geralmente curto que apresenta a visão pessoal do cronista sobre um fato colhido do noticiário de jornais ou revistas ou no cotidiano. A crônica lida revela a visão do cronista sobre um fato veiculado em jornais ou sobre um fato do cotidiano?

2. Diferentemente das crônicas narrativas ficcionais, a crônica "Pesadelo paulistano" não se limita a narrar um fato de forma particular. Ela vai além, pois o cronista expõe seu ponto de vista sobre o assunto. Releia o texto e responda:

a) Já no título há uma referência à tese defendida no texto: Qual é o "pesadelo paulistano" a que o cronista se refere?

b) Qual é o ponto de vista do cronista sobre esse fato?

c) Identifique, entre os trechos da crônica reproduzidos abaixo, aqueles em que o autor explicita seu ponto de vista.

- "É triste, irritante e assustador constatar que, de uns tempos pra cá, na maioria dos bares e restaurantes de São Paulo há uma ou mais TVs ligadas."
- "vamos nos concentrar na nossa aldeia, seguindo o conselho atribuído ao russo Anton Tchékhov (1860-1904)"
- "O fato é que a TV foi inventada cinquenta anos antes das TVs de plasma"
- "Quem quiser ouvir os comentaristas do 'Cartão Verde', que vá pra casa."
- "Eu também acho a vida um tédio. Mas nem sempre. Não quando estou com pessoas de que gosto"
- "'É a realidade brasileira, mano', me disse um garçom"

3. O cronista faz ressalvas ao ponto de vista que defende e traz vozes de outras pessoas e, com isso, leva o leitor a pensar que sua opinião não é radical nem sem fundamentação. Identifique no texto trechos em que, ao fazer essas ressalvas, o cronista mostra que:

a) leva em consideração possíveis motivos para a ocorrência do fato criticado;

b) aceita conviver com a situação;

c) considera e respeita a opinião de outras pessoas.

4. Releia o seguinte trecho do texto e compare-o com duas versões dele.

Thinkstock/Getty Images

"Provavelmente não é um problema só de São Paulo, e o resto do Brasil e do mundo também mantenha esses estridentes retângulos luminosos focados nos olhos e nos ouvidos dos seus bêbados e glutões."

I. Provavelmente não é uma situação que acontece só em São Paulo, e o resto do Brasil e do mundo também mantenha as TVs de plasma focadas nos olhos e nos ouvidos de seus clientes.

II. Provavelmente não é um privilégio só de São Paulo, e o resto do Brasil e do mundo também mantenha esses modernos aparelhos do século XXI focados nos olhos e nos ouvidos de sua fiel freguesia.

a) Que expressões do texto original foram substituídas nas duas versões? Por quais?

b) Essas substituições provocam diferenças de sentido, evidenciando diferentes apreciações de valor. Que ponto de vista sobre o fato comentado é expresso em cada um dos três trechos?

5. Essa crônica apresenta ideia principal, desenvolvimento e conclusão. Releia o último parágrafo do texto.

a) Como último argumento, que exemplo o autor cita a fim de comprovar sua tese e persuadir o leitor?

b) Na conclusão, o cronista apresenta uma proposta para tentar resolver o problema apontado. Qual é essa proposta? Ela diz respeito a uma postura ativa ou passiva dos clientes?

c) Na sua cidade, o fato comentado pelo cronista acontece também?

d) Você concorda com o ponto de vista do cronista sobre o fato comentado? Justifique sua resposta.

6. O cronista inicia a crônica com um enunciado cujo verbo principal é *haver*, que é impessoal. No segundo parágrafo ele utiliza a 1ª pessoa do plural (nós) e só no terceiro parágrafo adota a 1ª pessoa do singular (eu).

a) Que efeito de sentido cada uma dessas escolhas confere ao texto?

b) Apesar do uso do verbo impessoal *haver* no primeiro parágrafo e da 1ª pessoa do plural no segundo parágrafo, já fica claro nesse início do texto o ponto de vista do autor. A quais termos, empregados nesses parágrafos, deve-se esse efeito de sentido?

7. Observe a linguagem empregada na crônica em estudo.

a) Que tipo de variedade linguística foi adotada?

b) O registro em que essa variedade foi empregada é menos ou mais formal? Justifique sua resposta com trechos do texto.

8. Reúna-se com seus colegas de grupo e, juntos, concluam: Quais são as principais características da crônica argumentativa? Respondam, levando em conta os seguintes critérios: finalidade do gênero, perfil dos interlocutores, suporte ou veículo, tema, estrutura, linguagem.

PRODUZINDO A CRÔNICA ARGUMENTATIVA

Uma crônica argumentativa pode ter por base uma notícia veiculada em um meio de comunicação ou uma situação do cotidiano vivida ou presenciada pelo cronista. O importante é que o fato mobilize em quem escreve a vontade de manifestar seu ponto de vista a respeito de um tema mais abrangente.

Há, a seguir, três propostas de produção de crônica argumentativa. Se possível, desenvolva duas delas.

1. Leia esta crônica, de Thalita Rebouças:

Quero fazer plástica

Do alto dos meus 32 anos, eu passava mais uma tarde numa livraria, abordando as pessoas para tentar vender meus livros, quando uma menina de 14 anos (de salto altíssimo, várias camadas de rímel e minissaia jeans) se aproximou:

— Você tem tantos livros e é tão novinha... Desculpa perguntar, mas quantos anos você tem?

— Trinta e dois — respondi, desconfiada. Isso lá é pergunta que se faça?

— Trinta e dois!? Sério? Caraca! — assustou-se sinceramente. Chegando mais perto, sussurrou ao meu ouvido: — Sem plástica ou com plástica?

A pergunta me chocou. Primeiro, porque me senti uma anciã. Segundo, por uma

Images.com/Corbis/Corbis (DC)/Latinstock

menina de 14 anos (14 anos!!!) achar que uma aparência jovem só pode ser obtida com plástica, mesmo que a dona dessa aparência tenha apenas 32 anos.

Tentei esconder o espanto e fazer uma cara normal.

— Sem plástica! Por quê? Você acha que eu estou precisando?

— Não! De jeito nenhum! É que é impressionante você ser desse jeito sem plástica. Não rolou nem um botox? Mesmo?

— Não, claro que não!

— Tô chokitaaaa! — exclamou, boca aberta, mãos no rosto. — Já falei pra minha mãe que eu quero fazer plástica. Quando eu fizer 18 vou melhorar o nariz e botar peito. O meu é muito pequeno, os garotos não gostam.

— Arrã... — reagi, sem conseguir dizer mais nada.

— Também penso em fazer uma lipinha. Minha mãe já fez e ficou ótima.

Lipinha. A menina de 14 anos (14 anos!!!) chamava lipoaspiração, aquela cirurgia invasiva que tira gordura do corpo com uma cânula, de LIPINHA!!! Uma coisa quase fofinha!

Meu Deus!, berrei em pensamento.

Apesar da vaidade exacerbada e da confiança cega nos benefícios da plástica e do botox, ela era apenas uma menina. Menina que não via a hora de ser mulher. Confesso, fiquei incomodada.

Naquela época já diziam que a infância estava encurtada. Mas o encurtamento continua, inclemente. Já com 36 anos, meses atrás, presenciei por acaso uma festa de aniversário num salão de beleza. Sim, pirralhas hoje comemoram idade nova no salão. Mas a pirralha em questão tinha apenas oito anos!

Uma das convidadas reclamou com o maquiador: “Não dá pra passar corretivo? Odeio olheira!”.

Bateu uma tristeza, uma melancolia dolorida. Esse mundo louco e apressadinho em que vivemos não dá chance para que essas meninas entendam: ser criança é que é tudo de bom.

(Disponível em: http://vejario.abril.com.br/blog/thalita-reboucas/page/8. Acesso em: 19/6/2012.)

Partindo das situações narradas na crônica lida, escreva uma crônica argumentativa em que você coloque em discussão o comportamento dos adolescentes de hoje.

2. Tente se lembrar de uma situação que foi vivida ou presenciada por você e possa ser o ponto de partida para uma crônica argumentativa.

3. Escreva uma crônica argumentativa a partir do fato comentado em um dos seguintes trechos de notícias de jornal. Escolha o trecho em que o fato comentado mais chame sua atenção e motive você a posicionar-se sobre o assunto.

Jovens se afastam dos partidos e fazem política por conta própria

Mesmo “apartidários”, eles tomam as ruas e puxam para si a responsabilidade social

Uma pesquisa divulgada na última semana revelou que 59% dos jovens (com idades entre 18 e 24 anos) não têm preferência por um partido político, mas, por outro lado, 92% consideram que pequenas ações podem mudar a sociedade. A partir daí, a tendência é que, cada vez mais, aumente o número de brasileiros puxando para si a responsabilidade de fazer algo por conta própria e tomar as ruas – ou a internet – por uma causa na qual acredita, seja ela qual for.

(Disponível em: http://noticias.r7.com/brasil/noticias/jovens-se-afastam-dos-partidos-e-fazem-politica-por-conta-propria-20110719.html. Acesso em: 19/6/2012.)

Mulher de 93 anos mostra que nunca é tarde para praticar Yoga

Tao Porchon-Lunch, de 93 anos, dá exemplo de vitalidade ao mostrar que a idade não influencia quando existe vontade de sentir-se vivo.

Konrad Wothe/Getty Images

Uma verdadeira sensação por onde passa; Porchon-Lunch mostra ao mundo que é possível estar em uma idade avançada e possuir saúde e disposição. Praticante de Yoga há mais de 70 anos, ela viaja o mundo ensinando estudantes da Índia, França e Estados Unidos as técnicas milenares. Praticante assídua, ela também é adepta de dança de salão.

(Disponível em: http://jornalciencia.com/inusitadas/inacreditavel/1271-mulher-de-93-anos-mostra-que-nunca-e-tarde-para-praticar-yoga. Acesso em: 21/6/2012.

NY estuda proibir refrigerante 'big'

Veto atingiria lanchonetes, cinemas e estádios

A prefeitura de Nova York pretende proibir a venda de refrigerantes e outras bebidas açucaradas em restaurantes, cinemas e carrinhos de rua, no mais ambicioso esforço da administração Bloomberg no combate à obesidade.

A proibição proposta afetaria virtualmente todo o cardápio de bebidas açucaradas populares encontrado em delicatessen, lojas de fast-food e até em estádios esportivos, dos energéticos aos chás gelados pré-adoçados. A venda de todo copo ou garrafa de bebida açucarada maior do que meio litro seria proibida pelo plano original no país.

(Disponível em: www.estadao.com.br/noticias/impresso,ny-estuda-proibir-refrigerante-big,880734,0.htm. Acesso em: 21/6/2012.

Planejamento do texto

- Tenha em mente o fato que será explorado em sua crônica e o seu ponto de vista sobre ele.
- Liste argumentos que possibilitem desenvolver seu ponto de vista e, para enriquecê-los, exemplifique, cite outros fatos e opiniões de autoridades e especialistas no assunto.
- Procure introduzir vozes que representem ressalvas ao seu ponto de vista e ofereça contra-argumentos para fortalecer sua argumentação.
- Pense no seu leitor: sua crônica deverá ser publicada na revista literária digital que será montada no capítulo **Intervalo**, no final da unidade; portanto, será lida por colegas e professores da escola e talvez pelo público internauta em geral.
- Tenha em mente seu objetivo: você quer entreter seus leitores, sensibilizá-los em favor de uma causa ou fazer com que reflitam sobre o assunto discutido?
- Se quiser, inicie sua crônica pela ideia a ser defendida. Em seguida, acrescente os argumentos e, por fim, a conclusão. Procure dar à crônica um final surpreendente ou que seja uma síntese de sua opinião sobre o tema abordado.

Revisão e reescrita

Antes de passar sua crônica argumentativa para o suporte final, releia-a, observando:

- se a maneira como você redigiu e estruturou o texto está de acordo com a situação de comunicação;
- se a linguagem empregada está adequada aos leitores;
- se o texto apresenta uma visão pessoal sobre o assunto abordado;
- se há vozes de autoridades e especialistas e diferentes pontos de vista sobre o assunto, com ressalvas e contra-argumentação;
- se o texto ficou leve e atraente para leitura;
- se o texto sensibiliza o leitor e/ou promove uma reflexão crítica sobre o assunto.

Faça as alterações necessárias, deixando o texto pronto para ser publicado.

ESCREVENDO COM ADEQUAÇÃO

A IMPESSOALIZAÇÃO DA LINGUAGEM

Leia os textos a seguir e responda às questões propostas.

TEXTO I

Acesso à informação é motivo para ir à escola?

Hoje em dia não mais. A informação está na mão. Nas pontas dos dedos para ser mais preciso. [...]

Passei esta semana viajando pela América do Sul [...]. Segunda-feira, em Santa Cruz de la Sierra, dei duas conferências interativas similares, baseadas em minha atividade acadêmica. Os públicos eram bem distintos: alunos de uma escola secundária privada de alto nível (na faixa dos 17 anos) e adultos procurando cursos de pós-graduação no exterior (na faixa dos 30 anos).

Images.com/Corbis/Latinstock

Para minha surpresa, mesmo sem ter nenhuma experiência profissional no assunto, os alunos do colégio estavam mais bem informados sobre os assuntos discutidos do que os adultos, em geral profissionais destacados em suas profissões.

(Newton Campos. Disponível em: http://blogs.estadao.com.br/a-educacao-no-seculo-21/. Acesso em: 21/6/2012.)

TEXTO II

A hora da geração digital

[...] O poder da internet para descentralizar o conhecimento acarretou um profundo deslocamento de poder dos produtores para os consumidores. Os jovens da Geração Internet têm mais acesso a informações sobre produtos e serviços e podem discernir o valor real com mais facilidade do que as gerações anteriores. [...] A influência também está sendo descentralizada à medida que a Geração Internet se manifesta a partir das trincheiras modernas, também conhecidas como blogs. Blogs e outras mídias geradas por consumidores estão alterando as fontes de poder e de autoridade em nossa sociedade. Algumas dessas fontes têm uma capacidade surpreendente de influência, afastando a balança de poder de fontes mais tradicionais e reconhecidas. [...]

(Don Tapscott. Trecho do livro *A hora da geração digital*. Disponível em: http://catracalivre.folha.uol.com.br/2010/06/%e2%80%9ca-hora-da-geracao-digital%e2%80%9d-don-tapscott/. Acesso em: 22/6/2012.)

1. Quem escreve um texto pode adotar pelo menos dois pontos de vista diferentes diante do assunto que aborda: impessoal e pessoal. No primeiro, trata o assunto de forma aparentemente impessoal, distanciada e objetiva (nesse caso, os verbos e pronomes ficam em 3ª pessoa), e, no segundo, de forma pessoal, explicitando quem fala e o seu ponto de vista, deixando, assim, transparecer boa dose de subjetividade (nesse caso, são empregados verbos e pronomes em 1ª pessoa). Em relação aos textos lidos, identifique aquele em que o autor tem, diante do assunto abordado:

a) um ponto de vista que transparece impessoalidade e objetividade.

b) um ponto de vista declaradamente pessoal e subjetivo.

2. Ambos os textos têm por tema a presença da tecnologia na vida dos jovens e as mudanças que isso acarreta. Um deles, entretanto, faz afirmações mais genéricas, utilizando os verbos no presente, como se eles se referissem a verdades indiscutíveis. Qual dos textos parece tratar o tema de forma mais esclarecedora e científica?

3. Observe, depois dos textos, a indicação que informa onde cada um deles foi retirado.

Images.com/Corbis/Latinstock

a) Que relação há entre a situação de comunicação em que circula cada um dos textos e a construção do ponto de vista pessoal ou impessoal neles expresso?

b) No texto mais subjetivo e pessoal, que elementos são responsáveis por essa abordagem?

c) E no texto mais impessoal e objetivo?

Como você observou, o autor de um texto pode adotar, em relação ao assunto do qual trata, uma postura impessoal ou pessoal.

As duas formas de tratamento são válidas e podem alcançar plenamente o objetivo que o autor tem em vista. Porém, nos textos em que há necessidade de maior precisão e objetividade, como os de caráter científico e os argumentativos em geral – a crítica, o editorial e o texto dissertativo-argumentativo exigido na maioria dos vestibulares –, a impessoalidade tende a conferir maior credibilidade aos argumentos. Assim, o texto pode dar a impressão de expressar uma verdade indiscutível.

Já o texto com marcas explícitas de pessoalidade leva a crer que as ideias defendidas pelo autor constituem opiniões particulares, e não verdades. Por isso, sempre que desejamos expor um assunto de forma objetiva e persuadir nossos interlocutores, convém lançar mão da impessoalidade.

É possível, entretanto, mesmo em textos com marcas de pessoalidade, apresentar argumentos convincentes. Dependendo de quem é o autor de um texto (uma autoridade ou um especialista em uma área, por exemplo), as marcas de pessoalidade podem, em vez de atrapalhar, contribuir para a sua credibilidade. Portanto, antes de adotar um ponto de vista, convém sempre analisar os objetivos do texto e a situação de comunicação, a fim de avaliar qual deles pode ser mais eficiente.

Vale lembrar que expressões como *Eu acho, Na minha opinião, No meu modo de ver, Do meu ponto de vista*, etc. costumam ser associadas, equivocadamente, a opiniões particulares e sem fundamentação. Por isso, mesmo quando há opção pelo ponto de vista pessoal, convém evitá-las, substituindo-as por outras como *Convém observar, É bom lembrar, É preciso considerar, É importante levar em conta*, etc.

Estratégias de impessoalização da linguagem

Existem várias formas de impessoalizar a linguagem. Partindo de frases dos textos lidos, observe, a seguir, alguns procedimentos que podem ser adotados para esse fim.

Indeterminação do sujeito

Para isso, existem duas possibilidades:

- suprime-se o sujeito e coloca-se o verbo na 3ª pessoa do plural;
- emprega-se verbo intransitivo ou transitivo indireto ou de ligação + pronome *se*.

Veja os exemplos:

"Dei duas conferências interativas similares."

Deram duas conferências interativas similares. (3ª pessoa do plural)

Assistiu-se a duas conferências interativas similares. (VTI + *se*)

"Os alunos do colégio estavam mais bem-informados sobre os assuntos discutidos do que os adultos."

No colégio *se estava* mais bem-informado sobre o assunto do que no meio profissional. (VL + *se*)

Emprego da voz passiva e supressão do agente da passiva

Há duas maneiras de passar orações na voz ativa para a voz passiva:

- emprega-se verbo transitivo direto na forma analítica, acompanhado do auxiliar *ser* ou *estar*;
- emprega-se verbo transitivo direto na forma sintética, acompanhado da partícula apassivadora *se*.

Veja os exemplos:

"Blogs e outras mídias estão alterando as fontes de poder e de autoridade em nossa sociedade."

As fontes de poder e de autoridade em nossa sociedade *estão sendo alteradas*. (voz passiva analítica)

Estão-se alterando as fontes de poder e de autoridade em nossa sociedade. (voz passiva sintética)

Emprego de verbos como *haver, fazer, existir* e de expressões como *É preciso, Convém observar, É importante, É bom lembrar*, etc.

Veja os exemplos:

"Os jovens da Geração Internet têm mais acesso a informações sobre produtos e serviços do que as gerações anteriores."

Há atualmente mais acesso a informações sobre produtos e serviços do que na época das gerações anteriores.

"Para minha surpresa, os alunos do colégio estavam mais bem-informados."

Convém observar que os alunos do colégio estavam mais bem-informados.

EXERCÍCIOS

1. Identifique a(s) estratégia(s) de impessoalização utilizada(s) em cada um dos textos a seguir. Depois discuta com os colegas e levantem hipóteses sobre os motivos da(s) escolha(s).

a) PMs são baleados em confronto na zona oeste do Rio

(Manchete de jornal. Disponível em: http://www1.folha.uol.com.br/cotidiano/1099776-pms-sao-baleados-em-confronto-na-zona-oeste-do-rio.shtml. Acesso em: 22/6/2012.)

b) Diziam-me nos primórdios: "Assim você não vai longe; internautas não têm tempo e paciência para esse estilo".

(Trecho de *post* do *blog* de Reinaldo Azevedo. Disponível em: http://veja.abril.com.br/blog/reinaldo/geral/aos-meus-leitores-que-me-ensinaram-a-ser-uma-pessoa-melhor/. Acesso em: 22/6/2012.)

c) Antes que alguém proponha a pena de morte para grevistas, convém lembrar que o direito de cruzar os braços é uma garantia constitucional.

(Coluna de Hélio Schwartsman. Disponível em: http://www1.folha.uol.com.br/colunas/helioschwartsman/1096012-greves-e-direitos.shtml. Acesso em: 22/6/2012.)

d) Onde se vive mais depois dos 65?

(Manchete de jornal. Disponível em: http://opiniaoenoticia.com.br/vida/saude/onde-se-vive-mais-depois-dos-65/. Acesso em: 22/6/2012.)

2. Os textos apresentados na questão anterior foram reescritos, tomando a forma em que aparecem nos itens a seguir. Identifique os procedimentos adotados na reescrita e possíveis alterações de sentido decorrentes da nova redação dos textos.

Thinkstock

a) Traficantes baleiam PMs em confronto na zona oeste do Rio.
b) Houve quem me dissesse nos primórdios: "Assim você não vai longe; internautas não têm tempo e paciência para esse estilo".
c) Antes que alguém proponha a pena de morte para grevistas, lembro que o direito de cruzar os braços é uma garantia constitucional.
d) Onde vivem mais depois dos 65?

3. Modifique a estratégia de impessoalização utilizada nas frases abaixo e depois explique em que consiste a alteração de sentido decorrente da nova estratégia.
a) Acusaram de fraude o presidente do partido.
b) Espera-se uma atitude mais enérgica por parte dos responsáveis.
c) As cartas foram enviadas ontem no período da tarde.
d) É importante que todos cumpram com o combinado.

Georgia O'Keeffe. From the Lake Nº 3. 1924. The Bridgeman Art Library/Grupo Keystone

LÍNGUA: USO E REFLEXÃO

CAPÍTULO 8

Período composto por subordinação: as orações adjetivas

CONSTRUINDO O CONCEITO

Leia este poema, de Ferreira Gullar:

Perde e ganha

Vida tenho uma só
que se gasta com a sola do meu sapato
a cada passo pelas ruas
e não dá meia-sola.

Perdi-a já
em parte
num pôquer solitário,
mas ganhei de novo
para um jogo comum.

E neste jogo a jogo
inteira, a cada lance,
que a vida ou se perde ou se ganha com os demais
e assim se vive
que o mais é pura perda.

(*Toda poesia*. 18. ed. Rio de Janeiro: José Olympio, 2009. p. 172.)

Marcos Guilherme

1. Na primeira estrofe do poema há um período composto por subordinação. Observe:

> "Vida tenho uma só que se gasta com a sola do meu sapato"

A oração *que se gasta com a sola do meu sapato* está subordinada à oração anterior por meio do conectivo *que*, um pronome relativo.

a) Que palavras, expressas anteriormente, esse conectivo retoma e substitui?

b) Substitua o pronome relativo *que* pelas palavras que são retomadas por ele. Que função sintática essas palavras desempenham na oração *que se gasta com a sola do meu sapato*?

2. O período composto analisado na questão anterior também poderia ter sido construído assim:

> Tenho só uma vida, *gasta* com a sola do meu sapato.

a) Nesse período, qual é a classe gramatical da palavra *gasta*?

b) Que função sintática a palavra *gasta* desempenha?

3. No poema "Perde e ganha", o eu lírico reflete sobre a vida e compara-a a um jogo.

a) Que expressões do campo semântico de jogo são utilizadas para construir essa comparação?

b) Nesse jogo, o eu lírico prefere o jogo solitário ou o jogo coletivo? Por quê?

CONCEITUANDO

Você observou que, na primeira estrofe do poema, há um período composto por subordinação, que pode ser desmembrado assim:

Vida tenho uma só	que se gasta com a sola do meu sapato
oração principal	oração subordinada

Ou, na ordem direta:

Tenho só uma vida,	que se gasta com a sola do meu sapato
oração principal	oração subordinada

Como vimos, a expressão *que se gasta*, da oração subordinada, poderia ser expressa por meio do adjetivo *gasta*. Teríamos, então:

(eu)	Tenho	só	uma vida,	gasta	com a sola do meu sapato
sujeito		adj. adv.	OD	pred. do objeto	complemento nominal

A oração *que se gasta com a sola do meu sapato* tem o mesmo papel que o adjetivo *gasta*, que é o de modificar o substantivo *vida*. A oração que cumpre esse papel é chamada de **oração subordinada adjetiva**.

Observe também que a oração *que se gasta com a sola do meu sapato* tem com a anterior (*Vida tenho uma só*) uma relação de dependência, de subordinação.

Concluindo:

> **Oração subordinada adjetiva** é aquela que tem valor de adjetivo, pois cumpre papel de determinar um substantivo (nome ou pronome) antecedente.

As orações subordinadas adjetivas são introduzidas pelos pronomes relativos *que, quem, onde, o qual* (*a qual, os quais, as quais*), *cujo* (*cuja, cujos, cujas*).

Uma dica

Para reconhecer um pronome relativo e, portanto, uma oração subordinada adjetiva, procure trocar o pronome relativo que introduz a oração por *o(a) qual, os(as) quais*, regidos ou não de preposição. O emprego desse artifício só não é possível com o conectivo *cujo* e suas variantes. Entretanto, *cujo* é sempre pronome relativo. Veja como a frase "Os carros que você já dirigiu mudaram muito", do anúncio ao lado, ficaria: "Os carros os quais você já dirigiu mudaram muito".

Caso Design Comunicação

(*Época*, nº 733, p. 59.)

VALORES SEMÂNTICOS DAS ORAÇÕES ADJETIVAS

Imagine a seguinte situação: está acontecendo uma reunião de professores, e o coordenador diz:

— Neste bimestre, se todos concordarem, adotaremos algumas medidas pedagógicas. Os alunos que têm dificuldade em compreensão de textos terão aulas aos sábados.

Observe a estrutura sintática da última frase dita pelo coordenador:

Os alunos	que têm dificuldade em compreensão de textos	terão aulas aos sábados.
or. principal	or. subordinada adjetiva	or. principal

Nesse caso, quem terá aulas aos sábados? Naturalmente a intenção do coordenador é informar que somente terá aulas aos sábados *uma parte dos alunos*, isto é, aqueles que têm dificuldade em compreensão de textos.

Repare, agora, na alteração de sentido que ocorre na frase quando a oração adjetiva é colocada entre vírgulas:

Os alunos, que têm dificuldade em compreensão de textos, terão aulas aos sábados.

Nesse outro caso, quem terá aulas aos sábados? Todos os alunos. A intenção do coordenador agora é outra. Ele afirma que *todos os alunos* têm dificuldade em compreensão de textos.

No primeiro caso, a oração adjetiva *restringe, particulariza* o sentido da palavra *alunos*; por isso, é uma **oração subordinada adjetiva restritiva**. No segundo caso, a oração acrescenta à palavra *alunos* uma informação que já é de conhecimento do interlocutor; por isso, é uma **oração subordinada adjetiva explicativa**. Ela *generaliza, universaliza* o sentido da palavra *alunos*: todos os alunos têm dificuldade em compreensão de textos; por isso, todos terão aulas aos sábados.

CLASSIFICAÇÃO DAS ORAÇÕES ADJETIVAS

As orações subordinadas adjetivas classificam-se em:

restritivas

São as que delimitam, restringem ou particularizam o sentido de um nome (substantivo ou pronome) antecedente. Na escrita, ligam-se ao antecedente diretamente, sem vírgulas.

Ela distribuiu às crianças os doces *que estavam sobre a mesa*.

explicativas

São as que acrescentam ao antecedente uma informação que já é do conhecimento do interlocutor; assim, generalizam ou universalizam o sentido do antecedente. Na escrita, aparecem entre vírgulas.

A candidata, *de quem temos excelentes referências*, chegou para a entrevista.

Substantivas ou adjetivas?

Na frase "Espero que ele saiba o *que faz*... odiaria estar servindo de cobaia ou coisa assim", do quadrinho ao lado, a oração destacada é subordinada substantiva ou adjetiva?

Observe que a forma verbal *saiba* da oração subordinada substantiva objetiva direta é transitiva direta e que seu objeto é a palavra *o* (pronome demonstrativo com o sentido de "aquele, aquilo"), e não a oração *que faz*. Trata-se, portanto, de uma *oração subordinada adjetiva restritiva*, que se refere ao antecedente *o*.

Veja como ficaria o período com a substituição de *o* por *aquilo*:

Espero que ele saiba *aquilo* (OD) *que* (pron. relativo) faz...

(Laerte. *Overman – O álbum. O mito.* São Paulo: Devir: Jacarandá, 2003. p. 18.)

ORAÇÕES ADJETIVAS REDUZIDAS

As orações subordinadas adjetivas podem ser desenvolvidas ou reduzidas. Quando reduzidas, têm o verbo no *infinitivo*, no *gerúndio* ou no *particípio*.

Observe os exemplos:

Encontrei pai e filho a *discutir* futebol.
Na sala havia um garoto *mascando* chiclete.
Você já viu os livros *comprados* pela biblioteca?

EXERCÍCIOS

Leia o anúncio a seguir e responda às questões de 1 a 3.

Greenpeace

(http://capuccinobrain.blogspot.com.br/)

Em português, o texto do anúncio é "Não é só uma árvore que está sendo cortada".

1. O anúncio foi publicado pelo Greenpeace, uma ONG (organização não governamental) que luta em defesa do meio ambiente. Observe a imagem e o enunciado verbal do anúncio.

a) Como é o ambiente retratado na imagem? Descreva-o.

b) A figura em destaque na imagem representa uma simbiose entre dois seres vivos. Quais são eles?

c) Por que, no anúncio, a figura em destaque na imagem e o enunciado verbal se complementam?

d) Que interpretação pode ser dada ao anúncio como um todo?

2. No enunciado verbal do anúncio, há duas orações. Identifique e classifique cada uma delas.

3. Empregando uma ou mais orações adjetivas – restritivas ou explicativas –, crie outro enunciado verbal que explicite a ideia principal do anúncio.

Leia os versos a seguir, de Carlos Drummond de Andrade, e responda às questões 4 e 5.

Canção amiga

Rengim Mutevellioglu/Getty Images

Eu preparo uma canção
em que minha mãe se reconheça,
todas as mães se reconheçam,
e que fale com dois olhos.
[...]

(*Reunião*. 10. ed. Rio de Janeiro: José Olympio, 1980. p. 154.)

4. Identifique e classifique as orações subordinadas adjetivas presentes no versos.

5. O que justifica o emprego da conjunção *e* antes da oração "que fale com dois olhos"?

6. Compare, quanto ao sentido, estes enunciados:

> O mico-leão-dourado que está em extinção vive no Sudeste do país.
> O mico-leão-dourado, que está em extinção, vive no Sudeste do país.

a) Que diferença de sentido há entre os enunciados?

b) Como se classificam as orações subordinadas desses enunciados?

c) Levando em conta as informações que você tem sobre a fauna brasileira, qual dos enunciados você considera mais coerente com a realidade? Por quê?

FUNÇÕES SINTÁTICAS DO PRONOME RELATIVO

Além de indicar a subordinação, o pronome relativo por meio do qual se inicia uma oração adjetiva, exerce também uma função sintática na oração a que pertence.

Leia este anúncio:

Almap BBDO/foto: Maurício Nahas

No enunciado em destaque no anúncio, o pronome relativo *que* refere-se ao termo antecedente *caras* e o substitui na oração adjetiva, exercendo a função de sujeito.

Observe:

Fernão Dias, Anchieta e Raposo Tavares eram caras	*que* adoravam mato.
or. principal	or. subordinada adjetiva (*que*: pronome relativo com função de sujeito)

Desdobrando esse período, temos:

Fernão Dias, Anchieta e Raposo Tavares	eram	caras.	Caras	adoravam	mato.
sujeito	VL	pred. do sujeito	sujeito	VTD	OD

Observe que podemos substituir o pronome relativo pelo antecedente e, em seguida, analisá-lo sintaticamente na oração adjetiva:

Fernão Dias, Anchieta e Raposo Tavares eram caras	que adoravam mato.
or. principal	or. subordinada adjetiva

Fernão Dias, Anchieta e Raposo Tavares eram	caras.	Caras	adoravam	mato.
	pred. do sujeito	sujeito	VTD	OD

A função sintática do pronome relativo *que* é, assim, aquela que seu antecedente tem na oração adjetiva:

Fernão Dias, Anchieta e Raposo Tavares eram caras | *que* adoravam mato.
(*que*: sujeito)

Os pronomes relativos desempenham as seguintes funções:

- **sujeito**: As cartas *que* estão na gaveta são para você.
- **objeto direto**: Aqui está o livro *que* você me emprestou.
- **objeto indireto**: As músicas *de que* gosto são muitas.

- **predicativo:** "Reduze-me ao pó *que* fui". (Cecília Meireles)
- **complemento nominal:** O projeto com *o qual* ficou entusiasmado não foi aprovado pela diretoria.
- **adjunto adnominal:** O homem *cujo* carro comprei mudou-se para os Estados Unidos.
- **adjunto adverbial:** A cidade *onde* nasci é muito tranquila.
- **agente da passiva:** O colega *por quem* fomos enganados desapareceu.

EXERCÍCIOS

Leia a tira a seguir e responda às questões 1 e 2.

(Fernando Gonsales. *Folha de S. Paulo*, 18/12/2003.)

1. Nos quadrinhos, há três períodos compostos por subordinação adjetiva.

> É daqueles [sonhos] chatos *em que* você não é você?
> E você está num lugar *que* de repente vira outro?
> E tem um cara *que* parece outro

a) As orações subordinadas adjetivas ligam-se à oração anterior por meio de conectivos. Que palavras, expressas anteriormente, esses conectivos substituem?

b) Qual é a função de cada um dos pronomes relativos?

2. Por que a personagem perdeu a vontade de contar o sonho?

3. Transforme cada um dos pares de orações a seguir em um período composto, por meio do emprego dos pronomes relativos *que* ou *quem*, precedidos ou não de preposição. Veja o exemplo:

> Preciso de um amigo.
> Ele deve ter sensibilidade.
> O amigo de que preciso deve ter sensibilidade.

a) Necessito de um amor.
Ele vai tirar-me da solidão.

b) Convivo com pessoas interessantes.
Elas são versadas em música, literatura e ciência.

c) Discordei do professor.
Ele não conseguia convencer-me.

d) Este é o autor.
Tenho grande admiração por ele.

e) Aqui está a testemunha.
Confio nela.

A concisão da frase

Para evitar repetições e explicitar as ligações entre as ideias nas frases, podemos subordinar orações, empregando conjunções e pronomes. Dessa forma é possível construir textos coesos, expressivos e econômicos. Veja o exemplo:

> A casa parecia ser nova. O muro da casa caiu.
> A casa *cujo* muro caiu parecia ser nova.

4. Transforme cada um dos pares de orações a seguir em um período composto, por meio do emprego do pronome relativo *qual*, precedido ou não de preposição. Veja o exemplo:

> Gostei desta peça teatral.
> Já tinha ouvido bons comentários sobre ela.
> Gostei desta peça teatral sobre a qual já tinha ouvido bons comentários.

a) Vencemos o problema.
Lutamos contra ele durante longo tempo.

b) O incidente ocorreu na classe.
Nela ficaram poucas pessoas, após o fato.

c) Este é o novo ritmo.
Diante dele, é preciso liberar a sensibilidade.

d) Esse é um assunto importante.
Devemos meditar sobre ele.

5. Transforme cada um dos pares de orações a seguir em um período composto, por meio do emprego do pronome relativo *cujo* (ou *cuja*, *cujos*, *cujas*), precedido ou não de preposição. Veja o exemplo:

> Esta é uma árvore centenária.
> Seus galhos se mantêm vigorosos.
> Esta é uma árvore centenária cujos galhos se mantêm vigorosos.

a) Há projetos de limpar a baía de Guanabara.
Suas águas estão quase mortas.

b) Chamei os alunos para discutir problemas econômicos.
Seus pais estão desempregados.

c) São Paulo é uma cidade industrial.
Suas fábricas são de grande porte.

d) Recebi a visita de meu irmão no último domingo.
Acreditei em suas palavras.

e) A menina teve uma crise de choro.
Sua mãe se feriu no acidente.

6. Forme períodos compostos, substituindo por um pronome relativo a palavra destacada nos pares de orações abaixo. A seguir, destaque o pronome relativo e indique sua função sintática. Veja o exemplo:

> O diretor já ocupou cargos importantes.
> O *diretor* foi nomeado ontem.
> O diretor *que* foi nomeado ontem já ocupou cargos importantes. / sujeito

a) Ele não ganhou nada.
Ele trabalhou bastante.

b) As anedotas causaram riso geral.
O viajante contou *anedotas*.

c) Foi deprimente o filme.
Assistimos ao *filme*.

d) Este é o livro.
Você fez alusão ao *livro* na aula.

e) Ele tem um carro.
As portas do *carro* estão enferrujadas.

7. Leia esta tira:

(Dik Browne. *Folha de S. Paulo*, 4/7/2003.)

Que pronome relativo (seguido ou não de preposição) completa o 1º quadrinho da tira, de acordo com o contexto?

AS ORAÇÕES ADJETIVAS NA CONSTRUÇÃO DO TEXTO

Leia este poema, de Affonso Romano de Sant'Anna:

Filipe Rocha

O leitor e a poesia

Poesia
não é o que o autor nomeia,
é o que o leitor incendeia.

Não é o que o autor pavoneia,
é o que o leitor colha à colmeia.

Não é o ouro na veia,
é o que vem na bateia.

Poesia
não é o que o autor dá na ceia,
mas o que o leitor banqueteia.

(Affonso Romano de Sant'Anna. *Melhores poemas*. 3. ed. Seleção de Donaldo Schüler. São Paulo: Global, 1997. p. 150.)

1. O poema faz uma reflexão sobre o que é a *poesia*, tradicionalmente vista como fruto da criatividade ou da inspiração do poeta. Observe os versos em que o eu lírico diz o que a poesia *não é* e os versos em que ele diz o que a poesia *é*.

a) Em síntese, o que o eu lírico nega na definição de poesia?

b) O que o eu lírico afirma que é a poesia?

c) Que novidade reside nesse conceito de poesia, considerando-se a visão tradicional?

2. De acordo com o poema, poesia é "o que o leitor incendeia", "o que o leitor banqueteia", "o que vem na bateia". Troque ideias com os colegas: Que interpretação pode ser dada a essas definições de poesia?

3. O poema é construído por meio de paralelismos (estruturas de repetição) sintáticos e semânticos. Observe a estrutura destes dois versos:

(Poesia) não é o / que o autor nomeia,
(Poesia) é o / que o leitor incendeia.

a) A que classe gramatical pertencem as palavras *o* e *que* nesses dois versos?

b) Qual é a função sintática dessas palavras nesses versos?

4. Observe que tanto o pronome relativo quanto a oração adjetiva têm fundamental importância na construção dos sentidos do poema.

a) Como se classificam as orações adjetivas empregadas no texto?

b) Considerando o tema e a finalidade do poema, responda: Por que as orações adjetivas foram empregadas com tanto destaque?

SEMÂNTICA E DISCURSO

Leia o anúncio a seguir e responda às questões de 1 a 3.

Governo Federal

(*Horizonte Geográfico*, nº 140, p. 2-3.)

1. O anúncio faz parte de uma campanha publicitária e foi publicado em várias revistas e jornais.

a) Quem é o anunciante?

b) A quem o anúncio se destina?

c) Que finalidade ele tem em vista?

2. O anúncio estabelece intertextualidade com um importante quadro do pintor impressionista francês Claude Monet (reproduzido ao lado).

a) No enunciado verbal principal, o anunciante praticamente se desculpa com o pintor. Do que ele se desculpa?

b) Em que se apoia a afirmação do anúncio de que a água é mais valiosa que um quadro, mesmo que de Monet?

The Bridgeman Art Library/Grupo Keystone

Braço do rio Sena perto de Giverny (1897), de Claude Monet.

3. Na parte inferior do anúncio, lê-se o seguinte enunciado:

"A Petrobras sabe da importância da água para o planeta. Por isso, água e clima são os temas do Programa Petrobras Ambiental. No período de 2008 a 2012, estão sendo investidos R$ 500 milhões em projetos que, entre outras ações, contribuem para preservar e recuperar os ecossistemas aquáticos. Se o futuro é um desafio, a Petrobras está pronta."

a) Identifique a oração subordinada adjetiva presente nesse enunciado e classifique-a.

b) Por que o anunciante optou por não empregar vírgula depois da palavra *projetos*, da oração anterior?

c) Considerando sua resposta no item anterior, responda: Qual é o papel semântico da expressão "entre outras ações"?

4. Em anúncios publicitários e em títulos de matérias jornalísticas, livros e filmes, é comum o emprego de orações adjetivas.

Leia o anúncio:

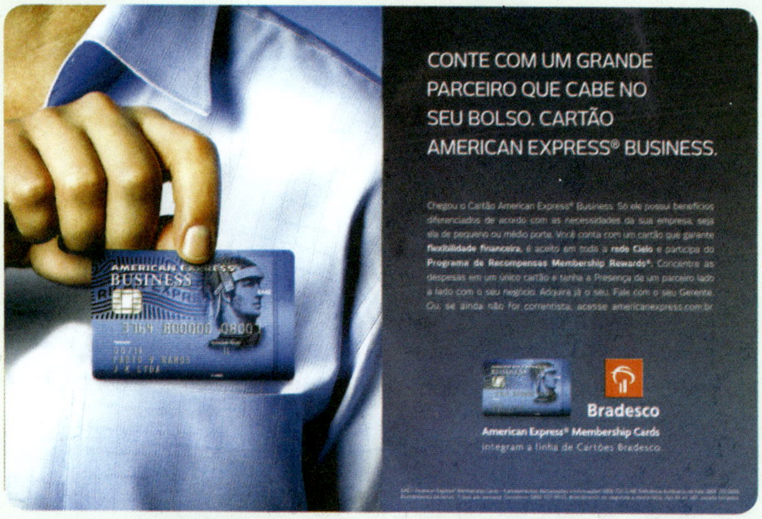

YR Brasil

(*IstoÉ*, nº 2 164, p. 2-3.)

a) Qual é a oração adjetiva empregada no enunciado verbal em destaque no anúncio? Como ela se classifica?

b) Considerando a finalidade do anúncio, responda: Por que esse tipo de oração adjetiva é fundamental nesse enunciado?

5. Na linguagem escrita, por razão de clareza e concisão, deve-se evitar a repetição do conectivo *que*. No caso do emprego das orações subordinadas adjetivas, um dos recursos para isso é empregar o adjetivo no lugar da oração. Veja o exemplo:

> Em seus textos, você deve usar uma letra *que pode ser lida*.
> Em seus textos, você deve usar uma letra *legível*.

Reescreva as frases, transformando as orações subordinadas adjetivas em adjetivos:

a) Por favor, não faça um discurso *que não tem fim*.

b) Ele sente pelo filho adotivo um amor *que não se pode definir*.

c) São marcas *que não se podem apagar*.

d) Este é um tipo de tarefa *que não se executa*.

e) É um texto *que não se pode entender*.

f) Este é um argumento *que não se pode refutar*.

6. Suponha que dois estabelecimentos bancários enviem a seus clientes pensionistas os seguintes avisos:

> *Banco 1*: Os pensionistas que recebem seu contracheque no dia 1º terão atendimento especial nesta agência bancária.
> *Banco 2*: Os pensionistas, que recebem seu contracheque no dia 1º, terão atendimento especial nesta agência bancária.

Os dois avisos têm o mesmo sentido? Por quê?

Museu de Arte Moderna do Rio de Janeiro, RJ

LITERATURA

CAPÍTULO 9

O ovo (Urutu) (1928), de Tarsila do Amaral.

A primeira fase do Modernismo. Os Andrades

Após a Semana de Arte Moderna, o Modernismo passou a viver sua "fase heroica", isto é, a fase de divulgação das ideias modernistas em todo o país e de aprofundamento das questões estéticas lançadas pela Semana. Essa fase foi marcada essencialmente por duas tendências: destruição e construção.

A PRIMEIRA FASE DO MODERNISMO

O movimento modernista no Brasil contou com duas fases: a primeira foi de 1922 a 1930, e a segunda, de 1930 a 1945. A primeira fase caracterizou-se pelas tentativas de solidificação do movimento renovador e pela divulgação de obras e ideias modernistas.

Apesar da diversidade de correntes e ideias, pode-se dizer que, de modo geral, os escritores de maior destaque dessa fase defendiam a reconstrução da cultura brasileira sobre bases nacionais, a promoção de uma revisão crítica de nosso passado histórico e de nossas tradições culturais, a eliminação definitiva do nosso complexo de colonizados, apegados a valores estrangeiros. Eram, portanto, defensores de uma visão nacionalista, porém crítica, da realidade brasileira.

Mário de Andrade, na conferência que fez em 1942 sobre a Semana de Arte Moderna, assim se referiu a esse período: "E vivemos uns oito anos, até perto de 1930, na maior orgia intelectual que a história artística do país registra".

Várias obras, grupos, movimentos, revistas e manifestos ganharam o cenário intelectual brasileiro, numa investigação profunda, e por vezes radical, de novos conteúdos e de novas formas de expressão. Os resultados deixados por esse período de pesquisas foram a implantação definitiva do movimento modernista e a maturidade e autonomia de nossa literatura.

A orgia intelectual

O período a que Mário de Andrade chama de "orgia intelectual" é rico em publicações de obras literárias, revistas e manifestos. Entre as revistas fundadas para difundir as propostas modernistas, destacam-se: *Klaxon* (1922), criada em São Paulo logo após a Semana de Arte Moderna; *Estética* (1924), no Rio de Janeiro; *A revista* (1925), em Belo Horizonte; *Terra Roxa e Outras Terras* (1927), em São Paulo; a *Revista de Antropofagia* (1928), porta-voz do movimento Antropofagia, fundado por Oswald de Andrade.

Editora EDUSP

Simultaneamente à publicação de obras e à fundação de revistas, foram lançados vários manifestos e movimentos, que aglutinavam e dividiam os escritores da época. Entre eles, destacam-se quatro: Pau-Brasil, Verde-Amarelismo, Antropofagia e a Escola da Anta.

Pau-Brasil: a poesia de exportação

Em 1924, Oswald de Andrade lançou o *Manifesto da Poesia Pau-Brasil*, dando início ao movimento *Pau-Brasil*, que, inspirado em nosso primeiro produto de exportação, o pau-brasil, defendia a criação de uma poesia brasileira de exportação. Demonstrando irreverência e revolta contra a cultura acadêmica e a dominação cultural europeia em nosso país, o movimento propunha uma poesia primitivista, construída com base na revisão crítica de nosso passado histórico e cultural e na aceitação e valorização dos contrastes da realidade e da cultura brasileiras, como ilustra este fragmento:

> Toda a história bandeirante e a história comercial do Brasil. O lado doutor, o lado citações, o lado autores conhecidos. Comovente. Rui Barbosa: uma cartola na Senegâmbia. Tudo revertendo em riqueza. A riqueza dos bailes e das frases feitas. Negras de jóquei. Odaliscas no Catumbi. Falar difícil.

Do ponto de vista técnico, o manifesto de Oswald propunha: a criação de uma língua brasileira ("A língua sem arcaísmo, sem erudição"; "A contribuição milionária de todos os erros"); a síntese; o equilíbrio; a surpresa.

Verde-Amarelismo e Anta: a reação

Como reação ao tipo de nacionalismo defendido por Oswald de Andrade no *Manifesto da Poesia Pau-Brasil* e ao espírito anarquista de seu autor, surgiu em São Paulo o movimento *Verde-Amarelismo*, constituído por Menotti del Picchia, Plínio Salgado, Guilherme de Almeida e Cassiano Ricardo.

Defendendo um nacionalismo ufanista, com evidente inclinação para o nazifascismo (conforme ficaria comprovado mais tarde com a adesão de Plínio Salgado ao integralismo), o grupo alegava que o movimento Pau-Brasil era "afrancesado".

Em 1927, tomando a anta e o índio tupi como símbolos da nacionalidade primitiva, o grupo verde-amarelo transformou-se na *Escola da Anta*.

A Antropofagia: a deglutição cultural

Revidando com sarcasmo o primitivismo xenófobo da Anta, Oswald de Andrade, Tarsila do Amaral e Raul Bopp lançaram, em 1928, o mais radical de todos os movimentos do período: a *Antropofagia*. O movimento foi inspirado no quadro *Abaporu* ("antropófago", em tupi), que Tarsila oferecera a Oswald como presente de aniversário.

Partidários de um primitivismo crítico, os antropófagos propunham a devoração da cultura estrangeira.

As ideias do grupo tinham como porta-voz a *Revista de Antropofagia*, da qual também participavam Antônio de Alcântara Machado, Geraldo Costa e outros.

Contrariamente à xenofobia da Escola da Anta, os antropófagos não negavam a cultura estrangeira, mas também não a copiavam nem imitavam. Assim como os índios primitivos devoravam seu inimigo, acreditando que desse modo assimilariam suas qualidades, os artistas antropófagos propunham a "devoração simbólica" da cultura estrangeira, aproveitando suas inovações artísticas, porém sem a perda da nossa própria identidade cultural. Trata-se, portanto, de um aprofundamento da ideia da "digestão cultural" já proposta no *Manifesto da Poesia Pau-Brasil*.

Óleo sobre tela, 85 x 73 cm, col. Eduardo Constantini, Argentina

Abaporu (1928), de Tarsila do Amaral.

Observe, nestes fragmentos do *Manifesto Antropófago*, de autoria de Oswald de Andrade, o posicionamento ideológico do escritor em relação ao sistema social e à dominação cultural estrangeira:

> Só a antropofagia nos une. Socialmente. Economicamente. Filosoficamente.
>
> Única lei do mundo. Expressão mascarada de todos os individualismos, de todos os coletivos. De todas as religiões. De todos os tratados de paz.
>
> Tupy, or not tupy, that is the question.
>
> Só me interessa o que não é meu. Lei do homem. Lei do antropófago.
>
> Estamos fatigados de todos os maridos católicos suspeitos postos em drama, Freud acabou com o enigma mulher e com outros sustos da psicologia impressa.
>
> Nunca fomos catequizados. Fizemos foi Carnaval. O índio vestido de Senador do Império. Fingindo de Pitt. Ou figurando nas óperas de Alencar cheio de bons sentimentos portugueses.
>
> Já tínhamos o comunismo. Já tínhamos a língua surrealista. A idade de ouro.
>
> Contra a realidade social, vestida e opressora, cadastrada por Freud — a realidade sem complexos, sem loucura, sem prostituições e sem penitenciárias do matriarcado de Pindorama.
>
> Oswald de Andrade
>
> Em Piratininga
> Ano 374 da Deglutição do Bispo Sardinha.
>
> (Apud Gilberto Mendonça Teles. *Vanguardas europeias e Modernismo brasileiro*. Petrópolis: Vozes, 1983. p. 353-60.)

Da primeira geração do Modernismo brasileiro, participaram vários escritores, entre os quais se destacaram Oswald de Andrade, Mário de Andrade, Manuel Bandeira, Alcântara Machado, Menotti del Picchia, Guilherme de Almeida, Ronald de Carvalho e Raul Bopp.

OSWALD DE ANDRADE: O ANTROPÓFAGO DO MODERNISMO

A obra de Oswald de Andrade (1890-1954) representa um dos cortes mais profundos do Modernismo brasileiro em relação à cultura do passado. Paulista, de família rica, Oswald cursou Direito e ingressou na carreira jornalística. Em 1911 fundou a revista semanal *O Pirralho*, que, com Alcântara Machado e Juó Bananére, dirigiu até 1917, ano em que a publicação teve fim. Nesse mesmo ano, em sua coluna no *Jornal do Commercio*, defendeu Anita Malfatti das críticas de Monteiro Lobato. Viajava frequentemente à Europa, onde fez várias amizades nos meios artísticos, o que lhe permitiu estar a par das novidades introduzidas pelas correntes de vanguarda e, no Brasil, assumir um papel de liderança. Em 1926, casou-se com Tarsila do Amaral.

Coleção Marília de Andrade, Campinas, São Paulo

Retrato de Oswald de Andrade (1923), de Tarsila do Amaral.

Em 1929, sofreu um grande abalo financeiro com a crise do café. Em 1930, casou-se com a escritora comunista Patrícia Galvão (a Pagu). Junto com ela militou nos meios operários e, em 1931, ingressou no Partido Comunista, no qual permaneceu até 1945. Desse período são suas obras mais marcadas ideologicamente, como o *Manifesto Antropófago*, o romance *Serafim Ponte Grande* e a peça teatral *O rei da vela*.

Tal qual a obra que escreveu, Oswald sempre foi debochado, irônico e crítico, pronto para satirizar os meios acadêmicos ou a própria burguesia, classe de que se originara.

Seu conceito de nacionalismo era diferente daquele pregado pelos românticos e mesmo por certos grupos modernistas, como o Verde-Amarelismo e o Anta. Sem ser ingênuo e ufanista, Oswald defendia a valorização de nossas origens, de nosso passado histórico e cultural, mas de forma crítica, isto é, recuperando, parodiando, ironizando e atualizando nossa história de colonização. Sua visão de Brasil, ao mesmo tempo que procura captar a natureza e as cores próprias do país, flagra igualmente as contradições moderno-primitivas de nossa realidade. Observe, nos poemas que seguem, as cores locais em "bucólica" e as contradições entre o primitivo (*sapos*, *mata*), o provinciano e o moderno (*o cinema*, *a orquestra*) em "cidade".

bucólica

Agora vamos correr o pomar antigo
Bicos aéreos de patos selvagens
Tetas verdes entre folhas
E uma passarinhada nos vaia
Num tamarindo
Que decola para o anil
Árvores sentadas
Quitandas vivas de laranjas maduras
Vespas

(*Pau-Brasil*. 2. ed. São Paulo: Globo, 2003. p. 132.)

cidade

Foguetes pipocam o céu quando em quando
Há uma moça magra que entrou no cinema
Vestida pela última fita
Conversas no jardim onde crescem bancos
Sapos
Olha
A iluminação é de hulha branca
Mamães estão chamando
A orquestra rabecoa na mata

(Idem, p. 144.)

Oswald e os tropicalistas

Imitando a cultura estrangeira, os artistas brasileiros quase sempre negaram ou desprezaram o lado primitivo ou pouco desenvolvido de nosso país, que passou a ser valorizado por Oswald de Andrade.

O Tropicalismo, na década de 1960, retomou a concepção oswaldiana de um Brasil contraditório, em que se mesclam o primitivo e o moderno.

Veja, nestes versos de "Geleia geral", de Torquato Neto e Gilberto Gil, os aspectos contraditórios do nosso país:

As relíquias do Brasil:
Doce mulata malvada,
Um elepê do Sinatra
Maracujá, mês de abril,
Santo barroco-baiano,
Superpoder de paisano,
Formiplac e céu de anil

Tarsila e Pagu redescobertas

Tarsila do Amaral e Pagu têm em comum o fato de terem vivido com Oswald de Andrade. Contudo, também se destacam como duas das figuras femininas brasileiras mais importantes nas décadas de 1920 e 1930.

Nos últimos anos tem aumentado o interesse pela obra das duas mulheres. A vida de Tarsila, por exemplo, foi levada ao palco com a peça *Tarsila*, de Maria Adelaide Amaral. Além disso, sua sobrinha-neta, também chamada Tarsila do Amaral, publicou recentemente o livro *Tarsila por Tarsila*, em que divulga importantes informações a respeito da vida e da obra da pintora. Sobre Pagu foram publicados os livros *Pagu – Vida-obra*, de Augusto de Campos, e *Croquis de Pagu*, de Lúcia M. Teixeira Furlani.

LEITURA

Leia, a seguir, quatro poemas de Oswald de Andrade e responda às questões propostas.

a transação

O fazendeiro criara filhos
Escravos escravas
Nos terreiros de pitangas e jabuticabas
Mas um dia trocou
O ouro da carne preta e musculosa
As gabirobas e os coqueiros
Os monjolos e os bois
Por terras imaginárias
Onde nasceria a lavoura verde do café

(*Pau-Brasil*, cit., p. 123.)

3 de maio

Aprendi com meu filho de dez anos
Que a poesia é a descoberta
Das coisas que nunca vi

(Idem, p. 141.)

pronominais

Dê-me um cigarro
Diz a gramática
Do professor e do aluno
E do mulato sabido
Mas o bom negro e o bom branco
Da Nação Brasileira
Dizem todos os dias
Deixa disso camarada
Me dá um cigarro

(*Pau-Brasil*. 2. ed. São Paulo: Globo, 2003. p. 167.)

maturidade

O Sr. e a Sra. Amadeu
Participam a V. Exa.
O feliz nascimento
De sua filha
Gilberta

(*Primeiro caderno do aluno de poesia Oswald de Andrade*. 4. ed. São Paulo: Globo, 2006. p. 50.)

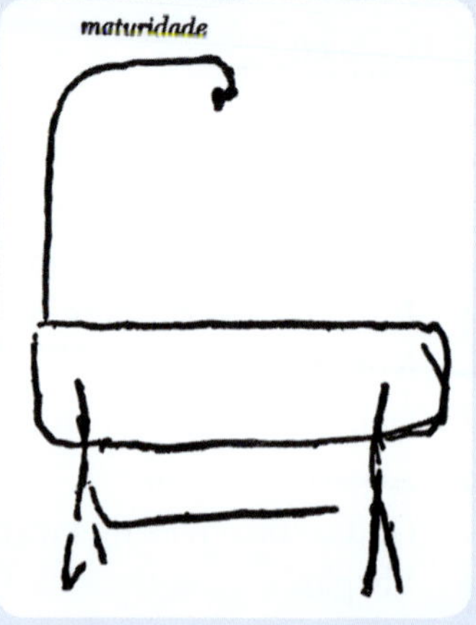

Desenho do próprio Oswald de Andrade para ilustrar seu poema "maturidade".

1. Uma das mais importantes propostas do projeto artístico de Oswald de Andrade é a ruptura com os padrões da língua literária culta e a busca de uma língua brasileira.

a) Em qual dos poemas essa proposta se torna mais evidente?

b) De acordo com esse poema, o que é ser um "bom brasileiro"?

2. Tanto em sua poesia quanto em sua prosa, Oswald de Andrade fez uso de paródias, de colagens e da técnica dadaísta do *ready-made*, isto é, a atribuição de valor artístico a objetos deslocados de seu contexto normal de uso. Observe o poema "maturidade".

a) Com que tipo de gênero textual o corpo do poema se assemelha?

b) Que novo sentido o texto ganha com o título "maturidade"?

3. Um dos traços da poesia Pau-Brasil, de Oswald de Andrade, são os temas nacionais, vistos por uma perspectiva crítica. Em relação ao poema "a transação":

a) Identifique no texto elementos da paisagem nacional.

b) O poema expressa um momento de profunda transformação vivida pela economia brasileira no início do século XX. Explicite esse momento.

c) Associe o poema aos principais ciclos da economia brasileira.

4. No Manifesto da Poesia Pau-Brasil, Oswald de Andrade propunha: "Nenhuma fórmula para a contemporânea expressão do mundo. Ver com olhos livres".

a) Aponte semelhanças entre o poema "3 de maio" e as ideias defendidas por Oswald no *Manifesto da Poesia Pau-Brasil*.

b) De acordo com as ideias presentes no poema e no manifesto, em que consiste "ver com olhos livres"?

Oswald de Andrade deglutido

Adotando também uma visão carnavalizada da cultura brasileira, Caetano Veloso criou, em ritmo de carnaval, uma música para o poema "escapulário", de Oswald de Andrade. O compositor João Bosco, por sua vez, partindo dessa canção de Caetano, acrescentou a ele o poema "relicário", também de Oswald, dando origem à canção "Pagodespell", encontrada no disco *Dá licença meu sinhô*. No trecho seguinte da canção, os cinco primeiros versos formam o poema "escapulário" e os demais compõem o poema "relicário".

No Pão de Açúcar
De cada dia
Dai-nos Senhor
A poesia
De cada dia
No baile da Corte
Foi o Conde d´Eu quem disse
Pra Dona Benvinda
Que farinha de Suruí
Pinga de Parati
Fumo de Baependi
É comê bebê pitá e caí.

Barnaby Hall/Photodisc/Getty Images

5. Observe nos textos a pontuação e o modo como os títulos foram escritos. Descreva esses procedimentos formais e situe-os no projeto estético do Modernismo.

A prosa e o teatro

O romance foi o gênero em prosa que mais despertou o interesse de Oswald de Andrade. O autor estreou na prosa em 1922, com o romance *Os condenados*, primeiro volume da intitulada *Trilogia do exílio*, que incorpora também os volumes *Estrela do absinto* (publicado em 1927, mas escrito antes de 1922) e *Escada vermelha* (1934).

Contudo, as principais produções em prosa do escritor são os romances *Memórias sentimentais de João Miramar* (publicado em 1924, mas escrito a partir de 1916, segundo o autor) e *Serafim Ponte Grande* (1933), umbilicalmente ligados às ideias dos movimentos Pau-Brasil e Antropofagia. Essas obras representam o amadurecimento e a radicalização do emprego de certas técnicas ainda incipientes na *Trilogia do exílio*, tais como mescla de prosa e poesia, estrutura fragmentária, estilo elíptico e telegráfico, sátira paródica, linguagem jornalística, aproveitamento de lugares-comuns da linguagem cotidiana, como discursos, bilhetes, anotações, cartas, etc.

Memórias sentimentais de João Miramar é um romance fragmentário, formado por 163 capítulos-relâmpago, sem preocupação com sequência lógica. Baseada em muitas das experiências do autor, a obra narra a história de um paulista de família burguesa que trilha os caminhos comuns à classe, na época: estudos, viagem à Europa, casamento, aventuras amorosas, crise financeira, falência, etc.

Leia dois capítulos da obra:

Gare do infinito

Papai estava doente na cama e vinha um carro e um homem e o carro ficava esperando no jardim.

Levaram-me para uma casa velha que fazia doces e nos mudamos para a sala do quintal onde tinha uma figueira na janela.

No desabar do jantar noturno a voz toda preta de mamãe ia me buscar para a reza do Anjo que carregou meu pai.

(Rio de Janeiro: Civilização Brasileira, 1972. p. 14.)

Férias

Dezembro deu à luz das salas enceradas de tia Gabriela as três moças primas de óculos bem falados.

Pantico norte-americava.

(Idem, p. 24.)

Lenise Pinheiro/Folhapress

José Celso Martinez Correa, diretor do Teatro Oficina, ainda hoje um divulgador das ideias de Oswald de Andrade.

Foi no âmbito do teatro que Oswald de Andrade estreou na literatura, em 1916, com as peças *Leur âme* e *Mon coeur balance*, escritas em francês e com a colaboração do poeta modernista Guilherme de Almeida. Entretanto, a contribuição verdadeiramente significativa dada pelo escritor ao teatro nacional só ocorreu na década de 1930, com o lançamento de três importantes textos dramáticos: *O homem e o cavalo* (1934), *O rei da vela* (escrita em 1933 e publicada em 1937) e *A morta* (1937).

O rei da vela tornou-se a peça mais conhecida dessa trilogia, principalmente pela repercussão que teve sua primeira montagem, realizada na década de 1960. A encenação da peça no Teatro Oficina feita em 1967-1968, sob direção de José Celso Martinez Correa, integrava um movimento de releitura e redescoberta das obras de Oswald de Andrade. Impulsionado em grande parte pelos poetas concretistas Augusto de Campos, Haroldo de Campos e Décio Pignatari, o movimento teve reflexos no Tropicalismo e na efervescência política e cultural da época.

MÁRIO DE ANDRADE: VANGUARDA E TRADIÇÃO

Mário de Andrade (1893-1945) nasceu em São Paulo, cidade que amou intensamente e que retratou em várias de suas obras. Estudou música no Conservatório Musical de São Paulo e cedo iniciou sua carreira como crítico de arte, em jornais e revistas. Com apenas 20 anos e com o pseudônimo de Mário Sobral, publicou seu primeiro livro, *Há uma gota de sangue em cada poema*, no qual fazia críticas à carnificina produzida pela Primeira Guerra Mundial e defendia a paz. As inovações formais da obra desagradaram aos críticos de orientação parnasiana.

O autor teve um papel decisivo na implantação do Modernismo no Brasil. Homem de vasta cultura, pesquisador paciente, Mário soube dar a substância teórica de que necessitava o movimento em algumas ocasiões decisivas. Em 1922, meses após a Semana, publicou o seu *Prefácio interessantíssimo*; e em 1925, quando se articulavam revistas e movimentos por todo o país, lançou o ensaio *A escrava que não é Isaura*, no qual retomava e aprofundava suas considerações iniciais sobre arte moderna.

Autor de uma frase como "o passado é lição para se meditar e não para se reproduzir", o que mais impressiona em Mário de Andrade é a capacidade de conciliar, em plena euforia da "destruição" dos primeiros embates modernistas, as lições do passado e as conquistas do presente. Já em 1921, Mário aceitava várias das propostas formais do futurismo italiano, mas rejeitava-lhe a postura radicalmente destruidora. E foi com essa serenidade e equilíbrio que ele conduziu toda a sua obra.

Coleção de Artes Visuais do Instituto de Estudos Brasileiros, USP, São Paulo

Retrato de Mário de Andrade (1935), de Portinari.

Essa postura de rever o passado, em vez de negá-lo radicalmente, levaria Mário a escrever ensaios de crítica literária de inestimável valor, que chegaram a alterar a visão da crítica vigente sobre certos autores do passado.

A par da literatura, Mário também revelou interesse pela música, pelo folclore, pela antropologia, pela etnografia, pela psicologia e por outras áreas do conhecimento humano que podiam enriquecer suas atividades essenciais de escritor e músico (pianista, professor de música e compositor).

Sem nunca ter saído do país, Mário empreendeu várias viagens pelo Brasil, inicialmente como mero "turista aprendiz" e depois como pesquisador. Passou pelas cidades históricas mineiras, pelo Norte e pelo Nordeste do país, onde recolheu materiais e informação de interesse cultural, como poemas e canções populares, modinhas, ritmos, festas religiosas e de folia, lendas e músicas indígenas, objetos de arte.

Mário foi diretor do Departamento de Cultura da Prefeitura de São Paulo, funcionário do Serviço do Patrimônio Histórico, do Ministério da Educação e professor universitário, sempre prestando serviços de grande valor na área da cultura e da educação.

Muito mais do que como meio de satisfação pessoal, Mário encarava sua intensa atividade cultural como missão, isto é, queria ser útil no processo de reconstrução de um Brasil que se transformava social, política, econômica e culturalmente.

"O turista aprendiz" e novas viagens

Os resultados das pesquisas que Mário de Andrade fez em viagem pelo Brasil, em 1927, foram reunidos no livro *O turista aprendiz*. Inspirado nesse projeto e no percurso feito por Mário, um grupo paulistano percorreu, durante três meses, mais de 10 mil quilômetros e viajou por nove Estados brasileiros, a fim de realizar o Projeto Turista Aprendiz.

Seguindo o exemplo do escritor paulista, e munido de câmeras, *laptops*, equipamentos de som e instrumentos musicais, o grupo visitou 26 comunidades e registrou o canto e a dança locais, recolhendo cerca de mil melodias.

O resultado da coleta está registrado em *Trilha, toada e trupe*, uma caixa com três CDs e um DVD. Vale a pena conferir!

A poesia: um canto de amor a São Paulo e ao país

Após haver publicado *Há uma gota de sangue em cada poema*, Mário publicou em 1922 *Pauliceia desvairada*, sua primeira obra de fato modernista. Vista hoje como uma obra que não alcança um estágio mais elevado de poesia, *Pauliceia* na época agradou ao grupo modernista, pois cumpriu o papel de destruir os padrões literários vigentes e propor uma nova linguagem poética, baseada no verso livre, nas rupturas sintáticas, nos *flashes* cinematográficos, nos neologismos, na elisão e na fragmentação. O poema a seguir ilustra bem o emprego desses procedimentos formais, ao mesmo tempo que lança a cidade de São Paulo, cidade natal do poeta, como uma de suas mais importantes fontes temáticas.

Os cortejos

Monotonias das minhas retinas...
Serpentinas de entes frementes a se desenrolar...
Todos os sempres das minhas visões! "Bon Giorno, caro."

Horríveis as cidades!
Vaidades e mais vaidades...
Nada de asas! Nada de poesia! Nada de alegria!
Oh! os tumultuários das ausências!
Pauliceia — a grande boca de mil dentes;
e os jorros dentre a língua trissulca
de pus e de mais pus de distinção...
Giram homens fracos, baixos, magros...
Serpentinas de entes frementes a se desenrolar...

Estes homens de São Paulo,
todos iguais e desiguais,
quando vivem dentro dos meus olhos tão ricos,
parecem-me uns macacos, uns macacos.

(*Poesias completas*. São Paulo: Círculo do Livro. s. d., p. 40.)

Desenho de Mário de Andrade, de 1928.

Em 1926, Mário publicou *Losango cáqui*, uma obra de poemas escritos em 1922 e que segue a orientação dos poemas "desvairistas".

Clã do jabuti (1927) e *Remate de males* (1930), obras escritas em 1923 e 1930 e nas quais Mário empregou o resultado das pesquisas folclóricas realizadas nas viagens que empreendeu pelo Brasil entre 1924 e 1927, representam o início de um período de grande fecundidade, do qual surgiria *Macunaíma*. Buscando o conhecimento e o registro do Brasil e de suas manifestações culturais, Mário introduziu nessas obras as lendas, os costumes e o modo de falar regionais, os ritmos e as danças populares: samba, coco, toada, modinha.

A partir de 1930, a poesia de Mário de Andrade sofreu uma mudança de orientação, possivelmente por influência da Revolução de 1930. Esse fato não é isolado: definitivamente implantado o Modernismo, toda a literatura se voltava para a reflexão, a análise e a denúncia dos problemas nacionais.

A poesia de Mário tomou então duas direções: de um lado, a poesia intimista e introspectiva, serena ou conflitante, de que é exemplo a obra *Poesia* (1942); de outro, a poesia política, de combate às injustiças sociais, em linguagem agressiva e explosiva, de que são exemplos as obras *O carro da miséria* e *Lira paulistana* (1946). O poema que segue ilustra esse misto de lirismo e solidariedade social.

Eu sou trezentos...

Eu sou trezentos, sou trezentos-e-cincoenta,
As sensações renascem de si mesmas sem repouso,
Ôh espelhos, ôh! Pireneus! ôh caiçaras!
Si um deus morrer, irei no Piauí buscar outro!

Abraço no meu leito as milhores palavras,
E os suspiros que dou são violinos alheios;
Eu piso a terra como quem descobre a furto
Nas esquinas, nos táxis, nas camarinhas seus
[próprios beijos!

Eu sou trezentos, sou trezentos-e-cincoenta,
Mas um dia afinal eu toparei comigo...
Tenhamos paciência, andorinhas curtas,
Só o esquecimento é que condensa,
E então minha alma servirá de abrigo.

(Idem, p. 189.)

Mário: rapsodo do século XX

Ao publicar *Macunaíma*, Mário de Andrade chegou a ser acusado de plágio pelo fato de fazer uso de vários textos já existentes.

Arlindo Daibert

Na verdade, ao fazer uma espécie de bricolagem de materiais extraídos da tradição oral, da pesquisa científica e da literatura oficial, Mário criou sua obra com procedimentos tipicamente modernistas, mas que, ao mesmo tempo, lembram os dos rapsodos gregos, conforme explica a pesquisadora Telê Ancona Lopez:

> Ao cruzar sua criação com a criação de outros, autores consagrados ou vozes do povo, ao coser fragmentos e a eles plasmar novas funções e novos significados, Mário presentifica, em *Macunaíma*, a rapsódia moderna.

(In: Arlindo Daibert. *Macunaíma de Andrade*. Juiz de Fora: Ed. da UFJF, 2000. p. 14.)

A prosa: experimentalismo e crítica social

A atividade literária em prosa de Mário de Andrade foi ampla. O escritor cultivou o conto, com *Primeiro andar* (1926) e *Contos novos* (1946); a crônica, com *Os filhos da Candinha* (1945); o romance, com *Amar, verbo intransitivo* (1927); a rapsódia, com *Macunaíma* (1928).

Em quase todas essas obras se destaca a preocupação com a descoberta e a exploração de novas técnicas narrativas e, ao mesmo tempo, com a sondagem do universo social e psicológico do ser humano das grandes cidades. Contos como "Primeiro de maio", "Peru de natal", "Vestida de preto" e outros conciliam com perfeição a análise das relações familiares e sociais e a introspecção psicológica, fundada nas teorias de Freud.

O romance *Amar, verbo intransitivo* causou impacto quando publicado. Desafiando preconceitos, tematiza a descoberta do amor entre Carlos e Fräulein, uma governanta oficialmente contratada pelo empresário Souza Costa para ensinar alemão e piano a seus filhos, mas, na verdade, encarregada de iniciar Carlos, o filho adolescente, na vida sexual.

Macunaíma: em busca do nacional

Na prosa, *Macunaíma* é a obra-prima do autor e, provavelmente, a mais importante realização da primeira fase do Modernismo. A obra representa não apenas o resultado das pesquisas e das qualidades do autor como poeta, prosador, músico e folclorista, mas também a plena realização do projeto nacionalista dos escritores de sua geração.

O ponto de partida para a criação de *Macunaíma* foi a leitura que Mário fez da obra *Vom Roraima zum Orinoco*, do etnógrafo alemão Koch-Grünberg, que colheu na Amazônia (Brasil e

Venezuela), entre 1911 e 1913, um ciclo de lendas dos índios taulipangues e arecunás. Mário fez algumas modificações na lenda original, acrescentou outras, de origens diversas, incluiu anedotas da história brasileira e aspectos da vida urbana e rural do país e introduziu personagens reais e fictícias, além de feitiçaria, erotismo e o absurdo surrealista.

Quanto à língua, também se verifica na obra uma verdadeira miscelânea, formada por vocábulos indígenas, africanos, frases feitas, expressões e provérbios populares, gírias, tudo isso formando, em um estilo narrativo dinâmico e irônico, um delicioso painel antropofágico da cultura brasileira.

Mário de Andrade relata que, ao criar a obra, não pretendia inventar nem símbolos nem uma personagem que representasse todos os brasileiros. No entanto, à medida que dava vida ao herói da lenda colhida por Grünberg – curiosamente, herói por suas "desqualidades" de preguiçoso, mentiroso, covarde, etc. –, foi percebendo inúmeras semelhanças entre ele e os brasileiros ou os latino-americanos em geral, que são, segundo o autor, povos "sem nenhum caráter". Explica ele:

Claus Meyer e Ciro Mariano

Mário de Andrade, em 1927, na ilha de Marajó.

> Com a palavra caráter não determino apenas a realidade moral não, em vez entendo a entidade psíquica permanente, se manifestando por tudo, nos costumes na ação exterior no sentimento na língua na História na andadura, tanto no bem como no mal. O brasileiro não tem caráter porque não possui nem civilização própria nem consciência tradicional.

Perseguindo a tradição das canções de gesta, das epopeias, das novelas picarescas e dos contos populares – enfim, perseguindo a tradição oral da literatura –, *Macunaíma* foi com propriedade chamada por Mário de *rapsódia*, nome que, na música, designa um tipo de composição que utiliza uma variedade de motivos populares. Contudo, a designação *romance* não lhe é de todo inadequada, já que a obra apresenta semelhanças com os romances medievais.

LEITURA

O texto a seguir integra o capítulo V de *Macunaíma*. A personagem Macunaíma, após nascer e crescer às margens do rio Uraricoera, em Roraima, parte com os irmãos Maanape e Jiguê em busca de aventuras. Na viagem encontra Ci, Mãe do Mato, rainha das índias amazonas, e, com a ajuda dos irmãos, consegue dominá-la e tê-la como esposa, tornando-se assim o imperador da Mata-Virgem. Com Ci, Macunaíma tem um filho (quebrando, portanto, pela segunda vez, as tradições da tribo das amazonas), que vem a morrer; em seguida Ci também morre e vira estrela.

Antes de morrer, porém, Ci dá a Macunaíma a muiraquitã, um amuleto que vai parar nas mãos do vilão da história, o gigante comedor de gente Venceslau Pietro Pietra.

A exemplo das epopeias, em que o herói é um eterno viajante em busca de um ideal, Macunaíma e seus irmãos dirigem-se a São Paulo, onde mora o gigante.

O episódio que você vai ler a seguir retrata a viagem dos três irmãos rumo a São Paulo em busca da muiraquitã.

V. Piaimã

No outro dia Macunaíma pulou cedo na ubá e deu uma chegada até a foz do rio Negro pra deixar a consciência na ilha de Marapatá. Deixou-a bem na ponta dum mandacaru de dez metros, pra não ser comida pelas saúvas. Voltou pro lugar onde os manos esperavam e no pino do dia os três rumaram pra margem esquerda da Sol.

Muitos casos sucederam nessa viagem por caatingas rios corredeiras, gerais, corgos, corredores de tabatinga matos virgens e milagres do sertão. Macunaíma vinha com os dois manos pra São Paulo. Foi o Araguaia que facilitou-lhes a viagem. Por tantas conquistas e tantos feitos passados o herói não ajuntara um vintém só mas os tesouros herdados da icamiaba estrela estavam escondidos nas grunhas do Roraima lá. Desses tesouros Macunaíma apartou pra viagem nada menos de quarenta vezes quarenta milhões de bagos de cacau, a moeda tradicional. Calculou com eles um dilúvio de embarcações. E ficou lindo trepando pelo Araguaia aquele poder de igaras duma em uma duzentas em ajojo que-nem flecha na pele do rio. Na frente Macunaíma vinha de pé, carrancudo, procurando no longe a cidade. Matutava matutava roendo os dedos agora cobertos de berrugas de tanto apontarem Ci estrela. Os manos remavam espantando os mosquitos e cada arranco dos remos repercutindo nas duzentas igaras ligadas, despejava uma batelada de bagos na pele do rio, deixando uma esteira de chocolate onde os camuatás pirapitingas dourados piracanjubas uarus-uarás e bacus se regalavam.

Uma feita a Sol cobrira os três manos duma escaminha de suor e Macunaíma se lembrou de tomar banho. Porém no rio era impossível por causa das piranhas tão vorazes que de quando em quando na luta pra pegar uma naco de irmã espedaçada, pulavam aos cachos pra fora d'água metro e mais. Então Macunaíma enxergou numa lapa bem no meio do rio uma cova cheia d'água. E a cova era que-nem a marca dum pé gigante. Abicaram. O herói depois de muitos gritos por causa do frio da água entrou na cova e se lavou inteirinho. Mas a água era encantada porque aquele buraco na lapa era marca do pezão do Sumé, do tempo em que andava pregando o evangelho de Jesus pra indiada brasileira. Quando o herói saiu do banho estava branco louro e de olhos azuizinhos, água lavara o pretume dele. E ninguém não seria capaz mais de indicar nele um filho da tribo retinta dos Tapanhumas.

Nem bem Jiguê percebeu o milagre, se atirou na marca do pezão do Sumé. Porém a água já estava muito suja da negrura do herói e por mais que Jiguê esfregasse feito maluco atirando água pra todos os lados só conseguiu ficar da cor do bronze novo. Macunaíma teve dó e consolou:

— Olhe, mano Jiguê, branco você ficou não, porém pretume foi-se e antes fanhoso que sem nariz.

Maanape então é que foi se lavar, mas Jiguê esborrifava toda a água encantada para fora da cova. Tinha só um bocado lá no fundo e Maanape conseguiu molhar só a palma dos pés e das mãos. Por isso ficou negro bem filho da tribo dos Tapanhumas. Só que as palmas das mãos e dos pés dele são vermelhas por terem se limpado na água santa. Macunaíma teve dó e consolou:

— Não se avexe, mano Maanape, não se avexe não, mais sofreu nosso tio Judas!

E estava lindíssimo na Sol da lapa os três manos um louro um vermelho outro negro, de pé bem erguidos e nus. Todos os seres do mato espiavam assombrados. O jacareúna o jacaretinga o jacaré-açu o jacaré-ururau de papo amarelo, todos esses jacarés botaram os olhos de rochedo pra fora d'água. Nos ramos das ingazeiras das aningas

Tarsila do Amaral. *O Batizado de Macunaíma*. 1956

O batizado de Macunaíma (1956), por Tarsila do Amaral, tela inspirada na obra de Mário de Andrade.

das mamoramas das embaúbas dos catauaris de beira-rio o macaco-prego o macaco-de-cheiro o guariba o bugio o cuatá o barrigudo o coxiú o cairara, todos os quarenta macacos do Brasil, todos, espiavam babando de inveja. E os sabiás, o sabiacica o sabiapoca o sabiaúna o sabiapiranga o sabiagongá que quando come não me dá, o sabiá-barranco o sabiá-tropeiro o sabiá-laranjeira o sabiá-gute todos esses ficaram pasmos e esqueceram de acabar o trinado, vozeando vozeando com eloquência. Macunaíma teve ódio. Botou as mãos nas ancas e gritou pra natureza:

— Nunca viu não!

Então os seres naturais debandavam vivendo e os três manos seguiram caminho outra vez.

Porém entrando nas terras do igarapé Tietê adonde o burbom vogava e a moeda tradicional não era mais cacau, em vez, chamava arame contos contecos milréis borós tostão duzentorréis quinhentorréis, cinquenta paus, noventa bagarotes, e pelegas cobres xenxéns caraminguás selos bicos-de-coruja massuni bolada calcáreo gimbra siridó bicha e pataracos, assim, adonde até liga pra meia ninguém comprava nem por vinte mil cacaus. Macunaíma ficou muito contrariado. Ter de trabucar, ele, herói... Murmurou desolado:

— Ai! que preguiça!...

[...]

(*Macunaíma - O herói sem nenhum caráter*. Ed. crítica de Telê Porto A. Lopez. Rio de Janeiro/São Paulo: Livros Técnicos e Científicos/Secretaria da Cultura, Ciência e Tecnologia. p. 33-4.)

abicar: fazer chegar a proa da embarcação em terra.

burbom: café ou cafeeiro.

grunha: parte côncava nas serras.

icamiaba: referência a Ci, líder das índias icamiabas, com quem Macunaíma se casara e que virou estrela depois de morrer.

igara: canoa escavada em um tronco de árvore.

lapa: grande pedra ou laje; gruta.

Sumé: na mitologia dos índios tupis e guaranis, homem branco, barbado, que teria vivido entre os índios antes da chegada dos portugueses e que lhes havia transmitido uma série de ensinamentos. Os jesuítas associaram essa figura a São Tomé, apóstolo que teria feito pregações ao redor do mundo, inclusive na América.

trabucar: trabalhar, labutar.

ubá: o mesmo que cana-do-rio; planta da família das gramíneas que atinge até 10 metros de altura.

1. Em *Macunaíma*, Mário de Andrade procurou fazer uso de uma "língua brasileira", síntese da fusão do português com dialetos indígenas e africanos, mesclada de inúmeras variações linguísticas, com regionalismos, expressões coloquiais, estrangeirismos, etc.
Troque ideias com os colegas e tente descobrir a origem destas palavras e expressões:

a) ubá, Marapatá, mandacaru, tabatinga, igara, pirapitinga

b) deu uma chegada, que-nem flecha, feito maluco, antes fanhoso que sem nariz, cinquenta paus, bolada

c) Não se avexe

d) burbom

2. Antes de escrever *Macunaíma*, Mário de Andrade viajou pelo Brasil, pesquisou e fez anotações relativas a diversos elementos da geografia, da fauna, da flora e da cultura das diferentes regiões do país. De que modo essa pesquisa se revela no trecho lido?

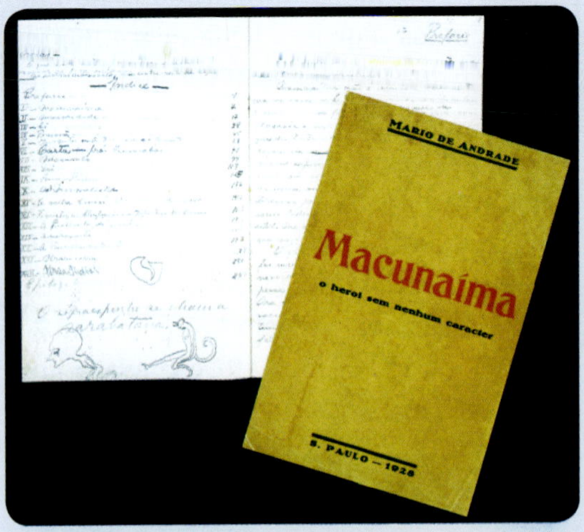

Instituto de Estudos Brasileiros, USP, São Paulo

Capa do livro *Macunaína* e manuscritos originais de Mário de Andrade

3. Observe o trecho em que os três irmãos se banham na água da cova feita pelo pé de Sumé.

a) O que se explica, nessa cena, de forma folclórica?

b) Apesar de Jiguê ter se lavado, ele "só conseguiu ficar da cor do bronze novo". E Macunaíma lhe diz: "branco você ficou não, porém pretume foi-se e antes fanhoso que sem nariz". Na sua opinião, essa fala de Macunaíma é preconceituosa? Justifique sua resposta.

4. Macunaíma é o imperador da mata virgem. Como tal, imagina chegar a São Paulo com muito cacau – que na floresta equivalia a dinheiro – e liderando uma comitiva de duzentas canoas.

a) Na realidade, com quantas canoas Macunaíma chega à capital paulista?

b) Que valor tinha na cidade o cacau que Macunaíma trouxera?

c) Como se posiciona Macunaíma diante da necessidade de trabalhar?

5. As preocupações reveladas na obra *Macunaíma* quanto à busca dos elementos da paisagem nacional – a fauna, a flora, o homem, a língua e as tradições da cultura brasileira – lembram o projeto nacionalista do Romantismo. Comparando *Macunaíma* às obras indianistas românticas, responda:

a) A personagem Macunaíma pode ser considerada um herói igual aos do Romantismo? Por quê?

b) Como conclusão do estudo feito, responda: O nacionalismo presente em Macunaíma é igual ao das obras do Romantismo? Justifique sua resposta.

Para quem quer mais

Se você quer saber mais sobre o período de implantação do Modernismo brasileiro, leia os poemas a seguir. "Amore co amore si paga", de Juó Bananére, é exemplo do espírito demolidor e irônico que caracterizou a literatura brasileira no início do século XX. Esse poema, que é uma paródia de "Nel mezzo del Cammin...", de Olavo Bilac (estudado no volume 2 desta coleção), integra a obra *La divina increnca*, publicada em 1917. Em seguida, sozinho, em dupla ou em grupo, tente resolver as questões propostas no **Roteiro de estudo**.

Nel mezzo del Cammin...

Cheguei. Chegaste. Vinhas fatigada
E triste, e triste e fatigado eu vinha.
Tinhas a alma de sonhos povoada,
E a alma de sonhos povoada eu tinha...

E paramos de súbito na estrada
Da vida: longos anos, presa à minha
A tua mão, a vista deslumbrada,
Tive da luz que teu olhar continha.

Hoje, segues de novo... Na partida
Nem o pranto os teus olhos umedece,
Nem te comove a dor da despedida.

E eu, solitário, volto a face, e tremo,
Vendo o teu vulto que desaparece
Na extrema curva do caminho extremo.

(Olavo Bilac. In: Magaly Trindade Gonçalves et alii. *Antologia de antologias.* São Paulo: Musa Editora, 1995. p. 348.)

Amore co amore si paga

P'ra migna anamurada

Xiguê, xigaste! Vigna afatigada i triste
I triste i afatigada io vigna;
Tu tigna a arma povolada di sogno
I a arma povolada di sogno io tigna.

Ti amê, m'amasti! Bunitigno io era
I tu tambê era bunitigna;
Tu tigna uma garigna de féra
E io di féra tigna uma garigna.

Uma veiz ti begiê a linda mó,
I a migna tambê vucê begió.
Vucê mi apisô nu pé, e io non pisê no da
[signora.

Moltos abbracio mi deu vucê,
Moltos abbracio io tambê ti dê.
U fora vucê mi deu, e io tambê ti dê u fora.

(Juó Bananére. *La divina increnca.* São Paulo: Editorial 34. p. 11.)

Bananére: o barbeiro poeta

Juó Bananére – forma italianizada de "João Bananeiro", apelido muito comum na época – é mais do que um pseudônimo; é, na verdade, uma personagem criada pelo engenheiro Alexandre Marcondes Machado (1892-1933) para ser, além de poeta e autor de *La divina increnca*, jornalista e barbeiro. Essa personagem permitia ao seu criador comentar, ironizar e criticar a vida cultural e política brasileira das primeiras décadas do século XX.

Paródia: um discurso e duas vozes

Paródia é um texto criado a partir de outro texto, mantendo ou imitando alguns dos procedimentos do texto original e alterando propositalmente outros. Como resultado, o sentido do texto original desaparece, dando lugar a uma visão diferente do tema abordado.

A paródia é um discurso irônico, constituído de duas vozes em luta: a do autor do texto original e a do autor da paródia.

• Roteiro de estudo •

Ao final da leitura, você deverá ser capaz de:

- Depois de ler o boxe "Paródia: um discurso e duas vozes", comparar os textos e reconhecer o procedimento paródico do poema de Juó Bananére.
- Comparar os textos quanto ao tema e à linguagem e estabelecer diferenças entre eles quanto a esses aspectos.
- Reconhecer o cacófato (som desagradável decorrente da união de sílabas de palavras vizinhas) e comentar o efeito de sentido desse "vício de linguagem" no texto de Bananére.
- Reconhecer as ambiguidades resultantes de palavras como *sogno*, *xiguê* e *xigaste* e comentar o sentido e o papel que elas assumem no poema de Bananére.

Para quem quer mais na Internet

Se você deseja saber mais sobre a Semana de Arte Moderna e sobre Oswald e Mário de Andrade, acesse os *sites*:

www.releituras.com/marioandrade_bio.asp
www.ieb.usp.br
www.releituras.com/oandrade_bio.asp
www.unicamp.br/~boaventu/page19.htm
www.itaucultural.org.br/aplicexternas/enciclopedia_lit/index.cfm?fuseaction=biografias_texto&cd_verbete=4945&cd_item=35&CFID=3226323&CFTOKEN=73684904

PRODUÇÃO DE TEXTO

Cristina Xavier

CAPÍTULO 10

O texto de divulgação científica

TRABALHANDO O GÊNERO

Leia o texto a seguir, extraído da revista *Scientific American Brasil*.

Enfrentando a tempestade

Como pernilongos sobrevivem a colisões com gotas de chuva

por Eric R. Olson

Imagine por um momento que você tem asas, assim como um inseto. Um dia, enquanto voa por aí, começa a ouvir os ruídos distantes de uma tempestade e, de repente, é atacado do alto: gotas gigantes de água caem sobre você, algumas pesando tanto quanto um ônibus escolar. Você se contorce tentando escapar da investida, mas um desses orbes aquosos acerta bem no meio das suas asas e você vai em direção ao chão.

Nowack, Dickerson, and Hu, Georgia Tech

Pernilongo *Anopheles* esmagado por uma gota de água.

Para os pernilongos, esse cenário não é incomum. Quando uma tempestade aparece, eles precisam lutar contra gotas de chuva que têm quase seu próprio tamanho e uma massa 50 vezes maior que sua massa média (o equivalente à diferença entre um humano e um ônibus escolar). Como os insetos enfrentam essas gotas da perdição é assunto de um estudo da edição dessa semana da *Proceedings of the National Academy of Sciences*. David Hu, professor de engenharia mecânica e biologia do Instituto de Tecnologia da Georgia, e sua equipe criaram métodos bastante heterodoxos para determinar como os pernilongos sobrevivem a essas colisões. Usando uma câmera de alta velocidade, a equipe de Hu bombardeou pernilongos *Anopheles* com gotas d'água e registrou o resultado a quatro mil quadros por segundo (uma câmera comum registra apenas 24 quadros por segundo).

Eles descobriram que pernilongos são muito bons em lidar com gotas de chuva, mesmo quando recebem um golpe direto entre as asas. Por serem muito leves se comparados à gota de chuva, em vez de espalhar-se sobre o pernilongo a água o empurra para baixo. Como a velocidade da gota não muda muito, pouca força é transferida para o animal. Compare isso com uma gota atingindo um inseto maior, como uma libélula; a gota se espalharia em suas costas, e a força resultante seria transferida para seu corpo. Além disso, o pernilongo tem pelos hidrofóbicos no corpo e pernas dispersas, que produzem arrasto. Isso permite que o inseto fuja da gota antes de se deparar com um úmido fim.

No entanto, a equipe de Hu descobriu também que os pernilongos não estão completamente a salvo das forças produzidas durante a colisão com a gota de chuva. Quando entra em contato com o pernilongo, a gota o acelera rapidamente para baixo para equipará-lo a sua velocidade final, de nove metros por segundo. Isso acontece em uma distância de apenas 10 mm, o que coloca enorme pressão sobre o corpo do inseto, equivalente a até 300 gravidades (2 942 m/s²). Em comparação, um piloto de jato de combate acelerando para fora de um *loop* experimenta apenas nove gravidades (88 m/s²).

Essa aceleração rápida produz o maior risco para os pernilongos: voar perto do solo. Quando atingidos por uma gota, eles aceleram em direção ao chão com grande força e sem tempo suficiente para escapar. É aí que a aplicação prática da pesquisa de Hu entra em jogo: nos últimos anos, vimos a invenção de muitas aeronaves militares excessivamente pequenas, conhecidas como Micro Veículos Aéreos (MAVs, na sigla em inglês). Se esses veículos se tornarem pequenos como pernilongos, estarão sujeitos aos mesmos perigos que insetos voadores, incluindo tempestades.

O vídeo feito por Hu pode ser visto em http://migre.me/9nGba.

Eric R. Olson é o editor e produtor residente de vídeos de *Scientific American*.

(Disponível em: http://www2.uol.com.br/sciam/noticias/enfrentando_a_tempestade.html. Acesso em: 22/6/2012.)

1. A revista em que foi publicado o texto lido é especializada em assuntos de caráter científico. Tem como objetivo, segundo ela própria, acompanhar o progresso da ciência e da tecnologia, divulgando pesquisas, invenções e tendências de desenvolvimento.
   a) Qual é o assunto principal do texto?
   b) Na sua opinião, o tratamento dado ao assunto é muito específico – portanto voltado exclusivamente para leitores cientistas –, ou é simples, tendo a finalidade de informar os leitores em geral? Justifique sua resposta.
   c) Qual é a principal finalidade do texto: expor um conteúdo científico de forma clara e objetiva ou persuadir o leitor, levando-o a adotar o ponto de vista do autor?

2. Pelo fato de lidarem com assuntos ligados a áreas científicas do conhecimento, os textos de divulgação científica frequentemente fazem

uso de uma linguagem em que há vocabulário e conceitos científicos. No entanto, observa-se neles o empenho dos autores em tornar acessíveis ao grande público os vocábulos e conceitos específicos do campo das ciências.

a) Releia o primeiro parágrafo do texto. Qual é a estratégia utilizada pelo autor para tornar o assunto acessível aos leitores leigos, isto é, que não têm conhecimentos específicos de física?

b) No segundo parágrafo, o autor descreve como uma batalha o que ocorre com os pernilongos ao serem atingidos por gotas de chuva, metáfora que é retomada nos outros parágrafos. Identifique no texto palavras e expressões que comprovam o uso dessa estratégia.

c) No último parágrafo, o autor se refere à utilidade dos estudos de David Hu. Em que a pesquisa pode ser útil?

3. Observe a imagem da página 131 e leia a legenda que acompanham o texto lido.

a) A imagem retrata algo corriqueiro ou inusitado? Justifique sua resposta com base nos elementos da imagem.

b) Deduza: Que papel desempenha a imagem que acompanha o texto?

c) Na legenda "Pernilongo *Anopheles* esmagado por uma gota de água", que acompanha a imagem, a escolha do verbo *esmagar* e sua associação com *gota de água*, apresentada como agente da ação, contribuem para chamar a atenção do leitor? Justifique sua resposta.

Blickwinkel/Hecker/Other Images

4. A estrutura de um texto de divulgação científica não é rígida, pois depende do assunto e de outros fatores da situação, como: quem produz o texto, para quem, com que finalidade. Apesar disso, normalmente o autor apresenta uma ideia principal ou tese, um conceito ou um ponto de vista sobre um conceito, e procura fundamentá-los com "provas" ou evidências, isto é, exemplos, comparações, resultados de experiências, dados estatísticos, relações de causa e efeito, etc. No texto "Enfrentando a tempestade":

a) O que o texto pretende explicar ao leitor?

b) O autor se propõe a defender alguma tese?

c) Quais fatos o autor menciona para fundamentar suas explicações?

Até que ponto se deve simplificar a linguagem para divulgar a ciência?

A tentativa de deixar os conceitos científicos mais acessíveis ao grande público envolve o risco de equívocos. Na busca de maior simplicidade, trocar *aceleração* por *pressão*, ou *força* por *peso*, por exemplo, pode comprometer o rigor conceitual do texto. Portanto, ao ler ou produzir textos de divulgação científica, esteja atento à utilização desse recurso, pois simplificar a linguagem não é tarefa simples!

5. Observe a linguagem empregada no texto.

a) Que tempo e modo verbais predominam quando o autor relata o estudo realizado pelos pesquisadores?

b) E quando o autor comenta os resultados da pesquisa?

c) Qual variedade linguística foi empregada?

d) A linguagem revela preocupação com a expressividade e a emotividade, ou é clara, objetiva e tende à impessoalidade?

e) Considerando-se o assunto e o veículo em que o texto foi publicado, pode-se afirmar que esse nível de linguagem é adequado à situação de comunicação? Por quê?

6. Reúna-se com seus colegas de grupo, e, juntos, concluam: Quais são as principais características do texto de divulgação científica? Respondam, levando em conta os critérios a seguir: finalidade do gênero, perfil dos interlocutores, suporte/veículo, tema, estrutura e linguagem.

PRODUZINDO O TEXTO DE DIVULGAÇÃO CIENTÍFICA

Há, a seguir, duas propostas para a produção, em grupo, de texto de divulgação científica. Os textos produzidos pelos grupos serão publicados na revista científica digital que a classe montará no capítulo **Intervalo** desta unidade.

1. Realizem na classe uma enquete sobre os assuntos de maior interesse de cada aluno, considerando os conteúdos que vocês estão estudando em cada disciplina. Depois, formem grupos com base na afinidade dos assuntos escolhidos e produzam um texto de divulgação científica procurando traduzir para o público em geral conceitos que envolvem o assunto.
Peçam ajuda ao professor da disciplina à qual o assunto diz respeito e façam pesquisas na Internet, em livros, enciclopédias, jornais, revistas, etc.

2. Produzam um texto de divulgação científica relacionado ao tema **Saúde, bem-estar e alimentação**.
Escolham um dos assuntos sugeridos a seguir, ou outro, se preferirem, para servir de base à abordagem do tema.

- O consumo de *junk food*.
- Alimentação saudável.
- As substâncias que compõem os alimentos industrializados e sua relação com a saúde humana.
- Alimentos orgânicos.
- Os alimentos transgênicos e sua relação com o organismo humano.
- A utilização de plantas e ervas em tratamentos de saúde.
- Como o organismo humano faz a digestão de diferentes alimentos.
- A corrida contra o tempo na sociedade atual e sua relação com a alimentação.
- Obesidade, bulimia e anorexia.

Para ampliar os conhecimentos que vocês já têm sobre o tema, leiam o painel de textos a seguir e façam pesquisas na Internet, em livros, enciclopédias, jornais, revistas, etc.
É conveniente ter nessa pesquisa também o apoio do professor de Biologia, para orientação e esclarecimentos.

SAÚDE

Robert Serbinenko/Latinstock Brasil RM/Latinstock

Saúde é o estado de equilíbrio físico, mental e emocional que permite ao ser humano viver bem em seu ambiente. Uma doença ocorre quando esse equilíbrio é alterado. Em termos práticos, a medicina define se alguém está ou não doente analisando o funcionamento de seu organismo e comparando os dados obtidos com tabelas e textos de referência, em que constam descrições e faixas de valores consideradas normais. Para que a população mantenha esse equilíbrio, é fundamental que o Estado atue formulando políticas públicas para prevenir e controlar doenças, autorizar e disponibilizar medicamentos e assistência médico-hospitalar. Uma boa saúde também depende da nutrição, já que hábitos alimentares saudáveis são essenciais para o desenvolvimento corporal, para a plena capacidade física e mental e para prevenir doenças.

(*Almanaque Abril 2012*, p. 140.)

NUTRIÇÃO

A nutrição é o conjunto de processos pelos quais os seres vivos retiram dos alimentos o material para constituir os tecidos do corpo e a energia para suas funções. Abrange a ingestão e o transporte do alimento até sua assimilação e excreção pelas células. Os especialistas afirmam que dois novos conceitos devem ser levados em consideração para uma boa nutrição. Um é a alimentação adequada, que envolve a escolha equilibrada de alimentos, sua quantidade e qualidade. Outro é o comportamento alimentar, a forma como são realizadas as refeições. Um comportamento alimentar adequado implica condutas como comer sentado à mesa, sem conversar ao telefone nem ver TV, mastigar bem os alimentos, distribuir a ingestão das calorias e as refeições no decorrer do dia.

(Idem, p. 153.)

Stockfood/StockFood/Latinstock

ALIMENTOS

Thinkstock

Todo ser vivo precisa se alimentar para sobreviver e se reproduzir. Mas, para os humanos, a imensa capacidade de se adaptar aos vários tipos de alimento foi fundamental para sua evolução. O *Homo sapiens* é a espécie de hábitos alimentares mais diversificados do planeta, e estudos indicam que essa capacidade de se adaptar ao cardápio de diferentes ambientes foi um dos principais fatores que levaram nossos ancestrais a se distanciar da linhagem de seus parentes primatas. Algumas teorias propõem, ainda, que o excepcional crescimento de nosso cérebro só foi possível graças à inclusão na dieta humana de alimentos proteicos, como a carne, e energéticos, como os cereais. O uso do fogo também contribuiu para a evolução da espécie, pois os alimentos cozidos ficam mais fáceis de ser digeridos e mais seguros para a saúde. A agricultura e a pecuária, iniciadas há cerca de 10 mil anos, também aumentaram o poder do homem sobre a própria nutrição. Mais recentemente, o desenvolvimento de tecnologias de industrialização abriu novas possibilidades de nutrição e fez surgir categorias diferenciadas de alimentos.

(Idem, p. 153.)

DOENÇAS

As doenças podem ser provocadas por agentes agressores externos, como microrganismos e fatores ambientais, ou internos, como desequilíbrios hormonais ou disfunções metabólicas. As causas internas podem surgir de características hereditárias – transmitidas pelos genes –, problemas congênitos – relativos à má-formação do feto – ou do próprio desgaste natural do organismo no decorrer da vida. Más condições de nutrição, falta de estrutura sanitária e maus hábitos de vida são fatores que predispõem um organismo a distúrbios e moléstias.

Para prevenir determinada doença ou distúrbio, é preciso conhecer as suas causas e desenvolver controles sobre elas. Doenças provocadas por disfunções de origem hereditária ou por problemas congênitos dificilmente podem ser evitadas – mas podem ser retardadas ou ter seus efeitos corrigidos ou minimizados. No caso de doenças adquiridas, é possível, na maior parte das vezes, evitar seu desenvolvimento impedindo que o agente agressor entre em contato com o corpo humano ou aumentando a resistência do organismo ao ataque desse agressor, por meio da imunização.

Em termos mundiais, o avanço da medicina e o crescente acesso da população a recursos básicos, como água tratada e redes de esgoto, têm melhorado os indicadores de saúde. Ainda assim, as disparidades regionais são grandes. Nos países desenvolvidos, a população sofre mais de moléstias e distúrbios causados ou agravados por maus hábitos, como sedentarismo e tabagismo. Nos países pobres, há uma incidência bem mais acentuada de doenças transmissíveis, a maioria relacionada às más condições sanitárias, à desnutrição e à precária educação da população.

Existem diferentes maneiras de classificar as doenças – pelo tipo de agente causador, pelos órgãos afetados ou pela forma como o mal se manifesta. Assim, as doenças transmitidas por microrganismos são denominadas infecciosas. As que afetam diretamente o estado mental e emocional são chamadas de distúrbios neuropsiquiátricos, transtornos mentais ou psicológicos. E aquelas ligadas a hábitos de alimentação estão catalogadas como desordens alimentares. Porém, numa visão mais abrangente, qualquer doença poderia ser classificada como transmissível ou não transmissível.

(Idem, p. 140.)

Planejamento do texto

- Procurem empregar uma linguagem simples, mas com o cuidado de não incorrer em erros conceituais.
- Decidam se vão incluir um ponto de vista do grupo sobre o tema abordado no texto ou se vão procurar dar a ele um tratamento apenas impessoal.
- Mencionem fatos, exemplos, dados e estatísticas que possibilitem desenvolver o assunto e, caso tenham optado por expressar também um ponto de vista do grupo, apresentem argumentos que o sustentem.
- Citem vozes de autoridades e especialistas no assunto.
- Pensem no perfil do leitor. Como o texto será publicado em revista digital, ele poderá ser lido por colegas da própria classe e de outras, por professores, familiares e pelo público internauta em geral.
- Utilizem imagens que chamem a atenção e criem para elas legendas sucintas e interessantes.
- Se for conveniente, recorram a analogias, comparações e metáforas, a fim de facilitar a compreensão de conceitos científicos.

Revisão e reescrita

Thinkstock

Antes de finalizar o texto, releiam-no, observando:

- se ele está redigido e estruturado de acordo com a situação de comunicação;
- se a linguagem empregada está de acordo com a norma-padrão e adequada aos possíveis leitores;
- se o assunto está exposto com clareza e as ideias são apoiadas em exemplos, comparações, relações de causa e efeito, dados estatísticos, etc.;
- se há vozes de autoridades e especialistas no assunto;
- se o texto ficou leve e atraente para leitura e se a(s) imagem(ns) escolhida(s) desperta(m) o interesse do leitor;
- se a estruturação do texto em parágrafos está benfeita;
- se a linguagem apresenta terminologia científica acessível, mas sem erros conceituais.

Façam as alterações necessárias e deixem o texto pronto para a publicação na revista digital.

LITERATURA

Estúdio Ampla Arena

Caricatura de Manuel Bandeira e Alcântara Machado.

CAPÍTULO 11

Manuel Bandeira e Alcântara Machado

Por meio de Manuel Bandeira e Alcântara Machado, o Modernismo pôde, em sua primeira fase, alargar horizontes e diversificar experiências. Com Bandeira, pelo resgate do lirismo poético, quase abandonado pelos demais modernistas na fase de luta antipassadista; com Alcântara Machado, pela conciliação de inovações técnicas e linguagem jornalística com a fala coloquial dos ítalo-paulistas.

MANUEL BANDEIRA: O RESGATE LÍRICO

Manuel Bandeira (1886-1968) compõe, juntamente com Oswald e Mário de Andrade, a tríade maior da primeira fase do Modernismo, responsável pela divulgação e pela solidificação do movimento em nosso país.

O poeta nasceu em Recife, fez os estudos secundários no Rio de Janeiro e iniciou o curso de Arquitetura em São Paulo, mas foi obrigado a abandoná-lo em virtude de uma crise de tuberculose, que nele se manifestara em 1904. Tratou-se em várias cidades do país e, inclusive, na Suíça, entre 1913 e 1914, onde conheceu o jovem e mais tarde famoso escritor dadaísta e surrealista francês Paul Éluard, internado na mesma clínica.

Éluard colocou Bandeira a par das inovações artísticas que vinham ocorrendo na Europa, entre as quais o emprego do verso livre na poesia. Esse aspecto técnico já fazia parte das preocupações de Bandeira, que hoje é considerado o mestre do verso livre no Brasil. Veja, por exemplo, com que mestria o poeta tira proveito desse recurso no poema a seguir.

Poema do Beco

Que importa a paisagem, a Glória, a baía, a linha do horizonte?
— O que eu vejo é o beco.

(*Estrela da vida inteira*. 2. ed. Rio de Janeiro: J. Olympio, 1970. p. 134.)

Carlos Leão

No desenho de Carlos Leão, o Beco das Carmelitas, no Rio de Janeiro, fonte de inspiração para o "Poema do Beco".

Observe a perfeita relação entre forma e conteúdo: no 1º verso, a visão aberta para o mar e para o horizonte coincidem com o verso longo, que se espraia na horizontalidade. Já o 2º verso, curto, breve, coincide com o estreitamento da visão: o que se vê é apenas o beco.

Inicialmente interessado em música e arquitetura, Bandeira descobriu a poesia (não como leitor, mas como poeta) por acaso, na condição de doente em repouso, distante da vida prática e cheia de aventuras dos outros adolescentes, segundo confissão dele próprio.

Os temas mais comuns de sua obra, marcada pela experiência da doença e do isolamento advindo dela, são, entre outros, a paixão pela vida, a morte, o amor e o erotismo, a solidão, a angústia existencial, o cotidiano e a infância.

Embora pressentisse a chegada da morte a qualquer instante e vivesse cada dia apaixonadamente, como se fosse o último, Bandeira viveu até os 82 anos, e sua obra é um rico testemunho da poesia brasileira do século XX, pois engloba criações que vão de um pós-Parnasianismo e de um pós-Simbolismo às experiências concretistas das décadas de 1950 e 1960.

Bandeira e o Modernismo

Em 1922, Bandeira morava no Rio de Janeiro e estava, portanto, distanciado do grupo paulista que centralizava os ataques à cultura oficial e propunha mudanças. Embora tivesse conhecido Mário de Andrade – de quem seria grande amigo – em 1921, no Rio, Bandeira buscou sempre uma atuação mais isolada. À Semana de Arte Moderna, por exemplo, preferiu não ir pessoalmente e enviou o famoso poema "Os sapos", que, lido por Ronald de Carvalho, tumultuou o Teatro Municipal.

Amizade modernista

A Semana de Arte Moderna selou definitivamente a amizade entre Manuel Bandeira e Mário de Andrade. Durante mais de vinte anos, Bandeira vivendo no Rio de Janeiro e Mário em São Paulo, os dois poetas se corresponderam intensamente, discutindo suas próprias obras, seus projetos artísticos e o cenário cultural brasileiro como um todo. Veja um trecho de uma carta enviada por Mário a Bandeira logo depois da Semana de Arte Moderna:

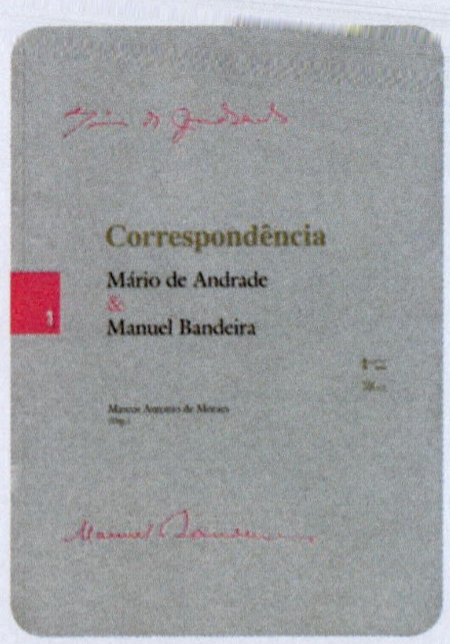

Editora EDUSP

> Sensibilizou-nos teu interesse. Foste o primeiro dos amigos do Rio a nos demonstrar alguma simpatia. Por que esse afastamento? Será possível que em literatura se perpetuem as rivalidades de futebol! Manuel Bandeira, obrigado.

A amizade e a correspondência entre os dois escritores só terminou com a morte de Mário, em 1945.

Além disso, quando se realizou a Semana de Arte Moderna, Bandeira já publicara dois livros, *A cinza das horas* (1917) e *Carnaval* (1919), em que se verificam influências pós-simbolistas.

Sua adesão às técnicas modernistas deu-se gradativamente, à medida que via na renovação a única alternativa à sua poesia, que não se ajustava mais às antigas fórmulas de expressão. Mais do que modismo ou oportunismo, o Modernismo impunha-se como condição à continuidade de sua poesia. Assim, o poeta, que em 1918 escrevera "Os sapos", publicaria em 1924 *O ritmo dissoluto*, obra de transição, e em 1930 *Libertinagem*, obra de plena maturidade modernista, das "palavras em liberdade". É de *Libertinagem*, por exemplo, o poema "Poética", estudado no capítulo 4 deste volume.

Ainda que não tenha tido em relação à cultura do passado a postura radical da maioria dos jovens rebeldes, Bandeira veio a ser um dos três mais importantes escritores da primeira fase do movimento modernista, além de um dos pontos mais altos da poesia lírica nacional. Chamado de "o São João Batista" do Modernismo, em razão da idade que tinha em 1922 (36 anos), Bandeira nunca abandonou a admiração que tinha por certos escritores do passado, como Camões, Gonçalves Dias e Musset.

Após *Libertinagem*, ainda foram publicadas, em poesia, *Estrela da manhã* (1936), *Lira dos cinquent'anos* (1948), *Belo belo* (1948), *Opus 10* (1952) e *Mafuá do malungo* (1954), todas incluídas em *Estrela da vida inteira*, de 1965.

Manuel Bandeira: o humilde e o sublime*

Entre as inúmeras contribuições deixadas pela poesia de Manuel Bandeira, duas se destacam: o seu papel decisivo na solidificação da poesia de orientação modernista, com todas as suas implicações (verso livre, língua coloquial, irreverência, liberdade criadora, etc.), e o alargamento da lírica nacional pela sua capacidade de extrair poesia das coisas aparentemente banais do cotidiano.

Partindo de temas até então considerados "baixos" para a criação da "grande poesia", tais como a própria doença, o quarto, as ações habituais do cotidiano, o jornal, a cultura popular, etc., Bandeira criou uma poesia rica em construção e significação, apesar de sua aparência quase prosaica. Veja, por exemplo, nos versos a seguir, como ele concilia a crítica social e a reflexão filosófica acerca da condição humana com oposições formais e coloquialidade linguística.

Poema tirado de uma notícia de jornal

João Gostoso era carregador de feira-livre e
[morava no morro da Babilônia
[num barracão sem número
Uma noite ele chegou no bar Vinte de
[Novembro
Bebeu
Cantou
Dançou
Depois se atirou na Lagoa Rodrigo de
[Freitas e morreu afogado.

(*Estrela da vida inteira*, cit., p. 117.)

O gosto pelo humilde

No *Itinerário de Pasárgada* [...], Bandeira já afirmara que esse gosto pelo "humilde cotidiano" lhe teria vindo não propriamente de uma intenção modernista, mas dos tempos de sua moradia no morro do Curvelo, do convívio com a gente pobre que ali vivia, de uma experiência da rua, de uma poesia dispersa num mundo ao rés do chão, em anos decisivos para a formação de sua obra madura.

(Davi Arrigucci Jr. *Humildade, paixão e morte*. São Paulo: Companhia das Letras, 1990. p. 99.)

* Esse título foi tomado de empréstimo ao ensaio "O humilde e o sublime", de Davi Arrigucci Jr., publicado na *Folha de S. Paulo* de 20/4/1986, no Folhetim nº 480.

É com simplicidade e despojamento que são trabalhados pelo poeta temas como a reflexão existencial, a solidão, o amor, a vida e a natureza. Veja o poema ao lado.

Retomando certos motivos já explorados por poetas românticos – a saudade, a infância, a solidão – e procurando estreitar os laços entre poesia e cultura popular, Manuel Bandeira mantém, de fato, alguns pontos de contato com o Romantismo, mas é um poeta essencialmente modernista.

Jamais cai, por exemplo, num sentimentalismo piegas ao lembrar-se da infância. A infância que evoca é uma experiência vivida e concreta, não idealizada, que, contrastada com o presente, acentua-lhe a condição trágica.

A solidão, que levava os poetas ultrarromânticos a buscar na morte a saída para os problemas da existência, em Manuel Bandeira toma outra direção – a da paixão pela vida:

....

O que eu adoro em tua natureza,
Não é o profundo instinto maternal
Em teu flanco aberto como uma ferida.
Nem a tua pureza. Nem a tua impureza.
O que eu adoro em ti — lastima-me e
[consola-me!
O que eu adoro em ti, é a vida.

("Madrigal melancólico". *Estrela da vida inteira*, cit., p. 90.)

Poema só para Jaime Ovalle

Quando hoje acordei, ainda fazia escuro
(Embora a manhã já estivesse avançada).
Chovia.
Chovia uma triste chuva de resignação
Como contraste e consolo ao calor tempestuoso
[da noite.

Então me levantei.
Bebi o café que eu mesmo preparei,
Depois me deitei novamente, acendi um cigarro
[e fiquei pensando...
— Humildemente pensando na vida e nas
[mulheres que amei.

(Idem, p. 183.)

Dois amigos

Jaime Ovalle, um músico de Belém do Pará, chegou ao Rio de Janeiro na década de 1910 e na década seguinte tornou-se conhecido no bairro carioca da Lapa como o "Canhoto" do violão. Participou de rodas boêmias com importantes músicos e compositores populares da época, como Sinhô, Pixinguinha, Chiquinha Gonzaga e Catulo da Paixão Cearense. Manuel Bandeira, juntamente com Di Cavalcanti, Sérgio Buarque de Holanda e outros artistas e intelectuais, frequentou esse universo boêmio da Lapa e foi amigo de Jaime Ovalle.

Claus Meyer e Ciro Mariano

Cuidado com as reduções!

É claro que as experiências pessoais influenciam a obra de um artista, como prova a obra de Manuel Bandeira. Apesar disso, não se pode esquecer o que já dizia Fernando Pessoa: "o poeta é um fingidor" e é capaz de "fingir que é dor a dor que deveras sente". Por isso, não se pode reduzir a obra de Bandeira a um mero relato de seu sofrimento como tuberculoso. Digamos que o poeta, ao recriar suas experiências pessoais, confere a elas um valor universal, uma vez que seus temas – amor, morte, solidão – atingem a todos.

Pasárgada e a infância: válvulas de escape da realidade

Diante da realidade por vezes opressora, dois temas se destacam como válvulas de escape para Bandeira, seja como paraíso sonhado, seja como paraíso perdido: *Pasárgada*, o "país de delícias" do poema "Vou-me embora pra Pasárgada", e a *infância*.

Pasárgada é o espaço imaginado pela fantasia, compensação das frustrações cotidianas da "vida besta", como dizia o poeta. Em Pasárgada, tudo é possível e permitido, sobretudo os prazeres que foram proibidos ao poeta quando criança em virtude da doença, como nadar, brincar, andar de bicicleta, etc. Também são possíveis todos os prazeres negados pela solidão:

Vou-me embora pra Pasárgada
Lá sou amigo do rei
Lá tenho a mulher que eu quero
Na cama que escolherei
Vou-me embora pra Pasárgada.

Já a infância é para o poeta uma espécie de porto seguro ou de paraíso perdido, que pode ser resgatado por meio da memória.

Em *Itinerário de Pasárgada* – uma autobiografia lírica do poeta –, Bandeira comenta:

> Dos seis aos dez anos, nesses quatro anos de residência no Recife [...] construiu-se a minha mitologia, e digo mitologia porque os seus tipos, um Totônio Rodrigues, uma D. Aninha Viegas, a preta Tomásia, velha cozinheira da casa de meu avô Costa Ribeiro, têm para mim a mesma consistência heroica das personagens e dos poemas homéricos. [...] Quando comparo esses quatro anos de minha meninice a quaisquer outros quatro anos da minha vida de adulto, fico espantado do vazio destes últimos em cotejo com a densidade daquela quadra distante.

LEITURA

O poema a seguir integra a obra *Libertinagem*, na qual Manuel Bandeira incorpora vários temas ligados à cultura popular e ao folclore. O poema, ao mesmo tempo que tematiza a infância, faz uma descrição da cidade de Recife no fim do século XIX.

Evocação do Recife

Recife
Não a Veneza americana
Não a Mauritsstad dos armadores das Índias Ocidentais
Não o Recife dos Mascates
Nem mesmo o Recife que aprendi a amar depois —
Recife das revoluções libertárias
Mas o Recife sem história nem literatura
Recife sem mais nada
Recife da minha infância

A Rua da União onde eu brincava de chicote-queimado
[e partia as vidraças da casa de dona Aninha Viegas
Totônio Rodrigues era muito velho e botava o pincenê
[na ponta do nariz
Depois do jantar as famílias tomavam a calçada com
[cadeiras, mexericos, namoros, risadas
A gente brincava no meio da rua
Os meninos gritavam:
Coelho sai!
Não sai!

Fernando Bueno/Pulsar Imagens

A distância as vozes macias das meninas politonavam:

Roseira dá-me uma rosa
Craveiro dá-me um botão

(Dessas rosas muita rosa
Terá morrido em botão...)

Henrique Santos

: Cavalhada pernambucana.

De repente
nos longes da noite
um sino

Uma pessoa grande dizia:
Fogo em Santo Antônio!
Outra contrariava: São José!
Totônio Rodrigues achava sempre que era São José.
Os homens punham o chapéu saíam fumando
E eu tinha raiva de ser menino porque não podia ir ver o fogo
Rua da União...
Como eram lindos os nomes das ruas da minha infância
Rua do Sol
(Tenho medo que hoje se chame do Dr. Fulano de Tal)
Atrás de casa ficava a Rua da Saudade...
...onde se ia fumar escondido
Do lado de lá era o cais da Rua Aurora...
...onde se ia pescar escondido
Capiberibe
— Capibaribe

Lá longe o sertãozinho de Caxangá
Banheiros de palha
Um dia eu vi uma moça nuinha no banho
Fiquei parado o coração batendo
Ela se riu
Foi o meu primeiro alumbramento

Cheia! As cheias! Barro boi morto árvores destroços redomoinho sumiu
E nos pegões da ponte do trem de ferro os caboclos destemidos em jangadas de bananeiras

Novenas
Cavalhadas
Eu me deitei no colo da menina e ela começou a passar a mão nos meus cabelos
Capiberibe
— Capibaribe

Rua da União onde todas as tardes passava a preta das bananas
Com o xale vistoso de pano da Costa
E o vendedor de roletes de cana
O do amendoim
que se chamava midubim e não era torrado era cozido
Me lembro de todos os pregões:
Ovos frescos e baratos

Dez ovos por uma pataca
Foi há muito tempo...

A vida não me chegava pelos jornais nem pelos livros
Vinha da boca do povo na língua errada do povo
Língua certa do povo
Porque ele é que fala gostoso o português do Brasil
Ao passo que nós
O que fazemos
É macaquear
A sintaxe lusíada

A vida com uma porção de coisas que eu não entendia bem
Terras que não sabia onde ficavam

Recife...
Rua da União...
A casa de meu avô...
Nunca pensei que ela acabasse!
Tudo lá parecia impregnado de eternidade

Recife...
Meu avô morto.
Recife morto, Recife bom, Recife brasileiro como a casa de meu avô.

(*Estrela da vida inteira*, cit., p. 114-7.)

evocação: ato de se lembrar, trazer à lembrança.
Mauritsstad: nome dado por Maurício de Nassau à cidade do Recife durante o domínio holandês.
pataca: antiga moeda brasileira.
pegão: maciço em que se apoiam os arcos das pontes.
pincenê: óculos sem haste.
politonar: cantar em vários tons.
pregão: fala ou pequena melodia por meio da qual os vendedores ambulantes anunciam seus produtos.

Capibaribe ou Capiberibe?

Em *Itinerário de Pasárgada*, Bandeira conta a surpresa que teve quando seu professor de Geografia, José Veríssimo, corrigiu a forma como todos falavam o nome do maior rio pernambucano: "Diga Capiberibe", recomendava ele.

No poema, ao fazer a contraposição entre as duas formas, o poeta, que sempre se interessou por música, consegue um efeito musical curioso. Ele próprio comenta: "Capiberibe a primeira vez com *e* e a segunda com *a*, me dava a impressão de um acidente, como se a palavra fosse uma frase melódica dita da segunda vez com bemol na terceira nota".

1. Na 1ª estrofe do poema, o eu lírico delimita o Recife que evoca. Não é o Recife histórico nem o Recife turístico ou cultural.

a) Qual é o Recife que ele evoca? Destaque um verso que justifique sua resposta.

b) O retrato do Recife evocado é feito, portanto, de modo objetivo ou subjetivo?

2. Observe estes versos do poema:

"Uma pessoa grande dizia: / Fogo em Santo Antônio!"
"(Tenho medo que hoje se chame do Dr. Fulano de Tal)"

Com base nesses versos, responda: O eu lírico, ao evocar o passado, coloca-se no texto como adulto ou como criança? Justifique.

3. Procurando dessacralizar a poesia, os modernistas aproximam-na das coisas simples, como o cotidiano e a cultura popular. Identifique no texto o aproveitamento desses elementos.

4. Manuel Bandeira nunca aderiu às novidades modernistas como modismo. Ao contrário, empregava-as com critério, sabendo extrair efeitos delas. Observe a irregularidade métrica e a pontuação destes versos:

> "Os homens punham o chapéu saíam fumando"
> "Cheia! As cheias! Barro boi morto árvores destroços redomoinho sumiu"

Buscando estabelecer relações entre a forma e o conteúdo, responda:

a) Por que a ausência de pontuação torna o sentido desses dois versos mais preciso?

b) Observe o tamanho do segundo desses versos. Relacionando-o com o conteúdo do verso (as cheias), o que justificaria esse tamanho?

5. Assim como Mário e Oswald de Andrade, Bandeira também se preocupou com a necessidade de criar uma nova língua literária. De acordo com o texto:

a) Qual é a "língua certa do povo"?

b) A quem possivelmente se refere o pronome *nós* dos versos "Ao passo que nós / O que fazemos"?

c) É possível afirmar que Bandeira pôs em prática no poema essa concepção de língua? Justifique com palavras ou expressões do texto.

Manuel Bandeira declama

Se você quiser ouvir Manuel Bandeira declamando seus próprios poemas, há duas opções: *Bandeira: a vida inteira* (Instituto Nacional do Livro), livro que contém um rico painel fotográfico e um disco com a gravação de quatro poemas; e *Manuel Bandeira - 50 poemas escolhidos pelo autor* (CosacNaify), livro acompanhado de um CD com todos os poemas já declamados pelo próprio poeta.

Edições Alumbramento - Instituto Nacional do Livro

Editora CosacNaify

6. Releia no texto do capítulo o comentário de Bandeira feito em *Itinerário de Pasárgada* e também os últimos versos do poema "Evocação do Recife". A seguir, responda:

a) Por que o eu lírico afirma "Meu avô morto / Recife morto [...]"?

b) Que tipo de sentimento revela o eu lírico em relação ao Recife de sua infância?

LITERATURA COMPARADA

DIÁLOGO ENTRE A POESIA DE MANUEL BANDEIRA E A LITERATURA AFRICANA

A literatura brasileira de diferentes épocas tem sido fonte de inspiração para muitos escritores africanos de língua portuguesa. Leia os poemas a seguir e observe o diálogo entre a poesia do modernista Manuel Bandeira e a do poeta cabo-verdiano Ovídio Martins (1928-1999).

Vou-me embora pra Pasárgada

Vou-me embora pra Pasárgada
Lá sou amigo do rei
Lá tenho a mulher que eu quero
Na cama que escolherei
Vou-me embora pra Pasárgada

Vou-me embora pra Pasárgada
Aqui eu não sou feliz
Lá a existência é uma aventura
De tal modo inconsequente
Que Joana a Louca de Espanha
Rainha e falsa demente
Vem a ser contraparente
Da nora que eu nunca tive

E como farei ginástica
Andarei de bicicleta
Montarei em burro brabo
Subirei no pau de sebo
Tomarei banhos de mar!
E quando estiver cansado
Deito na beira do rio
Mando chamar a mãe-d'água
Pra me contar as histórias
Que no tempo de eu menino
Rosa vinha me contar
Vou-me embora pra Pasárgada

Em Pasárgada tem tudo
É outra civilização
Tem um processo seguro
De impedir a concepção
Tem telefone automático
Tem alcaloide à vontade
Tem prostitutas bonitas
Para a gente namorar

E quando eu estiver mais triste
Mas triste de não ter jeito
Quando de noite me der
Vontade de me matar
— Lá sou amigo do rei —
Terei a mulher que eu quero
Na cama que escolherei
Vou-me embora pra Pasárgada

(Manuel Bandeira. *Estrela da vida inteira*, cit., p. 127.)

Stefan Kolumban/Pulsar Imagens

alcaloide: substância química que é encontrada em plantas e, entre outros fins, serve para a fabricação de drogas.

Rosa: a ama-seca que cuidou de Manuel Bandeira e seus irmãos quando meninos.

Antievasão

Pedirei
Suplicarei
Chorarei
Não vou para Pasárgada
Atirar-me-ei ao chão
e prenderei nas mãos convulsas
ervas e pedras de sangue
Não vou para Pasárgada
Gritarei
Berrarei
Matarei
Não vou para Pasárgada.

(Ovídio Martins. In: *Literaturas de língua portuguesa: marcos e marcas – Cabo Verde*. São Paulo: Arte e Ciência, 2007. p. 53.)

1. Os versos "Vou-me embora pra Pasárgada / Aqui eu não sou feliz" exprimem o desejo do eu lírico de fugir da realidade concreta e adentrar outro tipo de realidade, sonhada ou idealizada. Esse desejo se associa ao escapismo dos escritores românticos e, aliás, a oposição existente no texto entre o *aqui* e o *lá* faz lembrar diretamente os versos da "Canção do exílio", de Gonçalves Dias. Veja:

Minha terra tem primores
Que tais não encontro eu cá;
Em cismar – sozinho, à noite
– Mais prazer encontro eu lá;

a) A que espaço se refere o *cá*/*lá* de cada um dos poemas?

b) Que semelhanças e diferenças há entre o *lá* de Gonçalves Dias e o *lá* de Manuel Bandeira?

Robert Harding World Imagery/Getty Images

: Cabo Verde, país africano de língua portuguesa.

2. Pasárgada é o mundo da liberdade, do permitido, da realização plena dos desejos. Opõe-se diretamente, portanto, ao mundo real, cheio de proibições, de regras, de lógica e de moral.
   a) Em sua lógica particular, o eu lírico afirma: "Lá sou amigo do rei". Que vantagens há nessa condição?
   b) Identifique no texto exemplos de transgressão das normas da considerada "boa conduta social".
   c) Os surrealistas consideravam a razão uma verdadeira prisão para a criação artística. Assim, procuravam desenvolver métodos que a driblassem, como o uso de *nonsense* (textos sem nexo), e, assim, alcançar a liberdade total. Identifique, no poema, um exemplo de *nonsense*.

3. Na 3ª estrofe, o poema faz menção a um conjunto de ações comuns na infância. Levando em conta os dados biográficos do autor, explique por que essas ações são supervalorizadas.

4. Releia a última estrofe do poema de Bandeira. Nela se percebe que, às vezes, o mundo de prazeres oferecidos por Pasárgada sucumbe.
   a) Identifique os versos em que isso ocorre.
   b) Com base nos três últimos versos da estrofe, identifique o elemento que se opõe à morte e se configura como saída para o eu lírico.

Pasárgada e outros diálogos com a África

Os escritores cabo-verdianos Osvaldo Alcântara e Baltazar Lopes também escreveram cinco poemas a partir de "Vou-me embora pra Pasárgada". Eis o fragmento de um deles, "Saudade de Pasárgada":

[...]
Na hora que tudo morre,
esta saudade fina de Pasárgada
é um veneno gostoso dentro do meu coração.

(In: Maria Aparecida Santilli. *Paralelas e tangentes*. São Paulo: Arte & Ciência, 2003. p. 150.)

5. Em relação ao poema de Ovídio Martins:
   a) Compare os versos 1, 2 e 3 aos versos 9, 10 e 11. Que tipo de relação há entre eles?
   b) Que verso do poema se repete insistentemente?
   c) Que papel semântico esses dois recursos desempenham na construção do sentido do texto?

6. Nos jogos interdiscursivos, um texto pode citar outro para afirmá-lo ou para negá-lo.
   a) O poema de Ovídio Martins afirma ou nega o poema de Bandeira?
   b) Em "Antievasão", Pasárgada tem o mesmo significado que tem no poema de Manuel Bandeira? Justifique sua resposta.

7. Ovídio Martins fez parte de um grupo de escritores militantes que, em Cabo Verde, lutou pela independência política de seu país, combatendo a colonização portuguesa. Por causa disso, chegou a ser preso e exilado. Considerando essas informações, levante hipóteses: Por que o eu lírico insiste na postura "antievasão"?

ALCÂNTARA MACHADO: A LINGUAGEM CINEMATOGRÁFICA

Antônio de Alcântara Machado (1901-1935) nasceu em São Paulo e proveio de uma tradicional família paulistana. Formado em Direito, iniciou-se na literatura como crítico teatral, no *Jornal do Commercio*. Em 1925, viajou à Europa, onde colheu impressões para seu livro de estreia, *Pathé Baby*, prefaciado por Oswald de Andrade. Ligado ao Modernismo, foi redator e colaborador de *Terra Roxa e Outras Terras*, da *Revista de Antropofagia* e da *Revista Nova*. Dedicou-se à crônica jornalística (*Cavaquinho e saxofone*, edição póstuma), à prosa ficcional (*Brás, Bexiga e Barra Funda*; *Contos avulsos*, edição póstuma; *Mana Maria*, romance inacabado) e à pesquisa histórica.

Como prosador, Alcântara Machado trilhou os caminhos experimentais anteriormente abertos por Mário e Oswald de Andrade. Sua linguagem é leve e bem-humorada, espontânea e comunicativa, resultado de sua atuação como jornalista. Tal qual Oswald de Andrade, fez uso de uma linguagem telegráfica, elíptica e cinematográfica, cheia de *flashes* e cortes de cena surpreendentes. Mais do que seu amigo e inspirador, porém, conseguiu uma comunicação fácil e direta com o público.

O universo que retrata é o dos bairros dos imigrantes italianos em São Paulo – Brás, Bixiga, Barra Funda, Mooca – e o conjunto de aspectos humanos, morais, culturais e linguísticos que formavam aquela comunidade.

Modernista típico, Alcântara Machado foi um escritor da cidade de São Paulo perfeitamente identificado com a alma popular. Embora proveniente de uma classe social privilegiada, trouxe para as páginas da literatura brasileira não os imigrantes endinheirados da avenida Paulista, os ricos fazendeiros de café, mas o ítalo-paulista dos arrabaldes pobres, dos bairros operários. Gente do proletariado, da pequena burguesia e do pequeno comércio, torcedores do Palestra Futebol Clube. Carmela, a costureirinha, Gaetaninho, o filho do operário morador do Brás, Nicolino Fior D'Amore, o barbeiro, Roco, o jogador de futebol, entre inúmeros outros, constituem os "italianinhos", os filhos dos carcamanos, flagrados na simplicidade de seu cotidiano, na sua vida íntima, na luta por sua integração social.

Suas histórias são um importante documento da vida urbana e operária da cidade de São Paulo das primeiras décadas do século XX. Juntamente com o satírico Juó Bananére e com o desenhista Voltolino, Alcântara Machado é uma das três principais expressões desse recorte ítalo-paulista ou ítalo-brasileiro de nossa realidade.

Juó Bananére e Alcântara Machado

Em *Brás, Bexiga e Barra Funda*, Alcântara Machado utiliza a língua portuguesa tal como é praticada nos bairros ítalo-paulistas. Mas, quando se compara a língua macarrônica de um Juó Bananére com a de Alcântara Machado, constata-se uma notável diferença entre a reprodução caricatural das deformações fonéticas, no primeiro, e recurso comedido às misturas de vocabulário e erros de construção gramatical no segundo. [...] De fato, Alcântara Machado não tem outro programa: "Construir tudo. Até a língua. Principalmente a língua".

(Mário Carelli. *Carcamanos e comendadores*. São Paulo: Ática, 1985. p. 180.)

Claus Meyer e Ciro Mariano

Alcântara Machado.

LEITURA

O conto a seguir, "Gaetaninho", pertence à obra *Brás, Bexiga e Barra Funda*, que, segundo seu autor, "Tenta fixar tão somente alguns aspectos da vida trabalhadeira, íntima e quotidiana desses novos mestiços nacionais e nacionalistas. É um jornal. Mais nada. Notícia. Só. Não tem partido nem ideal. Não comenta. Não discute. Não aprofunda"*.

— Xi, Gaetaninho, como é bom!

Gaetaninho ficou banzando bem no meio da rua. O Ford quase o derrubou e ele não viu o Ford. O carroceiro disse um palavrão e ele não ouviu o palavrão.

— Eh! Gaetaninho! Vem pra dentro.

* Apud Luís Toledo Machado. *Antônio de Alcântara Machado e o Modernismo*. Rio de Janeiro: J. Olympio, 1970. p. 7.

Grito materno sim: até filho surdo escuta. Virou o rosto tão feio de sardento, viu a mãe e viu o chinelo.

— *Subito!*

Foi-se chegando devagarinho, devagarinho. Fazendo beicinho. Estudando o terreno. Diante da mãe e do chinelo parou. Balançou o corpo. Recurso de campeão de futebol. Fingiu tomar a direita. Mas deu meia volta instantânea e varou pela esquerda porta adentro.

Eta salame de mestre!

Ali na Rua Oriente a ralé quando muito andava de bonde. De automóvel ou carro só mesmo em dia de enterro. De enterro ou de casamento. Por isso mesmo o sonho de Gaetaninho era de realização muito difícil. Um sonho.

O Beppino por exemplo. O Beppino naquela tarde atravessara de carro a cidade. Mas como? Atrás da Tia Peronetta que se mudava para o Araçá. Assim também não era vantagem.

Mas se era o único meio? Paciência.

Alcântara Machado recuperado

Depois de 85 anos de sua publicação, a obra *Brás, Bexiga e Barra Funda* recebeu em 2012 uma edição cuidadosamente preparada pelo pesquisador João Valentino Alfredo. Nessa edição, o pesquisador resgata as opções originais do autor quanto ao emprego de vocábulos e à ausência de pontuação.

Ao longo dos anos, os editores foram alterando o texto, "corrigindo" aquilo que consideravam errado ou inadequado. E muitas vezes fizeram alterações descabidas. Na introdução do escritor à obra, por exemplo, no trecho "É um jornal. Mais nada. Notícia. Só", em vez de *notícia*, o escritor havia empregado *noticia*, sem acento, do verbo *noticiar*.

Quanto à pontuação, explica o pesquisador, em artigo publicado no jornal *Folha de S. Paulo*, de 2/6/2012, que Alcântara Machado "usava a receita de pontuação do futurismo, na qual só se usa vírgula quando é estritamente necessário".

Gaetaninho enfiou a cabeça embaixo do travesseiro.

Que beleza, rapaz! Na frente quatro cavalos pretos empenachados levavam a Tia Filomena para o cemitério. Depois o padre. Depois o Savério noivo dela de lenço nos olhos. Depois ele. Na boleia do carro. Ao lado do cocheiro. Com a roupa marinheira e o gorro branco onde se lia: ENCOURAÇADO SÃO PAULO. Não. Ficava mais bonito de roupa marinheira mas com a palhetinha nova que o irmão lhe trouxera da fábrica. E ligas pretas segurando as meias. Que beleza, rapaz! Dentro do carro o pai, os dois irmãos mais velhos (um de gravata vermelha; outro de gravata verde) e o padrinho Seu Salomone. Muita gente nas calçadas, nas portas e nas janelas dos palacetes, vendo o enterro. Sobretudo admirando o Gaetaninho.

Mas Gaetaninho ainda não estava satisfeito. Queria ir carregando o chicote. O desgraçado do cocheiro não queria deixar. Nem por um instantinho só.

Gaetaninho ia berrar mas a Tia Filomena com a mania de cantar o "Ahi, Mari!" todas as manhãs o acordou.

Primeiro ficou desapontado. Depois quase chorou de ódio.

Tia Filomena teve um ataque de nervos quando soube do sonho de Gaetaninho. Tão forte que ele sentiu remorsos. E para sossego da família alarmada com o agouro tratou logo de substituir a tia por outra pessoa numa nova versão de seu sonho. Matutou, matutou, e escolheu o acendedor da Companhia de Gás, Seu Rubinho, que uma vez lhe deu um cocre danado de doído.

Os irmãos (esses) quando souberam da história resolveram arriscar de sociedade quinhentão no elefante. Deu a vaca. E eles ficaram loucos de raiva, por não haverem logo adivinhado que não podia deixar de dar a vaca mesmo.

O jogo na calçada parecia de vida ou morte. Muito embora Gaetaninho não estava ligando.

— Você conhecia o pai do Afonso, Beppino?

— Meu pai deu uma vez na cara dele.

— Então você não vai amanhã no enterro. Eu vou!

O Vicente protestou indignado:

— Assim não jogo mais! O Gaetaninho está atrapalhando!

Gaetaninho voltou para o seu posto de guardião. Tão cheio de responsabilidades.

O Nino veio correndo com a bolinha de meia. Chegou bem perto. Com o tronco arqueado, as pernas dobradas, os braços estendidos, as mãos abertas, Gaetaninho ficou pronto para a defesa.

— Passa pro Beppino!

Beppino deu dois passos e meteu o pé na bola. Com todo o muque. Ela cobriu o guardião sardento e foi parar no meio da rua.

— Vá dar tiro no inferno!

— Cala a boca, palestrino!

— Traga a bola!

Gaetaninho saiu correndo. Antes de alcançar a bola um bonde o pegou. Pegou e matou.

No bonde vinha o pai do Gaetaninho.

A gurizada assustada espalhou a notícia na noite.

— Sabe o Gaetaninho?

— Que é que tem?

— Amassou o bonde!

A vizinhança limpou com benzina suas roupas domingueiras.

Museu da Imigração do Estado de São Paulo. Autor desconhecido, s/d

Família de imigrantes italianos.

Araçá: cemitério da cidade de São Paulo.
banzar: pensar detidamente, meditar.
boleia: cabina do motorista.
cocre: cascudo.
palhetinha: chapéu de palha.

Às dezesseis horas do dia seguinte saiu um enterro da Rua do Oriente e Gaetaninho não ia na boleia de nenhum dos carros do acompanhamento. Ia no da frente dentro de um caixão fechado com flores pobres por cima. Vestia a roupa marinheira, tinha as ligas, mas não levava a palhetinha.

Quem na boleia de um dos carros do cortejo mirim exibia soberbo terno vermelho que feria a vista da gente era o Beppino.

(*Novelas paulistanas*. 3. ed. Rio de Janeiro: J. Olympio, 1979. p. 11-3.)

Adoniran Barbosa: a herança ítalo-paulista

A tradição ítalo-paulista iniciada em nossa literatura por Juó Bananére e Alcântara Machado teve continuidade nas canções do compositor Adoniran Barbosa. Como os escritores, Adoniran tinha por tema em suas canções a realidade das pessoas simples do Brás e do Bixiga, bairros italianos de São Paulo. Entretanto, a língua registrada nas suas canções não é o "português macarrônico" de Bananére, mas uma variedade linguística popular em que as influências estrangeiras já estão incorporadas. Veja o uso dessa variedade nestes versos do "Samba do Arnesto":

O Arnesto nos convidou prum samba, ele mora no Brás
Nóis fumo e não encontremos ninguém
Nós vortemo cuma baita duma réiva
Da outra veiz nóis num vai mais

Arquivo/CB/D.A. Press

Adoniran Barbosa.

1. Esse conto pode ser dividido em seis partes ou cenas. De uma cena para outra, há um corte narrativo que introduz uma nova situação num tempo e num espaço também novos. Essa superposição de cenas vai compondo o todo como uma colagem, como se o narrador estivesse de posse de uma teleobjetiva e fosse fotografando cena por cena.

   Que tipo de linguagem se utiliza desse recurso técnico?

2. Indique o parágrafo em que, ao descrever uma ação da personagem, o narrador, como um locutor esportivo, se utiliza da linguagem radiofônica.

3. O ambiente é reconstituído com traços leves, demonstrando uma preocupação jornalística. Apesar disso, o autor consegue identificar magistralmente a origem e a condição socioeconômica das personagens.

   a) Que elementos do texto confirmam que Gaetaninho e sua família são italianos?

   b) Identifique alguns fatos que demonstram a condição socioeconômica de Gaetaninho.

4. Alcântara Machado preocupa-se não só em reproduzir os traços rítmicos e melódicos da linguagem coloquial, como também em mostrar a influência do imigrante italiano na fala paulistana.

   a) Identifique nos diálogos uma situação em que se observa um desvio em relação à norma-padrão formal da língua.

   b) Identifique no texto palavras da língua italiana.

5. Que valor social está presente no desejo de Gaetaninho de andar de automóvel e de ser admirado pelas pessoas?

6. O final do conto é surpreendente, tanto pela rapidez com que se dá a morte de Gaetaninho quanto pela ambiguidade causada pela frase "Amassou o bonde!". Considerando o sentido do verbo *amassar* em português e sabendo que *ammazzare*, do italiano, significa "matar", explique a ambiguidade contida nessa frase.

Para quem quer mais na Internet

Se você quer ler outros textos de Manuel Bandeira e Alcântara Machado e conhecer a produção de outros escritores da primeira geração modernista no Brasil – Menotti del Picchia, Guilherme de Almeida, Raul Bopp e Cassiano Ricardo –, sugerimos acessar nosso *site*: http://www.atualeditora.com.br/pl/paraquemquermais.

INTERPRETAÇÃO DE TEXTO

Apu Gomes/Folhapress

Estudantes fazem a prova do Enem.

CAPÍTULO 12

O Enem e os cinco eixos cognitivos

Saber ler e interpretar um texto adequadamente é condição essencial para qualquer um obter sucesso na vida pessoal e profissional.

Nos exames oficiais, como o Enem e o vestibular, a interpretação de textos vem ocupando boa parte da prova e cumprindo, por isso, um papel decisivo no ingresso à universidade. Neste capítulo, você vai conhecer os cinco eixos cognitivos avaliados no exame do Enem e observar de que modo eles podem estar presentes em questões de diferentes áreas do conhecimento.

O QUE É O ENEM?

O Exame Nacional do Ensino Médio, o Enem, foi criado em 1998 com a finalidade de avaliar o desempenho do estudante que concluiu ou está concluindo o ensino médio.

Como era facultativo, o exame teve nos primeiros anos um número relativamente baixo de participantes. Restringia-se a alunos que, voluntariamente, desejavam fazer uma autoavaliação e conhecer sua real condição para ingressar na universidade ou na vida profissional. Contou, em sua primeira versão, com a participação de 157 mil inscritos; hoje, cerca de 6 milhões de estudantes participam do exame anualmente.

Assim, aos poucos, o Enem foi perdendo o caráter facultativo e ganhando uma importância cada vez maior. Em alguns vestibulares que dão acesso a universidades públicas, por exemplo, a nota obtida no Enem passou a compor a nota final do vestibulando, podendo beneficiá-lo com o acréscimo de alguns pontos. Além disso, certas instituições de ensino superior privadas, por não terem um vestibular próprio, adotaram o Enem como porta de entrada.

Em 2009, o Ministério da Educação e Cultura surpreendeu o meio escolar com a seguinte novidade: a prova do Enem passaria a ser referência obrigatória para o ingresso de estudantes nas universidades federais de todo o país. Para isso, entre outras providências, publicou um documento importante, a *Matriz de Referências para o Enem 2009*, no qual divulga competências, habilidades e conteúdos a serem avaliados em todas as grandes áreas, e flexibilizou o modo como a nota do Enem pode ser aproveitada. Essa nova fase do Enem tem sido chamada de "o novo Enem".

A AVALIAÇÃO NO ENEM

As provas do Enem não têm em vista avaliar se o estudante é capaz ou não de memorizar informações. Além do conteúdo específico de cada disciplina, o exame tem por objetivo avaliar se o estudante tem estruturas mentais desenvolvidas o suficiente para lhe possibilitar interpretar dados, pensar, tomar decisões adequadas, aplicar conhecimentos em situações concretas. E também se tem, na vida social, uma postura ética, cidadã.

Alberto Ruggieri/Getty Images

Para aferir essas competências, o Enem avalia os **cinco eixos cognitivos** comuns às quatro áreas do conhecimento – Linguagens, códigos e suas tecnologias; Matemática e suas tecnologias; Ciências da natureza e suas tecnologias; e Ciências humanas e suas tecnologias –, além de **competências** e **habilidades** específicas nas quatro grandes áreas.

OS CINCO EIXOS COGNITIVOS

Os documentos do Enem anteriores a 2009 referiam-se a cinco competências e a 21 habilidades, que, nas provas do exame, eram avaliadas em todas as áreas. Em 2009, entretanto, essas cinco competências gerais ganharam outra denominação, *eixos cognitivos*, uma vez que cada área passou a avaliar competências e habilidades específicas. Assim, apesar da mudança de nome, os eixos cognitivos ou as antigas competências gerais continuaram os mesmos. Veja:

EIXOS COGNITIVOS (comuns a todas as áreas de conhecimento)		
I	Dominar linguagens (DL)	Dominar a norma culta da língua portuguesa e fazer uso das linguagens matemática, artística e científica e das línguas espanhola e inglesa.
II	Compreender fenômenos (CF)	Construir e aplicar conceitos das várias áreas do conhecimento para a compreensão de fenômenos naturais, de processos histórico-geográficos, da produção tecnológica e das manifestações artísticas.
III	Enfrentar situações-problema (SP)	Selecionar, organizar, relacionar, interpretar dados e informações representados de diferentes formas, para tomar decisões e enfrentar situações-problema.
IV	Construir argumentação (CA)	Relacionar informações, representadas em diferentes formas, e conhecimentos disponíveis em situações concretas, para construir argumentação consistente.
V	Elaborar propostas (EP)	Recorrer aos conhecimentos desenvolvidos na escola para elaboração de propostas de intervenção solidária na realidade, respeitando os valores humanos e considerando a diversidade sociocultural.

Vejamos o que significa cada um desses eixos.

Dominar linguagens

O eixo cognitivo I refere-se tanto ao domínio da língua portuguesa e de uma língua estrangeira (inglês ou espanhol) quanto ao domínio de outras linguagens mais específicas, como a linguagem da matemática, a linguagem da historiografia, a linguagem artística, a científica, etc.

Dominar a língua portuguesa é mais do que conhecer as regras da norma-padrão. É também reconhecer a existência de variedades linguísticas, que podem estar em desacordo com a norma-padrão, mas, em alguns casos, serem adequadas à situação e ao gênero, como é o caso, por exemplo, do uso da gíria em algumas histórias em quadrinhos. É ainda reconhecer a adequação ou inadequação da linguagem à situação, tanto na modalidade oral quanto na escrita, seja pelo excesso de formalidade, seja pelo de informalidade.

Dominar linguagens significa também ser capaz de transitar de uma linguagem para outra, ou seja, ler, por exemplo, um texto literário e uma tabela ou um mapa com temas afins e ser capaz de fazer cruzamentos e extrair deles informações, dados e conclusões.

Compreender fenômenos

Ricardo Dantas

O eixo cognitivo II tem por objetivo avaliar se o estudante é capaz de construir e aplicar conceitos de diferentes áreas do conhecimento para compreender, explicar ou indicar as causas e consequências de "fenômenos naturais, de processos histórico-geográficos, da produção tecnológica e das manifestações artísticas".

Na prática, isso quer dizer que, para resolver determinada questão de História, por exemplo, pode ser necessário fazer alguns cálculos matemáticos que envolvam porcentagens ou localizar informações em um mapa. Ou, em uma prova de Geografia, partindo de uma tabela ou de um gráfico (linguagens da Matemática) com dados sobre desemprego ou subnutrição, por exemplo, fazer cálculos e, em seguida, inferências sobre políticas governamentais de trabalho e assistência social.

Determinadas operações, como analisar, levantar hipóteses, comparar, inferir, concluir, entre outras, são ferramentas essenciais para o estudante chegar à melhor resposta ou solução para o problema proposto na questão.

Enfrentar situações-problema

As situações-problema das provas do Enem aparecem em questões complexas, que geralmente envolvem mais de uma linguagem ou mais de uma área de conhecimento e diferentes operações mentais.

O objetivo desse eixo é avaliar se o estudante sabe selecionar, relacionar e interpretar dados para tomar uma decisão. Para fazer isso, ele tem de priorizar algumas informações em detrimento de outras e, com base nesses dados, adotar os procedimentos adequados para alcançar o objetivo, ou seja, resolver a situação-problema.

Resolver uma situação-problema assemelha-se a participar de um jogo. Para vencer, é necessário analisar a situação, mobilizar recursos, selecionar procedimentos e ações e interpretar todos os dados disponíveis para tomar a melhor decisão.

Assim, ter êxito numa situação-problema proposta em uma questão do Enem pressupõe enfrentá-la, aceitar os desafios e superá-los, contando com a mobilização de conhecimentos e habilidades em diferentes áreas.

Construir argumentação

O objetivo do eixo cognitivo IV é avaliar se o candidato é capaz de relacionar informações – principalmente as fornecidas pelo próprio exame – para construir argumentação consistente. Isso quer dizer que, diante de um tema complexo, o estudante deve primeiramente examiná-lo por diferentes perspectivas, fazendo uso de operações como analisar, comparar, levantar hipóteses, estabelecer relações de causa e efeito, etc., e, depois, posicionar-se diante do tema, isto é, tomar uma posição ou adotar um ponto de vista, e defendê-lo.

Thinkstock

Na prova de redação, esse eixo aparece de forma clara. A proposta de produção de texto normalmente constitui-se de duas partes: um painel de textos que, com diferentes pontos de vista, abordam um assunto comum; e um tema argumentativo explícito, que exige do estudante um posicionamento e a defesa de um ponto de vista. O painel de textos serve para o participante selecionar e relacionar informações que lhe serão úteis para construir a argumentação.

A prova de redação, contudo, não é a única situação em que a argumentação está presente na prova. Em alguns tipos de questão de múltipla escolha, de diferentes áreas, as alternativas são argumentos que fundamentam uma afirmação ou um princípio apresentado no corpo da questão. A tarefa do estudante, nesse caso, não é propriamente *construir* argumentos, mas *escolher* o argumento que melhor justifica uma ideia apresentada.

Elaborar propostas

O eixo cognitivo V avalia a possibilidade de o estudante, fazendo uso de conhecimentos formais e adotando uma perspectiva cidadã, propor medidas de "intervenção solidária na realidade". Isso quer dizer que toda solução pensada para um problema apresentado na prova deve levar em conta não interesses individuais, mas o interesse coletivo, o respeito aos direitos do cidadão e à diversidade sociocultural, a preservação do meio ambiente, a busca de uma sociedade melhor e mais justa.

Tal qual no eixo IV, esse eixo também aparece muito claramente na prova de redação. Contudo, em questões de múltipla escolha de qualquer área do conhecimento, é com a mesma postura cidadã que o estudante deve examinar as alternativas e escolher as que sejam compatíveis com essa postura. Isso em relação aos mais variados temas que concorrem nesse exame, tais como direitos políticos do cidadão, a devastação da natureza no Brasil, efeitos da globalização, o impacto das redes sociais nas relações humanas, o aquecimento global, etc.

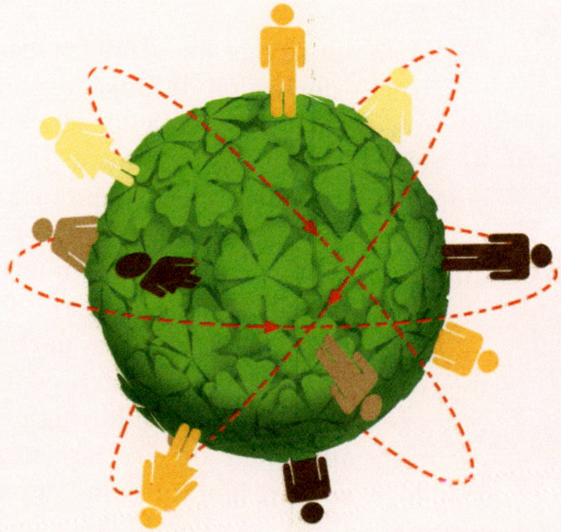

Ricardo Dantas

Você deve ter observado que nem sempre é fácil dissociar um eixo cognitivo de outro. Por isso, é comum que em uma mesma questão esteja implicado mais de um eixo.

Para o estudante se sair bem no Enem, não há necessidade de conhecer de cor os eixos cognitivos ou de reconhecê-los. Apesar disso, propomos a seguir alguns exercícios de reconhecimento dos eixos, apenas para proporcionar maior familiaridade com eles e a possibilidade de serem mais bem compreendidos.

EXERCÍCIOS

Há, a seguir, três questões extraídas de um exame do Enem. Leia-as e tente resolvê-las. Verifique o gabarito com seu professor. Depois identifique os eixos cognitivos que estão sendo avaliados em cada uma das questões.

1.

Observe as dicas para calcular a quantidade certa de alimentos e bebidas para as festas de fim de ano:

- Para o prato principal, estime 250 gramas de carne para cada pessoa.
- Um copo americano cheio de arroz rende o suficiente para quatro pessoas.
- Para a farofa, calcule quatro colheres de sopa por convidado.
- Uma garrafa de vinho serve seis pessoas.
- Uma garrafa de cerveja serve duas.
- Uma garrafa de espumante serve três convidados.

Quem organiza festas faz esses cálculos em cima do total de convidados, independente do gosto de cada um.

Quantidade certa de alimentos e bebidas evita o desperdício da ceia. Jornal *Hoje*. 17 dez. 2010 (adaptado).

Um anfitrião decidiu seguir essas dicas ao se preparar para receber 30 convidados para a ceia de Natal. Para seguir essas orientações à risca, o anfitrião deverá dispor de:

a) 120 kg de carne, 7 copos americanos e meio de arroz, 120 colheres de sopa de farofa, 5 garrafas de vinho, 15 de cerveja e 10 de espumante.

b) 120 kg de carne, 7 copos americanos e meio de arroz, 120 colheres de sopa de farofa, 5 garrafas de vinho, 30 de cerveja e 10 de espumante.

c) 75 kg de carne, 7 copos americanos e meio de arroz, 120 colheres de sopa de farofa, 5 garrafas de vinho, 15 de cerveja e 10 de espumante.

d) 7,5 kg de carne, 7 copos americanos, 120 colheres de sopa de farofa, 5 garrafas de vinho, 30 de cerveja e 10 de espumante.

e) 7,5 kg de carne, 7 copos americanos e meio de arroz, 120 colheres de sopa de farofa, 5 garrafas de vinho, 15 de cerveja e 10 de espumante.

2. Os biocombustíveis de primeira geração são derivados da soja, milho e cana-de-açúcar e sua produção ocorre através da fermentação. Biocombustíveis derivados de material celulósico ou bicombustíveis de segunda geração — coloquialmente chamados de "gasolina de capim" — são aqueles produzidos a partir de resíduos de madeira (serragem, por exemplo), talos de milho, palha de trigo ou capim de crescimento rápido e se apresentam como uma alternativa para os problemas enfrentados pelos de primeira geração, já que as matérias-primas são baratas e abundantes.

DALE, B. E.; HUBER, G. W. Gasolina de capim e outros vegetais. *Scientific American Brasil*. Ago. 2009, nº 87 (adaptado).

O texto mostra um dos pontos de vista a respeito do uso dos biocombustíveis na atualidade, os quais:

a) são matrizes energéticas com menor carga de poluição para o ambiente e podem propiciar a geração de novos empregos; entretanto, para serem oferecidos com baixo custo, a tecnologia da degradação da celulose nos biocombustíveis de segunda geração deve ser extremamente eficiente.

b) oferecem múltiplas dificuldades, pois a produção é de alto custo, sua implantação não gera empregos, e deve-se ter cuidado com o risco ambiental, pois eles oferecem os mesmos riscos que o uso de combustíveis fósseis.

c) sendo de segunda geração, são produzidos por uma tecnologia que acarreta problemas sociais, sobretudo decorrentes do fato de a matéria-prima ser abundante e facilmente encontrada, o que impede a geração de novos empregos.

d) sendo de primeira e segunda geração, são produzidos por tecnologias que devem passar por uma avaliação criteriosa quanto ao uso, pois uma enfrenta o problema da falta de espaço para plantio da matéria-prima e a outra impede a geração de novas fontes de emprego.

e) podem acarretar sérios problemas econômicos e sociais, pois a substituição do uso de petróleo afeta negativamente toda uma cadeia produtiva na medida em que exclui diversas fontes de emprego nas refinarias, postos de gasolina e no transporte de petróleo e gasolina.

3.

Religiões no Brasil — 2007

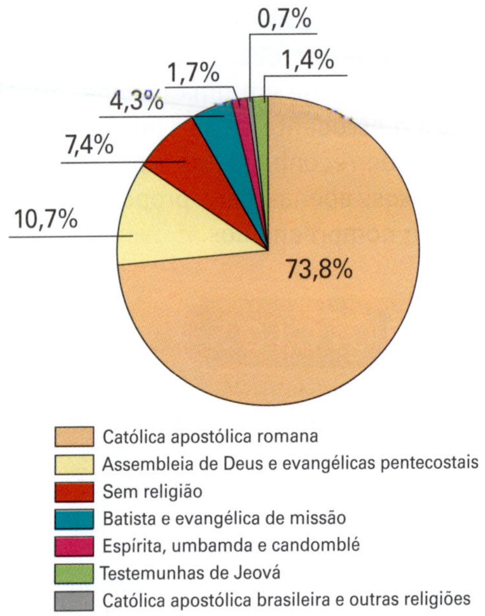

SMITH, D. *Atlas da Situação Mundial*. São Paulo: Cia. Editora Nacional, 2007 (adaptado).

Uma explicação de caráter histórico para o percentual da religião com maior número de adeptos declarados no Brasil foi a existência, no passado colonial e monárquico, da:

a) incapacidade do cristianismo de incorporar aspectos de outras religiões.

b) incorporação da ideia de liberdade religiosa na esfera pública.

c) permissão para o funcionamento de igrejas não cristãs.

d) relação de integração entre Estado e Igreja.

e) influência das religiões de origem africana.

1. Leia o texto:

Telessaúde pretende melhorar programas de saúde da família

LWA/Getty Images

O Instituto de Matemática e Estatística (IME), junto com a Faculdade de Medicina (FMUSP) e o Centro de Saúde Escola Samuel Pessoa (CSEB), que fica no bairro do Butantã, em São Paulo, uniram-se em parceria e desenvolveram o programa de telessaúde Borboleta, que tem como principal objetivo modernizar o serviço de Atenção Domiciliar Primária do CSEB. "Trata-se de um projeto multidisciplinar e que pode trazer um grande benefício à sociedade", opina Rafael Correia, pesquisador do IME que participou do desenvolvimento do sistema. O Borboleta é um software de código aberto, programado em linguagem Java, que será utilizado pelas equipes do programa de saúde da família do CSEB.

O projeto visa otimizar não só o registro dos acompanhamentos, mas também o agendamento de visitas, anteriormente feito sem um controle mais efetivo, além da criação de um catálogo de doenças e de um sistema de controle da demanda por medicamentos.

(http://noticias.uol.com.br/ultnot/cienciaesaude/ultimas-noticias/2011/10/04/telessaude-pretende-melhorar-programas-de-saude-da-familia.jhtm)

Conforme afirma o texto, o Centro de Saúde Escola Samuel Pessoa (CSEB) procurou modernizar seus serviços e, para isso:

a) fará atendimento médico e preventivo via Internet (*software* Borboleta).
b) utilizará uma experiência do IME para divulgar novos processos de tratamento.
c) buscou nova tecnologia para aprimorar procedimentos anteriores e posteriores a consultas médicas.
d) irá catalogar doenças, praticando medicina preventiva com a ajuda do IME.
e) criou *software* capaz de detectar problemas de saúde e posterior diagnóstico.

2. O texto a seguir é o início do conto "Acefalia", de Júlio Cortazar, escritor que viveu na Argentina. Leia-o.

Cortaram a cabeça a um certo senhor, mas, como depois estourou uma greve e não puderam enterrá-lo, esse senhor teve que continuar vivendo sem cabeça e arranjar-se bem ou mal.

Em seguida ele notou que quatro dos cinco sentidos tinham ido embora com a cabeça. [...] cheio de boa vontade, sentou-se num banco da Praça Lavalle e tocava uma por uma as folhas das árvores, tratando de distingui-las e dar os respectivos nomes [...].

(In: *Histórias de cronópios e de famas.* 7. ed. Rio de Janeiro: Civilização Brasileira, 2008.)

Na situação surreal, mencionada no texto, a personagem sem a cabeça perdeu quatro dos cinco sentidos. Assinale a alternativa que apresenta uma ação que ela ainda poderia realizar, mesmo sem a cabeça e os quatro sentidos.

a) assistir a um filme
b) ter sensação térmica
c) reconhecer alimento salgado ou doce
d) reconhecer a textura de objetos
e) perceber chamados de uma pessoa que grita

3. Leia a tira:

Calvin Hobbes, Bill Watterson © 1993 Watterson/ Dist. by Universal Uclick

(http://revistaescola.abril.com.br/img/galeria-fotos/calvin/calvin-107.gif)

A tentativa de produzir humor, na tira, consiste em uma quebra de expectativa. Qual alternativa melhor explica a intenção do garoto Calvin, ao fazer a afirmação do último quadrinho?

a) O garoto transmite a ideia de que aquela brincadeira não é educativa na sua idade.

b) Calvin explica que é inútil ser ágil naquele tipo de brincadeira.

c) O garoto quer dizer que a paciência é uma característica que não combina com a sua idade.

d) Calvin explora a ideia de que a vida cotidiana não valoriza o prazer.

e) Enquanto brinca, um garoto não aprende absolutamente nada de novo.

4. Leia a notícia:

Educadora faz celular passar de vilão a aliado

Não há professor que nunca tenha se irritado com o fato de que, no meio da aula, um celular na mão ou na mochila de um aluno tenha começado a tocar impertinente. Mas o aparelho presente entre estudantes de todas as idades não é, necessariamente, mais um vilão da disciplina na sala de aula, principalmente se a experiência for parecida com a da professora Leda Queiroz de Paula. A educadora desenvolveu uma atividade para que o telefone não só pudesse continuar com os alunos, mas também passasse a fazer parte da aula. [...] Assim, em junho, durante um evento organizado polo colégio, com o nome de Festival da Amizade, cujo objetivo foi trabalhar, essencialmente, a importância dos valores humanos, Leda criou o chamado Festival do Minuto. Durante cerca de uma semana, os professores da escola fazem uma pausa no conteúdo programático para discutir, por meio de atividades lúdicas e oficinas, temas como o respeito ao próximo e a valorização da vida e das relações interpessoais.

Os alunos, munidos dos seus inseparáveis celulares, tinham como tarefa produzir imagens de cenas que remetessem à ideia de amizade e que, depois, pudessem ser organizadas num minidocumentário, de cerca de um minuto de duração.

(*Correio Popular*, 31/10/2011.//www.rac.com.br/institucionais/correio_escola/2011/10/31/103823/educadora-faz-celular-passar-de-vilao-a-aliado.html)

A notícia relata como a tecnologia ajudou a professora a desenvolver uma atividade que possivelmente foi bem recebida pelos alunos. O projeto da professora buscava, principalmente:

a) a reeducação dos alunos quanto ao uso do celular.

b) valorizar a habilidade artística dos alunos.

c) a reeducação dos alunos quanto à prática do *bullying*.

d) valorizar a amizade por meio do uso do celular.

e) valorizar a habilidade de usar o celular.

EM DIA COM O ENEM E O VESTIBULAR

Literatura e estudos de linguagem

1. (UFMT-MT) A literatura praticada no Brasil no início do século XX, de modo geral, apresentava-se de olhos fechados para os mais sérios problemas da sociedade brasileira. No entanto, com obras que representam outra postura intelectual em face da nossa realidade sociocultural, alguns escritores expressaram uma visão crítica dos problemas brasileiros. A respeito dos principais escritores do Pré-Modernismo, assinale a afirmativa correta.

a) Euclides da Cunha, mesmo trabalhando magistralmente o assunto e a linguagem em *Os Sertões*, não logrou construir uma obra literária, visto seu conteúdo não ser ficcional.
b) Lima Barreto, acusado de desleixo por seus contemporâneos, teve sua prosa simples e comunicativa valorizada pelos modernistas.
c) Monteiro Lobato, por sua formação clássica, foi importante mentor intelectual do movimento renovador de 22.
d) Euclides da Cunha, em *Os Sertões*, revelou o sofrimento de uma família de retirantes fugindo da seca nordestina.
e) Lima Barreto, influenciado pela leitura de clássicos da língua portuguesa, marcou com um certo purismo linguístico a sua produção literária.

2. (ENEM)

Negrinha

Negrinha era uma pobre órfã de sete anos. Preta? Não; fusca, mulatinha escura, de cabelos ruços e olhos assustados.

Nascera na senzala, de mãe escrava, e seus primeiros anos vivera-os pelos cantos escuros da cozinha, sobre velha esteira e trapos imundos. Sempre escondida, que a patroa não gostava de crianças.

Excelente senhora, a patroa. Gorda, rica, dona do mundo, amimada dos padres, com lugar certo na igreja e camarote de luxo reservado no céu. Entaladas as banhas no trono (uma cadeira de balanço na sala de jantar), ali bordava, recebia as amigas e o vigário, dando audiências, discutindo o tempo. Uma virtuosa senhora em suma – "dama de grandes virtudes apostólicas, esteio da religião e da moral", dizia o reverendo.

Ótima, a dona Inácia.

Mas não admitia choro de criança. Ai! Punha-lhe os nervos em carne viva.

[...]

A excelente dona Inácia era mestra na arte de judiar de crianças. Vinha da escravidão, fora senhora de escravos – e daquelas ferozes, amigas de ouvir cantar o bolo e estalar o bacalhau. Nunca se afizera ao regime novo – essa indecência de negro igual.

LOBATO, M. Negrinha. In: MORICONI, Í. *Os cem melhores contos brasileiros do século*. Rio de Janeiro: Objetiva, 2000 (fragmento).

A narrativa focaliza um momento histórico-social de valores contraditórios. Essa contradição infere-se, no contexto, pela:

a) falta de aproximação entre a menina e a senhora, preocupada com as amigas.
b) receptividade da senhora para com os padres, mas deselegante para com as beatas.
c) ironia do padre a respeito da senhora, que era perversa com as crianças.
d) resistência da senhora em aceitar a liberdade dos negros, evidenciada no final do texto.
e) rejeição aos criados por parte da senhora, que preferia tratá-los com castigos.

(PUCC-SP) **Instruções:** Para responder às questões de números 3 e 4 considere o texto abaixo.

Fechemos este livro.

Canudos não se rendeu. Exemplo único em toda a História, resistiu até ao esgotamento completo. Expugnado palmo a palmo, na precisão integral do termo, caiu no dia 5, ao entardecer, quando caíram seus últimos defensores, que todos morreram. (...)

Forremo-nos à tarefa de descrever seus últimos momentos. Nem poderíamos fazê-lo. Esta página, imaginamo-la sempre profundamente emocionante e trágica; mas cerramo-la vacilante e sem brilhos.

(Euclides da Cunha. *Os sertões*. 2. ed. Rio de Janeiro: F. Alves; Brasília: INL, 1979. p. 4070.)

3. A resistência a que o texto faz referência pode ser associada ao fato de Canudos representar para essa comunidade:

a) o término da subordinação política e da dependência econômica da região aos grandes proprietários de terras e ao governo federal.
b) o fim do regime republicano, que promovia uma luta fratricida entre os que nada possuíam e os possuidores de grandes riquezas.
c) a garantia de ascensão social e econômica para uma população miserável que se sentia espoliada e marginalizada pelo poder central.

d) a esperança de uma vida livre da opressão dos coronéis e o local onde se mesclavam práticas religiosas e coletivismo na exploração da terra.
e) a solução de problemas sociais gerados pela inexistência de uma política de Estado que atendesse às necessidades básicas do povo.

4. Entre outras razões, a importância de *Os sertões* deve-se ao fato de que essa obra-prima:

a) influenciada pelo modernismo de 22, inaugura nossa ficção regionalista.
b) motivada pela campanha republicana, dá força à ideologia patriótica.
c) inspirada pela Abolição, analisa os reflexos desta em nossa literatura.
d) datada do pré-modernismo, revela profundas tensões da realidade nacional.
e) impulsionada pelo misticismo simbolista, enaltece o fanatismo religioso.

5. (UFAL-AL) Acerca das vanguardas europeias, analise as proposições a seguir.

1) Na literatura, as técnicas de pintura cubista correspondem à fragmentação da realidade, à superposição e simultaneidade de planos – por exemplo, reunir assuntos aparentemente sem nexo, misturar assuntos, espaços e tempos diferentes.
2) As propostas futuristas para a linguagem literária defendiam, dentre outras: as "palavras em liberdade", por alterações sintáticas; a abolição dos adjetivos e dos advérbios; e a abolição da pontuação.
3) O Expressionismo se revela, na literatura, pelo culto ao belo, pela organização canônica das frases e pela preferência por temas que expressavam o universo interior dos escritores, como os sentimentos de amor, de medo e de dor.
4) Na literatura, o Dadaísmo caracteriza-se pela agressividade, improvisação, desordem, livre associação de palavras e pela invenção de palavras com base apenas em seu significante.

Estão corretas:

a) 1, 2, 3 e 4.
b) 2, 3 e 4, apenas.
c) 1, 3 e 4, apenas.
d) 1, 2 e 3, apenas.
e) 1, 2 e 4, apenas.

6. (ENEM) Após estudar na Europa, Anita Malfatti retornou ao Brasil com uma mostra que abalou a cultura nacional do início do século XX. Elogiada por seus mestres na Europa, Anita se considerava pronta para mostrar seu trabalho no Brasil, mas enfrentou as duras críticas de Monteiro Lobato. Com a intenção de criar uma arte que valorizasse a cultura brasileira, Anita Malfatti e outros artistas modernistas:

a) buscaram libertar a arte brasileira das normas acadêmicas europeias, valorizando as cores, a originalidade e os temas nacionais.
b) defenderam a liberdade limitada de uso da cor, até então utilizada de forma irrestrita, afetando a criação artística nacional.
c) representaram a ideia de que a arte deveria copiar fielmente a natureza, tendo como finalidade a prática educativa.
d) mantiveram de forma fiel a realidade nas figuras retratadas, defendendo uma liberdade artística ligada à tradição acadêmica.
e) buscaram a liberdade na composição de suas figuras, respeitando limites de temas abordados.

(PUCC-SP) **Instruções:** Para responder às questões de números 7 e 8 considere o texto abaixo.

> A abolição dos escravos, a imigração maciça de trabalhadores europeus, o progresso tecnológico dos transportes e comunicações contam-se entre as causas determinantes de uma nova economia em germinação. Evidentemente que estes processos haveriam de repercutir, sob a forma de conflito, na linguagem dessa sociedade em transformação (...). Os esforços de atualização da linguagem literária levados a cabo pelo Modernismo de 22 haveriam de repercutir, mais do que em qualquer outra, na obra de Oswald de Andrade.
>
> (Adaptado de Haroldo de Campos. "Uma poética da radicalidade". In Oswald de Andrade. *Poesias reunidas.* Rio de Janeiro: Civilização Brasileira / MEC, 1972. p. xiii/xiv)

7. Entre os esforços de atualização da linguagem literária levados a cabo pelo Modernismo de 22 destacam-se os que se aplicam:

a) ao culto rigoroso das formas fixas e à reabilitação dos ideais clássicos.
b) à exaltação da retórica nacionalista e ao repúdio ao experimentalismo.
c) à valorização da "arte pela arte" e ao repúdio às vanguardas europeias.
d) aos exercícios da versificação e à apologia da poética simbolista.
e) à valorização da linguagem informal e à crítica da literatura conservadora.

8. Considere as seguintes afirmações sobre o movimento modernista de 22:

I. Os efeitos da Semana de Arte Moderna fizeram-se sentir sobretudo na literatura, pois as demais artes resistiram à assimilação de novas linguagens.
II. A linguagem irreverente de Monteiro Lobato foi inspiradora para os prosadores do período, que viram no autor de *Urupês* um exemplo de renovação artística e crítica ideológica.
III. Na poesia, Oswald de Andrade posicionou-se como um crítico severo da tradição retórica e da historiografia oficial do Brasil.

Está correto *somente* o que se afirma em:

a) I.
b) II.
c) III.
d) I e II.
e) II e III.

(ENEM) Textos para as questões 9 e 10:

O canto do guerreiro

Aqui na floresta
Dos ventos batida,
Façanhas de bravos
Não geram escravos,
Que estimem a vida
Sem guerra e lidar.
— Ouvi-me, Guerreiros,
— Ouvi meu cantar.

Valente na guerra,
Quem há, como eu sou?
Quem vibra o tacape
Com mais valentia?
Quem golpes daria
Fatais, como eu dou?
— Guerreiros, ouvi-me;
— Quem há, como eu sou?

Gonçalves Dias.

Macunaíma
(Epílogo)

Acabou-se a história e morreu a vitória.

Não havia mais ninguém lá. Dera tangolomângolo na tribo Tapanhumas e os filhos dela se acabaram de um em um. Não havia mais ninguém lá. Aqueles lugares, aqueles campos, furos puxadouros arrastadouros meios-barrancos, aqueles matos misteriosos, tudo era solidão do deserto... Um silêncio imenso dormia à beira do rio Uraricoera. Nenhum conhecido sobre a terra não sabia nem falar da tribo nem contar aqueles casos tão pançudos. Quem podia saber do Herói?

Mário de Andrade.

9. A leitura comparativa dos dois textos acima indica que:

a) ambos têm como tema a figura do indígena brasileiro apresentada de forma realista e heroica, como símbolo máximo do nacionalismo romântico.
b) a abordagem da temática adotada no texto escrito em versos é discriminatória em relação aos povos indígenas do Brasil.
c) as perguntas "– Quem há, como eu sou?" (1º texto) e "Quem podia saber do Herói?" (2º texto) expressam diferentes visões da realidade indígena brasileira.
d) o texto romântico, assim como o modernista, aborda o extermínio dos povos indígenas como resultado do processo de colonização no Brasil.
e) os versos em primeira pessoa revelam que os indígenas podiam expressar-se poeticamente, mas foram silenciados pela colonização, como demonstra a presença do narrador, no segundo texto.

10. Considerando-se a linguagem desses dois textos, verifica-se que:

a) a função da linguagem centrada no receptor está ausente tanto no primeiro quanto no segundo texto.
b) a linguagem utilizada no primeiro texto é coloquial, enquanto, no segundo, predomina a linguagem formal.
c) há, em cada um dos textos, a utilização de pelo menos uma palavra de origem indígena.
d) a função da linguagem, no primeiro texto, centra-se na forma de organização da linguagem e, no segundo, no relato de informações reais.
e) a função da linguagem centrada na primeira pessoa, predominante no segundo texto, está ausente no primeiro.

11. (UNESP-SP) Tarsila do Amaral é uma das artistas que melhor traduziu o "espírito de brasilidade", como se pode observar no quadro Abaporu.

Tarsila do Amaral. *Abaporu*. 1928. Coleção particular

Partindo de seus conhecimentos sobre a década de 1920, analise as afirmações.

I. O quadro Abaporu, de 1928, inspirou o Manifesto Antropofágico, e os quadros de Tarsila serviram para divulgar o modernismo brasileiro.
II. As formas ousadas e cores de tons fortes e vibrantes usadas nos quadros de Tarsila traduziram o espírito de brasilidade.
III. Em 1929, a cafeicultura no Brasil, sobretudo a paulista, sofreu um forte abalo com a quebra da bolsa de Nova Iorque.
IV. A cultura cafeeira paulista, buscando as manchas de terras roxas, possibilitou a conservação do solo e a preservação das florestas, minimizando as ações antrópicas.

Estão corretas as afirmações:

a) II e III, apenas.
b) I, II e III, apenas.
c) III e IV, apenas.
d) I e IV, apenas.
e) I, II, III e IV.

12. (IFSP-SP) A Semana de Arte Moderna de 1922 trouxe, como importante consequência para a sociedade:

a) o desprezo pelos movimentos de vanguarda, a exemplo do Cubismo e do Expressionismo, pois os ideais propostos não correspondiam à realidade brasileira.

b) a preferência por temas ligados a fatos históricos consagrados, narrados de forma idealizada e em total obediência às exigências da língua padrão.

c) o estabelecimento de regras rígidas e definidas para a criação poética e para a narrativa, agrupando, dessa forma, as diferentes correntes artísticas daquele momento.

d) a percepção de que os modelos artísticos europeus deveriam ser substituídos pelos dos EUA, já que esse país despontava como nação líder.

e) a conscientização dos brasileiros sobre a riquíssima cultura de nosso país, sobretudo a popular, que até então era discriminada pelas elites.

13. (PUC-MG) À produção de Álvaro de Campos, heterônimo de Fernando Pessoa, costuma-se atribuir a seguinte divisão em fases:

1 – 1ª fase (Campos pré-Caieiro): influência decadentista do Simbolismo.

2 – 2ª fase (Campos eufórico): influência do Futurismo.

3 – 3ª fase (Campos disfórico): livre de influências, fase mais pessoal e melancólica.

Associe aos fragmentos abaixo o número correspondente à fase em que se enquadram:

"Por isso eu tomo ópio. É um remédio.
Sou um convalescente do Momento.
Moro no rés do chão do pensamento
E ver passar a Vida faz-me tédio."

"Ser completo como uma máquina!
Poder ir na vida triunfante como um auto-
[móvel último-modelo!
Poder ao menos penetrar-me fisicamente de
[tudo isto,
Rasgar-me todo, abrir-me completamento,
[tornar-me passento
A todos os perfumes de óleos e calores e
[carvões
Desta flora estupenda, negra, artificial e
[insaciável!"

"Estou hoje dividido entre a lealdade que devo
À Tabacaria do outro lado da rua, como coisa
[real por fora,
E à sensação de que tudo é sonho, como
[coisa real por dentro.
Falhei em tudo.
Como não fiz propósito nenhum, talvez tudo
[fosse nada."

"Heia que eu vou chamar
Ao privilégio ruidoso e ensurdecedor de
[saudar-te
Todo o formilhamento humano do Universo,
Todos os modos de todas as emoções,
Todos os feitios de todos os pensamentos,
Todas as rodas, todos os volantes, todos os
[êmbolos da alma."

"Súbito, uma angústia...
Ah, que angústia, que náusea do estômago
[à alma!
Que amigos que tenho tido!
Que vazias de tudo as cidades que tenho
[percorrido!
Que esterco metafísico os meus propósitos
[todos!"

A sequência encontrada é:

a) 3, 2, 2, 3, 1.
b) 1, 2, 3, 2, 3.
c) 3, 1, 2, 2, 3.
d) 1, 1, 3, 2, 2.

14. (FATEC-SP) Observe que o trecho destacado, a seguir, funciona como uma oração subordinada adjetiva que encerra uma explicação:

... deve ter sido minha mãe, *que era uma fumante inveterada* e acendia um cigarro atrás do outro com um pequeno isqueiro Ronson.

Assinale a alternativa em que se encontra oração de mesma função sintática.

a) Quem primeiro me falou sobre as terras-raras acho que deve ter sido minha mãe...

b) Certo dia ele me mostrou a "pedra" do isqueiro, retirando-a do mecanismo, e explicou que não era realmente uma pedra...

c) Esse "misch metal" - consistindo, sobretudo, em cério - era uma mistura de meia dúzia de metais, todos eles muito semelhantes, e todos eles terras-raras.

d) Esse nome curioso, terras-raras, tinha algo de mítico, de conto de fadas...

e) ... e eu imaginava que as terras-raras não eram somente raras e preciosas.

15. (FGV-SP) Instrução: Leia o texto para responder à questão.

Eu lia o meu livrinho quando a sucessão de gritos – "ahhh"... "ehhh"... – picotou a noite de domingo. A impressão *que* tive foi de alguém sendo esfolado no andar de cima. Não fui o único a saltar da poltrona, assustado, tentando descobrir de onde vinha aquela esganiçada voz feminina: no meu prédio e no *que* fica ao lado, meia dúzia de pescoços se insinuaram na moldura das janelas enquanto o alarido – "ihhh"... "ohhh"... – prosseguia.

Humberto Werneck. *O espalhador de passarinhos.*

Observando o emprego do pronome relativo *que*, nas duas ocorrências grifadas no fragmento, é possível afirmar:

a) na primeira ocorrência, substitui um objeto direto; na segunda, vem no lugar de um sujeito.
b) em ambos os casos, a relação que estabelece é de simples e objetiva coordenação.
c) na primeira ocorrência, trata-se do sujeito da ação; na segunda, de um adjunto adverbial.
d) na primeira ocorrência, há uma relação de posse; na segunda, de referência ao receptor da ação.
e) em ambos os casos, a palavra não exerce função sintática, mas de simples realce.

16. (ITA-SP) Considere o trecho abaixo:

"Após a passagem do fogo, as folhas e gemas (aglomerados de células que dão origem a novos galhos) sofrem necrose e morrem. As gemas que ficam nas extremidades dos galhos são substituídas por gemas internas, que nascem em outros locais, quebrando a linearidade do crescimento."

Nesse trecho, as orações adjetivas permitem afirmar que:

I. nem todas as células produzem novos galhos.
II. algumas gemas se localizam nas extremidades dos galhos.
III. todas as gemas internas nascem em outros pontos do galho.

Está(ão) correta(s):

a) apenas a I.
b) apenas I e II.
c) apenas a II.
d) apenas a III.
e) todas.

(FATEC-SP) Considere o trecho para responder às questões de números 17 e 18.

É indispensável, qualquer que seja o fim a que se destine a couve-flor, prepará-la, antes, da seguinte forma (...)

17. O emprego da palavra *a* no trecho – ... qualquer que seja o fim *a* que se destine a couve-flor... – justifica-se da seguinte forma:

a) classifica-se como parte da locução conjuntiva a *que*.
b) funciona como uma preposição regida pelo verbo *destinar-se*.
c) trata-se de um artigo feminino que acompanha a palavra *que*.
d) é empregada com um valor redundante; daí ser uma partícula expletiva.
e) atua como um pronome pessoal oblíquo que substitui a palavra *couve-flor*.

18. A oração principal – É indispensável – mantém correspondência com a oração subordinada *prepará-la, antes, da seguinte forma...*, que deve ser classificada como oração subordinada:

a) substantiva predicativa.
b) adverbial concessiva.
c) substantiva subjetiva.
d) adjetiva explicativa.
e) adjetiva restritiva.

Produção de texto

19. (CESUPA-PA)

Você tem medo de quê?

O coração dispara e a respiração se torna ofegante. Ondas de calor percorrem todo o corpo, as mãos tremem e a transpiração é tão intensa que as pessoas logo percebem sua agitação. Você tem tudo na ponta da língua para a reunião, mas, na hora H, mal consegue balbuciar uma ou duas palavras. E aquela sua grande ideia, que você não teve coragem de apresentar ao longo do encontro, é finalmente sugerida por um colega e saudada por todos como a grande solução do problema. A reunião termina e você permanece ali, frustrado e sentindo-se um completo incompetente. Uma única pergunta o atormenta: "Por que eu não falei? Por quê?".

A maior parte dos medos relacionados ao dia a dia faz parte de um dos grupos mais comuns de fobias, chamadas de sociais. O fóbico social tem dificuldade de se relacionar, não consegue olhar nos olhos de seu interlocutor, conversar naturalmente com seus superiores, falar em público, apresentar ideias ou sugestões, compartilhar tarefas. A característica mais marcante desse tipo de fobia é o medo que a pessoa tem do julgamento dos outros.

(Você *S.A.*, setembro 2001.)

Escreva uma narração cujo protagonista, levado pelo medo, envolve-se em uma situação cômica ou desagradável. Ilustre seu texto com discurso direto e discurso indireto. Narre em primeira pessoa.

20. (UFPR-PR)

Rei morto, rei posto. As cinco grandes da indústria mundial do disco – EMI, BMG, Universal, Warner e Sony – estão definhando. Os prejuízos se acumulam ano a ano. Pirataria, MP3 pela Internet e contrabando descontrolado combinaram-se de modo perverso para jogar as grandes do disco na rua da amargura. Mas há um ingrediente essencial, a burrice de seus executivos, que é preciso acrescentar. Em desespero, preferem jogar a culpa no consumidor, que não está mais comprando seus discos caros, a fazer uma autocrítica.

Tempos bicudos, de acusações mútuas, em que se procura desesperadamente uma saída. Mas uma análise dos segmentos de música clássica e de jazz mostra luzes no fim deste túnel. Luzes que não incluem necessariamente as cinco *majors*. O negócio da música está se reinventando. Acontece que os executivos das grandes gravadoras raciocinam marqueteiramente, olhando para o passado feliz. Em vez de retirar lições da cena clássica e do jazz, hoje em grande transformação estrutural, eles covardemente continuam caçando sucessos de venda planetários, como Andrea Boccelli, que já vendeu mais de 40 milhões de cópias.

(COELHO, João Marcos. *Bravo!* abr. 2002.)

Esse texto se inicia com um provérbio que sintetiza o fato ressaltado em seguida. Seguindo o mesmo modelo, escolha um dos provérbios abaixo e narre um fato ou relate um episódio, utilizando no máximo 10 linhas, que seja coerente com a interpretação do provérbio escolhido. Evite utilizar o mesmo tema do texto acima.

Água mole em pedra dura tanto bate até que fura.
Cada macaco no seu galho.

Interpretação de textos

21. (ENEM)

Luis Fernando Verissimo

VERÍSSIMO, L. F. *As cobras em: Se Deus existe que eu seja atingido por um raio.* Porto Alegre: L&PM, 1997.

O humor da tira decorre da reação de uma das cobras com relação ao uso de pronome pessoal reto, em vez de pronome oblíquo. De acordo com a norma-padrão da língua, esse uso é inadequado, pois:

a) contraria o uso previsto para o registro oral da língua.
b) contraria a marcação das funções sintáticas de sujeito e objeto.
c) gera inadequação na concordância com o verbo.
d) gera ambiguidade na leitura do texto.
e) apresenta dupla marcação de sujeito.

22. (ENEM)

A Lei 10.639, de 9 de janeiro de 2003, inclui no currículo dos estabelecimentos de ensino fundamental e médio, oficiais e particulares, a obrigatoriedade do ensino sobre História e Cultura Afro-Brasileira e determina que o conteúdo programático incluirá o estudo da História da África e dos africanos, a luta dos negros no Brasil, a cultura negra brasileira e o negro na formação da sociedade nacional, resgatando a contribuição do povo negro nas áreas social, econômica e política pertinentes à História do Brasil, além de instituir, no calendário escolar, o dia 20 de novembro como data comemorativa do "Dia da Consciência Negra".

Disponível em: http://www.planalto.gov.br. Acesso em: 27 jul. 2010 (adaptado).

A referida lei representa um avanço não só para a educação nacional, mas também para a sociedade brasileira, porque:

a) legitima o ensino das ciências humanas nas escolas.
b) divulga conhecimentos para a população afro-brasileira.
c) reforça a concepção etnocêntrica sobre a África e sua cultura.
d) garante aos afrodescendentes a igualdade no acesso à educação.

e) impulsiona o reconhecimento da pluralidade étnico-racial do país.

23. (ENEM)

LEIRNER, N. Tronco com cadeira (detalhe), 1964. Disponível em: http://www.itaucultural.org.br. Acesso em: 27 jul. 2010.

Nessa estranha dignidade e nesse abandono, o objeto foi exaltado de maneira ilimitada e ganhou um significado que se pode considerar mágico. Daí sua "vida inquietante e absurda". Tornou-se ídolo e, ao mesmo tempo, objeto de zombaria. Sua realidade intrínseca foi anulada.

JAFFÉ, A. O simbolismo nas artes plásticas. In: JUNG, C. G. (org.). *O homem e os seus símbolos*. Rio de Janeiro: Nova Fronteira, 2008.

A relação observada entre a imagem e o texto apresentados permite o entendimento da intenção de um artista contemporâneo. Neste caso, a obra apresenta características:

a) funcionais e de sofisticação decorativa.
b) futuristas e do abstrato geométrico.
c) construtivistas e de estruturas modulares.
d) abstracionistas e de releitura do objeto.
e) figurativas e de representação do cotidiano.

24. (ENEM)

No capricho

O Adãozinho, meu cumpade, enquanto esperava pelo delegado, olhava para um quadro, a pintura de uma senhora. Ao entrar a autoridade e percebendo que o caboco admirava tal figura, perguntou: "Que tal? Gosta desse quadro?"

E o Adãozinho, com toda a sinceridade que Deus dá ao caboco da roça: "Mas pelo amor de Deus, hein, dotô! Que muié feia! Parece fiote de cruis-credo, parente do deus me livre, mais horríver que briga de cego no escuro."

Ao que o delegado não teve como deixar de confessar, um pouco secamente: "É a minha mãe." E o caboco, em cima da bucha, não perde a linha: "Mais dotô, inté que é uma feiura caprichada."

BOLDRIN, R. *Almanaque Brasil de Cultura Popular*. São Paulo: Andreato Comunicação e Cultura, nº 62, 2004 (adaptado).

Por suas características formais, por sua função e uso, o texto pertence ao gênero:

a) anedota, pelo enredo e humor característicos.
b) crônica, pela abordagem literária de fatos do cotidiano.
c) depoimento, pela apresentação de experiências pessoais.
d) relato, pela descrição minuciosa de fatos verídicos.
e) reportagem, pelo registro impessoal de situações reais.

25. (ENEM)

Proporção de eleitorado inscrito em relação à população: 1940-2000

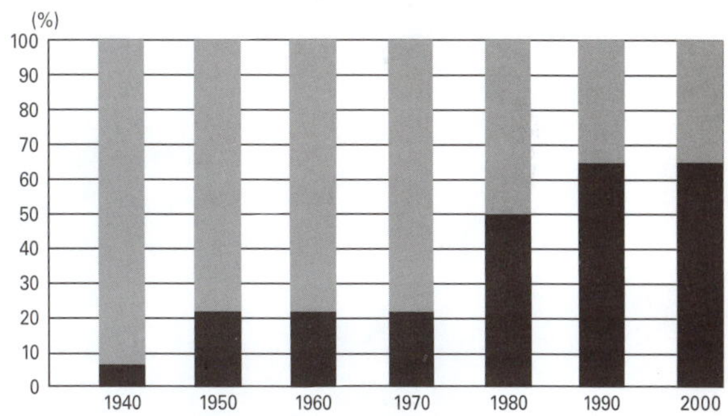

GOMES, A. et al. *A República no Brasil*. Rio de Janeiro: Nova Fronteira, 2002.

A análise da tabela permite identificar um intervalo de tempo no qual uma alteração na proporção de eleitores inscritos resultou de uma luta histórica de setores da sociedade brasileira. O intervalo de tempo e a conquista estão associados, respectivamente, em:

a) 1940-1950 – direito de voto para os ex-escravos.
b) 1950-1960 – fim do voto secreto.
c) 1960-1970 – direito de voto para as mulheres.
d) 1970-1980 – fim do voto obrigatório.
e) 1980-1996 – direito de voto para os analfabetos.

INTERVALO

Cristina Xavier

Com a orientação do professor, você vai participar neste **Intervalo** da produção de duas revistas digitais da classe: uma literária e outra científica. Você pode optar por participar de uma delas ou das duas.

Projeto

ARTE E CIÊNCIA EM REVISTA

Cristina Xavier

1. Revista literária

Escolha, na seção "Trabalhando em equipe", o tipo de atuação que prefere ter na produção da revista literária e forme um grupo com os colegas que queiram ter o mesmo tipo de participação.

Primeiramente, devem ser recolhidas as crônicas produzidas por todos os alunos nos capítulos 3 e 7 desta unidade. Depois, cada grupo realiza uma etapa do trabalho.

Abril Imagens/Conteúdo Expresso

2. Revista científica

Escolha, na seção "Trabalhando em equipe", o tipo de atuação que prefere ter na produção da revista científica e forme um grupo com os colegas que queiram ter o mesmo tipo de participação.

Primeiramente, devem ser recolhidos os textos de divulgação científica produzidos por todos os alunos no capítulo 10 desta unidade. Depois, cada grupo realiza uma etapa do trabalho.

TRABALHANDO EM EQUIPE

Eis as etapas que envolvem a produção e divulgação das revistas literária e científica:

Formatação do material

Reza Estakhrian/Getty Images

O grupo cuida da parte digital do trabalho. Por isso, pensa e discute um projeto gráfico para a revista, decidindo, entre outros aspectos, sobre:

- os programas a serem utilizados;
- como será a diagramação do material: número de colunas, tamanho do corpo, tipo de letra, uso de molduras, fundos com textura ou cor, etc.;
- como processar o material, de modo que ele esteja pronto para ser diagramado;
- quem realiza a tarefa de diagramação.

Edição do material

O grupo cuida da parte editorial do trabalho. Por isso, discute e delibera sobre os seguintes aspectos:

- qual será o nome da revista;
- a produção de um editorial ou um texto de apresentação da revista;
- aprovação, em parceria com o grupo de formatação, do projeto gráfico da revista;
- elaboração de créditos, informando o tipo de participação de cada aluno na revista;
- escolha de fotos, planejamento de ilustrações, fotomontagens e de como estabelecer a relação entre imagens e textos verbais, em parceria com o grupo de formatação;
- o número de páginas da revista e o número de textos por página;
- o critério para a inclusão dos textos na revista, caso não seja possível a inserção de todos.

Celia Peterson/Getty Images

Imagens: fotos, ilustrações, fotomontagens

O grupo fica responsável pelas imagens da revista. Por isso, participa, com as equipes de formatação e edição, das discussões que envolvem a parte visual da revista e delibera, entre outros aspectos, sobre:

- o *layout* da capa e quarta capa;
- o *layout* do editorial ou texto de apresentação da revista;
- o número de imagens por texto;
- os tipos de imagem a serem utilizados: fotografias, ilustrações, fotomontagens, quadrinhos, cartuns, etc.;
- quem faz a produção e/ou coleta das imagens.

Monalyn Gracia/Corbis/Corbis (RF)/Latinstock

Divulgação da revista

ThinkStock

Cabe ao grupo o planejamento e execução de todas as formas de divulgação da revista seja em meio digital, seja em meio não digital.

Assim, o grupo fica responsável pela criação de um *blog* da classe – ou reativação, caso ele exista – para a postagem da revista e, entre outros aspectos, delibera sobre:

- como será o ambiente do *blog*;
- a possibilidade de os leitores interagirem por meio de algumas ferramentas, postando comentários, elegendo os melhores textos, encaminhando para um amigo um texto de que gostaram, etc.
- formas de divulgação do endereço do *blog*: por *e-mail*, pelas redes sociais, por cartazes afixados na escola, etc.

Acervo particular/Agência O Globo

UNIDADE 2 A SEGUNDA FASE DO MODERNISMO. O ROMANCE DE 30

Na década de 1930, enquanto o rádio – o mais moderno meio de comunicação de massa da época – encurtava as distâncias, aproximando o país de ponta a ponta, nossa prosa de ficção, com renovada força criadora, nos punha em contato com um Brasil pouco conhecido.

Por meio da obra de autores como Rachel de Queiroz, José Lins do Rego, Graciliano Ramos, Jorge Amado, Érico Veríssimo, Dionélio Machado, desponta um Brasil multifacetado, apresentado em sua diversidade regional e cultural, mas com problemas semelhantes em quase todas as regiões: a miséria, a ignorância, a opressão nas relações de trabalho, as forças da natureza sobre o homem desprotegido.

Herdeiros diretos dos modernistas de 1922, os modernistas da segunda geração (1930-1945) também se voltam para a realidade brasileira, mas agora com uma intenção clara de denúncia social e engajamento político. Unindo ideologia e análise sociológica e psicológica a novas técnicas narrativas, o romance de 30 constitui um dos melhores momentos da ficção brasileira.

Arquivo/AE

INTERVALO

Projeto:

Mostra de arte moderna: duas gerações

Pesquisa e montagem de uma mostra de arte sobre as correntes de vanguarda do início do século XX e a literatura brasileira dos anos 1930-1940.

Os retirantes nordestinos de Graciliano Ramos em *Vidas secas*, pressionados pelo sertão esturricado, se encaminham para o sul, a uma cidade grande, com a esperança de redimir os males de sua triste condição; o pobre homem de Dionélio [Machado] se debate inutilmente para encontrar uma saída em sua cidade no extremo sul. O romance de 30 se tornou, entre tantas coisas relevantes, um mapa moral da geografia humana do Brasil.

(Davi Arrigucci Jr.)

Quando escrevi *O quinze*, eu não tinha ideologia. Depois houve uma fase em que quase todos nós, escritores brasileiros, vivemos – aquele período de literatura militante. Não foi, portanto, uma característica do meu trabalho exclusivamente.

(Rachel de Queiroz)

Fique ligado! Pesquise!

Para você saber mais sobre a década de 1930 e a prosa da segunda fase do Modernismo brasileiro, sugerimos:

- No bloco 11 do DVD *Literatura e outras linguagens* há declamações e entrevistas, depoimentos, trechos de filmes e músicas relacionadas com a segunda fase do Modernismo. Converse com seu professor sobre a possibilidade de assistir a esse bloco.
- *O engenho de Zé Lins*, de Vladimir Carvalho; *São Bernardo*, de Leon Hirszman; *Vidas secas* e *Memórias do cárcere*, de Nélson Pereira dos Santos; *Deus e o diabo na terra do sol*, de Glauber Rocha; *Menino de engenho* e *Capitães da areia*, de Walter Lima Júnior; *Dona Flor e seus dois maridos* e *Gabriela*, de Bruno Barreto; *O quatrilho*, de Fábio Barreto; *Tieta do Agreste*, de Cacá Diegues; *Bela Donna*, de Fábio Barreto.

- *O quinze*, de Rachel de Queiroz (Siciliano); *Vidas secas* e *São Bernardo*, de Graciliano Ramos (Record); *Banguê* e *Fogo morto*, de José Lins do Rego (José Olympio); *Capitães da areia* e *Terras do sem-fim*, de Jorge Amado (Record); *Ana Terra*, *Um certo capitão Rodrigo* e *Incidente em Antares*, de Érico Veríssimo (Globo); *Os ratos*, de Dionélio Machado (Ática); *Crônica da casa assassinada*, de Lúcio Cardoso (Ediouro); *Os Corumbas*, de Amando Fontes (José Olympio); *Digo e não peço segredo* (Escrituras) e *Conte lá que eu canto cá* (Vozes), de Patativa do Assaré.

- Ouça os compositores de música popular brasileira da época, como Noel Rosa, Ari Barroso, Ataulfo Alves, Leonel Azevedo, Heitor dos Prazeres, Ismael Silva, Orestes Barbosa, e os compositores que tratam de temas nordestinos, como Luís Gonzaga, Luís Vieira, Elomar, Dominguinhos.

- Pesquise a história do Brasil na década de 1930: o *crack* da Bolsa de Valores de Nova Iorque (1929) e seus efeitos na economia brasileira, a Revolução de 30, a crise cafeeira, a Intentona Comunista, o Estado Novo, etc.

- www.graciliano.com.br
- www.fundacaojorgeamado.com.br
- www.jorgeamado.com.br
- www.academia.org.br/abl/cgi/cgilua.exe/sys/start.htm?sid=115
- www.academia.org.br/abl/cgi/cgilua.exe/sys/start.htm?sid=244

Sebastião Bisneto/Folhapress

LITERATURA

CAPÍTULO 1

O romance de 30. Rachel de Queiroz

Quando a literatura se volta para um retrato mais objetivo da realidade, quase sempre o romance é o gênero que ela privilegia. Nas décadas de 1930 e 1940, período em que o país e o mundo viveram profundas crises, não foi diferente. O romance brasileiro de então, encontrando no regionalismo uma de suas principais vertentes, ganhou matizes ideológicos e se transformou em um importante instrumento de análise e denúncia da realidade brasileira.

No final da década de 1920, já eram vitoriosas as conquistas formais da primeira geração modernista, inclusive aquelas feitas no campo da prosa de ficção em obras como *Macunaíma* e *Memórias sentimentais de João Miramar*. Técnicas inovadoras, como a linguagem cinematográfica, a sobreposição de planos narrativos, a mistura de gêneros, a paródia e a síntese, romperam com a forma tradicional de contar histórias.

Os romancistas da segunda geração modernista, em sua maioria distantes geograficamente do núcleo paulista – que se caracterizava pelo experimentalismo estético –, aderiram à concepção moderna e modernista de literatura, porém sem o espírito iconoclasta da geração de 1922. Interessavam-lhes principalmente certos aspectos explorados pelo Modernismo, como os temas nacionais e cotidianos e a busca de uma linguagem brasileira.

LEITURA

Você vai tomar contato com a ficção de 1930 por meio da leitura de um fragmento de uma das mais importantes obras da época: *Vidas secas* (1938), de Graciliano Ramos.

Fabiano ia satisfeito. Sim senhor, arrumara-se. Chegara naquele estado, com a família morrendo de fome, comendo raízes. Caíra no fim do pátio, debaixo de um juazeiro, depois tomara conta da casa deserta. Ele, a mulher e os filhos tinham-se habituado à camarinha escura, pareciam ratos — e a lembrança dos sofrimentos passados esmorecera.

Pisou com firmeza no chão gretado, puxou a faca de ponta, esgaravatou as unhas sujas. Tirou do aió um pedaço de fumo, picou-o, fez um cigarro com palha de milho, acendeu-o ao binga, pôs-se a fumar regalado.

— Fabiano, você é um homem, exclamou em voz alta.

Conteve-se, notou que os meninos estavam perto, com certeza iam admirar-se ouvindo-o falar só. E, pensando bem, ele não era homem: era apenas um cabra ocupado em guardar coisas dos outros. Vermelho, queimado, tinha os olhos azuis, a barba e os cabelos ruivos; mas como vivia em terra alheia, cuidava de animais alheios, descobria-se, encolhia-se na presença dos brancos e julgava-se cabra.

Olhou em torno, com receio de que, fora os meninos, alguém tivesse percebido a frase imprudente. Corrigiu-a, murmurando:

— Você é um bicho, Fabiano.

Isto para ele era motivo de orgulho. Sim senhor, um bicho, capaz de vencer dificuldades.

Editora Record

Em 2008, em homenagem aos 70 anos de publicação de *Vidas secas*, o fotógrafo Evandro Teixeira publicou uma obra que reúne, além do texto de Graciliano, fotos atuais do ambiente retratado pelo escritor.

Chegara naquela situação medonha — e ali estava, forte, até gordo, fumando o seu cigarro de palha.

Era. Apossara-se da casa porque não tinha onde cair morto, passara uns dias mastigando raiz de imbu e semente de mucunã. Viera a trovoada. E, com ela, o fazendeiro, que o expulsara. Fabiano fizera-se desentendido e oferecera os seus préstimos, resmungando, coçando os cotovelos, sorrindo aflito. O jeito que tinha era ficar. E o patrão aceitara-o, entregara-lhe as marcas de ferro.

Agora Fabiano era vaqueiro, e ninguém o tiraria dali. Aparecera como um bicho, entocara-se como um bicho, mas criara raízes, estava plantado. Olhou as quipás, os mandacarus e os xique-xiques. Era mais forte que tudo isso, era como as catingueiras e as baraúnas. Ele, Sinhá Vitória, os dois filhos e a cachorra Baleia estavam agarrados à terra.

Chape-chape. As alpercatas batiam no chão rachado. O corpo do vaqueiro derreava-se, as pernas faziam dois arcos, os braços moviam-se desengonçados. Parecia um macaco.

Entristeceu. Considerar-se plantado em terra alheia! Engano. A sina dele era correr mundo, andar para cima e para baixo, à toa, como judeu errante. Um vagabundo empurrado pela seca. Achava-se ali de passagem, era hóspede. Sim senhor, hóspede que demorava demais, tomava amizade à casa, ao curral, ao chiqueiro das cabras, ao juazeiro que os tinha abrigado uma noite.

(*Vidas secas*. 27. ed. São Paulo: Martins Fontes, 1970. p. 53-5.)

aió: bolsa usada na caça.
binga: isqueiro.
camarinha: quarto de dormir.
derrear-se: vergar-se, inclinar-se.
gretado: rachado, com fendas.
mucunã: trepadeira de grande porte, comum nas Guianas e em alguns Estados brasileiros.
quipá: planta brasileira da família dos cactos.
regalado: com prazer, satisfeito.

1. Nesse episódio de *Vidas secas* lido, é possível extrair algumas informações a respeito da personagem Fabiano e de sua família.

a) Que razões teriam levado Fabiano e sua família à fazenda onde ele mora e trabalha como vaqueiro?

b) Portanto, que tipo de problema social é enfocado pela obra?

2. Além de abordar temas ligados à realidade nacional, outro traço do romance de 30 é a busca de uma linguagem brasileira. Observe a linguagem empregada no texto e as referências ao homem e à natureza.

a) Que palavras do texto são típicas do português brasileiro e servem para designar elementos da paisagem nacional?

b) Considerando o tema da obra e as descrições de Fabiano e da paisagem, levante hipóteses: Qual é a região brasileira retratada na obra?

c) Predomina, nessa linguagem, uma variedade de acordo ou em desacordo com a norma-padrão da língua?

3. Ao longo do texto, a personagem é caracterizada de três formas diferentes. Observe:

> "— Fabiano, você é um homem"
> "encolhia-se na presença dos brancos e julgava-se cabra"
> "— Você é um bicho, Fabiano."
> "Parecia um macaco"

a) A que elementos da natureza Fabiano é comparado do segundo ao quarto fragmento?

b) Essas comparações lembram procedimentos de outro movimento literário, que também enfocou as relações entre o homem e o meio natural e social. Qual é esse movimento?

4. Observe o 2º e 3º parágrafos do texto. Fabiano, depois de preparar um cigarro de palha, exclama satisfeito: "– Fabiano, você é um homem". Considerando o histórico da personagem, responda: Para Fabiano, o que é sentir-se um homem?

5. Observe estes dois trechos do texto:

> "Agora Fabiano era vaqueiro, e ninguém o tiraria dali. [...] estava plantado."

> "Entristeceu. Considerar-se plantado em terra alheia! Engano."

Evandro Teixeira

Esses trechos mostram uma mudança no pensamento de Fabiano, como se ele tomasse consciência de sua real condição.

a) De que Fabiano toma consciência?

b) Que tipo de problema social, amplamente denunciado pelo Movimento dos Sem-Terra (MST) no Brasil de hoje, se verifica na base da real condição de Fabiano?

6. Outro traço que caracteriza o romance de 30 é o emprego de novas técnicas narrativas, principalmente aquelas que sustentam a introspecção e a análise psicológica de personagens. É o caso, por exemplo, do discurso indireto livre, que funde a fala do narrador à fala ou ao pensamento da personagem.
Observe estes fragmentos do texto:

> "Fabiano ia satisfeito. Sim senhor, arrumara-se."
> "Olhou os quipás, os mandacarus e os xique-xiques. Era mais forte que tudo isso, era como as catingueiras e as baraúnas."
> "Entristeceu. Considerar-se plantado em terra alheia!"

Identifique nesses fragmentos os trechos que correspondem ao pensamento de Fabiano.

7. Com base no estudo de texto feito, conclua: De modo geral, como se caracteriza o romance de 30:

a) quanto aos temas e ao recorte da realidade?

b) quanto à linguagem e às técnicas narrativas?

c) quanto ao trabalho com as personagens?

ROMANCE DE 30: A ESTÉTICA DO COMPROMISSO

Desde a década de 1920, a literatura brasileira vinha ganhando matizes cada vez mais ideológicos. Foram ideológicos, por exemplo, os debates nascidos em torno da questão da nacionalidade, liderados, de um lado, por Oswald de Andrade e, de outro, por Plínio Salgado.

Na década de 1930, o quadro político-econômico brasileiro e internacional – composto por reflexos da crise de 1929 na Bolsa de Nova Iorque, pela crise cafeeira, Revolução de 30, Intentona Comunista (de 1935), Estado Novo (1937-1945), ascensão do nazismo e do fascismo e combate ao socialismo, Segunda Guerra Mundial (1939-1945) – exigia dos artistas e intelectuais uma tomada de posição ideológica. Dessa exigência resultou uma arte engajada, de clara militância política, como se observa em muitos romances de Jorge Amado, ou de engajamento espiritual, como se verifica nas obras de Jorge de Lima e Murilo Mendes.

O romance neorrealista

O Modernismo e, num plano histórico mais geral, os abalos que sofreu a vida brasileira em torno de 1930 (a crise cafeeira, a Revolução, o acelerado declínio do Nordeste, as fendas nas estruturas locais) condicionaram novos estilos ficcionais marcados pela rudeza, pela captação direta dos fatos, enfim por uma retomada do naturalismo, bastante funcional no plano da narração-documento que então prevalecia.

(Alfredo Bosi. *História concisa da literatura brasileira*. 2. ed. São Paulo: Cultrix, 1975. p. 436.)

Caminhos da ficção de 30

O romance de 30 trilhou diferentes caminhos, dos quais o *regionalismo*, especialmente o nordestino, é o mais importante. A tradição da ficção regionalista nordestina já contava com nomes como Franklin Távora, Rodolpho Teófilo e Domingos Olímpio. Mas, com a publicação de *A bagaceira* (1928), de José Américo de Almeida, e, em seguida, *O quinze* (1930), de Rachel de Queiroz, o romance nordestino entrou numa fase nova, de denúncia das agruras da seca e da migração, dos problemas do trabalhador rural, da miséria, da ignorância.

Observe como José Américo de Almeida, em *A bagaceira*, retrata o drama coletivo da degradação humana na descrição que faz da chegada dos retirantes ao engenho Marzagão.

> Era o êxodo da seca de 1898. Uma ressurreição de cemitérios antigos — esqueletos redivivos, com o aspecto terroso e o fedor das covas podres.
>
> Os fantasmas estropiados como que iam dançando, de tão trôpegos e trêmulos, num passo arrastado de quem leva as pernas, em vez de ser levado por elas.
>
> Andavam devagar, olhando para trás, como quem quer voltar. Não tinham pressa em chegar, porque não sabiam aonde iam. Expulsos do seu paraíso por espadas de fogo, iam ao acaso, em descaminhos, no arrastão dos maus fados.
>
> Fugiam do sol e o sol guiava-os nesse forçado nomadismo.
>
> Adelgaçados na magreira cômica, cresciam, como se o vento os levantasse. E os braços afinados desciam-lhes aos joelhos, de mãos abanando.
>
> Vinham escoteiros. Menos os hidrópicos — doentes da alimentação tóxica — com os fardos das barrigas alarmantes.
>
> Não tinham sexo, nem idade, nem condição nenhuma. Eram os retirantes, nada mais.

Nos anos seguintes, esse veio literário foi explorado por muitos outros autores, como Amando Fontes, Jorge Amado, José Lins do Rego e Graciliano Ramos, cujas obras trazem temas novos, como o cangaço, o fanatismo religioso, o coronelismo, a luta pela terra, a crise dos engenhos. O regionalismo também se manifestou no Sul do país, na ficção histórica e épica de *O tempo e o vento*, de Érico Veríssimo, ou no romance de fazenda de Ivan Pedro de Martins, com *Fronteira agreste*. Nessas obras, é ressaltado o homem hostilizado pelo ambiente, pela terra, pela cidade, pelos poderosos, o homem sendo devorado pelos problemas que o meio lhe impõe. Em algumas delas, o romance alcança um perfeito equilíbrio entre a abordagem sociológica e a introspecção psicológica.

A seca na canção

Vários compositores se dedicaram ao tema da seca, como é o caso de Luís Gonzaga e José Dantas com "Vozes da seca", João do Vale com "Carcará", Djavan com "Seca". Mais recentemente, o compositor baiano Carlinhos Brown retomou o tema na canção "Segue o seco", que ficou conhecida na voz de Marisa Monte. Veja um trecho da canção:

Segue o seco sem sacar que o caminho é seco
Sem sacar que o espinho é seco
Sem sacar que o seco é o Ser Sol
Sem sacar que algum espinho seco secará
E a água que sacar será um tiro seco
E secará o seu destino seca
Ó chuva vem me dizer
Se posso ir lá em cima pra derramar você
Ó chuva presta atenção
Se o povo lá de cima vive na solidão

(Marisa Monte. CD *Verde anil amarelo cor-de-rosa e carvão*. 1994.)

Fabio Colombini

Além do regionalismo, os anos 1930 viram florescer outras linhas temáticas no romance. No Rio de Janeiro, surgiu *o romance urbano e psicológico*, representado por Marques Rebelo, Cornélio Pena, Octávio de Faria. Em Minas Gerais teve vez o *romance poético-metafísico* de Lúcio Cardoso. No Rio Grande do Sul, o romance urbano e psicológico, também cultivado por Érico Veríssimo, alcançou um momento de rara introspecção em *Os ratos*, de Dionélio Machado. Jorge de Lima, escritor católico militante, publicou no Rio de Janeiro *O anjo*, uma *narrativa surrealista* com matizes ideológicos cristãos e claras referências a reformas sociais.

RACHEL DE QUEIROZ: A SAGA DA SECA

Rachel de Queiroz (1910-2003) nasceu em Fortaleza, Ceará. A instabilidade decorrente da seca de 1915 fez com que ela e a família migrassem para o Rio de Janeiro, em 1917. Logo em seguida retornaram para o Nordeste, passando por Belém, no Pará, antes de se estabelecerem novamente em Fortaleza.

Em 1927, além de atuar como professora primária, começou a colaborar no jornal *O Ceará*, com poemas e crônicas. Tornou-se conhecida, entretanto, com a publicação de *O quinze*, em 1930, quando tinha apenas 20 anos. Nos anos seguintes militou no Partido Comunista Brasileiro e em 1937 foi presa por defender ideias esquerdistas. Publicou nesse período os romances *João Miguel*, *Caminho de pedras* e *As três Marias*. Dedicou-se depois ao teatro e à crônica jornalística. Foi a primeira mulher a ingressar na Academia Brasileira de Letras.

Eder Chiodetto/Folhapress

: Rachel de Queiroz.

No conjunto, a prosa de Rachel de Queiroz é enxuta e dinâmica, sobretudo pelos efeitos que extrai da técnica do discurso direto, o que associa sua forma de narrar à tradição da novelística popular. Como consequência, seu texto ganha agilidade. Aproxima os fatos narrados e se torna mais saboroso, ao gosto do grande público.

Os quatro romances iniciais de Rachel revelam intensa preocupação social. Os dois primeiros – *O quinze* e *João Miguel* – aprofundam o tema da seca, já introduzido por José Américo em *A bagaceira*, e ampliam a abordagem ao tratar também do coronelismo e dos impulsos passionais do sertanejo. Além disso, as obras de Rachel de Queiroz introduzem um elemento novo, o enfoque psicológico, que dá às personagens uma dimensão mais humana e completa.

Caminho de pedras (1937), cuja redação coincide com o período de militância política da autora, é uma obra de nítida inspiração ideológica. Conciliando a história de um relacionamento amoroso com abordagem psicológica e ideias socialistas, a obra não tem o mesmo vigor de *O quinze*. Seu narrador parece ver os fatos de fora, sem vivê-los, e os conflitos se resolvem no plano sentimental.

Em *As três Marias* (1939), verifica-se o aprofundamento da abordagem psicológica, já notada nas obras anteriores. Embora tenha o Nordeste como cenário – tal como *Caminho de pedras* –, as narrativas que constituem a obra não se propõem a analisar sua estrutura social, econômica e política.

Nas décadas subsequentes, publicou ainda *Dora, Doralina* (1975) e muitos livros de crônica, gênero a que se dedicou nos últimos anos de vida, em que escreveu para jornais do Rio de Janeiro, onde vivia, e de São Paulo. Também cultivou o teatro e a literatura infantil, em que se destaca a obra *Andira*.

Depois de quase vinte anos sem se dedicar ao gênero romance, Rachel surpreendeu o público com uma nova produção, *Memorial de Maria Moura* (1992), que foi adaptada pela Rede Globo para um seriado na tevê e consagrou a autora junto ao grande público.

LEITURA

Para escrever *O quinze*, Rachel de Queiroz aproveitou as lembranças da grande seca que se abateu sobre o Nordeste em 1915 – a autora tinha, na época, 5 anos. O eixo narrativo central da obra é a migração de Chico Bento e sua família. Em paralelo, desenvolve-se o tema do amor entre Vicente, um jovem proprietário rural, e Conceição, moça culta da cidade. No eixo central, a narrativa é social: apresenta os efeitos da seca sobre o sertanejo. No segundo eixo, é individual: Conceição procura sua identidade e autonomia numa sociedade patriarcal, recusando o amor de Vicente. Diante da situação de miséria provocada pela seca, Conceição auxilia os retirantes, adota uma das crianças de Chico Bento e consegue as passagens que tornam possível a migração do retirante e sua família para o Sudeste.

O trecho do romance a ser lido retrata o período que antecede a partida de Chico Bento.

Rachel de Queiroz e suas "influências"

Muita gente pensa que eu fui influenciada pelo livro de José Américo [de Almeida]. Como éramos muito amigos, deixei que ele pensasse que eu tinha lido antes. O Zé Américo não me perdoaria se soubesse que eu não tinha lido *A bagaceira* antes de escrever *O quinze*.

(Rachel de Queiroz. In: *Cadernos de literatura brasileira – 10 anos*. São Paulo: Instituto Moreira Sales, 2007. p. 68.)

Por que a comoveu tanto o alvoroço triste com que foi recebida por Chico Bento, quando chegou com as passagens?

Ele estendera a mão ossuda, e nos seus olhos doentios uma estranha faísca luziu:

— Amém!

Era de tardinha. E quando Conceição saiu, ele ficou ali, imóvel, estirado no chão, fitando a miséria tumultuosa do Campo, que toda se agitava naquela hora do crepúsculo.

O sol poente se refletia vermelho nos trapos imundos e nos corpos descarnados.

Bento olhava para o cenário habitual, mas já com o desinteresse, o desprendimento de um estrangeiro.

Um dia ou dois, e nunca mais veria aquela gente que vivia e formigava ao seu redor, chocalhando os ossos descobertos, arrastando em exclamações a voz lamentosa.

Uma velha, arranchada perto, chegou-se com uma tigela de café. Era serviçal e boa. Protegida por uma das senhoras, sempre tinha regalias: café, açúcar, pão, que repartia com os vizinhos.

Coleção particular

Retirantes (1958), de Candido Portinari.

Ofereceu o café ao vaqueiro:

— Um golezinho, seu Chico?

Ele tomou a vasilha e, com a mão parada no ar, ficou um instante fitando a velhinha em pé, à sua frente.

Mais algumas horas, talvez, e nunca mais a veria, tão boa, tão caridosa! E se algum dia voltasse, daí a muitos anos... já ela era tão velha, onde estaria? — um pequeno monte de terra, talvez nem sequer uma cruz...

Cordulina aproximou-se enxugando os olhos:

— Você já sabe, sinhá Aninha, que nós vamos todos pro S. Paulo?

Sinhá Aninha pôs as mãos, num espanto ansioso:

— Meu Deus! E quando?

— Quando, Chico?

Ele custou a responder. Qualquer coisa lhe travava a garganta, penosamente.

Seria possível que fossem saudades daquela miséria, daquele horror?

E a vista interior do vaqueiro mostrou-lhe a imagem da casa abandonada, fechada e viúva, nas Aroeiras...

— Quando, Chico?

— Depois de amanhã...

[...]

Eles já estavam na ponte, magros, encolhidos, apertados uns contra os outros, num grupo miserável e cheio de medo.

Cordulina não chorava mais. Na véspera, quando fora despedir-se do Duquinha, parece que esgotara as lágrimas; e com os olhos secos, olhava fixamente as ondas que iam e vinham, batendo nos pilares de ferro.

Embarcavam poucos retirantes, naquele navio. Só eles, e mais além, um outro grupo cerrado e imóvel; afastado a um lado, um homem de chapéu de couro, moreno, esperançado, consolava docemente uma rapariga, que soluçava encostada num monte de sacas brancas.

Chico Bento fitava o navio, escuro e enorme, com sua bandeira verde de bom agouro, tremulando ao vento do Nordeste, o eterno sopro da seca.

Sentia como que um ímã o atraindo para aquele destino aventuroso, correndo para outras terras, sobre as costas movediças do mar...

Conceição, chegando, precisou lhe tocar no ombro para o acordar da fascinação.

O vaqueiro virou-se para ela, que vinha toda de branco e risonha, e murmurou lentamente:

— Já estava com medo de que não viesse...

Quando o bote encostou à escada, dando guinadas violentas, indo e vindo, numa dança, Conceição chamou:

— Está na hora...

Chico Bento estendeu-lhe a mão:

— Adeus, comadre...

Uma comoção profunda a pungiu, ante aquela calma sofredora, suave, que escondia tanta reserva de resistência.

— Adeus, adeus, seja feliz!

Depois foi Cordulina.

Numa efusão repentina abraçou a moça, beijando-lhe as mãos, articulando por entre o choro que à última hora irrompera:

— Deus lhe pague! Nossa Senhora lhe proteja! E tenha sempre caridade com o pobre do meu filhinho!

Gravemente, um dos pequenos estendeu também a mão:

— Adeus!

Dorival Moreira/Pulsar Imagens

Quixadá, no sertão cearense, cidade em que nasceu Rachel de Queiroz.

O catraieiro chegou, agarrou um menino em cada braço e desceu a escada correndo.

Assombrados, os pobrezinhos principiaram a dar gritos agudos. Já Cordulina descia também, vagarosa e trêmula, rebocada por outro catraieiro que lhe gritava:

— Vamos, dona, depressa! Olhe quando o bote encosta, para pular!

E ela pulou, sem jeito, empurrada.

Depois Chico Bento, numa agilidade inesperada, transpôs sozinho o espaço entre a escada e o bote.

Lá de cima, a moça os ficou vendo ir, novamente agarrados, sempre fitando o mar, com os mesmos olhos de ansiedade e de assombro.

Iam para o desconhecido, para um barracão de emigrantes, para uma escravidão de colonos...

Iam para o destino, que os chamara de tão longe, das terras secas e fulvas de Quixadá, e os trouxera entre a fome e mortes, e angústias infinitas, para os conduzir agora, por cima da água do mar, às terras longínquas onde sempre há farinha e onde sempre há inverno...

O bote já era um pequeno ponto, uma verruga negra aderida ao navio.

Conceição lentamente deu as costas, e enxugou os olhos molhados no lenço com que acenara para o mar.

Um negro dos guindastes, que fumava, ao sol, com gotas de suor aljofrando-lhe a testa preta e brilhante, olhou-a admirado, abanando a cabeça:

— Tem gente pra tudo, neste mundo! Uma moça branca, tão bem pronta, chorar mode retirante!...

(*O quinze*. Rio de Janeiro: J. Olympio, 1984. p. 81-4.)

agouro: sorte, previsão, presságio.
aljofrar: gotejar, orvalhar.
alvoroço: agitação, entusiasmo, alegria.
catraieiro: barqueiro.
cerrado: fechado, junto.
efusão: expansão, demonstração.
fulvo: amarelo.
guinada: desvio.
inverno: para os nordestinos, é a estação das chuvas.
mode: expressão regional, "por causa de".
pôr as mãos: juntar as mãos.
pungir: torturar, ferir, atormentar.

1. Chico Bento e sua família se encontravam em um campo de refugiados da seca.

   a) Qual é a condição desses retirantes, na visão da personagem? Comprove sua resposta com trechos do texto.

   b) Apesar da condição miserável dos retirantes, havia gestos de solidariedade entre eles. Que situação é exemplo dessa solidariedade?

2. Quando Conceição chega com as passagens, Chico Bento a recebe com um "alvoroço triste".

   a) Qual é a correspondência entre essa antítese e o sentimento que o retirante experimentou naquele momento?

   b) Perguntado por sinhá Aninha sobre a data da partida, Chico sente a garganta travada e se pergunta sobre o motivo da sua emoção. Qual era esse motivo?

3. Ao embarcarem no bote que os levaria ao navio, Cordulina e Chico Bento têm comportamentos diferentes. Em que consiste essa diferença?

4. Conceição, ao assistir à partida de Chico Bento, Cordulina e filhos, avalia o destino da família por dois prismas: um, pessimista, e outro, otimista. Que perspectivas diferentes ela enxerga para eles?

5. *O quinze* é um bom exemplo de como os romancistas da década de 1930 lidaram com a linguagem literária. Observe a linguagem empregada no texto quanto a: vocabulário (mais culto ou mais popular, regionalismos), construções sintáticas (mais prolixas ou mais próximas da fala), tipo de períodos (longos ou curtos, em ordem direta ou indireta), etc. Em seguida, caracterize-a.

A crítica tira o chapéu!

É pela forma artística que se percebe a novidade da experiência, cuja sedimentação formal, pelas mãos da narradora [de *O quinze*], renova o ciclo da seca.

O pequeno livro de ar despretensioso, magro e ligeiro de porte, como foi visto então, mantém o viço de uma verdadeira obra de arte, com poder de revelação sobre a complexidade da vida brasileira até o fundo do sertão, atingido pelas catástrofes naturais e os movimentos da história.

[...]

Sem deixar de ser fiel às figuras humanas, à paisagem, aos costumes e à linguagem da região, Rachel incorpora com vivacidade a fala comum do meio cearense, para abordar questões sérias e complexas, unindo o social ao psicológico [...].

(Davi Arrigucci Jr. *Folha de S. Paulo*, 12/5/2001.)

Para quem quer mais na Internet

Se você deseja saber mais a respeito da obra de Rachel de Queiroz, acesse os *sites*:
www.releituras.com/racheldequeiroz_menu.asp
www.academia.org.br/abl/cgi/cgilua.exe/sys/start.htm?sid=115

Poty

Ilustração, de Poty, para o livro *O quinze*, de Rachel de Queiroz.

Thinkstock

PRODUÇÃO DE TEXTO

CAPÍTULO 2

A carta de leitor

TRABALHANDO O GÊNERO

Leia estas cartas de leitores:

Moradora orgulhosa

Fiquei muito feliz ao ler a reportagem sobre Paragominas, "Amazônia ontem e hoje: o bom exemplo de Paragominas", (HG 139). Eu sou moradora do município desde quando eu nasci, em 1984, e posso afirmar que somos, sim, uma cidade que luta para ser correta. É verdade que é "obrigação" de todos os municípios se preocuparem com o meio ambiente, mas, como não o fazem, Paragominas está na mídia porque decidiu fazer a diferença. Vamos continuar lutando para que possamos, a cada dia, construir um novo tempo. **K. G.**, via *blog*.

(*Horizonte Geográfico*, nº 140, p. 15.)

Delfim Martins/Pulsar Imagens

Capa

IstoÉ/Editora3

Todo brasileiro mesmo não sendo um "militante" das causas ambientalistas, tem de se manifestar e cobrar da presidenta Dilma Rousseff o veto ao projeto do Código Florestal aprovado recentemente na Câmara Federal. Não podemos facilitar o aumento do desmate. "Veta, Dilma!" (ISTOÉ, 2 216).

U. V. B. – Santos, SP

Parabéns à revista pela corajosa capa. Às vésperas da Rio+20, a Câmara dos Deputados demonstrou que seus faróis estão voltados para trás, perdendo oportunidade de ancorar o Brasil numa agenda do século XXI. Certamente, a presidenta Dilma Rousseff será sensível ao movimento "Veta, Dilma!", liderado pela sociedade civil, setor empresarial cosmopolita e líderes na mídia comprometidos com o nosso futuro, a exemplo de ISTOÉ.

F. F., consultor em sustentabilidade
(*IstoÉ*, 9/5/2012, p. 16.)

Abril Imagens/Conteúdo Expresso

As cachoeiras goianas da política suja têm baixado a autoestima do povo sério e trabalhador deste estado. Ver na capa de VEJA mulheres vitoriosas que, diferentemente de muitos políticos, superam desafios e mostram seu valor, foi uma boa notícia para este fim de semana prolongado. E ver em destaque uma goiana — Andrea Alvares, presidente da divisão de bebidas da PepsiCo Brasil — melhorou o meu humor. Que proliferem as Andreas neste país!

R. C. – Goiânia, GO
(*Veja*, 9/5/2012, p. 42.)

O poderio dos EUA

Em "O mundo seria pior sem o domínio dos EUA" (728/2012), o historiador Robert Kagan afirmou que o declínio da supremacia americana é um mito

É uma ilusão achar que os EUA serão uma potência mundial para sempre. Isso é impossível. A China está dando passos largos e não vai demorar nada para tomar o lugar dos EUA. Também não acredito que o mundo será um lugar pior quando isso acontecer.

C. E. G. – Nova Friburgo, RJ

Concordo quando Kagan diz que o mundo seria diferente e até pior com o domínio da China. A política e os valores culturais da China são realmente muito diferentes dos nossos. Agora, achar que o mundo seria pior sem o domínio dos EUA é dar importância demais ao próprio país.

J. S. – São Caetano, SP
(*Época*, 7/5/2012.)

Seja pedestre, ciclista, motociclista ou motorista, a verdade é que somos todos egoístas no trânsito. Somem-se a esse comportamento o excesso de veículos e a deficiência no transporte público e está formado o caos.

R. S.
(*Veja São Paulo*, 6/6/2012, p. 11.)

Medicina

Sobre o editorial "Mais e melhores médicos" ("Opinião", 9/6), o que o governo federal faz, assim como o estadual, é ceder à pressão da iniciativa privada para a formação de novos cursos de medicina, assim como para a manutenção daqueles já existentes e que não têm a menor condição de formar médicos. Talvez por trás dessa política esteja a ideia de abarrotar o mercado de trabalho com médicos, para que mais e mais deles se submetam às péssimas condições de trabalho e salários oferecidas não só nos postos públicos, como também nos planos de saúde privados.

S. M. R., professor de medicina na Unesp – Botucatu, SP

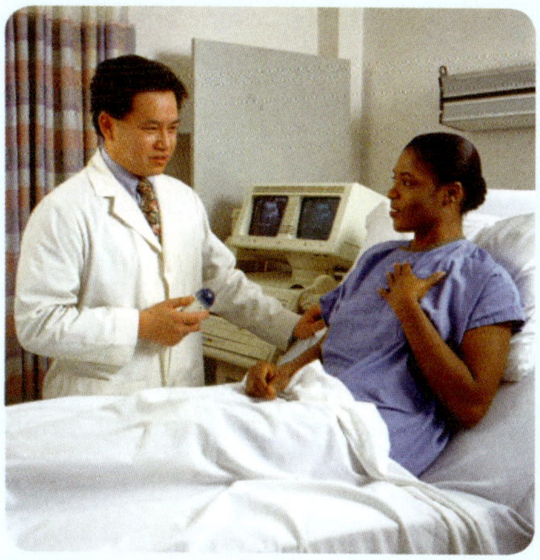
H. Mark Weidman Photography/Alamy/Other Images

Em relação ao editorial "Mais e melhores médicos", devemos lembrar que a saúde pública no Brasil está jogada às baratas. Não basta só criar novas vagas nas universidades, mas, principalmente, atrair os profissionais para a rede pública, com salários dignos e condições de trabalho adequadas. Se isso não acontecer, a concentração de profissionais nos grandes centros é inevitável. É necessário parar de fazer "política na saúde", e implementar "política de saúde".

H. A. C., médico – São Carlos, SP
(*Folha de S. Paulo*, 11/6/2012.)

1. A carta de leitor é um gênero textual que permite o diálogo dos leitores com o editor de jornais e revistas ou entre leitores. É geralmente publicada numa seção de cartas de jornais ou revistas, como, por exemplo, Painel do Leitor, Fórum dos Leitores, Cartas, etc.

a) Observando os assuntos a que se referem as cartas de leitores lidas, responda: Qual é a finalidade da carta de leitor?

b) Na sua opinião, a carta de leitor constitui uma forma de exercício da cidadania? Por quê?

2. Nas cartas de leitor em estudo:

a) Qual ou quais fazem elogio?

b) Qual ou quais comentam matérias publicadas pelo jornal ou revista?

c) Em qual ou quais o leitor argumenta, tendo como referência uma experiência pessoal?

E-mail de leitor

A popularização da Internet deu origem a um novo gênero do discurso, semelhante à carta de leitor – o *e-mail* de leitor, que apresenta praticamente as mesmas características da carta, mudando apenas o suporte ou veículo. Enquanto a carta é escrita em folhas de papel e enviada pelo correio, o *e-mail* utiliza um programa de computador, como, por exemplo, o Outlook, e é enviado eletronicamente.

3. Dois leitores se manifestaram a respeito do Código Florestal.

a) Eles se manifestaram contra ou favor do Código?

b) Quais foram os argumentos utilizados por eles para sustentar suas opiniões?

4. Das cartas em estudo:

a) Quais abordam problemas nacionais?

b) Quais abordam temas internacionais?

c) Qual ou quais foram encaminhadas à redação da revista ou do jornal explicitamente por Internet?

5. Observe a linguagem empregada pelos leitores nas cartas lidas.

a) Que variedade linguística predomina?

b) Considerando os veículos em que as cartas foram publicadas, levante hipóteses: Por que essa variedade foi empregada nas cartas?

6. A carta de leitor tem estrutura semelhante à da carta pessoal. Ela contém elementos como local e data, vocativo, assunto, expressão cordial de despedida e assinatura. Além disso, não apresenta título. As cartas lidas, porém, não se mostram de acordo com esse padrão.

a) Por que, na sua opinião, alguns desses elementos das cartas foram suprimidos?

b) Na sua opinião, a supressão de partes das cartas originais pode modificar o sentido, ou seja, a ideia do leitor a respeito do assunto que ele comenta?

c) As cartas normalmente não apresentam título. Levante hipóteses: Por que as cartas de leitor, publicadas em seções específicas para isso, costumam aparecer intituladas?

7. Reúna-se com seus colegas de grupo e, juntos, concluam: Quais são as características da carta de leitor? Respondam, levando em conta os critérios a seguir: finalidade do gênero, perfil dos interlocutores, suporte/veículo, tema, estrutura e linguagem.

PRODUZINDO A CARTA DE LEITOR

Há, a seguir, duas propostas de produção de carta de leitor. Se possível, desenvolva as duas.

1. O texto seguinte faz parte de uma reportagem, intitulada "A evolução acelerada", publicada por uma conhecida revista brasileira. Leia-o.

ALTURA

O ESTIRÃO QUE VALE PODER E DINHEIRO

O brasileiro cresceu 7 centímetros nos últimos trinta anos. Dados do Exército mostram que entre 1980 e 2010 a média de altura dos jovens que se alistaram saltou de 1,67 metro para 1,74 metro de altura. A altura é um indicador de saúde confiável capaz de traduzir as mudanças econômicas e sociais pelas quais o país passou ao longo das últimas décadas. O investimento na vacinação em massa, melhores condições sanitárias, o controle de doenças infecciosas, como a diarreia, e um cardápio mais completo desde a primeira infância são os principais fatores que resultaram em uma população com centímetros a mais. "O estímulo aos exames pré-natais, o incentivo ao aleitamento materno e uma alimentação rica produziram crianças mais bem nutridas", diz Daniel Magnoni, nutrólogo e cardiologista do Hospital do Coração, em São Paulo. "O brasileiro só era mais baixo porque se alimentava mal." De acordo com o Instituto Brasileiro de Geografia e Estatística, atualmente somente 7,2% das crianças entre 5 e 9 anos tem déficit de altura. Em 1974 (quando o primeiro indicador foi publicado), 29,3% das crianças apresentavam o problema.

Planejamento do texto

- Leiam mais de uma vez a matéria ou reportagem a que a carta irá se referir e certifiquem-se da procedência das críticas que pretendem fazer, observando se estão diretamente relacionadas ao teor do texto.
- Deixem claro, desde o início, a data e a edição em que a matéria ou reportagem foi publicada. Identifiquem a matéria ou reportagem pelo título e/ou pelo nome do jornalista que a assinou.
- Desenvolvam seus argumentos e, para enriquecê-los, exemplifiquem, citem fatos, notícias, autoridades e especialistas no assunto.
- Se optaram por fazer comentários negativos, procurem considerar também pontos positivos da matéria ou reportagem, a fim de não passar a ideia de que estão sendo motivados pela intenção de "falar mal".
- Se optaram por fazer comentários positivos, procurem considerar também pontos fracos da matéria ou reportagem e relativizá-los, a fim de não passar a ideia de que estão sendo motivados pela intenção de "bajular".
- Tentem introduzir opiniões contrárias ao ponto de vista de vocês, fazendo ressalvas a ele e já mobilizando contra-argumentos para fortalecer a argumentação.
- Pensem no leitor da sua carta. Ela será lida por um editor ou diretor de redação, isto é, um profissional responsável pela área de jornalismo do jornal ou revista selecionada, e, se publicada, também pelos leitores da publicação.

Revisão e reescrita

Antes de finalizar a carta de leitor e passá-la para o suporte final, releiam-na, observando:

- se ela está redigida e estruturada de acordo com a situação de comunicação;
- se a linguagem empregada está adequada aos leitores;
- se ela apresenta local e data, vocativo, assunto, expressão cordial de despedida e assinatura;
- se o ponto de vista do grupo sobre o assunto abordado na matéria ou reportagem está claro e bem-fundamentado;
- se elogios e críticas estão bem dosados no texto, com menção não apenas a pontos positivos ou a pontos negativos, e se são feitas ressalvas e ponderações.

Modifiquem o que for necessário e leiam a carta para os outros grupos. Ouçam opiniões dos colegas e, se as considerarem procedentes, façam novas modificações no texto.

Passem a carta a limpo em papel de carta e enviem-na para a redação do jornal ou revista, tomando o cuidado de preencher corretamente o envelope. Se preferirem, enviem a carta pela Internet, para o endereço de *e-mail* do jornal ou da revista. Depois, acompanhem os números subsequentes da publicação, a fim de observar se ela foi publicada.

ESCREVENDO COM COERÊNCIA E COESÃO

A ARTICULAÇÃO DE PALAVRAS E IDEIAS

Para produzir um bom texto, não basta ter boas ideias ou bom vocabulário. Para isso, esses elementos precisam tomar a forma de enunciados que, unidos uns aos outros, construam, passo a passo, uma tessitura de conexões lógicas e semânticas. Quando isso ocorre, dizemos que o texto possui *textualidade*, isto é, apresenta *articulação de palavras* (coesão) e *articulação de ideias* (coerência).

Leia esta fábula, de Millôr Fernandes:

O dinheiro não traz felicidade

Só e triste vivia o pobre marceneiro José dos Andrajos. Sem parentes, ele morava na sua loja humilde, trabalhando dia e noite para ganhar o que mal e mal lhe bastava para sustentar-se (era como qualquer um).

Mesmo assim, porém, conseguia economizar cinquenta cruzeiros cada mês. No fim do ano, com seiscentos cruzeiros juntos, lá ia ele para o "Fasanelo... e nada mais", e comprava um bilhete inteiro.

Os que sabiam de sua mania riam dele, mas ele acreditava que era através da loteria e não do trabalho que iria fazer-se independente. E assim foi.

No quinto ano de sua insistência junto à loteria ("insista, não desista."), esta lhe deu cem mil contos. Surgiram fotógrafos e repórteres dos jornais, surgiram os amigos para participar do jantar que ele deu para comemorar sua sorte.

José fechou imediatamente a loja e, daí em diante, sua vida foi uma festa contínua. Saía em passeios de lancha pela manhã, à tarde ia para os bares, à noite para as boates e cabarés, sempre cercado por amigos entusiasmados e senhoras entusiasmadíssimas.

Mas, está visto, no meio de tanta efusão, o dinheiro não durou um ano. E, certo dia, vestido de novo com suas roupas humildes, o nosso marceneiro voltou a abrir sua humilde loja para cair outra vez em seu trabalho estafante e monótono. Tornou a economizar seus cinquenta cruzeiros por mês, aparentemente mais por hábito do que pelo desejo de voltar a tirar a sorte grande, o que, aliás, parecia impossível.

Os conhecidos continuavam zombando dele, agora afirmando-lhe que a oportunidade não bate duas vezes (a oportunidade só bate uma vez. Quem bate inúmeras vezes são as visitas chatas.).

No caso de nosso marceneiro, porém, ela abriu uma exceção. Pois no terceiro ano em que comprava o bilhete, novamente foi assaltado pelos amigos e repórteres que, numa algazarra incrível, festejavam sua estupenda sorte.

Mas, desta vez, o marceneiro não ficou contente como quando foi sorteado pela primeira vez. Olhou para os amigos e jornalistas com ar triste e murmurou: "– Deus do céu; vou ter que passar por tudo aquilo outra vez!?"

MORAL: Para muita gente dá um certo cansaço ter que comparecer à festa da vida.

(*Fábulas fabulosas*. Disponível em: www2.uol.com.br/millor/fabulas/039.htm. Acesso em: 17/6/2012.)

cruzeiro: moeda usada no Brasil anteriormente ao real.
Fasanelo: nome de lotérica muito conhecida no Rio de Janeiro no passado.

1. Observe o 1º parágrafo do texto.

a) Nele é apresentada a personagem principal da narrativa. Como ela é retratada?

b) Há, nesse parágrafo, uma palavra que faz referência ao marceneiro. Qual é essa palavra?

c) Na frase "Sem parentes, ele morava na sua loja humilde", o pronome *sua* indica posse. No contexto, *sua* se refere à posse de quem?

2. O 2º parágrafo tem com o 1º uma relação de oposição.

a) Que palavra do 2º parágrafo é responsável por marcar essa oposição?

b) Em que outros parágrafos se observa o mesmo tipo de relação? Que palavras marcam essa oposição entre parágrafos?

3. Releia estes três fragmentos do texto:

> "trabalhando dia e noite para ganhar o que mal e mal lhe bastava para sustentar-se".
>
> "No quinto ano de sua insistência junto à loteria ("insista, não desista."), esta lhe deu cem mil contos."
>
> "agora afirmando-lhe que a oportunidade não bate duas vezes"

a) A que ou a quem se refere o pronome *lhe* em cada um dos fragmentos?

b) A que se refere o pronome *esta*, no segundo fragmento?

4. O texto apresenta os fatos em sequência e de acordo com uma relação de causa e efeito. Além disso, situa-os em relação ao tempo e ao espaço.

a) O tempo verbal é um importante recurso na organização do texto. Que tempo verbal predomina? Justifique sua resposta.

b) Identifique no texto alguns indicadores temporais, isto é, palavras e expressões que marcam a passagem do tempo.

5. Como foi observado, há no texto palavras que retomam outras, expressas anteriormente. Esse procedimento de retomada tem o objetivo de tornar o texto mais dinâmico, evitando repetições.

a) Que expressão foi usada no último parágrafo para retomar a ideia de exploração e frustração apresentada na história?

b) Na moral dessa fábula, a que se refere a expressão "festa da vida"?

c) A expressão "festa da vida" foi ou não usada de modo irônico?

6. Na sua opinião, a moral da história é coerente com a abordagem realizada pelo autor? Por quê?

Ao responder às questões anteriores, você deve ter observado que a conexão entre palavras e ideias no interior das frases, no interior dos parágrafos e entre um parágrafo e outro é feita por palavras e expressões.

Assim, a palavra *ele* e *lhe* retomam a palavra *marceneiro*, empregada no 1º parágrafo. Em "ele morava na *sua* loja", o pronome possessivo *sua* estabelece uma relação de posse entre o marceneiro e a loja. O pronome demonstrativo *esta*, em "*esta* lhe deu cem mil contos", retoma o substantivo *loteria*, expresso anteriormente. As conjunções *mas* e *porém* (2º, 6º, 8º e 9º parágrafos) estabelecem uma oposição entre parágrafos. Além disso, o emprego dos verbos no passado está relacionado com a sequência de fatos que aconteceram no tempo.

Esses diferentes tipos de conexão – repetições, uso de certos pronomes e conjunções, correlação entre os tempos verbais – são responsáveis pela articulação do texto tanto no nível gramatical, em seus aspectos sintáticos (como regência e concordância), quanto no nível semântico. As retomadas são ainda importantes para que o texto possa ter continuidade e progressão de ideias.

EXERCÍCIOS

Leia a seguinte anedota para responder às questões de 1 a 3.

> Um rapaz possuía dois passarinhos: um que cantava demais e outro que não cantava nada... Certo dia, o rapaz resolveu vendê-los em uma feira; colocou-os expostos para que todos os vissem, e então um dos passarinhos começou a cantar sem parar, enquanto o outro ficava constantemente calado.

Um senhor chegou para o rapaz e perguntou:

— Quanto custam as avezinhas, meu jovem?

O rapaz respondeu:

— Esse que tá cantando custa cinquenta reais e o calado custa cem...

O senhor estranhou:

— Ué! Por que o passarinho que está calado custa mais do que o que está cantando?

— Porque o que tá calado é o compositor.

Jótah

(Donaldo Buchweitz, org. *Piadas para você morrer de rir*. Belo Horizonte: Leitura, 2001. p. 74.)

1. Observe o 1º parágrafo do texto.

a) Que palavras retomam e especificam a expressão *dois passarinhos* na sequência após o dois-pontos?

b) Na primeira frase, a palavra *rapaz* vem acompanhada pelo artigo *um*; na segunda, pelo artigo *o*. Explique por quê.

c) A quem se refere o pronome *os* nas expressões *vendê-los, colocou-os, os vissem*?

d) Na sua opinião, para que serve a palavra *então* na sequência da narrativa?

e) O que sugere a palavra *enquanto* e para que é usada?

2. No texto, as expressões *um rapaz* e *dois passarinhos* são retomadas mais de uma vez. Identifique as palavras e expressões que as retomam.

3. Observe as formas verbais empregadas no texto.

a) Que tempos verbais são usados nos trechos correspondentes ao discurso do narrador? E no discurso das personagens?

b) Que efeito de sentido resulta do emprego desses tempos verbais?

4. No texto que segue, foram eliminadas propositalmente algumas palavras responsáveis pela articulação de palavras, orações, frases e ideias. Levando em conta a coerência e a coesão textual, descubra quais são as palavras mais adequadas para preencher as lacunas.

A humanidade vive em função da busca inútil de uma cura para um mal incurável: a solidão.

☐, será mesmo a solidão um mal, um aspecto negativo, ☐ inevitável, da condição humana?

Os seres humanos tornam-se infelizes ☐ não suportam a ideia de serem sós, ☐ a solidão física é realmente muito perturbadora. É claro que todos têm aquela necessidade de ficarem sós por alguns momentos, para poderem aprender a lidar com ☐ sentimentos, refletirem sobre ☐ atos, repensarem as ☐ vidas. ☐, essa solidão física se cura com companhia, e é muito diferente da solidão de cada um. O homem, por ser único, original e inimitável, é também só, e ☐ é um fato incontestável que ☐ tem dificuldades de aceitar como verdade, ☐ ainda não desistiu de encarar a solidão como um sofrimento atroz: ainda não ☐ compreendeu.

(**Maria Julia Bottai** – aluna do 3º ano do ensino médio)

5. Apresentamos a seguir um parágrafo de um texto, escrito por um vestibulando, em que há falhas de articulação. Leia-o e depois reescreva-o, estabelecendo a articulação necessária entre palavras, frases e ideias. Adapte o que for necessário.

A violência em nosso país está a cada dia que passa se acentuando mais, isto devido a diversos fatores podemos citar o fator econômico a ganância do homem pelo dinheiro, o desemprego dos pais, a falta de moradias, alimentação e educação impedem o de criar seus filhos dignamente daí a grande violência da sociedade o menor abandonado, que sozinho sem ter uma mão firme que o conduza pela vida, parte para o crime e roubo na tentativa de sobreviver.

Maurice Esteve. Composição, 1904./Coleção Particular/Grupo Keystone

LÍNGUA: USO E REFLEXÃO

CAPÍTULO 3

Período composto por subordinação: as orações adverbiais

CONSTRUINDO O CONCEITO

Abaixo estão reproduzidas as páginas de abertura de uma reportagem sobre hábitos alimentares. Leia-as.

Editora Globo

(*Galileu*, nº 251, p. 46-7.)

1. A imagem de um brigadeiro riscado por um X é ilustrativa das afirmações feitas nos enunciados verbais que iniciam a reportagem.

a) No contexto, o que representa o xis no brigadeiro?

b) Que palavra ou expressão do título da página da esquerda corresponde a esse sinal?

2. Nos enunciados dispostos acima e abaixo da imagem do brigadeiro, há palavras e expressões adverbiais indicativas de tempo.

a) Identifique-as.

b) Que relação semântica há entre essas palavras e expressões e as palavras *hábitos* e *rotina* empregadas nos enunciados da página da esquerda?

3. No período "Quando [você] sobe na balança, sempre se arrepende", da página da direita, há duas orações. Veja:

Quando [você] sobe na balança, | sempre se arrepende.

Observe o tipo de relação que há entre as duas orações e responda:

a) Qual das orações é a principal? Qual é a subordinada?

b) Que palavra faz conexão entre as orações? Qual é o valor semântico expresso por ela?

c) Conclua: Que tipo de circunstância relativa ao verbo da oração principal a oração subordinada expressa?

CONCEITUANDO

Ao responder às questões anteriores, você notou que o enunciado "Quando sobe na balança, sempre se arrepende" constitui um período composto, formado por duas orações, uma das quais (a subordinada) complementa o sentido da outra (a principal). Veja:

Quando [você] sobe na balança, (oração subordinada) | sempre se arrepende. (oração principal)

A oração subordinada *quando [você] sobe na balança* poderia ser substituída por uma palavra como, por exemplo, *depois*, que desempenharia a função de adjunto adverbial.

Veja a correspondência entre a oração *quando [você] sobe na balança* e a palavra que poderia substituí-la:

Depois (adjunto adverbial) sempre se arrepende.

Quando [você] sobe na balança, (oração subordinada adverbial) sempre se arrepende.

Observe que:

- a oração *quando [você] sobe na balança* é dependente sintaticamente da oração principal, porque equivale a um adjunto adverbial; por isso, é uma **oração subordinada adverbial**.
- a oração *quando [você] sobe na balança* corresponde a um adjunto adverbial de tempo – *depois*, por exemplo – e, assim, exerce a mesma função que este; por isso, é denominada **oração subordinada adverbial temporal**.

Concluindo:

Oração subordinada adverbial é aquela que tem valor de advérbio (ou de locução adverbial) e, por isso, exerce em relação ao verbo da oração principal a função de adjunto adverbial.

As orações adverbiais se relacionam com a oração principal exprimindo diversas circunstâncias: causa, condição, concessão, comparação, consequência, conformidade, tempo, finalidade, proporção. Por exemplo, no anúncio abaixo, a oração subordinada adverbial *que a gente precisou fazer isso* indica uma consequência relativa à afirmação da oração anterior – [é] *Tão silencioso* –, enquanto a oração subordinada adverbial *para saber* indica uma finalidade em relação ao fato expresso na oração principal: *precisou fazer isso.*

Talent

(*28º Anuário do Clube de Criação de São Paulo*, p. 117.)

VALORES SEMÂNTICOS DAS ORAÇÕES ADVERBIAIS

De acordo com as circunstâncias que expressam, as orações subordinadas adverbiais classificam-se em *causais, consecutivas, conformativas, concessivas, comparativas, condicionais, finais, proporcionais* e *temporais*.

Causais

Indicam a *causa* do efeito expresso na oração principal:

Não compareceu à reunião dos condôminos *porque viajou*.

São introduzidas pelas conjunções subordinativas causais: *porque, visto que, que, posto que, uma vez que, como* (sempre anteposto à oração principal), etc.

Consecutivas

Expressam uma *consequência*, um efeito do fato mencionado na oração principal:

Trabalhou tanto *que adoeceu*.

São introduzidas pelas conjunções subordinativas consecutivas: *que* (precedida de *tal, tão, tanto, tamanho*), *de sorte que, de modo que*, etc.

Conformativas

Estabelecem uma ideia de concordância, de *conformidade* entre um fato nelas mencionado e outro expresso na oração principal:

Conforme prometeu, pagará a dívida na próxima semana.

São introduzidas pelas conjunções subordinativas conformativas: *como, conforme, segundo, consoante*, etc.

Concessivas

Indicam uma *concessão*, um fato contrário ao expresso na oração principal, porém insuficiente para anulá-lo:

Não percebeu nada, *embora estivesse atento.*

São introduzidas pelas conjunções subordinativas concessivas: *embora, conquanto, que, ainda que, mesmo que, se bem que, por mais que*, etc.

Comparativas

Estabelecem uma *comparação* em relação a um elemento da oração principal:

Trabalha *como um escravo.*

São introduzidas pelas conjunções subordinativas comparativas: *como, que, do que, assim como,* (*tanto*) *quanto*, etc.

Sindepark

Nas orações comparativas, é comum o verbo ser o mesmo da oração principal e, por isso, ficar subentendido. Na frase "Faça como a gente, adote o consumo consciente!", do folheto reproduzido ao lado, subentende-se a forma verbal *faz*: "Faça como a gente [faz]".

Condicionais

Expressam uma hipótese ou *condição* para que ocorra o fato expresso na oração principal:

Irei à praia logo cedo, *se não chover.*

São introduzidas pelas conjunções subordinativas condicionais: *se, caso, contanto que, desde que, salvo se, a menos que, sem que,* etc.

Finais

Indicam uma *finalidade* relativa ao fato expresso na oração principal:

Tentei de tudo *para que ele tocasse um instrumento musical.*

São introduzidas pelas conjunções subordinativas finais: *para que, a fim de que, que.*

Proporcionais

Indicam uma *proporção* relativa ao fato expresso na oração principal:

À medida que se aproximava a hora do exame, a tensão aumentava.

São introduzidas pelas conjunções subordinativas proporcionais: *à proporção que, à medida que, ao passo que, quanto mais... (mais)*, etc.

Temporais

Indicam o momento, a época, o *tempo* de ocorrência do fato expresso na oração principal:

Houve protestos *depois que o diretor saiu da reunião.*

São introduzidas pelas conjunções subordinativas temporais: *quando, enquanto, logo que, assim que, mal,* etc.

ORAÇÕES ADVERBIAIS REDUZIDAS

Do mesmo modo que as orações substantivas e adjetivas, as orações adverbiais podem apresentar-se nas formas **desenvolvida** ou **reduzida**, com o verbo no *infinitivo*, no *gerúndio* ou no *particípio*. Veja os exemplos:

Apesar de se esforçar muito, não obteve a premiação.
or. subord. adv. concessiva reduzida de infinitivo

Estudando, aprenderá Matemática.
or. subord. adv. condicional reduzida de gerúndio

Distribuídas as tarefas, cada um voltou ao trabalho.
or. subord. adv. temporal reduzida de particípio

EXERCÍCIOS

1. Leia o seguinte texto de campanha:

Governo Federal

(*Superinteressante*, nº 289, p. 28-9.)

Observe estes enunciados do texto:

- "Se você agir, podemos evitar."
- "Se você tiver febre alta com dor de cabeça, dor atrás dos olhos, no corpo e nas juntas, vá imediatamente a uma unidade de saúde."

a) Os dois enunciados constituem períodos compostos em que há uma oração subordinada adverbial. Identifique e classifique essas orações subordinadas adverbiais.

b) Considerando a situação de comunicação, justifique o emprego do tipo de oração subordinada adverbial presente nos enunciados.

c) Como ficariam os enunciados caso as orações subordinadas que eles representam fossem transformadas em orações reduzidas?

2. Leia este poema:

Razão de ser

Escrevo. E pronto.
Escrevo porque preciso,
preciso porque estou tonto.
Ninguém tem nada com isso.
Escrevo porque amanhece,
e as estrelas lá no céu
lembram letras no papel,
quando o poema me anoitece.
A aranha tece teias.
O peixe beija e morde o que vê.
Eu escrevo apenas.
Tem que ter por quê?

(Paulo Leminski. *Melhores poemas*. 6. ed. Seleção de Fred Góes, Álvaro Martins. São Paulo: Global, 2002. p. 133.)

Há, no poema, dois tipos de oração subordinada adverbial.

a) Quais são eles? Cite uma oração de cada tipo.

b) Considerando o tema e o título do poema, por que há predomínio de um desses tipos de oração subordinada adverbial?

Leia a tira a seguir e responda às questões 3 e 4.

Angeli

(Angeli. *Luke e Tantra – Sangue bom*. São Paulo: Devir/Jacarandá, 2000. p. 11.)

3. No 1º quadrinho da tira, na fala da personagem Luke, há um período composto. Nesse período, a oração *vendo os meninos bonitos do colégio* é subordinada reduzida. Desenvolva-a e classifique-a.

4. Observe, no 2º quadrinho da tira, a frase dita pela personagem Luke. Trata-se de um período composto de duas orações. Que tipo de relação semântica existe entre elas?

5. Classifique as orações subordinadas adverbiais reduzidas destacadas:

a) *Ao viajar*, não tome bebidas alcoólicas.

b) Não pude participar do campeonato *por estar muito gripado*.

c) Ofendi meu amigo *sem querer*.

d) "Você, *varrendo o quarto*, não terá encontrado algumas?" (Graciliano Ramos)

e) *Surpreendido em falta grave*, o menino chorava copiosamente.

f) *Mesmo relido o texto*, André não entendeu metade.

g) *Prevendo uma atitude agressiva*, não disse absolutamente nada.

6. Leia, a seguir, versos do poeta cabo-verdiano Daniel Felipe e um anúncio.

Que importa a melodia,
se acaso aos outros dou,
com pávida alegria,
O pouco que me sou?

(Disponível em: www.jornaldepoesia.jor.br/daniel02.html. Acesso em: 5/7/2012.)

RBA Publicidade

(*Época – Edição histórica: 60 anos*, nº 733, p. 37. Editora Globo.)

A conjunção *se*, dependendo do contexto em que é empregada, pode assumir valores semânticos diferentes.

a) Em qual dos textos a conjunção *se* tem o valor semântico de condição?

b) Que valor semântico a conjunção *se* tem no outro texto? Que conjunção poderia substituí-la, sem alteração de sentido?

AS ORAÇÕES ADVERBIAIS NA CONSTRUÇÃO DO TEXTO

Leia o texto a seguir, de Ferreira Gullar.

Meu povo, meu poema

Meu povo e meu poema crescem juntos
como cresce no fruto
a árvore nova

No povo meu poema vai nascendo
como no canavial
nasce verde o açúcar

No povo meu poema está maduro
como o sol
na garganta do futuro

Meu povo em meu poema
se reflete
como a espiga se funde em terra fértil

Ao povo seu poema aqui devolvo
menos como quem canta
do que planta.

(*Toda poesia (1950/1980)*. São Paulo: Círculo do Livro. p. 217.)

Images.com/Corbis/Corbis (DC)/Latinstock

1. Ao longo do texto, o eu lírico faz um jogo com as palavras *povo* e *poema*, alternando funções e a posição delas na frase. Observe:

"Meu povo e meu poema crescem juntos"
"No povo meu poema vai nascendo"
"Meu povo em meu poema / se reflete"
"Ao povo seu poema aqui devolvo"

a) Qual é a função sintática da palavra *povo* em cada um desses enunciados?

b) E a função sintática da palavra *poema*?

c) Compare suas respostas nos itens *a* e *b*. O que as funções sintáticas sugerem quanto à relação entre povo e poema?

d) Qual é o efeito de sentido produzido pela identidade entre povo e poema?

e) Que verso do poema comprova sua resposta no item anterior?

f) O título do poema confirma ou nega sua resposta no item anterior? Por quê?

2. Em cada estrofe do poema, há uma oração que é subordinada adverbial e tem participação importante na construção dos sentidos do texto. Como se classifica essa oração?

3. Em cada estrofe, é feita uma comparação entre povo/poema e outro elemento.

a) A que povo/poema é comparado em cada estrofe?

b) O que têm em comum todos os elementos a que povo/poema é comparado?

c) Considerando a concepção de fazer poético do eu lírico, o que esses elementos acrescentam à relação povo/poema?

4. Na última estrofe, o eu lírico declara:

"Ao povo seu poema aqui devolvo / menos como quem canta / do que planta."

a) Se o eu lírico é o criador do poema, por que ele diz "Ao povo *seu* poema aqui devolvo"?

b) Qual seria o papel do poeta, segundo o eu lírico, na criação do poema?

c) Explique os dois versos finais do poema: "menos como quem canta / do que planta".

d) Pode-se dizer que a concepção de poesia expressa no poema é social? Por quê?

Para que servem as orações adverbiais

As orações adverbiais estabelecem relações lógicas e coesivas importantes na construção do sentido de um texto. Servem para inserir noções de tempo, finalidade, condição, concessão ou, ainda, para estabelecer comparação, concomitância ou relações de causa e consequência entre dois fatos.

Embora as orações adverbiais sejam comuns na fala, alguns dos seus tipos aparecem mais frequentemente em textos escritos de acordo com a norma-padrão da língua e com certo grau de elaboração de ideias.

SEMÂNTICA E DISCURSO

Leia o anúncio ao lado.

1. Em relação ao anúncio, responda:

a) Que finalidade ele tem?

b) A quem ele se dirige?

2. Os anúncios publicitários normalmente apresentam parte verbal e parte não verbal.

a) Que imagens compõem a parte não verbal do anúncio?

b) Levante hipótese: Por que, nesse anúncio, há pouco destaque para imagens?

3. Observe este enunciado:

"Quando você pensa em uma marca de carro, qual..."

a) Levante hipóteses: Como poderia ser concluída a segunda oração do período?

b) Com a segunda oração concluída, teríamos um período composto. Classifique as orações que formariam esse período composto.

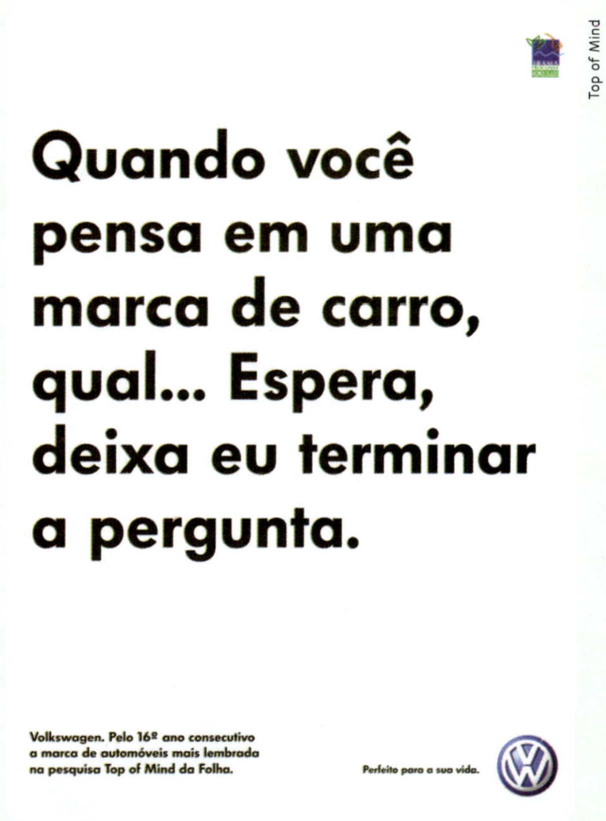

(*Folha Top of Mind*, 24/10/2006.)

4. O anúncio simula uma situação de diálogo direto com o interlocutor.

a) Que elementos do enunciado verbal comprovam isso?

b) A linguagem utilizada no anúncio é formal ou informal? Justifique sua resposta.

c) Que finalidade o tipo de linguagem empregada pelo anunciante tem em vista?

5. Reescreva as frases a seguir, estabelecendo entre as orações a relação semântica indicada entre parênteses. Veja um exemplo:

Esforçou-se muito, mas não conseguiu bons resultados. (concessão)
Não conseguiu bons resultados, embora tenha se esforçado muito.

a) Chegando o momento, todos sairão rapidamente. (tempo)

b) Estando doente, Manuel não veio à reunião dos condôminos. (causa)

c) Já sabiam que estávamos bem-preparados, contudo não esperavam a vitória. (concessão)

d) Como ficamos muito preocupados, saímos rapidamente do local. (consequência)

e) Corra ou chegará atrasado. (condicional)

f) Ao chegar o conferencista, todos se calaram. (tempo)

g) Pensando certo, respondeu errado. (concessão)

h) Abertas as portas, os visitantes entraram no museu. (tempo)

6. Empregando o processo subordinativo, forme dois períodos com as frases de cada item. No primeiro período, estabeleça entre as orações uma relação de causa; no segundo, uma relação de consequência. Se necessário, mude a ordem dos termos ou das orações.

a) Agiu impensadamente. Foi chamado de tolo.

b) A Prefeitura está sem verbas. A construção de mil casas populares foi abandonada.

c) Sua opinião sobre saúde pública é insensata. Eu me recuso a aceitá-la.

d) Falava baixinho. Eu não o entendia direito.

7. A conjunção *que* tem diferentes valores semânticos (consequência, comparação, finalidade, concessão). Indique o valor semântico expresso por essa conjunção nas orações subordinadas adverbiais destacadas nos períodos a seguir.

a) Guardou-os tão bem, *que agora não sabe onde estão.*

b) "Fiz-lhe sinal *que se calasse.*" (Machado de Assis)

c) *Uma hora que fosse,* para ele seria pouco.

d) Ele conhece mais geografia *que você.*

8. Todas as orações subordinadas adverbiais dos períodos a seguir iniciam-se pela conjunção *como*. Agrupe-as de acordo com o valor semântico expresso por essa conjunção e indique-o.

a) Ele faz certas brincadeiras como uma criança.

b) Como fosse tímido, dificilmente perguntava algo ao professor.

c) Como os recursos eram escassos, tentavam remediar o irremediável.

d) Nós ajudamos os flagelados como foi possível.

e) "Eu deixo a vida como deixa o tédio
Do deserto, o poento caminheiro." (Álvares de Azevedo)

f) Procederam como ordenavam as leis.

Dida Sampaio/AE

LITERATURA

CAPÍTULO 4

O Nordeste no romance de 30. Graciliano Ramos, José Lins do Rego e Jorge Amado

A principal expressão do romance de 30 encontra-se no regionalismo nordestino representado por escritores como Graciliano Ramos, José Lins do Rego e Jorge Amado, além de Rachel de Queiroz. Abordando temas como a seca, o coronelismo, o cangaço, a disputa por terras e o fanatismo religioso, entre outros, essa produção representa um momento de maturidade de nossa ficção.

GRACILIANO RAMOS: A PROSA NUA

Graciliano Ramos (1892-1953) é o principal romancista da geração de 1930. Nasceu em Quebrângulo, Alagoas, e viveu em várias cidades nordestinas, como Buíque, Viçosa, Maceió e Palmeira dos Índios, da qual foi prefeito em 1927. Além de ter se dedicado à literatura, o escritor também exerceu atividades ligadas ao jornalismo, à vida pública e à política.

Livraria José Olympio Editora

: Capa do livro *Vidas Secas*, de Graciliano Ramos.

Em 1936, durante o governo Vargas, foi preso sob a acusação de subversão e, depois de passar por várias prisões, foi levado para a Ilha Grande, no Estado do Rio de Janeiro, onde permaneceu dez meses encarcerado. Dessa experiência, nasceria *Memórias do cárcere*, obra que ultrapassa os limites do pessoal para se tornar um importante depoimento da realidade brasileira da época e uma denúncia do atraso cultural e do autoritarismo da era Vargas.

Libertado, Graciliano Ramos mudou-se para o Rio de Janeiro. Em 1945, ingressou no Partido Comunista Brasileiro; em 1951, então reconhecido como o principal romancista brasileiro depois de Machado de Assis, foi eleito presidente da Associação Brasileira de Escritores. Da viagem que fez para a Rússia, no ano seguinte, nasceria a obra *Viagem*.

Como romancista, Graciliano Ramos alcançou raro equilíbrio ao reunir análise sociológica e psicológica. Como poucos, retratou o universo do sertanejo nordestino, tanto na figura do fazendeiro autoritário quanto na do caboclo comum, o homem de inteligência limitada, vítima das condições do meio natural e social, sem iniciativa, sem consciência de classe, passivo diante dos poderosos.

Contudo, em Graciliano o regional não caminha na direção do específico, do particular ou do pitoresco; ao contrário, as especificidades do regional são um meio para alcançar o *universal*. Suas personagens, em vez de traduzir experiências isoladas, revelam uma condição coletiva: a do homem explorado socialmente ou brutalizado pelo meio.

Sua primeira obra, *Caetés* (1933), ao fazer uma narrativa da vida provinciana de Palmeira dos Índios, constitui um exercício de técnica literária com características naturalistas, como severamente o próprio autor reconhecia. No livro seguinte, *São Bernardo* (1934), verdadeira obra-prima da literatura brasileira, Graciliano apresenta uma notável evolução em técnica e estilo e um significativo aprofundamento na análise psicológica das personagens, cujo resultado é a criação de Paulo Honório, uma das mais marcantes personagens brasileiras.

A *São Bernardo* seguiram-se *Angústia* (1936), em que o romancista acentua a preocupação psicológica, servindo-se de aprimorados recursos expressivos, e *Vidas secas* (1938), seu único romance em 3ª pessoa, uma grande obra pelo poder de fixar figuras subumanas vivendo o fatalismo das secas da região Nordeste.

Graciliano Ramos não foi apenas romancista; escreveu, ainda, contos (*Histórias incompletas*, *Insônia*, *Alexandre e outros heróis*), crônicas (*Linhas tortas*, *Viventes das Alagoas*) e impressões de viagens (*Viagem*).

Em 1943, os mais importantes intelectuais brasileiros da época fizeram uma homenagem a Graciliano Ramos no Hotel Lido, no Rio de Janeiro. A homenagem era uma manifestação política de apoio ao escritor alagoano, perseguido pela ditadura de Vargas, e, ao mesmo tempo, uma expressão de reconhecimento de seu valor literário. Na ocasião, foram publicados quinhentos exemplares de *Homenagem a Graciliano Ramos*, obra que reunia textos de diversos intelectuais a respeito da produção literária de Graciliano.

Em 2010, os pesquisadores Hermenegildo Bastos, Leonardo A. Filho e Maria Izabel Brunacci lançaram *Catálogo de benefícios* (Editora Hinterlândia), que contém a obra e diversos outros estudos sobre o escritor.

Hinterlândia Editorial

O autor de *Vidas secas* sobressai entre os demais de sua época, não só pelas qualidades universalistas que apresenta, mas sobretudo pela linguagem enxuta, rigorosa e conscientemente trabalhada, no que se mostra o legítimo continuador de Machado de Assis na trajetória do romance brasileiro.

São Bernardo

O romance *São Bernardo* é narrado em 1ª pessoa por Paulo Honório, que se propõe a contar sua dura vida, dos tempos de guia de cego até a situação de proprietário da Fazenda São Bernardo.

Dotado de muita vontade e ambição, depois de uma vida de lutas e brutalidades, Paulo Honório realiza seu sonho de se tornar fazendeiro, adquirindo a propriedade São Bernardo, onde fora trabalhar de enxada. Casa-se aos 45 anos com a professora Madalena, que, boa e compassiva por índole, passa a se interessar pela vida de miséria e agruras dos empregados da fazenda e a interceder por eles junto a Paulo Honório. Iniciam-se os desentendimentos entre eles. As discussões se intensificam. Nem a gravidez de Madalena nem o nascimento do filho põem fim àquela situação. Angustiada pelo despotismo e pelo ciúme doentio de Paulo Honório, Madalena suicida-se.

LEITURA

O episódio a ser lido situa-se no final da obra, dois anos após a morte de Madalena. Os amigos deixaram de frequentar a casa. Paulo Honório, concretizando uma antiga ideia de compor um livro com auxílio de pessoas mais entendidas, entrega-se à empreitada de contar a sua história.

Sou um homem arrasado. Doença! Não. Gozo perfeita saúde. Quando o Costa Brito, por causa de duzentos mil réis que me queria abafar, vomitou os dois artigos, chamou-me doente, aludindo a crimes que me imputam. O Brito da Gazeta era uma besta. Até hoje, graças a Deus, nenhum médico me entrou em casa. Não tenho doença nenhuma.

O que estou é velho. Cinquenta anos pelo S. Pedro. Cinquenta anos perdidos, cinquenta anos gastos sem objetivo, a maltratar-me e a maltratar os outros. O resultado é que endureci, calejei, e não é um arranhão que penetra esta casca espessa e vem ferir cá dentro a sensibilidade embotada.

Cinquenta anos! Quantas horas inúteis! Consumir-se uma pessoa a vida inteira sem saber para quê! Comer e dormir como um porco! Levantar-se cedo todas as manhãs e sair correndo, procurando comida! E depois guardar comida para os filhos, para os netos, para muitas gerações. Que estupidez! Que porcaria! Não é bom vir o diabo e levar tudo?

[...]

As janelas estão fechadas. Meia-noite. Nenhum rumor na casa deserta.

Levanto-me, procuro uma vela, que a luz vai apagar-se. Não tenho sono. Deitar-me, rolar no colchão até a madrugada, é uma tortura. Prefiro ficar sentado, concluindo isto. Amanhã não terei com que me entreter.

O equilíbrio no romance

Em um dos seus escritos, o crítico Antonio Candido afirma que todo grande romancista destaca-se pelo seu desempenho em pelo menos um destes três aspectos: o *senso estético* (aspectos de estrutura e de linguagem), o *senso sociológico* (a análise dos problemas que envolvem o homem em suas relações sociais) e o *senso psicológico* (a análise interior).

Obras que desenvolvem de forma especial e abrangente esses três sensos são casos raros, desses que ocorrem a cada cinquenta ou cem anos.

Na ficção brasileira, há pelo menos três nomes que se pode afirmar tenham alcançado esse *status*: Machado de Assis, Graciliano Ramos e Guimarães Rosa.

Ponho a vela no castiçal, risco um fósforo e acendo-a. Sinto um arrepio. A lembrança de Madalena persegue-me. Diligencio afastá-la e caminho em redor da mesa. Aperto as mãos de tal forma que me firo com as unhas, e quando caio em mim estou mordendo os beiços a ponto de tirar sangue.

De longe em longe sento-me fatigado e escrevo uma linha. Digo em voz baixa:

— Estraguei a minha vida, estraguei-a estupidamente.

A agitação diminui.

— Estraguei a minha vida estupidamente.

Penso em Madalena com insistência. Se fosse possível recomeçarmos... Para que enganar-me? Se fosse possível recomeçarmos, aconteceria exatamente o que aconteceu. Não consigo modificar-me, é o que mais me aflige.

A molecoreba de Mestre Caetano arrasta-se por aí, lambuzada, faminta. A Rosa, com a barriga quebrada de tanto parir, trabalha em casa, trabalha no campo e trabalha na cama. O marido é cada vez mais molambo. E os moradores que me restam são uns cambembes como ele.

Para ser franco, declaro que esses infelizes não me inspiram simpatia. Lastimo a situação em que se acham, reconheço ter contribuído para isso, mas não vou além. Estamos tão separados! A princípio estávamos juntos, mas esta desgraçada profissão nos distanciou.

Madalena entrou aqui cheia de bons sentimentos e bons propósitos. Os sentimentos e os propósitos esbarraram com a minha brutalidade e o meu egoísmo.

Creio que nem sempre fui egoísta e brutal. A profissão é que me deu qualidades tão ruins.

E a desconfiança terrível, que me aponta inimigos em toda a parte!

A desconfiança é também consequência da profissão.

Foi este modo de vida que me inutilizou. Sou um aleijado. Devo ter um coração miúdo, lacunas no cérebro, nervos diferentes dos nervos dos outros homens. E um nariz enorme, uma boca enorme, dedos enormes.

Se Madalena me via assim, com certeza me achava extraordinariamente feio.

Fecho os olhos, agito a cabeça para repelir a visão que me exibe essas deformidades monstruosas.

A vela está quase a extinguir-se.

Julgo que delirei e sonhei com atoleiros, rios cheios e uma figura de lobisomem.

São Bernardo. Direção: Leon Hirszman. 1972/ Cinemateca Brasileira

Cena do filme *São Bernardo*, de Leon Hirszman.

Lá fora há uma treva dos diabos, um grande silêncio. Entretanto o luar entra por uma janela fechada e o nordeste furioso espalha folhas secas no chão.

É horrível! Se aparecesse alguém... Estão todos dormindo.

Se ao menos a criança chorasse... Nem sequer tenho amizade a meu filho. Que miséria!

Casimiro Lopes está dormindo, Marciano está dormindo. Patifes!

E eu vou ficar aqui, às escuras, até não sei que hora, até que, morto de fadiga, encoste a cabeça à mesa e descanse uns minutos.

(13. ed. Martins Fontes: São Paulo, 1970. p. 241 e 246-8.)

cambembe: desajeitado, desastrado, sem importância.
diligenciar: esforçar-se, empenhar-se.
imputar: atribuir.
molecoreba: molecada.
nordeste: vento que sopra do nordeste.

1. No final da vida, Paulo Honório admite ser e ter sido um homem bruto, egoísta e insensível. E mais: sente-se feio, um aleijado, um monstro. Lembrando-se de Madalena, chega a ferir-se nas mãos e nos lábios.
   a) Identifique na linguagem do narrador-personagem traços de sua brutalidade como pessoa.
   b) De acordo com o narrador-personagem, de que provêm essas características?
   c) Nessa explicação, nota-se a influência de uma corrente científica do século XIX. Qual é ela?
   d) O que o sentimento de se achar fisicamente monstruoso revela a respeito da condição psicológica e moral de Paulo Honório?
   e) Que tipo de desejo inconsciente é revelado no trecho: "Aperto as mãos de tal forma que me firo com as unhas, e quando caio em mim estou mordendo os beiços a ponto de tirar sangue"?
   f) Ao fazer um balanço de seu relacionamento com Madalena, Paulo Honório afirma que, se pudesse recomeçar sua vida com ela, tudo aconteceria do mesmo jeito. Por que ele pensa assim?

2. Segundo o crítico literário João Luís Lafetá, *São Bernardo* narra a trajetória de um burguês, Paulo Honório, que passara da condição de caixeiro-viajante e guia de cego à de rico proprietário da Fazenda São Bernardo. Para atingir seus objetivos capitalistas, o protagonista elimina todos os empecilhos que se colocam à sua frente, inclusive pessoas.
   a) Releia este trecho:

   > "Cinquenta anos! Quantas horas inúteis! Consumir-se uma pessoa a vida inteira sem saber para quê! Comer e dormir como um porco! Levantar-se cedo todas as manhãs e sair correndo, procurando comida! E depois guardar comida para os filhos, para os netos, para muitas gerações. Que estupidez! Que porcaria! Não é bom vir o diabo e levar tudo?"

   Que opinião Paulo Honório tem agora sobre o princípio capitalista da acumulação?
   b) Karl Marx já apontava, no século XIX, um fenômeno decorrente das relações do sistema capitalista, a *coisificação* ou *reificação*, que consiste na extrema importância que se dá ao *valor de troca* da mercadoria, e não ao seu valor de uso. No plano das relações humanas, o interesse prevalece sobre sentimentos ou princípios morais, e as pessoas passam a ser vistas como *coisas*, como objetos.
   Identifique no texto uma passagem ou situação que evidencie a visão reificada que Paulo Honório tem do mundo.

3. Praticamente sozinho, sem Madalena e abandonado por amigos, Paulo Honório consome as horas recordando sua vida e narrando-a em *São Bernardo*. Identifique um trecho que comprova ser *São Bernardo* um livro de recordações.

Em busca do essencial

Sobre *São Bernardo*, assim se expressa o crítico Antonio Candido:

> Acompanhando a natureza do personagem, tudo em *São Bernardo* é seco, bruto e cortante. Talvez não haja em nossa literatura outro livro tão reduzido ao essencial, capaz de exprimir tanta coisa em resumo tão estrito. Por isso é inesgotável o seu fascínio, pois poucos darão, como ele, semelhante ideia de perfeição, de ajuste ideal entre os elementos que compõem um romance.
>
> (In: *Graciliano Ramos*. Rio de Janeiro: Agir, 1975. p. 9. Nossos Clássicos.)

4. Pelo trecho lido da obra, é possível afirmar que *São Bernardo* alcança um perfeito equilíbrio entre a análise social e a introspecção psicológica? Justifique.

5. *São Bernardo* assemelha-se, em vários aspectos, a *Dom Casmurro*, de Machado de Assis. Veja este trecho do início da obra de Machado, narrado por Bentinho:

   > "O meu fim evidente era atar as duas pontas da vida, e restaurar na velhice a adolescência. Pois, senhor, não consegui recompor o que foi nem o que fui.
   >
   > Em tudo, se o rosto é igual, a fisionomia é diferente. Se só me faltassem os outros, vá; [...] falto eu mesmo, e esta lacuna é tudo."

   a) Em *São Bernardo*, Paulo Honório, no fim da vida, é a mesma pessoa?
   b) Tente explicar os motivos conscientes e inconscientes que teriam levado o protagonista a reconstruir sua própria história.

JOSÉ LINS DO REGO: MEMÓRIA E FICÇÃO NO ENGENHO

A decadência da estrutura social e econômica dos latifúndios e engenhos da zona açucareira da Paraíba e de Pernambuco, bem como o início da modernização, com a chegada das usinas, encontra sua maior expressão literária na prosa de José Lins do Rego.

José Lins do Rego (1901-1957) nasceu no município de Pilar, Paraíba. Fez Direito em Recife, onde teve contato com o grupo modernista que ali surgia, formado por Gilberto Freire e José Américo de Almeida, entre outros. Atuou como promotor em Maceió, onde escreveu seus primeiros livros e conviveu com Graciliano Ramos, Jorge de Lima e Rachel de Queiroz. Atuou na imprensa, na vida diplomática e foi eleito para a Academia Brasileira de Letras pouco antes de morrer.

José Lins do Rego. Loredano. s/d.

: José Lins do Rego.

Muito da obra do escritor concilia ficção com as recordações dos tempos de menino e adolescente, quando vivia na fazenda do avô paterno, juntamente com tios e primos. Numa linguagem fluida, solta, popular, o escritor capta a vida nordestina por dentro e registra-a num momento em que se operavam no Nordeste transformações de ordem social e econômica profundas, fruto da decadência do engenho, logo substituído pela usina moderna.

Oriundo de uma família rica, neto do então importante coronel José Paulino (transformado em personagem de algumas de suas obras), José Lins não tem a envergadura ideológica nem a capacidade de análise e de crítica social de Graciliano Ramos; contudo, como poucos, capta e transpõe para a literatura o imaginário do povo nordestino, antes dele expresso apenas nas narrativas orais, nos romances cantados e na literatura de cordel.

Sobre José Lins do Rego comenta o crítico Peregrino Júnior:

[...] contando a história da sua terra, José Lins do Rego nos põe diante dos olhos, como documentário autêntico, toda a vida do Nordeste: o mandonismo dos coronéis, o conflito dos patriarcas rurais com os jovens bacharéis fracassados, a luta do progresso da industrialização contra o atraso feudal (a usina devorando o banguê); o espetáculo dramático do fanatismo popular e as tropelias heroicas dos bandoleiros soltos a fazer justiça com as próprias mãos, truculentos e brutais; as intrigas miúdas da política municipal; e por cima, e mais do que tudo isso, o dom de uma infinita poesia — na paisagem, nas coisas, nas criaturas, em tudo.

Fundação Biblioteca Nacional

[...] e deu-nos, com o Ciclo da Cana-de-Açúcar, um levantamento completo — econômico, ecológico, psicológico e social da vida dos banguês, dos engenhos e das usinas — naquela dramática panfagia em que os engenhos devoravam os banguês — e as usinas, poderosas e avassaladoras, devoravam tudo — homens e coisas, engenhos e banguês.

Uma epopeia rural do Brasil — pobre, melancólica, dolorosa — como a própria vida infra-humana daquela gente que se move nos partidos de canas, nos engenhos e nas bagaceiras e até nas casas-grandes do Nordeste.

(*José Lins do Rego.* Rio de Janeiro: Agir, 1975. p. 17. Nossos Clássicos.)

Segundo o próprio autor, sua obra pode ser dividida em ciclos. São eles:

- **ciclo da cana-de-açúcar:** *Menino de engenho*, *Doidinho*, *Banguê*, *Fogo morto* e *Usina*;
- **ciclo do cangaço, misticismo e seca:** *Pedra Bonita* e *Cangaceiros*;
- **obras independentes:** romances vinculados aos dois ciclos: *Moleque Ricardo*, *Pureza*, *Riacho doce*; romances desvinculados dos ciclos: *Água-mãe* e *Eurídice*.

A obra *Riacho doce*, depois de ser adaptada pela Rede Globo para a linguagem televisiva, foi também transposta para o cinema pelo cineasta Fábio Barreto.

Fogo morto e o ciclo da cana-de-açúcar

Em sua primeira obra, *Menino de engenho*, José Lins do Rego pretendia escrever a biografia de seu avô José Paulino, uma das mais representativas figuras da tradição fundamentada no sistema patriarcalista, escravocrata e latifundiário. A obra deveria, também, conter cenas autobiográficas da infância do escritor. Entretanto, o José Lins biógrafo foi superado pela imaginação criadora do José Lins romancista. Desse modo, *Menino de engenho* inicia em torno da figura do garoto Carlos de Melo uma trilogia em que se incluem também *Doidinho* e *Banguê*. As tensões socioeconômicas do engenho de açúcar apontadas pelo narrador-personagem dessas obras têm continuidade nos outros romances que integram o ciclo da cana-de-açúcar, principalmente em *Fogo morto*, romance-síntese do ciclo, que marca a parte mais significativa das produções do autor.

Luís Jardim

Ilustração de Luís Jardim para *Fogo Morto*.

Fogo morto é a mais madura das obras de José Lins do Rego. Nela o autor consegue captar, na paisagem e no elemento humano, não só as imagens oriundas de suas lembranças pessoais, mas principalmente a bruta realidade de uma estrutura social em decomposição.

Fogo morto se divide em três partes. Na primeira, "O mestre José Amaro", José Lins enfatiza o destino e o drama humano de uma personagem que se orgulha de ser seleiro, de ter uma profissão independente, passada de pai para filho. A segunda, "O engenho de seu Lula", é a história da ascensão, do apogeu e da decadência do engenho Santa Fé, arruinado no final por seu proprietário, o Coronel Lula de Holanda, autoritário, prepotente e incapaz. Na terceira, "O Capitão Vitorino", o autor dá ênfase à figura dessa personagem, alvo das chacotas da molecada e até dos adultos, uma espécie de D. Quixote nacional que anda de engenho em engenho em defesa dos injustiçados, grandes ou pequenos.

As relações que se estabelecem entre as personagens funcionam como fios que costuram as três partes da narrativa, ao mesmo tempo que ajudam a construir um grande painel da zona açucareira, retratada num momento de profunda transformação social e econômica, que põe fim às centenárias estruturas fundiárias e se abre para a modernização.

A visão nostálgica do autor, marca principal dos outros romances que integram o ciclo da cana-de-açúcar, cede lugar em *Fogo morto* a um profundo sentimento de tristeza e de inconformismo social.

LEITURA

O texto a seguir, extraído do romance *Fogo morto*, encontra-se no capítulo que narra as agruras do Coronel Lula de Holanda, senhor do então decadente engenho Santa Fé. O trecho mostra a perda de autoridade de Lula de Holanda na tentativa de expulsar de suas terras um dos moradores, o mestre Amaro.

Parara na porta da casa-grande do Santa Fé um cargueiro com uma carta para o senhor de engenho. Seu Lula chamou D. Amélia.

— Vem cá, Amélia, lê isto, hein, vê que desaforo.

Era um bilhete do Capitão Antônio Silvino em termos de ordem. Mandava dizer que o mestre José Amaro tinha que ficar no sítio, até quando ele bem quisesse. A casa inteira se alarmou com a notícia. O negro Floripes atribuía tudo ao mestre. Bem que ele dizia todos os dias que aquele homem tramava uma desgraça para o povo do Santa Fé. O velho Lula entrou para o santuário e rezou muito. Nunca se vira tanta ruindade. D. Amélia, que esperava por um estouro do marido, espantou-se da calma que ele apresentara. Não falou com mais ninguém durante o resto do dia. Na manhã seguinte tomou o carro e saiu para o Santa Rosa. Lá conversou com o velho José Paulino que se alarmou com a notícia. Era o diabo. Mas quem podia com o cangaceiro que mandava por todo o interior do Estado, como um governo? Era um absurdo, mas era a verdade. Nada podia fazer contra a força. O Coronel Lula de Holanda voltou do engenho vizinho mais calmo ainda! Em casa, não dava uma palavra. D. Amélia e a filha Neném pensaram em abandonar a casa-grande, em fugir para a capital. Antônio Silvino com raiva de uma criatura fazia o diabo. Não viram o que sucedera ao prefeito, ao Comendador Quinca Napoleão? O que podiam fazer eles, que eram tão fracos, tão sem ajuda de ninguém? Seu Lula não sairia de seu engenho. Que viessem, podiam tocar fogo em tudo que era seu, mas dali não sairia. Aquele mestre José Amaro que se aprontasse para deixar a propriedade. E chamou Floripes:

Museum Boijmans Van Beuningen, Rotterdam

Engenho de açúcar (1660), de Frans Post.

— Ó Floripes!

O negro se chegou para receber as ordens do senhor.

— Vá ao sítio do mestre José Amaro e lhe diga, hein, que só tem três dias para mudar-se.

O negro, de cabeça baixa, saiu para a casa do engenho. Não iria fazer uma coisa desta. Ele sabia que o mestre, se o pegasse de jeito, faria uma desgraça. Com pouco mais, chegava ao Santa Fé o Capitão Vitorino. A burra velha estava amarrada na casa da farinha. Viera conversar com o primo sobre política. Seu Lula, muito calado, ouvia-o, até que, como se estivesse tratando com um inimigo, se abriu com a visita. Não era homem de pabulagem, de mentira. Não se metia em política, não contasse com o nome dele para coisa alguma. Vitorino levantou a voz para dizer-lhe que não era um camumbembe e nem estava ali para pedir favor de espécie alguma. Não era cabra de bagaceira. Estava muito enganado. Apareceu D. Amélia para acalmá-los.

— É o que lhe digo, Seu Coronel Lula de Holanda. O seu primo Vitorino Carneiro da Cunha não está aqui de mão estirada pedindo esmola. Sou homem de um partido.

— Capitão Vitorino — disse-lhe D. Amélia — o Lula não quis ofender.

Seu Lula se levantara, e de pé, na porta da casa, parecia que olhava para a estrada à espera de alguém, tão embebido estava.

— É, Dona Amélia, estes parentes ricos só pensam que os parentes pobres estão de esmola. Estou aqui para uma causa política. Não sou uma coisa qualquer.

— Não precisa dizer, capitão. Não precisa dizer.

Aí Seu Lula voltou, como se não estivesse fora por completo da conversa.

— O que foi, Amélia? Hein, Amélia, o que foi?

— Ora o que foi, Coronel Lula de Holanda. Não sou homem para ser desfeiteado.

— Desfeiteado, hein, capitão?

— Sim senhor, desfeiteado. E outra coisa: aqui estou para defender um seu morador.

— Como, capitão?

— Defender um seu morador.

— Que morador? perguntou D. Amélia.

— Eu lhe conto, D. Amélia. Passando hoje pela porta do meu compadre José Amaro, ele me convidou para tomar conta de sua causa. Eu não sou homem de questão, mas estimo o compadre, é padrinho de meu filho.

Aí Seu Lula chegou-se para perto do outro.

— O que ele está dizendo, hein, Amélia?

— Está falando do mestre José Amaro.

— Não adianta, hein, não adianta, capitão. Aqui nesta casa manda o senhor de engenho, hein, capitão.

Vitorino levantou-se, e não se amedrontou.

— Comigo ninguém grita. Sou tão branco quanto você, Seu Coronel. Sou homem para tudo.

D. Amélia, pálida, via que as coisas marchavam para um desastre. O marido, que há dois dias parecia tão calmo, tão sereno, agora era o mesmo Lula de sempre. O Capitão Vitorino, de pé, falava aos gritos. Apareceu o negro Floripes na porta, chegou o boleeiro Pedro, e seu Lula a gritar com o capitão:

— Ponha-se para fora desta casa. Quem manda aqui é o senhor de engenho.

— Vá gritar para os seus negros, velho.

— Ponha-se para fora.

— Não é preciso mandar. Vou embora, e só não lhe digo muita coisa, em atenção à sua esposa. É mulher de respeito.

[...]

— Eu só não faço uma desgraça na porqueira desse engenho, por causa da D. Amélia — gritava Vitorino, de cima da burra.

O lampionismo

O cangaço foi um fenômeno de banditismo social que existiu no Brasil entre 1870 e 1940 e teve em Lampião seu principal representante.

Segundo alguns historiadores, o cangaço tem origem nas milícias particulares criadas pelos coronéis nordestinos, cuja força política era medida pelo número de aliados políticos e de homens armados.

Sobre esse fenômeno, assim se referiu Graciliano Ramos: "Lampião nasceu há muitos anos, em todos os Estados do Norte. Não falo, está claro, no indivíduo Lampião... refiro-me ao lampionismo, e é conveniente que o leitor não veja alusões a um homem só...".

ICCA e Sociedade do Cangaço. Foto: B. Abrahão

: Corisco e seu bando, 1936.

E quando ia ele saindo, Seu Lula procurou segurar-se no esteio da porta. Caiu com o corpo todo no chão, com o ataque que há mais de ano não tinha. Daquela vez como se estivesse morto. D. Amélia e Floripes levaram o velho para a cama.

Vitorino saiu de estrada afora a gritar:

— Bando de mucufas.

[...]

[...] Quando foi de madrugada o Capitão Vitorino mandou selar a burra e voltou para o Pilar. Tinha uma causa para defender e não deixaria o compadre no desamparo. O dia ainda estava escuro. Na fonte do riacho do Corredor viu-se cercado por uma tropa. Era o Tenente Maurício que vinha descendo para o Pilar. O oficial perguntou de onde vinha, e se não sabia notícias de Antônio Silvino. Vitorino falou para o homem, num tom agressivo.

— Tenente, por aqui é que o senhor não encontra o bandido. Era por aqui que andava o Major Jesuíno, atrás dos cangaceiros, e nunca disparou um tiro.

— Não estou pedindo a sua opinião, velho.

— Sou o Capitão Vitorino Carneiro da Cunha.

— Não estou perguntando o seu nome.

— Mas eu lhe digo.

— Então passe de largo e siga o seu caminho.

— Não me faz favor, tenente.

— Cala a boca, velho besta.

— Só quando a terra comer, tenente. Vitorino Carneiro da Cunha diz o que sente.

— Pois não diz agora.

— Quem me empata? O senhor? Ainda não nasceu este.

— O que é que este velho quer?

— O que eu quero é que o senhor acabe com Antônio Silvino.

— Cabo, pega este velho.

— Vá pegar os cangaceiros.

Vitorino saltou da burra e se fez no punhal. Mas já estava dominado pelos soldados. E gritava:

— Tenente de merda.

Uma bofetada na cara do capitão fez correr sangue da testa larga.

— Amarre este velho, e vamos com ele para a cadeia do Pilar.

A tropa saiu com o Capitão Vitorino Carneiro da Cunha todo amarrado de corda, montado na burra velha que os soldados chicoteavam sem pena. Corria sangue da testa ferida do capitão. A luz vermelha da madrugada banhava o canavial que o vento brando tocava de leve. Marchava o capitão na frente da tropa, como uma fera perigosa que tivessem domado com tremendo esforço. Os moradores vinham olhar e os homens se espantavam de ver o velho que todos sabiam tão manso, amarrado daquele jeito. Vitorino falava alto:

— Estes bandidos me pagam.

[...]

(*Fogo morto*. Rio de Janeiro: José Olympio Editora, 1989. p. 198-203.)

bagaceira: resto, resíduo, imprestável.

boleeiro: cocheiro.

camumbembe: vadio, vagabundo, morador de engenho.

cargueiro: transportador de cargas.

desfeiteado: insultado, desconsiderado.

embebido: compenetrado, concentrado, enlevado.

esteio: apoio, suporte, escora.

mucufa: tratante, covarde, reles.

pabulagem: ostentação, empáfia, impostura.

1. Considerando que o Coronel Lula de Holanda foi um importante senhor de engenho, o que representam para ele a carta do cangaceiro Antônio Silvino e a discussão com o primo Vitorino?

2. Preocupado com a carta do cangaceiro, o Coronel Lula vai ao engenho Santa Rosa conversar com o Coronel José Paulino.
   a) Que relação pode haver entre essa conversa e a reação intempestiva do Coronel Lula com o Capitão Vitorino, quando este lhe diz que viera conversar sobre política?
   b) Que fato, ocorrido após a discussão com Vitorino, comprova a impotência do Coronel Lula diante da situação e da vida?

3. O cangaço, fenômeno de banditismo social que fez parte da vida nordestina de 1870 a 1940, amedrontava tanto os poderosos quanto as pessoas simples. Que situações e expressões das personagens, no texto, mostram que o cangaço tinha caráter de banditismo?

4. O Capitão Vitorino, uma das personagens principais de *Fogo morto*, é uma espécie de representação de muitos tipos humanos que o autor conheceu na infância. Imaginando-se dotado de influência política e prestígio, vivia em defesa dos injustiçados, independentemente do lado em que eles estivessem.
   a) Em que consistia a indignação do Capitão Vitorino contra o Tenente Maurício?
   b) Por suas ações e seus ideais de justiça, o Capitão Vitorino é frequentemente associado a D. Quixote, personagem do escritor espanhol Miguel de Cervantes. No texto lido, o que mostra que ele pode ser considerado uma figura quixotesca?
   c) Quando o Capitão Vitorino chega a Pilar, amarrado de corda, montado em animal e ensanguentado, que reação as pessoas têm? Como elas o viam?

5. Em depoimento dado a Medeiros Lima e publicado em *Políticas e Letras* (1948), José Lins do Rego afirmava: "Não cuido da forma porque a minha forma é a coisa mais natural deste mundo. Ordem direta, oração principal com o sujeito claro, pronomes colocados de ouvido e, sobretudo, adotando soluções que são soluções da língua do povo".
   a) Identifique no texto trechos que exemplifiquem a utilização de expressões populares.
   b) Essa concepção de língua literária é compatível com as ideias defendidas pelos modernistas da primeira geração?
   c) Observe o emprego do discurso direto no texto. Que resultado essa técnica imprime à narrativa?

JORGE AMADO: LIRISMO E MILITÂNCIA NA BAHIA

Jorge Amado (1912-2001) nasceu em Pirangi, no Estado da Bahia. Trabalhou na imprensa e estudou Direito. Em 1931, mudou-se para o Rio de Janeiro e se tornou conhecido com a publicação do romance *O país do carnaval*. Alcançou notoriedade, entretanto, com dois romances publicados logo em seguida: *Cacau* e *Suor*.

Politicamente comprometido com ideias socialistas, participou da Aliança Nacional Libertadora, movimento de frente popular, e foi preso em 1936. Libertado em 1937, morou em Buenos Aires, onde publicou a biografia de Luís Carlos Prestes. De volta ao Brasil, em 1945, foi eleito deputado federal, mas teve cassado seu mandato político. Deixou novamente o país e residiu na França, na União Soviética e em países das chamadas democracias populares até 1952, quando retornou ao Brasil. Nessa

Jorge Amado. Loredano. s/d.

: Caricatura de Jorge Amado.

ocasião já se tornara mundialmente conhecido. Em 1959, ingressou na Academia Brasileira de Letras. Seus livros estão hoje traduzidos para mais de trinta línguas.

A maior parte das obras do escritor, principalmente as primeiras que publicou, apresenta preocupação político-social, denunciando, num tom direto, lírico e participante, a miséria e a opressão do trabalhador rural e das classes populares.

Conforme o autor foi amadurecendo, sua força poética voltou-se para os pobres, para a infância abandonada e delinquente, para a miséria do negro, para o cais e os pescadores de sua terra natal, para a seca, o cangaço, a exploração do trabalhador urbano e rural e para a denúncia do coronelismo latifundiário.

Autor de obras de cunho regionalista e de denúncia social no início de sua carreira de escritor, Jorge Amado passou por diferentes fases até chegar à última delas, voltada para a crônica de costumes.

Alfredo Bosi, crítico literário, distingue na obra do escritor cinco fases:

> a) um primeiro momento de águas-fortes da vida baiana, rural e citadina (*Cacau*, *Suor*), que lhe deram a fórmula do "romance proletário";
> b) depoimentos líricos, isto é, sentimentais, espraiados em torno de rixas e amores marinheiros (*Jubiabá*, *Mar Morto*, *Capitães da Areia*);
> c) um grupo de escritos de pregação partidária (*O Cavaleiro da Esperança*, *O Mundo da Paz*);
> d) alguns grandes afrescos da região do cacau, certamente suas invenções mais felizes, que animam de tom épico as lutas entre coronéis e exportadores (*Terras do Sem-Fim*, *São Jorge dos Ilhéus*);
> e) mais recentemente, crônicas amaneiradas de costumes provincianos (*Gabriela, Cravo e Canela*, *Dona Flor e Seus Dois Maridos*). Nessa linha, formam uma obra à parte, menos pelo espírito que pela inflexão acadêmica do estilo, as novelas reunidas em Os *Velhos Marinheiros*. Na última fase abandonam-se os esquemas de literatura ideológica que nortearam os romances de 30 e de 40; e tudo se dissolve no pitoresco, no "saboroso", no "gorduroso", no apimentado do regional.
>
> (*História concisa da literatura brasileira*. São Paulo: Cultrix, 1978. p. 457.)

Opinião dividida

Veja como dois outros escritores avaliam a obra de Jorge Amado:

> O sucesso que ele fez com Gabriela e a popularidade que ele desfrutava no exterior foram fatais para a sua reputação de bom escritor. E é o que ele é: um bom escritor que conseguiu transcender o regional e tornar universais seus temas. Como escreveu muito, nem todos os livros mantêm a mesma qualidade literária. Mas Gabriela é um excelente romance, embora o meu favorito seja *Terras do Sem-Fim*".
>
> Maria Adelaide Amaral

> Não tenho qualquer dúvida de que se trata de um grande fabulador, um formidável criador de personagens, um maestro a reger os mais diversos núcleos dramáticos. O problema é que nunca superou uma visão extremamente populista da realidade brasileira, herdada da sua fase de militância de esquerda. Além disso, é notório o seu desmazelo com relação à escrita.
>
> Luiz Ruffato
>
> (*O Estado de S. Paulo*, 8/3/2008.)

Parte da crítica literária vê pouco valor na obra de Jorge Amado, principalmente nos romances da última fase. Certos críticos rejeitam o caráter militante de algumas de suas obras, acusando-as de panfletárias; outros rejeitam sua linguagem despretensiosa e popular, acusando-o de escrever mal; outros rejeitam o apimentado de suas histórias mais populares, recheadas de erotismo; outros o consideram repetitivo em relação a personagens e enredos. Independentemente da opinião da crítica, porém, Jorge Amado tornou-se um dos mais prestigiados escritores brasileiros no Brasil e no exterior. Suas obras foram traduzidas em 55 países e, no Brasil, venderam 20 milhões de exemplares.

Em março de 2012, entre os eventos comemorativos do centenário do escritor, houve o relançamento de suas obras, o lançamento do filme *Capitães da Areia* e a montagem de uma exposição sobre ele no Museu da Língua Portuguesa, em São Paulo.

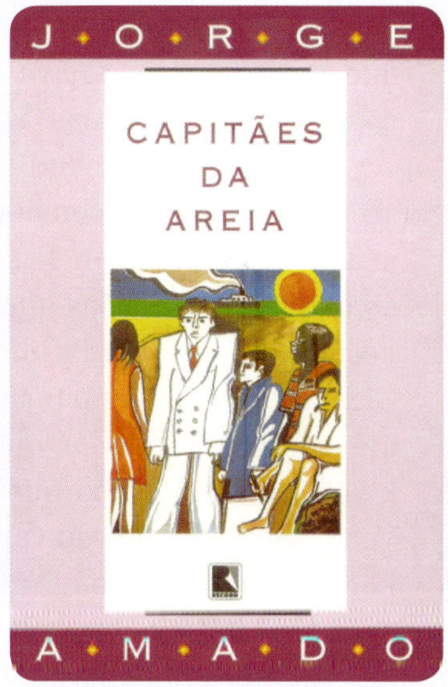

Editora Record

: Capa do livro *Capitães da areia*, de Jorge Amado.

Capitães da Areia

Capitães da Areia, obra publicada em 1937, explora questões sociais que têm como pano de fundo a cidade de Salvador, mas são, com poucas alterações, as mesmas de muitas outras cidades brasileiras. Suas personagens são dezenas de crianças de rua, de idade entre 8 e 16 anos, que, atiradas à própria sorte, cometem delitos para sobreviver. Detidas, são humilhadas e castigadas.

Lideradas por Pedro Bala, moram num velho trapiche, um armazém abandonado e cercado pela areia no cais de Salvador, a "cidade da Bahia". A relação que mantêm entre si é regida por códigos de lealdade e de solidariedade, e contam com a ajuda de apenas duas pessoas: um padre e uma mãe de santo.

LEITURA

No trecho a seguir, os Capitães da Areia, tornados adultos à força, pela necessidade de sobrevivência, deixam aflorar seu lado infantil.

As luzes do carrossel

[...]

— É uma beleza — disse Pedro Bala olhando o velho carrossel armado. E João Grande abria os olhos para ver melhor. Penduradas estavam as lâmpadas azuis, verdes, amarelas, roxas, vermelhas.

Direção: Cecília Amado

: Cena do filme *Capitães da Areia*, 2011.

É velho e desbotado o carrossel de Nhozinho França. Mas tem a sua beleza. Talvez esteja nas lâmpadas, ou na música da pianola (velhas valsas de perdido tempo), ou talvez nos ginetes de pau. Entre eles tem um pato que é para sentar dentro os mais pequenos. Tem a sua beleza, sim, porque a opinião unânime dos Capitães da Areia é que ele é maravilhoso. Que importa que seja velho, roto e de cores apagadas se agrada às crianças?

Foi uma surpresa quase incrível quando naquela noite o Sem-Pernas chegou ao trapiche dizendo que ele e Volta Seca iam trabalhar uns dias num carrossel. Muitos não acreditaram, pensaram que fosse mais uma pilhéria do Sem-Pernas. Então iam perguntar a Volta Seca, que, como sempre, estava metido no seu canto sem falar, examinando um revólver que furtara numa casa de armas. Volta Seca fazia que sim com a cabeça e por vezes dizia:

— Lampião já rodou nele. Lampião é meu padrim...

O Sem-Pernas convidou a todos para irem ver o carrossel na outra noite, quando o acabariam de armar. E saiu para encontrar Nhozinho França. Naquele momento todos os pequenos corações que pulsavam no trapiche invejaram a suprema felicidade do Sem-Pernas. Até mesmo Pirulito, que tinha quadros de santos na sua parede, até mesmo João Grande, que nessa noite iria com o Querido-de-Deus ao candomblé de Procópio, no Matatu, até mesmo o Professor, que lia livros, e quem sabe se também Pedro Bala, que nunca tivera inveja de nenhum porque era o chefe de todos? Todos o invejaram, sim. Como invejaram Volta Seca, que no seu canto, o cabelo mestiço e ralo despenteado, os olhos apertados e a boca rasgada naquele ríctus de raiva, apontava o revólver ora para um dos meninos, ora para um rato que passava, ora para as estrelas, que eram muitas no céu.

Na outra noite foram todos com o Sem-Pernas e Volta Seca (estes tinham passado o dia fora, ajudando Nhozinho a armar o carrossel) ver o carrossel armado. E estavam parados diante dele, extasiados de beleza, as bocas abertas de admiração. O Sem-Pernas mostrava tudo. Volta Seca levava um por um para mostrar o cavalo que tinha sido cavalgado por seu padrinho Virgulino Ferreira Lampião. Eram quase cem crianças olhando o velho carrossel de Nhozinho França, que a estas horas estava encornado num pifão tremendo na Porta do Mar.

O Sem-Pernas mostrou a máquina (um pequeno motor que falhava muito) com um orgulho de proprietário. Volta Seca não se desprendia do cavalo onde rodara Lampião. O Sem-Pernas estava muito cuidadoso do carrossel e não deixava que eles o tocassem, que bulissem em nada.

Foi quando o Professor perguntou:

— Tu já sabe mover com as máquinas?

— Amanhã é que vou saber... — disse o Sem-Pernas com um certo desgosto. — Amanhã seu Nhozinho vai me ensinar.

— Então amanhã, quando acabar a função, tu pode botar ele pra rodar só com a gente. Tu bota as coisas pra andar, a gente se aboleta.

Pedro Bala apoiou a ideia com entusiasmo. Os outros esperavam a resposta do Sem-Pernas ansiosos. O Sem-Pernas disse que sim, e então muitos bateram palmas, outros gritaram. Foi quando Volta Seca deixou o cavalo onde montara Lampião e veio para eles:

— Quer ver uma coisa bonita?

Todos queriam. O sertanejo trepou no carrossel, deu corda na pianola e começou a música de uma valsa antiga. O rosto sombrio de Volta Seca se abria num sorriso. Espiava a pianola, espiava os meninos envoltos em alegria. Escutavam religiosamente aquela música que saía do bojo do carrossel na magia da noite da cidade da Bahia só para os ouvidos aventureiros e pobres dos Capitães da Areia. Todos estavam silenciosos. Um operário que vinha pela rua, vendo a aglomeração de meninos na praça, veio para o lado deles. E ficou também parado, escutando a velha música. Então a luz

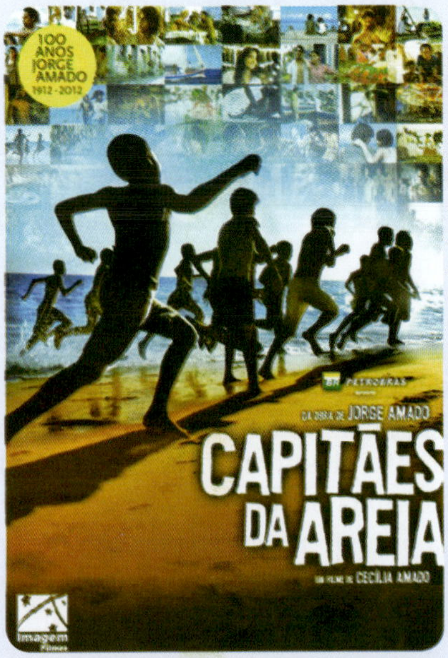

Direção: Cecília Amado, 2011/Imagens Filmes

Capa do DVD do filme *Capitães da Areia*.

da lua se estendeu sobre todos, as estrelas brilharam ainda mais no céu, o mar ficou de todo manso (talvez que Iemanjá tivesse vindo também ouvir a música) e a cidade era como que um grande carrossel onde giravam em invisíveis cavalos os Capitães da Areia. Neste momento de música eles sentiram-se donos da cidade. E amaram-se uns aos outros, se sentiram irmãos porque eram todos eles sem carinho e sem conforto e agora tinham o carinho e conforto da música. Volta Seca não pensava com certeza em Lampião neste momento. Pedro Bala não pensava em ser um dia o chefe de todos os malandros da cidade. O Sem-Pernas em se jogar no mar, onde os sonhos são todos belos. Porque a música saía do bojo do velho carrossel só para eles e para o operário que parara. E era uma valsa velha e triste, já esquecida por todos os homens da cidade.

(*Capitães da Areia*. São Paulo: Companhia das Letras, 2008. p. 66-8.)

abolетar: instalar, alojar.
bojo: interior, cerne, âmago.
bulir: mexer, tocar.
encornado: dormindo.
extasiado: assombrado, absorto.
ginete: cavalo fino e adestrado.
pianola: piano mecânico, automático.
pifão: bebedeira.
pilhéria: piada.
rictus: ricto, contração labial ou facial.
roto: rasgado, esfarrapado.

1. O narrador, ao descrever a admiração dos meninos diante do carrossel, emprega o recurso da repetição de palavras, de frases ou de sinônimos. Veja:

> "É velho e desbotado o carrossel de Nhozinho França. Mas tem a sua beleza. [...] Tem a sua beleza, sim [...] Que importa que seja velho, roto e de cores apagadas [...]?"

a) Cite outras passagens do texto em que esse recurso é empregado.

b) Que efeito esse recurso confere à narrativa?

2. No último parágrafo, o narrador repete várias vezes a palavra *música*.

a) Em que expressões essa palavra é empregada?

b) Que relação pode ser estabelecida entre essa repetição verbal e o momento que o narrador descreve nesse parágrafo?

3. Que sentido mais amplo pode ter a afirmação do narrador, no último parágrafo, de que a música que os garotos e o operário ouviam era "já esquecida por todos os homens da cidade"?

4. A obra *Capitães da Areia* revela a intenção do autor de retratar a coletividade das crianças de rua, conforme se observa na frase "Eram quase cem crianças olhando o velho carrossel", do trecho lido, mas, para isso, ele utiliza o recurso de contar uma história que envolve personagens particulares.
No trecho lido, quais personagens se destacam? Quais características, sonhos e preferências elas têm?

5. A história contada em *Capitães da Areia* acontece em Salvador, capital do Estado da Bahia, onde a população é, na maioria, formada por negros. No entanto, no decorrer da narrativa ficamos sabendo que Pedro Bala, a personagem principal da narrativa, é loiro.

a) Que elementos da cultura negra, típicos da Bahia, são citados no trecho lido?

b) Na sua opinião, essa caracterização da personagem revela alguma intenção do autor? Qual?

6. No texto, a linguagem do narrador segue a norma-padrão, enquanto a das personagens é própria de uma variedade linguística que revela baixa escolaridade.

a) Dê exemplos da variedade empregada pelas crianças.

b) Esse uso da linguagem está de acordo com as propostas do Modernismo da 1ª geração? Justifique sua resposta.

LITERATURA COMPARADA

DIÁLOGO ENTRE O ROMANCE BRASILEIRO DE 30 E AS LITERATURAS AMERICANA E AFRICANA

Você vai ler três fragmentos de romances. O primeiro é da obra *Hora di Bai*, de Manuel Ferreira, na qual é narrado o drama vivido pelo povo cabo-verdiano, que, pressionado pela seca, pela falta de trabalho e pela fome, se vê obrigado a migrar para ilhas vizinhas. O segundo excerto pertence à obra *As vinhas da ira*, do escritor americano John Steinbeck, em que são retratados os movimentos migratórios nos Estados Unidos durante a Depressão americana. O terceiro texto faz parte da obra *Os Corumbas*, do escritor brasileiro Amando Fontes, publicada em 1933, na qual é descrito o drama dos sertanejos sergipanos que, ao migrarem do interior para a capital, passam a ser explorados na indústria têxtil.

TEXTO I

Hora di Bai

"Ninguém no Arquipélago desconhece a tragédia em que vivem as populações da nossa terra. A fome dizima por dia dezenas de pessoas. Sabe-se, por exemplo, em números redondos, que, até agora, em São Tiago morreram de fome nove mil pessoas. Em São Nicolau oito mil. Em Santo Antão cinco mil. No Fogo cinco mil. Aqui em São Vicente não vale a pena apresentar números. De sobejo, é do conhecimento de todos nós a desgraça que por aí vai."

Manuel Ferreira (1917-1992) nasceu em Portugal, mas viveu e escreveu em Cabo Verde durante muitas décadas, tornando-se um dos principais escritores daquele país. Publicado em 1962, um ano antes de se iniciarem as lutas pela libertação de Cabo Verde, então colônia portuguesa, o romance *Hora di Bai* retrata a miséria em que vivia a população local e o despertar de uma consciência política que levaria o país à independência em 1972.

Editora Ática

Dirigia-se a uns tantos. Ao Tenório, do Telégrafo, ao poeta Jacinto Moreno, ao comerciante Jorge Wilson, ao presidente do Mindelense e a poucos mais. Local da reunião: a sede do Mindelense, em gabinete reservado.

"O problema da sopa da assistência, esse cancro humilhatório, como sabeis não veio solucionar esta crise terrível, nem tão pouco atenuá-la nos seus efeitos menores. E a prova são os números que indiquei e que nem sequer seria necessário fazê-lo porque estamos perante uma situação que não ilude ninguém. Ultimamente surgiu essa coisa degradante para todo o cabo-verdiano: a emigração para São Tomé. Degradante em todos os aspectos. Já porque as condições do contrato se prestam a nova exploração, servindo mais os angariadores do que propriamente esses desgraçados, já porque não é solução, dado que apenas uns escassos milhares se dispõem a ir a caminho de São Tomé, e em Cabo Verde há pelo menos 100 mil pessoas subalimentadas. As chuvas vão demorar. E mesmo que não demorassem, os seus efeitos só mais tarde se fariam sentir. Mas, voltando à emigração, a coisa mais desumana é tentarem por todos os processos convencer os desgraçados que irão nas melhores condições de assistência, alimentação, quando isso nem de longe corresponde à verdade. Pode dizer-se que muitos desses infelizes são arrastados por promessas feitas sem consciência. E alguns serão agora levados à força. Muitos preferem fugir e esconder-se aí pelos montes a embarcarem para aquelas terras da maldição."

(Manuel Ferreira. *Hora di Bai*. São Paulo: Ática, 1980. p. 123-4.)

angariador: aquele que angaria, que procura obter algo mediante solicitação.

de sobejo: de sobra, a mais que o suficiente.

TEXTO II

As vinhas da ira

E os homens em êxodo espraiavam-se pelas estradas, e havia fome em seus olhos, e havia miséria neles. Não empregavam argumentos, nem possuíam um sistema certo de agir; tinham somente número e necessidades. Quando surgia trabalho para um homem, dez homens disputavam-no, lutavam por ele, aceitando ordenados cada vez mais baixos. Se aquele camarada trabalha por trinta *cents*, eu trabalho por vinte e cinco. Se ele trabalha por vinte e cinco, eu trabalho por vinte.

John Steinbeck (1902-1968) escreveu entre as décadas de 1930 e 1960, consagrando-se como escritor social.

Sua principal obra, *As vinhas da ira*, é considerada uma obra-prima. Focando a história da família Joad, que migra para a Califórnia motivada pela ilusória fartura da região, narra a exploração a que eram submetidos os trabalhadores itinerantes e sazonais. A obra recebeu o prêmio Pulitzer e foi adaptada para o cinema por John Ford.

Não, eu... eu estou com fome. Trabalho até por quinze. Trabalho até pela comida. Meus filhos! Você devia ver eles. Estão com o corpo cheio de furúnculos, estão que nem podem andar. Dei pra eles frutas podres, apanhadas no chão, e eles incharam completamente. Eu... eu trabalho até por um pedacinho de carne.

E isso causava satisfação, pois os salários diminuíam e os preços dos gêneros mantinham-se altos. Os grandes proprietários estavam contentes e mandavam distribuir ainda mais impressos para atrair mais gente. E os salários baixavam e os preços mantinham-se altos. Não demora, haverá novamente escravos em nosso país.

Foi então que os grandes proprietários e as companhias inventaram um método novo. Um grande proprietário comprava uma fábrica de frutas em conserva. E, quando amadureciam as peras e os pêssegos, ele forçava o preço das frutas abaixo do custo da produção. Como fabricante de frutas em conserva, ele pagava a si mesmo preço baixo pelas frutas, e, mantendo alto o preço das frutas em conserva, tirava ótimos lucros. E os pequenos proprietários que não possuíam fábricas de frutas em conserva perdiam as suas propriedades. Os grandes proprietários, os bancos e as companhias às quais pertenciam as fábricas de frutas em conserva ficavam com essas pequenas propriedades. E com o tempo diminuía o número das propriedades. Os pequenos proprietários não tardavam a mudar-se para as cidades, onde esgotavam o seu crédito, os seus amigos, as suas relações. E depois eles também caíam nas estradas. E as estradas estavam cheias de homens ávidos de trabalho, torturados pela cruel necessidade do trabalho.

Direção: John Ford, 1940. 20th Century Fox Film Corp./Everett Collection/Grupo Keystone

Cena do filme *As vinhas da ira*, de John Ford.

E as companhias e os bancos trabalhavam para a sua própria ruína e não sabiam disso. Os campos estavam prenhes de frutas, e nas estradas marchavam homens que estavam morrendo de fome. Os celeiros estavam repletos, e as crianças pobres cresciam raquíticas. Em seus peitos intumesciam as pústulas escrofulosas. As grandes companhias não sabiam que era uma linha muito tênue a linha divisória entre a fome e a ira. E o dinheiro que podia ter sido empregado em melhores salários era gasto em bombas de gás, em carabinas, em agentes e espiões, e em listas negras e em exercícios bélicos. Nas estradas os homens locomoviam-se qual formigas, à procura de trabalho e de comida. E a ira começou a fermentar.

(John Steinbeck. *As vinhas da ira*. São Paulo: Abril Cultural, 1979. v. 2, p. 79-80.)

escrofuloso: aquele que sofre de escrófula, doença caracterizada por intumescências nos gânglios do pescoço.

espraiar: estender-se, derramar-se.

pústula: pequeno tumor com supuração.

tênue: fino, pouco espesso.

TEXTO III

O episódio narrado a seguir retrata a reação dos trabalhadores à notícia de que os patrões queriam aumentar a produção e, por isso, iriam convocar os empregados para o período noturno.

Amando Fontes (1889-1967) ainda hoje é um escritor quase desconhecido. Apesar disso, sua obra *Os Corumbas* é um dos melhores romances brasileiros voltados para o tema do oprimido. Publicada em 1933, a obra mostra a exploração dos trabalhadores das indústrias têxteis de Aracaju durante o primeiro surto industrial do país.

A propósito da obra, o escritor Alcântara Machado assim se manifestou: "É o romance do proletário (sem ser romance proletário) e não da fábrica. A miséria que vive nas cercanias dela e dela se sustenta".

Editora José Olympio

A maioria dos trabalhadores recebeu essa notícia com alegria. Era uma oportunidade que surgia de ganharem um pouco mais, com as horas extraordinárias de serviço, ou empregando filhos e parentes nos lugares que se acabavam de criar.

Mas, aqui e ali, foram-se ouvindo alguns protestos. Tímidos, a princípio. Violentos e exaltados, logo empós.

Ao grupo de José Afonso coube dar o rebate e sustentar a luta contra as fábricas. Ou "o serviço noturno seria pago com a bonificação de um terço sobre os salários do dia, ou ninguém se sujeitaria à nova exploração", foi o ultimato lançado pela Sociedade Proletária do Aracaju, que passou a funcionar em sessão permanente, cheia de curiosos e prosélitos.

Não se arrecearam os patrões ante a ameaça. Eles sabiam que havia muita miséria entre os humildes. As colheitas tinham sido más por toda a parte. Do interior, todos os dias, chegavam famílias e famílias, em busca de trabalho. Ganhariam a partida sem esforço. E declararam, então, energicamente, "que iriam trabalhar durante a noite com o mesmo salário que pagavam pelo dia. Os operários escalados que faltassem seriam sumariamente despedidos".

Foi assim que se criou para a Sociedade Proletária o embaraçoso impasse. Se reagisse, pela força, contra os que se submetessem, teria o revide violento da polícia; se afrouxasse, diante da atitude assumida pelas fábricas, estaria desmoralizada para sempre.

(Amando Fontes. *Os Corumbas*. 25. ed. Rio de Janeiro: José Olympio, 2003. p. 94.)

prosélito: pessoa recém-convertida a uma religião, a um partido ou a uma agremiação política.

1. Os escritores brasileiros, principalmente os da geração de 1930, sempre foram admirados por escritores portugueses e escritores africanos de língua portuguesa e chegaram a exercer forte influência na literatura desses países nas décadas de 1930-1940.

Levando em conta o tema abordado em *Hora di Bai*, levante hipóteses: Que obras e autores brasileiros podem ter influenciado a concepção desse romance cabo-verdiano? Por quê?

2. O narrador do texto I, ao se referir à migração de cabo-verdianos para São Tomé, país também de língua portuguesa, menciona uma "nova exploração". Levante hipóteses: Que outro tipo de exploração o narrador deixa implícito? Por que ela ocorreria?

Hulton Archive/Getty Images

3. O texto II mostra tanto a disputa de trabalhadores americanos por emprego quanto a disputa entre os grandes e médios proprietários de terras.

a) Com que finalidade os grandes proprietários mandavam imprimir e distribuir folhetos, se não havia trabalho para todos?

b) Do ponto de vista da riqueza e das classes sociais, o que a vitória dos grandes proprietários sobre os pequenos proprietários acarreta?

4. Releia este trecho do texto II:

> "[...] Os campos estavam prenhes de frutas, e nas estradas marchavam homens que estavam morrendo de fome. Os celeiros estavam repletos, e as crianças pobres cresciam raquíticas. [...] As grandes companhias não sabiam que era uma linha muito tênue a linha divisória entre a fome e a ira."

a) Que características da sociedade capitalista esse fragmento evidencia?

b) Explique a relação que o narrador estabelece entre a ira, a fome e os instrumentos de repressão.

5. Os textos I e II mostram a situação de trabalhadores do campo que migram em busca de trabalho. O texto III mostra a situação de trabalhadores que, tendo vindo do campo, estão empregados na indústria.

a) O que o texto III revela quanto às leis trabalhistas vigentes no Brasil no início da década de 1930?

b) Até que ponto a situação dos trabalhadores do romance *Os Corumbas* é diferente da situação dos trabalhadores dos outros dois romances?

6. As três obras foram produzidas em países e culturas diferentes: Cabo Verde, Estados Unidos e Brasil. Apesar disso, elas se assemelham em alguns aspectos.

a) O que elas têm em comum?

b) Essas obras abordam problemas específicos de regiões (como o Nordeste brasileiro) ou de um país (como Cabo Verde). Apesar disso, pode-se dizer que elas alcançam universalidade? Justifique sua resposta.

Para quem quer mais na Internet

Se você deseja mais informações a respeito da obra de Graciliano Ramos e Jorge Amado, acesse os *sites*:

www.graciliano.com.br   www.jorgeamado.com.br

PRODUÇÃO DE TEXTO

Thinkstock/Getty Images

CAPÍTULO 5

As cartas argumentativas de reclamação e de solicitação

TRABALHANDO O GÊNERO

A CARTA DE RECLAMAÇÃO

O texto a seguir é uma carta de reclamação, publicada na Internet. Leia-a.

Senhores,

Comprei um apartamento, no condomínio C. I., em Salvador, BA, da construtora [...]. O imóvel foi adquirido na planta e o pagamento foi sendo feito de acordo com o avanço da construção. Quando o empreendimento ficou pronto, com um atraso de 12 meses, restou um saldo devedor que deve ser quitado em prazo determinado pela construtora. Ciente deste prazo, procurei a construtora [...], proprietária e vendedora do imóvel, em 06/09 e 09/09/11, e apresentei uma proposta de pagamento deste saldo devedor. A proposta inclui a utilização de uma carta de crédito de consórcio imobiliário, complementando o pagamento através de recursos próprios. Quando uma carta de crédito é usada na compra de um imóvel, a administradora do consórcio exige que este fique alienado em garantia. Em vista disso, o vendedor do imóvel é solicitado a fornecer uma relação de documentos, que devem ser apresentados para análise da administradora do consórcio. O vendedor do imóvel também é informado que o valor da carta de crédito só será creditado em sua conta, em até 45 dias, se a documentação solicitada for entregue e estiver rigorosamente em ordem.

Para minha surpresa, a construtora [...] não atendeu a solicitação da administradora do consórcio em relação ao fornecimento da documentação necessária para que eu pudesse usar a carta de crédito quitando o saldo devedor do meu imóvel, tampouco emitiu qualquer comunicado informando os motivos dessa recusa ou a impossibilidade de atendimento. No entanto, manteve o cronograma relativo ao prazo para pagamento do saldo devedor, instalação do condomínio e condiciona a entrega das chaves do imóvel à quitação do saldo devedor. Dessa forma, como a construtora [...] não forneceu a documentação, necessária para viabilizar a utilização da carta de crédito, fico impossibilitado de efetuar a quitação do saldo devedor e receber as chaves do meu imóvel. Além disso, com a instalação do condomínio (1ª assembleia), iniciou-se a obrigação de pagar a taxa condominial, devida por todos os proprietários, estejam ou não com o saldo devedor quitado. E mais uma vez me considero prejudicado, pois irei pagar a taxa condominial sem estar morando no local. Considero a atitude da construtora [...] uma aberração, uma falta de respeito e uma prepotência sem limites, na medida em que seus prepostos parecem agir sem qualquer respeito à ética e à dignidade humana.

Meu objetivo com essa reclamação, especialmente nesse site, é alertar as pessoas que pretendem comprar imóveis na planta para que fiquem atentas às mirabolantes promessas de corretores e construtoras e que mais tarde se mostram falsas. Na ânsia de efetuar a venda, as construtoras e os corretores "paparicam" o comprador atendendo-o nos mínimos detalhes. Quando chega o momento de entregarem o prometido, aí tudo fica complicado, difícil e os personagens, sempre presentes e solícitos durante a venda, desaparecem, inclusive levando o tapete vermelho!

Obrigado,

E. S.

(Disponível em: www.reclamao.com/reclamacao/30600/construtora-oas-nao-entrega-documentacao-necessaria-para-utilizacao-de-carta-de-credito-e-impede-que-o-comprador-quite-o-do-saldo-devedor-do-imovel/. Acesso em: 6/7/2012.)

1. A carta argumentativa de reclamação apresenta, como o nome sugere, uma reclamação a respeito de algum problema enfrentado pelo remetente. Essas cartas são normalmente endereçadas a órgãos públicos, como ministérios, secretarias, Procon, ou *sites* especializados em divulgar reclamações. Considerando que a carta lida foi publicada em um desses *sites*, responda:

a) Qual é a função social de veículos como esse, que permitem aos cidadãos reclamar de um problema que estejam enfrentando?

b) Você já utilizou ou conhece alguém que tenha utilizado algum desses meios para fazer uma reclamação? Houve alguma resposta?

Jill Ferry/Getty Images

2. Quanto à carta de reclamação lida:

a) Quem faz a reclamação?

b) Do que ele reclama?

c) Segundo o remetente, por que ele se serviu de um espaço aberto – o *site* – para fazer sua reclamação?

3. Uma reclamação pode ser feita diretamente a um órgão público (como o Procon ou secretarias do município ou do Estado) ou à empresa que é alvo da reclamação. Entretanto, muitas pessoas preferem reclamar em espaços abertos, como *sites*. Levante hipóteses: Qual é a intenção do produtor desse tipo de carta ao se servir desses meios para publicar sua reclamação?

4. As cartas em geral costumam ser datadas. Levante hipóteses: Por que não há data na carta lida?

5. Observe a linguagem utilizada pelo autor da carta. Que tipo de variedade linguística foi empregada?

6. Leia a seguinte observação feita pelo *site* de onde a carta em estudo foi extraída.

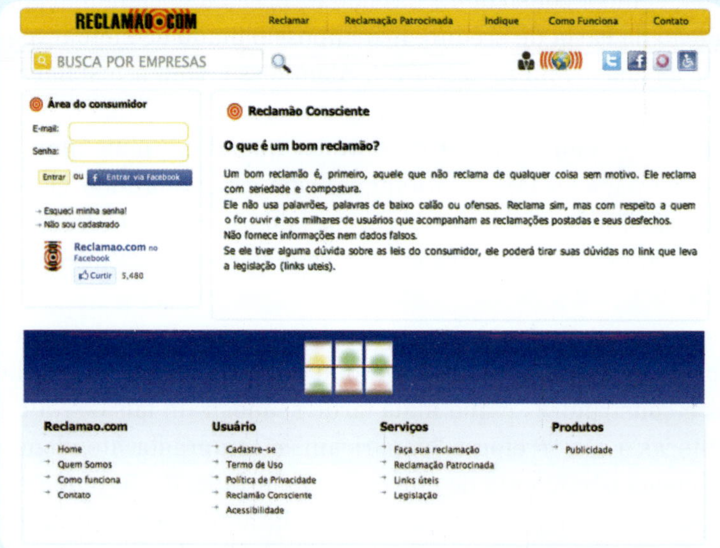

www.reclamao.com

(Disponível em: http://www.reclamao.com/reclamao_consciente.asp. Acesso em: 6/7/2012.)

a) Segundo o texto, o que caracteriza um bom "reclamão"?

b) Levante hipóteses: Por que uma pessoa que não age da maneira descrita no texto não seria um bom "reclamão"?

A CARTA DE SOLICITAÇÃO

Leia esta carta de solicitação:

Belém, 12 de janeiro de 2013.
Ao
BANCO DA AMAZÔNIA S.A.
Gerência de Imagem e Comunicação
Coordenação de Patrocínio

Ref.: Evento/projeto 1º Passeio Ciclístico Ecológico da Ilha do Mosquiteiro

Vimos pela presente carta solicitar a Vossa Senhoria patrocínio para o projeto do 1º Passeio Ciclístico Ecológico da Ilha do Mosquiteiro, a ser realizado no dia 5 de junho próximo (Dia do Meio Ambiente), no distrito de Mosquiteiro, Belém, PA.

O evento/projeto vai incentivar a prática da atividade física através do uso da bicicleta, proporcionando momento de descontração e lazer junto aos familiares e amigos e divulgar a conscientização por um planeta mais saudável, enfatizando a preservação do meio ambiente, tendo como público-alvo mais de 300 participantes inscritos, entre ciclistas profissionais e amadores, adultos, jovens e crianças, contando com ampla estratégia de mídia em contrapartida ao apoio de participação dos parceiros na realização do evento.

Anexas a esta carta, seguem três vias do projeto, conforme determina o edital do banco a respeito de patrocínios. Estamos certos de que poderemos contar com sua importante parceria e nos colocamos à disposição para esclarecimentos ou para discutir eventual alteração no projeto.

Atenciosamente,

J. C. da S.

(Disponível em: http://passeiociclisticoecologicodemosqueiro.blogspot.com.br/2010/11/carta-de-solicitacao-de-apoio-e.html. Acesso em: 3/7/2012.)

1. A carta argumentativa de solicitação, como o nome sugere, faz um pedido a alguém ou a uma instituição. Esse pedido pode estar relacionado à resolução de um problema enfrentado pelo remetente ou pode ter o objetivo de conseguir algum benefício para o próprio remetente ou para o grupo que ele representa. Essas cartas são normalmente endereçadas a entidades que teriam poder para atender à solicitação. Considerando a carta lida, responda: Qual é o objetivo do remetente?

Caio Guatelli/Folhapress

2. Levante hipóteses:

a) Por que, diferentemente das cartas de reclamação, as cartas de solicitação não costumam ser publicadas em espaços públicos?

b) Quais são os veículos mais eficientes para o envio de cartas de solicitação?

3. Para ter sua solicitação atendida, o remetente necessita apresentar argumentos convincentes. Na carta lida:

a) Quem é o destinatário?

b) De que argumentos o remetente se serve para convencer seu interlocutor?

c) É possível considerar que esses argumentos levam em consideração os interesses do destinatário? Justifique sua resposta.

4. Como na carta de reclamação, é importante que o remetente da carta de solicitação, para ter seu pedido atendido, não fale apenas de seus interesses pessoais e procure fundamentar sua argumentação.

a) Releia as orientações para ser um bom "reclamão" apresentadas na questão 6 do estudo sobre a carta de reclamação. Depois adapte-a para a situação da carta de solicitação, ou seja, descreva o que seria um bom "solicitante".

b) Há algum requisito importante para ser um bom "solicitante" que não tenha sido incluído na resposta do item anterior?

5. As cartas de reclamação e de solicitação podem ter estrutura semelhante à de uma carta pessoal, como se verifica nas cartas lidas. Como podemos descrever a estrutura desses tipos de carta, em termos gerais?

6. Observe a linguagem empregada nos textos.

a) Que variedade linguística predomina?

b) Em ambas as cartas, o remetente se apresenta na 1ª pessoa, mas há uma variação nesse uso. Em que consiste essa variação?

c) Levante hipóteses: Por que ocorre essa variação nas duas cartas?

7. Reúna-se em grupo com seus colegas e, juntos, concluam: Quais são as principais características das cartas argumentativas de reclamação e de solicitação? Respondam, levando em conta os critérios a seguir: finalidade do gênero, perfil dos interlocutores, suporte/veículo, tema, estrutura, linguagem.

PRODUZINDO AS CARTAS ARGUMENTATIVAS DE RECLAMAÇÃO E DE SOLICITAÇÃO

1. A carta a seguir apresenta simultaneamente uma reclamação e uma solicitação. Leia-a.

Prezados senhores,

Comprei um tênis em uma das lojas da famosa rede BomTênis e, depois de cinco vezes que o usei, ele rasgou. Como já tinha mais de três meses da compra, fui informado na birosca onde fiz a compra de que deveria entrar em contato com a central. Quase que diariamente eu ligo para esses canalhas para pedir a resolução do meu problema e sempre os atendentes respondem de forma "robótica", dizendo: Senhor, não temos previsão de receber novamente esse modelo de tênis; Senhor, não podemos fazer a troca por outro modelo.

Thinkstock/Getty Images

Quer dizer, estou há semanas sem um tênis para praticar minhas atividades físicas e eles não podem fazer nada? Paguei um preço monstruoso no tênis e agora eles não querem arcar com a garantia?

Hoje, para minha surpresa, recebi uma ligação de mais um robô, funcionária da BomTênis, que me informou que o modelo do meu tênis saiu de linha e que não adianta, que eles não podem fazer nada. Só depois de eu quitar todas as 12 parcelas eles poderão pensar sobre o meu caso. Quer dizer então que a BomTênis está preocupada apenas com o dinheiro????? E a satisfação dos clientes?? E o bem-estar das pessoas???

Gostaria de receber uma resposta concreta, com data para ir até a loja e fazer a troca desse produto horrível que eles vendem nessa espelunca.

Gostaria de saber também se os atendentes dessa rede conseguem dormir normalmente, pois, sinceramente, se eu tivesse que trabalhar em um pardieiro que vive de embromações como esse lugar, não conseguiria dormir em paz.

Com certeza, a partir de hoje, farei o possível e o impossível para mostrar ao mercado como essa "grande rede" de uma figa trata seus clientes.

Furiosamente,

Claudionor Hermógenes Pinto

A carta lida não está adequada aos padrões das cartas de reclamação e solicitação. Identifique, com a ajuda dos colegas e do professor, as inadequações que ela apresenta. Depois, em grupo, proponham uma nova versão dela, mais adequada, considerando os interlocutores envolvidos, o problema, a solicitação feita e possibilidades de argumentação mais consistente.

2. Você já passou por um problema que poderia ter sido amenizado com uma carta de reclamação? Discuta com os colegas e o professor sobre problemas que atualmente estejam afligindo diretamente a comunidade escolar ou o bairro, e que deveriam receber maior atenção dos responsáveis. Vocês podem pensar, por exemplo, em problemas relacionados a:

- Falta de parques e de áreas de lazer no município
- Falta de bibliotecas públicas no bairro
- Falta de manutenção das praças públicas
- Falta de segurança nas imediações da escola ou no bairro
- Má qualidade do transporte coletivo
- Falta de *wi-fi* gratuito na escola ou em lugares públicos do bairro ou da cidade
- Falta de cursos oferecidos gratuitamente pela prefeitura à comunidade para promover a inclusão digital de jovens e idosos
- Ausência de equipamento de informática na escola ou dificuldade de acesso a ele

Escolham um dos temas e, em pequenos grupos, produzam uma carta argumentativa de reclamação ou de solicitação. Depois enviem-na à direção da escola ou ao órgão público competente ou divulguem-na pela Internet.

3. Leia este anúncio:

Propeg

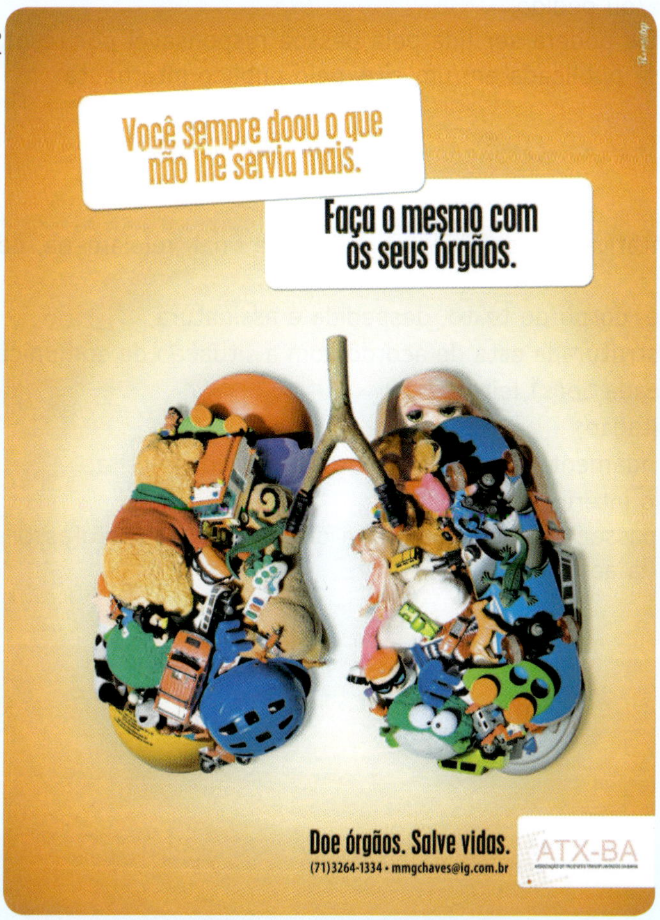

Doação de órgãos

Para obter informações sobre doação de órgãos, sugerimos consultar os *sites*:

- http://fantastico.globo.com/platb/transplante/tag/drauzio-varella/
- www.adote.org.br
- www.abto.org.br
- http://portal.saude.gov.br/portal/saude/visualizar_texto.cfm?idtxt=23628&janela=1

Como você pode observar, o anúncio tem a intenção de persuadir o interlocutor a doar órgãos e, assim, salvar vidas. Em pequenos grupos, organizem-se para pesquisar esse assunto em livros, revistas especializadas ou na Internet. Depois, pensem em meios de alertar as pessoas sobre a importância de doar órgãos e que possam resultar em uma campanha dirigida a alunos da escola ou à comunidade. Feito isso, escrevam e enviem uma carta à direção da escola ou à Secretaria da Saúde da cidade, solicitando a realização de uma campanha de conscientização sobre a necessidade de doar órgãos.

Planejamento do texto

- Procurem ter clareza quanto a qual será o problema focalizado na reclamação e/ou o pedido feito na solicitação.
- Considerando o problema ou pedido que será tema da carta, decidam quanto ao gênero mais adequado: uma carta argumentativa de reclamação, uma carta argumentativa de solicitação, ou uma carta argumentativa de reclamação e solicitação.
- Procurem ter clareza quanto ao objetivo que a carta terá em vista. No caso de reclamação, o objetivo é a solução de um problema ou a sua divulgação? No caso de solicitação, esta será relativa a um interesse pessoal, particular, ou a um interesse coletivo?
- Considerem também os interesses do interlocutor e de outras pessoas.
- Desenvolvam argumentos e, para enriquecê-los, escolham exemplos que os fundamentem.
- Ao redigir, empreguem a estrutura própria do gênero, as formas de tratamento adequadas e apresentem com clareza o problema e/ou pedido.
- Tenham em mente o leitor da carta. Ela poderá ser lida pela pessoa responsável por resolver o problema ou atender à solicitação e, se publicada em um *site*, pelo público internauta.

Revisão e reescrita

Antes de finalizar a carta argumentativa e passá-la para o suporte final, releiam-na, observando:

- se ela apresenta local e data, vocativo, corpo do texto, despedida e assinatura;
- se a maneira como ela foi redigida e estruturada está de acordo com a situação de comunicação;
- se a linguagem empregada está adequada ao(s) leitor(es);
- se ela faz uma reclamação e/ou solicitação;
- se há argumentos que explicam ou fundamentam os motivos de ela ter sido escrita;
- se ela considera também interesses do interlocutor.

Façam as alterações necessárias, passem a carta a limpo e discutam com o professor e os colegas a melhor forma de encaminhá-la ao interlocutor.

LÍNGUA: USO E REFLEXÃO

Alamy/Other Images

Abstrato psicodélico (2007), de Oleksiy Maksymenko.

CAPÍTULO 6

Período composto por coordenação: as orações coordenadas

CONSTRUINDO O CONCEITO

Leia este anúncio:

Governo Federal

(*Fórum*, nº 100, p. 26-7.)

1. Um anúncio tem a finalidade de informar as pessoas, sensibilizá-las e convencê-las sobre determinado produto ou ideia. Observe a parte inferior do anúncio:

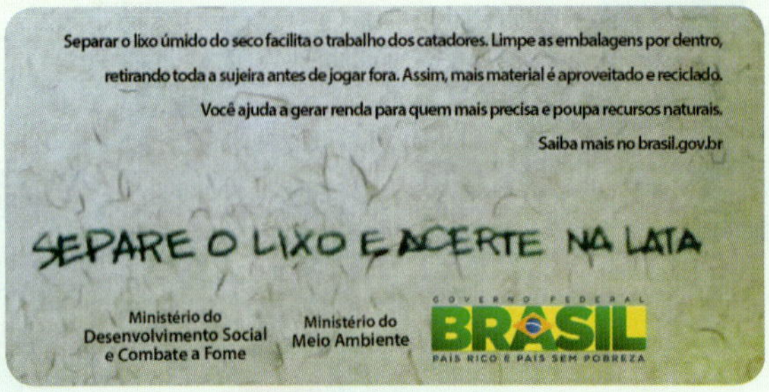

Governo Federal

a) Quem é o anunciante? E o destinatário?

b) Qual é a finalidade do anúncio?

2. Observe a parte verbal do anúncio.

a) O enunciado "Separe o lixo e acerte na lata" apresenta ambiguidade, ou seja, duplo sentido. Explique em que consiste essa ambiguidade.

b) Nos três enunciados que compõem a parte verbal do anúncio, predominam formas verbais do imperativo: *mude, ajude, limpe, separe, acerte*. Na sua opinião, por que o anunciante deu preferência a esse modo verbal?

3. Observe a parte não verbal do anúncio.

a) Que imagem aparece em destaque?

b) Que relação há entre a parte verbal e a parte não verbal do anúncio?

4. Observe estes períodos:

Mude de atitude (1ª oração) e ajude muita gente (2ª oração)

Separe o lixo (1ª oração) e acerte na lata. (2ª oração)

Governo Federal

a) Há duas orações em cada período. Entre elas existe relação de dependência sintática? Justifique sua resposta.

b) As orações de cada período são conectadas por uma conjunção. Que conjunção estabelece a ligação entre elas?

c) Que tipo de relação essa conjunção estabelece entre as orações?

- oposição
- alternância
- explicação
- conclusão
- adição

d) Como é classificada a conjunção que estabelece esse tipo de relação?

CONCEITUANDO

Você notou que, nos períodos "Mude de atitude e ajude muita gente" e "Separe o lixo e acerte na lata", as orações são ligadas pela conjunção coordenativa aditiva *e* e são independentes sintaticamente. Como nenhuma funciona como termo da outra, elas constituem **orações coordenadas**, formando períodos compostos por coordenação.

A 1ª oração de cada período não se inicia com conjunção; por isso, é **coordenada assindética** (*síndeto* = conjunção coordenativa). Já a 2ª oração de cada período é introduzida por conjunção; por isso, é **coordenada sindética**.

> **Oração coordenada sindética** é aquela que é introduzida por conjunção coordenativa.
> **Oração coordenada assindética** é aquela que não é introduzida por conjunção.

VALORES SEMÂNTICOS DAS ORAÇÕES COORDENADAS SINDÉTICAS

As orações coordenadas sindéticas têm relação com outra oração do período e classificam-se de acordo com o valor semântico da conjunção que as introduz.

Aditivas

Estabelecem em relação à oração anterior uma noção de acréscimo, adição.

Ele comprou a passagem *e partiu no primeiro trem.*

São introduzidas pelas conjunções coordenativas aditivas: *e*, *nem*, *que*, ou pelas locuções correlativas: *não só... mas (também)*, *tanto... como*, etc.

Laerte

(Laerte. *Hugo para principiantes*. São Paulo: Devir, 2005.)

Observe, no 3º quadrinho da tira, que a conjunção *e* estabelece uma ideia de adição em relação ao fato mencionado anteriormente, no 2º quadrinho: "Após a mensagem, você vai conhecer as incríveis vantagens do plano tecle-plus! *E* vai conhecer o nosso superbonequinho!".

Adversativas

Estabelecem em relação à oração anterior uma ideia de oposição, contraste, compensação, ressalva.

São introduzidas pelas conjunções coordenativas adversativas: *mas*, *porém*, *todavia*, *contudo*, *no entanto*, *entretanto*, *senão*, etc.

JWT/Ford

(*Veja*, nº 2196, p. 10-1.)

Observe que, no enunciado principal do anúncio, há uma oposição de ideias entre as orações. Se o carro usa eletricidade, é de esperar que haja um custo por esse tipo de energia. No entanto, como esse custo não existe, as duas orações estão em oposição, que é marcada pela conjunção adversativa *mas*.

Alternativas

Expressam alternância, ligando orações que indicam ideias que se excluem.

Todas as tardes ia ao cinema *ou fazia pequenas compras em lojas da região.*

São introduzidas pelas conjunções coordenativas alternativas: *ou, ou... ou..., ora... ora, já... já, quer... quer,* etc.

Observe que a oração *ou vai amarelar* liga-se à oração anterior com um valor alternativo, para exprimir a incompatibilidade das duas propostas sugeridas pelo anúncio.

Conclusivas

Exprimem ideia de conclusão relativa à declaração feita na oração anterior. Veja este ditado popular:

O destino não é uma questão de sorte, é uma questão de escolha. *Portanto, não é algo a se esperar,* e sim a conquistar.

São introduzidas pelas conjunções coordenativas conclusivas: *logo, pois* (posposto ao verbo), *portanto, por isso, de modo que,* etc.

Explicativas

Exprimem ideia de explicação relativa à declaração feita na oração anterior:

Use sempre protetor solar, passe um hidratante em sua pele e lave o rosto 2 vezes ao dia com água e sabonete neutro. A massagem também é sempre bem-vinda, *pois ajuda no relaxamento* e ativa a circulação linfática e venosa.

(Campanha de prevenção de doenças venosas e arteriais - SBACVSP.)

São introduzidas pelas conjunções coordenativas explicativas: *porque, que, pois* (anteposto ao verbo), etc.

Distinção entre as orações coordenadas explicativas e as orações adverbiais causais

Tanto as orações coordenadas explicativas quanto as orações adverbiais causais podem ser introduzidas pelas conjunções *que* e *porque.* Por essa razão, às vezes fica difícil distinguir esses dois tipos de oração, principalmente quando não se conhece bem o contexto situacional e a intenção do locutor. Tal dificuldade, contudo, poderá ser eliminada se observarmos estes princípios básicos:

- A oração coordenada explicativa cumpre o papel de explicar o que foi afirmado na oração anterior. Veja:

Choveu	porque a rua está molhada.
or. coord. assindética	or. coord. sindética explicativa

Maria sumiu na festa,	porque ninguém mais a viu.
or. coord. assindética	or. coord. sindética explicativa

- A oração subordinada adverbial causal cumpre o papel de advérbio em relação à oração principal, isto é, indica a causa da ação expressa pelo verbo da oração principal. Observe:

Choveu	porque houve muita evaporação.
or. principal	or. subord. adverbial causal

- A oração coordenada explicativa é empregada com frequência depois de orações imperativas e optativas. Veja:

Não zombe dele,	que está apaixonado.
or. imperativa	or. coord. sind. explicativa

Deus te ajude,	porque és ousado.
or. optativa	or. coord. sind. explicativa

ORAÇÕES INTERCALADAS

Leia as frases seguintes, de Machado de Assis, e observe as orações destacadas:

É muito esperto o seu menino, *exclamaram os ouvintes.*
Tive (*por que não direi tudo?*) tive remorsos.

Na primeira frase, a oração destacada indica quem exclamou "É muito esperto o seu menino"; na segunda, a oração entre parênteses corresponde a uma ressalva feita pelo narrador-personagem. Observe que essas orações constituem acréscimos feitos ao texto com a finalidade de dar algum esclarecimento adicional, não fundamental. Essas orações são chamadas de **orações intercaladas** ou **interferentes**.

Assim:

Oração intercalada ou **interferente** é aquela que é inserida em outra com a finalidade de indicar o autor de uma citação, fazer um esclarecimento, uma ressalva, uma advertência, um desabafo, emitir uma opinião ou pedir desculpas.

Esse tipo de oração é sintaticamente independente e em geral aparece entre vírgulas, travessões ou parênteses. Veja outros exemplos:

> "Um dia — *que linda manhã fazia!* — resolvemos um grande problema." (Marques Rebelo)
>
> "E amaria o rapaz de suéter e sapato de basquete, que costuma ir ao Rio, ou (*murmura-va-se*) o homem casado, que já tinha ido até à Europa e tinha um automóvel e uma coleção de espingardas magníficas." (Rubem Braga)

EXERCÍCIOS

1. Leia o anúncio:

Governo do Estado de São Paulo

(*Veja São Paulo*, ano 44, nº 12, p. 61.)

a) No enunciado principal do anúncio, embora haja um ponto separando as orações, há entre elas uma relação de coordenação. Classifique as orações.

b) No contexto, que relação semântica há entre a oração sindética e a oração anterior?

c) Normalmente, as orações dos períodos compostos são separadas por vígulas. Nesse caso, qual a finalidade do anunciante ao colocar um ponto entre as orações?

2. Observe a parte não verbal do anúncio.

a) De que a imagem é constituída?

b) Que relação há entre a linguagem verbal e a linguagem não verbal do texto?

3. Leia as orações dos itens a seguir, observando o tipo de relação semântica existente entre elas. Depois reescreva-as, ligando-as com uma conjunção coordenativa que faça o período ficar coerente.

a) O garoto não estava bem. Chorava. Gemia baixinho.

b) Havia muito serviço ainda na cozinha. De raiva, ninguém trabalhava. Não falava.

c) Siga o roteiro proposto. Abandone a competição.

d) Façam silêncio. Há gente doente.

e) Ele é seu pai. Respeite-lhe a vontade pelo menos desta vez.

f) Dormi tarde. Acordei cedo.

g) Li. Reli seu texto. Não o entendi.

AS ORAÇÕES COORDENADAS NA CONSTRUÇÃO DO TEXTO

Leia o poema a seguir, do poeta e compositor Arnaldo Antunes:

Inferno

"Lasciate ogni speranza voi ch'entrate"

Aqui a asa não sai do casulo, o azul
não sai da treva, a terra
não semeia, o sêmen
não sai do escroto, o esgoto
não corre, não jorra
a fonte, a ponte
devolve ao mesmo lado, o galo
cala, não canta a sereia, a ave
não gorjeia, o joio
devora o trigo, o verbo envenena
o mito, o vento
não acena o lenço, o tempo
não passa mais, adia,
a paz entedia, para
o mar, sem maremoto,
como uma foto, a vida,
sem saída, aqui,
se apaga a lua, acaba
e continua.

Amadeo de Souza-Cardoso. *Pintura* (Coty). 1917

Pintura (1917), de Amadeo de Souza-Cardoso.

(In: *2 ou + corpos no mesmo espaço*. São Paulo: Perspectiva, 1997. p. 58-9.)

1. Na obra *2 ou + corpos no mesmo espaço*, da qual foi extraído o poema, a frase "Lasciate ogni speranza voi ch'entrate" encontra-se numa página e o poema, na página seguinte. Essa frase, cuja tradução é "Deixai toda esperança, vós que entrais", foi extraída do canto III da parte "Inferno" da *Divina comédia*, do poeta humanista italiano Dante Alighieri. Trata-se, na obra de Dante, da inscrição gravada no portal de entrada para o inferno. Arnaldo Antunes, tomando por epígrafe esse verso, faz dele uma espécie de "porta de entrada" para o seu poema.

a) Que relação existe entre o poema e a epígrafe?

b) Em dois versos foi empregado o advérbio *aqui*. Levante hipóteses: Onde fica o inferno para o eu lírico?

2. Na *Divina comédia*, Dante, conduzido pelo poeta Virgílio, adentra o portal do inferno e descreve o que vê:

Ali, suspiros, queixas e lamentos
cruzavam-se pelo ar, na escuridão,
fazendo-me hesitar por uns momentos.

Línguas estranhas, gírias em profusão,
exclamações de dor, acentos de ira,
gritos, rangidos e bater de mão,
[...]

Vegetam como os sáurios indolentes;
eu os via desnudos, aguilhoados
por vespas e por moscas renitentes.

Tinham de sangue os rostos salpicados,
que lhe caía ao peito e aos pés também,
pasto, no chão, dos vermes enojados.

(Tradução de Cristiano Martins. *Divina comédia*. São Paulo: Edusp, 1976. p. 98-9.)

Prisma Archivo/Alamy/Other Images

Divina Comédia. Purgatório (1868), por Gustave Doré.

sáurio: lagarto

Compare o texto de Arnaldo Antunes ao de Dante e aponte semelhanças entre eles quanto às ideias.

3. O poema de Arnaldo Antunes é constituído por várias orações. Cada uma delas trata de um dos aspectos da visão infernal: a asa que não vinga, o azul sem vida, a terra infértil, etc. Observe que as orações do poema constituem um único período.

a) O período é simples ou composto?

b) Se composto, por coordenação ou por subordinação?

c) Classifique as orações desse período.

d) Relacionando forma e conteúdo, levante hipóteses: Por que toda a visão do inferno ficou concentrada num único período?

4. A enumeração dos elementos que compõem a visão infernal parece não ter fim. Um desses elementos, contudo, parece sintetizar todos os outros. Releia os quatro versos finais do poema:

"como uma foto, a vida,
sem saída, aqui,
se apaga a lua, acaba
e continua"

a) Qual é o sujeito das formas verbais *acaba* e *continua*?

b) Que elemento resume todos os elementos anteriores?

c) Explique a comparação entre a vida e a foto.

d) Dê uma interpretação coerente à aparente contradição entre *acaba* e *continua*.

Para que servem as orações coordenadas?

As orações coordenadas, por estabelecerem relações sintáticas e lógicas mais simples do que as subordinadas, são frequentemente empregadas em textos que visam à comunicação direta com o público.

É o caso, por exemplo, de textos como receitas, folhetos informativos, cartazes e até mesmo o do jornal falado do rádio e televisão. Nesses textos, quando não se emprega o período simples, a preferência normalmente é pelo período composto por coordenação.

5. Às vezes, apesar de não haver conectivos ligando certas orações, é possível observar certo tipo de relação semântica entre elas, como se a conjunção estivesse implícita. Veja estes exemplos:

Estou procurando a passagem há uma hora, não achei. (mas / oposição)

Você não foi à minha casa ontem, estou aqui hoje. (por isso / conclusão)

Passou perto do banco, resolveu entrar. (e / adição)

a) No poema, é possível observar a existência de um nexo semântico entre as orações. De que tipo é esse nexo?

b) Esse valor equitativo entre as orações faz crer que, para o eu lírico, os elementos enumerados – asa, azul, terra, sêmen, etc. – apresentam o mesmo grau ou diferentes graus de importância na constituição da visão do inferno?

6. Observe no último verso do poema o valor semântico da palavra *e*, única conjunção empregada no poema. Como você sabe, essa conjunção normalmente indica *adição*. Considerando o contexto, verifique se, de fato, a conjunção *e* apresenta esse valor semântico. Caso não, qual seria o seu real valor semântico? Justifique sua resposta.

7. Entre os itens que seguem, indique aqueles que melhor traduzem o papel desempenhado pelas orações coordenadas na construção do sentido do texto lido.

- Exercendo papéis sintáticos equivalentes, cada uma das orações coordenadas compõe um aspecto desse painel infernal que é a própria vida.
- Estabelecendo entre si nexos semânticos de adição, as orações coordenadas somam as impressões de morte e aniquilamento da "vida sem saída".
- As orações coordenadas criam, no poema, relações de dependência sintática que equivalem, no plano da existência, às relações de subordinação entre a vida e a morte.

SEMÂNTICA E DISCURSO

Leia o anúncio a seguir e responda às questões 1 e 2.

Governo do Estado do Espírito Santo

(*Viagem*, ano 15, nº 7, p. 137.)

1. Releia estes enunciados verbais do anúncio:

- "Sai da montanha, visita um museu. Sai do museu para uma reserva ecológica."
- "Descubra o Espírito Santo. Seu destino é aqui."

a) Observe o tipo de relação existente entre as orações dos enunciados e reescreva-os, explicitando as conjunções coordenativas que estão subentendidas.

b) Qual o valor semântico das conjunções que você empregou ao reescrever os enunciados?

c) Na sua opinião, por que as conjunções foram omitidas no anúncio?

2. O anúncio é composto por imagens de vários lugares do Espírito Santo e foi publicado em uma revista de viagem.

a) Quem é o anunciante?

b) Qual é o público da revista?

c) Levante hipóteses: Por que o anúncio apresenta um grande número de imagens fotográficas, dispostas em painel?

Ale Ruaro/Pulsar Imagens

Serra Gaúcha, Rio Grande do Sul, 2011.

CAPÍTULO 7

O Sul no romance de 30: Érico Veríssimo e Dionélio Machado

No Sul do país, pelas mãos dos gaúchos Érico Veríssimo e Dionélio Machado, entre outros, o romance de 30 percorre caminhos diferentes daqueles trilhados pelos escritores nordestinos. O primeiro empenha-se na reconstituição da história de formação de seu Estado; o segundo avança em outra direção: a do romance urbano e psicológico.

O Rio Grande do Sul também assistiu, na década de 1930, ao florescimento de uma ficção de grande valor, voltada ao retrato realista tanto do campo quanto da cidade.

Por um lado, Ivan Pedro de Martins, em *Fronteira agreste*, retrata a vida numa fazenda do interior gaúcho. Por outro, Cyro Martins, em *Estrada nova*, e Dionélio Machado, em *Os ratos*, trabalham a crescente politização e consciência crítica da classe média gaúcha. Já Aureliano de Figueiredo Pinto, em *Memórias do Coronel Falcão*, e Érico Veríssimo, em *O tempo e o vento*, retratam a formação e a crise da oligarquia rural do Rio Grande do Sul.

Desses autores, a crítica nacional tem destacado principalmente a obra de Érico Veríssimo e Dionélio Machado.

ÉRICO VERÍSSIMO: RESGATE HISTÓRICO E CRÍTICA

Érico Veríssimo nasceu no município gaúcho de Cruz Alta. Embora sem ter cursado universidade, iniciou-se no jornalismo em 1930 e tornou-se professor de literatura nos Estados Unidos. Também dirigiu um dos departamentos culturais da Organização dos Estados Americanos – experiência que registrou nos livros *Gato preto em campo de neve* e *A volta do gato preto*.

Sua estreia na literatura ocorreu com *Fantoches*, uma coletânea de contos. O marco inicial de sua popularidade, entretanto, foi a publicação do romance *Clarissa*, no ano seguinte.

Folhapress

Érico Veríssimo.

A obra do autor costuma ser dividida em três fases. A primeira inicia-se com a publicação de *Clarissa* (1933), que acaba sendo o primeiro de uma série de romances – *Caminhos cruzados*, *Música ao longe*, *Um lugar ao sol*, *Saga* – que têm como traço de união a presença constante de certas personagens, principalmente os pares Vasco e Clarissa e Fernanda e Noel, e completa-se com *Olhai os lírios do campo* e *O resto é silêncio*. Essa primeira fase do romancista caracteriza-se pelo registro do cotidiano da vida urbana de Porto Alegre e pela apresentação de certos problemas morais, sociais e humanos decorrentes da vigência de valores degradados. Verdadeiros *best-sellers*, suas obras foram vertidas para diversas línguas.

A segunda fase do escritor corresponde a *O tempo e o vento*, obra cíclica que trata da formação do Rio Grande do Sul. Nessa obra de envergadura épica, Érico Veríssimo demonstra pleno amadurecimento de processos técnicos e expressivos e se firma como um legítimo retratista do povo gaúcho, embora, do ponto de vista do crítico José Hildebrando Dacanal, a obra expresse a ideologia das elites dirigentes que historicamente se instalaram no poder.

Pode-se reconhecer na obra do romancista ainda uma terceira fase, representada por *O prisioneiro*, *O senhor embaixador* e *Incidente em Antares*, caracterizada por uma postura mais universalista, mais crítica e de engajamento social.

Érico Veríssimo dedicou-se também à ficção didática (*Viagem à aurora do mundo*, *Aventuras no mundo da higiene*), à literatura infantil (*Os três porquinhos pobres*) e a obras de caráter memorialista (*Solo de clarineta*).

Da mesma forma que Jorge Amado, Érico Veríssimo tornou-se um escritor consagrado em seu tempo, sendo aceito por públicos de diferentes estratos culturais. Parte da crítica, entretanto, considera sua obra superficial em relação à análise social e tímida quanto às inovações de linguagem. De qualquer modo, ainda se espera um estudo mais aprofundado do conjunto da obra por parte de pesquisadores e críticos.

O tempo e o vento

Comparando o romance nordestino de 1930 ao romance gaúcho da mesma época, o crítico José Hildebrando Dacanal afirma:

Se *São Bernardo*, por sua densidade e perfeição formal, pode ser considerado a súmula em que se concentram todas as características do que foi definido como *romance de 30*, *O tempo e o vento*, de Érico Veríssimo, também ocupa um lugar semelhante. Poder-se-ia considerar esta obra de Érico Veríssimo como a mais característica do *romance de 30* em termos estritos de amplitude temática.

(*O romance de 30*. 3. ed. Porto Alegre: Novo século, 2001. p. 91.)

O tempo e o vento, obra-prima de Érico Veríssimo, é constituída de três partes: "O continente", "O retrato" e "O arquipélago". Nela é narrada a saga da formação socioeconômica e política do Rio Grande do Sul, desde as suas origens, no século XVIII, até o ano de 1946.

O palco em que se dá o desenrolar dos fatos e das situações é a região de Santa Fé, onde o poder econômico e político local é disputado por duas famílias: os Amaral e os Terra Cambará.

LEITURA

O texto a seguir faz parte de *Ana Terra*, episódio de "O continente", que conta a origem da família Terra. No início da ação de *Ana Terra*, situado em 1977, a moça se encontra à beira de um regato quando descobre um homem ferido e desmaiado, que depois se soube chamar Pedro Missioneiro, mestiço de índio e português, criado e educado na missão de São Miguel. Por sua habilidade com cavalos, como oleiro e com a música, ganha a confiança de todos. No verão, Ana fica grávida de Pedro, o que não é aceito pela família.

Companhia das Letras

Vieram outros dias e outras noites. E nunca mais o nome de Pedro foi pronunciado naquela estância. O inverno entrou e houve horas, longas horas, em que o minuano arrepelou as macegas e cortou o ar como uma navalha. Vieram as chuvas, que prenderam na cabana os cinco membros da família, que às vezes se reuniam junto do fogo, onde os homens ficavam a falar da lavoura, do gado, do tempo. Para Maneco Terra a filha estava morta e enterrada: não tomava conhecimento de sua presença naquela casa. Antônio e Horácio tratavam Ana com uma aspereza meio constrangida, que lhes vinha de uma consciência culpada. Ao lhe dirigirem a palavra, não olhavam para ela de frente, e ficavam desconcertados quando, para lhe evitar os olhos, baixavam a cabeça e davam com o ventre crescido da irmã.

Quando não chovia Ana descia para a sanga. Agora levava duas cargas: a cesta de roupa e o filho, que cada vez lhe pesava mais. Muitas vezes pela manhã seus pés pisavam a geada do caminho. E na água gelada seus dedos ficavam roxos e entanguidos. Durante todo o tempo que passava junto da sanga, a lembrança de Pedro permanecia com ela.

Um dia, olhando o bordado branco que a espuma do sabão fazia na água, teve a sensação de que Pedro nunca tinha existido, e que tudo o que acontecera não passara dum pesadelo. Mas nesse mesmo instante o filho começou a mexer-se em suas entranhas e ela passou a brincar com uma ideia que dali por diante lhe daria a coragem necessária para enfrentar os momentos duros que estavam para vir. Ela trazia Pedro dentro de si. Pedro ia nascer de novo e portanto tudo estava bem e o mundo no fim de contas não era tão mau. Voltou para casa exaltada...

Mas num outro dia foi tomada de profunda melancolia e escondeu-se para chorar. Ficou na frente da casa, olhando o horizonte e esperando que longe surgisse o vulto dum cavaleiro – Pedro voltando para casa; porque ele não tinha morrido: conseguira fugir e agora vinha buscar a mulher e o filho. Um entardecer sentiu o repentino desejo de montar a cavalo e sair pelo campo em busca do cadáver de seu homem: levaria uma pá, revolveria a terra ao redor de todas as árvores solitárias que encontrasse... Mas montar a cavalo no estado em que se encontrava? Loucura. Seu ventre estava cada vez maior. E Ana notava que, quanto mais ele crescia, mais aumentava a irritação dos irmãos. O pai, esse nunca olhava para ela nem lhe dirigia a menor palavra. Comia em silêncio, de olhos baixos, pigarreando de quando em quando, conversando com os filhos ou pedindo uma ou outra coisa à mulher.

Veríssimo pai e Verissimo filho

Dois escritores de vulto da geração de 30, Graciliano Ramos e Érico Veríssimo tiveram filhos que também se tornaram escritores de destaque: Ricardo Ramos (já falecido) e Luis Fernando Verissimo, respectivamente.

Luis Fernando Verissimo é hoje um dos escritores gaúchos de maior projeção em nossa literatura. Versátil, além de escritor e jornalista, também é autor de quadrinhos e instrumentista (sax). Suas obras mais conhecidas são *O analista de Bagé* e *Comédias da vida privada*.

[...]

Findava mais um ano e os pêssegos do pomar já estavam quase maduros quando Ana começou a sentir as primeiras dores do parto. Foi num anoitecer de ar transparente e céu limpo. Ao ouvirem os gemidos da rapariga, os três homens encilharam os cavalos, montaram e se foram, sem dizer para onde. D. Henriqueta viu-os partir e não perguntou nada.

Naquela noite nasceu o filho de Ana Terra. A avó cortou-lhe o cordão umbilical com a velha tesoura de podar. E o sol já estava alto quando os homens voltaram, apearam e vieram tomar mate. Ouviram choro de criança na cabana, mas não perguntaram nada nem foram olhar o recém-nascido.

— É um menino! — disse D. Henriqueta ao marido, sem poder conter um contentamento nervoso.

Maneco pigarreou mas não disse palavra. Quando o pai saiu para fora, Ana ouviu Horácio cochichar para a mãe:

— Ela vai bem?

— Vai indo, graças a Deus — respondeu D. Henriqueta. — Está com os ubres cheios. Tem mais leite que uma vaca — acrescentou com orgulho.

Adolfo Gerchmann/Editora Abril-Imagens/ Conteúdo Expresso

Cena da minissérie *O tempo e o vento*, levada à TV pela Rede Globo.

Naquele instante Ana dava de mamar ao filho. Estava serena, de uma serenidade de céu despejado, depois duma grande chuva.

Três dias depois já se achava de pé, trabalhando. E sempre que ia lavar roupa levava o filho dentro da cesta, e enquanto batia nas pedras as camisas e calças e vestidos, deixava a criança deitada a seu lado. E cantava para ela velhas cantigas que julgava esquecidas, mas que agora lhe brotavam milagrosamente na memória. E a água corria, e a criança ficava de olhos muito abertos, com a sombra móvel dos ramos a dançar-lhe no rostinho cor de marfim.

Pelos cálculos de Antônio deviam já estar no ano-novo. Uma noite, depois do jantar, Horácio disse:

— Se não me engano, estamos agora no 79.

Maneco Terra suspirou.

— Eu só queria saber que nova desgraça este ano vai nos trazer...

Disse essas palavras e começou a enrolar tristemente um cigarro.

(*Ana Terra*. São Paulo: Companhia das Letras, 2005. p. 50-2.)

encilhar: colocar arreios.
entanguido: tolhido de frio.
macega: campina com capim alto e seco.
minuano: vento forte, frio e cortante que sopra no Rio Grande do Sul.
sanga: córrego.

1. *O tempo e o vento* é, provavelmente, a mais completa produção literária sobre a formação histórica, linguística e cultural do Rio Grande do Sul. Identifique no texto elementos que comprovam a preocupação do autor em caracterizar seu Estado quanto a aspectos linguísticos, culturais, geográficos.

2. Os homens da casa não aceitaram a gravidez de Ana Terra.

a) Como o pai se comportava com ela?

b) Os irmãos a tratavam "com uma aspereza meio constrangida, que lhes vinha de uma consciência culpada". Levante hipóteses: Qual a causa da consciência culpada dos irmãos?

3. Das tradições gaúchas, tal como mostram canções e histórias populares da região, faz parte um código de honra que diz respeito à hospitalidade das famílias.

a) No texto lido, há indícios de que Pedro teria desrespeitado esse código de honra. Em que teria consistido esse desrespeito?

b) Na apresentação do texto em estudo, há informações sobre Pedro Missioneiro. Que característica da personagem sugere que a não aceitação da gravidez de Ana envolve também preconceito racial?

4. D. Henriqueta, a mãe de Ana, mantém-se próxima da filha.

a) Que aspecto da condição da mulher, na época, explica o fato de a mãe permanecer ao lado de Ana?

b) D. Henriqueta faz o parto de Ana. Que elementos indicam que, para ela, dar à luz é um ato essencialmente natural?

5. O episódio lido se passa no século XVIII.

a) Que situação, no texto, indica que a contagem do tempo era feita sem muita precisão?

b) Que recurso era então empregado para marcar a passagem do tempo?

6. Observe a linguagem empregada no texto. Ela se caracteriza por ser culta formal, culta informal, popular ou regional? Justifique.

DIONÉLIO MACHADO: DO BANAL AO UNIVERSAL

Ag. RBS/Folhapress

Dionélio Machado.

Dionélio Machado (1895-1985), gaúcho de Quaraí, formou-se em Medicina, especializando-se em psiquiatria. Foi também jornalista do *Correio do Povo* e chegou a se eleger deputado.

Quase esquecido pela crítica e pelos historiadores da literatura durante décadas, só mais recentemente sua obra começou a ganhar a devida atenção.

Dionélio situa-se entre os autores intimistas e urbanos da geração de 1930 que trabalharam na linha da exploração psicológica. Ao lado de *Angústia*, de Graciliano Ramos, talvez a obra *Os ratos* (1935) seja uma das mais profundas experiências de introspecção na literatura brasileira.

Tendo sido Dionélio homem de esquerda, era de esperar que sua análise dos problemas humanos fosse feita sob o ângulo das relações de exploração social. Contudo, o escritor surpreende. Em suas narrativas, a análise dos problemas humanos é feita a partir das pequenas coisas massacrantes que envolvem o dia a dia das pessoas comuns e as anulam. O social, embora em permanente tensão com o individual, nunca se sobrepõe a este, de modo que a obra jamais cai no panfletário ou na propaganda partidária. O leitor é quem, costurando os fatos banais da existência, extrai sua conclusão a respeito dos efeitos do sistema capitalista sobre o indivíduo comum, assalariado, impotente na engrenagem social.

Dionélio Machado escreveu romances, contos e ensaios. Além de *Os ratos*, é também autor, entre outros, de *O louco do Cati* (1942), *Desolação* (1944) e *Deuses econômicos* (1966).

O louco do Cati, alegoria do terror político

Dionélio Machado, assim como Graciliano Ramos, foi preso por motivos políticos durante o Estado Novo e ficou encarcerado em Ilha Grande, RJ. Na prisão, concebeu a obra *O louco do Cati*, que é uma alegoria da ditadura.

Diz o jornalista Ubiratan Brasil:

> A história de *O louco do Cati* começa no interior de um bonde, em um bairro de Porto Alegre. O personagem principal é uma figura estranha, que não fala nem diz seu nome. Ele inicia uma viagem pelo litoral gaúcho, passa pelo Rio de Janeiro até retornar a Cati, na fronteira do Brasil com o Uruguai, onde se transforma em cachorro. Na verdade, uma alegoria do terror político do qual ele sofrera anos antes, no sinistro presídio de Ilha Grande.
>
> (*O Estado de S. Paulo*, 5/10/2003.)

Os ratos

Os ratos são a obra mais importante de Dionélio Machado. Segundo o crítico Davi Arrigucci Jr., "trata-se de um romance breve, concentrado, surpreendente pela originalidade saída do mais prosaico, com perfeito equilíbrio entre os elementos psicológicos e sociais, explorados em profundidade, numa forma simbólica de longo alcance".

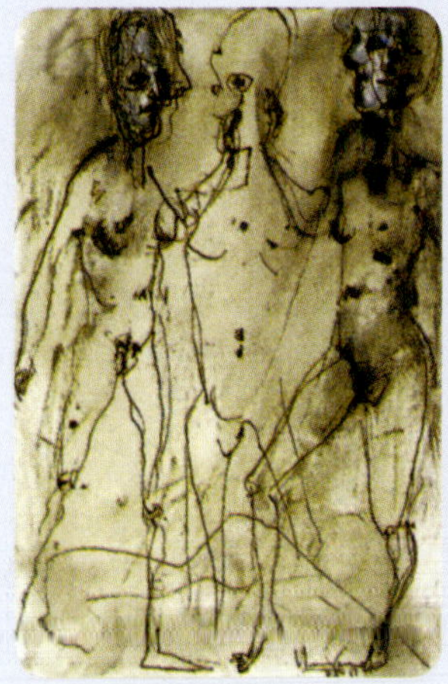
Iberê Camargo. Sem título. 1988/Fundação Iberê Camargo

A obra narra o percurso de 24 horas de desespero do funcionário público Naziazeno, um cidadão comum que, certa manhã, desperta com um sério problema: o leiteiro ameaça cortar-lhe o fornecimento de leite se ele não pagar, na manhã seguinte, a dívida de 53 mil-réis. Durante todo o dia Naziazeno pensa apenas em como arrumar dinheiro – empréstimo, penhor –, humilha-se, mas nada consegue. No final do dia, enfim, consegue o dinheiro. E volta para casa levando também comida e um brinquedo para o filho.

LEITURA

O episódio a ser lido integra o desfecho de *Os ratos*. O dinheiro do leiteiro está na cozinha. Naziazeno jantou bem, tomou vinho e se sente feliz. Mas conseguirá dormir?

> Há ali perto um ruído, dum móvel dali do quarto. Venha! Incorpora no chiado amorfo, unido... Tem medo de decompor *esse conjunto*, de seguir uma *linha* qualquer naquela *massa*...
>
> Agora é um guinchinho... Várias notinhas geminadas... Parou... O *seu* chiado voltou a ter aquela uniformidade, aquela continuidade...
>
> [...]

Ele se põe a escutar agudamente. Um esforço para afastar aquele conjunto amorfo de ruidozinhos, aquele chiado... Lá está, num canto, no chão, o guinchinho, feito de várias notinhas geminadas, fininhas...

São os ratos!... Vai escutar com atenção, a respiração meio parada. Hão de ser muitos: há várias fontes daquele guinchinho, e de quando em quando, no forro, em vários pontos, o rufar...

A casa está cheia de ratos...

[...]

Está com sono. Mas é preciso reagir. É preciso examinar bem...

E ele passa outra vez a sua ideia numa crítica. Vê tudo quanto há de sensato e de absurdo nela...

Acordar Adelaide?

Ouve a sua voz, volumosa, retumbando ali dentro do quarto... Ouve-se dizer, com voz cavernosa, estranha, saindo do silêncio: "— Adelaide... Adelaide..." Ela *não acorda* no primeiro momento. "— *Adelaide*..." Não se anima. Talvez que o filho se mexa, que ela se acorde. Aí então, com voz baixa, *natural*, apenas *informativa*: "— Adelaide... Você não tem medo que os ratos possam... ("— *Sim*...?") estar mexendo no dinheiro?..." "— Não mexem, não." — E ela *se volta* outra vez na cama para dormir...

Naziazeno se tranquiliza...

Ouve a respiração do filho. Ele dorme um sono pesado, igual.

Naziazeno examina os "fundamentos" daquela sua tranquilidade. Seria *essa* — está por jurar — a opinião de Adelaide... "*Não mexem*..." Pode se tranquilizar, pois. Nunca ouviu falar que houvessem roído um dinheiro assim. "— Você acha possível, Adelaide, que os ratos roam dinheiro?..." "— É: eles roem papel. Dinheiro é um papel engraxado..."

Faz-se um grande tumulto dentro da sua cabeça!

[...]

Está exausto... Tem uma vontade de se entregar, naquela luta que vem sustentando, sustentando... Quereria dormir... Aliás, esse frio amargo e triste que lhe vem das vísceras, que lhe sobe de dentro de si, produz-lhe sempre uma sensação de sono, uma necessidade de anulação, de aniquilamento... Quereria dormir...

Não sabe que horas são. De fora, do pátio, chega-lhe um como que pipilar, muito fraco e espaçado.

Quereria dormir...

Mas que é isso?!... Um baque?...

Um baque brusco do portão. Uma volta sem cuidado da chave. A porta que se abre com força, arrastando. Mas um breve silêncio, como que uma suspensão... Depois, ele ouve que lhe despejam (o leiteiro tinha, tinha ameaçado cortar-lhe o leite...) que lhe despejam festivamente o leite. (O jorro é forte, cantante, vem de muito alto...) — Fecham furtivamente a porta... Escapam passos leves pelo pátio... Nem se ouve o portão bater...

E ele dorme.

(15. ed. São Paulo: Ática, 1994. p. 137-43)

1. Depois de um dia estafante, Naziazeno alcança seu objetivo. Assim, sente-se aliviado, de novo um homem. Porém está tenso, tem dificuldade para adentrar o sono por inteiro. Relacione esse estado mental da personagem:

a) com a frase "Vê tudo quanto há de sensato e de absurdo nela...";

b) com as constantes repetições de ideias, sobretudo da frase "Quereria dormir".

2. Depois que o leiteiro chega, pega o dinheiro e despeja o leite numa vasilha na cozinha, finalmente Naziazeno dorme. Relacione esse fato com sua insônia.

3. O nome do protagonista assemelha-se, pelo som, às palavras *Nazareno* e *lazarento* (leproso). Associe a trajetória da personagem, nas suas 24 horas de sofrimento, ao sentido dessas palavras.

4. Os ratos assumem papel decisivo nesses momentos finais da narrativa.

a) Levando em conta as dificuldades da personagem para conseguir o dinheiro e tomando os ratos no sentido denotativo, que preocupação eles causam em Naziazeno?

b) Tomando os ratos como elemento simbólico, o que eles representam no conjunto da obra?

5. Leia o seguinte comentário crítico sobre a obra.

> O giro do mundo, o giro do relógio, o giro da vida nada mais é, no fundo, que o giro do comércio, da moeda, simbolizado no giro da roleta. Dionélio Machado retoma um dos motivos mais contundentes da obra de Graciliano Ramos: a reificação a que os homens se sujeitam na sociedade capitalista, evidenciada, de maneira bastante brutal, pela Crise. Os homens são ratos apequenados, de focinho e visão curtos.
>
> (*História do século 20*. São Paulo: Abril Cultural, 1968. v. 4. p. 208.)

a) Relacione o comentário crítico com este trecho do texto: "Quereria dormir... Aliás, esse frio amargo e triste que lhe vem das vísceras, que lhe sobe de dentro de si, produz-lhe sempre uma sensação de sono, uma necessidade de anulação, de aniquilamento...".

b) No comentário crítico, Dionélio Machado é comparado a Graciliano Ramos quanto à análise que faz da condição humana na sociedade capitalista, isto é, o homem reificado, transformado em coisa. Na sua opinião, esse comentário sobre Naziazeno é pertinente? Justifique.

A rachadura da realidade e o grotesco em *Os ratos*

O arraigamento desse símbolo [o rato] poderoso vai mesmo além da linguagem figurada e dos modos de dicção, aprofundando-se na constituição da sintaxe e no movimento do estilo: o próprio discurso mimetiza a figura do rato, torna-se entrecortado, miudinho, entranhando na tessitura fina do texto o gesto do roedor a que se reduz o ato humano da procura e da disputa pelo dinheiro. A progressiva intromissão do reino animal na terra dos homens sugere a rachadura da realidade por onde o grotesco terrível penetra em nosso mundo.

(Davi Arrigucci Jr. *Folha de S. Paulo*, 6/6/2004.)

Para quem quer mais na Internet

Se você deseja conhecer um pouco mais da obra de Érico Veríssimo, acesse os *sites*:
www.releituras.com/everissimo_bio.asp
www.estado.rs.gov.br/erico/
www.vidaslusofonas.pt/erico_verissimo.htm

Thinkstock/Getty Images

CAPÍTULO 8

A carta aberta

TRABALHANDO O GÊNERO

Leia esta carta:

Carta aberta de jornalistas sobre abusos de programas policialescos na Bahia

"O demo a viver se exponha,
Por mais que a fama a exalta,
Numa cidade onde falta
Verdade, honra, vergonha."
(Gregório de Mattos e Guerra)

Ao governador do Estado da Bahia, Jaques Wagner.
À Secretaria da Segurança Pública do Estado da Bahia.
Ao Ministério Público do Estado da Bahia.
À Defensoria Pública do Estado da Bahia.
À Sociedade Baiana.

A reportagem "Chororô na delegacia: acusado de estupro alega inocência" [...] provoca a indignação dos jornalistas abaixo-assinados e motiva questionamentos sobre a conivência do Estado com repórteres antiéticos, que têm livre acesso a delegacias para violentar os direitos individuais dos presos, quando não transmitem (com truculência e sensacionalismo) as ações policiais em bairros populares da região metropolitana de Salvador.

Ikon Images/Ikon Images/Latinstock

A reportagem [...] e os comentários do apresentador [...] afrontam o artigo 5º da Constituição Federal: "É assegurado aos presos o respeito à integridade física e moral". E não faz mal reafirmar que a República Federativa do Brasil tem entre seus fundamentos "a dignidade da pessoa humana". Apesar do clima de barbárie num conjunto apodrecido de programas policialescos, na Bahia e no Brasil, os direitos constitucionais são aplicáveis, inclusive aos suspeitos de crimes tipificados pelo Código Penal.

Sob a custódia do Estado, acusados de crimes são jogados à sanha de jornalistas ou pseudojornalistas de microfone à mão, em escandalosa parceria com agentes policiais, que permitem interrogatórios ilegais e autoritários, como o de que foi vítima o acusado de estupro [...], escarnecido por não saber o que é um exame de próstata, o que deveria envergonhar mais profundamente o Estado e a própria mídia, as peças essenciais para a educação do povo brasileiro.

Deve-se lembrar também que, pelo artigo 6º do Código de Ética dos Jornalistas Brasileiros, "é dever do jornalista: opor-se ao arbítrio, ao autoritarismo e à opressão, bem como defender os princípios expressos na Declaração Universal dos Direitos Humanos". O direito à liberdade de expressão não se sobrepõe ao direito que qualquer cidadão tem de não ser execrado na TV, ainda que seja suspeito de ter cometido um crime.

O jornalista não pode submeter o entrevistado à humilhação pública, sob a justificativa de que o público aprecia esse tipo de espetáculo ou de que o crime supostamente cometido pelo preso o faça merecedor de enxovalhos. O preso tem direito também de querer falar com jornalistas, se esta for sua vontade. Cabe apenas ao jornalista inquirir. Não cabem pré-julgamentos, chacotas e ostentação lamentável de um suposto saber superior, nem acusações feitas aos gritos.

É importante ressaltar que a responsabilidade dos abusos não é apenas dos repórteres, mas também dos produtores do programa, da direção da emissora e de seus anunciantes – e nesta última categoria se encontra o governo do Estado, que, desta maneira, se torna patrocinador das arbitrariedades praticadas nestes programas. O governo do Estado precisa se manifestar para pôr fim às arbitrariedades; e punir seus agentes que não respeitam a integridade dos presos.

Pedimos ainda uma ação do Ministério Público da Bahia, que fez diversos Termos de Ajustamento de Conduta para diminuir as arbitrariedades dos programas popularescos, mas, hoje, silencia sobre os constantes abusos cometidos contra presos e moradores das periferias da capital baiana.

Há uma evidente vinculação entre esses programas e o campo político, com muitos dos apresentadores buscando, posteriormente, uma carreira pública, sendo portanto uma ferramenta de exploração popular com claros fins político-eleitorais.

Cabe, por fim, à Defensoria Pública, acompanhar de perto o caso de P. S., previamente julgado por parcela da mídia como "estuprador", e certificar-se da sua integridade física. A integridade moral já está arranhada.

[Em ordem alfabética, é apresentada a lista dos signatários do documento.]

Salvador, 22 de maio de 2012.

(Disponível em: http://peticaopublica.com.br/?pi=P2012N24982. Acesso em: 9/7/2012.)

1. A carta aberta apresenta algumas características próprias do gênero carta.

a) Quem é o remetente da carta lida?

b) Quem são os destinatários?

2. Diferentemente da carta pessoal, que trata de assuntos particulares, a carta aberta é um gênero que aborda um problema geral. Ela pode ser utilizada como forma de protesto, como alerta ou, ainda, como meio de conscientização da população ou de alguém (um representante de uma entidade ou do governo, por exemplo) a respeito de um problema.

a) Quais são os objetivos da carta lida: informar, alertar, persuadir, relatar fatos ou protestar?

b) O que levou os autores a escrever essa carta?

3. A carta aberta lida foi publicada em uma nota emitida por jornalistas baianos e divulgada no *site* Petição Pública, uma página voltada à publicação de abaixo-assinados dos quais qualquer internauta pode se tornar signatário. Levante hipóteses:

a) Em quais meios uma carta aberta pode ser divulgada?

b) Leia o boxe "O abaixo-assinado digital". Depois responda: Que mudanças essa carta aberta também sofreu, como gênero, ao ser veiculada na Internet?

4. A carta aberta é um gênero que tem uma estrutura relativamente livre. Geralmente ela se inicia por uma *introdução*, que situa um problema; em seguida, há o *desenvolvimento*, isto é, a análise do problema e a apresentação dos argumentos que fundamentam o ponto de vista dos autores; e, por último, uma *conclusão*, em que geralmente se solicita uma mudança ou uma resolução do problema. Que trechos da carta correspondem a essas três partes?

5. Há, na carta lida, como epígrafe, alguns versos do poeta Gregório de Matos. Releia-os e responda: Qual é a relação entre os versos e o conteúdo da carta?

6. A carta aberta é um texto argumentativo, uma vez que procura persuadir os interlocutores quanto ao ponto de vista dos autores a respeito de um problema. Identifique dois argumentos apresentados na carta em estudo.

7. O último parágrafo constitui a conclusão do texto. Em textos argumentativos, a conclusão pode ser:

- do tipo *síntese*, em que são retomadas as ideias essenciais do texto;
- do tipo *sugestão*, em que são feitas propostas para a resolução do problema apresentado;
- do tipo *solicitação*, em que é feito um pedido ao destinatário.

Na carta lida, de que tipo é a conclusão?

O abaixo-assinado digital

O abaixo-assinado tem sido um dos gêneros de reivindicação mais utilizados na Internet, dada a facilidade e a rapidez com que as mensagens são enviadas a um grande número de pessoas.

Entretanto, o uso desse suporte digital tem provocado algumas modificações no gênero. Por exemplo, não costuma aparecer a indicação da cidade e da data, pois podem "assinar" o documento pessoas dos mais diferentes pontos do país e até de fora do país, dependendo do tipo de reivindicação. Além disso, as pessoas não assinam propriamente o nome. Geralmente, o ato da assinatura consiste em preencher um formulário com os dados pessoais, inclusive o *e-mail*, e dar *enter* ou clicar *ok*. Outra diferença é que o documento não é encaminhado de uma só vez às autoridades. Cada internauta envia "seu" abaixo-assinado ao *e-mail* do interlocutor.

Se os abaixo-assinados pela Internet oferecem vantagens, como angariar assinaturas em curto tempo, por outro lado trazem desvantagens, como a falta do contato pessoal e de encontros e discussões, que também são práticas sociais importantes para o processo de conscientização política das pessoas.

Thinkstock

8. Observe a linguagem empregada na carta em estudo.

a) Em que pessoa os assinantes se colocam no texto: na 1ª ou 3ª pessoa? Justifique sua resposta com elementos do texto.

b) Qual é o efeito, para o sentido da carta, do emprego dessa pessoa verbal?

c) Em que tempo estão, predominantemente, as formas verbais?

d) Qual é a variedade linguística empregada?

9. Reúna-se com seus colegas de grupo e, juntos, concluam: Quais são as principais características da carta aberta?

PRODUZINDO A CARTA ABERTA

Há, a seguir, duas propostas para a produção de cartas abertas. Com a orientação do professor, desenvolva as duas, se possível.

1. Leia os textos:

Sacolas plásticas voltam a supermercados em 48 horas

Por Elton Bezerra

A Justiça de São Paulo determinou a volta das sacolas plásticas aos supermercados do estado. [...]

A decisão atende pedido ajuizado em Ação Civil Pública pela Associação SOS Consumidor Consciente contra a Associação Paulista de Supermercados (APAS)

[...]

Na decisão, a juíza criticou o fato de os supermercados não terem diminuído o preço dos produtos, mesmo sem a obrigação de fornecer as sacolinhas. "E pior, sem que tratassem os supermercados de recompor, retirando dela o custo do fornecimento de sacolas, a equação determinante dos preços ao consumidor."

Além disso, também pôs em dúvida o compromisso ambiental alegado pelas empresas, uma vez que elas continuam a utilizar embalagens de plástico no interior dos estabelecimentos, como na separação de frutas.

[...]

(Disponível em: www.conjur.com.br/2012-jun-25/justica-sp-determina-volta-sacolas-plasticas-aos-supermercados. Acesso em: 10/7/2012.)

Governo Federal/WWF-Brasil

Os dois textos apresentam pontos de vista diferentes sobre a mesma questão. Em grupo, discuta o tema com seus colegas. Depois, com base na discussão, adotem um ponto de vista e escrevam uma carta aberta que aborde a questão e defenda o ponto de vista do grupo. Se possível, pesquisem o assunto em outras fontes a fim de obterem mais dados para fundamentar a argumentação.

2. Discuta com o professor e com os colegas para, juntos, identificarem um problema que vem afligindo a escola, a comunidade, a cidade, o Estado ou todo o país e em relação ao qual poderiam ser tomadas medidas com vistas à sua solução ou a que ele seja amenizado. Escolhido o tema, escrevam coletivamente uma carta aberta a ser divulgada para a comunidade escolar ou para a população.

Planejamento do texto

- Identifiquem claramente o problema a ser focalizado.
- Decidam em nome de quem a carta aberta será escrita, onde e como ela vai ser divulgada e quem serão os interlocutores.
- Desenvolvam argumentos e, para enriquecê-los, apresentem exemplos que os fundamentem.
- Decidam de que tipo será a conclusão e se serão feitas propostas ou pedido aos destinatários.
- Ao redigir, observem a estrutura conveniente ao gênero, empreguem formas de tratamento adequadas e apresentem com clareza o problema.
- Pensem no leitor, lembrando que a carta será divulgada em local público e lida por pessoas que podem ou não solidarizar-se com o ponto de vista expresso nela.
- Pensem na finalidade da carta. Ela terá como objetivo informar, alertar, persuadir, protestar ou relatar fatos?

Revisão e reescrita

Antes de finalizar a carta aberta, releiam-na, observando:

- se ela apresenta local e data, opcionalmente, e vocativo, corpo do texto, despedida e assinatura;
- se o texto está redigido e estruturado de acordo com o gênero e a situação de comunicação;
- se a linguagem empregada está adequada aos leitores;
- se ela explica em que consiste o problema;
- se ela apresenta argumentos que justificam o ponto de vista a respeito do problema apresentado.

Façam as alterações necessárias e, conforme combinação com o professor e a classe, passem a carta para o suporte final e divulguem-na.

LÍNGUA: USO E REFLEXÃO

Franz Marc. Broken Forms. s/d The Bridgeman Art Library/Grupo Keystone

CAPÍTULO 9

A pontuação

CONSTRUINDO O CONCEITO

Leia o anúncio:

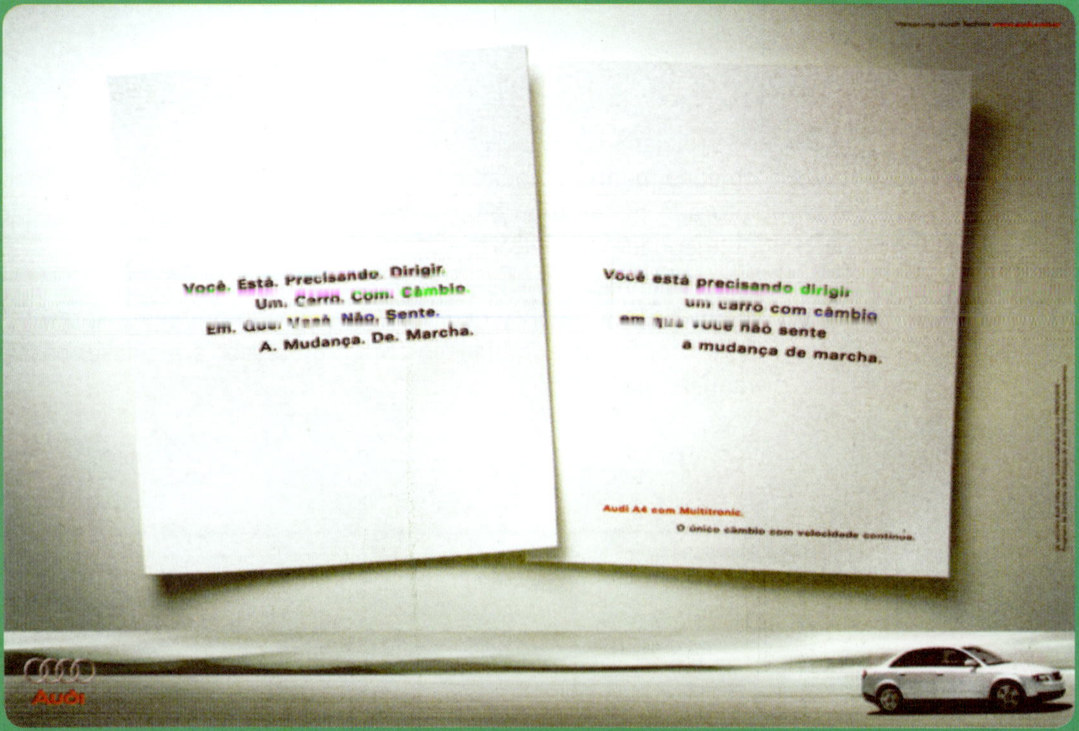

Foto: Rafael Assef/Almap BBDO

(28º Anuário do Clube de Criação de São Paulo.)

1. Na parte inferior do anúncio, há um logotipo, à esquerda, e um carro, à direita.

   a) Esse logotipo representa qual marca de automóvel?

   b) Sabe-se que, no mercado automobilístico, essa marca fabrica carros caros, com motores de grande potência e alta tecnologia. Deduza: Qual é o perfil do público consumidor desse carro?

2. Há, no anúncio, um enunciado que é escrito de duas formas diferentes. Relacionando as formas desse enunciado ao conteúdo, interprete:

   a) O que sugere o ponto após cada uma das palavras, no primeiro enunciado?

   b) O que sugere o emprego de um único ponto do segundo enunciado?

CONCEITUANDO

Você observou que um texto escrito adquire sentidos diferentes quando pontuado de formas diferentes. O uso da pontuação depende da intenção do locutor no discurso. Assim, os sinais de pontuação estão diretamente relacionados ao contexto, ao interlocutor e às intenções. Servem para marcar as pausas e as entonações e também para representar outros componentes específicos da língua falada, como os gestos e a expressão facial. Desse modo, facilitam a leitura e tornam o texto mais claro e preciso.

A **pontuação** marca na escrita as diferenças de entonação, contribuindo para tornar mais preciso o sentido que se quer dar ao texto.

Há alguns sinais de pontuação cujo emprego, atualmente, obedece a uma razoável disciplina, como o ponto e vírgula, o dois-pontos e o ponto de interrogação. Outros têm emprego mais livre, mais subjetivo, como o ponto de exclamação e as reticências.

A entonação

Na fala, a frase é marcada pela entonação, isto é, pelo tom que o falante dá à voz para expressar sua intenção. Na escrita, os sinais de pontuação, indicando pausas, altura de voz, ênfase, etc., aproximam o texto escrito da fala. Observe que, se quisermos expressar a intenção do homem sentado, no cartum abaixo, devemos ler sua fala com um tom de voz mais alto e que revele uma chamada.

Tenório

(Mário Dimov Mastrotti, org. *Isto é um absurdo!*. São Caetano do Sul: Virgo, 2004. p. 49.)

VÍRGULA

A vírgula entre os termos da oração

Emprega-se a vírgula:

- para separar termos que exercem a mesma função sintática – *sujeito composto*, *complementos*, *adjuntos* –, quando não vêm unidos por *e*, *ou* e *nem*:

Deu-me *livros, revistas de arte, discos antigos e CDs.*
(objeto direto: *livros, revistas de arte, discos antigos e CDs*)

- para isolar o *aposto*:

O resto, *as louças, os cristais, os talheres*, irá nas caixas menores.

- para isolar o *vocativo*:

Você ouviu, *Maria*, que notícia estranha?

- para isolar o *adjunto adverbial*, quando ele é extenso ou quando se quer destacá-lo:

À noite, faço um curso de inglês intensivo.

- para isolar expressões explicativas como *isto é, por exemplo, ou melhor, a saber, ou seja*, etc.

Entregaram-me a encomenda, *isto é*, os móveis e as cadeiras, com um mês de atraso.

- para isolar o *nome de um lugar* anteposto à data:

Recife, 20 de dezembro de 2012.

Quando não empregar a vírgula

Não se recomenda empregar a vírgula entre o sujeito e o predicado e entre o verbo e seus complementos, a não ser que haja termo ou oração intercalados. Assim, no anúncio abaixo, no enunciado "Um bom conteúdo perde muito sem um bom papel", não se separa por vírgula o sujeito *Um bom conteúdo* do predicado *perde muito sem um bom papel*.

Carillo Pastore Euro RSCG

A vírgula entre as orações

Coordenadas

Emprega-se a vírgula para separar:

- as orações *coordenadas assindéticas*: Foi à porta, espiou, correu para dentro assustada.
- as orações *coordenadas sindéticas*, com exceção das introduzidas pela conjunção *e*:

Talvez seja engano meu, mas acho-a agora mais serena.

Observação

As orações coordenadas sindéticas unidas pela conjunção *e* podem vir separadas por vírgulas quando:

- têm sujeitos diferentes: "A criatura desviou-se, e ao cabo de um minuto as linhas moveram-se [...]" (Graciliano Ramos)
- a conjunção é repetida várias vezes: Queria não ver, e abaixava os olhos, e tapava-os com as mãos, e sentia-se fechar em si mesma.

Subordinadas substantivas

Somente as orações *subordinadas substantivas apositivas* devem ser separadas por vírgula (ou dois-pontos) da oração principal; as demais substantivas, não.

Ele só pensava numa coisa, *que não cederia*.

Subordinadas adjetivas

Somente as orações *subordinadas adjetivas explicativas* devem ser separadas por vírgula da oração principal; as *restritivas*, não.

Etc.

Considerando que *etc.* é abreviatura da expressão latina *et coetera*, que significa "e outras coisas", o emprego da vírgula antes dele seria dispensável. Entretanto, o acordo ortográfico em vigor no Brasil exige que empreguemos *etc.* precedido de vírgula. Veja o exemplo:

Trouxe nesta pasta as fotografias, as cartas, os documentos, etc.

Nem ele, *que é o melhor da turma*, quis participar do torneio de xadrez.

Subordinadas adverbiais

As orações *subordinadas adverbiais* são separadas por vírgula:

- opcionalmente, se vierem *após* a oração principal:

[or. principal] Ouvia histórias macabras deste lugar, [or. subord. adverbial temporal] quando eu era menino.
(vírgula optativa)

- obrigatoriamente, se vierem *antepostas* ou *intercaladas* à oração principal:

[or. subord. adv. condicional] Se tudo der certo, [or. principal] voltarei hoje mesmo.
(vírgula obrigatória)

[or. principal] Esses fatos, [or. subord. adverbial conformativa] conforme informamos no jornal do meio-dia, [or. principal] são falsos.
(vírgula obrigatória) ... (vírgula obrigatória)

Observe que, no balão do 1º quadrinho, a oração subordinada adverbial temporal *Depois que troquei o violão pela flauta* vem anteposta à oração principal *as formigas passaram a gostar de mim*. Nesse caso, para separar as orações, a vírgula é obrigatória.

(Fernando Gonsales. *Níquel Náusea – Em boca fechada não entra mosca*. São Paulo: Devir, 2008. p. 17.)

• obrigatoriamente, quando forem reduzidas de gerúndio, particípio e infinitivo:

> or. subord. adverbial condicional reduzida de gerúndio: **Agindo impensadamente,** | or. principal: **jamais conseguirá o apoio de seus pais.**
> (vírgula obrigatória, depois de "impensadamente")

Agindo impensadamente, jamais conseguirá o apoio de seus pais.

PONTO E VÍRGULA

Emprega-se o ponto e vírgula:

• antes das orações sindéticas adversativas e conclusivas, quando apresentarem a conjunção deslocada:

> Os alunos pretendiam montar um pequeno laboratório de ciências; o dinheiro arrecadado, entretanto, não foi o suficiente.
>
> Você já recebeu dois convites; deve, portanto, comparecer à cerimônia.

Observe que, nesse caso, a conjunção vem entre vírgulas.

• para separar orações, desde que a segunda contenha zeugma:

> Vocês anseiam pela violência; nós, pela paz.

• para separar os itens dos enunciados enumerativos:

> As águas das chuvas provocam sérios problemas à rede de esgotos. Evite problemas, procedendo da seguinte forma:
>
> a) não ligue ralos de fundo de quintais às redes de esgoto;
>
> b) tampe as caixas de inspeção e limpe-as a cada três meses;
>
> c) não jogue nos vasos sanitários fraldas descartáveis, absorventes higiênicos, plásticos, estopas, panos e produtos similares.

PONTO

Emprega-se no final de frases *declarativas*: Os livros foram danificados pelas traças.

PONTO DE INTERROGAÇÃO

Emprega-se no final de frases *interrogativas diretas*:

> E eu? O que devo fazer?

PONTO DE EXCLAMAÇÃO

Emprega-se no final de frases exclamativas, com a finalidade de indicar estados emocionais, como espanto, surpresa, dor, alegria, súplica, etc.:

> Saia daqui já!

Observe os sinais de pontuação empregados na tira. No 1º quadrinho, o sinal de interrogação conota a fala meio irônica da personagem de óculos; na resposta de seu interlocutor, a exclamação indica indignação; já no segundo quadrinho, a exclamação indica ênfase, certeza.

Fernando Gonsales

(Fernando Gonsales. *Folha de S. Paulo*, 23/7/2004.)

DOIS-PONTOS

É usado para introduzir palavras, expressões, orações ou citações que servem para enumerar ou esclarecer o que se afirmou anteriormente:

"Lembrei-me do nome e do tipo: era João Francisco Gregório, caboclo robusto, desconfiado..."

(Graciliano Ramos)

ASPAS

São usadas no início e no final de citações; para destacar palavras estrangeiras, neologismos, gírias; para marcar ironia; para indicar mudança de interlocutor nos diálogos; quando o termo não é muito preciso para o contexto, como se pode observar no último quadrinho da tira abaixo.

PARÊNTESES

São empregados para separar, em um período, palavras ou frases explicativas e nas indicações bibliográficas:

"Depois do jantar (mal servido) Seu Dagoberto saiu do Grande Hotel e Pensão do Sol (Familiar) palitando os dentes caninos."

(Alcântara Machado)

TRAVESSÃO

É utilizado:

- para indicar a mudança de interlocutor nos diálogos:

— Quer saber de uma coisa? O melhor é nós terminarmos.
— Terminarmos?
Ele sentiu um frio.
— Não combinamos mais mesmo.

(Luiz Vilela)

- para isolar a fala da personagem da fala do narrador:

— Que deseja agora? — gritou-lhe afinal, a voz transtornada. — Já não lhe disse que não tenho nada a ver com suas histórias?

(Fernando Sabino)

• para destacar ou isolar palavras ou expressões no interior de frases:

Grande futuro? Talvez naturalista, literato, arqueólogo, banqueiro, político, ou até bispo — bispo que fosse —, uma vez que fosse um cargo...

(Machado de Assis)

RETICÊNCIAS

Indicam a interrupção da frase, feita com a finalidade de sugerir:

• dúvida, hesitação, surpresa:

Não quero ir à casa dela porque... porque não quero vê-la tão cedo.
Qualquer dia destes, embarco... pra China!

• prolongamento da frase: Naquele jardim havia de tudo: dálias, rosas, crisântemos, violetas...

• interrupção do pensamento ou sugestão para que o leitor complete o raciocínio:

Depois de tantos anos, finalmente nos encontramos e...

• destaque a uma palavra ou expressão: De todas as minhas experiências, nada equivaleu a... ser pai!

• supressão de trecho em textos:

"A democratização dos estudos trouxe para as escolas de ensino médio alunos que outrora ingressavam diretamente na vida ativa. [...] No ensino médio, os estabelecimentos escolares recebem alunos muito heterogêneos no que tange à relação com o saber."

(Philippe Perrenoud)

EXERCÍCIOS

Leia o poema a seguir, de Mário Quintana, e responda às questões 1 e 2:

O gato

PBNJ Productions/Corbis/Latinstock

O gato chega à porta do quarto onde escrevo.
Entrepara... hesita... avança...

Fita-me.
Fitamo-nos.

Olhos nos olhos...
Quase com terror!

Como duas criaturas incomunicáveis e solitárias
Que fossem feitas cada uma por um Deus diferente.

(*Preparativos de viagem*. São Paulo: Globo, 1997. p. 25.)

1. Considerando que a pontuação marca na escrita as diferenças de entonação, contribuindo para tornar mais preciso o sentido que se quer dar ao texto, analise semanticamente o emprego da pontuação no poema "O gato" e justifique:

a) o emprego do ponto e das reticências na primeira estrofe:

> "O gato chega à porta do quarto onde
> [escrevo.
> Entrepara... hesita... avança..."

b) o emprego do ponto na segunda estrofe:

> "Fita-me.
> Fitamo-nos."

c) O emprego das reticências e do ponto de exclamação na terceira estrofe:

> "Olhos nos olhos...
> Quase com terror!"

2. Analise e interprete os últimos versos do poema:

> "Como duas criaturas incomunicáveis
> [e solitárias
> Que fossem feitas cada uma por um
> [Deus diferente."

Leia o texto de campanha comunitária a seguir e responda às questões 3 e 4.

Reprodução

3. A campanha tem como finalidade conscientizar a população sobre a importância da coleta seletiva. A frase "Eu colaboro!", seguida de um ponto de exclamação, faz supor uma pergunta implícita. Qual é ela?

4. Observe as cores utilizadas no anúncio, excluídas as do boneco:

a) Quais são elas?

b) Que relação elas mantêm com a coleta seletiva do lixo?

5. Leia este anúncio:

Reprodução

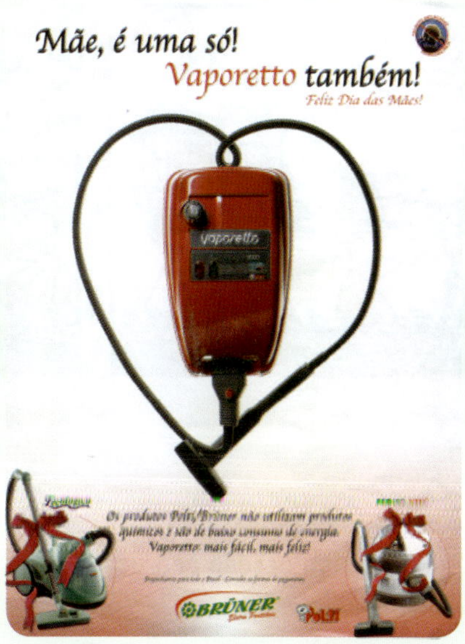

(*Nova*, ano 31, nº 5.)

a) No texto da parte superior do anúncio, há uma inadequação quanto ao emprego da vírgula. Explique por quê.

b) Levante hipóteses: Qual foi, provavelmente, a intenção do anunciante ao empregar a vírgula nesse enunciado?

6. Leia a placa abaixo.

José Eduardo Camargo/Abril Imagens

(José Eduardo Camargo (fotos) e L. Soares (cordel). *O Brasil das placas – Viagem por um país ao pé da letra.* São Paulo: Abril, 2003. p. 23.)

a) Há, na placa, uma palavra que apresenta um problema ortográfico. Qual é essa palavra e como ela deve ser grafada?

b) Qual é o significado dessa palavra?

c) Qual é a abreviatura de metro(s)?

d) Do modo como está redigido o enunciado, que sentido ele produz?

e) Reescreva o enunciado de acordo com a norma-padrão, de maneira a desfazer a ambiguidade e empregando apenas um sinal de pontuação.

Leia a tira a seguir, de Laerte, e responda às questões 7 e 8:

Laerte

(*Folha de S. Paulo*, 1º/4/2003.)

7. No 1º quadrinho:

a) Tanto na fala de Muketa quanto na de Bwana, que termo da oração aparece isolado por vírgula?

b) Observe o contexto e responda: Por que foi empregado o ponto e vírgula depois da frase "Vocês são pobres porque são atrasados"?

c) O que o emprego das reticências sugere depois da palavra *Muketa*?

8. No enunciado "É simples: um homem, um voto – e a maioria decide", do 2º quadrinho, há dois termos implícitos. Considerando essa informação, justifique o emprego dos sinais de pontuação nesse enunciado.

A PONTUAÇÃO NA CONSTRUÇÃO DO TEXTO

Leia o anúncio abaixo.

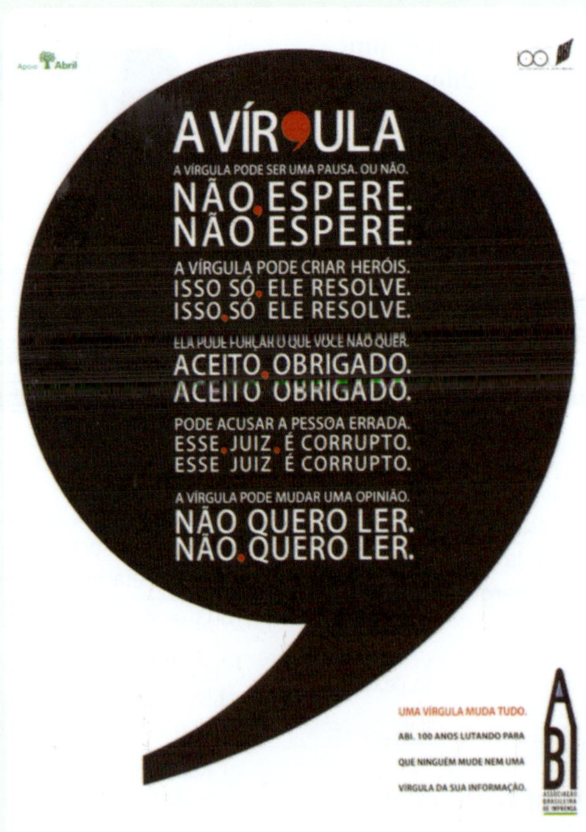

Associação Brasileira de Imprensa

1. Segundo o anúncio, "Uma vírgula muda tudo". Analise semanticamente o emprego da vírgula nas frases destacadas em cada uma das situações a seguir e interprete a diferença entre os enunciados.

a) "A vírgula pode ser uma pausa, ou não.
Não, espere.
Não espere."

b) "A vírgula pode criar heróis.
Isso só, ele resolve.
Isso, só ele resolve."

c) "Ela pode forçar o que você não quer.
Aceito, obrigado.
Aceito obrigado."

d) "Pode acusar a pessoa errada.
Esse, juiz, é corrupto.
Esse juiz é corrupto."

e) "A vírgula pode mudar uma opinião.
Não quero ler.
Não, quero ler."

2. Observe o texto verbal e a imagem na parte inferior do anúncio e o logotipo na parte superior, em verde.

a) Quem é o locutor do texto?

b) Levante hipóteses: Onde, provavelmente, foi veiculado o anúncio? Justifique.

c) Explique qual é a finalidade do anúncio.

d) A quem se dirige esse discurso?

3. Considerando o discurso como um todo, ou seja, o texto, o contexto, os interlocutores, a intencionalidade:

a) O que pode agregar semanticamente ao discurso a cor preta da vírgula, a cor vermelha das vírgulas menores e a cor branca das palavras?

b) Analise a ambiguidade da expressão em destaque:

"ABI. 100 anos lutando para que ninguém mude *nem uma vírgula* da sua informação."

Para que serve a pontuação?

Diferentemente da fala, que, além da palavra, conta com vários outros recursos para a construção de sentido – expressão facial, entonação, gestos, postura corporal, ambiente, etc. –, a linguagem escrita dispõe apenas de recursos gráficos. Entre esses recursos, a pontuação é um dos mais importantes, pois ajuda a organizar sintaticamente o texto, a evitar ambiguidades, a enfatizar um termo da oração e a tornar as ideias do texto mais claras e precisas.

c) Considerando-se o passado histórico brasileiro de repressão à liberdade de expressão, qual é a mensagem implícita do discurso?

d) O fundo preto do texto forma uma grande vírgula. Interprete: Por que a vírgula, sendo um sinal gráfico tão pequeno, foi escrita com esse tamanho?

SEMÂNTICA E DISCURSO

Leia o texto a seguir e responda às questões de 1 a 3.

Ricardo Dantas

eu estava ali deitado olhando através da vidraça as roseiras no jardim, fustigadas pelo vento que zunia lá fora e nas venezianas do meu quarto e de repente cessava e tudo ficava tão quieto tão triste e de repente recomeçava e as roseiras frágeis e assustadas irrompiam na vidraça e eu estava ali o tempo todo olhando estava em minha cama com a minha blusa de lã as mãos enfiadas nos bolsos os braços colados ao corpo as pernas juntas estava de sapatos Mamãe não gostava que eu deitasse de sapatos deixe de preguiça menino! mas dessa vez eu estava deitado de sapatos e ela viu e não falou nada ela sentou-se na beirada da cama e pousou a mão em meu joelho e falou você não quer mesmo almoçar?

eu falei que não não quer comer nada? eu falei que não nem uma carninha assada daquelas que você gosta? com uma cebolinha de folha lá da horta um limãozinho uma pimentinha? ela sorriu e deu uma palmadinha no meu joelho e eu também sorri mas falei que não não estava com a menor fome nem uma coisinha meu filho? uma coisinha só? eu falei que não e então ela ficou me olhando e então ela saiu do quarto eu estava de sapatos e ela não falou nada ela não falaria nada meus sapatos engraxados bonitos brilhantes

ele não quer comer nada? escutei papai perguntando e mamãe decerto só balançou a cabeça porque não escutei ela responder e agora eles estavam comendo em silêncio os dois sozinhos lá na mesa em silêncio o barulho dos garfos a casa quieta e fria e triste o vento zunindo lá fora e nas venezianas de meu quarto.

[...]

(Luiz Vilela. "Eu estava ali deitado". *No bar*. São Paulo: Ática,1984. Disponível em: http://literaturanoallyrio.blogspot.com.br/2010/12/eu-estava-ali-deitado.html. Acesso em: 10/7/2012.)

1. Com base na leitura do texto, responda:

a) O narrador participa da história? Justifique sua resposta com base em elementos do texto.

b) Quais personagens aparecem no trecho lido?

c) De que trata a narrativa?

2. Há poucos sinais de pontuação no texto lido. Reescreva os trechos abaixo, pontuando-os segundo as regras de uso dos sinais de pontuação.

a) "e eu estava ali o tempo todo olhando estava em minha cama com a minha blusa de lã as mãos enfiadas nos bolsos os braços colados ao corpo as pernas juntas"

b) "ela sentou-se na beirada da cama e pousou a mão em meu joelho e falou você não quer mesmo almoçar?"

c) "ele não quer comer nada? escutei papai perguntando e mamãe decerto só balançou a cabeça porque não escutei ela responder"

3. Levante hipóteses: Que efeito de sentido o autor pretendeu construir ao optar por escrever o texto com tão poucos sinais de pontuação?

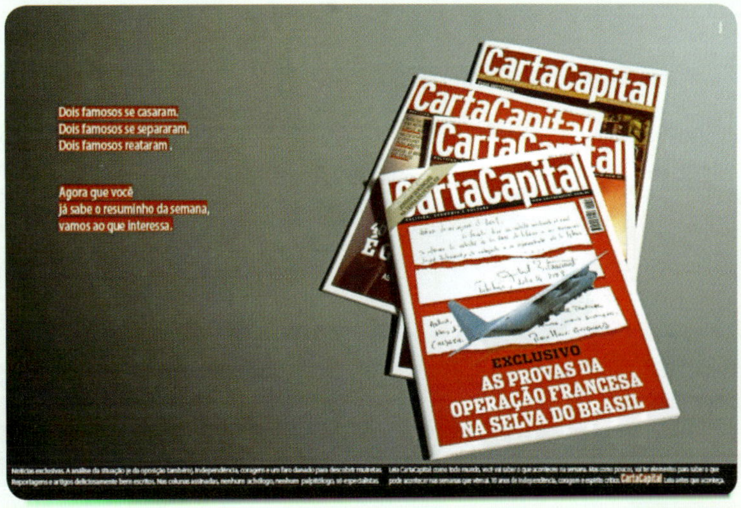

Fallon

Leia o texto ao lado e responda às questões de 4 a 8.

4. Considerando que o texto consiste em um anúncio publicitário, identifique:

a) o anunciante;

b) o produto anunciado;

c) o destinatário.

5. Releia este trecho da parte verbal do anúncio:

> Dois famosos se casaram.
> Dois famosos se separaram.
> Dois famosos reataram.

Fallon

a) Reescreva o trecho, eliminando as repetições e o ponto das duas primeiras frases.

b) A expressão *dois famosos*, repetida nas três frases, têm necessariamente o mesmo referente, isto é, dizem respeito às mesmas pessoas?

c) Com a eliminação das repetições e do ponto das duas primeiras frases, o sentido do enunciado se mantém? Justifique sua resposta.

6. Releia este enunciado da parte verbal do anúncio:

> "Agora que você já sabe o resuminho da semana, vamos ao que interessa."

a) Justifique o uso da vírgula entre as duas orações do enunciado.

b) Levante hipóteses: Considerando os elementos envolvidos na situação de produção do texto, o que significa a expressão *o que interessa*, do enunciado?

7. A presença do ponto no trecho "Dois famosos se casaram. Dois famosos se separaram. Dois famosos reataram." é ilustrativa da situação típica de emprego desse sinal de pontuação.

a) Quando o ponto é geralmente usado?

b) Tendo em vista o sentido de *o que interessa*, do enunciado "Agora que você já sabe o resuminho da semana, vamos ao que interessa", levante hipóteses: Que outro sentido a repetição do ponto nas três frases do trecho "Dois famosos se casaram [...] reataram." acrescenta ao texto?

8. Embora de forma não explícita, o texto lido mantém uma relação intertextual e interdiscursiva com outros textos/discursos – mais especificamente, com outros veículos de comunicação.

a) Que trecho da parte verbal do anúncio sugere outros textos/discursos ou outras revistas?

b) Deduza: Pela perspectiva do anúncio, a que é dado destaque nesses outros textos/discursos ou outras revistas?

c) Conclua: Qual imagem do anunciante e de seus concorrentes é construída a partir do modo como o anúncio foi construído?

Miguel Moreira/Getty Images

Coimbra, palco da renovação presencista.

CAPÍTULO 10

O Modernismo em Portugal: a segunda geração

No final da década de 1920, um grupo de acadêmicos de Coimbra fundou a revista Presença. *Sem romper com a geração anterior, os presencistas pretendiam abrir novos canais de participação para aqueles que tinham ficado fora do orfeísmo e, ao mesmo tempo, trazer à literatura portuguesa uma discussão mais profunda sobre teoria da literatura e novas formas de expressão.*

O presencismo, ou a segunda geração do Modernismo português, articulou-se em torno da revista *Presença*, lançada em 1927. Portugal vivia então uma forte crise política, gerada pelo golpe integralista de 1926, que levaria o país à ditadura dois anos depois. Um sentimento de pessimismo político e descrença na República tomava conta do país.

Presença deveria ser uma publicação estritamente literária, sem nenhum compromisso com correntes políticas, sociais ou religiosas. O objetivo central a ser alcançado com sua divulgação era levar adiante o projeto de modernidade iniciado por *Orpheu* e varrer resquícios de romantismo, historicismo e decadentismo que ainda perduravam na cultura portuguesa. Ao mesmo tempo, influenciados por pensadores e escritores como Bergson, Freud, Gide e Proust, os presencistas queriam trazer à literatura portuguesa uma discussão teórica mais consistente sobre as formas de expressão literária.

Portanto, sem que houvesse rupturas com a geração anterior, os membros da *Presença* buscavam opções estéticas que configurassem uma *literatura viva*. José Régio, um dos fundadores da revista, assim se posicionou no primeiro número, no artigo intitulado "Literatura viva":

> Em Arte, é vivo tudo o que é original. É original tudo o que provém da parte mais virgem, mais verdadeira e mais íntima duma personalidade artística. A primeira condição duma obra viva é pois ter uma personalidade e obedecer-lhe.
>
> (Apud Massaud Moisés. *A literatura portuguesa*. São Paulo: Cultrix, 1977. p. 317.)

Capa de um dos números da revista *Presença*, órgão literário que deu início à segunda fase do Modernismo português.

De acordo com o ponto de vista do crítico literário Benjamin Abdala Junior:

> [...] os presencistas divulgaram a concepção vitalista da obra de arte, de forma abstrata. O artista deveria ser "original", "sincero", e revelar a sua "verdade" mais "profunda", conceitos, como se vê, nebulosos. Para tanto, deveria ser ainda um indivíduo "superior" e situar-se acima dos fatos sociais, buscando suas essencialidades individuais. Como é de observar, essas ideias estavam efetivamente distantes da teorização da modernidade artística e bastante próximas de uma espécie de romantismo de ênfase na psicologia
>
> (Apud Maria Aparecida Santilli e Suely Fadul Villibor Flory. *Literaturas de língua portuguesa - Marcos e marcas*. São Paulo: Arte & Ciência, 2007. p. 282.)

Entre os presencistas, destacaram-se José Régio e João Gaspar Simões. Também fizeram parte do grupo Adolfo Casais Monteiro, Miguel Torga, Branquinho da Fonseca e Edmundo de Bettencourt.

JOSÉ RÉGIO: A POESIA ENTRE DEUS E O DIABO

José Régio (1901-1969) é dos mais significativos escritores portugueses do século XX e, provavelmente, a principal expressão do grupo formado em torno da revista *Presença*, da qual foi um dos fundadores e diretores. O poeta nasceu em Vila do Conde (Porto), estudou Letras em Coimbra e exerceu o magistério.

José Régio.

Sua vasta produção, iniciada com a publicação de *Poemas de Deus e do diabo*, em 1925, dois anos antes da criação da revista *Presença*, abrange a poesia, o romance, o conto, o teatro e a crítica literária.

Entre outras obras em verso, publicou *As encruzilhadas de Deus* e *Mas Deus é grande*. Seu primeiro romance, *Jogo da cabra cega* (1934), é considerado um dos marcos da prosa contemporânea; sucederam-no

Davam grandes passeios aos domingos, *A velha casa* (ciclo de cinco romances). No teatro, entre outras peças, escreveu *Jacob e o anjo* e *Benilde ou a virgem-mãe*.

De modo geral, a produção de José Régio caracteriza-se pela abordagem introspectiva e psicanalítica e pela sondagem dos conflitos e das aspirações do homem em sua relação com o mundo.

O tema religioso ganha destaque especial porque põe a nu as contradições do ser humano, dividido entre o bem e o mal, entre o espírito e a matéria, entre Deus e o diabo.

Nos poemas de fundo religioso dos primeiros livros de José Régio, costuma haver uma identificação entre o eu lírico e a figura de Cristo, ambos irmanados pela dor, pelo sofrimento e pelo sentimento de inadaptação ao mundo. O poema seguinte ilustra essa atitude.

Cristo

Quando eu nasci, Senhor! Já tu lá estavas,
Crucificado, lívido, esquecido.
Não respondeste, pois, ao meu gemido,
Que há muito tempo já que não falavas...

Redemoinhavam, longe, as turbas bravas,
Alevantando ao ar fumo e alarido.
E a tua benta Cruz de Deus vencido,
Quis eu erguê-la em minhas mãos escravas!

A turba veio então, seguiu-me os rastros;
E riu-se, e eu nem sequer fui açoitado,
E dos braços da Cruz fizeram mastros...

Senhor! Eis-me vencido e tolerado:
Resta-me abrir os braços a teu lado,
E apodrecer contigo à luz dos astros!

(*Poemas de Deus e do diabo*. 8. ed. Porto: Brasília Ed., 1972. p. 31.)

LEITURA

O poema a seguir pertence à obra *Poemas de Deus e do diabo* e é um dos mais conhecidos de José Régio. (Maria Bethânia, no disco *Nossos momentos*, Philips, 1982, faz uma bela declamação desse texto. Se possível, ouça-a.)

José Régio

Ilustração do próprio José Régio para o poema "Cântico negro".

Cântico negro

"Vem por aqui" — dizem-me alguns com olhos doces,
Estendendo-me os braços, e seguros
De que seria bom que eu os ouvisse
Quando me dizem: "vem por aqui"!
Eu olho-os com olhos lassos,
(Há, nos meus olhos, ironias e cansaços)
E cruzo os braços,
E nunca vou por ali...

A minha glória é esta:
Criar desumanidade!
Não acompanhar ninguém.
— Que eu vivo com o mesmo sem-vontade
Com que rasguei o ventre a minha Mãe.

Não, não vou por aí! Só vou por onde
Me levam meus próprios passos...
Se ao que busco saber nenhum de vós responde,

Por que me repetis: "vem por aqui"?
Prefiro escorregar nos becos lamacentos,
Redemoinhar aos ventos,
Como farrapos, arrastar os pés sangrentos,
A ir por aí...

Se vim ao mundo, foi
Só para desflorar florestas virgens,
E desenhar meus próprios pés na areia
[inexplorada!
O mais que faço não vale nada.
Como, pois, sereis vós
Que me dareis impulsos, ferramentas, e
[coragem
Para eu derrubar os meus obstáculos?...
Corre, nas vossas veias, sangue velho dos
[avós,
E vós amais o que é fácil!

Eu amo o Longe e a Miragem,
Amo os abismos, as torrentes, os desertos...

Ide! tendes estradas,
Tendes jardins, tendes canteiros,
Tendes pátrias, tendes tetos,
E tendes regras, e tratados, e filósofos, e
[sábios.
Eu tenho a minha Loucura!
Levanto-a, como um facho, a arder na noite
[escura,
E sinto espuma, e sangue, e cânticos nos
[lábios...
Deus e o Diabo é que me guiam, mais nin-
[guém.
Todos tiveram pai, todos tiveram mãe;
Mas eu, que nunca principio nem acabo,
Nasci do amor que há entre Deus e o Diabo.

Ah, que ninguém me dê piedosas inten-
[ções!
Ninguém me peça definições!
Ninguém me diga: "vem por aqui"!
A minha vida é um vendaval que se soltou.
É uma onda que se alevantou.
É um átomo a mais que se animou...
Não sei por onde vou,
Não sei para onde vou
— Sei que não vou por aí!

(*Poemas de Deus e do diabo*, cit., p. 57-9.)

lasso: cansado, fatigado.

1. O eu lírico dirige-se a seus interlocutores, criticando-os por seus valores e por sua visão de mundo. De acordo com o texto:

a) Quem provavelmente são esses interlocutores e qual a sua visão de mundo?

b) Em que os valores do eu lírico diferem dos valores de seus interlocutores?

c) Como se sente o eu lírico em sua relação com o mundo?

2. Na penúltima estrofe do poema, é apontada uma causa possível da inadaptação do eu ao mundo. Identifique-a e explique-a.

3. Com base nas ideias do poema, justifique o seu título.

4. José Régio persegue, na literatura portuguesa, a tradição de Guerra Junqueiro, cuja poesia é marcada por um tom grandiloquente e dramático. Em "Cântico negro", o caráter dramático do texto reside, sobretudo, no tom declamatório dos versos e na força de algumas imagens.

a) Destaque alguns versos que comprovem essa afirmação.

b) Que aspectos do poema se identificam com a representação teatral?

INTERPRETAÇÃO DE TEXTO

Flying Colours Ldt/Digital Vision/Getty Images

CAPÍTULO 11

Competências e habilidades do Enem (I)

Saber ler e interpretar um texto adequadamente é condição essencial para qualquer pessoa obter sucesso na vida pessoal e profissional. Em exames oficiais como o Enem, a interpretação de textos vem ocupando boa parte da prova e cumprindo, por isso, um papel decisivo no ingresso à universidade. Neste capítulo, você vai saber o que são as competências e habilidades avaliadas no exame do Enem e observar como elas são utilizadas nas questões de interpretação de textos.

O QUE SÃO COMPETÊNCIAS E HABILIDADES?

Veja a explicação para **competência** dada por Philippe Perrenoud, especialista em educação:

> [Competência é a] capacidade de agir eficazmente em um determinado tipo de situação, apoiada em conhecimentos, mas sem limitar-se a eles.
>
> (*Construir as competências desde a escola*. Porto Alegre: Artmed, 1999. p. 7.)

Veja agora a explicação do próprio Enem:

> Competências são as modalidades estruturais da inteligência, ou melhor, ações e operações que utilizamos para estabelecer relações com e entre objetos, situações, fenômenos e pessoas que desejamos conhecer.
>
> (*Eixos cognitivos do Enem – Versão preliminar*. Brasília: MEC/INEP, 2007. p. 18.)

Vistas como "modalidades estruturais da inteligência", as competências se concretizam por meio de ações e operações que o estudante mobiliza para enfrentar determinada situação ou resolver um problema. Essas ações e operações são chamadas de **habilidades**.

Veja como o próprio Enem conceitua essa expressão:

> As habilidades decorrem das competências adquiridas e referem-se ao plano imediato do "saber fazer". [...] As habilidades expressam como os alunos concretizam suas ações, procedimentos e estratégias na resolução de problemas relativos aos diferentes domínios do conhecimento.
>
> (*Eixos cognitivos do Enem*, cit., p. 18 e 34-5.)

As competências se concretizam, assim, por meio de ações e operações, ou seja, habilidades, que o estudante mobiliza para enfrentar determinada situação ou resolver um problema. Portanto, **competência** é o *saber* fazer e **habilidade** é o *como* fazer.

Thinkstock/Getty Images

Apresentaremos, neste capítulo, as competências da área de Linguagens, códigos e suas tecnologias definidas pelo Enem. As competências e habilidades de outras áreas você poderá conhecer acessando a Matriz de referências para o Enem 2009 no *site* http://portal.mec.gov.br/dmdocuments/matriz_referencia_novoenem.pdf.

Competências de área 1, 2 e 3 referentes a Linguagens, códigos e suas tecnologias

A seguir, apresentamos as três primeiras competências e suas respectivas habilidades indicadas pela Matriz de referência de Linguagens, códigos e suas tecnologias.

COMPETÊNCIA DE ÁREA 1 – Aplicar as tecnologias da comunicação e da informação na escola, no trabalho e em outros contextos relevantes para sua vida.	
H1	Identificar as diferentes linguagens e seus recursos expressivos como elementos de caracterização dos sistemas de comunicação.
H2	Recorrer aos conhecimentos sobre as linguagens dos sistemas de comunicação e informação para resolver problemas sociais.
H3	Relacionar informações geradas nos sistemas de comunicação e informação, considerando a função social desses sistemas.
H4	Reconhecer posições críticas aos usos sociais que são feitos das linguagens e dos sistemas de comunicação e informação.

COMPETÊNCIA DE ÁREA 2 – Conhecer e usar língua(s) estrangeira(s) moderna(s) como instrumento de acesso a informações e a outras culturas e grupos sociais.	
H5	Associar vocábulos e expressões de um texto em LEM [língua estrangeira moderna] ao seu tema.
H6	Utilizar os conhecimentos da LEM e de seus mecanismos como meio de ampliar as possibilidades de acesso a informações, tecnologias e culturas.
H7	Relacionar um texto em LEM, as estruturas linguísticas, sua função e seu uso social.
H8	Reconhecer a importância da produção cultural em LEM como representação da diversidade cultural e linguística.

COMPETÊNCIA DE ÁREA 3 – Compreender e usar a linguagem corporal como relevante para a própria vida, integradora social e formadora da identidade.	
H9	Reconhecer as manifestações corporais de movimento como originárias de necessidades cotidianas de um grupo social.
H10	Reconhecer a necessidade de transformação de hábitos corporais em função das necessidades cinestésicas.
H11	Reconhecer a linguagem corporal como meio de interação social, considerando os limites de desempenho e as alternativas de adaptação para diferentes indivíduos.

Agora, leia e tente resolver três questões de provas do Enem:

1. Definidas pelos países-membros da Organização das Nações Unidas e por organizações internacionais, as metas de desenvolvimento do milênio envolvem oito objetivos a serem alcançados até 2015. Apesar da diversidade cultural, esses objetivos, mostrados na imagem, são comuns ao mundo todo, sendo dois deles:

Disponível em: http://www.chris-alexander.co.uk/1191. Acesso em: 28 jul. 2010 (adaptado).

a) O combate à AIDS e a melhoria do ensino universitário.
b) A redução da mortalidade adulta e a criação de parcerias globais.
c) A promoção da igualdade de gêneros e a erradicação da pobreza.
d) A parceria global para o desenvolvimento e a valorização das crianças.
e) A garantia da sustentabilidade ambiental e o combate ao trabalho infantil.

2.

> A dança é um importante componente cultural da humanidade. O folclore brasileiro é rico em danças que representam as tradições e a cultura de várias regiões do país. Estão ligadas aos aspectos religiosos, festas, lendas, fatos históricos, acontecimentos do cotidiano e brincadeiras e caracterizam-se pelas músicas animadas (com letras simples e populares), figurinos e cenários representativos.
>
> SECRETARIA DA EDUCAÇÃO. *Proposta Curricular do Estado de São Paulo: Educação Física.* São Paulo: 2009 (adaptado).

A dança, como manifestação e representação da cultura rítmica, envolve a expressão corporal própria de um povo. Considerando-a como elemento folclórico, a dança revela:

a) manifestações afetivas, históricas, ideológicas, intelectuais e espirituais de um povo, refletindo seu modo de expressar-se no mundo.

b) aspectos eminentemente afetivos, espirituais e de entretenimento de um povo, desconsiderando fatos históricos.

c) acontecimentos do cotidiano, sob influência mitológica e religiosa de cada região, sobrepondo aspectos políticos.

d) tradições culturais de cada região, cujas manifestações rítmicas são classificadas em um *ranking* das mais originais.

e) lendas, que se sustentam em inverdades históricas, uma vez que são inventadas, e servem apenas para a vivência lúdica de um povo.

3.

COSTA, C. *Superinteressante*. Fev. 2011 (adaptado).

Os amigos são um dos principais indicadores de bem-estar na vida social das pessoas. Da mesma forma que em outras áreas, a *internet* também inovou as maneiras de vivenciar a amizade. Da leitura do infográfico depreendem-se dois tipos de amizade virtual, a simétrica e a assimétrica, ambas com seus prós e contras. Enquanto a primeira se baseia na relação da reciprocidade, a segunda:

a) reduz o número de amigos virtuais, ao limitar o acesso à rede.

b) parte do anonimato obrigatório para se difundir.

c) reforça a configuração de laços mais profundos de amizade.

d) facilita a interação entre pessoas em virtude de interesses comuns.

e) tem a responsabilidade de promover a proximidade física.

Confronte as questões lidas às competências de área 1, 2 e 3 e suas respectivas habilidades indicadas pela Matriz de referência de Linguagens, códigos e suas tecnologias definidas pelo Enem. Depois responda:

1. Em relação à questão 1:

a) Qual é a competência de área avaliada? Por quê?

b) Que habilidades estão sendo avaliadas? Por quê?

2. Em relação à questão 2:

a) Qual é a competência de área avaliada? Por quê?

b) Que habilidade(s) está(ão) sendo avaliada(s)? Por quê?

3. Em relação à questão 3:

a) Qual é a competência de área avaliada? Por quê?

b) Que habilidades estão sendo avaliadas? Por quê?

Como é possível verificar, em cada questão é avaliada pelo menos uma competência e uma habilidade. Embora seja mais raro uma questão envolver mais de uma competência, é bastante comum uma questão envolver mais de uma habilidade.

Para você se dar bem nas provas do Enem, não é necessário que reconheça com precisão que competências e habilidades estão sendo avaliadas nas questões. Contudo, conhecê-las e ter certa familiaridade com elas poderá trazer-lhe mais tranquilidade nas provas.

PREPARE-SE PARA O ENEM E O VESTIBULAR

1. Leia a notícia:

Hackers atacam sites de pedofilia e divulgam dados de 1.500 usuários

Grupo Anonymous tirou do ar mais de 40 páginas na Internet utilizadas para compartilhamento de pornografia infantil

O grupo de hackers Anonymous está de volta. Desta vez o seu alvo são os sites mantidos por pedófilos. O grupo tirou do ar nos últimos dias mais de 40 sites utilizados para o compartilhamento de arquivos com pornografia infantil.

E os integrantes do grupo foram além. Segundo o site ZDNet, eles divulgaram na Internet informações de mais de 1.500 usuários que integravam essa rede de crimes. Entre os dados estavam nomes, há quanto tempo fazem isso e quantas fotos compartilharam.

Thinkstock

De acordo com o grupo, como os alertas para a remoção do conteúdo ilegal não foram atendidos, eles entraram nos servidores e tiraram as páginas do ar.

[...]

(http://idgnow.uol.com.br/seguranca/2011/10/24/hackers-atacam-sites-de-pedofilia-e-divulgam-dados-de-1-500-usuarios/)

A atuação do grupo Anonymous relatada no texto constitui uma resposta a uma campanha que foi desenvolvida na Internet contra a pedofilia e os maus-tratos a crianças. Essa campanha possibilitou:

a) identificar mais rapidamente os usuários de *sites* mantidos por pedófilos e seus servidores.

b) identificar *sites* ligados ao crime da pedofilia e omitir o nome de seus autores.

c) identificar *sites* ligados ao crime da pedofilia e tirá-los do ar.

d) modificar a natureza dos *sites* mantidos por pedófilos e torná-los páginas educativas.

e) identificar e incriminar usuários dos *sites* mantidos por pedófilos, apenas.

2. Observe atentamente o quadro *Golconda* (1953), de René Magritte, pintor que teve grande influência sobre as vanguardas artísticas do início do século XX:

Magritte

O quadro pode ser considerado um retrato da industrialização e da sociedade de consumo. Essa afirmação se justifica:

a) pela sequência de janelas fechadas, indicando solidão e medo.

b) pela repetição de perfis e dos figurinos, indicando uniformidade.

c) pela ascensão física dos homens, indicando crítica à religiosidade.

d) pela ausência de movimento, indicando um ambiente urbano voltado exclusivamente ao trabalho.

e) pelas cores escuras das roupas com que as figuras humanas estão vestidas.

3. Leia o texto:

> Foram publicados pelo Comitê Paraolímpico Internacional (IPC), nesta terça-feira, dia 19 de abril, os critérios de classificação para as provas de atletismo dos Jogos Paraolímpicos de Londres 2012, que serão entre os dias 29 de agosto e nove de setembro. Serão 170 provas, sendo 103 masculinas e 67 femininas. O Brasil garantiu dez vagas antecipadas para a disputa, porque ganhou 30 medalhas e ficou em terceiro lugar no Mundial da modalidade, em janeiro deste ano, em Christchurch, na Nova Zelândia.
>
> (http://www.webrun.com.br/esporteadaptado/n/brasil-classifica-dez-atletas-para-os-jogos-paraolimpicos-londres-2012/12104)

Os Jogos Paraolímpicos de que fala o texto são conhecidos como "Paraolimpíadas" e costumam ocorrer logo após a realização dos Jogos Olímpicos. A promoção desse evento, realizado pela primeira vez em Roma, em 1960, tem como finalidade:

a) divulgar as necessidades especiais dos atletas.

b) tratar as dificuldades dos atletas por meio dos esportes olímpicos.

c) divulgar os esportes criados para as necessidades especiais dos atletas.

d) integrar países por meio da convivência de pessoas com deficiência.

e) tratar as dificuldades motoras de atletas lesionados.

4. Leia o texto:

QUEM TEM MEDO DAS BICICLETAS?

Contra uma sociedade egoísta, a luta pelo bem comum. Contra o individualismo, a união. Contra a apatia, a mobilização cidadã.

As últimas manifestações promovidas pelos ciclistas em Curitiba, como a Marcha das 1.000 Bicicletas e o protesto contra o circuito ciclístico de lazer, no último domingo (23), trouxeram a bicicleta para o centro do debate, pautando a agenda da administração pública municipal e os meios de comunicação. A mobilização dessa massa crítica trouxe um sopro de esperança à terra dos pinheirais, que reverberou na cobertura de jornais, rádios, tevês, sites, blogs e nas redes sociais – ao mesmo tempo que provocou certo temor naqueles que se opõem a quaisquer mudanças sociais ou políticas.

[...]

(Alexandre Costa Nascimento. http://www.gazetadopovo.com.br/blog/irevirdebike/?id=1185083&tit=quem-tem-medo-das-bicicletas)

Paul Joseph/Flickr/Getty Images

http://www.gazetadopovo.com.br/midia_tmp/370_BikesWithDevilHorns.jpg

A ilustração do texto é foto de uma placa de trânsito adulterada. Que expressão empregada no texto pode ser associada apropriadamente à ilustração?

a) "naqueles que se opõem"

b) "ciclistas em Curitiba"

c) "mobilização cidadã"

d) "sites, blogs e nas redes sociais"

e) "uma sociedade egoísta"

EM DIA COM O ENEM E O VESTIBULAR

Literatura e estudos de linguagem

1. (PUC-SP)

> Alguns dias antes estava sossegado, preparando látegos, consertando cercas. De repente, um risco no céu, outros riscos, milhares de riscos juntos, nuvens, o medonho rumor de asas a anunciar destruição. Ele já andava meio desconfiado vendo as fontes minguarem. E olhava com desgosto a brancura das manhãs longas e a vermelhidão sinistra das tardes.

O crítico Álvaro Lins, referindo-se a *Vidas Secas*, obra de Graciliano Ramos, da qual se extraiu o trecho acima, afirma que, além de ser o mais humano e comovente dos livros do autor, é "o que contém maior sentimento da terra nordestina, daquela parte que é áspera, dura e cruel, sem deixar de ser amada pelos que a ela estão ligados teluricamente". Por outro lado, merece destaque, dentre os elementos constitutivos dessa obra, a paisagem, a linguagem e o problema social.
Assim, a respeito da linguagem de *Vidas Secas*, é correto afirmar-se que:

a) apresenta um estilo seco, conciso e sem sentimentalismo, o que retira da obra a força poética e impede a presença de características estéticas.
b) caracteriza-se por vocabulário erudito e próprio dos meios urbanos, marcado por estilo rebuscado e grandiloquente.
c) revela um estilo seco, de frase contida, clara e correta, reduzida ao essencial e com vocabulário meticulosamente escolhido.
d) apresenta grande poder descritivo e capacidade de visualização, mas apoia-se em sintaxe marcada por períodos longos e de estrutura subordinativa, o que prejudica sua compreensão.
e) marca-se por estilo [illegible] e sintaxe desconexa, à semelhança da própria estrutura da novela que se constrói de capítulos soltos e ordenação circular.

2. (UNIFESP-SP)

> Paulo Honório cresceu e afirmou-se no clima da posse, mas a sua união com a professorinha idealista da cidade vem a ser o único e decisivo malogro daquela posição de propriedade estendida a um ser humano. (...) romance do desencontro fatal entre o universo do ter e o universo do ser, [a obra] ficara, na economia extrema de seus meios expressivos, como paradigma do romance psicológico e social da nossa literatura. Também aqui vira escritor o herói decaído a anti-herói depois do suicídio da mulher que a sua violência destruíra.
>
> (Alfredo Bosi, *História concisa da Literatura Brasileira*.)

As informações de Alfredo Bosi remetem a:

a) *Senhora*, de José de Alencar.
b) *Dom Casmurro*, de Machado de Assis.
c) *São Bernardo*, de Graciliano Ramos.
d) *Fogo morto*, de José Lins do Rego.
e) *Grande sertão: veredas*, de Guimarães Rosa.

3. (ENEM)

> A velha Totonha de quando em vez batia no engenho. E era um acontecimento para a meninada... Que talento ela possuía para contar as suas histórias, com um jeito admirável de falar em nome de todos os personagens, sem nenhum dente na boca, e com uma voz que dava todos os tons às palavras!
>
> Havia sempre rei e rainha, nos seus contos, e forca e adivinhações. E muito da vida, com as suas maldades e as suas grandezas, a gente encontrava naqueles heróis e naqueles intrigantes, que eram sempre castigados com mortes horríveis! O que fazia a velha Totonha mais curiosa era a cor local que ela punha nos seus descritivos. Quando ela queria pintar um reino era como se estivesse falando dum engenho fabuloso. Os rios e florestas por onde andavam os seus personagens se pareciam muito com a Paraíba e a Mata do Rolo. O seu Barba-Azul era um senhor de engenho de Pernambuco.
>
> José Lins do Rego. *Menino de Engenho*. Rio de Janeiro: José Olympio, 1980, p. 49-51 (com adaptações).

Na construção da personagem "velha Totonha", é possível identificar traços que revelem marcas do processo de colonização e de civilização do país. Considerando o texto acima, infere-se que a velha Totonha:

a) tira o seu sustento da produção da literatura, apesar de suas condições de vida e de trabalho, que denotam que ela enfrenta situação econômica muito adversa.
b) compõe, em suas histórias, narrativas épicas e realistas da história do país colonizado, livres da influência de temas e modelos não representativos da realidade nacional.
c) retrata, na constituição do espaço dos contos, a civilização urbana europeia em concomitância com a representação literária de engenhos, rios e florestas do Brasil.

d) aproxima-se, ao incluir elementos fabulosos nos contos, do próprio romancista, o qual pretende retratar a realidade brasileira de forma tão grandiosa quanto a europeia.
e) imprime marcas da realidade local a suas narrativas, que têm como modelo e origem as fontes da literatura e da cultura europeia universalizada.

4. (ENEM)

Texto I

Logo depois transferiram para o trapiche o depósito dos objetos que o trabalho do dia lhes proporcionava.

Estranhas coisas entraram então para o trapiche. Não mais estranhas, porém, que aqueles meninos, moleques de todas as cores e de idades as mais variadas, desde os nove aos dezesseis anos, que à noite se estendiam pelo assoalho e por debaixo da ponte e dormiam, indiferentes ao vento que circundava o casarão uivando, indiferentes à chuva que muitas vezes os lavava, mas com os olhos puxados para as luzes dos navios, com os ouvidos presos às canções que vinham das embarcações...

AMADO, J. *Capitães da Areia*. São Paulo: Companhia das Letras, 2008 (fragmento).

Texto II

À margem esquerda do rio Belém, nos fundos do mercado de peixe, ergue-se o velho ingazeiro – ali os bêbados são felizes. Curitiba os considera animais sagrados, provê as suas necessidades de cachaça e pirão. No trivial contentavam-se com as sobras do mercado.

TREVISAN, D. *35 noites de paixão: contos escolhidos*. Rio de Janeiro: BestBolso, 2009 (fragmento).

Sob diferentes perspectivas, os fragmentos citados são exemplos de uma abordagem literária recorrente na literatura brasileira do século XX. Em ambos os textos:

a) a linguagem afetiva aproxima os narradores dos personagens marginalizados.
b) a ironia marca o distanciamento dos narradores em relação aos personagens.
c) o detalhamento do cotidiano dos personagens revela a sua origem social.
d) o espaço onde vivem os personagens é uma das marcas de sua exclusão.
e) a crítica à indiferença da sociedade pelos marginalizados é direta.

5. (PUC-SP)

Grita, xinga nomes. Ninguém o atende, ninguém o vê, ninguém o ouve. Assim deve ser o inferno. Pirulito tem razão de ter medo do inferno. É por demais terrível. Sofrer sede e escuridão. (...) Seu pai morrera para mudar o destino dos doqueiros. Quando ele sair será doqueiro também, lutar pela liberdade, pelo sol, por água e de comer para todos. Cospe um cuspo grosso. A sede aperta sua garganta. Pirulito quer ser padre para fugir daquele inferno.

O trecho acima integra o romance *Capitães da Areia*, de Jorge Amado. Descreve a situação de Pedro Bala, preso no reformatório, confinado num cubículo escuro, com fome, sede e humilhação de não poder ficar de pé. A propósito deste trecho, pode-se afirmar que:

a) simboliza, na narrativa, a descida aos infernos da história romanesca. Na dor dessa prova definitiva, o herói retempera o seu amor à liberdade com nova disposição para a luta social.
b) a palavra *inferno*, repetida no texto, é apenas um desabafo do protagonista e não projeta nenhuma analogia com a situação geral das crianças e da sociedade.
c) o estilo quase telegráfico do texto quebra o ritmo da narrativa e impede a possibilidade de criação e de efeitos estéticos.
d) desprovido de recursos estilísticos, limita-se a informar a situação do protagonista, mediante a utilização de uma linguagem objetiva e direta, marcadamente referencial.
e) dá a chave para compreender o mundo interior do personagem, aflorado no texto pelo intenso uso do discurso direto.

6. (ITA-SP) Os romances de Machado de Assis e os de Graciliano Ramos são exemplos bem-acabados da forte presença do realismo na Literatura Brasileira. Entretanto, há diferenças bem marcantes entre a ficção realista do século XIX e a ficção de cunho realista da geração de 30. Algumas delas são:

I. As obras realistas do século XIX (em particular os romances de Machado de Assis) retratam a burguesia rica, enquanto os romances de Graciliano Ramos retratam apenas os retirantes vítimas da seca.
II. No século XIX, o realismo tem preferência pela temática do adultério feminino e do triângulo amoroso, tema este que não é central nas obras da geração de 30, que se preocupam mais com a desigualdade social.
III. Os romances machadianos são urbanos; as obras de Graciliano Ramos retratam, em geral, os ambientes rurais do Nordeste.
IV. No realismo do século XIX, as personagens, em geral, são mesquinhas, vis e medíocres. Já na ficção realista dos anos 30, as personagens são, sobretudo, produtos de um meio social adverso e injusto.

Está(ão) correta(s):

a) apenas I, II e III.
b) apenas I, II e IV.
c) apenas II, III e IV.
d) apenas III e IV.
e) todas.

7. (ENEM)

O Flamengo começou a partida no ataque, *enquanto* o Botafogo procurava fazer uma forte marcação no meio-campo e tentar lançamentos para Victor Simões, isolado entre os zagueiros rubro-negros. *Mesmo* com mais posse de bola, o time dirigido por Cuca tinha grande dificuldade de chegar à área alvinegra *por causa do* bloqueio montado pelo Botafogo na frente da sua área.

No entanto, na primeira chance rubro-negra, saiu o gol. *Após* cruzamento da direita de Ibson, a zaga alvinegra rebateu a bola de cabeça para o meio da área. Kléberson apareceu na jogada e cabeceou por cima do goleiro Renan. Ronaldo Angelim apareceu nas costas da defesa e empurrou para o fundo da rede quase que em cima da linha: Flamengo 1 a 0.

Disponível em: http://momentodofutebol.blogspot.com (adaptado).

O texto, que narra uma parte do jogo final do Campeonato Carioca de futebol, realizado em 2009, contém vários conectivos, sendo que:

a) *após* é conectivo de causa, já que apresenta o motivo de a zaga alvinegra ter rebatido a bola de cabeça.
b) *enquanto* tem um significado alternativo, porque conecta duas opções possíveis para serem aplicadas no jogo.
c) *no entanto* tem significado de tempo, porque ordena os fatos observados no jogo em ordem cronológica de ocorrência.
d) *mesmo* traz ideia de concessão, já que "com mais posse de bola", ter dificuldade não é algo naturalmente esperado.
e) *por causa de* indica consequência, porque as tentativas de ataque do Flamengo motivaram o Botafogo a fazer um bloqueio.

8. (UFAL-AL) É possível reconhecer uma relação semântica de causalidade no seguinte trecho:

a) "Os jornais, creio eu, foram os primeiros a sentir o golpe, os livros logo em seguida, havendo até a previsão de que ele acabará."
b) "Acontece que, mais cedo ou mais tarde, a mídia impressa ficará dependente não dos seus quadros profissionais, de sua estrutura de captação das informações."
c) "Na atual crise que o país atravessa, a imprensa em muitas ocasiões foi caudatária do que os blogs informavam duas, três vezes ao dia."
d) "Com a chegada da internet, suas imensas e inesperadas oportunidades, o monopólio da informação pulverizou-se."
e) "Qualquer pessoa, medianamente informada ou sem informação alguma, pode manter uma fonte de notícias ou comentários com responsabilidade zero, credibilidade zero, coerência zero."

(FATEC-SP) Considere o trecho para responder às questões de números 9 e 10.

Se for em pedaços, faz-se da seguinte maneira: corta-se a couve-flor em diversos ramos e põe-se numa caçarola com água salgada a ferver em quantidade tal que os pedaços fiquem completamente cobertos de água para não escurecerem.

9. A oração – ... para não escurecerem... – indica uma:

a) causa.
b) finalidade.
c) indefinição.
d) comparação.
e) intensificação.

10. A primeira oração do trecho – *Se for em pedaços*, faz-se da seguinte maneira... – sinaliza a presença de:

a) uma imposição.
b) uma hipótese.
c) uma ordem.
d) um pedido.
e) um desejo.

11. (FATEC-SP) Assinale a alternativa em que a expressão entre parênteses substitui a que está destacada no trecho, sem prejuízo de sentido do original.

a) A necessidade nova de cultura, *se* em grande parte produziu apenas, em nossos parnasianos, maior leitura e consequente enriquecimento de temática em sua poesia, teve uma consequência que me parece fundamental. (entretanto)
b) O parnasianismo, entre nós, foi especialmente uma reação de cultura. É *mesmo* isso que o torna simpático... (eventualmente)
c) *Excetuado* um Gonçalves Dias, a nossa poesia romântica é fundamentalmente um lirismo inculto. (Tampouco com)
d) A linguagem falada, *com que* os românticos estavam caminhando vertiginosamente para a fixação estilística de uma língua nacional. (cuja)
e) As academias de arte, [...], *mesmo* criadas muito anteriormente, só nesse período começam a produzir verdadeiros frutos nativos, na pintura, na música. (apesar de)

12. (IFSP-SP) Assinale a alternativa em que se desenvolveu a oração reduzida em destaque de forma coerente com o sentido do texto.

Na avaliação de profissionais que atuam no campo da adoção, as pessoas começaram a reavaliar seus sonhos de maternidade e paternidade *ao perceber* que aquele bebê loiro e de olhos azuis não existe nos abrigos.

a) ... depois que percebessem...
b) ... quando perceberam...
c) ... ainda que tenham percebido...
d) ... embora houvessem percebido...
e) ... à medida que perceberão...

13. (UEL-PR) Assinale o período em que ocorre a mesma relação de sentido indicada pelos termos destacados em "*Quanto maior* a escolarização, *maior* a participação política.".

a) À medida que o tempo passa, tudo se torna mais claro.
b) Vamos nos unir a fim de que nossa força seja maior.
c) Mesmo preso o ladrão, ainda nos preocupava.
d) Quando acordei hoje, ainda estava chovendo muito.
e) Desde que nos esforcemos muito, o problema se resolverá.

14. (UFSM-RS) Observe o seguinte fragmento: "Nos tempos pré-urna eletrônica, *quando* os eleitores podiam escrever na cédula, os descontentes tinham como mostrar quem 'merecia' mesmo seus votos".

Em qual dos períodos a seguir a palavra destacada tem emprego idêntico ao da palavra destacada no fragmento?

a) *Quando* muito, os votos nulos podem melar uma eleição, se passarem dos 50%.
b) Todos sabem que haverá segundo turno, mas ninguém arrisca *quando*.
c) Nas eleições de 1958, *quando* um rinoceronte ficou em 1º lugar, o voto de protesto passou a se chamar "voto Cacareco".
d) Alguém pode me dizer *quando* começam a valer as novas regras da Lei Eleitoral?
e) Há quem insista no voto nulo, *quando* sabe muito bem que isso não resolve os problemas do país.

15. (UFF-RJ) Não só conectores mas também pausas, marcadas pelos sinais de pontuação, assinalam diferentes tipos de relações sintático-semânticas.

Em "Mas andei lendo livros, e descobri que aquelas cores todas não existem na pena do pavão. Não há pigmentos", a pausa marcada pelo ponto final no primeiro período estabelece com o segundo período uma relação de:

a) explicação.
b) temporalidade.
c) condicionalidade.
d) conformidade.
e) comparação.

16. (FATEC-SP) Leia as seguintes frases:

I. Todos eles, *porém*, encontram dificuldades para superar um gigantesco problema: a censura.
II. A segregação digital, *porém*, começa a ser sacudida por caminhos inesperados.

Sabe-se que um dos traços de oralidade é a repetição de palavras. Supondo que quiséssemos evitar essa repetição, sem alterar o sentido da informação expressa, teríamos que substituir a palavra *porém* na segunda frase. Assinale a alternativa que cumpre esse objetivo.

a) A segregação digital, *portanto*, começa a ser sacudida por caminhos inesperados.
b) A segregação digital, *por conseguinte*, começa a ser sacudida por caminhos inesperados.
c) A segregação digital, *pois*, começa a ser sacudida por caminhos inesperados.
d) A segregação digital, *consoante a isso*, começa a ser sacudida por caminhos inesperados.
e) A segregação digital, *todavia*, começa a ser sacudida por caminhos inesperados.

17. (ITA-SP) Assinale a opção em que a ausência de vírgula *não* altera o sentido da frase.

a) Não, espere.
b) Não, quero ler.
c) Aceito, obrigado.
d) Amanhã, pode ser.
e) Eu quero um, sim.

18. (UFC-CE) Analise o que se pede em cada subitem a seguir e assinale a *única* alternativa correta para cada item. A escolha de mais de uma alternativa por item anula a resposta.

a) Em "Inocêncio anunciou aos gritos para os companheiros: Deu o touro, ganhei!" *os dois pontos* são usados para:
- sugerir explicação.
- indicar quebra na sequência de ideias.
- introduzir declaração em estilo direto.

b) Em "– Eu sabia! Eu sabia que havia de me livrar desta corja...", *as reticências* são usadas para:
- denotar interrupção do pensamento.
- indicar a não resposta do interlocutor.
- denotar hesitação em anunciar o pensamento.

c) Em "Vão-se todos pro inferno, magote de miseráveis!", *a vírgula* é usada para:
- isolar o vocativo.
- isolar o adjunto adnominal.
- separar termos coordenados.

d) Em "Era uma voz de rapazote chamando Vivaldo, que se ausentara um momento", *a vírgula* é usada para separar oração:
- adverbial consecutiva.
- adjetiva explicativa.
- intercalada.

e) Em "– Olhe aqui! Seu Vivaldo pediu para informar a milhar assim que corresse.", *o travessão* é usado para:
- denotar pausa mais forte.
- indicar mudança de interlocutor.
- assinalar uma expressão intercalada.

Produção de textos

19. (UFPR-PR) Em 3 de setembro de 2010, a revista *ISTOÉ* publicou uma síntese, assinada por Paulo Lima, do livro ainda inédito *Fé em Deus e pé na tábua – Como e por que você enlouquece dirigindo no Brasil*, do antropólogo Roberto DaMatta:

> Nosso comportamento terrível no trânsito é resultado da nossa incapacidade de sermos uma sociedade igualitária; de instituirmos a igualdade como um guia para a nossa conduta. Nosso trânsito reproduz valores de uma sociedade que se quer republicana e moderna, mas ainda está atrelada a um passado aristocrático, no qual alguns podiam mais do que muitos, como ocorre até hoje. Em casa,

nós somos ensinados que somos únicos, especiais. Aprendemos que nossas vontades sempre podem ser atendidas. É o espaço do acolhimento, do tudo é possível por meio da mamãe. Daí a pessoa chega na rua e não consegue entender aquele espaço onde todos são juridicamente iguais. Ir para a rua, no Brasil, ainda é um ato dramático, porque significa abandonar a teia de laços sociais onde todos se conhecem e ir para um espaço onde ninguém é de ninguém. E o trânsito é o lado mais negativo desse mundo da rua. É doentio, desumano e vergonhoso notar que 40 mil pessoas morrem por ano no trânsito de um país que se acredita cordial, hospitaleiro e carnavalesco. No Brasil, você se sente superior ao pedestre porque tem um carro. Ou superior a outro motorista porque tem um carro mais moderno ou mais caro. O motorista não consegue entender que ele não é diferente de outro motorista, do pedestre, do motorista de ônibus. Que ele não tem um salvo-conduto para transgredir as leis. No Brasil, obedecer à lei é uma babaquice, um sintoma de inferioridade. Quem obedece é subordinado porque a hierarquia que permeia nossas relações sociais jamais foi politizada. Isso é herança de uma sociedade aristocrática e patrimonialista, em que não houve investimento sério no transporte coletivo e onde ainda impera o "Você sabe com quem está falando?"

(LIMA, Paulo. "Como estou dirigindo?", *ISTOÉ*, ed. 2 130.)

Tomando como ponto de partida as opiniões de DaMatta, escreva uma carta dirigida ao Secretário de Educação do Estado do Paraná, solicitando a inclusão, no currículo do Ensino Médio, de conteúdos voltados à educação para o trânsito. Use as afirmações de DaMatta como argumentos para fundamentar sua solicitação.

- O texto deve ter de 10 a 12 linhas.
- A carta *não* deverá ser assinada. Qualquer sinal de identificação invalida sua prova.

20. (CESUPA-PA)

Como sobreviver em condomínios

Segurança e privacidade são atrativos na hora de comprar um apartamento ou uma casa em um condomínio fechado. Mas, de brinde, vêm os vizinhos. Podem vir também os problemas de convivência. Barulho em horários impróprios, latidos de cachorro e correria de crianças são os exemplos menos graves. Com base na lista dos atritos mais comuns entre vizinhos, a Associação Nacional de Defesa dos Condôminos preparou um manual de sobrevivência para quem já escolheu ou está pensando em escolher esse tipo de moradia. Eis alguns itens do manual:

É permitido reclamar do cheiro da comida do vizinho?

Não, o cheiro se espalha mesmo que a pessoa não queira.

O que fazer se a correspondência chega violada?

O síndico deve tomar providências, pois pode ser responsabilizado pelos atos dos funcionários.

Como reclamar do barulho do salto da vizinha de cima?

Chame uma testemunha ou o síndico para notificá-la. Depois de três notificações com prova e dependendo do horário e da convenção do condomínio, ela pode ser multada.

(*Veja*, 19/02/03, adaptado)

O comportamento de seu vizinho fere as regras de convivência, incomodando as pessoas.
Conversas e pedidos não resolveram nem amenizaram o problema. Então, escreva uma carta ao síndico, solicitando providências. Argumente para convencê-lo de que há urgência para a solução.

Interpretação de textos

21. (ENEM)

Universal Images Group/Getty Images

O desenvolvimento das capacidades físicas (qualidades motoras passíveis de treinamento) ajuda na tomada de decisões em relação a melhor execução do movimento. A capacidade física predominante no movimento representado na imagem é:

a) a velocidade, que permite ao músculo executar uma sucessão rápida de gestos em movimentação de intensidade máxima.
b) a resistência, que admite a realização de movimentos durante considerável período de tempo, sem perda da qualidade da execução.
c) a flexibilidade, que permite a amplitude máxima de um movimento, em uma ou mais articulações, sem causar lesões.
d) a agilidade, que possibilita a execução de movimentos rápidos e ligeiros com mudanças de direção.
e) o equilíbrio, que permite a realização dos mais variados movimentos, com o objetivo de sustentar o corpo sobre uma base.

22. (ENEM)

Conceitos e importância das lutas

Antes de se tornarem esporte, as lutas ou as artes marciais tiveram duas conotações principais: eram praticadas com o objetivo guerreiro ou tinham um apelo filosófico como concepção de vida bastante significativo.

Atualmente, nos deparamos com a grande expansão das artes marciais em nível mundial. As raízes orientais foram se disseminando, ora pela necessidade de luta pela sobrevivência ou para a "defesa pessoal", ora pela possibilidade de ter as artes marciais como própria filosofia de vida.

CARREIRO, E. A. *Educação Física na escola*: Implicações para a prática pedagógica. Rio de Janeiro: Guanabara Koogan, 2008 (fragmento).

Um dos problemas da violência que está presente principalmente nos grandes centros urbanos são as brigas e os enfrentamentos de torcidas organizadas, além da formação de gangues, que se apropriam de gestos das lutas, resultando, muitas vezes, em fatalidades. Portanto, o verdadeiro objetivo da aprendizagem desses movimentos foi mal compreendido; afinal as lutas:

a) se tornaram um esporte, mas eram praticadas com o objetivo guerreiro a fim de garantir a sobrevivência.
b) apresentam a possibilidade de desenvolver o autocontrole, o respeito ao outro e a formação do caráter.
c) possuem como objetivo principal a "defesa pessoal" por meio de golpes agressivos sobre o adversário.
d) sofreram transformações em seus princípios filosóficos em razão de sua disseminação pelo mundo.
e) se disseminaram pela necessidade de luta pela sobrevivência ou como filosofia pessoal de vida.

23. (ENEM)

A discussão sobre "o fim do livro de papel" com a chegada da mídia eletrônica me lembra a discussão idêntica sobre a obsolescência do folheto de cordel. Os folhetos talvez não existam mais daqui a 100 ou 200 anos, mas, mesmo que isso aconteça, os poemas de Leandro Gomes de Barros ou Manuel Camilo dos Santos continuarão sendo publicados e lidos — em CD-ROM, em livro eletrônico, em "chips quânticos", sei lá o quê. O texto é uma espécie de alma imortal, capaz de reencarnar em corpos variados: página impressa, livro em Braille, folheto, "*coffee-table book*", cópia manuscrita, arquivo PDF... Qualquer texto pode se reencarnar nesses (e em outros) formatos, não importa se é *Moby Dick* ou *Viagem a São Saruê*, se é *Macbeth* ou *O livro de piadas de Casseta & Planeta*.

TAVARES, B. Disponível em: http://jornaldaparaiba.globo.com.

Ao refletir sobre a possível extinção do livro impresso e o surgimento de outros suportes em via eletrônica, o cronista manifesta seu ponto de vista, defendendo que:

a) o cordel é um dos gêneros textuais, por exemplo, que será extinto com o avanço da tecnologia.
b) o livro impresso permanecerá como objeto cultural veiculador de impressões e de valores culturais.
c) o surgimento da mídia eletrônica decretou o fim do prazer de se ler textos em livros e suportes impressos.
d) os textos continuarão vivos e passíveis de reprodução em novas tecnologias, mesmo que os livros desapareçam.
e) os livros impressos desaparecerão e, com eles, a possibilidade de se ler obras literárias dos mais diversos gêneros.

24. (ENEM)

Na modernidade, o corpo foi descoberto, despido e modelado pelos exercícios físicos da moda. Novos espaços e práticas esportivas e de ginástica passaram a convocar as pessoas a modelarem seus corpos. Multiplicaram-se as academias de ginástica, as salas de musculação e o número de pessoas correndo pelas ruas.

SECRETARIA DA EDUCAÇÃO. *Caderno do professor*: educação física. São Paulo, 2008.

Diante do exposto, é possível perceber que houve um aumento da procura por:

a) exercícios físicos aquáticos (natação/hidroginástica), que são exercícios de baixo impacto, evitando o atrito (não prejudicando as articulações), e que previnem o envelhecimento precoce e melhoram a qualidade de vida.
b) mecanismos que permitem combinar alimentação e exercício físico, que permitem a aquisição e manutenção de níveis adequados de saúde, sem a preocupação com padrões de beleza instituídos socialmente.
c) programas saudáveis de emagrecimento, que evitam os prejuízos causados na regulação metabólica, função imunológica, integridade óssea e manutenção da capacidade funcional ao longo do envelhecimento.
d) exercícios de relaxamento, reeducação postural e alongamentos, que permitem um melhor funcionamento do organismo como um todo, bem como uma dieta alimentar e hábitos saudáveis com base em produtos naturais.
e) dietas que preconizam a ingestão excessiva ou restrita de um ou mais macronutrientes (carboidratos, gorduras ou proteínas), bem como exercícios que permitem um aumento de massa muscular e/ou modelar o corpo.

INTERVALO

Candido Portinari, *Café*, 1935.

O café (1935), de Portinari

Participe com a classe da realização de uma mostra de arte moderna sobre as correntes de vanguarda do início do século XX e sobre a literatura brasileira das décadas de 1930 e 1940. Leia as propostas e, com a orientação do professor, escolha uma delas para desenvolver em grupo. Depois, na mostra, apresente seu trabalho.

Projeto

MOSTRA DE ARTE MODERNA: DUAS GERAÇÕES

Henri Matisse. *A dança II*, 1910.

A dança (1910), de Henri Matisse.

Civica Galleria d'Arte Moderna, Milão

Carga de lanceiros (1914-1915), de Umberto Boccioni.

Fazendo arte de vanguarda

O Futurismo, com suas sugestões de dinamismo e velocidade; o Cubismo, com a multiplicidade de perspectivas; o Expressionismo, com a abstração cada vez maior do objeto retratado; o Dadaísmo, por seus *happenings* (intervenções de rua) em praças públicas e pelo uso da técnica do *ready-made*; o Surrealismo, com a exploração do inconsciente – essas propostas, além de terem influenciado as produções artísticas de todo o século XX, continuam presentes na arte da atualidade.

Juntamente com seus colegas de grupo, informem-se mais sobre essas correntes de vanguarda e seus principais artistas nos livros indicados ao lado, em bibliotecas e na Internet.

Arte moderna e correntes de vanguarda

Sugerimos a leitura dos livros da coleção Movimentos da Arte Moderna (CosacNaify):

- *Modernismo*, de Charles Harrison
- *Cubismo*, de David Cottington
- *Futurismo*, de Richard Humphreys
- *Expressionismo*, de Shulamith Behr
- *Surrealismo*, de Fiona Bradley

Escolham uma das correntes de vanguarda e tragam para a escola materiais e objetos para a execução de uma obra de criação coletiva, de acordo com as propostas dessa corrente. Veja algumas sugestões:

1. Declamação, feita em grupo, na forma de jogral, do *Manifesto Futurista*, de Marinetti.
2. Criação de desenhos, pinturas, colagem ou fotomontagens em que sejam empregadas as técnicas e propostas do Futurismo, Cubismo e Surrealismo.
3. Criação de uma obra dadaísta a partir de objetos do cotidiano (*ready-made*).
4. Criação de esquetes teatrais (cenas curtas de 1 a 2 minutos), com ou sem o uso de palavras, que ilustrem características e propostas do Surrealismo.
5. Montagem de um vídeo a partir de cenas de filmes surrealistas de Luís Buñuel, como *O fantasma da liberdade*, *Esse obscuro objeto do desejo*, *O anjo exterminador*, *O discreto charme da burguesia*, entre outros.

Criando literatura de vanguarda

Escolham uma destas duas propostas de produção de texto:

1. À maneira de Oswald de Andrade no poema abaixo, criem poemas cubistas, construídos a partir de *flashes*, com um destes títulos:

- Domingo
- Brasil
- Festa no interior
- Clube
- Família
- Rodeio
- Recreio

são josé del rei

Bananeiras
O Sol
O cansaço da ilusão
Igrejas
O ouro na serra de pedra
A decadência

(*Poesias reunidas*, cit., p. 134.)

Eduardo Garcia/ Opção Brasil Imagens

2. Reúnam material (jornais e revistas velhos, tesouras, saquinhos, papel sulfite) e criem um poema, seguindo a receita de Tristan Tzara:

Para fazer um poema dadaísta

Pegue um jornal.
Pegue a tesoura.
Escolha no jornal um artigo do tamanho que deseja dar a seu poema.
Recorte em seguida com atenção algumas palavras que formam esse
[artigo e meta-as num saco.
Agite suavemente.
Tire em seguida cada pedaço um após o outro.
Copie conscienciosamente na ordem em que elas são tiradas do saco.
O poema se parecerá com você.
E ei-lo finalmente original e de uma sensibilidade graciosa, ainda que
[incompreendido do público.

Marx Ernest e Hans Arp. Physiomy thlogical Diluvian, 1920

(Apud Gilberto Mendonça Telles. *Vanguardas europeias e Modernismo brasileiro*, cit., p. 132.)

O Nordeste no cinema

O Nordeste brasileiro é cenário de muitos filmes nacionais de qualidade. Pesquisem os principais filmes de temática nordestina da última década, assistam a parte deles e escolham os melhores momentos de alguns para produzir um vídeo. Esse vídeo deve mostrar qual é, na opinião do grupo, a visão sobre o Nordeste predominante entre os cineastas brasileiros.

No dia da mostra, apresentem o vídeo produzido pelo grupo e abram com o público a discussão sobre essa visão dos cineastas. Ela corresponde à realidade? É estereotipada? É paternalista? Por quê?

Há, a seguir, uma relação de filmes de temática nordestina, desde clássicos do cinema brasileiro até filmes atuais. Escolham outros, se quiserem:

- *Vidas secas*, de Nelson Pereira dos Santos
- *Deus e o diabo na terra do sol*, de Glauber Rocha

- *Bye, bye, Brasil*, de Cacá Diegues
- *Central do Brasil* e *Abril despedaçado* de Walter Sales
- *Amarelo manga*, de Cláudio Assis
- *Kenoma*, de Eliana Caffé
- *Baile perfumado* e *Árido movie*, de Lírio Ferreira

Christian Cravo/Divulgação

Cena do filme *Abril despedaçado*, de Walter Sales.

Pierre Verge: Capoeira. 1946

Diálogos negros: Brasil e África

A presença dos negros no Nordeste brasileiro trouxe muitas contribuições culturais para o Brasil. Pesquisem sobre autores nacionais que retrataram a presença negra na região nordestina e façam uma coletânea de poemas e textos em prosa desses escritores. Entre os autores nacionais que fizeram esse retrato destaca-se o poeta Jorge de Lima, autor de "Negra Fulô" e até mesmo um livro específico sobre o tema, *Poemas negros*.

Pesquisem na Internet também sobre escritores africanos de língua portuguesa e selecionem textos que tenham afinidade com os temas tratados pelos escritores brasileiros nas décadas de 1930 e 1940. Entre outros escritores africanos, vale a pena conhecer: Craveirinha, Antônio Jacinto, Manuel Lopes.

Reunidos os textos de autores brasileiros e africanos, preparem e ensaiem a apresentação deles. No dia da mostra, leiam ou declamem os textos com um fundo musical.

Poema da alienação

[...]
O meu poema anda na praça trabalha na cozinha
vai à oficina
enche a taberna e a cadeia
é pobre roto e sujo
vive na noite da ignorância
o meu poema nada sabe de si
nem sabe pedi
O meu poema foi feito para se dar
para se entregar
sem nada exigir

Mas o meu poema não é fatalista
o meu poema é um poema que já quer
e já sabe
o meu poema sou eu-branco
montado em mim-preto
a cavalgar pela vida.

(Antônio Jacinto, poeta angolano. In: Manuel Ferreira, org. *No reino de Caliban*. Lisboa: Seara Nova, 1976. p. 136.)

REALIZANDO A MOSTRA

Com a orientação do professor, escolham um local adequado para a realização da mostra.

Preparem o local para a apresentação do jogral futurista, das esquetes e dos vídeos surrealistas, para a leitura e exposição dos textos cubistas, dadaístas e surrealistas que produziram e também para a exibição do vídeo sobre o Nordeste no cinema e a leitura ou declamação de textos representativos do diálogo entre Brasil e África.

Convidem para o evento colegas de outras classes, professores e funcionários da escola, amigos e familiares.

: *Os despejados* (1934), de Candido Portinari.

Candido Portinari. Os despejados, 1934

UNIDADE 3

A SEGUNDA FASE DO MODERNISMO. A POESIA DE 30

Nas décadas de 1930 e 1940, a poesia brasileira vivia um de seus melhores momentos. Tratava-se de um período de maturidade e alargamento das conquistas dos modernistas da primeira geração.

A maturidade advinha do fato de que já não havia necessidade de escandalizar os meios culturais acadêmicos. Sem radicalismos e excessos, os poetas sentiam-se à vontade tanto para criar um poema com versos livres quanto para fazer um soneto, sem que isso significasse voltar ao Parnasianismo.

O alargamento se dava principalmente nos temas. Nas obras de Drummond, Cecília Meireles, Vinícius de Morais, Jorge de Lima, Murilo Mendes, Mário Quintana e Manuel de Barros encontramos o que de melhor a poesia brasileira já produziu em termos de abordagem social, religiosa, filosófica, sensual e histórica.

Fique ligado! Pesquise!

Para você conhecer mais sobre a poesia brasileira da geração de 1930, sugerimos:

- ***Vinicius de Moraes***, de Miguel Faria Jr.; ***Orfeu***, de Cacá Diegues, baseado na peça teatral ***Orfeu da Conceição***, de Vinícius de Morais; ***Poeta de sete faces*** e ***O vestido***, de Paulo Thiago; ***Drummond, poeta de vasto mundo***, de Maria Maia; ***Crônica da cidade amada***, de Carlos Hugo Christensen, que reúne onze pequenas histórias tipicamente cariocas, baseadas em crônicas de Drummond, Paulo Mendes Campos, Fernando Sabino e outros.

- ***Reunião, Corpo, De notícias e não notícias faz-se a crônica***, de Carlos Drummond de Andrade (José Olympio); ***As melhores poesias de Murilo Mendes, As melhores poesias de Cecília Meireles, As melhores poesias de Jorge de Lima*** (Global); ***Romanceiro da Inconfidência***, de Cecília Meireles (Nova Fronteira); ***O poeta noturno***, de José Aderaldo Castelo (Companhia das Letras); ***Vinicius de Moraes – Todas as letras*** (Companhia das Letras).

- Ouça os discos ***Carlos Drummond de Andrade – Antologia poética*** (Philips, 1979), que contém poemas declamados pelo próprio autor; ***Amor poesia*** (Som Livre), com poemas de Drummond declamados por Scarlet Moon e trilha sonora de Sacha Amback; ***História de dois amores*** (Projeto Luz da Cidade), com declamação de Odete Lara; ***Carlos Drummond de Andrade*** (Projeto Luz da Cidade), com poemas declamados por Paulo Autran; e o audiolivro ***O Brasil dizendo Drummond*** (Projeto Luz da Cidade). Ouça também o disco ***O grande circo místico***, de Edu Lobo e Chico Buarque (Som Livre, 1983, e Velas, 1993), inspirado no poema homônimo de Jorge de Lima; CDs de Vinícius de Morais e Toquinho, com músicas de ambos e poemas de Vinícius declamados por ele próprio.

- Sobre Drummond: www.carlosdrummond.com.br
- Sobre Cecília Meireles: www.revista.agulha.nom.br/ceciliameireles.html
- Sobre Vinicius de Morais: http://viniciusdemoraes.com.br/
- Sobre Jorge de Lima: www.revista.agulha.nom.br/jorge.html
- Sobre Mário Quintana: www.revista.agulha.nom.br/quinta.html
- Sobre Manoel de Barros: www.poesiaspoemaseversos.com.br/manoel-de-barros-poemas/

am Whitehurst/Corbis/Latinstock

INTERVALO

Projeto:

Caia na rede!

Produção e realização de um debate regrado público e montagem de uma mostra sobre a Internet.

Em verdade temos medo.
Nascemos escuro.
As existências são poucas:
Carteiro, ditador, soldado.
Nosso destino, incompleto.

(Carlos Drummond de Andrade)

LITERATURA

Tarsila do Amaral. Segunda classe, 1933.

: *Segunda classe* (1933), de Tarsila do Amaral, demonstra a inclinação da arte pelos temas sociais na década de 1930.

CAPÍTULO 1

A poesia de 30. Carlos Drummond de Andrade

A poesia da segunda geração modernista foi, essencialmente, uma poesia de questionamento: da existência humana, do sentimento de "estar-no-mundo", das inquietações social, religiosa, filosófica, amorosa. Carlos Drummond de Andrade é o poeta que melhor representa o espírito dessa geração, e sua produção poética constitui um dos pontos mais altos da nossa literatura.

A poesia e o romance de 30 tomaram rumos diferentes, embora tenham conservado algumas características em comum. Os poetas da década de 1930, interessados fundamentalmente no sentido da existência humana, no confronto do homem com a realidade, enfim, no "estar-no-mundo", seguiram caminhos diferentes. Assim, sem privilegiar o regionalismo, buscaram uma abordagem mais universal, que vai da reflexão filosófico-existencialista ao espiritualismo, da preocupação social e política ao regionalismo, da metalinguagem ao sensualismo.

LEITURA

O poema que segue pertence ao livro *Alguma poesia*, de Carlos Drummond de Andrade, publicado em 1930.

Quadrilha

João amava Teresa que amava Raimundo
que amava Maria que amava Joaquim que amava Lili
que não amava ninguém.
João foi para os Estados Unidos, Teresa para o convento,
Raimundo morreu de desastre, Maria ficou para tia,
Joaquim suicidou-se e Lili casou com J. Pinto Fernandes
que não tinha entrado na história.

(Rio de Janeiro: Record. © Graña Drummond – www.carlosdrummond.com.br.)

Latinstock/AUTVIS

A dança II (1910), de Henri Matisse.

1. Livres da necessidade de combater o academicismo parnasiano, os poetas da geração de 30 incorporaram em suas produções as conquistas formais por que tinham se empenhado os primeiros modernistas e sentiram-se à vontade para retomar algumas posturas antes rejeitadas.
Dos procedimentos formais da poesia de 22 relacionados a seguir, quais deles também podem ser observados em "Quadrilha"?

- verso livre
- falta de pontuação
- simultaneidade de imagens; *flashes* da realidade; fragmentação
- ilogismo
- linguagem simples, coloquial, prosaica
- humor

2. O poema "Quadrilha" aborda um tema caro à tradição poética: o amor e o relacionamento amoroso. A originalidade do poema está na forma como o tema é tratado.

a) Com que tipo de visão o poeta aborda esse tema no poema: com uma visão crítica, irônica ou trágica?

b) Resuma a ideia central do poema: De acordo com o texto, o que é o amor ou o relacionamento amoroso?

Outras quadrilhas

Na canção "Flor da idade", Chico Buarque retoma e recria o poema "Quadrilha", de Drummond. Na canção haveria esperança para o amor entre Carlos e Dora? Veja um trecho da letra:

Carlos amava Dora que amava Lia que amava Léa que amava Paulo / Que amava Juca que amava Dora que amava Carlos que amava Dora / Que amava Rita que amava Dito que amava Rita que amava Dito que amava Rita que amava / Carlos amava Dora que amava Pedro que amava tanto que amava / a filha que amava Carlos que amava Dora que amava toda a quadrilha

c) Essa visão de amor pode ser considerada uma visão moderna? Por quê?

3. O título do poema é "Quadrilha".

a) Considerando o modo como se dança a quadrilha nas festas juninas, principalmente a disposição e o movimento dos pares, estabeleça relações entre o poema e a quadrilha das festas juninas.

b) Observe os dois enunciados a seguir: o primeiro constituído pelas duas primeiras orações do primeiro período do poema, e o segundo equivalente a uma situação em que existisse correspondência amorosa entre os amantes. Depois compare a função sintática dos termos que compõem os enunciados.

João amava Teresa que (Teresa) amava Raimundo
sujeito VTD OD sujeito VTD OD

João amava Teresa que (Teresa) amava João
sujeito VTD OD sujeito VTD OD

Troque ideias com os colegas: Por que a observação de quem é sujeito e quem é objeto em "João amava Teresa que amava Raimundo" confirma sua resposta anterior?

4. O poema "Quadrilha" é leve e bem-humorado. Apesar disso, ele é reflexivo? Justifique sua resposta.

5. Com base na leitura do poema, que mudanças você identifica na poesia de 30, em relação à poesia de 22?

A POESIA DE 30

Em 1930, a vitória da primeira geração modernista na luta travada contra a cultura acadêmica já estava consolidada. Muitas de suas propostas, como o verso livre, a afirmação de uma língua brasileira, a priorização da paisagem nacional e a abordagem de temas ligados ao cotidiano, estavam definitivamente consolidadas em nossa literatura.

A segunda geração modernista, livre do compromisso de combater o passado, manteve muitas das conquistas da geração anterior, mas também se sentia inteiramente à vontade para voltar a cultivar certos recursos poéticos que o radicalismo da primeira geração tornara objeto de desprezo, tais como os versos regulares (metrificados), a estrofação criteriosa e as formas fixas, como o soneto, a balada, o rondó, o madrigal.

Não se trata de uma geração antimodernista no interior do próprio Modernismo. Pelo contrário, esses poetas levaram adiante o projeto de liberdade de expressão dos seus antecessores, a ponto até de se permitirem empregar as formas utilizadas pelos clássicos. Por isso não é de causar espanto que grandes autores do verso livre desse período, como Manuel Bandeira (da primeira geração), Murilo Mendes, Jorge de Lima, Carlos Drummond de Andrade, Vinícius de Morais e Mário Quintana, tenham sido também excelentes sonetistas.

CARLOS DRUMMOND DE ANDRADE: UM BRUXO COM AMOR

Carlos Drummond de Andrade (1902-1987) é considerado por alguns críticos o principal poeta brasileiro do século XX, um desses escritores que aparecem de tempos em tempos e conseguem apreender e refletir poeticamente as inquietudes de uma época, tal qual um Camões ou um Fernando Pessoa.

Mineiro de Itabira, Drummond proveio de família ligada às tradições da região, ou seja, de fazendeiros e mineradores. Formou-se em Farmácia, mas nunca exerceu a profissão. Dedicou-se ao jornalismo e ingressou no funcionalismo público, que lhe garantiu a sobrevivência. Em 1925, foi um dos fundadores de *A Revista*, publicação modernista de Belo Horizonte. Em 1928, em perfeita sintonia com a irreverência do grupo modernista de São Paulo, Drummond publicou na *Revista de Antropofagia*, provocando escândalo, este conhecido poema:

Coleção Família Carlos Drummond de Andrade – R

Retrato de Carlos Drummond de Andrade (1936), de Candido Portinari.

No meio do caminho

No meio do caminho tinha uma pedra
tinha uma pedra no meio do caminho
tinha uma pedra
no meio do caminho tinha uma pedra.

Nunca me esquecerei desse
[acontecimento
na vida de minhas retinas tão fatigadas.
Nunca me esquecerei que no meio do
[caminho
tinha uma pedra
tinha uma pedra no meio do caminho
no meio do caminho tinha uma pedra.

(*Reunião*. 10. ed. Rio de Janeiro: J. Olympio, 1980. p. 12.)

A pedra de Drummond e a literatura africana

Observe o diálogo que o poeta angolano José Luís Mendonça estabelece com o poema de Drummond:

Poesia verde

para Carlos Drummond de Andrade

No meio do caminho nunca houve uma só pedra
As pedras nascem na boca e a boca é o seu caminho
Das pedras que comemos as cidades ainda falam
pelos cotovelos da noite Não eram pedras eram
[pedras
com cabeça tronco e sexo Pariram fábricas
de pedras montadas sobre a língua E as pedras
[comeram
a pedra que restou no meio do caminho

(*Respirar as mãos na pedra*. Luanda: União dos Escritores Angolanos, 1989.)

Na década de 1940, Drummond foi simpatizante da causa socialista e chegou a participar de um dos números de um jornal comunista. Logo depois, porém, rompeu definitivamente com o jornal e com o Partido Comunista. Da década de 1950 em diante, o ceticismo político passou a marcar sua vida.

A obra

Drummond foi poeta e prosador (cronista) admirável. A dimensão e a riqueza de seus escritos produzidos de 1930 a 1986 ainda requerem investigação mais profunda e abrangente.

Como contista e cronista, escreveu, entre outras obras, *Fala, amendoeira*, *A bolsa e a vida*, *Quadrante 1 e 2*, *Cadeira de balanço*. Apesar da qualidade desse material, daremos ênfase ao estudo de sua poesia, gênero em que o escritor mais se destacou.

Dada a farta produção poética de Drummond, a organização de suas obras em partes ou em fases permite acompanhar com maior clareza a evolução de seus temas, de sua visão de mundo e de seus traços estilísticos.

Drummond e Machado

A expressão "um bruxo com amor" foi tomada de empréstimo de um poema de Drummond assim intitulado e dedicado a Machado de Assis, um dos autores favoritos do poeta. Por várias vezes Drummond foi comparado a Machado, por causa da ironia que marca a obra de ambos. Drummond, tal qual seu mestre, não deixa de ser igualmente um bruxo, um bruxo das palavras e das ideias. E também cheio de amor, embora esse sentimento seja às vezes abafado por seu racionalismo e por sua consciência sempre vigilante.

Se considerarmos os 56 anos de carreira poética do autor, pelo menos quatro fases podem ser identificadas em sua produção: a fase *gauche* (década de 1930); a fase social (1940-1945); a fase do "não" (décadas de 1950 e 1960); a fase da memória (décadas de 1970 e 1980).

A fase *gauche*: consciência e isolamento

As obras que representam essa fase são *Alguma poesia* (1930), a primeira publicação do poeta, e *Brejo das almas* (1934). Nelas ainda podem ser encontrados certos recursos que se associam à primeira geração modernista, tais como a ironia, o humor, o poema-piada, a síntese, a linguagem coloquial. Veja este poema-pílula, que lembra os de Oswald de Andrade:

Cota zero

Stop.
A vida parou
ou foi o automóvel?

(*Alguma poesia*. Rio de Janeiro: Record. © Graña Drummond – www.carlosdrummond.com.br.)

Mas o que essencialmente caracteriza essa fase é o *gauchismo* presente na maioria dos poemas. A palavra *gauche*, do francês, significa "lado esquerdo". Aplicada ao ser humano, significa aquele que se sente às avessas, torto, que não consegue estabelecer uma comunicação com a realidade. São comuns a essa fase da poesia drummondiana traços como o *pessimismo*, o *individualismo*, o *isolamento*, a *reflexão existencial*, além de certas atitudes permanentes, que se estendem por toda a obra, como a ironia e o uso da *metalinguagem*.

Para o *gauche* não há saídas: nem o amor, nem a morte, nem mesmo o isolamento. Desesperado, ele busca comunicar-se com o mundo por meio do canto, mesmo que seja um canto torto e *gauche*:

A poesia é incomunicável.
Fique torto no seu canto.
Não ame.

(Idem.)

Carlos & Mário: amigos

Drummond e Mário de Andrade cultivaram uma sólida amizade, que se traduziu em centenas de cartas trocadas entre 1922 e 1945, ano da morte de Mário. Boa parte desse material veio a público com a publicação da coletânea *Carlos & Mário* (editora Bem-Te-Vi).

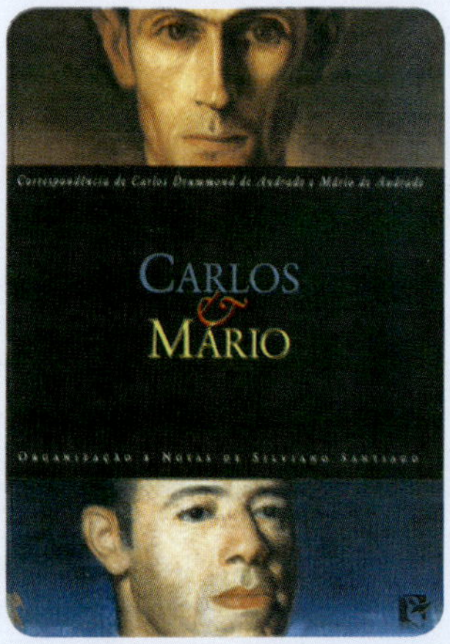

Editora Bem-Te-Vi

Nessas cartas, os poetas discutem questões existenciais e estéticas e até problemas materiais e familiares. São perfeitas para quem gosta de conhecer o homem que está por trás das obras.

Embora o *gauche* afirme que "a poesia é incomunicável", é ela que estabelece a mediação entre o eu e o mundo, e talvez a saída, a única esperança, para ele, seja cantar o próprio canto ou cantar o silêncio, isto é, cantar o canto que não existe:

Poesia

Gastei uma hora pensando um verso
que a pena não quer escrever.
No entanto ele está cá dentro
inquieto, vivo.
Ele está cá dentro
e não quer sair.
Mas a poesia deste momento
inunda minha vida inteira.

(*Alguma poesia*, Rio de Janeiro: Record. © Graña Drummond – www.carlosdrummond.com.br.)

Kacio Pacheco/CB/D.A Press.

LEITURA

O texto que segue é o poema de abertura de *Alguma poesia*, a primeira obra publicada por Drummond. Sua importância reside no fato de apresentar pela primeira vez o tema do *gauchismo* e por conter uma síntese de vários aspectos que caracterizariam a obra do autor no futuro.

Poema de sete faces

Quando nasci, um anjo torto
desses que vivem na sombra
disse: Vai, Carlos! Ser *gauche* na vida.

As casas espiam os homens
que correm atrás de mulheres.
A tarde talvez fosse azul,
não houvesse tantos desejos.

O bonde passa cheio de pernas:
pernas brancas pretas amarelas.
Para que tanta perna, meu Deus,
[pergunta meu coração.
Porém meus olhos
não perguntam nada.

O homem atrás do bigode
é sério, simples e forte.
Quase não conversa.
Tem poucos, raros amigos
o homem atrás dos óculos e do bigode.

Meu Deus, por que me abandonaste
se sabias que eu não era Deus
se sabias que eu era fraco.

Mundo mundo vasto mundo,
se eu me chamasse Raimundo
seria uma rima, não seria uma solução.
Mundo mundo vasto mundo
mais vasto é meu coração.

Eu não devia te dizer
mas essa lua
mas esse conhaque
botam a gente comovido como o diabo.

(Idem.)

1. Apesar de publicado em 1930, o poema apresenta certas características que o associam à produção dos primeiros modernistas, como a construção fragmentada, os *flashes* e a falta de pontuação no 2º verso da 3ª estrofe. Que correntes de vanguarda se associam a essas características?

2. O *gauchismo* do eu lírico é anunciado por um "anjo torto". Os anjos são comuns nas histórias religiosas, como na do anjo Gabriel, que aparece a José e ordena a ele que fuja de Jerusalém com o menino Jesus. O que diferencia os anjos das histórias religiosas e o anjo do poema?

3. Releia a 2ª estrofe. Nela o mundo exterior é descrito pela ótica do eu lírico.

a) O eu lírico participa diretamente do mundo que descreve?

b) O que parece interessar mais às pessoas que fazem parte do mundo exterior?

Anjo torto e o interdiscurso

O "Poema de sete faces" motivou a criação de vários outros textos, que com ele mantêm uma relação interdiscursiva. Veja, como exemplo, um trecho do poema "Com licença poética", de Adélia Prado:

Quando nasci um anjo esbelto
desses que tocam trombeta, anunciou:
vai carregar bandeira.
Cargo muito pesado para mulher,
esta espécie ainda envergonhada.

(*Bagagem*. 24. ed. Rio de Janeiro/São Paulo: Record, 2007. p. 9.)

4. A 3ª estrofe surpreende com uma imagem insólita – "O bonde passa cheio de pernas" – e estabelece, ainda, uma oposição de ideias quanto à forma como o eu lírico vê as pernas. Levando em conta que coração se relaciona com emoção e olhos com razão, dê uma interpretação coerente a essa contradição vivida pelo eu lírico.

Reprodução

: Foto enviada a Mário de Andrade pelo próprio Drummond.

O homem atrás do bigode

A quarta estrofe se singulariza bastante entre as sete: talvez seja a "face" mais intrigante. Isto virá do uso exclusivo da terceira pessoa gramatical, por meio da qual se retrata "o homem". O desnorteio está em que se abandonou, aparentemente, a instância lírica, consumando-se o passo na descrição objetiva de um rosto e de uma personalidade. O único elemento perturbador dessa ordem é o termo "atrás", que pode remeter à ideia de máscara e de encobrimento.

(Alcides Villaça. In: *Teresa – Revista de literatura brasileira*, USP, Editora 34, nº 3, 2002. p. 29.)

5. Na 4ª estrofe, é descrito o "homem atrás dos óculos e do bigode".
   a) É possível afirmar que ele é *gauche*? Por quê?
   b) Que diferença há em dizer que o homem "usa óculos e bigode" e dizer que está "*atrás* dos óculos e do bigode"?

6. A 5ª estrofe lembra uma passagem bíblica: quando Cristo, em um momento de fraqueza, dirige-se ao Pai e se queixa do seu abandono e desamparo. Compare as duas situações, em que Cristo e o *gauche* se dirigem a Deus.
   a) Que semelhança há, nessas situações, entre Cristo e o *gauche* quanto ao seu relacionamento com o mundo?
   b) Considerando-se o verso "se sabias que eu não era Deus", por que se pode afirmar que a queixa do *gauche* é ainda mais dramática que a do próprio Cristo?

7. A 6ª estrofe apresenta um jogo de palavras. O *gauche* supõe a possibilidade de chamar-se Raimundo (um nome que contém a palavra *mundo*); no entanto, afirma que tal fato levaria apenas a uma rima, não a uma solução.
   a) O fato de *mundo* estar contido no nome *Raimundo* permitiria que o eu lírico estivesse devidamente enquadrado no mundo exterior? Que verso justifica sua resposta?
   b) Nos versos "Mundo mundo vasto mundo / mais vasto é meu coração", pode-se supor um sentimento de superioridade por parte do eu lírico? Justifique.

8. Na última estrofe, é introduzido um interlocutor, até então ausente, identificado pelo pronome *te*.
   a) Levante hipóteses: Quem poderia ser esse interlocutor?
   b) De acordo com essa estrofe, o conhaque e a atmosfera noturna deixaram o eu lírico comovido. É como se todo o poema fosse fruto de bebedeira, não fosse coisa séria. Na sua opinião, o eu lírico estaria falando a sério ou blefando? Por quê?

9. O poema está organizado em sete estrofes. Observe a relação existente entre elas.
   a) Por que o poema se intitula "Poema de sete faces"?
   b) Apesar de não explícito, existe um fio condutor que liga, no plano do conteúdo, todas as estrofes do poema. Qual é esse fio?
   c) Alguns críticos defendem o ponto de vista de que as estrofes do poema ilustram as fases da vida do eu lírico. Aceita essa hipótese, responda: Que estrofe corresponde à infância? Quais correspondem à adolescência? Quais correspondem à fase da maturidade e da reflexão sobre o "estar-no-mundo"?

10. Na 1ª estrofe, a introdução do nome *Carlos* parece situar o poema e o *gauchismo* no plano autobiográfico. Contudo, os temas abordados – o "estar-no-mundo", o eu perante os valores sociais, a comunicação com o outro, etc. – são universais, e não particulares. Por que tais temas são universais?

A fase social: todo o sentimento do mundo

Sentimento do mundo (1940), o terceiro livro de Drummond, marca uma sensível mudança na orientação da poesia do autor, comentada por ele próprio:

> Meu primeiro livro, *Alguma poesia* (1930), traduz uma grande inexperiência do sofrimento e uma deleitação ingênua com o próprio indivíduo. Já em *Brejo das almas* (1934), alguma coisa se compôs, se organizou; o individualismo será mais exacerbado, mas há também uma consciência crescente de sua precariedade e uma desaprovação tácita da conduta (ou falta de conduta) espiritual do autor. Penso ter resolvido as contradições elementares de minha poesia num terceiro volume, *Sentimento do mundo* (1940).

Livro de Drummond inédito

A primeira publicação de Drummond é de 1930. Contudo, em 1920 ele escreveu seu primeiro livro, *25 poemas da triste alegria*, nunca publicado, do qual deu um exemplar datilografado a um amigo. Quase um século depois, esse exemplar chegou às mãos de Antônio Carlos Secchin, membro da Academia Brasileira de Letras.

Segundo Secchin, que, com autorização da família, planeja publicar a obra, os poemas dessa fase identificam-se mais com a poesia do final do século XIX do que com a do Modernismo, da qual "No meio do caminho" é um exemplo.

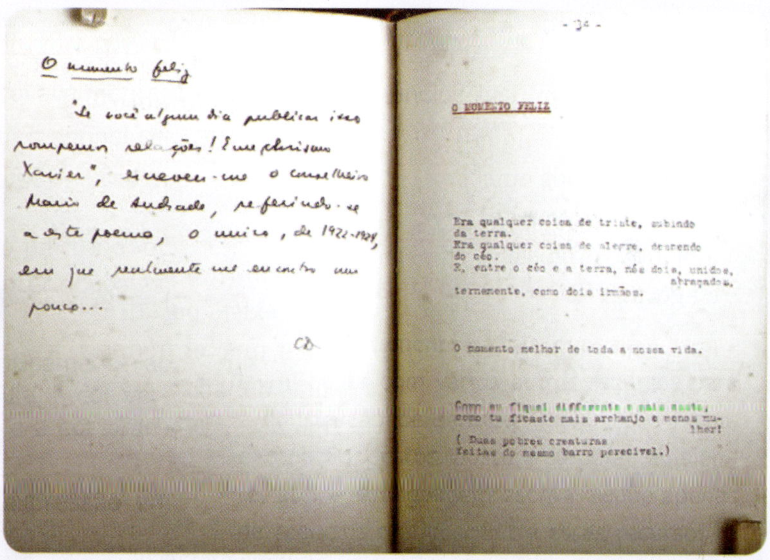

Carlos Drummond de Andrade

Um dos poemas inéditos de Drummond, com anotações à mão que ele fez em 1937.

Quando Drummond afirma em *Sentimento do mundo* que pensa ter resolvido as contradições elementares de sua poesia, refere-se às contradições entre o eu e o mundo – o veio principal da sua obra poética.

Nessa fase, o eu lírico dos poemas manifesta interesse pelos problemas da vida social, da qual estivera isolado até então. De certa forma, o *gauchismo* da primeira fase é deixado de lado.

Essa mudança de postura diante da realidade observada nos poemas drummondianos relaciona-se, sem dúvida, ao contexto histórico. No período de gestação das três obras que compõem a segunda fase (1935 a 1945) do autor – além de *Sentimento do mundo*, também *José* (1942) e

Rosa do povo (1945) –, o mundo presenciou a ascensão do nazifascismo, a guerra na Espanha e a Segunda Guerra Mundial; no Brasil, tiveram lugar ainda a Intentona Comunista (1935) e a ditadura de Vargas (1937-1945). Em todo o mundo se verificava o crescimento de uma literatura social, engajada numa causa política.

Além disso, pode-se supor que o *gauche* da primeira fase percebe que seu *gauchismo* não lhe é exclusivo – é universal. Todos os homens são *gauches*, pois essa é a consequência de se estar num mundo problemático. Portanto, em vez de o eu se excluir do mundo, tenta transformá-lo e garantir nele o seu espaço.

Essa consciência da debilidade do mundo e da necessidade de transformá-lo levou o poeta a simpatizar com o Partido Comunista e com a causa socialista. A adesão do poeta aos problemas do seu tempo e o sentimento de solidariedade diante das frustrações e das esperanças humanas resultaram na criação da melhor poesia social brasileira de nosso século, da qual é exemplo o poema "José", escrito durante a Segunda Guerra Mundial.

José

E agora, José?
A festa acabou,
a luz apagou,
o povo sumiu,
a noite esfriou,
e agora, José?
e agora, você?
você que é sem nome,
que zomba dos outros,
você que faz versos,
que ama, protesta?
e agora, José?

Está sem mulher,
está sem discurso,
está sem carinho,
já não pode beber,
já não podc fumar,
cuspir já não pode,
a noite esfriou,
o dia não veio,
o bonde não veio,
o riso não veio,
não veio a utopia
e tudo acabou
e tudo fugiu
e tudo mofou,
e agora, José?

E agora, José?
sua doce palavra,
seu instante de febre,
sua gula e jejum,
sua biblioteca,
sua lavra de ouro,
seu terno de vidro,
sua incoerência,
seu ódio — e agora?

Com a chave na mão
quer abrir a porta,
não existe porta;
quer morrer no mar,
mas o mar secou;
quer ir para Minas,
Minas não há mais.
José, c agora?

Se você gritasse,
se você gemesse,
se você tocasse
a valsa vienense,
se você dormisse,
se você cansasse,
se você morresse...
Mas você não morre,
você é duro, José!

Sozinho no escuro
qual bicho do mato,
sem teogonia,
sem parede nua
para se encostar,
sem cavalo preto
que fuja a galope,
você marcha, José!
José, para onde?

(*Reunião*, cit., p. 70.)

The Bridgeman Art Library/Grupo Keystone

Thin man in a Derby (séc. XX), de John Armstrong.

A terceira fase: o signo do não*

Na década de 1950, a poesia de Drummond tomou novos rumos. O período crítico de guerras, ditaduras e medo tinha passado. O mundo vivia então a Guerra Fria e o poeta acumulava o desencanto de sua aventura política pela poesia.

A partir de *Claro enigma* (1951), a criação poética de Drummond começou a seguir duas orientações: de um lado, a poesia reflexiva, filosófica e metafísica, em que, com frequência, aparecem os temas da morte e do tempo; de outro, a poesia nominal, com tendências ao Concretismo, em que se destaca a preocupação com recursos fônicos, visuais e gráficos do texto.

A metafísica do vazio

A década de 1950 encontrará um Drummond esvaziado da utopia. A "nova ordem" do mundo de pós-guerra é a ordem da guerra fria, em que novas tragédias parecem hibernar. [...] Acompanhar seus poemas é agora entrar no labirinto de um discurso paradoxalmente tortuoso e lúcido: a complexidade do pensamento negativo se dá na associação de imagens límpidas e rigorosas; em contínuo aprofundamento, elas fazem ver a metafísica de um vazio que toma conta da alma.

(Alcides Villaça. *Folha de S. Paulo*, 21/8/1987. Folhetim.)

A poesia filosófica

Os poemas de reflexão filosófica mostram ter sido concebidos sob o signo do *não*, tal é o pessimismo que expressam. Além de *Claro enigma*, também fazem parte dessa orientação os livros *Fazendeiro do ar* (1955) e *Vida passada a limpo* (1959). Do ponto de vista formal, esses poemas revelam preocupação com a construção e influência de modelos clássicos, tais como o verso regular, o soneto, a seleção vocabular e certo tom classicizante que aproxima o autor de Camões.

Quanto às ideias, esses textos refletem sobre temas universais de caráter existencial, como vida, morte, tempo, velhice, amor, além dos temas habituais em Drummond: a família, a infância e a própria poesia. O pessimismo com que esses temas são abordados chega a ser ainda maior que o da fase *gauche*. Trata-se de um pessimismo corrosivo, ácido, uma vez que a esperança de solução no plano social já se frustrou. A saída é cantar o próprio impasse da poesia contemporânea: uma poesia sem leitores ou de leitores desinteressados.

A poesia nominal

A outra orientação tomada pela poesia drummondiana nesse momento, o da poesia nominal, evidencia-se em *Lição de coisas* (1962), em cuja linguagem o verso e a palavra são violentados, desintegrados, com o emprego constante de neologismos, aliterações, sugestões visuais e rupturas sintáticas.

Sem que o poeta tenha admitido, essas experiências formalistas aproximam-se das técnicas e das propostas do Concretismo, movimento poético paulista das décadas de 1950 e 1960, mas com uma diferença: enquanto para os concretistas o formalismo era visto de modo positivo, como afirmação, para Drummond o formalismo apenas acentuava a incomunicabilidade da poesia contemporânea. Nesse sentido, a poesia nominal se aproxima da poesia filosófica, já que em ambas predominam o pessimismo e o impasse da comunicação poética.

Os versos que seguem, do poema "Isso é aquilo", demonstram a condição quase suicida dessa aventura formal:

O árvore a mar
o doce de pássaro
a passa de pêsame
o cio da poesia
a força do destino

a pátria a saciedade
o cudelume Ulalume
o zumzum de Zeus
o bômbix
o ptyx

* O título e algumas informações apresentadas nesta parte do capítulo foram extraídos da *História concisa da literatura brasileira*, de Alfredo Bosi.

A última fase: tempo de memória

A produção poética de Drummond das décadas de 1970 e 1980 dá amplo destaque ao universo da memória. Nela, ao lado de temas universais, são retomados e aprofundados alguns dos temas que nortearam toda a obra do escritor, como a infância, Itabira, o pai, a família, a piada, o humor cotidiano, a autoironia.

É o que se verifica, por exemplo, na série *Boitempo* – constituída pelas obras *Boitempo & A falta que ama*, *Menino antigo* (*Boitempo II* e *Esquecer para lembrar*) e *Boitempo III* –, em que é retomado o universo da infância e de Itabira, e numa série de outras obras, como *As impurezas do branco*, *Amor amores*, *Discurso de primavera*, *A paixão medida*, *Corpo* e *Amor, sinal estranho*.

No último livro do poeta, *Farewell* (1996), publicado depois de sua morte, estão presentes vários dos elementos que marcaram toda a sua carreira: a reflexão filosófica, o humor e o erotismo contidos, a ironia, o ceticismo. Veja, por exemplo, como os seguintes versos de "Unidade", o primeiro poema do livro, são coerentes com o "Poema de sete faces", publicado 56 anos antes:

Unidade

As plantas sofrem como nós sofremos.
Por que não sofreriam
se esta é a chave da unidade do mundo?

A flor sofre, tocada
por mão inconsciente.
Há uma queixa abafada
em sua docilidade.

A pedra é sofrimento
paralítico, eterno.

Não temos nós, animais,
sequer o privilégio de sofrer.

(Carlos Drummond de Andrade. *Farewell*. 6. ed. Rio de Janeiro/São Paulo: Record, 1998. p. 13.)

Drummond multimídia

A obra de Drummond tem suscitado cada vez mais interesse por parte de artistas e do público. Sua obra tem sido adaptada ou recriada em diferentes suportes e linguagens. Em 1979, por exemplo, o poeta já tinha gravado em disco a *Antologia poética*, na qual ele próprio declama seus poemas. Depois de sua morte, houve muitas gravações em CD em que vários artistas declamam os poemas do poeta mineiro: Paulo Autran, Scarlet Moon, Lauro Moreira, Camila Pitanga e Odete Lara. Também foi produzido o audiolivro *O Brasil lendo Drummond* (Luz da Cidade).

Cristina Xavier

Para o cinema, o cineasta Paulo Thiago criou dois filmes: *Poeta de sete faces* e *O vestido*, este baseado no poema "O caso do vestido". Maria Maia produziu dois documentários: *Drummond, poeta do vasto mundo* (2000) e *Capanema: um modernista no ministério* (2000); Em 2010, Luís Duarte dirigiu o curta *O menino e o poeta*.

A família do poeta mantém um *site* (www.carlosdrummond.com.br), com o mais completo banco de dados sobre a vida e a obra do escritor, que inclui textos, fotos e voz de Drummond.

LITERATURA COMPARADA

DIÁLOGO ENTRE A POESIA DE DRUMMOND E A POESIA DE PABLO NERUDA

A seguir, você vai ler e confrontar o modo como dois grandes poetas do século XX – o brasileiro Carlos Drummond de Andrade e o chileno Pablo Neruda – abordam o tema amoroso.

TEXTO I

As sem-razões do amor

Eu te amo porque te amo.
Não precisas ser amante,
e nem sempre sabes sê-lo.
Eu te amo porque te amo.
Amor é estado de graça
e com amor não se paga.

Amor é dado de graça,
é semeado no vento,
na cachoeira, no eclipse.
Amor foge a dicionários
e a regulamentos vários.

Eu te amo porque não amo
bastante ou demais a mim.
Porque amor não se troca,
não se conjuga nem se ama.
Porque amor é amor a nada,
feliz e forte em si mesmo.

Amor é primo da morte,
e da morte vencedor,
por mais que o matem (e matam)
a cada instante de amor.

(Carlos Drummond de Andrade. *Corpo.* Rio de Janeiro: Record, 1984. p. 35-6.)

TEXTO II

Saberás que não te amo e que te amo.
Porquanto de dois modos é a vida,
a palavra é uma asa do silêncio,
o fogo tem sua metade fria.

Eu te amo para começar a te amar,
para recomeçar o infinito
e para não deixar de te amar nunca:
por isso mesmo é que ainda não te amo.

Te amo e não te amo como se tivesse
em minhas mãos as chaves da ventura
e um incerto destino desditado.

Meu amor tem duas vidas para amar-te.
Por isso te amo quando não te amo
e por isso te amo quando te amo.

(Pablo Neruda. *Presente de um poeta.* 3. ed. Tradução de Thiago de Mello. São Paulo: Ver, 2003. p. 26-7.)

desditado: infeliz, desafortunado, desditoso.
porquanto: porque, visto que, uma vez que.
ventura: sorte, felicidade, fortuna.

O canto latino de Pablo Neruda

O poeta Pablo Neruda (1904-1973) nasceu no Chile e chegou a ser conhecido internacionalmente depois de vencer o Prêmio Nobel de Literatura, em 1971. Sua obra é rica e variada e encontra forte expressão na poesia social. O filme *O carteiro e o poeta*, de Michael Radford, retrata o período em que o poeta esteve exilado na Itália, na década de 1950. Entre outras obras, escreveu *Canto geral* e *Memórias* (*Confesso que vivi*).

Buena Vista/Album/LatinStock

Cena de *O carteiro e o poeta*.

1. Observe estes versos do poema de Carlos Drummond de Andrade:

> "Amor é estado de graça
> e com amor não se paga"
>
> "Porque amor é amor a nada,
> feliz e forte em si mesmo."

a) Em que esses fragmentos se assemelham, considerando-se a concepção de amor que expressam?

b) Em que consiste a originalidade do enfoque dado por Drummond no tratamento do tema?

2. Em relação à última estrofe do texto I, interprete: Por que, para o eu lírico:

a) o amor é morto a cada instante de amor?

b) o amor é "da morte vencedor"?

3. Pablo Neruda constrói seu poema a partir de um jogo de oposições, com ideias que se repelem e se atraem, complementando-se.

a) Destaque um verso da 1ª estrofe e outro da 4ª estrofe nos quais é feita uma síntese desse jogo de oposições.

b) Dê uma interpretação aos versos "a palavra é uma asa do silêncio, / o fogo tem sua metade fria".

4. Releia a 2ª estrofe do poema de Pablo Neruda. Considerando os três versos iniciais dessa estrofe, dê uma interpretação ao verso: "por isso mesmo é que ainda não te amo".

5. O poema de Pablo Neruda, em quase todos os versos, aproxima realidades opostas, como amar/não amar, palavra/silêncio, fogo/frio.

a) O que essas oposições revelam em relação aos sentimentos do eu lírico?

b) O último verso, entretanto, em vez de apresentar dois elementos em oposição, apresenta dois elementos de valor equivalente: "e por isso te amo quando te amo". Troque ideias com os colegas: Como você interpreta esse verso?

6. Compare o poema de Carlos Drummond de Andrade ao de Pablo Neruda. Embora apresentem diferenças entre si, as concepções de amor expressas nos dois poemas também guardam semelhanças.

a) O eu lírico do poema de Pablo Neruda tem uma visão semelhante ou diferente da do eu lírico do poema de Drummond quanto à correspondência amorosa?

b) Nos dois poemas, o amor é algo que se possa controlar, regular ou explicar com lógica e coerência? Por quê?

c) O título do poema de Carlos Drummond de Andrade é coerente com sua resposta à pergunta do item anterior? Por quê?

Para quem quer mais

Se você quer aprofundar seu conhecimento sobre a poesia de Carlos Drummond de Andrade, leia os poemas a seguir e, depois, sozinho, em dupla ou em grupo, tente resolver as questões propostas no **Roteiro de estudo**.

A ilusão do migrante

Quando vim da minha terra,
se é que vim da minha terra
(não estou morto por lá?),
a correnteza do rio
me sussurrou vagamente
que eu havia de quedar
lá donde me despedia.

Os morros empalidecidos
no entrecerrar-se da tarde,
pareciam me dizer
que não se pode voltar,
porque tudo é consequência
de um certo nascer ali.

Quando vim, se é que vim
de algum para outro lugar,
o mundo girava, alheio
à minha baça pessoa,
e no seu giro entrevi
que não se vai nem se volta
de sítio algum a nenhum.

Conseil Général du Val-de-Marne, França

Os retirantes (1982), de Gotran Guanaes Netto.

Que carregamos as coisas,
moldura da nossa vida,
rígida cerca de arame,
na mais anônima célula,
e um chão, um riso, uma voz
ressoam incessantemente
em nossas fundas paredes.

Novas coisas, sucedendo-se,
iludem a nossa fome
de primitivo alimento.
As descobertas são máscaras
do mais obscuro real,
essa ferida alastrada
na pele de nossas almas.

Quando vim da minha terra,
não vim, perdi-me no espaço,
na ilusão de ter saído.
Ai de mim, nunca saí.
Lá estou eu, enterrado
por baixo de falas mansas,
por baixo de negras sombras,
por baixo de lavras de ouro,
por baixo de gerações
por baixo, eu sei, de mim mesmo,
este vivente enganado, enganoso.

(*Farewell*, cit., p. 20-1.)

Mãos dadas

Não serei o poeta de um mundo caduco.
Também não cantarei o mundo futuro.
Estou preso à vida e olho meus companheiros.
Estão taciturnos mas nutrem grandes esperanças.
Entre eles, considero a enorme realidade.
O presente é tão grande, não nos afastemos.
Não nos afastemos muito, vamos de mãos dadas.
Não serei o cantor de uma mulher, de uma história,
Não direi os suspiros ao anoitecer, a paisagem vista da janela,
Não distribuirei entorpecentes ou cartas de suicida,
Não fugirei para as ilhas nem serei raptado por serafins.
O tempo é a minha matéria, o tempo presente, os homens presentes,
a vida presente.

(*Reunião*, cit., p. 55.)

Ilustração de Milton Dacosta para uma das obras de Drummond.

• Roteiro de estudo •

Ao final do estudo, você deverá ser capaz de:

- Justificar o título do poema "A ilusão do migrante".
- Discutir até que ponto o poema "A ilusão do migrante" é social ou filosófico-existencial.
- Interpretar o sentido da expressão "Mãos dadas" no contexto do poema e situar o poema na trajetória poética de Drummond.
- Explicar a oposição entre não distribuir "entorpecentes ou cartas de suicida" e cantar "o tempo presente".

Para quem quer mais na Internet

Se você deseja conhecer um pouco mais da obra de Drummond, sugerimos acessar os *sites*:
www.carlosdrummond.com.br
www.algumapoesia.com.br/drummond.htm
www.vidaslusofonas.pt/carlos_drummond_andrade.htm

PRODUÇÃO DE TEXTO

Tim Teebken/Photodisc/Getty Images

CAPÍTULO 2

O debate regrado público: estratégias de contra-argumentação

TRABALHANDO O GÊNERO

No volume 1 desta coleção, você estudou o *debate regrado público*. Neste capítulo, vai retomar o trabalho com esse gênero oral e vai aprender, especialmente, como contra-argumentar.

A fim de observar de que modo são construídos e apresentados os argumentos utilizados em debates, você vai ler, a seguir, dois textos sobre a política de reserva de vagas para negros nas universidades brasileiras. Apesar de os ministros do Supremo Tribunal Federal (STF) terem aprovado por unanimidade a lei sobre reserva de cotas em universidades, o tema é bastante controvertido. Para ampliar esse debate, o jornal *O Estado de S. Paulo* convidou dois advogados ligados ao movimento negro para opinarem sobre o assunto. Leia os artigos de opinião, um com posição contrária e outro favorável às cotas, escritos para o jornal pelos dois profissionais.

CONTRA

Cota valida teses racistas

A diversidade racial significa o Estado conferindo validade à tese racista da classificação racial, que nós repudiamos

José Roberto Ferreira Militão

O desafio enfrentado pelo Supremo Tribunal Federal é mais filosófico do que jurídico: se a segregação de direitos raciais pelo Estado viola o significado da igualdade humana e se isto está conforme o espírito e a letra da Constituição. Com o devido respeito a quem pensa diferente, essa segregação de direitos, apelidada de cotas raciais, encontra-se vedada pela consciência nacional, anunciada na cabeça do art. 5º e expresso na letra do art. 19 da Carta: É vedado à União, aos Estados, ao Distrito Federal e aos municípios: III – criar distinções entre brasileiros ou preferências entre si. São cláusulas imperativas, que asseguram a igualdade de direitos, base fundamental da dignidade humana.

Os defensores da segregação de direitos raciais desprezam a igualdade humana trazida pelo iluminismo. Todos os seres humanos nascem livres e iguais em dignidade e em direitos, deferida por Immanuel Kant – e sustentam a tese da desigualdade natural de Aristóteles: Se os homens não são iguais, não devem receber coisas iguais.

Vivemos, enquanto colônia de Portugal, com leis que faziam discriminações pela cor, origem, religião e cultura. Porém, sob a influência iluminista do século 18, desde a primeira Constituição do Brasil, de 1824, a igualdade tem sido declarada e reiterada nas cartas. A de 1988 reafirma o primado da igualdade humana sem a hipótese de classificação racial para o exercício de direitos. É a expressão de nossa índole.

Sérgio Lima/Folhapress

Em Brasília, estudantes se acorrentam em frente ao Palácio do Planalto, pedindo cotas para negros em concursos públicos.

Em *Raízes do Brasil* (1936), Sérgio Buarque de Holanda saudava a mistura de genes de três povos fundadores da nação: o nativo, o europeu e o africano, edificando no Brasil um ser miscigenado com caráter de ser nacional. Era a negação do decantado encontro de raças e do ser racial. O ser nacional, dizia Sérgio, é mutável, conforme suas circunstâncias. O ser racial fica submetido a uma prisão.

[...]

Pesquisa divulgada no Rio de Janeiro, em 2008, atestava: 63% dos afro-brasileiros são contra a segregação de direitos raciais. Política racial, mesmo de boa-fé, é terapia estatal para uma doença inexistente: não temos identidade racial.

A questão em julgamento não são as políticas públicas de inclusão de afro-brasileiros nas universidades públicas, o que poderá ser contemplado pelo critério de cotas sociais ampliando as oportunidades aos mais pobres, dos quais 70% são pretos e pardos. O que se disputa é a possibilidade da segregação de direitos raciais pelo Estado. Os defensores falam em diversidade racial. Nós contrapomos o império do pensamento da diversidade humana. A diversidade racial significa o Estado conferindo validade à tese racista da classificação racial, que nós repudiamos.

[...] Ortega y Gasset, o filósofo espanhol, nos diz da responsabilidade da atual geração entregar à futura um ambiente social melhor do que o recebido. A nossa geração recebeu uma sociedade sem direitos e sem ódios raciais. Como vamos entregá-la?

José Roberto Ferreira Militão foi secretário-geral do Conselho da Comunidade Negra no governo do Estado de São Paulo e atuou na Comissão de Assuntos Antidiscriminatórios da OAB/SP.

A FAVOR

Cotas enriquecem universidades

Na vigência da Constituição de 1988, o país adotou cotas para portadores de deficiência e para mulheres nas candidaturas partidárias

Hédio Silva Jr.

No início do governo Getúlio, em 1931, o Brasil aprovava a primeira lei de cotas de que se tem notícia nas Américas: a Lei da Nacionalização do Trabalho, ainda hoje presente na CLT, que determina que dois terços dos trabalhadores das empresas sejam nacionais.

Com o surgimento da Justiça do Trabalho, também naquele período, o Direito do Trabalho inaugurava uma modalidade de ação afirmativa que até hoje considera o empregado um hipossuficiente, favorecendo-o na defesa judicial dos seus direitos.

Em 1968, o Congresso instituía cotas nas universidades, por meio da chamada Lei do Boi, cujo artigo primeiro prescrevia: "Os estabelecimentos de ensino médio agrícola e as escolas superiores de Agricultura e Veterinária, mantidos pela União, reservarão, anualmente, de preferência, 50% (cinquenta por cento) de suas vagas a candidatos agricultores ou filhos destes, proprietários ou não de terras, que residam em cidades ou vilas que não possuam estabelecimentos de ensino médio".

Masterfile/Other Images

Na vigência da Constituição de 1988, o país adotou cotas para portadores de deficiência no setor público e privado, cotas para mulheres nas candidaturas partidárias e instituiu uma modalidade de ação afirmativa em favor do consumidor: dada a presunção de que fornecedores e consumidores ocupam posições materialmente desiguais, estes últimos são beneficiados com a inversão do ônus da prova em seu favor, de modo que em certas hipóteses ao fornecedor cabe provar que ofereceu um produto em condições de ser consumido.

Dois registros: 1. o Brasil poderia tranquilamente orgulhar-se de exibir cotas e outras políticas de ação afirmativa como um produto genuinamente nacional; 2. não é mera casualidade o fato de jamais ter havido qualquer questionamento quanto à adoção de cotas para quaisquer outros segmentos, mas, no momento em que este mesmo princípio jurídico passa a ser invocado para favorecer a população negra, emerge uma oposição colérica e incapaz de enfrentar o contraditório, o debate público, aberto.

Doze anos depois da implantação de ações afirmativas para o acesso de jovens negros e brancos pobres ao ensino superior, os dados falam por si: os alunos cotistas apresentam o mesmo desempenho de seus colegas; as universidades ganharam em criatividade e desempenho e não há registro de incidente mais sério, a não ser velhas manifestações de intolerância que datam desde a chegada de Cabral. No mais, há dez documentos públicos nos quais os brasileiros são classificados racialmente desde tempos imemoriais, funcionando muito bem obrigado até a classificação racial ser invocada para a fruição – e não a violação – de direitos.

Ao julgar a constitucionalidade das ações afirmativas, o STF tem em mãos mais uma oportunidade de reafirmar a esperança que os indivíduos devem ter em relação a um dos pilares do funcionamento da Justiça: a interpretação dos textos e dos fatos deve ter como base a norma jurídica, o direito, não podendo ser circunscrita aos valores e credos pessoais. As normas são, presumivelmente, boas para todos; ao passo que valores quase sempre são bons apenas para nós.

Hédio Silva Jr. foi secretário de governo no Estado de São Paulo e atualmente atua como diretor acadêmico da Faculdade Zumbi dos Palmares e do Centro de Estudos das Relações de Trabalho e Desigualdades.

(*Estado de S. Paulo*, 25/4/2012. Disponível em: http://blogs.estadao.com.br/roldao-arruda/cotas-raciais-contra-e-a-favor/. Acesso em: 12/7/2012.)

ação afirmativa: conjunto de políticas públicas adotadas com o objetivo de contribuir para a ascensão de grupos minoritários, como os étnico-culturais, sexuais ou de portadores de necessidades especiais.

1. Para tratar do assunto, os dois artigos focam a constitucionalidade do sistema de cotas raciais para ingresso nas universidades brasileiras.

Thinkstock/Getty Images

a) De acordo com o primeiro texto, essa medida tem caráter racista. Em que essa opinião é fundamentada?

b) O segundo texto fundamenta sua argumentação favorável ao sistema de cotas raciais no conceito de "política de ação afirmativa". De acordo com o autor, que situações são ilustrativas da presença desse tipo de política na legislação brasileira?

2. Ao desenvolver seus argumentos, o autor do primeiro texto cita dois filósofos e um historiador brasileiro.

a) Qual filósofo confirma o que o autor pensa? Qual contraria?

b) Na visão do historiador, por que não há diversidade racial em nosso país?

3. Os dois autores fazem referência à Constituição de 1988.

a) Com que objetivo o autor desfavorável às cotas faz referência a esse documento?

b) E o autor do segundo texto?

4. Argumentando em favor do sistema de cotas nas universidades, o autor do segundo texto aponta resultados positivos de sua implantação. Quais são esses resultados?

5. O autor do primeiro texto, embora contrário às cotas raciais, aceita outro tipo de cotas: as sociais. Como ele justifica este posicionamento?

6. Nos textos argumentativos, é comum a utilização de diferentes tipos de argumento para fundamentar o ponto de vista defendido: exemplos, citações de pessoas ilustres, comparações, referências históricas, estatísticas, etc. Desses tipos de argumento, quais são utilizados:

a) no texto de José Roberto Ferreira Militão?

b) no texto de Hédio Silva Jr.?

7. Como se observa, os dois autores apresentaram argumentos que revelam segurança e conhecimento do tema. Apesar disso, todos os argumentos são passíveis de contra-argumentação.

a) Que contra-argumentos você apresentaria para rebater o ponto de vista de José Roberto Ferreira Militão, desfavorável às cotas raciais?

b) E para rebater o ponto de vista de Hédio Silva Jr., favorável às cotas raciais?

c) Na sua opinião, qual dos articulistas foi mais persuasivo?

Os autores dos dois artigos de opinião são pessoas renomadas no meio jornalístico e cultural brasileiro. Ambos têm ideias próprias sobre o tema e mostram-se capazes de sustentar seu ponto de vista com argumentos consistentes e convincentes. Apesar disso, nem um nem outro é dono da verdade absoluta. Diante de um bom argumento, sempre é possível contra-argumentar, isto é, esvaziar ou fragilizar o argumento de nosso interlocutor, evidenciando os pontos fracos de sua argumentação. Vamos aprender como fazer isso.

Estratégias de contra-argumentação

Laerte Silvino

1. Tente descobrir incoerências ou contradições nos argumentos do adversário; se houver, aponte-as e transforme-as em argumentos em seu favor.
2. Normalmente o debatedor tende a apresentar um argumento como verdade irrefutável. Contudo, sempre que possível, procure se servir de dados e informações (estatísticas, pesquisas, publicações, exemplos históricos, comparações com realidades diferentes, citações, etc.) capazes de demonstrar que o argumento do interlocutor é falso ou apenas parcialmente verdadeiro. Ao fazer isso, você fragiliza a força do argumento do interlocutor, o que confere maior credibilidade aos seus próprios argumentos.
3. Se as afirmações do adversário são generalizantes, demonstre, com um ou mais exemplos de casos ou situações particulares, que o argumento utilizado por ele é inconsistente ou apenas parcialmente verdadeiro quando confrontado com a realidade. Cite casos, conte histórias, dê exemplos que mostrem o quanto o ponto de vista do adversário é parcial, insuficiente e discutível.
4. Examine o valor e o sentido das palavras empregadas. Veja, por exemplo, como os dois autores usaram em seu favor o sentido da expressão *classificação racial*. Às vezes, uma palavra malempregada pelo adversário pode ser a porta de entrada para a contra-argumentação e levar a uma inversão daquilo que ele pretendia dizer.
5. Outra estratégia possível é, já no final do debate, fazer uma síntese dos argumentos do adversário e dos contra-argumentos que você apresentou, demonstrando aos ouvintes, de forma global, que o ponto de vista do adversário está fundamentado em argumentos inconsistentes ou em razões falsas ou apenas parcialmente verdadeiras. Em seguida, compare com seus próprios argumentos, mostrando a coerência e a consistência deles. Se utilizou números em seus argumentos, poderá afirmar, por exemplo, "os números não mentem"; se empregou comparações históricas, poderá dizer algo como "a História já provou inúmeras vezes o que estou afirmando".
6. Faça concessões. É possível que, durante o debate, você concorde em parte com algumas das ideias do adversário. Se isso ocorrer, não sinta vergonha de admitir que o outro tem razão. Aproveite a situação para negociar: diga, por exemplo, que o outro tem razão *em parte*. Provavelmente o interlocutor fará o mesmo, o que pode ser o caminho para um acordo, isto é, para que as partes cheguem a uma posição intermediária entre as ideias divergentes.

EXERCÍCIO

Os esforços do governo para construir a usina de Belo Monte devem ser mantidos? A seguir você vai conhecer o ponto de vista e os argumentos de dois especialistas a propósito desse tema. Reúna-se com seus colegas de grupo e, valendo-se de estratégias de contra-argumentação, discutam que contra-argumento(s) poderia(m) ser apresentado(s) para rebater os argumentos de cada um deles.

SIM

A razão das hidrelétricas

Luiz Pinguelli Rosa

O setor elétrico brasileiro está sob duplo bombardeio na mídia. Têm ocorrido quedas de energia elétrica com frequência acima do normal. Não há falta de capacidade instalada, como no racionamento de energia em 2001. Na época, faltaram investimentos para expansão do sistema; hoje, o problema está na transmissão e na distribuição.

Por outro lado, os ambientalistas criticam a construção de Belo Monte. No fundo, a questão não é Belo Monte, mas fazer ou não hidrelétricas de potência significativa, em particular na região Norte, onde está a floresta amazônica, foco de justas preocupações ambientais.

Está na região Norte a maior parte do potencial hidrelétrico do Brasil, que possui os maiores recursos hídricos do planeta: 8,2 km³/ano, seguido da Rússia, com apenas 4,5, e do Canadá, com 2,9. Apesar disso, ficamos em quarto lugar em capacidade instalada de hidrelétricas, atrás da China, EUA e Canadá.

Usamos apenas cerca de 30% do potencial hidrelétrico nacional, percentual este que supera 70% na Noruega, seguida de perto por Japão, Canadá e EUA. Entretanto, a hidroeletricidade representa 85% da nossa geração elétrica, só superada pelo Paraguai e pela Noruega.

Dida Sampaio/Agência Estado/AE

Vista aérea do local onde será construída a usina de Belo Monte.

Deve o país abrir mão de utilizar essa energia? Creio que não. Mas não pode fazê-lo a qualquer preço.

Devem ser cumpridas as restrições ambientais necessárias.

O preço da energia de Belo Monte é de R$ 68/MWh, enquanto nas termelétricas novas é de R$ 140/MWh, e há antigas que chegam a R$ 400/MWh quando operam em caso de escassez de água nas hidrelétricas.

[...]

A área inundada se restringe praticamente àquela que o rio já ocupa na sua variação sazonal. Ela tem 516 km², bem menor que Itaipu, com 1.300 km². A usina de Balbina tem 0,1 W/m² e Tucuruí tem 2,9 W/m²: Belo Monte terá 21 W/m².

Mas há um problema, que é a redução da água na Volta Grande do Xingu, o que preocupa moradores ribeirinhos. A solução é garantir uma vazão mínima.

[...]

A operação de Belo Monte não pode ser vista isoladamente, pois ela estará no sistema interligado, no qual há transmissão de energia de uma região às outras.

Quando Belo Monte gerar 11 GW, ela vai economizar água em reservatórios de outras usinas, que reduzirão sua geração. E essa água guardada permitirá gerar energia adicional nessas usinas.

[...]

Há anos, obras como a de Tucuruí produziram impactos muito grandes. O canteiro de obra causou uma concentração de pessoas abandonadas à própria sorte após a obra. Isso tem de ser evitado.

LUIZ PINGUELLI ROSA, 68, físico, é diretor da Coppe-UFRJ (Coordenação dos Programas de Pós-Graduação em Engenharia da Universidade Federal do Rio de Janeiro). Foi presidente da Eletrobrás (2003-2004).

GW e **MW**: símbolos de gigawatts e megawatts, unidades de medida de energia correspondentes a, respectivamente, 1 bilhão e 1 milhão de watts.

NÃO

O futuro da energia no retrovisor

Marcelo Furtado

O Brasil precisa de energia para seguir crescendo. Mas não precisa de Belo Monte. Um estudo do Greenpeace lançado em novembro, o (R)evolução Energética, mostra que o país pode suprir suas necessidades energéticas investindo em fontes de geração renovável, como a eólica e a solar, e dispensando a construção de mega-hidrelétricas na região da Amazônia.

Em 2050, mostra o estudo, o Brasil pode ter uma matriz elétrica com 93% de participação de energias renováveis, eliminando completamente a geração à base de carvão, de diesel e a geração nuclear.

O cenário energético de nosso estudo custa, pasmem, R$ 88 bilhões a menos do que o proposto pelo governo para os próximos 40 anos.

Ele indica também que a aposta nas renováveis não é apenas mais barata. Ela geraria 1,2 milhão a mais de empregos e produziria seis vezes menos emissões de gases do efeito estufa em comparação aos planos da burocracia federal. Com tantas vantagens, por que ainda estamos investindo em grandes hidrelétricas na Amazônia?

A construção de Belo Monte provocará um desmatamento de 12 mil hectares, a movimentação de 230 milhões de metros cúbicos de terra – mais do que na obra do Canal do Panamá – e a abertura de 260 quilômetros de estradas no canteiro de obras. Terminada a obra, a usina obrigará ainda a remoção forçada de 20 mil pessoas.

Os efeitos negativos sobre a biodiversidade e os indígenas que dependem do rio Xingu estão evidentes na relutância do Ibama em licenciar a usina de Belo Monte.

[...]

Se, do ponto de vista socioambiental, a construção de Belo Monte tem tudo para ser um desastre, do ponto de vista econômico ela também não faz sentido.

As obras civis vão custar R$ 15,6 bilhões. Com esse número, oficial, fica difícil acreditar que o valor final do projeto será de R$ 25,8 bilhões, como recentemente anunciado. Há um ano, o valor da obra estava em R$ 19 bilhões. Não houve, nos últimos 12 meses, uma inflação capaz de justificar tamanho salto de preço.

A discussão sobre Belo Monte não é sobre a tecnologia de geração elétrica, mas sobre o tamanho da obra e sua localização. O modelo proposto pelo Greenpeace dialoga com o Brasil de hoje e do futuro, propondo uma expansão da geração energética a partir de

Fernando Bueno/Pulsar Imagens

: Energia eólica, alternativa limpa.

fontes como a solar, a eólica, PCH (pequenas centrais elétricas) e biomassa.

Essas fontes, particularmente biomassa e a eólica, são capazes de trazer a segurança energética que o país precisa ao longo do ano, uma vez que garantem o suprimento justamente nos meses de seca, em que a geração das hidrelétricas é muito mais baixa.

Belo Monte terá geração extremamente variável ao longo do ano e apenas vai repetir esse padrão, que contribui para o déficit de energia nos meses secos, remediado com o acionamento de termelétricas movidas a combustíveis fósseis.

[...]

Marcelo Furtado é diretor-executivo do Greenpeace no Brasil.
(*Folha de S. Paulo*, 12/2/2011.)

PRODUZINDO O DEBATE REGRADO PÚBLICO

Há, a seguir, duas propostas para a realização de debate regrado. Com a orientação do professor, escolham uma delas ou, se possível, realizem os dois debates.

1. Trabalho infantil

Na sua opinião, o trabalho infantil deve ser uma decisão da família? Leia o texto a seguir e, depois, discuta com os colegas o seu ponto de vista, empregando as estratégias de contra-argumentação que aprendeu.

TRABALHO INFANTIL LEGALIZADO

Solange Azevedo

Mais de 4,3 milhões de crianças e adolescentes trabalham atualmente no Brasil. Dedicam-se a tarefas insalubres e degradantes – em lavouras, carvoarias, nas ruas – em troca de alguns reais. É uma vergonha para um País emergente, que se tornou a 7ª economia mundial recentemente e assinou acordos internacionais se comprometendo a erradicar o problema. O contraditório é que, além de conviver com esse tipo de ilegalidade, o Brasil tem sido obrigado a tolerar também o trabalho infantil autorizado pelos tribunais. Entre 2005 e 2010, juízes deram permissão para 33.173 cidadãos de 10 a 15 anos atuarem em toda sorte de atividades. "Grande parte foi para setores como construção civil, agricultura, olarias e oficinas mecânicas", afirma Luiz Henrique Lopes, chefe da Divisão de Fiscalização do Trabalho Infantil do Ministério do Trabalho. "Além de contrariar a legislação – que proíbe o trabalho para menores de 16 anos, salvo na condição de aprendizes e a partir de 14 – esses juízes estão colocando em xeque o compromisso assumido pelo País internacionalmente."

Celso Júnior/Agência Estado/AE

Criança trabalha em carvoaria, em Alagoinhas (BA).

[...]

Quando a Justiça autoriza o trabalho infantil, sob a justificativa de que os ganhos ajudarão no sustento da família, inverte-se a lógica de proteção. A lei brasileira é clara: é dever da família, da sociedade e do Estado assegurar todos os direitos das crianças e dos adolescentes – inclusive à educação, à saúde e ao lazer. [...]

"Essas autorizações têm sido concedidas pela Justiça comum, que não está acostumada às peculiaridades do direito do trabalho", afirma Gabriela Tavares Miranda Maciel, procuradora no Estado do Rio de Janeiro. "Infelizmente, muitas pessoas entendem que crianças e adolescentes pobres têm de trabalhar porque, se ficarem ociosos, vão fazer o que não presta ou virar bandidos." Segundo o Ministério da Saúde, nos últimos dois anos, 2.478 menores sofreram acidentes do trabalho no País e 37 morreram.

[...]

"Falar em trabalho infantil é um equívoco", defende Evandro Pelarin, juiz da Vara da Infância e da Juventude da Comarca de Fernandópolis, interior de São Paulo. "Em geral, essas autorizações são para adolescentes e, além do critério financeiro, têm um caráter pedagógico. Pais diligentes querem que seus filhos aprendam uma profissão. Por que ninguém vai atrás de crianças contratadas para trabalhar na tevê?" [...]

(*IstoÉ*, 16/11/2011.)

2. Cotas para pessoas com deficiência

Você certamente conhece alguma pessoa com deficiência e faz ideia das dificuldades pelas quais ela passa, em especial para participar da vida escolar e da vida profissional. A Constituição estabelece o sistema de cotas para a admissão de pessoas com deficiência no setor público e privado e, atualmente, há um esforço para a inclusão dos estudantes com deficiência em salas de aula comuns.

A fim de se informar melhor sobre o tema para depois participar do debate sobre ele, leia o texto que segue.

E SE EU NÃO FOSSE...

Jairo Marques

Projetar aquilo que a gente não é pode ajudar a valorizar, a dar carinho, àquilo que a gente de fato é

É certo que toda pessoa que habita este mundo e que tenha a carcaça avariada como eu já pensou algumas vezes ao longo da existência em como seria a vida "se não fosse" a condição de paralisia, de cegueira, de surdez, de inabilidades gerais do esqueleto ou da cachola.

Essa reflexão se diferencia, a meu ver, daquela "e se eu não fosse" tradicional, usada pelos mortais comuns.

Essa dá e passa logo porque, afinal, para ser milionário tem a loteria, para ser loira tem a água oxigenada, para ser magro tem o picote no estômago, para ser bonito tem o Pitanguy, para esvaziar o saco cheio tem o passeio no parque.

Mas, para voltar a bater perna livremente, para ouvir os gracejos da novela, para ver o raiar do sol, é preciso esperança em um tal ratinho que encheram de eletrodos no Japão, em outro que tomou chá de células-tronco na China e em diversos voluntários que tomam agulhadas da ciência ao redor do planeta.

Logo, o "se eu não fosse" para esse povo é calcado em uma esperança de algo que ainda não existe. E vai tempo, e vai estudo, e vai teste para que surja algo que abra caminho para uma mudança de realidade. Tem também o lance do "milagre", da força da fé, mas isso é motivo de outra prosa.

De minha parte, "se eu não fosse" cadeirante, acho que seria mais leve tanto por não ter de tocar os dez quilos da minha charrete como por não ter de me programar exageradamente para conseguir atuar em sociedade.

É um tal de pensar se vou caber no banheiro da casa da sogra, se a mesa da reunião será muito alta e vou ficar escondido atrás dela, se vai haver rampa na entrada do pé-sujo onde vai acontecer um happy hour com os amigos, se as calçadas da cidade do futuro veraneio vão ser boazinhas para meu ir, vir e tomar uma brisa.

Botar na roda o questionamento "e se eu não fosse assim", porém, não é de todo ruim. Projetar aquilo que a gente não é pode ajudar a valorizar, a dar carinho, àquilo que a gente de fato é.

Não enxergar muito bem pode ser compensado com mais poder às papilas gusta-

Masterfile/Other Images

tivas que vão decifrar fácil os segredos do bolo de cenoura daquela tia de Sorocaba. Usar aparelho no ouvido é ter prerrogativa "maraviwonderful" de se desligar do mundo na final do campeonato em que o vizinho grita desesperado pela janela.

Ter incapacidades sérias de interagir com outros seres viventes é oportunidade de examiná-los em detalhes, de ter uma perspectiva de escafandrista enquanto todos os outros se imaginam borboletas lindas e perfeitas que se esquecem de que foram lagartas, que se esquecem de suas efemeridades.

Ok. Admito que é gostoso e diverte a alma imaginar possibilidades, brincar de desenhar para o cotidiano da gente certas sensações inéditas e aparentemente inatingíveis. Sem falar que, no campo imaginativo, nas "viagens na maionese", nós podemos ser verdadeiramente iguais uns aos outros.

Porém, quando o galo canta e o homem se levanta, ele será exatamente aquilo que as circunstâncias da existência o fizeram, com a chance de moldar "apenas" seu caráter, sua maneira de interagir e de aproveitar as 24 horas do dia.

(*Folha de S. Paulo*, 10/[illegible]/2012.)

Debata com os colegas da classe:

- Na sua opinião, devem existir cotas para o ingresso de pessoas com deficiência no serviço público e em empresas privadas?
- O que você acha da política de inclusão em escolas comuns, isto é, não especializadas, de pessoas com deficiência?

Planejamento do debate regrado público

Elejam um moderador e previamente estabeleçam as regras do debate: formas de inscrição, tempo total do debate, tempo de cada debatedor, direito de réplica e de tréplica, etc. Para tal, levem em conta as orientações quanto à preparação da sala, à postura do moderador, ao tempo, à postura, expressão e relacionamento dos debatedores apresentadas no quadro "Princípios e procedimentos para a realização de um debate democrático".

PRINCÍPIOS E PROCEDIMENTOS PARA A REALIZAÇÃO DE UM DEBATE DEMOCRÁTICO

Preparação da sala

Não há uma disposição obrigatória da sala para a realização do debate. Se o número de participantes for pequeno, é possível que todos se sentem em círculo. Se, entretanto, forem muitos os participantes (debatedores e/ou público), as pessoas devem ocupar as cadeiras normalmente, conforme a disposição original da sala.

O moderador

- Posicione-se em pé na sala, numa posição central, de modo que possa ver e ser visto por todos.
- Inicie os trabalhos cumprimentando o público e apresentando o tema a ser debatido. Faça algumas considerações sobre o tema ou sobre a importância daquele debate e lembre as regras previamente estabelecidas.
- Se julgar necessário, indique uma pessoa para secretariar os trabalhos, fazendo as inscrições das pessoas que desejam falar.
- Ao passar a palavra a um debatedor, utilize expressões como: "Vamos ouvir a opinião de fulano" ou "Fulano, sua vez".
- Faça sinais para os debatedores alguns segundos antes do término do tempo (por exemplo, 10 ou 15 segundos), a fim de alertá-los.
- Interfira no debate ao perceber que o debatedor está apresentando um argumento pouco claro ou superficial, fazendo perguntas como "Por quê?", peça que dê exemplo ou que explique melhor determinada afirmação.
- Interfira sempre que houver na sala ruídos ou conversas paralelas que atrapalhem o andamento dos trabalhos.

Os debatedores

Procedimento

- Nunca leve as discussões para o terreno pessoal. O que está em avaliação são as ideias, não as pessoas.
- Fale livremente; é seu direito não sofrer interrupções e não ser alvo de zombaria. Porém, manifeste-se apenas quando chegar a sua vez.
- Respeite as regras estabelecidas; caso contrário, porá em risco o andamento e o sucesso de todo o debate.

Expressão

- Fale alto, de modo claro e articulado. Se necessário, fale em pé para ser ouvido por todos.
- Olhe diretamente nos olhos do moderador ou dos demais participantes; assim passará a impressão de firmeza e segurança.
- Se fizer uso de anotações durante a fala, leia-as de forma rápida e sutil, sem interromper o fluxo da fala e do pensamento. Evite abaixar a cabeça e o tom da fala.
- Evite gesticulação excessiva, que possa distrair a atenção dos ouvintes.

Uso da língua

- Use uma variedade linguística de acordo com a norma-padrão, menos ou mais formal, de acordo com o perfil dos participantes.
- Evite o uso reiterado de palavras e expressões como *né?*, *tipo*, *tipo assim*, etc., pois atrapalham o fluxo das ideias e dispersam a atenção dos ouvintes.
- Faça referência à fala de outro debatedor, com expressões como *Conforme disse fulano...*, *Concordo com a opinião de fulano...*, *Discordo em parte do ponto de vista de fulano...*, *Gostaria de acrescentar ao comentário do fulano que...*

Brand X/Thinkstock/ Getty Images

Tempo

- Os debatedores devem ter igualdade de condições e de tempo para expor suas ideias.
- Não se alongue com informações secundárias ou supérfluas, pois há o risco de não conseguir concluir o pensamento por falta de tempo.
- Vá ao ponto principal logo no início da fala e, se possível, use o restante do tempo com exemplos.
- Anote o nome da pessoa e o argumento que ela apresentou. Posteriormente, se for retomar ou combater esse argumento, consulte suas anotações.

Revisão e avaliação

Depois de realizado o debate, avaliem-no, levando em conta os aspectos relacionados no quadro "Princípios e procedimentos para a realização de um debate democrático". Observem, especialmente:

- se houve respeito às regras estabelecidas;
- se o moderador cumpriu bem o seu papel de coordenador;
- se houve respeito ao tempo;
- se houve riqueza de ideias e argumentos;
- se o desempenho dos participantes foi bom;
- se houve respeito entre os participantes;
- se os participantes empregaram uma linguagem de acordo com a norma-padrão informal;
- se os participantes evitaram certos vícios de linguagem como *tipo*, *tipo assim*, *tá ligado*, entre outros.

Filmando o debate

Filmem o debate para que, posteriormente, todos possam assistir a algumas partes dele, ou a todo ele, a fim de observar aspectos positivos e negativos e aprimorar o próximo debate.

Thinkstock/Getty Images

Caso o debate tenha sido gravado, revejam alguns trechos, a fim de observar detalhes, confirmar impressões ou tirar dúvidas, e estabeleçam metas e compromisso com vistas à realização do próximo debate.

LÍNGUA: USO E REFLEXÃO

: *Autvis Composição VIII* (1923), de Wassily Kandinsky.

CAPÍTULO 3

Concordância. Concordância verbal

CONSTRUINDO O CONCEITO

Leia este poema, do autor moçambicano Juvenal Bucuane:

O húmus do homem novo

A Cláudio, meu filho

Não quero que vejas
nem sintas
a dor que me amargura;
Nao quero que vejas
nem vertas
as lágrimas do meu pranto.
Deixa que eu chore
as mágoas e as desilusões;
deixa que eu deambule;
deixa que eu pise
a calidez do chão desta terra
e o regue até o meu suor;
deixa que eu me toste
sob este sol inóspito
que me dardeja o lombo sempre arqueado...

Este penar
é o resgate da esperança
que em ti alço!
Este penar
é a certeza do amanhã que vislumbro
na tua ainda incipiente idade!
Não quero que vejas
nem sintas
o meu tormento
ele é o húmus do Homem Novo.

(Disponível em: http://lusopoetas.blogspot.com.br/2010/02/o-humus-do-homem-novo.html. Acesso em: 20/7/2012.)

deambular: passear, andar à toa, caminhar, marchar.

1. Observe a frase: "Não quero que vejas nem sintas a dor que me amargura".

a) Quem é a pessoa a quem o eu lírico se dirige?

b) Por que os verbos *ver* e *sentir* foram empregados na 2ª pessoa do singular?

2. Nos versos "sob este *sol inóspito* / que me dardeja *o lombo* sempre *arqueado*", os adjetivos *inóspito* e *arqueado* referem-se, respectivamente, a *sol* e *lombo*.

a) A que classe de palavras pertencem os vocábulos *sol* e *lombo*?

b) Explique por que os adjetivos *inóspito* e *arqueado* estão no masculino singular.

3. O eu lírico descreve o seu sofrimento em uma espécie de desabafo para o filho. Na sua opinião, o poema traz uma visão negativa ou positiva sobre o futuro? Justifique a sua resposta, destacando um ou mais versos do poema.

CONCEITUANDO

Ao responder às questões anteriores, você observou que as formas verbais *vejas* e *sintas* estão na 2ª pessoa do singular porque concordam com o pronome de tratamento *tu*, sujeito desinencial, implícito no texto. Assim, o verbo concorda com o sujeito em número e pessoa.

Por outro lado, o fato de os substantivos *sol* e *lombo* estarem no masculino singular determinou o emprego dos adjetivos *inóspito* e *arqueado* também no masculino singular.

Assim, os adjetivos concordam em gênero e número com os substantivos a que se referem. Em ambos os casos, houve **concordância**, um princípio linguístico que orienta a combinação das palavras na frase.

Na língua portuguesa, há dois tipos de concordância: a **verbal** e a **nominal**.

Concordância verbal é a concordância do *verbo* com seu *sujeito*, em número e pessoa.
Concordância nominal é a concordância, em gênero e número, entre o substantivo e seus determinantes: o *adjetivo*, o *pronome adjetivo*, o *artigo*, o *numeral* e o *particípio*.

CONCORDÂNCIA VERBAL

Leia estas frases:

O grupo de estudantes *pedia* bis ao cantor.
O grupo de estudantes *pediam* bis ao cantor.

Em qual das frases acima a concordância verbal foi feita de acordo com a norma-padrão? Nas duas frases, pois ambas as formas de concordância são aceitas.

O fato de haver, às vezes, mais de uma possibilidade de concordância entre o verbo e o sujeito pode acarretar algumas dificuldades e, embora existam algumas regras sistematizadas, o aprendizado da concordância verbal depende em grande parte do uso sistematizado da língua, de nossa intuição linguística e, em caso de dúvida, de consultas constantes a gramáticas especializadas no assunto.

Há, a seguir, alguns exercícios de concordância verbal. Antes de realizá-los, leia os boxes que contêm, em resumo, algumas orientações sobre a concordância, de acordo com a norma-padrão, entre o verbo e seu sujeito.

EXERCÍCIOS

1. Leia o poema de Pablo Neruda e, em dupla, completem os versos com verbos que concordem com os respectivos sujeitos, buscando uma coerência poética textual. Depois, compare as suas escolhas com as do poeta.

Já não se □ meus olhos em teus olhos,
Já não se □ doce minha dor a teu lado.
Mas por onde eu □ levarei teu olhar
e para onde tu □ levarás minha dor.
□ teu, □ minha. Que mais? Juntos fizemos um desvio na rota
por onde o amor passou.
□ teu, □ minha. Tu □ de quem te □,
do que corte em teu horto aquilo que eu □.
Eu me □. □ triste: mas eu sempre □ triste.
Eu □ dos teus braços. Não □ para onde □.
... Desde o teu coração □ adeus um menino,
E eu lhe □ adeus.

Beverly Brown Cove Images/Alamy/Other Images

(*Presente de um poeta*. Tradução de Thiago de Mello. São Paulo: Vergara & Riba Editoras, 2001. p. 42-3.)

2. O eu lírico afirma: "Juntos fizemos um desvio na rota/por onde o amor passou".

a) Levante hipóteses: Nessa separação, quem parece sofrer mais é o eu lírico ou a mulher amada? Justifique com um ou mais versos do poema.

b) Que título você daria ao poema?

Leia o anúncio a seguir e responda às questões de 3 a 5.

Moma Propaganda

3. Identifique no anúncio os termos com que concordam as formas verbais:

a) saíram
b) voltou
c) deduziu
d) era

4. O texto verbal do anúncio, reescrito com algumas alterações, está reproduzido a seguir. Complete-o com os mesmos verbos do texto original, fazendo a concordância adequada entre cada um deles e seu sujeito.

Um grupo de jurados □ para testar a Fat Boy Special e eles ainda não □. Aí as pessoas □ que essas máquinas □ mesmo as melhores.

5. Releia a última frase do anúncio:

"Aí o pessoal deduziu que ela era mesmo a melhor."

Levante hipóteses:

a) Quem é "o pessoal" a que o texto se refere?

b) Observe a expressão *a melhor* destacada no texto original. Qual efeito de sentido esse destaque produz no anúncio?

c) Caso a expressão *a melhor* fosse substituída por *as melhores*, essa mudança traria alterações no sentido do texto? Justifique sua resposta.

Concordância do verbo com o sujeito simples

Quando o sujeito for representado por:

- **substantivo coletivo** → verbo no singular: O povo *aclamou* o candidato.

  Mas se o sujeito coletivo estiver acompanhado de adjunto ou distante do verbo → verbo no singular ou no plural:

  O grupo de estudantes *gritava* (ou *gritavam*) palavras de ordem.
  O elenco se reuniu e, depois de muita discussão, *resolveu* (ou *resolveram*) continuar o espetáculo.

- **nome próprio de lugar ou título de obra no plural** → verbo no plural, se precedido de artigo:

  Os Estados Unidos *concederam* ajuda financeira àquele país.

  Em títulos de obras, com o verbo *ser* e predicativo singular, admite-se também o verbo no singular:

  Os sertões *é* um livro muito interessante.

  → verbo no singular, se não houver artigo precedendo-o, ou se o artigo estiver no singular:

  Contos novos *é* uma das obras de Mário de Andrade.
  O Amazonas *nasce* em território peruano.

- **pronome de tratamento** → verbo na 3ª pessoa:

  Vossa Senhoria *está* melhor agora?

- **pronome relativo *que*** → verbo concorda com o antecedente do pronome:

  Hoje somos nós que *cuidaremos* do almoço.

- **pronome relativo *quem*** → verbo na 3ª pessoa do singular ou concordando com a pessoa do antecedente do pronome:

  Fui eu quem *fez* a pesquisa. / Fui eu quem *fiz* a pesquisa.

- **um dos que** → verbo no plural ou no singular:

  Uma das pessoas que *desconfiavam* (ou *desconfiava*) de nós era João.

Concordância ideológica

É inadequada a concordância verbal na frase seguinte?

Eu creio que os modernistas da Semana de Arte Moderna não *devemos* servir de exemplo a ninguém.

No caso dessa frase, a concordância é ideológica, ou seja, é feita não com a forma gramatical da palavra, mas com o seu sentido, com a ideia que ela expressa. Trata-se de um caso de *silepse*, palavra de origem grega que significa "ação de reunir, de tomar em conjunto".

Na frase acima, ocorre *silepse de pessoa*, pois seu autor se inclui no sujeito de 3ª pessoa (*os modernistas*), e o verbo fica, por isso, na 1ª pessoa do plural.

Há ainda:

- *silepse de gênero*, como na frase "Senhor presidente, Vossa Excelência é muito *generoso*", em que o adjetivo *generoso* concorda com a ideia de masculino de *Vossa Excelência*, e não com sua forma feminina;
- *silepse de número*, como na frase "Esta equipe está muito bem fisicamente. Correm em campo e não perdem um lance de bola", em que os verbos *correm* e *perdem*, no plural, concordam com a ideia de *vários jogadores* e não com o substantivo coletivo *equipe*.

6. Leia a tira:

Luis Fernando Verissimo

a) No 2º quadrinho, a personagem dá uma definição para o termo *vagabundo*. Reescreva a frase, empregando a forma *vagabundos*.

b) Que alteração as formas verbais *é* e *tem* da frase original sofreram na reescrita da frase? Justifique a alteração.

c) A conclusão da personagem baseia-se na definição que ela dá para o termo *vagabundo*. Explique a construção do humor do texto, com base nessa definição.

Expressões que denotam quantidade

Quando o sujeito for representado por expressões, como:

- **parte de**, **a maioria de**, **metade de**, **grande parte de**, **grande parte** seguida de substantivo plural → verbo no singular ou no plural: Uma parte dos funcionários *preferiu* (ou *preferiram*) férias coletivas.
- **cerca de**, **perto de**, **mais de**, **menos de** → verbo concorda com o numeral que o acompanha: Cerca de dez mil pessoas *assistiram* ao campeonato mundial de futebol. / Mais de uma pessoa *correu* em direção à porta de emergência.

Concordância do verbo com o sujeito composto

Se o sujeito composto:

- estiver *anteposto* ao verbo → verbo no plural: O fazendeiro e a filha *compareceram* à reunião dos sem-terra.
- estiver *posposto* ao verbo → verbo concorda com o núcleo mais próximo ou com todos, no plural:

Voltaram (ou *voltou*) muito tarde do *show* o menino e os primos dele.

- for constituído por *pessoas gramaticais diferentes* → verbo no plural. A 1ª pessoa prevalece sobre as demais. Se houver 2ª e 3ª pessoas, o verbo pode ficar na 2ª ou na 3ª pessoa:

  Eu, tu e ele *ficaremos* juntos no grupo de teatro. / Tu e ele *ficareis* juntos. / Tu e ele *ficarão* juntos.

Se os núcleos do sujeito composto forem unidos por:

- **ou** → verbo no singular ou no plural, de acordo com o valor semântico da conjunção *ou*:

  João *ou* Pedro *dirigirá* o carro. (exclusão) / Cinema ou teatro me *agradam*. (adição) / O pai ou os pais dela *virão* falar com você hoje. (retificação)

- **com** → verbo no plural: A mulher com as filhas *entraram* apressadamente na loja.
- **tanto... como, não só... mas também** → verbo no plural:

  Tanto Emília como (quanto) Leonor *estimam*-no muito.

As expressões:

- **um ou outro, nem um nem outro** → verbo no singular:

  Nem um nem outro rapaz *tinha* a intenção de permanecer nesse emprego.

- **um e outro** → verbo no singular ou no plural: Um e outro *saiu* (ou *saíram*) constrangido(s) da reunião.

7. Leia os textos a seguir, retirados da cartilha *Pelo direito humano à água*, elaborada pelo Instituto Equit.

As mulheres: gestoras cotidianas da água

Particularmente as mulheres, que conhecemos o valor da água para as tarefas cotidianas que ainda continuam sob nossa responsabilidade, sofremos com sua falta e muitas vezes continuamos assumindo o trabalho de carregá-la até as casas, onde a família toda precisa cotidianamente dela para preparar os alimentos, beber, tomar banho, limpar a casa e os sanitários etc. Até em cidades como Manaus, rodeada de água por toda parte, é ainda comum ver mulheres com a lata d'água na cabeça, carregando ela para dentro de suas casas!

Por todos esses motivos, as mulheres somos conscientes da importância da preservação das fontes de água e do uso racional da mesma, como também da necessidade de exigir e lutar por políticas públicas que ampliem o acesso à água encanada e ao saneamento básico para todos os moradores da cidade.

Assim, é preciso caminhar todos juntos, e com a maior parte dos países do mundo, na luta contra a mercantilização e a privatização da água que tem avançado consideravelmente. Um grande êxito de tais lutas foi alcançado em junho de 2010, quando em votação unânime dos países na ONU – Organização das Nações Unidas –, a água foi considerada um Direito Humano Básico, ou seja, seu valor para a vida deve ser prioridade frente a seu valor econômico.

Instituto Equit

a) Observe os logotipos que aparecem na parte inferior da capa da cartilha. Levando em conta os elementos verbais e não verbais que os compõem e o texto verbal em destaque, levante hipóteses: Qual é a área de atuação do Instituto Equit?

b) Releia os seguintes trechos do texto da direita:

- "Particularmente as mulheres, que conhecemos o valor da água para as tarefas cotidianas, [...] sofremos com sua falta"
- "Por todos esses motivos, as mulheres somos conscientes da importância da preservação das fontes de água"

Tendo em vista a área de atuação do instituto responsável pela elaboração da cartilha, justifique a concordância verbal observada nos trechos.

8. Predomina no texto uma variedade linguística de acordo com a norma-padrão. Contudo, no trecho "é ainda comum ver mulheres com a lata d'água na cabeça, carregando ela para dentro de suas casas!", há um desvio relativamente à norma-padrão.

a) Qual é esse desvio?

b) Levante hipóteses: Esse desvio foi intencional por parte do enunciador? Por quê?

9. Leia o texto a seguir e indique as formas verbais que o completam adequadamente, de acordo com as indicações entre parênteses. Depois indique os sujeitos com os quais essas formas verbais concordam.

Palavrão que salva

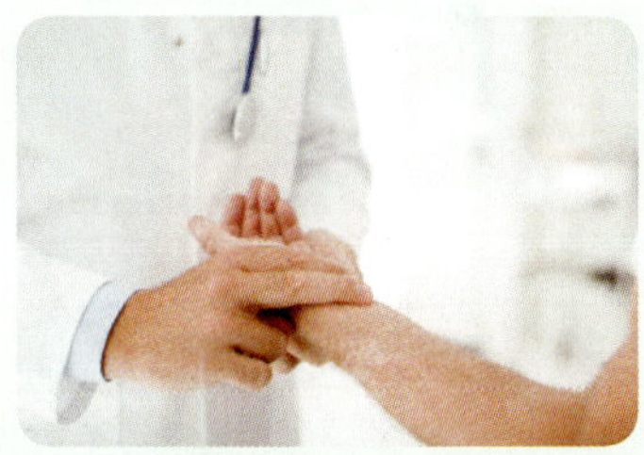

Martin Barraud/OJO Images/Getty Images

Entre os valores deixados por meu pai, José Alencar, □ (estar – presente do indicativo): fé, esperança e bom humor. Em suas duras sessões de quimioterapia na luta contra o câncer, sempre positivo, ele contava aos médicos que, lá pelos anos 1950, leu, na primeira página do "Correio da Manhã", a notícia da cura da tuberculose, com a descoberta da hidrazida do ácido iso-nicotínico. Um "palavrão"!

Com um largo sorriso, afirmava que, ainda em vida, também iria ler a descoberta da cura do câncer nas manchetes dos jornais. [...]

O Brasil ocupa o 19º lugar no ranking das 22 nações nas quais □ (concentrar-se – presente do indicativo) 80% dos casos de tuberculose no mundo. Nessa relação, quanto mais elevada é a posição em que se coloca um país, melhor é a sua situação. [...]

Todos nós, e não só as autoridades, □ (dever estar – presente do indicativo) comprometidos a começar pela vacinação das crianças com a BCG, que precisa ser feita nos primeiros meses de vida. Os pais e responsáveis □ (dever ficar – presente do indicativo) atentos e não perder os prazos. Também é importante que todo cidadão □ (procurar – presente do subjuntivo) o médico ou uma unidade de saúde se apresentar tosse, com ou sem secreção, por mais de três semanas. Se for tuberculose, o tratamento é iniciado, e a cadeia de transmissão, interrompida. A doença tem cura! [...]

Um dos Objetivos de Desenvolvimento do Milênio (ODM) □ (ser – presente do indicativo) reduzir mundialmente os óbitos até 2015, tendo como base o ano de 1990. Em 2011, o Brasil já os □ (diminuir – pretérito perfeito do indicativo) pela metade, cumprindo a meta com antecedência, conforme reconheceu a OMS. Avançamos, mas precisamos de amplo compromisso, não só do setor público, como de toda a sociedade, para vencer definitivamente a grave doença no território brasileiro.

(Josué Gomes da Silva. Disponível em: www1.folha.uol.com.br/colunas/josuegomesdasilva/1113240-palavrao-que-salva.shtml. Acesso em: 12/7/2012.)

10. Releia as seguintes frases do texto da questão anterior:

- "O Brasil *ocupa* o 19º lugar no ranking"
- "o Brasil já os *diminuiu* pela metade"
- "*Avançamos*, mas *precisamos* de amplo compromisso, não só do setor público, como de toda a sociedade"

a) Identifique os sujeitos das formas verbais destacadas nas frases.

b) Discuta com seus colegas e professor: A quem os sujeitos das frases se referem? Com que finalidade o enunciador emprega um e outro sujeito?

c) Reescreva as frases, colocando o sujeito dos verbos *ocupar* e *diminuir* em concordância com *avançar* e *precisar*, e vice-versa. Depois responda: Essas alterações provocam mudança de sentido no texto original?

Concordância do verbo *ser*

A concordância do verbo de ligação *ser* costuma variar, ora se fazendo com o sujeito ora com o predicativo. Leia este cartum:

(Santiago. *O melhor do Macanudo Taurino*. Porto Alegre: L&PM, 1997. p. 98.)

No seguinte enunciado do 1º quadrinho do cartum, há duas orações:

O	que me preocupa na Vó Libânia	são esses banhos de manhã cedo!
1ª oração	2ª oração	1ª oração

Na 1ª oração, "O [...] são esses banhos de manhã cedo!", observe que o sujeito é o pronome demonstrativo *o* (equivalente a *aquilo*) e o verbo *ser* foi empregado no plural (são) concordando com o predicativo do sujeito. Esse é um dos casos em que o verbo *ser*, em vez de concordar com o sujeito, concorda de preferência com o predicativo.

Há, a seguir, alguns exercícios de concordância do verbo *ser*. Antes de resolvê-los, leia o boxe da página seguinte, que contém, em resumo, outros casos de concordância desse verbo.

EXERCÍCIOS

1. Entre as frases a seguir, há uma na qual a concordância do verbo *ser* está em desacordo com a norma-padrão. Identifique-a e reescreva-a, adequando-a.

a) Esqueça, pai, isto já são coisas do passado.

b) Em minha classe, o líder é eu.

2. Reescreva as frases a seguir, trocando as palavras destacadas pelas palavras que estão entre parênteses, refazendo, se necessário, a concordância do verbo *ser*, de acordo com a norma-padrão.

a) Daqui até o muro, é *um metro*. (cinco metros)

b) Aquilo era *um pedaço de pão velho*. (restos do jantar)

c) Amanhã é *Natal*. (27 de maio)

d) *Cinema e livros* são nosso lazer cultural. (teatro)

e) Apressem-se, pois já é *uma hora*. (seis horas)

f) O responsável pela biblioteca é *você*. (eu)

Concordância do verbo *ser*

Quando o sujeito ou o predicativo for:

- **nome de pessoa** ou **pronome pessoal**, o verbo *ser* concorda com a pessoa gramatical:

  Renato (sujeito) *era* as esperanças do pai. / A esperança dos pais *são* eles, (predicativo) os filhos.

- **nome de coisa** e um estiver no singular e o outro no plural, o verbo *ser* concorda preferencialmente com o que estiver no plural:

  Os livros (sujeito) *são* a minha paixão. / A minha paixão *são* esses discos antigos. (predicativo)

Quando o verbo *ser* indicar:

- **horas** e **distâncias**, ele concorda com a expressão numérica:

  É uma hora. / *São* duas horas.

  Daqui até a feira, *é* um quilômetro / *são* dois quilômetros.

- **datas**, ele concorda com a palavra *dia(s)*, que pode estar expressa ou subentendida:

  É (dia) doze de junho. / *São* doze (dias) de junho.

Casos especiais

Leia a tira a seguir e responda às questões 1 e 2.

1. Levante hipóteses:

a) Por que, no 1º quadrinho, a mãe estranha a construção *está caindo* na fala do filho?

b) Por que a explicação dada pelo garoto no 2º quadrinho, associada à imagem, desfaz o estranhamento causado por sua primeira fala?

2. Releia a fala do garoto no 2º quadrinho:

"Já faz uma meia hora!"

a) Reescreva a frase, substituindo a expressão *uma meia hora* por:

- 30 minutos
- algum tempo
- mais de meia hora
- duas horas

b) O verbo *fazer* sofre alteração com as substituições? Justifique sua resposta com base na concordância desse verbo.

Leia o anúncio a seguir e responda às questões 3 e 4.

WMcCann

3. Responda:

a) Quem é o anunciante?

b) A quem o anúncio se dirige, especialmente?

c) Segundo o enunciado principal, qual seria o verdadeiro motivo de uma pessoa engordar comendo o pão anunciado?

d) Que efeito provoca no texto e na interação com os leitores a explicação dada no enunciado?

4. Escreva novas versões do trecho "existem duas explicações", do enunciado principal do anúncio, empregando os verbos indicados entre parênteses.

a) □ um único motivo (existir - presente do indicativo)

b) □ um único motivo (haver - presente do indicativo)

c) □ duas explicações (haver - presente do indicativo)

d) □ algo inesperado (acontecer - pretérito perfeito do indicativo)

e) □ imprevistos (acontecer - pretérito perfeito do indicativo)

f) □ de uma notícia inesperada (tratar-se - presente do indicativo)

g) □ de novidades (trata-se - presente do indicativo)

5. Leia os pares de frases abaixo, observando as formas verbais destacadas:

- Os exames *parecem terminar* mais cedo hoje.
  Os exames *parece terminarem* mais cedo hoje.
- *Hajam vista* os quadros deste pintor.
  Haja vista (a)os quadros deste pintor.

Você deve ter observado que:

- nas frases em que ao verbo *parecer* segue-se um infinitivo podem ocorrer dois tipos de concordância;
- a expressão *haja vista* pode ser empregada de três modos.

Nas frases a seguir, há uma das formas vistas acima. Reescreva as frases, empregando o(s) outro(s) tipo(s) de concordância.

a) Acho que você tem razão. Haja vista os critérios de escolha dos candidatos a este emprego.

b) Os resultados das pesquisas parece apresentarem falhas.

Verbo + pronome *se*

- Os **verbos transitivos diretos** ou **transitivos diretos e indiretos**, quando apassivados, concordam com o sujeito:

  Vendem-se casas e terrenos a prazo.
  VTD — sujeito

- Os **verbos de ligação**, **intransitivos** ou **transitivos indiretos**, quando seguidos de *se*, ficam na 3ª pessoa do singular, porque seu sujeito é indeterminado:

  Precisa-se de serventes de pedreiro.
  VTDI

Verbos impessoais

Ficam na 3ª pessoa do singular (exceto o verbo *ser*). São impessoais os verbos:

- que indicam fenômenos da natureza:

  Relampejou a noite toda.

- **haver** (no sentido de "existir, acontecer"):

  Já houve duas discussões sérias entre nós.

- **haver**, **fazer**, **estar**, **ir**, quando indicam tempo:

  Há meses não o vejo. / *Faz* dois anos que não tiro férias. / *Está* frio hoje. / *Vai* em dois ou mais anos que eles se separaram.

Nas locuções verbais, o verbo impessoal transmite sua impessoalidade ao verbo auxiliar. Veja:

Ainda *deve haver* ingressos para o espetáculo de amanhã.

Está fazendo alguns dias que ela esteve aqui.

6. Leia este pensamento de Albert Einstein:

(Legrand. *Que seja eterno enquanto dure*. Belo Horizonte: Soler Editora, 2005. p. 104-5.)

a) Na frase: "*Há* duas formas para viver a sua vida: uma é acreditar que não existe milagre", o verbo *haver* apresenta qual sentido?

b) Segundo o pensamento de Albert Einstein, há duas maneiras antagônicas de o ser humano viver a vida. Interprete e explique semanticamente cada uma delas.

A CONCORDÂNCIA NA CONSTRUÇÃO DO TEXTO

Leia a letra de uma canção de Arnaldo Antunes e responda às questões propostas.

fora de si

eu fico louco
eu fico fora de si
eu fica assim
eu fica fora de mim

eu fico um pouco
depois eu saio daqui
eu vai embora
eu fica fora de si

eu fico oco
eu fica bem assim
eu fico sem ninguém em mim

Thinkstock

1. O poema é relativamente simples quanto ao conteúdo, já que se organiza em torno de uma ideia central. Qual é essa ideia?

2. A canção se intitula "fora de si".
   a) O que significam expressões como "ficar fora de si" ou "ficar fora de mim"?
   b) Logo, o título da canção é coerente com seu assunto central?

3. O texto causa estranhamento devido à falta de concordância entre algumas palavras e termos.
   a) Reescreva todos os versos em que se verificam desvios de concordância em relação à norma-padrão da língua, adequando-os.
   b) Identifique o tipo de problema de concordância verificado em cada um dos versos reescritos: concordância verbal (entre o verbo e o sujeito), concordância nominal (entre os pronomes) ou concordância verbal e nominal (entre o verbo e o sujeito e entre os pronomes).

4. Como se nota, os desvios em relação à norma-padrão identificados nessa canção são intencionais, uma vez que quebram pressupostos básicos do uso corrente da língua, dominados até por falantes não letrados, como, por exemplo, em "eu fica assim". Levando em conta que a forma de um texto geralmente está relacionada com seu conteúdo, responda: Que papel tem a concordância ou a falta dela na construção do sentido global da canção?

5. Em todos os versos, o centro do discurso é a figura do eu lírico, identificado pelo pronome reto *eu*. Apesar disso, os verbos e pronomes se alternam entre a 1ª e a 3ª pessoa, sugerindo a presença de outra pessoa, talvez um interlocutor, não mencionada explicitamente no texto.
   a) Quem poderia ser essa pessoa?
   b) Levante hipóteses: Que relação pode haver entre a falta de concordância do texto e o relacionamento entre o eu lírico e essa pessoa?

SEMÂNTICA E DISCURSO

Leia este poema, de Patativa do Assaré:

No verdô da minha idade
mode acalentá meu choro
minha vovó de bondade
falava em grandes tesôro
era histórá de reinado
prencesa, prinspe, incantado
com feiticêra e condão
essas histórа ingraçada
tá selada e carimbada
dentro do meu coração.

Mas porém eu sinto e vejo
que a grande sodade minha
não é só de histórа e bejo
da querida vovozinha
demanhazinha bem cedo
sodade dos meus brinquedo
meu bodoque e meu bornó
o meu cavalo de pau
meu pinhão, meu berimbau
e a minha carça cotó.

[...]

(Patativa do Assaré. *Digo e não peço segredo.* São Paulo: Escrituras Editora, 2001. p. 15.)

1. Nesse poema, o eu lírico faz uma descrição de sua infância ("No verdô da minha idade"), numa linguagem regional e coloquial, própria da fala popular, nordestina.

a) O que significa, no contexto, a palavra *verdô*?

b) Que sentido tem a palavra *mode* (da expressão "pra mode") no verso "mode acalentá meu choro"?

c) Destaque palavras que representem a linguagem regional coloquial e que não estejam grafadas e/ou acentuadas de acordo com a norma-padrão. Levante hipóteses: Por que elas são grafadas dessa forma?

2. Releia os versos e observe as concordâncias nominal e verbal:

"essas histórа ingraçada / tá selada e carimbada / dentro do meu coração."

a) Como ficariam esses versos se fossem reescritos de acordo com a norma-padrão?

b) Observe que, nesses versos, apenas o pronome *essas* está no plural. Levante hipóteses: Em termos de comunicação, é necessário que todas as palavras dessa expressão estejam no plural? Por quê?

c) Levante hipóteses: Por que ocorre esse fenômeno na fala?

3. No prefácio do livro *Digo e não peço segredo*, de Patativa do Assaré, Luiz Tadeu Feitosa escreve: "Como se verá aqui, sua linguagem 'matuta' é apenas uma opção porque o pássaro que se nos apresenta aqui é liberto. Leu Camões, Castro Alves, Olavo Bilac, José de Alencar, Machado de Assis e outros apenas para saber e provar que 'poderia fazer igual a eles todos'. 'E eu sou', diz Patativa".

a) Deduza: Por que o poeta optou por essa linguagem "matuta", ou seja, pela cultura popular e não pela erudita?

b) O poema é construído em redondilha maior. Na sua opinião, por que Patativa optou por essa métrica?

c) No excerto do prefácio lido, quando comparado aos escritores brasileiros, Patativa diz: "E eu sou". Discuta com os colegas sobre a contribuição da obra do poeta no cenário brasileiro.

LITERATURA

CAPÍTULO 4

: *Pierrot* (1944), de Jorge de Lima

Murilo Mendes e Jorge de Lima: a poesia em pânico

Se a poesia da década de 1930 buscou caminhos que essencialmente refletissem a condição do homem em seu "estar-no-mundo", sem dúvida essa trajetória encontrou na poesia de Murilo Mendes, bem como na de seu amigo Jorge de Lima, uma de suas saídas naturais: a poesia metafísica e religiosa.

Na década de 1930, no Rio de Janeiro, formou-se um grupo de artistas e intelectuais católicos de grande expressão. Participavam dele os críticos literários de renome Jackson de Figueiredo e Tristão de Ataíde, os poetas Murilo Mendes e Jorge de Lima, o pintor e poeta carismático Ismael Nery. Vinícius de Morais e Cecília Meireles, embora não fizessem parte desse grupo, acabaram sendo envolvidos pelo espiritualismo que ele difundia.

Influenciados pelas ideias do filósofo católico Jacques Maritain e por toda uma série de escritores católicos europeus, o grupo carioca defendia uma renovação do catolicismo e a criação de uma arte cristã combativa.

Naquele momento de crise econômica, de aparecimento do nazifascismo e de expansão do comunismo, os católicos julgavam que o cristianismo era a única ideologia capaz de trazer a justiça, a igualdade social e a paz entre os homens. Mas defendiam um cristianismo mais politizado e envolvido com os problemas mundanos.

Dos integrantes desse grupo católico, interessam à literatura Murilo Mendes e Jorge de Lima, dois dos principais representantes da poesia religiosa cultivada pelos integrantes da segunda geração do Modernismo brasileiro. Amigos, com uma ideologia e uma trajetória literária muito parecidas, desenvolveram uma obra poética com vários pontos em comum. Chegaram até mesmo a fazer juntos experiências com fotomontagens.

Poetas de experiência variada, cultivaram a poesia metafísico-religiosa, a poesia social e a poesia de influência surrealista. Alguns aspectos, no entanto, os distanciam e merecem tratamento específico.

MURILO MENDES: O FRANCO-ATIRADOR DA POESIA

Murilo Mendes (1901-1975) nasceu em Juiz de Fora, Minas Gerais, onde fez os estudos secundários. Foi bancário, inspetor de ensino e funcionário da Justiça, antes de se mudar para a Europa, em 1953. Ali trabalhou como professor de literatura brasileira, lecionando em vários países – Bélgica, Holanda, Itália, Espanha e Portugal –, nos quais conheceu artistas de quase todo o mundo.

Coleção particular

: *Retrato de Murilo Mendes* (1931), de Alberto da Veiga Guignard.

Visto no Brasil como escritor difícil, Murilo Mendes tem sido esquecido ao longo dos anos. Mais do que difícil, porém, sua poesia é surpreendente. O estranhamento que ela provoca deve-se à linguagem fragmentada, às imagens insólitas, à visão messiânica do mundo e à simbologia própria que apresenta.

Partindo de uma concepção de que o mundo é o próprio caos, a poesia de Murilo Mendes busca o tempo todo destruir para reconstruir, subverter a ordem das coisas instituídas para reorganizá-las de acordo com leis próprias.

Considerado por alguns como o principal representante da poesia surrealista no Brasil, Murilo Mendes é autor de uma obra que está longe de poder receber uma classificação taxativa. Ela é o resultado das múltiplas experiências pelas quais o autor passou: o cristianismo, o surrealismo, a poesia social, o neobarroquismo e o experimentalismo linguístico.

Sobre a tentativa de conciliar realidades díspares, o próprio autor comenta: "um grande artista deve conciliar os opostos", que são "grandes temas centrais da arte e da vida humana: a ideia da transgressão da ordem – a saudade do paraíso perdido – e a volta à unidade"*.

A obra

Murilo Mendes lançou-se na literatura como autor modernista, publicando algumas de suas produções nas revistas paulistas da década de 1920. Sua obra de estreia, *Poemas*, veio a público somente em 1930 e nela já se notavam alguns dos traços que iriam marcar sua poesia futura: a dilaceração do eu em conflito, a presença constante de metáforas e símbolos, a inclinação para o surrealismo e os contrastes entre abstrato e concreto, lucidez e delírio, realidade e mito.

No início da década de 1930, suas experiências foram múltiplas: tomou contato com o marxismo, de que resultou a obra *Bumba-meu poeta* (escrita em 1930 e publicada em 1959), que demonstra solidariedade para com a classe operária. Em 1932, publicou *História do Brasil*, uma obra de fundo nacionalista, que retrata nossa história sob um ponto de vista ufanista-irônico. Depois dessa obra, foi a vez de *Visionário*, em que se observam muitas sugestões surrealistas, em meio a uma acentuada atmosfera onírica.

Em 1935, tendo se convertido ao catolicismo, escreveu em parceria com Jorge de Lima a obra *Tempo e eternidade*. Sem romper com nenhuma das posições tomadas anteriormente,

---

* Apud Laís C. de Araújo. *Murilo Mendes*. 7. ed. Petrópolis: Vozes, 1972.

Murilo concilia a poesia religiosa com as contradições do eu, com a preocupação social e com o sobrenatural surrealista. Cria, assim, um conceito particular de religiosidade, unido à arte e a um senso prático da vida – erotismo, democracia e socialismo. Em sua concepção religiosa, elementos contrastantes, tais como finito e infinito, visível e invisível, matéria e espírito, não se excluem. Para ele, essas polaridades confundem-se no Corpo Místico, em Deus, e apenas passam por uma experiência terrestre. Veja, como exemplo, o poema a seguir.

Filiação

Eu sou da raça do Eterno.
Fui criado no princípio
E desdobrado
em muitas gerações
Através do espaço
e do tempo.
Sinto-me acima das bandeiras,
Tropeçando em cabeças
de chefes.
Caminho no mar,
na terra e no ar.
Eu sou da raça
Do Eterno,
Do amor que unirá
todos os homens:
Vinde a mim,
órfãos da poesia,
Choremos sobre
o mundo mutilado.

(*O Estado de S. Paulo*, 17/12/2000.)

Murilo Mendes trilhou ainda outros caminhos, como o da busca do formalismo clássico, na década de 1940, quando publicou *Contemplação de Ouro Preto*, e o das experiências com a linguagem substantiva, concreta, na década de 1950 – momento em que ele já vivia na Europa e no Brasil se iniciava o Concretismo.

Em suas últimas obras – *Siciliana, Tempo espanhol, Convergência* – são frequentes os neologismos, a exploração dos sinais gráficos e do espaço da página, a construção assintática, a oposição fonético-semântica e outros procedimentos de pesquisa linguística, como ilustram estes versos:

Astronave
Astroneve
Astronive
Astronovo
Astronuvem
Astronável

(*Convergência*. São Paulo: Livraria Duas Cidades, 1970.)

Carvall

Caricatura de Murilo Mendes.

Mais do que mera adesão às propostas do Concretismo, essa produção final do poeta constitui o resultado natural de todas as suas experiências e inquietudes diante da poesia. Murilo não gostava de pertencer a grupos fechados, como ele mesmo explica: "Eu tenho sido toda a vida um franco-atirador. Procuro obedecer a uma espécie de lógica interna, de unidade apesar dos contrastes e dilacerações e mudanças: e sempre evitei programas e manifestos".

(In: Laís C. de Araújo. *Murilo Mendes*. 7. ed. Petrópolis: Vozes, 1972.)

LEITURA

O texto a seguir integra a obra *A poesia em pânico*, uma das mais importantes de Murilo Mendes.

Poema espiritual

Eu me sinto um fragmento de Deus
Como sou um resto de raiz
Um pouco de água dos mares
O braço desgarrado de uma constelação.

A matéria pensa por ordem de Deus,
Transforma-se e evolui por ordem de Deus.
A matéria variada e bela
É uma das formas visíveis do invisível.
Cristo, dos filhos do homem és o perfeito.

Na Igreja há pernas, seios, ventres e cabelos
Em toda parte, até nos altares.
Há grandes forças de matéria na terra no mar e no ar
Que se entrelaçam e se casam reproduzindo
Mil versões dos pensamentos divinos

A matéria é forte e absoluta
Sem ela não há poesia.

(In: Laís C. de Araújo, op. cit., p. 128-9.)

Coleção Ricardo Simões, SP

Arcanjo, de Ismael Nery.

1. Na 1ª estrofe, o eu lírico refere-se a si mesmo situando-se perante Deus e perante o universo. Como ele vê a si mesmo?

2. A propósito da 2ª estrofe do texto:

a) Como se explica a aparente contradição nos versos "A matéria variada e bela / É uma das formas visíveis do invisível"?

b) Qual é o papel de Deus no universo?

3. Na 3ª estrofe, são aproximados elementos como Igreja, altares, pernas, seios, ventres. De acordo com as ideias dessa estrofe:

a) Em que a concepção religiosa expressa pelo eu lírico difere da concepção tradicional?

b) A matéria é essencial tanto para gerar os "pensamentos divinos" quanto para a criação da poesia. Em que aspecto Deus e o poeta se assemelham?

4. Apesar do papel de destaque que a matéria tem no poema, este se intitula "Poema espiritual". Explique essa aparente contradição.

JORGE DE LIMA: A CONSCIÊNCIA MUTANTE

Jorge de Lima (1893-1953) nasceu em Alagoas, onde fez seus primeiros estudos. Posteriormente mudou-se para Salvador e ali iniciou o curso de Medicina. Fez uma brilhante carreira como médico, além de ingressar na vida política como deputado estadual e se firmar como poeta. Desde 1910 vinha ganhando prestígio como poeta, em virtude do sucesso que fizera seu poema parnasiano "Acendedor de lampiões".

Em 1930, mudou-se para o Rio de Janeiro, onde permaneceu até a morte. Seu consultório, situado na Cinelândia, era também um ateliê de arte e um ponto de encontro de inúmeros artistas e intelectuais.

Embora Jorge de Lima seja mais conhecido como poeta, sua obra não se restringe à poesia. Foi também pintor, fotógrafo, ensaísta, biógrafo, historiador e prosador. Na prosa, escreveu alguns contos, a novela de influência surrealista *O Anjo* (1934) e os romances *Salomão e as mulheres* (1927), *Calunga* (1935), *A mulher obscura* (1939) e *Guerra dentro do beco* (1950), uma produção ainda hoje quase totalmente desconhecida. Lançadas numa época em que predominava o romance regionalista, essas obras chamam a atenção por características como o cristianismo, o surrealismo, o regionalismo, a urbanidade, a crítica social, a reflexão filosófica, a fragmentação narrativa e as referências bíblicas aos mitos da criação, da queda e do apocalipse, às vezes apresentadas simultaneamente.

A aventura da fotomontagem

Influenciados pelas experiências dos pintores surrealistas De Chirico e Max Ernst, Murilo Mendes e Jorge de Lima se propuseram a também fazer um livro de fotomontagens. Murilo abandonou a tarefa, mas Jorge continuou, obtendo ótimos resultados. Mário de Andrade, que apreciava esse trabalho de Jorge e para quem a fotomontagem era "a coisa mais apaixonante do século", dá a receita:

> Consiste apenas na gente se munir de um bom número de revistas e livros com fotografias, recortar figuras e reorganizá-las numa composição nova que a gente fotografa ou manda fotografar.

(Apud Ana Maria Paulino, org. *O Poeta Insólito – Fotomontagens de Jorge de Lima*. São Paulo: IEB-USP, 1987. p. 9.)

Jorge de Lima.Fotomontagem 3. s/d

A obra poética

Jorge de Lima estreou em nossa literatura com *XIV alexandrinos* (1914), obra de feição neoparnasiana. Contudo, na década de 1920, aderiu às propostas modernistas, passando a cultivar temas relacionados à paisagem nordestina, como o folclore, a fauna e a flora locais, o reencontro com a infância, a miséria do povo e a consciência social. São dessa fase as obras *O mundo do menino impossível* (1925), *Poemas* (1927), *Poemas negros* (1937).

Outro aspecto marcante na poesia de Jorge de Lima dessa fase é a presença da raça negra, produto da convivência que na infância, vivida no Nordeste, o poeta teve com meninos negros e com ex-escravos. Sua poesia, ao mesmo tempo que denuncia a condição de exploração e marginalização a que sempre foram submetidos os negros no país, consegue também captar sua linguagem, sua alma, seu modo de pensar e agir. Estes versos de "Madorna de Iaiá" ilustram esses traços:

Iaiá está na rede de tucum
A mucama de Iaiá tange os piuns
balança a rede,
canta um lundum,
tão bambo, tão molengo, tão dengoso,
que Iaiá tem vontade de dormir.
        Com quem?
        Ram-rem.

(*Poesia completa*. 2. ed. Rio de Janeiro: Nova Fronteira, 1980.)

lundum: canção ou dança de origem africana.
pium: borrachudo, um tipo de inseto.
tucum: palmeira de cujas folhas se extrai uma fibra resistente.

Na produção realizada a partir de 1935, tendo o autor se convertido ao catolicismo, o enfoque principal torna-se a defesa da causa cristã. Essa fase se inicia com *Tempo e eternidade* (1935), escrita em parceria com Murilo Mendes. Nessa obra, que tem por subtítulo a frase "Restauremos a poesia em Cristo", verifica-se o aproveitamento da simbologia bíblica, um forte pessimismo perante os destinos do mundo e um sentimento de fraternidade para com os oprimidos, sempre de acordo com uma perspectiva mística e transcendente.

Essas posturas são aprofundadas nas obras subsequentes – *A túnica inconsútil* e *Anunciação e encontro de Mira-Celi* –, que passam a fazer constante uso de imagens paradisíacas e apocalípticas, referências ao pecado original e à queda do paraíso, sempre em meio a um misticismo exaltado e embriagante, que almeja a conciliação dos contrários, num verdadeiro neobarroquismo.

O *Livro de sonetos* introduz a fase final da poesia de Jorge de Lima, na qual se situa a obra máxima do poeta, *Invenção de Orfeu* (1952), uma epopeia modernista. No *Livro de sonetos* o poeta retorna à disciplina métrica e ao soneto, mas a atmosfera mística já não contém os excessos da fase anterior, retorna também aos velhos temas do Nordeste, da infância e do cotidiano.

Entretanto, é *Invenção de Orfeu* o principal dos empreendimentos de Jorge de Lima, uma espécie de síntese de toda a sua experiência como poeta, romancista e pintor. Concebida em verdadeiro estado de transe, a obra é constituída por dez cantos, com versos regulares e variados, e propõe-se a ser uma biografia épica do próprio homem em busca de sua plenitude sensível e espiritual. Como no *Livro de sonetos*, são riquíssimas as imagens dos textos de *Invenção de Orfeu*, conforme se pode observar nestes versos:

Era um cavalo todo feito em lavas
recoberto de brasas e de espinhos.
Pelas tardes amenas ele vinha
e lia o mesmo livro que eu folheava.

Depois lambia a página, e apagava
a memória dos versos mais doridos;
então a escuridão cobria o livro,
e o cavalo de fogo se encantava.

Bem se sabia que ele ainda ardia
na salsugem do livro subsistido
e transformado em vagas sublevadas.

Bem se sabia: o livro que ele lia
era a loucura do homem agoniado
em que o incubo cavalo se nutria.

(*Poesia completa*, cit.)

Jorge de Lima. Três anjos. s/d

Três anjos, de Jorge de Lima.

dorido: triste, dolorido.

incubo: que se deita sobre algo; de acordo com a crença popular, demônio masculino que copula com as mulheres enquanto elas dormem.

salsugem: lodo, detritos que flutuam próximo das praias.

LEITURA

O poema que segue é um dos mais conhecidos de Jorge de Lima. Leia-o e responda às questões.

Essa negra Fulô

Ora, se deu que chegou
(isso já faz muito tempo)
no banguê dum meu avô
uma negra bonitinha,
chamada negra Fulô.

Essa negra Fulô!
Essa negra Fulô!

Ó Fulô! Ó Fulô!
(Era a fala da Sinhá)
— Vai forrar a minha cama
pentear os meus cabelos,
vem ajudar a tirar
a minha roupa, Fulô!

Essa negra Fulô!

Essa negrinha Fulô!
ficou logo pra mucama
pra vigiar a Sinhá,
pra engomar pro Sinhô!

Essa negra Fulô!
Essa negra Fulô!

Ó Fulô! Ó Fulô!
(Era a fala da Sinhá)
vem me ajudar, ó Fulô,
vem abanar o meu corpo
que eu estou suada, Fulô!
vem coçar minha coceira,
vem me catar cafuné,
vem balançar minha rede,
vem me contar uma história,
que eu estou com sono, Fulô!

Essa negra Fulô!

"Era um dia uma princesa
que vivia num castelo
que possuía um vestido
com os peixinhos do mar.
Entrou na perna dum pato
saiu na perna dum pinto
o Rei-Sinhô me mandou
que vos contasse mais cinco."

Essa negra Fulô!
Essa negra Fulô!

Ó Fulô? Ó Fulô?
Vai botar para dormir
esses meninos, Fulô!
"Minha mãe me penteou
minha madrasta me enterrou
pelos figos da figueira
que o Sabiá beliscou."

Essa negra Fulô!
Essa negra Fulô!

Fulô? Ó Fulô?
(Era a fala da Sinhá
chamando a negra Fulô)
Cadê meu frasco de cheiro
que teu Sinhô me mandou?

Ah! foi você que roubou!
Ah! foi você que roubou!

Jack Hollingsworth/Workbook Stock/Getty Images

O Sinhô foi ver a negra
levar couro do feitor.
A negra tirou a roupa,
O Sinhô disse: Fulô!
(A vista se escureceu
que nem a negra Fulô.)

Essa negra Fulô!
Essa negra Fulô!

Ó Fulô? Ó Fulô?
Cadê meu lenço de rendas,
cadê meu cinto, meu broche,
cadê meu terço de ouro
que teu Sinhô me mandou?

Ah! foi você que roubou.
Ah! foi você que roubou.

Essa negra Fulô!
Essa negra Fulô!

O Sinhô foi açoitar
sozinho a negra Fulô.
A negra tirou a saia
e tirou o cabeção,
de dentro dele pulou
nuinha a negra Fulô.

Essa negra Fulô!
Essa negra Fulô!

Ó Fulô? Ó Fulô?
Cadê, cadê teu Sinhô
que Nosso Senhor me mandou?
Ah! foi você que roubou,
Foi você, negra Fulô?

Essa negra Fulô!

(*Poesia completa*. 2. ed. Rio de Janeiro: Nova Fronteira, 1980.)

banguê: engenho de açúcar.

cabeção: camisa de mulher, com mangas; parte superior de algumas roupas; enfeite, geralmente bordado ou rendado, da parte superior de certos modelos de camisa de mulher.

1. O poema é narrativo e conta uma história que envolve a escrava Fulô. A palavra *fulô* é uma variação popular da palavra *flor*.

a) Que relação tem esse dado com o desfecho da narrativa?

b) Que relação tem o eu lírico do texto com o Sinhô da história contada?

2. Esse poema, no conjunto da obra de Jorge de Lima, pertence à fase em que ele se voltou para temas brasileiros, ligados às tradições populares.

a) Identifique no poema palavras e expressões que demonstrem a preocupação do poeta de empregar uma língua brasileira.

b) Faça a escansão de alguns versos do poema. Que tipo de verso, muito comum no cancioneiro popular e nas cantigas de roda, foi empregado nesse poema?

c) Identifique no texto um trecho que comprove a incorporação de outros elementos da cultura popular na construção do poema.

3. Ao longo do poema, a expressão "Essa negra Fulô" pode ser lida com diferentes entonações e, de acordo com o contexto e a entonação, ganha diferentes sentidos. Que sentido tem essa expressão no contexto em que:

a) o Sinhô vai ver a negra levar couro do feitor?

b) a Sinhá acusa a negra de ter roubado vários de seus pertences?

4. Fulô é acusada de roubar lenço, cinto, broche, terço de ouro, perfume. Troque ideias com os colegas: Na sua opinião, Fulô estaria realmente roubando os pertences da Sinhá? Tanto em caso afirmativo quanto negativo, levante hipóteses sobre por que isso estaria acontecendo.

5. Releia a última estrofe. Nela a Sinhá pergunta "Cadê, cadê teu Sinhô/que Nosso Senhor me mandou?".

a) Como você interpreta o "sumiço" do Sinhô?

b) Que dado da formação étnica do povo brasileiro o poema retrata?

A desobediência de Fulô

O uso de pronomes possessivos que constrói a hierarquia no texto – meu, teu, nosso – também indica a desestruturação da pirâmide ou a desobediência à hierarquia. A enunciação da posse dos objetos pela Sinhá dá lugar à perda do Sinhô pela Sinhá. [...] Ao substituir o pronome "meu" pelo pronome "nosso", na referência ao Senhor, a Sinhá coloca-se em um único momento no mesmo patamar que a Fulô, pois Deus não pertence só a ela, é o Senhor de todos, independentemente da posição social. Ironicamente, a negra também se iguala a ela na relação com o Sinhô, pois passará a ocupar seu lugar na esfera da sexualidade.

(Gênese Andrade. In: *Teresa: Revista de literatura brasileira*, nº 3. São Paulo: USP/Ed. 34, 2002. p. 78.)

Para quem quer mais na Internet

Se você deseja conhecer melhor a poesia de Murilo Mendes e Jorge de Lima, recomendamos acessar estes *sites*:
www.revista.agulha.nom.br/jorge.html
www.revista.agulha.nom.br/mu1.html

PRODUÇÃO DE TEXTO

Fredrik Skold/Photographer's Choice/Getty Images

CAPÍTULO 5

O texto dissertativo-argumentativo: como fazer a introdução

TRABALHANDO O GÊNERO

Nos volumes 1 e 2 desta coleção, você estudou o texto dissertativo-argumentativo, frequentemente exigido nas provas de redação do Enem e de alguns vestibulares.

A fim de ampliar seus recursos de expressão nessa modalidade de texto, neste capítulo e nos capítulos seguintes de produção de texto, você vai retomar e aprofundar esse trabalho, examinando em detalhes como se desenvolve cada uma das partes de uma dissertação.

Não há uma regra ou um modelo único para a construção de um texto dissertativo-argumentativo. As possibilidades para iniciar, desenvolver ou concluir um texto desse tipo são muitas e dependem do tema, do conhecimento que se tem a respeito dele, do conjunto de ideias que se pretende desenvolver, do enfoque que se deseja dar a elas e da criatividade de quem escreve.

Os textos que seguem são introduções de textos dissertativo-argumentativos. Foram reproduzidos tal qual estão no original. Leia-os e compare-os, observando o modo como foram construídos.

TEXTO I

Caracterizada pela evidente degradação do "ser" em "ter", a atual estrutura socioeconômica, embasada no que é efêmero e aparente, acarreta na vida uma devastadora inversão de valores.

Os indivíduos, influenciados pela vivência em meio a um mercado de consumo marcado pela competição, passaram a enxergar o outro como um inimigo em potencial. Diante disso, entre relacionamentos superficiais, valores egocêntricos e atitudes que priorizam o imediato, o altruísmo vai desfalecendo e se tornando uma raridade no mundo contemporâneo.

(Candidato da Fuvest. Disponível em: www.fuvest.br/vest2011/bestred/132240.jpg. Acesso em: 16/7/2012.)

TEXTO II

Passamos a dar mais valor a algo quando o perdemos. Este conhecimento popular, muitas vezes aplicado a relacionamentos pessoais, pode certamente também ser aplicado a nossos direitos políticos. Na época da ditadura militar no Brasil, quando a repressão e a censura reinavam, havia luta armada pela liberdade de expressão e de voto. Hoje, porém, em plena democracia e com o direito de voto universal, são muito poucos os realmente engajados na política. Será, então, mesmo necessária a participação do povo na gestão do país? E se sim, como fazer com que as pessoas entendam a real importância da política?

(Candidato da Fuvest. Disponível em: www.fuvest.br/vest2012/bestred/104520.jpg. Acesso em: 16/7/2012.)

TEXTO III

Construir imagem de uma pessoa, no sentido não figurado, refere-se à representação visual de um indivíduo. Prática comum na Idade Moderna, os retratos das famílias burguesas limitavam-se a pintar como seus integrantes se mostravam fisicamente à sociedade. No entanto, a imagem de uma pessoa pode explicitar muito mais do que a aparência. O quadro "Os Amantes", de René Magritte, seria apenas mais uma representação de um casal se não fosse a peculiaridade de seus rostos estarem cobertos por um tecido. Magritte leva o observador a fazer suposições sobre o caráter e a personalidade dos amantes, baseado no fato de ambos esconderem suas identidades. A análise do quadro mostra o quão delicada e controversa pode ser a construção da imagem de uma pessoa.

The Bridgeman Art Libary/Grupo Keystone

Os amantes (1928), do pintor surrealista belga René Magritte.

(Candidato da Fuvest. Disponível em: www.fuvest.br/vest2010/bestred/104810.jpg. Acesso em: 16/7/2012.)

TEXTO IV

Walter Benjamin, em "A obra de arte na época de sua reprodução técnica", mostra que a difusão em massa de imagens eliminou a autenticidade dos objetos artísticos. Desse modo, rompeu-se o equilíbrio entre a realidade e a crença na capacidade de a representação registrá-la fielmente. Esse desequilíbrio, no entanto, não possui somente efeitos negativos. De fato, se a distância entre o real e a imagem abre espaço para a manipulação, também propicia uma visão crítica sobre os fatos.

(Candidato da Fuvest. Disponível em: www.fuvest.br/vest2010/bestred/116834.jpg. Acesso em: 16/7/2012.)

1. Os textos fazem uso de quatro formas diferentes, entre outras possíveis, de introduzir um texto dissertativo-argumentativo. Em qual dos textos a introdução é feita com base:
   a) em uma interrogação?
   b) em uma citação?
   c) na formulação de uma tese a partir de uma declaração inicial?
   d) em um exemplo, isto é, num fato ou pequena narrativa que ilustra a tese a ser apresentada?

2. No texto III, que frase resume a ideia principal, ou tese, que será desenvolvida nos parágrafos seguintes?

3. Troque ideias com os colegas: A tese do texto IV é a concepção do filósofo alemão sobre a arte ou a afirmação de que "a distância entre o real e a imagem [...] propicia uma visão crítica sobre os fatos", feita pelo vestibulando?

TIPOS DE INTRODUÇÃO DO TEXTO DISSERTATIVO-ARGUMENTATIVO

A introdução pode ser construída por um ou mais parágrafos. Quando o texto é construído pelo método dedutivo (do geral para o particular), é nela que se lança a *tese* ou *ideia principal* a ser desenvolvida no texto.

Os principais tipos de introdução são os relacionados a seguir.

Formulação de uma tese a partir de uma declaração inicial

No dia 13 de maio, comemoramos 124 anos da Lei Áurea, que abolia a escravidão no Brasil. Mas ainda temos trabalho escravo e seguimos acorrentados numa visão de mundo que não saiu do século 19. Há até iniciativas políticas para retroceder em direitos conquistados pelos negros, descendentes dos escravos e herdeiros de uma dívida histórica da nação.

(Marina Silva. *Folha de S. Paulo*, 18/5/2012.)

Luiz Tito/Ag. A Tarde/Folhapress

Nesse parágrafo, a autora primeiramente apresenta a idade da lei que aboliu a escravidão no Brasil para, a partir desse dado, formular a tese em torno da qual o texto será desenvolvido nos parágrafos seguintes: apesar da lei, persiste no país uma mentalidade atrasada e há ações com vistas a retirar direitos de afro-brasileiros.

Às vezes, a tese apresenta uma subdivisão. Veja um exemplo:

O lamentado resultado da Rio+20 pelo ativismo ambientalista tem merecido nos dias que seguiram o encerramento do fórum diversas abordagens críticas – que vão da falta de vontade política dos países desenvolvidos de avançar em ações efetivas pelo desenvolvimento sustentável até à desidratação da chamada economia verde.

(João Bosco Rabello. *O Estado de S. Paulo*, 24/6/2012.)

Nesse caso, é comum o autor desenvolver a tese em um número de parágrafos equivalente ao da subdivisão. No texto de que faz parte a introdução acima, por exemplo, o autor criou dois parágrafos no desenvolvimento: um para analisar o argumento da "falta de vontade política dos países desenvolvidos" e outro para desenvolver o argumento do insucesso de movimentos ambientalistas, a "desidratação da chamada economia verde".

Outro exemplo de tese construída a partir de declaração inicial é o texto I reproduzido no início deste capítulo.

Interrogação

Faz sentido comparar os crimes perpetrados por um regime sanguinário com aqueles cometidos pelas forças que resistiam a ele? Vale a pena reabrir feridas, falar de tortura, desaparecimentos e execuções sumárias, 40 anos depois? Que destino merecem traidores e delatores que, coagidos, se aliaram aos próprios carrascos?

(Álvaro Pereira Jr. *Folha de S. Paulo*, 23/6/2012.)

Nesse tipo de introdução, empregado também no texto II do início do capítulo, o autor formula uma ou mais perguntas sobre o tema e ele próprio deve dar respostas a elas ao longo do texto. Nenhuma pergunta deve ficar sem resposta.

Exemplo

Olho para o meu gato e medito. Medito teologias. Diziam os teólogos de séculos atrás que a harmonia da natureza deve ser o espelho em que os seres humanos devem buscar suas perfeições. O gato é um ser da natureza. Olho para o gato como um espelho. Não percebo nele nenhuma desarmonia. Sinto que devo imitá-lo.

(Rubem Alves. *Pimentas*. São Paulo: Planeta, 2012. p. 14.)

Album/akg-images/Latinstock

Para introduzir e situar a tese do texto – a harmonia da natureza deve ser o referencial para a busca humana da perfeição – o autor fala de seu gato e toma-o como modelo da sua busca.

Essa introdução, como a do texto III do início do capítulo, é ilustrativa e simbólica e pode ser retomada diversas vezes. Nas redações para o vestibular, entretanto, é preciso tomar cuidado para que a narrativa do exemplo não seja longa demais e prejudique o desenvolvimento da argumentação.

Citação

O filósofo John Rawls propõe um experimento mental para definir o que é justo. Você e seus concidadãos irão estabelecer as regras sob as quais seu país vai funcionar. Virarão normas os princípios com os quais a maioria concordar.

(Hélio Schwartsman. *Folha de S. Paulo*, 27/4/2012.)

Nessa introdução, assim como na do texto IV do início do capítulo, o autor constrói sua tese a partir de uma citação, o que confere maior credibilidade ao seu ponto de vista, pois ele se apoia na palavra de outrem, que pode ser uma autoridade no assunto, como no texto apresentado, ou em documentos e órgãos de imprensa dignos de crédito, como neste outro texto do mesmo autor:

A revista britânica "The Economist" da semana passada trouxe interessante reportagem sobre o futuro da medicina. De acordo com o periódico, com o envelhecimento da população e o aumento da prevalência das doenças crônicas, vai ser impossível formar tantos médicos quantos seriam necessários pelos padrões do século XX.

(*Folha de S. Paulo*, 10/6/2012.)

Roteiro

Recentemente, envolvi-me num debate com o físico Lawrence Krauss, que publicou um livro no qual afirma que a física hoje explica como o Universo surgiu do nada. Ou seja, a velha questão da Criação sob roupagem científica, e mais um exemplo de arrogância intelectual. É bom começar com Aristóteles, que decidiu que a "natureza detesta o vácuo", declarando que o "nada" não existe, ao menos como vazio absoluto. [...]

(Marcelo Gleiser. *Folha de S. Paulo*, 10/6/2012.)

Nesse tipo de introdução, o autor anuncia o que pretende desenvolver e a forma como vai fazê-lo. Na introdução acima, o roteiro fornecido pelo autor consiste na questão do surgimento do Universo a partir do nada (o que ele pretende desenvolver) e na análise histórica desse conceito (a forma como pretende desenvolver a questão).

PRODUZINDO O TEXTO DISSERTATIVO-ARGUMENTATIVO

As ferramentas digitais estão presentes, atualmente, em todas as áreas das atividades humanas. Assim, será que um jovem pode, hoje, viver bem sem ter acesso a essas ferramentas? Ele poderá competir em igualdade de condições no mundo da escola e do trabalho? Qual é o papel do Estado em relação aos milhares de jovens que ainda estão excluídos da "era da informática"?

Thinkstock

A fim de colher informações para realizar um debate e produzir um texto dissertativo-argumentativo sobre a inclusão digital dos jovens, leia trechos de uma entrevista dada pela professora da Universidade Federal do Rio Grande do Sul, Léa da Cruz Fagundes, pioneira no uso da informática educacional no Brasil.

[...]

A senhora coordena programas ligados à inclusão digital em escolas públicas. Que lições tirou dessa experiência?
Na década de 1980, descobri que o computador é um recurso "para pensar com", e que os alunos aprendem mais quando ensinam à máquina. Em escolas municipais de Novo Hamburgo, crianças programaram processadores de texto quando ainda não existiam os aplicativos

do Windows, produziram textos de diferentes tipos, criaram protótipos em robótica e desenvolveram projetos gráficos. Hoje, encontro esses meninos em cursos de ciência da computação, mecatrônica, engenharia e outras áreas. Na Escola Parque, que atendia meninos de rua em Brasília, a informática refletiu na formação da garotada, melhorando sua autoestima e evidenciando o desempenho de pessoas socialmente integradas. Alguns desses garotos foram contratados como professores e outros como técnicos.

Os alunos da rede pública têm o mesmo desempenho no uso da informática que os de escolas particulares e bem equipadas?
Sim. A tese de doutorado que defendi em 1986 me permitiu comprovar o funcionamento dos mecanismos cognitivos durante a construção de conhecimentos. Nos anos 1990 iniciei as experiências de conexão e confirmei uma das minhas hipóteses: as crianças pobres consideradas de pouca inteligência pelas escolas, quando se conectam e se comunicam no ciberespaço, apresentam as mesmas possibilidades de desenvolvimento que os alunos bem-atendidos e saudáveis.

A educação brasileira pode vencer a exclusão digital?
Há excelentes condições para que isso aconteça. No Brasil já temos mais de 20 anos de estudos e experiências sobre a introdução de novas tecnologias digitais na escola pública. Esses dados estão disponíveis. O Ministério da Educação vem criando projetos nacionais com apoio da maioria dos estados, como o Programa Nacional de Informática Educativa (Proninfe) e o Programa Nacional de Informática na Educação (Proinfo). Muitas organizações sociais e comunitárias também colaboram nesse processo.

Thinkstock/Getty Images

O que mais emperra o uso sistemático da informática nas escolas públicas?
A falta de continuidade dos programas existentes nas sucessivas administrações. Não se pode esperar que educadores e gestores tomem a iniciativa se o estado e a administração da educação não garantem a infraestrutura nem sustentam técnica, financeira e politicamente o processo de inovação tecnológica.

Como o computador pode contribuir para a melhoria da educação?
Inclusão digital não é só o amplo acesso à tecnologia, mas a apropriação dela na resolução de problemas. Veja a questão dos baixos índices de alfabetização e de letramento, por exemplo. Uma solução para melhorá-los seria levar os alunos a sentir o poder de se comunicar rapidamente em grandes distâncias, ter ideias, expressá-las como autores e publicar seus escritos no mundo virtual.

[...]

(Disponível em: http://revistaescola.abril.com.br/politicas-publicas/planejamento-e-financiamento/podemos-vencer-exclusao-digital-425469.shtml. Acesso em: 18/7/2012.)

Opinando e debatendo

Liz Gregg/Photodisc/Getty Images

Com base na entrevista lida e em outros textos, participe com a classe de um debate sobre o tema *A inclusão digital*, discutindo, entre outras, estas questões:

- O futuro dos excluídos da "era digital"
- Inclusão digital e sucesso nos estudos
- Inclusão digital e sucesso profissional

- A inclusão digital e o desenvolvimento do país
- O papel do Estado na inclusão digital
- Inclusão digital e inclusão social

Para a realização do debate, reveja as orientações dadas na página 307.

Anote as ideias mais importantes apresentadas no debate, pois elas lhe serão úteis para a produção do texto escrito.

Produzindo o texto

Após o debate, planeje os procedimentos para a produção de um texto dissertativo-argumentativo sobre o tema: *Inclusão digital: para quê?*.

Ao redigir, escolha um dos tipos de introdução estudados, levando em conta o que você considerar mais conveniente para organizar seu texto.

Planejamento do texto dissertativo-argumentativo

- Tenha em vista o perfil dos leitores. Seu texto será divulgado na mostra **Caia na rede!**, a ser desenvolvida no capítulo **Intervalo** do final da unidade. Logo, será lido por jovens de toda a escola, por funcionários, professores e convidados para o evento.
- Tome uma posição sobre o tema e deixe claro o seu ponto de vista já nos primeiros parágrafos.
- Inicie o texto a partir de um dos tipos de introdução estudados: formulação de uma tese a partir de uma declaração inicial, interrogação, exemplo, citação e roteiro. Deixe claro na introdução a tese que pretende desenvolver.
- Ao redigir, organize o texto em parágrafos. A introdução pode corresponder a um parágrafo ou, no máximo, dois. Cada um dos argumentos pode corresponder a um parágrafo. Se um argumento for amplo e envolver mais de um aspecto, é possível desenvolvê-lo em dois parágrafos. Para a conclusão, geralmente se destina o último parágrafo.
- Procure desenvolver argumentos baseados em ideias consistentes e claras.
- Utilize o tipo de conclusão mais adequado para seu texto: do tipo síntese, que retoma as ideias do texto, ou do tipo proposta, ou do tipo que faz uma citação, ou outro que imaginar.
- Empregue uma linguagem de acordo com a norma-padrão, mas leve em conta sua adequação ao perfil do público.
- Dê um título sugestivo ao texto.

Revisão e reescrita

Antes de fazer a versão final de seu texto dissertativo-argumentativo, releia-o, observando:

- se você se ateve ao tema proposto e posicionou-se claramente sobre ele;
- se o texto apresenta uma tese, se ela resume seu ponto de vista e é fundamentada em argumentos claros, consistentes e bem-desenvolvidos;
- se a conclusão retoma e confirma o ponto de vista defendido, apresenta uma proposta, faz uma citação ou é de outro tipo;
- se o título dado ao texto é, além de sugestivo, coerente com as ideias desenvolvidas;
- se o texto como um todo é persuasivo;
- se a linguagem está de acordo com a norma-padrão da língua e com grau de formalidade adequado ao perfil do público.

Faça as alterações necessárias e passe o texto a limpo.

LÍNGUA: USO E REFLEXÃO

The Bridgeman Art Library/Grupo Keystone

Contracomposição de dissonâncias (1925), de Theo van Doesburg.

CAPÍTULO 6

Concordância nominal

REGRA GERAL

Leia esta tira:

Nik Dist. by Atlantic Syndication

(Nik. *Te amo cada día más.* Buenos Aires: Ediciones de la Flor. Tradução dos autores.)

Observe, na primeira fala do Gaturro, que os adjetivos ou locuções adjetivas *especial*, *única*, *irrepetível*, *sem igual*, *onipresente* e *original* se referem ao substantivo *Ágatha* e concordam com ele em gênero e número:

substantivo		adjetivo	adjetivo	adjetivo	loc. adjetiva	adjetivo	adjetivo
Ágatha	é	especial,	única,	irrepetível,	sem igual,	onipresente,	original
fem. sing.		sing.	fem. sing.	sing.	sing.	sing.	sing.

Além do adjetivo e de locuções adjetivas, outras palavras - artigos, pronomes adjetivos, numerais e particípios – também concordam em gênero e número com o substantivo a que se referem:

artigo	pron. adj.	numeral	adjetivo	substantivo	particípio
Os	*seus*	*três*	*recentes*	livros	foram *lançados* no exterior.

Na concordância do adjetivo com o substantivo a que se refere, há, além da regra geral, alguns casos especiais que merecem atenção. Os exercícios a seguir tratam de alguns deles. Antes de realizá-los, leia as orientações dadas e os boxes, se necessário.

EXERCÍCIOS

Leia o anúncio a seguir e responda às questões de 1 a 4.

IBEASA

(*Folha do Parque*, abril/maio 2009.)

1. Analise, do ponto de vista da concordância nominal, o enunciado da parte inferior do anúncio:

   "Lixo e esgotos são lançados diretamente nos rios brasileiros. Os mesmos de onde é captada a água do seu suco."

   Com que palavra concordam os adjetivos:

   a) brasileiros? b) captada?

2. O particípio *lançados* está no masculino e no plural.

   a) O que justifica essa forma?

   b) Haveria alteração na concordância, caso a palavra *esgotos* estivesse no singular? Por quê?

3. Observe a imagem mostrada no anúncio.

   a) De acordo com ela, de onde vem o suco que está no copo?

   b) Logo, que tipo de relação há entre a parte verbal e a parte não verbal do texto?

4. No canto direito está identificado o produtor do texto: Ibeasa (Instituto Brasileiro de Estudos e Ações em Saneamento Básico).

   a) A quem se destina o anúncio?

   b) Qual é a finalidade do anúncio, considerando-se o conteúdo verbal e não verbal que ele apresenta?

5. Leia as seguintes regras sobre a concordância do adjetivo que se refere a vários substantivos.

- Adjetivo referente a vários substantivos de gêneros diferentes:
  - quando *posposto*, concorda com o mais próximo ou fica no masculino plural:

    Dedicava todo seu tempo ao comércio e à navegação *costeira* (ou *costeiros*).

  - quando *anteposto*, concorda com o mais próximo, se funcionar como adjunto adnominal; se for predicativo (do sujeito ou do objeto), pode concordar com o mais próximo ou ficar no plural:

    Nunca vi *tamanho* desrespeito e ingratidão.
    adjunto adnominal

    Permaneceu *fechada* a janela e o portão.
    predicativo do sujeito

    Encontrei *abandonados* a sala e o pátio.
    predicativo do objeto

- Dois ou mais adjetivos referentes a um substantivo determinado por artigo admitem duas concordâncias:

  Estudo as *línguas* italiana e francesa.
  Estudo a *língua* italiana e a francesa.

Reescreva as frases, fazendo a devida concordância das palavras indicadas entre parênteses:

a) O leitor pulou (longo) capítulos e páginas, porque achou o livro grosso.

b) O poeta escreveu capítulos e páginas (compacto).

c) O advogado considerou (perigoso) o argumento e a decisão.

d) Comprei uma casa e um carro (usado).

e) Os alunos e as alunas (aprovado) pretendem fazer um coquetel e um baile (bastante) agradáveis.

6. Leia este cartum:

(Santiago. *De papo pro ar*. Porto Alegre: L&PM, 1998. p. 42.)

a) Na 1ª placa, observe que a forma verbal *é* está implícita. Explique por que o adjetivo *proibido* foi empregado no feminino singular.

b) Na 2ª placa, qual destas palavras – *recebido, recebida, recebidas* – completa adequadamente a frase?

É proibido, é preciso, é bom

Quando se refere a sujeito de sentido genérico, o adjetivo fica sempre no masculino singular:

Fruta é *bom* para a saúde.

Mas, se o sujeito for determinado por artigo ou pronome, a concordância é feita normalmente:

A fruta é *boa* para a saúde.

7. Que palavra completa adequadamente o poema: *meio* ou *meia*? Por quê?

Então, friends

levo a vida assim,
❑ direita, ❑ torta,
às vezes arrombando a festa
outras, dando com a cara na porta.

(Ulisses Tavares. *Viva a poesia.* São Paulo: Saraiva, 1997. p. 20.)

8. Reescreva as frases seguintes, fazendo a devida concordância das palavras indicadas entre parênteses.

a) O nome de Beto na lista dos aprovados deixou os pais dele (bastante) felizes.

b) Os moradores entregaram ao prefeito um documento com reivindicações (bastante) para a melhoria do trânsito no bairro.

c) Os alunos que ajudaram na campanha receberam (bastante) congratulações dos beneficiados.

d) A mãe ficou (meio) aborrecida com aquela discussão tola entre os filhos mais velhos.

e) Eu comprei (pouco) laranjas e (meio) melancia.

9. Substitua pelas palavras indicadas entre parênteses as expressões destacadas, fazendo as adaptações necessárias.

a) Eles já estavam *igualmente pagos.* (quite)

b) Ana e Patrícia *somente* irão se tiverem *muitos* detalhes do roteiro de viagem. (só – bastante)

c) Leia a carta e veja as fotografias *em anexo.* (anexo)

d) Elas *mesmas* decidiram não participar do campeonato. (própria)

Bastante, meio, pouco, muito, caro, barato, longe, só

Essas palavras:

- com valor de *adjetivo*, concordam normalmente com o substantivo:

Estas frutas estão *caras*.
Já é *meio*-dia e *meia* (hora).

- com valor de advérbio, são invariáveis:

A porta, *meio* aberta, deixava ver o interior da sala.

Anexo, obrigado, mesmo, próprio, incluso, leso, quite

Esses adjetivos concordam com o substantivo a que se referem:

Seguem *inclusas* as notas promissórias.

Os advérbios *só* (equivalente a *somente*), *menos* e *alerta* e a expressão *em anexo* são sempre invariáveis.

SEMÂNTICA E DISCURSO

1. A frase a seguir apresenta ambiguidade:

> Após a reunião, a diretora da empresa ficou só na sala.

a) Qual é a palavra responsável pela ambiguidade dessa frase? Por quê?

b) Reescreva a frase de modo a desfazer a ambiguidade, tornando preciso cada um dos sentidos da palavra.

2. Leia esta tira:

(Fernando Gonsales. *Níquel Náusea – Nem tudo que balança cai!*. São Paulo: Devir, 2003. p.14.)

a) De acordo com o contexto, qual das formas - *obrigado* ou *obrigada* - completa adequadamente o terceiro balão do 1º quadrinho da tira? Por quê?

b) Se fosse a mãe quem dissesse esse adjetivo - *obrigado* ou *obrigada* –, como deveria empregar a palavra, para que a concordância ficasse de acordo com a norma-padrão da língua?

3. Para criar humor, o autor da tira trabalha com o conhecimento prévio do leitor e com a quebra de expectativa.

a) Por que a resposta do vampiro é engraçada, no 1º quadrinho?

b) Por que o comentário do vampiro, no último quadrinho, rompe, mais uma vez, com a expectativa do leitor?

4. A palavra *bastante* tem dois valores gramaticais. Como advérbio, ela equivale a "muito, demais" e é invariável; como adjetivo, equivale a "muito(a), muitos(as)" e é variável. Leia estas frases:

> Ele conhece □ países.
> Ele conhece □ esses países.

Em qual delas a palavra *bastante* teria o sentido do advérbio e seria, portanto, invariável?

LITERATURA

Estúdio Ampla Arena

Caricatura de Cecília Meireles e Vinícius de Morais.

CAPÍTULO 7

Cecília Meireles e Vinícius de Morais

Cecília Meireles e Vinícius de Morais completam o grupo dos principais poetas da segunda geração do Modernismo brasileiro. Espiritualistas ambos, Cecília desenvolve uma poesia intimista e reflexiva, de profunda sensibilidade feminina. Vinícius, partindo de uma poesia religiosa e idealizante, chega a ser um dos poetas mais sensuais de nossa literatura.

Embora não tenham pertencido diretamente ao grupo católico carioca formado por Jorge de Lima, Murilo Mendes, Ismael Nery, Tristão de Ataíde e outros, Cecília Meireles e Vinícius de Morais também são considerados poetas espiritualistas e reforçam essa tendência da segunda geração modernista. Contudo, a obra de ambos trilha caminhos próprios: a de Cecília, o da reflexão filosófica e existencial; a de Vinícius, um caminho em direção à percepção material da vida, do amor e da mulher.

CECÍLIA MEIRELES: O EFÊMERO E O ETERNO

Cecília Meireles (1901-1964), a primeira grande escritora da literatura brasileira e a principal voz feminina de nossa poesia moderna, nasceu no Rio de Janeiro, onde fez seus primeiros estudos e se formou professora. Sempre preocupada com a educação de crianças, dedicou-se ao magistério, ao mesmo tempo que desenvolvia uma intensa atividade literária e jornalística, colaborando em quase todos os jornais e revistas cariocas da época. Em 1919 lançou seu primeiro livro de poemas, *Espectros*, bem recebido pela crítica. A partir da década de 1930, já conhecida e respeitada, passou a lecionar literatura luso-brasileira na Universidade do Distrito Federal e a dar cursos e fazer conferências em vários países, como Portugal e Estados Unidos. Sempre cultivou um interesse enorme pelo Oriente e, em 1953, esteve em Goa, na Índia.

Poderosas mulheres

Rachel de Queiroz na prosa e Cecília Meireles na poesia foram as primeiras mulheres a conquistar reconhecimento na literatura brasileira, sendo Rachel a primeira mulher a fazer parte da Academia Brasileira de Letras.

O prestígio das mulheres como escritoras, entretanto, só seria definitivamente conquistado a partir da década de 1940, com o sucesso de Clarice Lispector e Lygia Fagundes Telles. Hoje, além dessas, nossas letras contam com muitos outros nomes femininos, como Adélia Prado, Lya Luft, Zélia Gattai.

Outras mulheres aguardam ser "redescobertas" pela crítica e pelo público, como ocorreu recentemente com Patrícia Galvão, a Pagu. Nessa situação se encontram, por exemplo, Henriqueta Lisboa, Adalgisa (esposa de Ismael Nery) e a escritora comunista Eneida.

Jorge Zahar E...

: *Dicionário Mulheres do Brasil*, de Schuma Schumaher e Érico Vital Brazil (orgs.), obra que recupera a atuação de cerca de 900 mulheres que lutaram pelos direitos femininos em 500 anos de história do Brasil.

A produção literária de Cecília Meireles é ampla. Embora mais conhecida como poetisa, deixou contribuições no domínio do conto, da crônica, da literatura infantil e do folclore.

É dela um dos livros de literatura infantil mais lidos e apreciados, *Ou isto ou aquilo*, que reúne poemas suaves e musicais sobre os sonhos e as fantasias do imaginário infantil: os jogos, os brinquedos, os animais, as flores, a chuva.

A poesia: o neossimbolismo

A rigor, Cecília Meireles nunca esteve filiada a nenhum movimento literário. Sua poesia, de modo geral, filia-se às tradições da lírica luso-brasileira. Apesar disso, as publicações iniciais da escritora – *Espectros* (1919), *Nunca mais... e poema dos poemas* (1923) e *Baladas para El-Rei* (1925) – evidenciam certa inclinação pelo Simbolismo. Essa tendência é confirmada por sua participação na revista carioca *Festa*, publicação literária de orientação espiritualista que defendia o universalismo e a preservação de certos valores tradicionais da poesia.

Além disso, a frequente presença de elementos como o vento, a água, o mar, o ar, o tempo, o espaço, a solidão e a música dá à poesia de Cecília Meireles um caráter fluido e etéreo, que confirma a inclinação neossimbolista da autora.

O espiritualismo e o orientalismo, tão prezados pelos simbolistas, também se fazem presentes na obra da poetisa, que sempre se interessou pela cultura oriental e foi admiradora e tradutora do poeta hindu Tagore, do chinês Li Po e do japonês Bashô.

Do ponto de vista formal, a escritora foi das mais habilidosas em nossa poesia moderna, sendo cuidadosa sua seleção vocabular e forte a inclinação para a musicalidade (outro traço associado ao Simbolismo), para o verso curto e para os paralelismos, a exemplo da poesia medieval portuguesa. Observe nos poemas a seguir a presença tanto de elementos como o mar, o oceano, o vento, quanto da musicalidade.

Pequena canção da onda

Os peixes de prata ficaram perdidos,
com as velas e os remos, no meio do mar.
A areia chamava, de longe, de longe,
Ouvia-se a areia chamar e chorar!

A areia tem rosto de música
e o resto é tudo luar!

Por ventos contrários, em noite sem luzes,
do meio do oceano deixei-me rolar!

Meu corpo sonhava com a areia, com a
areia, desprendi-me do mundo do mar!

Mas o vento deu na areia.
A areia é de desmanchar.
Morro por seguir meu sonho,
Longe do reino do mar!

(*Obra poética*. Rio de Janeiro: Nova Aguilar, 1987. p. 145.)

Música

Noite perdida
Não te lamento:
embarco a vida
no pensamento,
busco a alvorada
do sonho isento,
puro e sem nada,
— rosa encarnada,
intacta, ao vento.
Noite perdida,
Noite encontrada,
morta, vivida, [...]

(*Obra poética*, cit., p. 84-5.)

Arpad Szenes

Cecília Meireles por Arpad Szenes.

Raramente a poesia de Cecília Meireles foge à orientação intimista. Um desses momentos é representado por *Romanceiro da Inconfidência* (1953), que, pelo viés da História, abre importante espaço em sua obra para a reflexão sobre questões de natureza política e social, tais como a liberdade, a justiça, a miséria, a ganância, a traição, o idealismo.

Fruto de um longo trabalho que envolveu dez anos de pesquisas, *Romanceiro da Inconfidência* é "uma narrativa rimada", segundo a autora, que reconstrói, fundindo história e lenda, os acontecimentos de Vila Rica à época da Inconfidência Mineira (1789).

Veja um trecho dessa obra:

Liberdade — essa palavra
que sonho humano alimenta;
que não há ninguém que explique,
e ninguém que não entenda!

E a vizinhança não dorme:
murmura, imagina, inventa.
Não fica bandeira escrita,
mas fica escrita a sentença.

(Idem, p. 452.)

A efemeridade do tempo

Cecília Meireles cultivou uma poesia reflexiva, de fundo filosófico, que aborda, entre outros, temas como a transitoriedade da vida, o tempo, o amor, o infinito, a natureza, a criação artística. Mas não se deve entender sua atitude reflexiva como postura intelectual, racional. Cecília foi antes de tudo uma escritora intuitiva, que sempre procurou questionar e compreender o mundo a partir das próprias experiências: a morte dos pais quando menina, a morte da avó que a educara, o suicídio do primeiro marido, o silêncio, a solidão. Ela mesma revelou os objetivos que buscava alcançar por meio da poesia: "Acordar a criatura humana dessa espécie de sonambulismo em que tantos se deixam arrastar. Mostrar-lhes a vida em profundidade. Sem pretensão filosófica ou de salvação – mas por uma contemplação poética afetuosa e participante"*.

Desses temas, os que mais se destacam são a *fugacidade do tempo* e a *efemeridade das coisas*. Tal preocupação filosófica, rico filão explorado por toda a tradição clássica, sobretudo pelo Barroco, tem bases na experiência pessoal da autora, conforme ela própria declarou:

Cecília cronista

Além de poetisa, Cecília Meireles foi autora de uma farta e variada produção em prosa. Grande parte dessa produção, realizada nas décadas de 1930, 40 e 50, foi publicada em jornais da época e só recentemente foi reunida e submetida ao devido estudo crítico.

Como cronista, Cecília Meireles tem sido equiparada aos principais autores do gênero no Brasil, situando-se ao lado de Rubem Braga e Paulo Mendes Campos.

> Nasci aqui mesmo no Rio de Janeiro, três meses depois da morte de meu pai, e perdi minha mãe antes dos três anos. Essas e outras mortes ocorridas na família acarretaram muitos contratempos materiais, mas, ao mesmo tempo, me deram, desde pequenina, uma tal intimidade com a Morte que docemente aprendi essas relações entre o Efêmero e o Eterno [...] Em toda a vida, nunca me esforcei por ganhar nem me espantei por perder. A noção ou sentimento da transitoriedade de tudo é o fundamento mesmo da minha personalidade.
>
> (In: *Cecília Meireles*, cit., p. 3.)

Ao reunir seus escritos para a publicação de *Obras poéticas* (1958), Cecília Meireles não incluiu seus três livros iniciais, por entender que sua verdadeira maturidade poética se iniciara com *Viagem* (1939). A escritora publicou, entre outras, estas obras de poesia: *Vaga música* (1942), *Mar absoluto e outros poemas* (1945), *Doze noturnos de Holanda* e *O aeronauta* (1952), *Romanceiro da Inconfidência* (1953), *Solombra* (1963) e *Cânticos* (1981).

LEITURA

Este é o primeiro de uma série de cinco poemas que abordam o tema da efemeridade do tempo, todos intitulados "motivo da rosa", da obra *Mar absoluto*

1º motivo da rosa

Vejo-te em seda e nácar,
e tão de orvalho trêmula,
que penso ver, efêmera,
toda a Beleza em lágrimas
por ser bela e ser frágil.

Meus olhos te ofereço:
espelho para a face
que terás, no meu verso,
quando, depois que passes,
jamais ninguém te esqueça.

Então, de seda e nácar,
toda de orvalho trêmula,
serás eterna. E efêmero
o rosto meu, nas lágrimas
do teu orvalho... E frágil.

(*Obra poética*, cit., p. 232.)

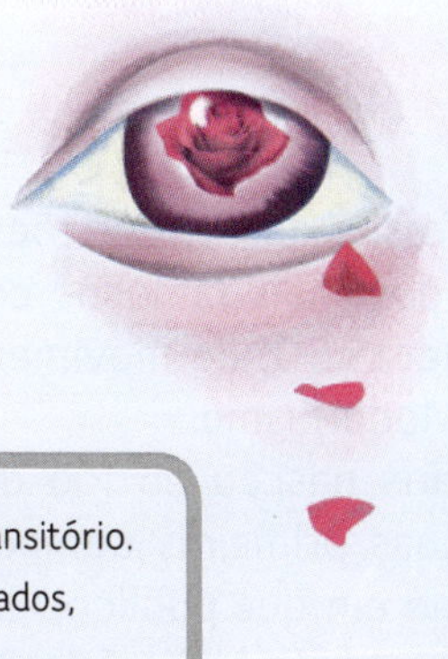

Roberto Weigand

efêmero: de pouca duração, passageiro, transitório.
nácar: substância branca, com reflexos irisados, que se encontra no interior das conchas.

*In: *Cecília Meireles*. São Paulo: Abril Educação, 1982. p. 6. Literatura Comentada.

1. Compare a estrutura formal do poema – métrica, seleção vocabular, construção sintática, sonoridades – à dos poemas modernistas da primeira geração. Em que elas se diferenciam?

2. De acordo com a 1ª estrofe do poema de Cecília Meireles, que atributos tem a rosa para simbolizar a efemeridade das coisas?

3. Identificado com a condição da rosa, o eu lírico busca um meio para eternizar a flor. Qual é esse meio?

4. A identificação com a condição da rosa revela uma profunda inquietude do eu lírico perante a força avassaladora do tempo.

a) Destaque da última estrofe do poema elementos que comprovem, além da identificação, a transferência dos atributos da rosa para o eu lírico.

b) Se a rosa pode alcançar a imortalidade, levante hipóteses: Por que meio o eu lírico também pode eternizar-se?

VINÍCIUS DE MORAIS: UM CANTO DE POETA E DE CANTOR

Você conhece estes versos?

Olha que coisa mais linda
Mais cheia de graça
É ela menina
Que vem e que passa...

("Garota de Ipanema", de Vinícius de Morais e Tom Jobim.)

E estes?

Eu sei que vou te amar
Por toda a minha vida eu vou te amar
A cada despedida eu vou te amar
Desesperadamente,
Eu sei que eu vou te amar.

("Eu sei que vou te amar", de Vinícius de Morais e Tom Jobim.)

É melhor ser alegre que ser triste
Alegria é a melhor coisa que existe
É assim como a luz no coração
Mas pra fazer um samba com beleza
É preciso um bocado de tristeza
Senão não se faz um samba, não.

("Samba da bênção", de Vinícius de Morais e Baden Powell.)

Os versos dessas canções são de Vinícius de Morais (1913-1980), autor que, além de ter sido um dos mais famosos compositores da música popular brasileira e um dos fundadores, na década de 1950, do movimento musical Bossa Nova, foi também poeta significativo da segunda fase do Modernismo.

Vinícius nasceu no Rio de Janeiro, em uma família de intelectuais. Já em 1928, começou a fazer suas primeiras composições musicais. Formou-se em Letras em 1929 e em Direito em 1933, ano em que publicou seu primeiro livro de poemas, *O caminho para a distância*. Tornou-se representante do Ministério de Educação junto à Censura Cinematográfica. Na década de 1940 ingressou na carreira diplomática e também no jornalismo, como cronista e crítico de cinema. Como diplomata, viveu durante muitos anos em Los Angeles, Paris e Montevidéu, com alguns intervalos no Brasil. Nesse período, conheceu intelectuais e artistas de todo o mundo.

Na década de 1950, interessou-se por música de câmara e popular e começou a compor. Em 1956, publicou a peça teatral *Orfeu da Conceição*, levada ao palco do Teatro Municipal do Rio de Janeiro com grande sucesso. A peça continha músicas do próprio Vinícius e de Tom Jobim. Algum tempo depois, João Gilberto juntou-se à dupla, e dessa reunião de compositores surgiu o movimento da Bossa Nova. Ainda em 1956, Vinícius publicou o poema "O operário em construção". A partir daí, passou a dedicar-se cada vez mais à atividade de cantor e compositor, compondo e fazendo *shows* com vários parceiros, como Dorival Caymmi, Tom Jobim, Edu Lobo, Baden Powell, Toquinho, Chico Buarque.

Descendo ao inferno, por amor

Em 1956, a peça *Orfeu da Conceição* foi transposta para o cinema pelo diretor francês Marcel Camus. O filme, intitulado *Orfeu negro*, alcançou sucesso internacional, recebendo o prêmio Palma de Ouro, em Cannes, e indicação para melhor filme estrangeiro em Hollywood, em 1959. Vinícius, entretanto, não gostou do filme.

Em 1980, o cineasta Cacá Diegues estava desenvolvendo com o próprio Vinícius uma nova adaptação para o cinema, mas o trabalho foi interrompido em virtude da morte do poeta. Em 1999, o cineasta finalmente realiza o filme, que se chama apenas *Orfeu*. *Orfeu*, explica Cacá, "é *Romeu e Julieta* no Rio de Janeiro: uma paixão extraordinária impedida pela intolerância da violência [...]. Você pode imaginar o tamanho de uma paixão que faz o homem descer ao inferno para buscar sua amada?"

(*Bravo!*, maio 1998.)

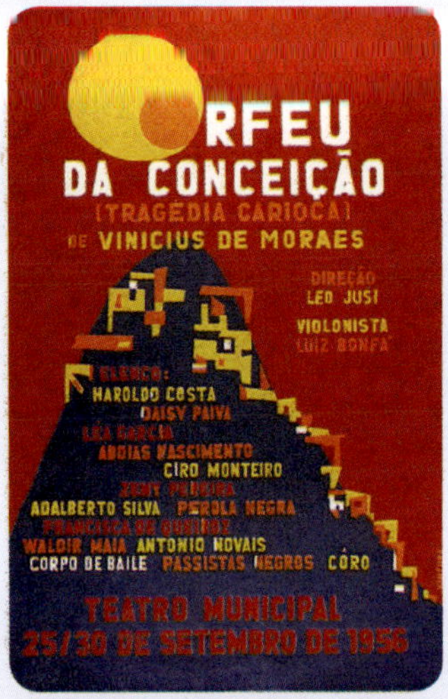

A poesia: da transcendência espiritual ao amor sensual

Como poeta, Vinícius integra o grupo de poetas religiosos que se formou no Rio de Janeiro entre as décadas de 1930 e 40.

Em sua *Antologia poética*, publicada em 1955, Vinícius de Morais assinalava que sua obra consistia em duas fases: "A primeira, transcendental, frequentemente mística, resultante de sua fase cristã, termina com o poema 'Ariana, a mulher', editado em 1936". Na segunda "estão nitidamente marcados os movimentos de aproximação do mundo material, com a difícil mas consistente repulsa ao idealismo dos primeiros anos".

A exemplo de outros poetas de sua geração, a primeira fase da poesia de Vinícius é marcada pela preocupação religiosa, pela angústia existencial diante da condição humana e pelo desejo de superar, por meio da transcendência mística, as sensações de pecado, culpa e desconsolo que a vida terrena oferece.

Poesia: reinvenção da língua

Reinventar a língua. Um grande poeta não quer menos que isso. E cada poema — mesmo que não aparente — tem como horizonte essa reinvenção. Para tanto, há que se operar dentro da linguagem. O destino da poesia é a forma.

[...]

Ao longo da obra viniciana, deparamo-nos com uma série de estratégias de reinvenção da língua, o que não deve ser confundido com a criação de neologismos [...]. O que chamei de reinvenção tem a ver com uma vasta consciência dos códigos linguísticos e com sua exploração: as palavras ganham outra consistência; tudo passa a significar; o ritmo adquire conteúdo; novas significações ganham corpo; a lógica utilitária encolhe-se diante do jogo e do prazer.

(Eucanaã Ferraz. "Um poeta entre a luz e a sombra". Revista *Língua portuguesa*, nº 26.)

Os poemas dessa fase geralmente são longos, com versos igualmente longos, em linguagem abstrata, alegórica e declamatória. Observe:

No sangue e na lama
O corpo sem vida tombou.
Mas nos olhos do homem caído
Havia ainda a luz do sacrifício que redime
E no grande Espírito que adejava o mar e o monte
Mil vozes clamavam que a vitória do homem forte tombado na luta
Era o novo Evangelho para o homem da paz que lavra no campo.

(*Poesia completa e prosa.* Rio de Janeiro: Aguilar, 1974. p. 68.)

A poesia sensual e social

Cinco elegias (1943) é a obra que marca, na poesia de Vinícius, a passagem para uma fase de proximidade maior com o mundo material. O poeta torna-se interessado nos temas cotidianos, nas coisas simples da vida, e explora com sensualismo os temas do amor e da mulher. A linguagem também tende à simplicidade: o verso livre passa a ser mais empregado, a comunicação fica mais direta e dinâmica.

Pode-se dizer que, pela primeira vez, Vinícius aderiu às propostas dos modernistas de 22, embora certa dicção clássica e o gosto pelo soneto sempre tenham feito parte de sua poesia. Contudo, em suas mãos o soneto ganhou uma roupagem diferente, mais moderna e real, fazendo uso de vocábulos do cotidiano, pouco comuns nesse tipo de composição. Observe, por exemplo, o soneto a seguir, em que o erotismo é recriado a partir de uma forma clássica e de uma linguagem crua e direta:

Soneto de devoção

Essa mulher que se arremessa, fria
E lúbrica em meus braços, e nos seios
Me arrebata e me beija e balbucia
Versos, votos de amor e nomes feios.

Essa mulher, flor de melancolia
Que se ri dos meus pálidos receios
A única entre todas a quem dei
Os carinhos que nunca a outra daria.

Essa mulher que a cada amor proclama
A miséria e a grandeza de quem ama
E guarda a marca dos meus dentes nela.

Essa mulher é um mundo! — uma cadela
Talvez... — mas na moldura de uma cama
Nunca mulher nenhuma foi tão bela!

Museu de Arte Contemporânea da USP

Figura (1927), de Ismael Nery.

(*Livro de sonetos.* São Paulo: Cia. das Letras, Editora Schwarcz Ltda., 1991. p. 15. Autorizado pela VM Empreendimentos Artísticos e Culturais Ltda. © VM e © Cia. das Letras, Editora Schwarcz.)

Além de ter explorado a poesia sensual, Vinícius também se interessou pela poesia social. O poema "O operário em construção" (1956) é o melhor exemplo desse envolvimento: por meio de uma linguagem simples e direta, quase didática, o poeta manifesta solidariedade às classes oprimidas e almeja atingir a consciência daqueles que o leem ou ouvem. Observe o fragmento a seguir.

Era ele que erguia casas
Onde antes só havia chão.
Como um pássaro sem asas
Ele subia com as casas
Que lhe brotavam da mão.
Mas tudo desconheci
De sua grande missão:
Não sabia, por exemplo
Que a casa de um homem é um templo
Um templo sem religião
Como tampouco sabia
Que a casa que ele fazia
Sendo a sua liberdade
Era a sua escravidão
....
Mas ele desconhecia
Esse fato extraordinário:
Que operário faz a coisa
E a coisa faz o operário.
De forma que, certo dia
À mesa, ao cortar o pão
O operário foi tomado
De uma súbita emoção
Ao constatar assombrado
Que tudo naquela mesa
— Garrafa, prato, facão —
Era ele quem os fazia
Ele, um humilde operário
Um operário em construção.
Olhou em torno: gamela
Banco, enxerga, caldeirão
Vidro, parede, janela
Casa, cidade, nação!
Tudo, tudo o que existia
Era ele quem o fazia
Ele, um humilde operário
Um operário que sabia
Exercer a profissão.

Ah, homens de pensamento
Não sabereis nunca o quanto
Aquele humilde operário
Soube naquele momento!

(*Poesia completa e prosa*, cit., p. 293-4.)

enxerga: colchão, cama. **gamela**: vasilha de barro.

Do último Vinícius, poeta sensual e social, para o Vinícius cantor e compositor foi um passo. A partir da década de 1960 o poeta entregou-se de corpo e alma à música. Se a poesia perdeu para a música popular um grande talento, não se sabe. O certo é que Vinícius foi o poeta mais conhecido e amado do público brasileiro, aquele que levou às rodas de bar, aos teatros e ao rádio composições de requinte literário.

Vinícius, além da poesia, também escreveu prosa, em especial crônicas. Dessa produção destacam-se as obras *Para viver um grande amor* (1962), que também contém alguns poemas, e *Para uma menina com uma flor* (1966).

Vinícius e a renovação do soneto

Vinícius de Morais, segundo o crítico Antonio Candido, "foi o responsável pela reconstrução do soneto na literatura brasileira:

> Se hoje dermos um balanço no que Vinícius de Morais ensinou à poesia brasileira, é capaz de nem percebermos quanto contribuiu, porque, justamente por ter contribuído muito, o que fez de novo entrou na circulação, tornou-se moeda corrente e linguagem de todos.

(Apud Aluízio Falcão, *O Estado de S. Paulo*, 11/10/2003.)

LEITURA

TEXTO I

Soneto de separação

De repente do riso fez-se o pranto
Silencioso e branco como a bruma
E das bocas unidas fez-se a espuma
E das mãos espalmadas fez-se o
[espanto.

De repente da calma fez-se o vento
Que dos olhos desfez a última chama
E da paixão fez-se o pressentimento
E do momento imóvel fez-se o drama.

De repente, não mais que de repente
Fez-se de triste o que se fez amante
E de sozinho o que se fez contente.

Fez-se do amigo próximo o distante
Fez-se da vida uma aventura errante
De repente, não mais que de repente.

(*Nova antologia poética de Vinícius de Moraes*, sel. e org. Antonio Cícero e Educanaã Ferraz. São Paulo: Cia. das Letras, Editora Schwarcz Ltda., 2008. p. 100. Autorizado pela VM Empreendimentos Artísticos e Culturais Ltda. © VM e © Cia. das Letras, Editora Schwarcz.)

TEXTO II

Soneto de fidelidade

De tudo, ao meu amor serei
[atento
Antes, e com tal zelo, e sempre,
[e tanto
Que mesmo em face do maior
[encanto
Dele se encante mais meu
[pensamento.

Quero vivê-lo em cada vão momento
E em seu louvor hei de espalhar meu canto
E rir meu riso e derramar meu pranto
Ao seu pesar ou seu contentamento.

E assim, quando mais tarde me procure
Quem sabe a morte, angústia de quem vive
Quem sabe a solidão, fim de quem ama

Eu possa me dizer do amor (que tive):
Que não seja imortal, posto que é chama
Mas que seja infinito enquanto dure.

(Idem, p. 39.)

1. Observe a construção dos textos, o tipo de composição, a métrica dos versos, o vocabulário e a sintaxe. Identifique a que representantes da tradição literária – clássicos, românticos, realistas, simbolistas – os poemas estão ligados, justificando com elementos dos textos.

2. A beleza dos poemas se deve, em grande parte, ao emprego de recursos sonoros e de imagens construídas a partir de comparações, metáforas, antíteses e outras figuras.

a) Destaque da 1ª estrofe do texto I um exemplo de aliteração e outro de comparação.

b) Identifique a figura de linguagem a partir da qual, para estabelecer a oposição entre o passado e o presente, é construído todo o texto I.

c) Destaque do texto II um exemplo de polissíndeto e outro de pleonasmo.

3. O texto I reitera a oposição entre *como era* no passado e *como é* no presente.

a) Caracterize cada um desses momentos.

b) Além da oposição entre passado e presente, por várias vezes é repetida a expressão "de repente". Com que finalidade essa expressão foi empregada repetidamente?

4. No texto II, o eu lírico jura fidelidade à pessoa amada, seja nos momentos de dor, seja nos de alegria. A respeito dos tercetos do poema:

a) explique o que significam, para o eu lírico, a morte e a solidão;

b) dê uma interpretação coerente ao emprego dos parênteses no verso "Eu possa me dizer do amor (que tive)";

c) interprete a metáfora presente no verso "Que não seja imortal, posto que é chama";

d) dê uma interpretação coerente ao paradoxo "que seja infinito enquanto dure", empregado pelo eu lírico para expressar seu conceito de fidelidade.

Tempo para amar

No final da década de 1950, Vinícius de Morais era funcionário da embaixada brasileira em Montevidéu e estava novamente apaixonado, dessa vez por Lucinha Proença. Vinícius, com um ofício, pede transferência para o Rio de Janeiro, onde Lucinha vivia, fazendo uso destes argumentos: "Preciso de fato voltar ao Rio. Não é um problema material, de dinheiro, ou de *status* profissional. Tudo isso é recuperável. É um problema de amor, pois o tempo do amor é que é irrecuperável".

LITERATURA COMPARADA

DIÁLOGO ENTRE A POESIA DE VINÍCIUS DE MORAIS E A POESIA DE CAMÕES

Você vai ler, a seguir, dois poemas de dois dos melhores sonetistas em língua portuguesa: Vinícius de Morais e Luís de Camões. Observe o modo como ambos trabalham o tema amoroso:

TEXTO I

Soneto do maior amor

Maior amor nem mais estranho existe
Que o meu, que não sossega a coisa amada
E quando a sente alegre, fica triste
E se a vê descontente, dá risada.

E que só fica em paz se lhe resiste
O amado coração, e que se agrada
Mais da eterna aventura em que persiste
Que de uma vida mal-aventurada.

Louco amor meu, que quando toca, fere
E quando fere vibra, mas prefere
Ferir a fenecer — vive a esmo

Fiel à sua lei de cada instante
Desassombrado, doido, delirante
Numa paixão de tudo e de si mesmo.

(Vinícius de Morais. *Livro de sonetos*. São Paulo: Cia. das Letras, Editora Schwarcz Ltda., 1991. p. 27. Autorizado pela VM Empreendimentos Artísticos e Culturais Ltda. © VM e © Cia. das Letras, Editora Schwarcz.)

Anneliese Everts. *Lovers*. c.1945-50/The Bridgeman Art Library/Grupo Keystone

fenecer: acabar, terminar, murchar.

TEXTO II

Tanto de meu estado me acho incerto,
Que em vivo ardor tremendo estou de frio;
Sem causa, juntamente choro e rio;
O mundo todo abarco e nada aperto.

É tudo quanto sinto um desconcerto;
Da alma um fogo me sai, da vista um rio;
Agora espero, agora desconfio,
Agora desvario, agora acerto.

Estando em terra, chego ao Céu voando;
Numa hora acho mil anos, e é de jeito
Que em mil anos não posso achar uma hora.

Se me pergunta alguém porque assim ando,
Respondo que não sei; porém suspeito
Que só porque vos vi, minha Senhora.

(Luís de Camões. *Lírica*. São Paulo: Cultrix, 1976. p. 117.)

1. Os dois sonetos são bem trabalhados do ponto de vista das imagens e da sonoridade, entre outros recursos. No soneto de Camões, por exemplo, destaca-se a aliteração dos fonemas /t/ e /p/. Que fonemas se repetem no soneto de Vinícius de Morais?

2. Segundo o eu lírico do poema de Vinícius de Morais, não há amor maior nem mais estranho que o seu. Por que o eu lírico considera seu amor estranho? O que o caracteriza?

3. Tanto o soneto de Vinícius quanto o de Camões procuram definir o que é o amor. Entre eles, contudo, há semelhanças e diferenças. Entre as semelhanças, está o procedimento utilizado para definir o amor. Observe estes versos:

"E quando a sente alegre, fica triste
E se a vê descontente, dá risada."

"Sem causa, juntamente choro e rio;
O mundo todo abarco e nada aperto."

a) Que figura(s) de linguagem se nota(m) nesses versos?

b) Que relação existe entre o uso desse procedimento e o estado emocional do eu lírico de cada um dos sonetos?

4. Um dos sonetos promove uma reflexão sobre o amor-ideia, ou o amor universal; o outro, sobre a experiência particular de amar.

a) Qual dos sonetos trata do amor universal?

b) E qual trata do amor particular?

5. Camões escreveu seu soneto no século XVI; Vinícius escreveu o dele em 1938. Apesar do tempo transcorrido, você considera atual a visão dos dois poetas sobre o amor?

Para quem quer mais

Se você deseja aprofundar seus conhecimentos sobre a poesia de Vinícius de Morais e conhecer um pouco do trabalho de Mário Quintana e Manoel de Barros, poetas que também se destacaram a partir das décadas de 1930-1940, leia os poemas a seguir e, sozinho, em dupla ou em grupo, tente resolver as questões propostas no **Roteiro de estudo**.

Vinícius de Morais

Poética (I)

De manhã escureço
De dia tardo
De tarde anoiteço
De noite ardo.

A oeste a morte
Contra quem vivo
Do sul cativo
O este é meu norte.

Outros que contem
Passo por passo:
Eu morro ontem

Nasço amanhã
Ando onde há espaço:
— Meu tempo é quando.

(*Livro de sonetos*. São Paulo: Cia. das Letras, Editora Schwarcz Ltda., 1991. p. 89. Autorizado pela VM Empreendimentos Artísticos e Culturais Ltda. © VM e © Cia. das Letras, Editora Schwarcz.)

Poema enjoadinho

Filhos... Filhos?
Melhor não tê-los!
Mas se não os temos
Como sabê-los?
Se não os temos
Que de consulta
Quanto silêncio
Como os queremos!
Banho de mar
Diz que é um porrete...
Cônjuge voa
Transpõe o espaço
Engole água
Fica salgada
Se iodifica
Depois, que boa
Que morenaço
Que a esposa fica!
Resultado: filho.
E então começa
A aporrinhação:
Cocô está branco
Cocô está preto
Bobo amoníaco
Comeu botão.
Filhos? Filhos
Melhor não tê-los
Noites de insônia
Cãs prematuras
Prantos convulsos
Meu Deus, salvai-o!
Filhos são o demo
Melhor não tê-los...
Mas se não os temos
Como sabê-los?
Como saber
Que macieza
Nos seus cabelos
Que cheiro morno
Na sua carne
Que gosto doce
Na sua boca!
Chupam gilete
Bebem xampu
Ateiam fogo
No quarteirão
Porém, que coisa
Que coisa louca
Que coisa linda
Que os filhos são!

(*Nova antologia poética de Vinícius de Moraes*, sel. e org. Antonio Cícero e Educanaã Ferraz. São Paulo: Cia. das Letras, Editora Schwarcz Ltda., 2008. p. 141. Autorizado pela VM Empreendimentos Artísticos e Culturais Ltda. © VM e © Cia. das Letras, Editora Schwarcz.)

Mário Quintana

Mário Quintana

Mário Quintana (1906-1994) nasceu em Alegrete, no Rio Grande do Sul, foi jornalista e tradutor e, em 1940, lançou seu primeiro livro, *A rua dos cata-ventos*.

Com raízes no neossimbolismo, o lirismo de Quintana concilia o humor com temas do cotidiano: a infância, a vida, a morte, o amor.

É autor de várias obras, entre elas algumas de literatura infantil. Destacam-se: *Aprendiz de feiticeiro* (1950), *Pé de pilão* (1975), *Quintanares* (1976), *Lili inventa o mundo* (1983), *Nariz de vidro* (1984).

Joveci C. de Freitas/ Agência Estado/AE

: Mário Quintana.

Canção para uma valsa lenta

Minha vida não foi um romance...
Nunca tive até hoje um segredo.
Se me amas, não digas, que morro
De surpresa... de encanto... de medo...

Minha vida não foi um romance,
Minha vida passou por passar.
Se não amas, não finjas, que vivo
Esperando um amor para amar.

Minha vida não foi um romance...
Pobre vida... passou sem enredo...
Glória a ti que me enches a vida
De surpresa, de encanto, de medo!

Minha vida não foi um romance...
Ai de mim... Já se ia acabar!
Pobre vida que toda depende
De um sorriso... de um gesto... um olhar...

(*Poesias*. Porto Alegre: Globo/MEC, 1972. p. 53.)

Manoel de Barros

Remexo com um pedacinho de arame nas minhas
memórias fósseis.
Tem por lá um menino a brincar no terreiro
entre conchas, osso de arara, sabugos, asas de caçarolas etc.
E tem um carrinho quebrado de borco
no meio do terreiro.
O menino cangava dois sapos e os botava a arrastar
o carrinho.
Faz de conta que ele carregava areia e
pedras no seu caminhão.
O menino também puxava, nos becos de sua aldeia, por um
[barbante sujo, umas latas tristes.
Era sempre um barbante sujo.
Eram sempre umas latas tristes.
O menino hoje é um homem douto que trata com
física quântica.
Mas tem nostalgia das latas.
Tem saudades de puxar por um barbante sujo
umas latas tristes.
Aos parentes que ficaram na aldeia esse homem
encomendou uma árvore torta...
Para caber nos seus passarinhos.
De tarde os passarinhos fazem
árvore nele.

...gamo/Folhapress

: Manoel de Barros.

(Fragmento 14, do livro *Para encontrar o azul eu uso pássaros*. Apud *Bravo!*, junho 1998.)

Manoel de Barros

Manoel de Barros (1917) nasceu em Cuiabá e publicou sua primeira obra, *Pecado*, em 1937. Fazendeiro, homem culto, o poeta vive isolado no Pantanal, mas perfeitamente informado da grande poesia feita no Brasil e no exterior. Embora ligado cronologicamente à geração de 30, o autor trilha um percurso pessoal.

Como toda grande poesia, a de Barros trata do destino do homem, do medo da morte, da sombra da infância se projetando no adulto, da busca da felicidade e consequente contencioso de frustrações e da face oculta de um Deus (creia-se ou não nele) que nos perseguem vida afora.

(Rodrigo Brasil e Reinaldo Azevedo. *Bravo!*, junho 1998.)

Normalmente apontado como "poeta ecológico", Manoel de Barros reage:

Minha obra tem um lastro de terra, mas não gosto de ser chamado de poeta ecológico — não dou muita importância a isso. Poeta é o sujeito que mexe com palavras [...] Se as palavras que me chegam mais comumente são do brejo, é devido ao meu lastro existencial, que reflete um pouco a terra.

(Idem.)

Autor de mais de quinze livros, entre outros publicou *Pássaros* (1960), *Livro de pré-coisas* (1985), *Livro sobre nada* (1996), *Cantigas por um passarinho à toa* (2003).

• Roteiro de estudo •

Ao final da leitura, você deverá ser capaz de:

- Interpretar o poema "Poética (I)" e a relação das antíteses do poema com a noção de tempo do eu lírico.
- Reconhecer no "Poema enjoadinho" a capacidade de Vinícius de Morais de extrair poesia do cotidiano.
- Explicar por que o poema "Canção para uma valsa lenta" apresenta afinidades com a geração poética de 1930.
- Observar no poema de Manoel de Barros a pertinência ou não do comentário a propósito da poesia do autor feito por Rodrigo Brasil e Reinaldo Azevedo no boxe "Manoel de Barros".

Para quem quer mais na Internet

Cecília Meireles
www.revista.agulha.nom.br/ceciliameireles01.html

Vinícius de Morais
http://viniciusdemoraes.com.br/
www.memoriaviva.com.br/vinicius/
www.revista.agulha.nom.br/vmi.html

Mário Quintana
www.estado.rs.gov.br/marioquintana/
www.revista.agulha.nom.br/quinta.html

Manoel de Barros
www.youtube.com/watch?v=RtMx13HJMhU
www.fmb.org.br/index.php?idp=4
www.revista.agulha.nom.br/manu.html

Vetta/Getty Images

CAPÍTULO 8

O texto dissertativo-argumentativo: como fazer o desenvolvimento

TRABALHANDO O GÊNERO

Se a introdução é a parte do texto dissertativo-argumentativo que, além de situar o tema, apresenta a tese e o ponto de vista defendido pelo autor, o *desenvolvimento* é a própria defesa desse ponto de vista, ou seja, é a parte mais importante do texto, aquela que é responsável pelo desenvolvimento de sua ideia principal.

Como o texto dissertativo-argumentativo tem uma finalidade persuasiva, a qualidade dele depende da escolha, da consistência e da organização dos argumentos apresentados no desenvolvimento.

Leia o artigo de opinião a seguir, de Drauzio Varella, e observe os argumentos que ele apresenta.

Superpopulação carcerária

Folhapress

As fábricas de ladrões e traficantes jogam mais profissionais no mercado do que sonha nossa vã pretensão de aprisioná-los.

Levantamento produzido pela **Folha**, com base nos censos realizados nas 150 penitenciárias e nas 171 cadeias públicas e delegacias de polícia, mostra que o Estado de São Paulo precisaria construir imediatamente mais 93 penitenciárias, apenas para reduzir a superlotação atual e retirar os presos detidos em delegacias e cadeias impróprias para funcionar como presídios.

Para Lourival Gomes, o atual secretário da Administração Penitenciária, cuja carreira acompanho desde os tempos do Carandiru, profissional a quem não faltam credenciais técnicas e a experiência que os anos trazem, o problema da falta de vagas não será resolvido com a construção de prisões.

Tem razão, é guerra perdida: no mês passado, o sistema prisional paulista recebeu a média diária de 121 novos detentos, enquanto foram libertados apenas 100. Ficaram encarcerados 21 a mais todos os dias.

Como os presídios novos têm capacidade para albergar 768 detentos, seria necessário construir mais um a cada 36 dias, ou seja, 10 por ano.

Esse cálculo não leva em conta o aprimoramento técnico da polícia. Segundo o mesmo levantamento, a taxa de encarceramento, que há oito meses era de 413 pessoas para cada 100 mil habitantes, aumentou para 444. Se a PM e a Polícia Civil conseguissem prender marginais com a eficiência dos policiais americanos (743 para cada 100 mil habitantes), seria preciso construir uma penitenciária a cada 21 dias.

Agora, analisemos as despesas. A construção de uma cadeia consome R$ 37 milhões, o que dá perto de R$ 48 mil por vaga. Para criar uma única vaga gastamos mais da metade do valor de uma casa popular com sala, cozinha, banheiro e dois quartos, por meio da qual é possível retirar uma família da favela.

Esse custo, no entanto, é irrisório quando comparado aos de manutenção. Quantos funcionários públicos há que contratar para cumprir os três turnos diários? Quanto sai por mês fornecer três refeições por dia? E as contas de luz, água, material de limpeza, transporte, assistência médica, jurídica e os gastos envolvidos na administração?

Não sejamos ridículos, caro leitor. Se nossa polícia fosse bem paga, treinada e aparelhada de modo a mandar para atrás das grades todos os bandidos que nos infernizam nas ruas, estaríamos em maus lençóis. Os recursos para mantê-los viriam do aumento dos impostos? Dos cortes nos orçamentos da educação e da saúde?

Então, o que fazer? É preciso agir em duas frentes. A primeira é tornar a Justiça mais ágil, de modo a aplicar penas alternativas e facilitar a progressão para o regime semiaberto, no caso dos que não oferecem perigo à sociedade, e colocar em liberdade os que já pagaram por seus crimes, mas que não têm recursos para contratar advogado.

A segunda, muito mais trabalhosa, envolve a prevenção. Sem diminuir a produção das fábricas de bandidos, jamais haverá paz nas ruas. Na periferia de nossas cidades, milhões de crianças e adolescentes vivem em condições de risco para a violência. São tantas que é de estranhar o pequeno número que envereda pelo crime.

Nossa única saída é oferecer-lhes qualificação profissional e trabalho decente, antes que sejam cooptados pelos marginais para trabalhar em regime de semiescravidão.

Há iniciativas bem-sucedidas nessa área, mas o número é tímido diante das proporções da tragédia social. É necessário um grande esforço nacional que envolva as diversas esferas governamentais e mobilize a sociedade inteira.

Como parte dessa mobilização, é fundamental levar o planejamento familiar para os estratos sociais mais desfavorecidos. Negar-lhes o acesso à lei federal que lhes dá direito ao controle da fertilidade é a violência mais torpe que a sociedade brasileira comete contra a mulher pobre.

O lema "lugar de bandido é na cadeia" é vazio e demagógico. Não temos nem teremos prisões suficientes. Reduzir a população carcerária é imperativo urgente. Não cabe discutir se estamos a favor ou contra, não existe alternativa. Empilhar homens em espaços cada vez mais exíguos não é mera questão de direitos humanos, é um perigo que ameaça todos nós. Um dia eles voltarão para as ruas.

(*Folha de S. Paulo*, 25/2/2012.)

1. O autor do texto – o médico Drauzio Varella – trabalhou durante anos no extinto presídio Carandiru e, por isso, é um profundo conhecedor do sistema carcerário brasileiro. No 1º parágrafo do texto, parodiando William Shakespeare ("Existem mais mistérios entre o céu e a terra do que sonha nossa vã filosofia"), ele já apresenta a *tese* ou *ideia principal* do texto. Qual é a tese defendida pelo autor acerca do problema da superpopulação carcerária?

2. Para desenvolver e fundamentar seu ponto de vista, o autor apresenta diferentes recursos argumentativos, como provas concretas, citação, relação de causa e efeito, comparação, entre outros.

a) Identifique os parágrafos em que o autor apresenta *provas concretas* (dados objetivos ou estatísticos) a respeito da superpopulação carcerária.

b) O que demonstram esses números ou dados?

3. Outro tipo de argumento importante nos textos argumentativos é aquele baseado em discursos de autoridade, isto é, a *citação* do pensamento de uma pessoa de destaque na área do assunto abordado. As citações podem aparecer na forma de discurso direto, discurso indireto ou discurso segundo (com o uso de expressões como "segundo fulano", "de acordo com fulano", etc.).

a) Identifique o uso de citação no texto.

b) De que forma o autor introduz a citação: pelo discurso direto, pelo discurso indireto ou pelo discurso segundo?

4. Outro tipo de argumento muito comum nos textos argumentativos é o que estabelece *relações de causa e efeito* (ou consequência) entre os fatos. De acordo com o autor do texto em estudo:

a) Qual é a causa de a construção de presídios não ser a melhor medida para resolver o problema da superpopulação carcerária?

b) Que consequências haveria, caso fossem criados presídios em número suficiente para acomodar a população carcerária?

5. A comparação é outro recurso importante para a defesa de um ponto de vista. Podem-se comparar duas épocas, dois lugares, dois tipos de ação, etc. No texto em estudo, a que é comparada a ação da polícia brasileira?

6. A partir do 10º parágrafo, o autor começa a apresentar possíveis soluções para diminuir a população carcerária. Quais são as soluções sugeridas por ele?

Editora Companhia das Letras

Capa do livro *Estação Carandiru*, que Drauzio Varella escreveu a partir de sua experiência como médico no extinto presídio Carandiru. O livro serviu de base para o roteiro do filme *Carandiru*, de Hector Babenco.

7. No último parágrafo do texto, que contém a conclusão, é mencionada uma afirmação que é quase um senso comum: "lugar de bandido é na cadeia".

a) A argumentação defendida pelo autor confirma ou nega essa frase? Comprove sua resposta com uma frase desse parágrafo.

b) Na conclusão, o autor aponta outro motivo pelo qual é necessário diminuir a população carcerária. Qual é esse motivo?

c) Compare a conclusão e a tese apresentada no 1º parágrafo. Elas coincidem? Justifique sua resposta.

8. Como síntese do estudo sobre o artigo de opinião lido, responda: Por meio de quais recursos argumentativos os parágrafos do desenvolvimento foram construídos?

TIPOS DE ARGUMENTO DO TEXTO DISSERTATIVO-ARGUMENTATIVO

Comparação

Estabelece o confronto entre duas realidades diferentes, seja no tempo, seja no espaço, seja quanto a características físicas, etc. Veja o exemplo:

> [...] Nos EUA, o porcentual de pessoas que têm curso superior (cerca de 40%) é o mesmo tanto para quem tem idade entre 25 e 34 anos como para os que têm de 55 a 64 anos. O dado é um indicativo de que a população jovem no país não se escolarizou mais do que a geração anterior. [...] Mas, no Canadá, por exemplo, a população entre 55 e 64 anos tem exatamente a mesma escolaridade que nos EUA (40% têm superior completo), porém os jovens já estão à frente dos seus pais (e dos jovens americanos) em educação formal: quase 60% completaram o curso universitário [...].
>
> (*Leituras da História*, maio 2012, p. 15.)

Nesse caso, compara-se o porcentual de pessoas com curso superior nos Estados Unidos e no Canadá.

Alusão histórica

O autor retoma acontecimentos do passado para explicar fatos do presente. Veja o exemplo:

> Seres humanos são capazes de colaborar uns com os outros numa escala desconhecida no reino animal, porque viver em grupo foi essencial à adaptação de nossa espécie. Agrupar-se foi a necessidade mais premente para escapar de predadores, obter alimentos e construir abrigos seguros para criar os filhos.
>
> (Drauzio Varella. "As raízes do racismo". *Folha de S. Paulo*, 30/6/2012.)

Argumentos com provas concretas

Consistem na apresentação de números, dados estatísticos, resultados de enquetes, cifras relativas a investimentos, despesas e lucros, renda *per capita*, valores de dívida externa, índices de mortalidade infantil, aumento ou diminuição dos casos de Aids, etc. No texto estudado, o autor se valeu de dados levantados pelo jornal *Folha de S. Paulo* a partir do censo realizado nas penitenciárias. Veja outro exemplo em que se usam resultados de pesquisa:

> O número de cidades brasileiras com coleta seletiva de lixo mais que dobrou de 2000 a 2008, mas ainda assim apenas 1.087 municípios, ou 19,5% do total, têm alguma forma de separação para reciclagem. Segundo a pesquisa Índices de Desenvolvimento Sustentável (IDS 2012), divulgada nesta segunda-feira pelo Instituto Brasileiro de Geografia e Estatística (IBGE), em 2000, apenas 8,2% das cidades tinham coleta seletiva.
>
> (Disponível em: http://veja.abril.com.br/noticia/brasil/ibge-revela-carencia-de-coleta-seletiva-de-lixo. Acesso: em 27/6/2012.)

Paulo Fridman/Pulsar Imagens

Argumentos consensuais

São aqueles em que certas "verdades" aceitas por todos são utilizadas. Consistem em afirmações que geralmente não dependem de comprovação, como, por exemplo, "Todo ser humano precisa de uma boa alimentação e lazer", "A poluição diminui a qualidade de vida nas grandes cidades", etc. No texto estudado, contudo, o autor mostra como é inconsistente a afirmação "lugar de bandido é na cadeia", tida por alguns como senso comum.

Argumentos de autoridade ou de exemplo

Apresentam o ponto de vista ou sugerem a imitação das ações de uma autoridade ou uma pessoa conhecida na área do assunto em discussão. Consistem em frases célebres ou em trechos de escritos de cientistas, técnicos, artistas, filósofos, políticos, etc., citados em discurso direto, discurso indireto ou discurso segundo. No caso de citação em discurso indireto, menciona-se o nome da pessoa e faz-se um resumo de suas ideias. Quando transcrita em discurso direto, a citação deve vir entre aspas, com a indicação do autor. Em discurso segundo, usam-se expressões como *segundo fulano, de acordo com fulano*... e faz-se um resumo de suas ideias. No texto estudado, o argumento de autoridade está na citação da opinião de Lourival Gomes. Veja outro exemplo:

> Michel de Montaigne (1533-1592) era um admirador de Sócrates, e não apenas por motivos intelectuais. "Não há nada mais notável em Sócrates do que ele ter encontrado tempo para aprender a dançar", dizia. O filósofo francês não admitiria o ritmo de vida de um profissional do século 21, multitarefa e sem tempo para nada. "Quando eu danço, eu danço; quando eu durmo, eu durmo", escreveu. "Numa época em que os pensadores valorizavam os escritos longos e difíceis, Montaigne passou a fazer textos curtos. Ele queria resgatar a ideia da filosofia da Antiguidade de guia para a vida das pessoas comuns", afirma o historiador de filosofia Thomas Dixon, professor da Universidade de Londres [...].
>
> (Tiago Cordeiro e André Bergamin. *Galileu*, abril 2012, p. 41.)

Argumentos de presença

Consistem em ilustrar com histórias, lendas ou parábolas a tese que se quer defender. No texto a seguir, sobre a gravidez na adolescência, o autor ilustrou sua tese com a história de nossas avós:

> Nossas avós casavam-se aos 15 ou 16 anos e começavam a procriar, nunca ocorrendo a ninguém daquela época que isso pudesse ser um problema, pois essas gestações eram desejadas. [...]
>
> (Nelson Vitiello. *Pais & Teens*, ano 2, nº 3.)

Argumentos de retorção

O autor utiliza os próprios argumentos do interlocutor para destruí-los. No texto estudado, Drauzio Varella, para combater o argumento de algumas pessoas segundo as quais haveria maior segurança na sociedade "se nossa polícia fosse bem paga, treinada e aparelhada de modo a mandar para atrás das grades todos os bandidos", usa argumento de retorção:

> Não sejamos ridículos [...] Os recursos para mantê-los viriam do aumento dos impostos? Dos cortes nos orçamentos da educação e da saúde?

Ao estruturar um texto dissertativo-argumentativo, convém diversificar os tipos de argumento. Porém, mais importante do que a diversidade e a quantidade dos argumentos, é a utilização de argumentos fortes e bem-fundamentados, que possam, de fato, persuadir o leitor.

PRODUZINDO O TEXTO DISSERTATIVO-ARGUMENTATIVO

A popularização da Internet trouxe muitas mudanças nos relacionamentos pessoais e profissionais. Muitas pessoas se orgulham da quantidade de "amigos" e "seguidores" que têm nas redes sociais. Será que isso é realmente sinal de popularidade, simpatia, admiração?

Colhendo informações

O texto a seguir, do filósofo Luís Felipe Pondé, discute o que a nova forma de interação proporcionada pelas redes sociais revela acerca do comportamento e da personalidade do indivíduo. Leia-o.

Ricardo Cammarota, *Folha de S. Paulo*, 16/04/2012, fornecido pela Folhapress

Narcisismo no "Face"

Cuidado! Quem tem muitos amigos no "Face" pode ter uma personalidade narcísica. Personalidade narcísica não é alguém que se ama muito, é alguém muito carente.

Faço parte do que o jornal britânico "The Guardian" chama de "social media sceptics" (céticos em relação às mídias sociais) em um artigo dedicado a pesquisas sobre o lado "sombrio" do Facebook (22/3/2012).

Ser um "social media sceptic" significa não crer nas maravilhas das mídias sociais. Elas não mudam o mundo. Aliás, nem acredito na "história", sou daqueles que suspeitam que a humanidade anda em círculos, somando avanços técnicos que respondem aos pavores míticos atávicos: morte, sofrimento, solidão, insegurança, fome, sexo. Fazemos o que podemos diante da opacidade do mundo e do tempo.

As mídias sociais potencializam o que no humano é repetitivo, banal e angustiante: nossa solidão e falta de afeto. Boas qualidades são raras e normalmente são tão tímidas quanto a exposição pública.

E, como dizia o poeta russo Joseph Brodsky (1940-96), falsos sentimentos são comuns nos seres humanos, e quando se tem um número grande deles juntos, a possibilidade de falsos sentimentos aflorarem cresce exponencialmente.

Em 1979, o historiador americano Christopher Lasch (1932-94) publicava seu best-seller acadêmico "A Cultura do Narcisismo", um livro essencial para pensarmos o comportamento no final de século 20. Ali, o autor identificou o traço narcísico de nossa era: carência, adolescência tardia, incapacidade de assumir a paternidade ou maternidade, pavor do envelhecimento, enfim, uma alma ridiculamente infantil num corpo de adulto.

Não estou aqui a menosprezar os medos humanos. Pelo contrário, o medo é meu irmão gêmeo. Estou a dizer que a cultura do narcisismo se fez hegemônica gerando personalidades que buscam o tempo todo ser amadas, reconhecidas, e que, portanto, são incapazes de ver o "outro", apenas exigindo do mundo um amor incondicional.

Segundo a pesquisa da Universidade de Western Illinois (EUA), discutida pelo periódico britânico, "um senso de merecimento de respeito, desejo de manipulação e de tirar vantagens dos outros" marca esses bebês grandes do mundo contemporâneo, que assumem que seus vômitos são significativos o bastante para serem postados no "Face".

A pesquisa envolveu 294 estudantes da universidade em questão, entre 18 e 65 anos, e seus hábitos no "Face". Além do senso de merecimento e desejo de manipulação mencionados acima, são traços "tóxicos" (como diz o artigo) da personalidade narcísica com muitos amigos no "Face": a obsessão com a autoimagem, amizades superficiais, respostas especialmente agressivas a supostas críticas feitas a ela, vidas guiadas por concepções altamente subjetivas de mundo, vaidade doentia, senso de superioridade moral e tendências exibicionistas grandiosas.

Pessoas com tais traços são mais dadas a buscar reconhecimento social do que a reconhecer os outros.

Segundo o periódico britânico, a assistente social Carol Craig, chefe do Centro para Confiança e Bem-estar (meu Deus, que nome horroroso...), disse que os jovens britânicos estão cada vez mais narcisistas e reconhece que há uma tendência da educação infantil hoje em dia, importada dos EUA para o Reino Unido (no Brasil, estamos na mesma...), a educar as crianças cada vez mais para a autoestima.

Cada vez mais plugados e cada vez mais solitários. Na sociedade contemporânea, a solidão é como uma epidemia fora de controle.

O Facebook é a plataforma ideal para autopromoção delirante e inflação do ego via acumulação de um número gigantesco de "amigos" irreais. O dr. Viv Vignoles, catedrático da Universidade de Sussex, no Reino Unido, afirma que, nos EUA, o narcisismo já era marca da juventude desde os anos 80, muito antes do "Face".

Portanto, a "culpa" não é dele. Ele é apenas uma ferramenta do narcisismo generalizado. Suspeito muito mais dos educadores que resolveram que a autoestima é a principal "matéria" da escola.

A educação não deve ser feita para aumentar nossa autoestima, mas para nos ajudar a enfrentar nossa atormentada humanidade.

(*Folha de S.Paulo*, 16/4/2012.)

Opinando e debatendo

Troy House/Corbis/Latinstock

Com base em suas próprias ideias e nas informações que colheu sobre o relacionamento nas redes sociais, participe com os colegas de um debate sobre um dos temas que seguem.

- Por que as pessoas geralmente aceitam tantos "amigos" virtuais sem ter referências sobre eles?
- Muitas pessoas preferem ter amigos virtuais a conquistar amigos reais. Será que isso se deve a medo da exposição no mundo concreto?
- Há pessoas que ficam ansiosas se não puderem ficar conectadas. Segundo especialistas, pessoas com esse perfil demonstram comportamentos semelhantes ao de indivíduos viciados. As redes sociais viciam?

Elejam um colega para ser o moderador e sigam as orientações para a realização do debate regrado público dadas nas páginas 307 e 308.

Ao argumentar, procurem empregar os tipos de argumento que aprenderam: comparação, alusão histórica, argumentos com provas concretas, argumentos de autoridade ou de exemplos, etc. Durante o debate, anotem os argumentos que julgarem mais interessantes, pois eles poderão ser utilizados na produção do texto escrito.

Produzindo o texto

Releia as anotações que você fez durante o debate e prepare-se para produzir um texto dissertativo-argumentativo a partir do seguinte tema: *Redes sociais: amizade ou solidão?*

Planejamento do texto dissertativo-argumentativo

Thinkstock/Getty Images

- Tenha em vista o perfil dos leitores. Seu texto será divulgado na mostra **Caia na rede!**, a ser desenvolvida no capítulo **Intervalo** do final da unidade. Logo, será lido por jovens de toda a escola, por funcionários, professores e convidados para o evento.
- Tome uma posição sobre o tema e deixe claro o seu ponto de vista já nos primeiros parágrafos.
- Selecione os melhores argumentos anotados e organize-os em uma sequência.
- Observe se há argumentos de tipos variados, isto é, baseados em comparação, alusão histórica, provas concretas, exemplos, argumentos de autoridade, etc. Se necessário, desista de certos argumentos ou inclua outros.
- Empregue o tipo de conclusão mais adequado para o seu texto: do tipo síntese, que retoma as ideias do texto, ou do tipo proposta, ou do tipo que faz uma citação, ou outro que imaginar.
- Ao redigir, organize o texto em parágrafos. A introdução pode corresponder a um parágrafo ou, no máximo, dois. Cada um dos argumentos pode corresponder a um parágrafo. Se um argumento for amplo e envolver mais de um aspecto, é possível desenvolvê-lo em dois parágrafos. Para a conclusão, geralmente se destina o último parágrafo.
- Empregue uma linguagem de acordo com a norma-padrão, mas leve em conta sua adequação ao perfil do público.
- Dê um título sugestivo ao texto.

Revisão e reescrita

Antes de fazer a versão final de seu texto dissertativo-argumentativo, releia-o, observando:

- se você se ateve ao tema proposto e posicionou-se claramente sobre ele;
- se o texto apresenta uma tese, se ela resume seu ponto de vista e é fundamentada em argumentos claros, consistentes e bem-desenvolvidos;
- se a conclusão retoma e confirma o ponto de vista defendido, apresenta uma proposta, faz uma citação ou é de outro tipo;
- se o título dado ao texto é, além de sugestivo, coerente com as ideias desenvolvidas;
- se o texto como um todo é persuasivo;
- se a linguagem está de acordo com a norma-padrão da língua e com grau de formalidade adequado ao perfil do público.

Faça as alterações necessárias e passe o texto a limpo.

ESCREVENDO COM COERÊNCIA E COESÃO

CONTINUIDADE E PROGRESSÃO

A leitura de qualquer texto sempre envolve um movimento de retomada do que foi exposto e de avanço na busca de novas informações.

Leia o texto a seguir, observando sua sequenciação, isto é, o emprego de expressões que retomam palavras e ideias e de expressões que introduzem novas informações.

Posologia e contraindicações: vide bula

Hill Creek Pictures/JupiterImages/Other Images

O riso, antes restrito a piadas, comédias e conversas informais, tornou-se “assunto sério”, material de pesquisa. E, depois de muitos estudos acerca desse tema, comprovou-se a estreita ligação entre o senso de humor e a vida harmônica da sociedade: aquele que mantém o sorriso no rosto está mais apto a lidar com seus próprios problemas e a se relacionar com os outros.

Primeiramente, o bom humor afasta o desespero trazido pelos obstáculos cotidianos que a vida impõe. Frente a situações difíceis e penosas, é comum que as pessoas tenham reações incoerentes e descontroladas, como considerar tudo incontornável. Nesses casos, o riso funciona como uma luz que clareia a questão e aponta bons caminhos. Enfim, os dotados de senso de humor se mostram menos rígidos e mais pró-ativos na resolução dos problemas do dia a dia.

A segunda capacidade importante desse estado de espírito é plenamente notada nas relações interpessoais. O riso, por constituir uma linguagem universal, já representa um forte fator de aproximação, enquanto o bom humor tem papel essencial na manutenção de qualquer amizade ou “coleguismo”. Devido ao poder de flexibilidade que essa característica concede, aqueles que a possuem também costumam tolerar mais as diferenças e lidar melhor com as pessoas.

Há, contudo, limites para o humor; não se deve confundir risos descontraídos com gargalhadas maníacas e constantes. Muitas pessoas veem a vida como uma piada eterna, na tentativa de escapar dos obstáculos encontrados, e têm dificuldades para distinguir os momentos em que é preciso manter uma postura séria e lutar pelo que se deseja.

Tanto nas questões individuais quanto nas interpessoais, o bom humor tornou-se pré-requisito, pois traz consigo uma gama enorme de qualidades indispensáveis para a vida em sociedade. Deve-se apenas atentar ao "vício do riso" para não o transformar em obsessão. Em todos os outros casos, rir é mesmo o melhor remédio e não tem contraindicações.

(*Guia do Estudante - Redação vestibular 2008*. São Paulo: Abril, 2008. p. 44.)

1. O texto inicia-se com uma afirmação.

a) Que nova ideia é introduzida depois a respeito dessa afirmação?

b) Que palavra retoma a palavra *riso* no 1º parágrafo?

2. O 2º parágrafo do texto inicia-se com a expressão *Primeiramente*. Qual é o papel dessa expressão nesse parágrafo? Indique a resposta correta.

a) Dar continuidade ao texto, retomando a ideia apresentada no 1º parágrafo.

b) Introduzir um exemplo, dando progressão ao texto.

c) Mudar de assunto, introduzindo um exemplo.

3. No 3º parágrafo do texto:

a) Que expressão retoma a ideia apresentada no 2º parágrafo, mostrando, através da enumeração, que haverá uma continuidade do que foi dito nele?

b) Considerando-se os parágrafos anteriores, há informações novas nesse parágrafo? Justifique.

4. A sequência de um texto se constrói com um duplo movimento: um de retomada (continuidade) e outro de acréscimo de novas informações (progressão). Releia o 4º parágrafo.

a) Que palavra faz uma ressalva ao que foi discutido nos parágrafos anteriores?

b) Que informação nova é acrescentada ao texto, garantindo sua progressão?

c) Levante hipóteses: Por que o autor, tendo defendido o riso nos parágrafos anteriores, resolve fazer uma ressalva em relação a ele?

5. Observe o parágrafo final. Qual é o papel dele no texto?

EXERCÍCIOS

O texto que segue apresenta, entre outros problemas, o da coesão textual, particularmente quanto aos aspectos continuidade e progressão. Leia-o e responda às questões propostas.

A violência no Brasil acontece pela diferença econômica e social que existe nas sociedades nacionais.

O Brasil está mudando, crescendo e progredindo, só que ainda existe a má distribuição de renda para as populações. Assim o "cidadão" privilegiado vivendo na pobreza, na miséria fica revoltado e tem como solução de vida violentar os outros para sobreviver.

desuza.communications/Vetta/Getty Images

Para outros a sobrevivência formada na miséria é se adaptar as drogas para fugir da realidade e não saber o que se faz.

Dentro dessas desigualdades encontra-se o comércio clandestino de armas que se transforma em um ato comum do dia a dia do cidadão. A arma é usada como um utensílio "doméstico".

Entretanto o Estado deve dar prioridades a classe baixa, investindo em educação, moradia, saúde, uma distribuição de renda bem feita, para chegarem numa condição de vida melhor e para que esta parte social não tenha necessidades de procurarem e violentarem outras pessoas para terem uma vida decente.

(Aluno do 3º ano do ensino médio.)

1. O 1º parágrafo do texto contém apenas uma ideia-núcleo, que não foi desenvolvida. Além disso, a expressão "nas sociedades nacionais" não foi bem empregada.

a) Que termo substituiria adequadamente a expressão mencionada?

b) Que ideias secundárias poderiam garantir, nesse parágrafo, o desenvolvimento da ideia-núcleo e a progressão textual?

2. Na passagem do 1º para o 2º parágrafo, não há nenhuma palavra que retome um termo ou uma ideia anteriormente expressos, do que resulta a impressão de que esses parágrafos estão soltos, isto é, sem coesão. Procure perceber a relação entre esses dois parágrafos e responda:

a) Que ideia do 1º parágrafo o autor tenta desenvolver no 2º parágrafo?

b) Que outra redação poderia ser dada ao primeiro período do 2º parágrafo, de modo a explicitar a relação de continuidade existente entre os dois?

c) Que outras ideias secundárias poderiam dar progressão ao texto, desenvolvendo a ideia-núcleo lançada nesse parágrafo?

3. No 3º parágrafo, as ideias são pouco desenvolvidas.

a) Está claro, no texto, a quem se refere o pronome *outros* da expressão "Para outros"? Caso não, que redação você daria a esse trecho, de modo a garantir a relação de continuidade desse parágrafo com o anterior?

b) Que outras ideias poderiam ser desenvolvidas nesse parágrafo?

4. No 4º parágrafo, o autor emprega uma marca de continuidade, constituída pela expressão "Dentro dessas desigualdades". Na sua opinião, essa expressão está bem empregada no contexto? Justifique.

5. O último parágrafo é iniciado com a conjunção adversativa *entretanto*, cujo papel é estabelecer oposição entre as ideias. Considerando-se a relação que normalmente há entre a conclusão e as partes anteriores de um texto, a palavra *entretanto* estabelece a conexão adequada à finalização do texto? Se sim, justifique. Se não, aponte a conjunção que substituiria satisfatoriamente a palavra *entretanto*.

6. O texto não fugiu ao tema proposto. Apesar disso, não pode ser considerado um bom texto, em virtude de alguns problemas relacionados à textualidade. Identifique esses problemas.

a) Ausência de sinalizadores claros de continuidade, que garantem a retomada de palavras e ideias.

b) Ausência de ideias secundárias, que fundamentam a ideia-núcleo dos parágrafos, de modo a garantir a progressão textual e o grau adequado de informatividade ao texto.

c) Ausência de introdução, na qual é lançada uma tese ou ideia principal; de desenvolvimento, em que são lançados os argumentos; de conclusão.

d) Emprego inadequado de termos, o que compromete a coerência e a coesão das ideias.

LITERATURA

João Caldas/Núcleo Experimental

Cena da peça *Macunaíma*, dirigida por Antunes Filho em 1978.

CAPÍTULO 9

O teatro brasileiro nos séculos XX-XXI

Diferentemente da literatura, que iniciou a renovação modernista na década de 1920, no teatro brasileiro a renovação teve início apenas na década de 1940, com a encenação da peça Vestido de noiva, *de Nelson Rodrigues.*

Infelizmente, o teatro brasileiro ficou à margem do fluxo renovador trazido pelos modernistas, tendo sido a principal forma de manifestação artística ausente das comemorações da Semana de Arte Moderna realizada em São Paulo em 1922.

Nos anos posteriores à Semana, nossa produção teatral foi escassa e, mesmo assim, demorou certo tempo para ser encenada. *O rei da vela*, de Oswald de Andrade, por exemplo, foi escrita em 1933 mas levada ao palco apenas em 1967-1968. Por conta da falta de autores e bons textos nacionais, os palcos brasileiros limitavam-se a encenar comédias de costumes, chanchadas e textos estrangeiros, alimentando a simpatia fácil de uma plateia reduzida.

A maior parte da crítica teatral considera como marco do início do bom teatro brasileiro contemporâneo o aparecimento do grupo amador Os Comediantes, no Rio de Janeiro. O lema do grupo era transformar suas apresentações em grandes espetáculos, apesar das dificuldades.

Para alcançar esse fim, o grupo procurou atualizar o teatro brasileiro em relação ao que se fazia na Europa, pondo fim à hegemonia de um ator sobre o elenco e impondo a noção de equipe. Para isso, transferiu a responsabilidade total da peça a um diretor, que passava a ser responsável pela coordenação dos vários elementos do teatro (texto, cenário, atores) e pela harmonia do espetáculo.

O grupo estreou em 15 de janeiro de 1940, no Teatro Ginástico, com *Assim é, se lhe parece*, de Pirandello. O êxito alcançado pelo espetáculo levou o grupo a apresentar logo depois uma nova peça, *Uma mulher e três palhaços*, de Marcel Archad.

Durante a Segunda Grande Guerra refugiou-se no Brasil o ator polonês Ziembinski – hoje definitivamente incorporado à história do teatro nacional –, que se juntou a Os Comediantes também como diretor.

Acervo Iconographia

Maria Della Costa e Paulo Autran em cena de *Depois da queda*, de Arthur Miller, em 1964.

Acatando a sugestão dada por Ziembinski de encenar autores nacionais – segundo ele, procedimento indispensável para a existência do teatro de qualidade em um país –, Os Comediantes encenaram *Vestido de noiva*, de Nelson Rodrigues, cuja estreia ocorreu em 28 de dezembro de 1943. Assim se iniciava a renovação do teatro brasileiro, assentada na série de inovações tanto formais quanto temáticas feitas pela peça e na presença de um diretor que faria do espetáculo um trabalho de equipe.

A partir de então, começam a surgir numerosos grupos e autores que deram novo impulso ao teatro brasileiro.

Em São Paulo, em 1948, o industrial italiano Franco Zampari fundou o Teatro Brasileiro de Comédia (TBC), que durante muito tempo utilizou a fórmula "atores de talento + diretores estrangeiros + peças clássicas e consagradas = sucesso". Pelo palco do TBC, que ocupou posição de liderança no teatro brasileiro, desfilaram atores como Nydia Lícia, Sérgio Cardoso, Tônia Carrero, Maria Della Costa, Cacilda Becker, Paulo Autran, sob orientação de diretores como Adolfo Celi, Luciano Salce, Ruggero Jacobbi e o próprio Ziembinski – todos estrangeiros. O único dramaturgo brasileiro encenado pelo TBC até 1958 foi Abílio Pereira de Almeida.

Gianfrancesco Guarnieri (1934-2006) nasceu em Milão, na Itália, tendo se mudado para o Brasil com 2 anos de idade. Estreou como dramaturgo em 1958, com a peça *Eles não usam black-tie*, com a qual ganhou vários prêmios (em 1981, a adaptação para o cinema ganhou o Leão de Ouro no Festival de Veneza). Suas peças revelam preocupação social, sem, entretanto, cair no teatro panfletário. Trouxe também aos palcos o problema da vida urbana moderna e os conflitos advindos da industrialização. Entre suas principais peças, estão *Arena conta Zumbi* (1965), na qual teve como parceiros Augusto Boal e Edu Lobo, *Castro Alves pede passagem* (1968), *Um grito parado no ar* (1973).

De cisões do TBC surgiram várias companhias: a Nydia Lícia-Sérgio Cardoso, a Tônia Carrero-Paulo Autran, a de Cacilda Becker e o Teatro dos Sete.

Em 1953 foi criado o Teatro de Arena, em São Paulo, com participação de José Renato, e, mais tarde, Augusto Boal. Após a encenação de *Eles não usam black-tie*, de Gianfrancesco Guarnieri, em 1958, o grupo se solidificou e apresentou *Revolução na América do Sul*, *Arena conta Zumbi*, *Arena conta Tiradentes*, *Castro Alves pede passagem* e muitas outras peças criadas pelos próprios atores. O grande mérito do Teatro de Arena foi a eliminação do preconceito que existia em torno do dramaturgo brasileiro, levando o próprio TBC, no fim da década de 1950, a encenar peças brasileiras.

Na década de 1960, atuavam no país diversos grupos teatrais de caráter contestador, além do Teatro de Arena. Destacaram-se o Grupo Oficina, em São Paulo, cujo grande momento foi a revolucionária encenação de *O rei da vela*, de Oswald de Andrade, sob direção de José Celso Martinez Correa, e o Grupo Opinião, no Rio de Janeiro, de que faziam parte os dramaturgos Oduvaldo Viana Filho e Paulo Pontes. Em 1965, o Opinião levou à cena *Liberdade, liberdade*, com textos de Flávio Rangel e Millôr Fernandes, entremeados de canções de protesto.

Após a promulgação do AI-5, o país passou a viver uma fase artística difícil. Com a instituição da censura nos meios de comunicação, proibiram-se inúmeras apresentações teatrais, mutilaram-se textos e muitos atores e diretores foram exilados. O teatro de cunho contestador, político e renovador desapareceu, substituído por criações de tom ufanista, e somente seria retomado após 1976, quando se iniciou uma lenta e gradual liberação da censura.

Sob a direção de José Celso Martinez, o Teatro Oficina – fechado pela polícia em 1968 – passou posteriormente por reformas e foi reaberto com a peça *Ham-let*, vencedora do prêmio de melhor direção em 1993.

Entre os autores do moderno teatro brasileiro situam-se Nelson Rodrigues, Gianfrancesco Guarnieri, Dias Gomes, Ariano Suassuna, Jorge Andrade, Augusto Boal, Ruy Guerra, Ferreira Gullar, Chico Buarque de Hollanda, Maria Adelaide Amaral, Oduvaldo Viana Filho, Paulo Pontes, Plínio Marcos, Millôr Fernandes, Pedro Bloch, Lauro César Muniz.

Da nova geração de dramaturgos que vem se firmando desde a década de 1990, destacam-se Leila Assunção, Juca de Oliveira, Edla van Steen, Alcides Nogueira, Mário Prata, Consuelo de Castro, Bráulio Pedroso, David George, José Eduardo Vendramini, Antônio Fagundes, Walcyr Carrasco, Fernando Bonassi.

Maria Adelaide Amaral (1942) nasceu no Porto, Portugal. Sua primeira peça foi *A resistência* (1974), mas sua consagração se deu com *Bodas de papel* (1976), que recebeu vários prêmios. Entre outras peças de destaque, escreveu *Chiquinha Gonzaga* (1982) e *Querida mamãe* (1994), ambas vencedoras do prêmio Molière. Também tem publicado romances, como *Luísa-Quase*, vencedor do prêmio Jabuti, e escrito para a TV, sendo a autora da minissérie *Queridos amigos*, da Rede Globo.

Ariano Suassuna e a defesa da cultura brasileira

Nascido em João Pessoa (PB), Ariano Suassuna (1927) é um dos mais importantes escritores da atualidade. Defensor da cultura brasileira e da identidade nacional, Suassuna mostra um Nordeste diferente daquele retratado por outros autores regionalistas. Enquanto *Vidas secas*, de Graciliano Ramos, por exemplo, retrata o homem oprimido, Suassuna mostra com Mestre Salustiano, do *Romance d'A pedra do reino*, o homem nordestino risonho e feliz, que gosta de tocar rabeca e representar.

Autor de poesia, romance e teatro, Suassuna ficou conhecido nacionalmente com a peça *O auto da compadecida*, também adaptada para a linguagem do cinema e da tevê.

Entre os centros de formação de novos atores, destacam-se atualmente o Centro de Pesquisas Teatrais (CPT), dirigido por Antunes Filho, e o Teatro Oficina, dirigido por José Celso Martinez. O primeiro dirigiu, entre outros trabalhos, *Macunaíma*, *Romeu e Julieta*, *Macbeth – O trono de sangue*. O segundo dirigiu, entre outros trabalhos, *O rei da vela* e *Os sertões*.

NELSON RODRIGUES, O DESBRAVADOR

Autor polêmico, Nelson Rodrigues (1912-1980) é considerado por alguns críticos como o maior dramaturgo brasileiro.

Ao romper com quase todas as tradições cênicas, Nelson Rodrigues renovou a dramaturgia brasileira: jogou com planos dramáticos, instaurou a simultaneidade de tempo e ação, utilizou técnicas variadas de corte e ritmo, próprias da linguagem cinematográfica. Sobre seu trabalho, ele próprio comenta:

Arquivo/Agência Estado/AE

Nelson Rodrigues.

> [...] enveredei por um caminho que pode me levar a qualquer destino, menos ao êxito. [...] um teatro que poderia chamar assim — "desagradável". [...] porque são obras pestilentas, fétidas, capazes, por si sós, de produzir o tifo e a malária na plateia.
>
> (Apud Sábato Magaldi. *Panorama do teatro brasileiro.* MEC/DAC/Funarte/SNT, s.d., p. 205.)

As peças de Nelson Rodrigues retomam incessantemente os mesmos temas – incestos, suicídios, adultérios, loucura – e constroem um vasto painel da classe média brasileira das décadas de 1940 e 1950.

Ao seu primeiro texto, *A mulher sem pecado*, seguiu-se *Vestido de noiva*, cuja encenação, realizada em 1943 pelo grupo Os Comediantes, marcou o início de uma profunda renovação na dramaturgia brasileira. Talvez nenhuma peça na história de nosso teatro tenha inspirado tantos artigos e tantos elogios. Outras peças de sua autoria são *Anjo negro*, *Valsa nº 6*, *Viúva, porém honesta*, *Os sete gatinhos*, *Bonitinha, mas ordinária*, *A falecida*, *Toda nudez será castigada*.

Muitas peças de Nelson Rodrigues foram adaptadas para o cinema e a televisão, como, por exemplo, *Os sete gatinhos*, *A dama do lotação*, *Toda nudez será castigada*, *A morte no espelho* (telenovela).

LEITURA

Em *Vestido de noiva*, o cenário é dividido em três planos, cada um correspondendo a um dos espaços nos quais se passa a ação: o plano da realidade, o da alucinação e o da memória.

A peça começa com o acidente de automóvel sofrido por Alaíde. No plano da realidade, ela é levada ao hospital. Repórteres noticiam o acidente, a operação cirúrgica, a morte e o enterro da personagem. No plano da alucinação, Alaíde procura e encontra Madame Clessi, uma prostituta que fora assassinada pelo último amante. Alaíde, antes de se casar, morara na casa que pertencera a Clessi, local do assassinato. Instigada por Madame Clessi, Alaíde vai recordando a própria vida, até descobrir que há um conflito entre ela, a irmã (a mulher de véu) e Pedro, seu marido.

(Trevas. Luz no plano da realidade: Lúcia e Pedro. Lúcia chorando. Coroas. Luz também no plano irreal.)

Alaíde — Quem terá morrido ali, naquela casa?

Clessi — Olha! Uma fortuna em flores!

Alaíde — Enterro de gente rica é assim

Clessi — O meu também teve muita gente, não teve?

Alaíde — Pelo menos, o jornal disse.

(No plano da realidade.)

Pedro *(Em voz baixa.)* — Lúcia!

Lúcia *(Tomando um choque, levantando-se.)* — Que é? Que horas são?

Pedro — 3 horas.

Lúcia — Fique longe de mim! Não se aproxime!

Pedro — Mas que é isso?

Lúcia *(... Com ódio concentrado.)* — Nunca mais! Nunca mais quero nada com você! Juro!

Pedro — Você enlouqueceu? O que é que eu fiz?

Lúcia *(Obstinada.)* — Jurei diante do corpo de Alaíde!

Pedro *(Chocado.)* — Você fez isso?

Lenise Pinheiro/Folhapress

O ator Marcelo Antony em encenação da peça *Vestido de noiva*, em 2009, dirigida por Gabriel Villela.

Lúcia *(Com decisão.)* — Fiz. Fiz, sim. Quer que eu vá na sala e jure outra vez? *(Mergulha a cabeça entre as mãos.)* Ontem, antes dela sair para morrer, tivemos uma discussão horrível!
Pedro *(Baixo.)* — Ela sabia?
Lúcia *(Patética.)* — Sabia. Adivinhou o nosso pensamento. E eu disse.
Pedro — Mas comigo nunca tocou no assunto.
Lúcia — Discutimos quantas vezes! Ameacei-a de escândalo. Mas ontem, foi horrível — horrível! Sabe o que ela me disse? "Nem que eu morra deixarei você em paz!"
(Lúcia fala com a cabeça entre as mãos. Alaíde responde através do microfone escondido no buquê. Luz cai em penumbra, durante todo o diálogo evocativo.)
Alaíde *(Com voz lenta e sem brilho.)* — Nem que eu morra deixarei você em paz!
Lúcia *(Falando surdamente.)* — Pensa que eu tenho medo de alma do outro mundo?
Alaíde *(Microfone.)* — Não brinque, Lúcia! Se eu morrer — não sei se existe vida depois da morte — mas se existir, você vai ver!
Lúcia *(Sardônica.)* — Ver o quê, minha filha?
Alaíde *(Microfone.)* — Você não terá um minuto de paz, se casar com Pedro! Eu não deixo — você verá!
Lúcia *(Irônica.)* — Está tão certa assim de morrer?
Alaíde *(Microfone.)* — Não sei! Você e Pedro são capazes de tudo! Eu posso acordar morta e todo mundo pensar que foi suicídio!
Lúcia — Quem sabe? *(Noutro tom.)* Eu mandei você tirar Pedro de mim?

(In: *Nelson Rodrigues*. São Paulo: Abril Educação, 1981. p. 25-7. Literatura Comentada.)

1. As relações entre as pessoas são tensas e conflitantes. Estabeleça o tipo de conflito existente entre as personagens:

a) Alaíde e Lúcia;

b) Alaíde e Pedro;

c) Lúcia e Pedro;

d) Alaíde, Lúcia e Pedro.

2. Identifique no texto situações que correspondam aos planos da realidade, da memória e da alucinação.

3. *Vestido de noiva* traz uma série de inovações formais.

a) Que elementos do texto permitem afirmar que a peça não obedece às regras de unidade de tempo e espaço preconizadas por Aristóteles para toda peça dramática?

b) O tempo passado se apresenta de modo linear? Fundamente sua resposta com elementos do texto.

c) De que linguagem é própria a técnica do *flashback* utilizada por Nelson Rodrigues para reconstituir o passado de Alaíde?

LITERATURA

Museu do Chiado, Portugal

Varina comendo melancia (1949), do pintor neorrealista português Júlio Pomar.

CAPÍTULO 10

Do Neorrealismo ao Existencialismo em Portugal

No final da década de 1930, coincidindo com a eclosão da Segunda Guerra Mundial, surge, em Portugal, o Neorrealismo, um movimento literário que combatia o fascismo e a literatura dita "descompromissada", defendida pela revista Presença, *e propunha uma literatura social, documental, combativa e reformadora. E, a partir de 1950, essa literatura se renovou, enriquecendo-se com atitudes existencialistas e surrealistas.*

A PROSA NEORREALISTA E EXISTENCIALISTA

O surgimento do Neorrealismo em Portugal está diretamente relacionado com a resistência à ditadura salazarista, ao antifascismo e à eclosão da Segunda Guerra Mundial (1939-1945).

Os neorrealistas propunham uma literatura engajada, voltada para as discussões dos problemas sociais, opondo-se à literatura dita "descompromissada" da geração presencista. Extrapolando os domínios da literatura, o movimento teve repercussão em diferentes áreas da cultura, como a critica literária, a historiografia e a linguística.

A literatura engajada

Na década de 1930, com a expansão do nazifascismo, muitos escritores – em grande parte identificados com as ideias socialistas – começaram a produzir uma literatura engajada na defesa de causas sociais e políticas. Em Portugal, por exemplo, o romance *Gaibéus*, de Alves Redol, denuncia a opressão e as precárias condições de vida e trabalho dos camponeses do Norte. No Brasil, *Vidas secas*, de Graciliano Ramos, denuncia as condições sub-humanas dos nordestinos vitimados pela seca.

Alves Redol

António Alves Redol (1911-1969) pode ser considerado o autor mais representativo do Neorrealismo português. Atuante na imprensa e filiado ao Partido Comunista Português, nas obras *Gaibéus* (1940), *Marés* (1941) e *Avieiros* (1942) retratou a vida difícil de trabalhadores de diferentes lugares. Em *Barranco de cegos* (1961), conseguiu conciliar os temas sociais com a questão estética e, na obra – que gira em torno dos conflitos de um prepotente latifundiário que tem dificuldade de se adaptar à realidade econômica de seu tempo –, desenvolve uma narrativa não linear, feita a partir de diferentes pontos de vista e em diferentes vozes, e cria uma metáfora da situação do país.

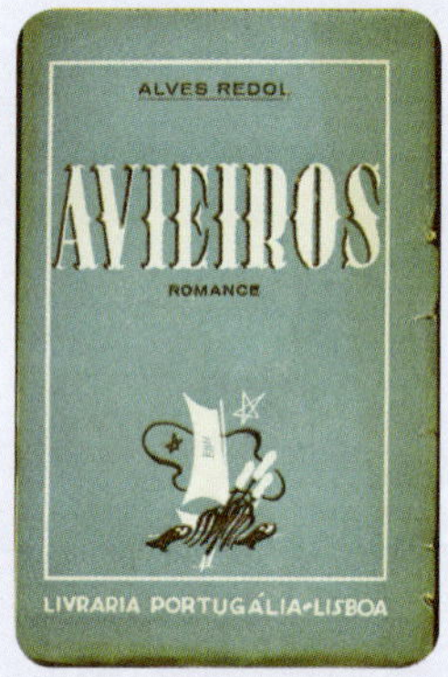

Livraria Portugália-Lisboa

Ferreira de Castro (1898-1974) é considerado o primeiro neorrealista. Em sua obra, que denuncia a violência e a desumanidade de homens contra homens, destacam-se os romances *Emigrantes* (1928) e *Selva* (1930), nos quais, em uma prosa enxuta e didática, é discutida a precariedade da vida e a exploração de trabalhadores.

Até meados da década de 1950, o romance neorrealista manteve-se preso à estrutura dos romances realistas tradicionais, como os de Eça de Queirós, e revelava forte intenção documental, resultante também da influência do romance social norte-americano, especialmente de autores como Sinclair Lewis, John Steinback e John dos Passos, e do regionalismo brasileiro representado por Jorge Amado e Graciliano Ramos.

Entre os principais escritores neorrealistas sobressaem-se Fernando Namora, com *Retalhos da vida de um médico*, Manuel da Fonseca, com *Seara de vento* e Carlos Oliveira, com *Pequenos burgueses*.

A partir dos anos 1950, por influência do existencialismo, o questionamento sobre a condição humana presente nas obras de alguns desses autores neorrealistas ultrapassou o terreno do discurso engajado e ganhou aspectos da reflexão filosófica. Pensadores existencialistas como o alemão Martin Heidegger e o francês Jean-Paul Sartre tornaram-se, então, referências para a criação de romances de feição existencialista.

José Cardoso Pires

José Cardoso Pires (1925-1998) é um dos nomes mais importantes da literatura portuguesa. Produziu romances, peças, ensaios e crônicas, mas é nos contos que se encontra o ponto mais alto de sua ficção. As narrativas do autor, em linguagem enxuta e concisa, não perdem de vista a denúncia social, as histórias que conta parecem muitas vezes não ter roteiro, assemelhando-se a quadros cinematográficos. Entre suas obras, destacam-se *Os caminheiros e outros contos* (1946), *História de amor* (1952), *O hóspede de Job* (1964) e *O delfim* (1968).

Editora Biis

A obra do romancista, contista e ensaísta Vergílio Ferreira (1916-1996) é exemplo desse alargamento, no romance português, da discussão social em torno da condição humana. Por meio da análise da sociedade portuguesa e das relações humanas, o autor mostra com mais profundidade o drama existencial do homem moderno. Entre seus livros principais estão *Mudança* (1949), *Aparição* (1959) e *Alegria breve* (1965).

Outros autores que se distinguiram na prosa ficcional existencialista portuguesa são Urbano Tavares Rodrigues com *A porta dos limites* e Maria Judite de Carvalho com *Tanta gente, Mariana*.

LEITURA

Gaibéus, de Alves Redol, narra a vida dos gaibéus – modestos camponeses do Norte – em uma plantação de arroz de Lezíria, focalizando sua chegada, seu trabalho e sua partida. A ação transcorre nesse espaço restrito, que o grupo de ceifeiros, presos à terra e ao patrão, só consegue transpor pela imaginação, à noite, quando descansa às margens do rio Tejo.

O texto a seguir, o início do capítulo "Mensagem da nuvem negra", ilustra um dos inúmeros episódios da vida sempre igual dos gaibéus.

Pareciam cercados no trabalho pelo braseiro de um fogo que alastrasse na Lezíria Grande. Como se da Ponta de Erva ao Vau a leiva se consumisse nas labaredas de um incêndio que irrompesse ao mesmo tempo por toda a parte.

O ar escaldava; lambia-lhes de febre os rostos corridos pelo suor e vincados por esgares que o esforço da ceifa provocava. O Sol desparecera há muito, envolvido pela massa cinzenta das nuvens cerradas. Os ceifeiros não o sentiam penetrar-lhes a carne abalada pela fadiga. Lento, mas persistente, parecia ter-se dissolvido no ar que respiravam, pastoso e espesso. Trabalhavam à porta de uma fornalha que lhes alimentava os pulmões com metal em fusão.

Quase exaustos, os peitos arfavam num ritmo de máquinas velhas saturadas de movimento.

A ceifa, porém, não parava, e ainda bem — a ceifa levava o seu tempo marcado. Se chovesse, o patrão apanharia um boléu de aleijar, diziam os rabezanos na sua linguagem taurina. Eles próprios não a desejavam; se as foices não cortassem arroz, as jornas acabariam também. E se ao sábado o apontador não enchesse a folha, as fateiras não trariam pão e conduto da vila.

Então os dias tornar-se-iam ainda mais penosos e o degredo por terras estranhas mais insuportável.

Vencidos pelo torpor, os braços não param. Lançam as foices ao alto, juntando os pés de arroz na mão esquerda, e o hábito arrasta-os em gestos quase automáticos, mais um passo e outro, a caminho da maracha que fecha o [illegible] de cada canteiro. Caminham sempre no mesmo baloiçar de ombros, as pegadas do seu esforço ficam marcadas na resteva lodosa.

Talvez muitos deles pensem que o arroz deitado nas gavelas repousa primeiro do que os seus corpos. Se pudessem deter-se também, por instantes, e descansarem depois a cabeça nos montes de espigas que deixam atrás de si, a ceifa poderia animar.

Mas o bafo que vem da seara queima mais em cada minuto e as cabeças dos alugados pesam já tanto como o cabo das foices nos braços esgotados. Estão atafulhadas de amarelo, de pensamentos e de grãos de fogo que a canícula doente lhes insuflou no sangue.

Ninguém entoa cantigas para animar, embora os capatazes tenham incitado as raparigas cantaroleiras para o fazer. Nos ranchos não há agora quem saiba cantar.

Como podem as cachopas entrar em cantos ao desafio, se os peitos parecem fendidos pela fadiga e o ar que respiram se tornou lava do vulcão da planície?!...

— Auga!... Auga!... gritam os rapazes aguadeiros.

....

Trabalhador rural português de hoje.

Para o ceifeiro rebelde os brados dos aguadeiros assemelham-se a gritos de socorro no meio do incêndio. Sente-se mais abatido do que os outros, porque compreende as causas da angústia do rancho e sabe que os outros sofrem mais. Ele tem um norte. E os camaradas ainda não encontraram bússola.

"Se todos a tivessem..."

O ceifeiro rebelde pende mais a cabeça para a seara, como se as torturas e as esperanças lhe pesassem.

A ceifa não para — a ceifa não para nunca.

O Agostinho Serra tem os seus encargos, fala deles a toda a hora, e se começa a chover apanha um boléu dos grandes. A Senhora Companhia não perdoa a renda da terra, haja o que houver.

De quando em quando, um deixa a foice e vai saltando as travessas para se ir abaixar a boa distância do olhar dos capatazes.

E procuram todos o mesmo rumo. É que um deles passou ao companheiro do lado que na regadeira do meio a água ainda corre para os canteiros mais rezentos.

A notícia correu de ceifeiro em ceifeiro. Por isso levam todos o mesmo rumo quando largam a foice nas travessas.

Deitados de borco na linha que faz berço às águas, podem refrescar o rosto e molhar a cabeça à vontade. Um deles atirou-se para dentro da regadeira, querendo apagar a chama que lhe consumia o corpo. Quando voltou ao rancho, disse ao capataz que caíra à regadeira, numa explicação tola.

— Empeci num almeirão, seu Francisco.

— Vais fresco, vais. Largas-te aí com algumas sezões que não te ajudas com elas. Vai lá mudar de fato, homem.

(Portugal: Publicações Europa-América, 1980).

atafulhado: cheio em demasia.
boléu: queda, baque.
cachopa: moça.
canícula: cana pequena e delgada.
empeçar: emaranhar, enredar.
gavela: feixe de espigas.
jorna: salário diário.
maracha: pequeno muro de terra.
resteva: restolho; vegetação rasteira e seca.
rezento: úmido.
seara: campo de cereais.
sezão: febre intensa e intermitente.

1. O Neorrealismo demonstra gosto por agrupamentos coletivos, preferindo colocar todo o grupo como personagem principal.
Por que, na sua opinião, o narrador não singulariza os gaibéus?

2. Trace um perfil das condições de vida do gaibéu.

3. Dentre os ceifeiros, destaca-se o ceifeiro rebelde.

a) O que o diferencia dos outros?

b) Qual é a intenção do narrador ao inserir entre os gaibéus anônimos o ceifeiro rebelde e sua ideologia?

4. Agostinho Serra é o patrão, cuja figura se reduplica nos capatazes.
Que papel os capatazes desempenham nessa sociedade rural? Justifique com elementos do texto.

5. Esse texto, predominantemente descritivo, é rico em plasticidade e proporciona ao leitor um quadro vivo e fiel do ambiente em que trabalham os gaibéus.

a) Que outro movimento literário apresenta essas mesmas características?

b) Quais são os objetivos do narrador ao retratar essa realidade?

Para quem quer mais

Se você quer conhecer um pouco melhor o Neorrealismo português, leia o texto a seguir, de Vergílio Ferreira. Depois, sozinho, em dupla ou em grupo, tente responder às questões propostas no **Roteiro de estudo**.

Senti um arrepio na ameaça do contacto com uma carne morta. Mas reagi. Que mãos profanas para te tocarem, meu velho? Que outras mãos senão estas da piedade, de um coração despedaçado? Sofro. Vou até ao quarto onde meu pai dorme. Veste as calças de saragoça dos trabalhos agrícolas, as botas ferradas, que não quis tirar para a festa de família. Evaristo recusa-se a colaborar conosco. E, para se justificar, desata aos berros outra vez. Temos de chamar o Antônio. E ele vem, baixo, grosso, a cabeça já branca e uma selva de cabelos no peito descoberto. Entra no quarto, benze-se e atira-se ao trabalho. O mais difícil era descalçar as botas. Eu e o Tomás seguramos o corpo, ele puxa. Não vai. Manda-nos afastar, aproxima-se do ouvido do meu pai e diz-lhe coisas em voz baixa. E depois sozinho, suavemente, tirou as duas botas.

— Todos os mortos se fazem rogados — explicou-nos. — Então a gente pede e eles dão um jeito.

Céus! Onde a minha repugnância? Tudo me esqueceu. Corpo morto, carne morta. Como as pedras. Trabalho com aplicação, quase com gosto. As calças, a camisa, sapatos de verniz — os sapatos é o Antônio quem os calça. Eis-te pronto, meu velho, para a grande viagem. Estás sereno, a face gravada de doçura, de perdão a tudo, à vida, à morte. E uma comoção lenta umedece-me os olhos. Vou até ao meu quarto, abro as janelas para a noite.

Então bruscamente, ataca-me todo o corpo, as vísceras, a garganta, o absurdo negro, o absurdo córneo, a estúpida inverossimilhança da morte. Como é possível? Onde a realidade profunda da tua pessoa, meu velho? Onde não os teus olhos mas o teu olhar?, não a tua boca, mas o espírito que a vivia? Onde não os teus pés ou as tuas mãos mas *aquilo* que eras *tu* e se exprimia aí? Vejo, vejo, céus, ou *vejo aquilo que te habitava e eras tu e sei* que isso não era nada, que era um puro arranjo de nervos, carne e ossos agora a apodrecerem. Mas o que me estrangula de pânico, me sufoca de vertigem é teres sido *vivo*, é tu estares ainda todo uno para mim, na memória do teu riso, no tom da tua voz, que era lenta, sossegada, nas ideias que punhas a viver entre nós, na realidade fulgurante de seres uma pessoa. Recordo-te totalizado, olho-te. Que é que te habita, que é que está em ti e és tu? Não, não é a carne, não é o corpo: é aquilo que lá mora, aquilo que ainda dura de ti nestas salas, neste ar, *aquilo que eras tu*, o teu modo único de ser, aquilo a que nós falávamos, atravessando a tua parte visível. E, no entanto, sei, sei que esse tu real que te habitava não era senão a sua morada; como o espaço de uma casa, a intimidade do *home*, são as paredes que o fazem: derrubada a casa, a intimidade que lá havia também morre...

(*Aparição*. Lisboa: Portugália, 1959. p. 44.)

• Roteiro de estudo •

Ao final da leitura, você deverá ser capaz de:

- Identificar os procedimentos narrativos que se identificam com a abordagem neorrealista, ou seja, com a retomada de alguns procedimentos que marcaram o Realismo da segunda metade do século XIX.
- Reconhecer na ficção de Vergílio Ferreira os traços que a aproximam da corrente de filosofia existencialista.

INTERPRETAÇÃO DE TEXTO

Thinkstock/Getty Images

CAPÍTULO 11

Competências e habilidades do Enem (II)

Na unidade anterior, você aprendeu o que são competências e habilidades. E conheceu também algumas competências e habilidades específicas da área de Linguagens, códigos e suas tecnologias avaliadas no exame do Enem. Neste capítulo, você vai conhecer mais algumas competências e habilidades e observar como elas são avaliadas nesse exame.

COMPETÊNCIAS DE ÁREA 4, 5 E 6 REFERENTES A LINGUAGENS, CÓDIGOS E SUAS TECNOLOGIAS

Joel Silva/Folhapress

A seguir apresentamos as competências 4, 5 e 6 e suas respectivas habilidades indicadas pela Matriz de referência de Linguagens, códigos e suas tecnologias.

COMPETÊNCIA DE ÁREA 4 - Compreender a arte como saber cultural e estético gerador de significação e integrador da organização do mundo e da própria identidade.	
H12	Reconhecer diferentes funções da arte, do trabalho da produção dos artistas em seus meios culturais.
H13	Analisar as diversas produções artísticas como meio de explicar diferentes culturas, padrões de beleza e preconceitos.
H14	Reconhecer o valor da diversidade artística e das inter-relações de elementos que se apresentam nas manifestações de vários grupos sociais e étnicos.

COMPETÊNCIA DE ÁREA 5 - Analisar, interpretar e aplicar recursos expressivos das linguagens, relacionando textos com seus contextos, mediante a natureza, função, organização, estrutura das manifestações, de acordo com as condições de produção e recepção.	
H15	Estabelecer relações entre o texto literário e o momento de sua produção, situando aspectos do contexto histórico, social e político.
H16	Relacionar informações sobre concepções artísticas e procedimentos de construção do texto literário.
H17	Reconhecer a presença de valores sociais e humanos atualizáveis e permanentes no patrimônio literário nacional.

COMPETÊNCIA DE ÁREA 6 - Compreender e usar os sistemas simbólicos das diferentes linguagens como meios de organização cognitiva da realidade pela constituição de significados, expressão, comunicação e informação.	
H18	Identificar os elementos que concorrem para a progressão temática e para a organização e estruturação de textos de diferentes gêneros e tipos.
H19	Analisar a função da linguagem predominante nos textos em situações específicas de interlocução.
H20	Reconhecer a importância do patrimônio linguístico para a preservação da memória e da identidade nacional.

Veja agora como essas competências e habilidades são exigidas em questões do Enem:

1.

Cultivar um estilo de vida saudável é extremamente importante para diminuir o risco de infarto, mas também de problemas como morte súbita e derrame. Significa que manter uma alimentação saudável e praticar atividade física regularmente já reduz, por si só, as chances de desenvolver vários problemas. Além disso, é importante para o controle da pressão arterial, dos níveis de colesterol e de glicose no sangue. Também ajuda a diminuir o estresse e aumentar a capacidade física, fatores que, somados, reduzem as chances de infarto.

Exercitar-se, nesses casos, com acompanhamento médico e moderação, é altamente recomendável.

ATALIA, M. Nossa vida. *Época*. 23 mar. 2009.

As ideias veiculadas no texto se organizam estabelecendo relações que atuam na construção do sentido. A esse respeito, identifica-se, no fragmento, que:

a) a expressão "Além disso" marca uma sequenciação de ideias.

b) o conectivo "mas também" inicia oração que exprime ideia de contraste.

c) o termo "como", em "como morte súbita e derrame", introduz uma generalização.

d) o termo "Também" exprime uma justificativa.

e) o termo "fatores" retoma coesivamente "níveis de colesterol e de glicose no sangue".

2.

TEXTO I

Toca do Salitre – Piauí.

Disponível em: http://www.fumdham.org.br. Acesso em: 27 jul. 2010.

TEXTO II

Arte Urbana. Foto: Diego Sin.

Disponível em: http://www.diaadia.pr.gov.br. Acesso em: 27 jul. 2010.

O grafite contemporâneo, considerado em alguns momentos como uma arte marginal, tem sido comparado às pinturas murais de várias épocas e às escritas pré-históricas. Observando as imagens apresentadas, é possível reconhecer elementos comuns entre os tipos de pinturas murais, tais como:

a) a preferência por tintas naturais, em razão de seu efeito estético.

b) a inovação na técnica de pintura, rompendo com modelos estabelecidos.

c) o registro do pensamento e das crenças das sociedades em várias épocas.

d) a repetição dos temas e a restrição de uso pelas classes dominantes.

e) o uso exclusivista da arte para atender aos interesses da elite.

3.

TEXTO I

O meu nome é Severino,
não tenho outro de pia.
Como há muitos Severinos,
que é santo de romaria,
deram então de me chamar
Severino de Maria;
como há muitos Severinos
com mães chamadas Maria,
fiquei sendo o da Maria
do finado Zacarias,
mas isso ainda diz pouco:
há muitos na freguesia,
por causa de um coronel
que se chamou Zacarias
e que foi o mais antigo
senhor desta sesmaria.
Como então dizer quem fala
ora a Vossas Senhorias?

MELO NETO, J. C. *Obra completa*. Rio de Janeiro: Aguilar, 1994 (fragmento).

TEXTO II

João Cabral, que já emprestara sua voz ao rio, transfere-a, aqui, ao retirante Severino, que, como o Capibaribe, também segue no caminho do Recife. A autoapresentação do personagem, na fala inicial do texto, nos mostra um Severino que, quanto mais se define, menos se individualiza, pois seus traços biográficos são sempre partilhados por outros homens.

SECCHIN, A. C. *João Cabral*: a poesia do menos. Rio de Janeiro: Topbooks, 1999 (fragmento).

Com base no trecho de *Morte e Vida Severina* (Texto I) e na análise crítica (Texto II), observa-se que a relação entre o texto poético e o contexto social a que ele faz referência aponta para um problema social expresso literariamente pela pergunta "Como então dizer quem fala / ora a Vossas Senhorias?". A resposta à pergunta expressa no poema é dada por meio da:

a) descrição minuciosa dos traços biográficos do personagem-narrador.

b) construção da figura do retirante nordestino como um homem resignado com a sua situação.

c) representação, na figura do personagem-narrador, de outros Severinos que compartilham sua condição.

d) apresentação do personagem-narrador como uma projeção do próprio poeta, em sua crise existencial.

e) descrição de Severino, que, apesar de humilde, orgulha-se de ser descendente do coronel Zacarias.

Confronte as questões lidas às competências da área 4, 5 e 6 e suas respectivas habilidades indicadas pela Matriz de referências de Linguagens, códigos e suas tecnologias definidas pelo Enem. Depois responda:

Roy Lichtenstein. *Mulher com Chapéu*, 1962/Autvis

1. Em relação à questão 1:

a) Qual é a competência de área avaliada? Por quê?

b) Que habilidade(s) está(ão) sendo avaliada(s)? Por quê?

2. Em relação à questão 2:

a) Qual é a competência de área avaliada? Por quê?

b) Que habilidade(s) está(ão) sendo avaliada(s)? Por quê?

3. Em relação à questão 3:

a) Qual é a competência de área avaliada? Por quê?

b) Que habilidade(s) está(ão) sendo avaliada(s)? Por quê?

PREPARE-SE PARA O ENEM E O VESTIBULAR

1. Leia o seguinte fragmento de um conto de Álvares de Azevedo:

— Meu Deus! meu Deus! por que tanta infâmia, tanto lodo sobre mim? Ó minha Madona! por que maldissestes minha vida, por que deixastes cair na minha cabeça uma nódoa tão negra?

As lágrimas, os soluços abafavam-lhe a voz.

— Perdoai-me, senhora, aqui me tendes a vossos pés! tende pena de mim, que eu sofri muito, que vos amei, que vos amo muito! Compaixão! que serei vosso escravo, beijarei vossas plantas, ajoelhar-me-ei à noite à vossa porta, ouvirei vosso ressonar, vossas orações, vossos sonhos... e isso me bastará... Serei vosso escravo e vosso cão, deitar-me-ei a vossos pés quando estiverdes acordada, velarei com meu punhal quando a noite cair, e, se algum dia, se algum dia vós me puderdes amar... então... então...

(Claudius Hermann. In: *Macário e Noite na taverna*. São Paulo: Saraiva, 2010. Col. Clássicos Saraiva.)

No fragmento, predomina a função emotiva da linguagem, pois:

a) há amplo uso da exclamação e da subjetividade.

b) prevalece o vocativo.

c) destaca-se a explicação do próprio texto.

d) há amplo uso de aliterações.

e) explora-se a descrição de imagens tristes.

O texto a seguir é trecho de uma obra de José de Alencar, um dos mais importantes escritores do Romantismo brasileiro. Leia-o e responda à questão 2.

AZEVEDO – Então ela não é bem feita de corpo?
PEDRO – Corpo?... Não tem! Aquilo tudo que senhor vê é pano só! Vestido vem acolchoado da casa da Bragaldi; algodão aqui, algodão aqui, algodão aqui! Cinturinha faz suar rapariga dela; uma aperta de lá, outra aperta de cá...
AZEVEDO – Não acredito! Estás aí a pregar-me mentiras.
PEDRO – Mentira! Pedro viu com estes olhos. Um dia de baile ela foi tomar respiração, cordão quebrou; e rapariga, bum: lá estirada. Moça ficou desmaiada no sofá; preta deitando água-de-colônia na testa para voltar a si.
AZEVEDO – E tu viste isto?
PEDRO – Vi, sim senhor; Pedro tinha ido levar *bouquet* que nhanhã Carlotinha mandava. Mas depois viu outra coisa... Um!...
AZEVEDO – Que foi? dize; não me ocultes nada.
PEDRO – Água-de-colônia caiu no rosto e desmanchou reboque branco!...
AZEVEDO – Que diabo de história é esta! Reboque branco?
PEDRO – Ora, senhor não sabe; este pó que mulher deita na cara com pincel. Sinhá Henriqueta tem rosto pintadinho, como ovo de peru; para não aparecer, caia com pó de arroz e essa mistura que cabeleireiro vende.

Images.com/Corbis/Latinstock

(*Obra completa*. Rio de Janeiro: José Aguilar, 1960. v. 4.)

2. José de Alencar notabilizou-se principalmente pelos romances que escreveu. A obra de que faz parte o fragmento lido, porém, consiste em um gênero textual diferente do romance.

Esse gênero é:

a) crônica

b) texto teatral

c) novela

d) poesia

e) conto

3. Leia a tira abaixo:

Bill Watterson © 1986 Watterson

(http://revistaescola.com.br/img/galeria-fotos/calvin/calvin-110.gif)

O garoto Calvin queria fazer uma experiência com um balão de gás. O humor da tira decorre:

a) do fato de um tigre falar e ser parceiro do garoto nas brincadeiras.

b) da dor do garoto por causa da queda sofrida após a perda do balão.

c) do fato de o tigre nada entender sobre balão.

d) da expectativa de que o balão pudesse evitar a queda.

e) do fato de a escada ter atrapalhado o projeto de voar feito pelo garoto.

EM DIA COM O ENEM E O VESTIBULAR

Literatura e estudos de linguagem

(FGV-SP) Texto para a questão 1:

Vila Rica

O ouro fulvo* do ocaso as velhas casas cobre;
Sangram, em laivos* de ouro, as minas, que
[ambição
Na torturada entranha abriu da terra nobre:
E cada cicatriz brilha como um brasão.
O ângelus plange ao longe em doloroso dobre,
O último ouro de sol morre na cerração.
E, austero, amortalhando a urbe gloriosa e pobre,
O crepúsculo cai como uma extrema-unção.
Agora, para além do cerro, o céu parece
Feito de um ouro ancião, que o tempo enegreceu...
A neblina, roçando o chão, cicia, em prece,
Como uma procissão espectral que se move...
Dobra o sino... Soluça um verso de Dirceu...
Sobre a triste Ouro Preto o ouro dos astros chove.

(Olavo Bilac. In: *Obra reunida*. Rio de Janeiro: Nova Aguilar, 1996. p. 269.)

fulvo: de cor alaranjada.
laivos: marcas; manchas; desenhos estreitos e coloridos nas pedras; restos ou vestígios.

1. Leia esta estrofe, que faz parte do poema "Ouro Preto, livre do tempo", de Carlos Drummond de Andrade.

Ouro Preto, a se desprender
da sua história e circunstância,
é agora ser de beleza,
completo em si, de todo imune
ao que inflija o ser humano.

(Rio de Janeiro: Record, 1984.)

Comparando-se os versos de Drummond aos de Bilac, pode-se afirmar, corretamente, que ambos os poetas:

a) mostram o efeito negativo da cidade sobre seus habitantes.
b) estabelecem um mesmo tipo de relação entre Ouro Preto e seu passado.
c) revelam-se indiferentes ao passado histórico da cidade.
d) referem-se à ação construtiva do homem sobre Vila Rica.
e) apresentam a cidade histórica transfigurada pela percepção estética.

2. (ITA-SP) O poema abaixo, "Gioconda (*Da Vinci*)", de Carlos Drummond de Andrade, refere-se a uma célebre tela renascentista.

O ardiloso sorriso
alonga-se em silêncio
para contemporâneos e pósteros
ansiosos, em vão, por decifrá-lo.
Não há decifração. Há o sorriso.

(Em: *Farewell*. Rio de Janeiro: Record, 1996.)

Não se pode afirmar que o poema:

a) faz uso de metalinguagem num sentido amplo, pois é uma obra de arte que fala de outra.
b) procura se inserir no debate que a tela Gioconda provoca desde a Renascença.
c) mostra que são inúmeros os significados do sorriso da Gioconda.
d) garante não haver razão alguma para a polêmica, como diz o último verso.
e) ilustra a polissemia de obras de arte, inclusive do próprio poema.

(PUCC-SP) Para responder às questões de números 3 e 4 considere o poema abaixo.

Malogro

Primo Zé Antônio chefe político liberal
foi tudo em Minas
advogado
jornalista
inspetor de instrução
juiz de paz
suplente de juiz municipal
(...)
Quando Sua Majestade o despachou governador do
Rio Grande do Norte
onde nunca pusera os pés
proclamou-se levianamente a República.
Natal não conheceu um grande administrador.
Meu primo não cumpriu seu destino.

(Carlos Drummond de Andrade. *Poesia completa*. Rio: Aguilar, 2002. p. 897.)

3. Esses versos mostram que Carlos Drummond de Andrade, entre outros caminhos percorridos em sua poesia, interessou-se em percorrer a trilha da:

a) *memória familiar*, explorando com humor e ironia os fatos mais curiosos e pitorescos.

b) historiografia brasileira, da qual se valeu como base para a criação dos poemas de *Pau-Brasil*.
c) memória pessoal, na qual se apoiou para dar vazão às confissões líricas mais dramáticas.
d) memória familiar, à qual se liga sempre com intensa comoção e lirismo.
e) memória pessoal, pela qual busca explicar a base psicológica de sua timidez.

4. Considerando-se o contexto, o verso *proclamou-se levianamente a República* expõe uma característica que se costuma atribuir aos brasileiros:

a) prestigiar exageradamente os acontecimentos históricos.
b) repudiar de forma violenta as mais sólidas instituições.
c) aceitar de bom grado todo e qualquer recuo conservador.
d) aderir prontamente a lutas políticas por grandes transformações.
e) considerar o interesse coletivo menos importante que o pessoal.

5. (ENEM)

Confidência do Itabirano

Alguns anos vivi em Itabira.
Principalmente nasci em Itabira.
Por isso sou triste, orgulhoso: de ferro.
Noventa por cento de ferro nas calçadas.
Oitenta por cento de ferro nas almas.
E esse alheamento do que na vida é
[porosidade e comunicação.

A vontade de amar, que me paralisa o
[trabalho,
vem de Itabira, de suas noites brancas,
[sem mulheres e sem horizontes.
E o hábito de sofrer, que tanto me diverte,
é doce herança itabirana.

De Itabira trouxe prendas diversas que
[ora te ofereço:
esta pedra de ferro, futuro aço do Brasil,
este São Benedito do velho santeiro Alfredo
[Duval;
este couro de anta, estendido no sofá da sala
[de visitas;
este orgulho, esta cabeça baixa...

Tive ouro, tive gado, tive fazendas.
Hoje sou funcionário público.
Itabira é apenas uma fotografia na parede.
Mas como dói!

(ANDRADE, C. D. *Poesia completa*. Rio de Janeiro: Nova Aguilar, 2003.)

Carlos Drummond de Andrade é um dos expoentes do movimento modernista brasileiro. Com seus poemas, penetrou fundo na alma do Brasil e trabalhou poeticamente as inquietudes e os dilemas humanos. Sua poesia é feita de uma relação tensa entre o universal e o particular, como se percebe claramente na construção do poema "Confidência do Itabirano". Tendo em vista os procedimentos de construção do texto literário e as concepções artísticas modernistas, conclui-se que o poema:

a) representa a fase heroica do modernismo, devido ao tom contestatório e à utilização de expressões e usos linguísticos típicos da oralidade.
b) apresenta uma característica importante do gênero lírico, que é a apresentação objetiva de fatos e dados históricos.
c) evidencia uma tensão histórica entre o "eu" e a sua comunidade, por intermédio de imagens que representam a forma como a sociedade e o mundo colaboram para a constituição do indivíduo.
d) critica, por meio de um discurso irônico, a posição de inutilidade do poeta e da poesia em comparação com as prendas resgatadas de Itabira.
e) apresenta influências românticas, uma vez que trata da individualidade, da saudade da infância e do amor pela terra natal, por meio de recursos retóricos pomposos.

6. (FUVEST)

Procura da poesia

Não faças versos sobre acontecimentos.
Não há criação nem morte perante a poesia.
Diante dela, a vida é um sol estático,
não aquece nem ilumina.

(...)

Penetra surdamente no reino das palavras.
Lá estão os poemas que esperam ser escritos.
Estão paralisados, mas não há desespero,
há calma e frescura na superfície intata.
Ei-los sós e mudos, em estado de dicionário.

(...)

Carlos Drummond de Andrade, *A rosa do povo*.

No contexto do livro, a afirmação do caráter verbal da poesia e a incitação a que se penetre "no reino das palavras", presentes no excerto, indicam que, para o poeta de *A rosa do povo*,

a) praticar a arte pela arte é a maneira mais eficaz de se opor ao mundo capitalista.
b) a procura da boa poesia começa pela estrita observância da variedade padrão da linguagem.
c) fazer poesia é produzir enigmas verbais que não podem nem devem ser interpretados.
d) as intenções sociais da poesia não a dispensam de ter em conta o que é próprio da linguagem.

e) os poemas metalinguísticos, nos quais a poesia fala apenas de si mesma, são superiores aos poemas que falam também de outros assuntos.

7. (PUCC-SP) Para responder à questão considere o poema abaixo.

> Aqui jaz
> Rosa Luxemburgo
> Judia da Polônia
> Vanguarda dos operários alemães
> Morta por ordem
> dos opressores. Oprimidos
> enterrai as vossas desavenças!
>
> (Bertold Brecht. "Epitáfio para Rosa Luxemburgo". Trad. Apud Adhemar Marques. *Pelos caminhos da História*. Curitiba: Editora Positivo, 2006. p. 171.)

A expressão *Oprimidos / enterrai as vossas desavenças* tem, no contexto do poema, o sentido de uma específica conclamação política, que também se encontra nos poemas:

a) de *A rosa do povo*, em que Carlos Drummond de Andrade dá vazão a ideais socialistas.
b) experimentais de Haroldo de Campos e Augusto de Campos, concebidos e apresentados como um "salto participante".
c) reunidos no livro de estreia *A cinza das horas*, de Manuel Bandeira, no qual o poeta se volta contra a morte.
d) mais característicos de poetas da geração de 45, em sua reação contra alguns princípios modernistas.
e) mais provocadores e irreverentes do *Primeiro caderno do aluno de poesia Oswald de Andrade*.

(FUVEST-SP) Texto para as questões 8 e 9:

> **Receita de mulher**
>
> As muito feias que me perdoem
> Mas beleza é fundamental. É preciso
> Que haja qualquer coisa de flor em tudo isso
> Qualquer coisa de dança, qualquer coisa de haute couture*
> Em tudo isso (ou então
> Que a mulher se socialize elegantemente em azul,
> como na República Popular Chinesa).
> Não há meio-termo possível. É preciso
> Que tudo isso seja belo. É preciso que súbito
> Tenha-se a impressão de ver uma garça apenas
> pousada e que um rosto
> Adquira de vez em quando essa cor só encontrável no terceiro minuto da aurora.
>
> (Vinicius de Moraes. *Antologia poética*. Rio de Janeiro: José Olympio, 1984. p. 192.)
>
> ***"haute couture"**: alta costura.

8. No conhecido poema "Receita de mulher", de que se reproduziu aqui um excerto, o tratamento dado ao tema da beleza feminina manifesta a:

a) oscilação do poeta entre a angústia do pecador (tendo em vista sua educação jesuítica) e o impudor do libertino.
b) conjugação, na sensibilidade do poeta, de interesse sexual e encantamento estético, expresso de modo provocador e bem-humorado.
c) idealização da mulher a que chega o poeta quando, na velhice, arrefeceu-lhe o desejo sexual.
d) crítica ao caráter frívolo que, por associar-se ao consumo, o amor assume na contemporaneidade.
e) síntese, pela via do erotismo, das tendências europeizantes e nacionalistas do autor.

9. Tendo em vista o contexto, o modo verbal predominante no excerto e a razão desse uso são:

a) indicativo; expressar verdades universais.
b) imperativo; traduzir ordens ou exortações.
c) subjuntivo; indicar vontade ou desejo.
d) indicativo; relacionar ações habituais.
e) subjuntivo; sugerir condições hipotéticas.

10. (UFSC-SC)

> BONITÃO (Algo interessado): Ele tem um sítio, é?
> ROSA: Tinha, agora tem só um pedaço. Dividiu o resto com os lavradores pobres.
> BONITÃO: Por quê?
> ROSA: Fazia parte da promessa.
> BONITÃO: Que é que está esperando? Virar santo?
> ROSA: Não brinque. Pelo caminho tinha uma porção de gente querendo que ele fizesse milagre. E não duvide. Ele é capaz de acabar fazendo. Se não fosse a hora, garanto que tinha uma romaria aqui, atrás dele.
> BONITÃO: Depois de cumprir a promessa, ele vai voltar pra roça?
> ROSA: Vai.
>
> (GOMES, Dias. *O pagador de promessas*. 44. ed. Rio de Janeiro: Bertrand Brasil, 2000. p. 41-42.)

Com base na leitura do texto, extraído da peça *O pagador de promessas*, e considerando o contexto do Modernismo brasileiro, assinale a(s) proposição(ões) *correta(s)*.

a) A peça de Dias Gomes prioriza o aprofundamento psicológico de seus personagens, deixando de lado o enfoque crítico de questões socioculturais que é típico do Modernismo.
b) O contraste entre o urbano e o rural é simbolicamente desfeito, na peça, quando o protagonista Zé-do-Burro decide-se por viver um pouco na cidade e um pouco na roça, caracterizando-se, assim, uma espécie de contínuo geográfico.
c) O protagonista é aclamado pela multidão quando, vencendo o autoritarismo do Padre Olavo e

do Monsenhor Otaviano, consegue cumprir sua promessa e humildemente deposita uma cruz no altar da igreja.

d) A peça, além de apresentar diversas marcas de regionalismo, aborda questões universais, como o multiculturalismo, a intolerância da Igreja, a opressão do homem, a falta de escrúpulo da imprensa.

e) *O pagador de promessas* revela a tragédia de um homem cuja ingenuidade não lhe permite compreender as relações de poder do mundo em que vive.

f) A peça *O pagador de promessas* elabora uma crítica social ampla, bastante avançada para a época; entretanto, segundo os padrões atuais, seria considerada retrógrada, porque se opõe ao sincretismo religioso e desvaloriza a cultura popular.

g) O texto retrata a luta de classes que permeia os três atos da peça *O pagador de promessas*, a qual culmina com a vitória dos lavradores nordestinos que conseguiram, de Zé-do-Burro, um pedaço de terra.

11. (PUC-RS) A frase correta, em termos de correção linguística, coesão e coerência, é:

a) É importante preservar a mente aberta às mudanças e inovações; porque as melhores ideias surgem, com frequência da diversidade.

b) Coragem é necessária para mostrar ideias criativas; ao apresenta-las a outras pessoas, elas crescem, se transformam e assumem maior proporção.

c) O instrutor sugeriu que mergulhássemos a cabeça no problema, que estudássemos ele e que, depois, desligássemos; de repente, encontraríamos a resposta a tanto esperada.

d) A curiosidade, é um dos mais importantes combustíveis para a criatividade, é através dela que conseguimos vencer desafios impossíveis.

e) Boas ideias são como sonhos: se não forem devidamente armazenadas, serão esquecidas e poderão perder-se para sempre.

12. (FUVEST-SP) Quanto à concordância verbal, a frase inteiramente correta é:

a) Cada um dos participantes, ao inscrever-se, deverão receber as orientações necessárias.

b) Os que prometem ser justos, em geral, não conseguem sê-lo sem que se prejudiquem.

c) Já deu dez horas e a entrega das medalhas ainda não foram feitas.

d) O que se viam era apenas destroços, cadáveres e ruas completamente destruídas.

e) Devem ter havido acordos espúrios entre prefeitos e vereadores daqueles municípios.

13. (UFAL-AL) Assinale a alternativa em que as regras da concordância foram obedecidas.

a) De fato, existe, atualmente, sites e *blogs* pouco confiáveis na Internet.

b) Atualmente, veem-se notícias que não têm nenhum fundamento, na Internet.

c) O alcance das informações propagadas pela mídia eletrônica são incomparavelmente maiores.

d) Sem dúvida, sobra, na Internet, veículos de informações pouco confiáveis.

e) Devem haver, certamente, sites de informação mais seguros do que outros.

14. (UFSM-RS)

> "A partir da eleição deste ano, a votação portando a bandeira do partido ou estampando a camiseta com o nome e o número do candidato está ☐ pela Justiça Eleitoral. As novas regras, em razão da minirreforma eleitoral ☐ pelo TSE, deixaram a campanha mais rígida e ☐ resultar em cidades mais limpas."

Assinale a alternativa que contemple as formas adequadas para completar as lacunas.

a) proibida - aprovada - vão

b) proibido - aprovado - vão

c) proibido - aprovada - vai

d) proibida - aprovadas - vão

e) proibida - aprovado - vai

15. (FGV-SP) Assinale a alternativa correta quanto à concordância verbal, de acordo com a norma culta.

a) O desperdício de matérias-primas, o estímulo ao consumismo, a obsolescência programada, tudo isso ainda dita as regras./ É preciso que se encontrem novos modelos para resolver os problemas de geração de empregos./ Os mais pobres são os que menos vantagens obtêm com o crescimento do PIB.

b) O desperdício de matérias-primas, o estímulo ao consumismo, a obsolescência programada, tudo isso ainda ditam as regras./ É preciso que se encontre novos modelos para resolver os problemas de geração de empregos./ Os mais pobres são os que menos vantagens obtêm com o crescimento do PIB.

c) O desperdício de matérias-primas, o estímulo ao consumismo, a obsolescência programada, tudo isso ainda dita as regras./ É preciso que se encontrem novos modelos para resolver os problemas de geração de empregos./ Os mais pobres são os que menos vantagens obtém com o crescimento do PIB.

d) O desperdício de matérias-primas, o estímulo ao consumismo, a obsolescência programada, tudo isso ainda ditam as regras./ É preciso que se encontre novos modelos para resolver os problemas de geração de empregos./ Os mais pobres são os que menos vantagens obtém com o crescimento do PIB.

e) O desperdício de matérias-primas, o estímulo ao consumismo, a obsolescência programada, tudo isso ainda ditam as regras./ É preciso que se encontrem novos modelos para resolver os problemas de geração de empregos./ Os mais pobres são os que menos vantagens obtêm com o crescimento do PIB.

16. (FUVEST-SP) Considerando que "silepse é a concordância que se faz com a forma gramatical das palavras, mas com seu sentido, com a ideia que elas representam", indique o fragmento em que essa figura de linguagem se manifesta.

a) "olha o mormaço".
b) "pois devia contar uns trinta anos".
c) "fomos alojados os do meu grupo".
d) "com os demais jornalistas do Brasil".
e) "pala pendente e chapéu descido sobre os olhos".

Produção de texto

17. (UFBA-BA)

I.

O menino parado no sinal de trânsito vem em minha direção e pede esmola. Eu preferia que ele não viesse. [...] Sua paisagem é a mesma que a nossa: a esquina, os meios-fios, os postes. Mas ele se move em outro mapa, outro diagrama. Seus pontos de referência são outros.

Como não tem nada, pode ver tudo. Vive num grande playground, onde pode brincar com tudo, desde que "de fora". O menino de rua só pode brincar no espaço "entre" as coisas. Ele está fora do carro, fora da loja, fora do restaurante. A cidade é uma grande vitrine de impossibilidades. [...] Seu ponto de vista é o contrário do intelectual: ele não vê o conjunto nem tira conclusões históricas — só detalhes interessam. O conceito de tempo para ele é diferente do nosso. Não há segunda-feira, colégio, happy hour. Os momentos não se somam, não armazenam memórias. Só coisas "importantes": "Está na hora do português da lanchonete despejar o lixo..." ou "estão dormindo no meu caixote..." [...]

Se não sentir fome ou dor, ele curte. Acha natural sair do útero da mãe e logo estar junto aos canos de descarga pedindo dinheiro. Ele se acha normal; nós é que ficamos anormais com a sua presença.

JABOR, A. O menino está fora da paisagem. *O Estado de São Paulo*, São Paulo, 14 abr. 2009. Caderno 2, p. D 10.

II.

Vinte anos se passaram desde a queda do Muro de Berlim. A cidade comemora com uma programação rica em atividades. Pode-se conferir, por exemplo, uma grande exposição de fotografias na Alexander Platz ou ver de perto a restauração da East Side Gallery, um pedaço de muro ainda existente que se transformou numa galeria de arte a céu aberto. [...] Em Berlim, [...] tenho ouvido a afirmação recorrente de que o muro persiste enquanto paisagem interiorizada pelos habitantes da cidade. [...] Onde buscar esse muro internalizado?

[...]

Tudo isso faz pensar nas cidades brasileiras, onde os muros tomam conta da paisagem, seja segregando favelas e bairros populares, seja cercando os condomínios fechados dos bairros nobres. Berlim nos ensina que o muro é forma-conteúdo, é produto e também processo, reflete e condiciona o modo como uma sociedade lida com a diferença. O muro também produz a diferença e radicaliza a ocultação do "outro", transforma diferença em segregação e desigualdade.

SERPA, A. Muros internalizados. *A Tarde*, Salvador, 1º ago. 2009. Caderno Opinião, p. A 3.

III.

Todo muro tem dois lados. Se, do lado de cá, ele impede o avanço do nosso descaso para com os pobres; do lado de lá, ele vai servir de trincheira, casamata e torre para os que se aproveitam da pobreza "criminosamente" [...]. Com o muro, concretiza-se o que o Zuenir Ventura diagnosticou como uma cidade partida que, murada, será irremediavelmente repartida.

DAMATTA, Roberto. O problema do muro no Brasil. *O Estado de São Paulo*, 15 abr. 2009. Caderno 2. p. D 12.

Os três fragmentos oferecidos para a sua reflexão apresentam situações distintas, mas que se identificam ao tratarem dos muros visíveis e invisíveis que separam as pessoas.

A partir de uma análise das ideias desses fragmentos, produza um texto argumentativo – na forma de prosa que julgar conveniente – em que você **discuta a desigualdade reveladora de muros visíveis e invisíveis no Brasil, sugerindo alternativas de mudança**.

18. (FGV-RJ)

"No mundo moderno, cuja legitimidade é baseada na liberdade e igualdade de seus membros, o poder não se manifesta abertamente como no passado. No passado, o pertencimento à família certa e à classe social certa dava a garantia, aceita como tal pelos dominados, de que os privilégios eram 'justos' porque espelhavam a 'superioridade natural' dos bem-nascidos (...).

A ideologia principal do mundo moderno é a 'meritocracia', ou seja, a ilusão, ainda que seja uma ilusão bem fundamentada na propaganda e na indústria cultural, de que os privilégios modernos são 'justos' (...). O ponto principal para que essa ideologia funcione é conseguir separar o indivíduo da sociedade (...). O 'esquecimento' do social no individual é o que permite a celebração do mérito individual, que em última análise justifica e legitima todo tipo de privilégio em condições modernas."

(Jessé Souza, *A ralé brasileira*, 2009, p. 43.)

Escreva uma redação argumentativa discutindo o texto acima, na qual, além de seu ponto de vista sobre as ideias defendidas pelo autor, estejam explícitos os seguintes aspectos:

- em que consiste a meritocracia?
- por que o autor considera a meritocracia uma "ilusão"?
- de que maneira a meritocracia se manifesta na realidade brasileira?

Para avaliar a redação, serão considerados, principalmente:

- o conhecimento de fatos históricos, geográficos e da realidade atual, necessários ao desenvolvimento do texto;
- a correta expressão em língua portuguesa;
- a clareza, a concisão, a coesão e a coerência;
- a capacidade de argumentar.

Interpretação de texto

19. (ENEM)

Entre ideia e tecnologia

O grande conceito por trás do Museu da Língua é apresentar o idioma como algo vivo e fundamental para o entendimento do que é ser brasileiro. Se nada nos define com clareza, a forma como falamos o português nas mais diversas situações cotidianas é talvez a melhor expressão da brasilidade.

SCARDOVELI, E. Revista *Língua Portuguesa*. São Paulo: Segmento, Ano II, nº 6, 2006.

O texto propõe uma reflexão acerca da língua portuguesa, ressaltando para o leitor a:

a) inauguração do museu e o grande investimento em cultura no país.
b) importância da língua para a construção da identidade nacional.
c) afetividade tão comum ao brasileiro, retratada através da língua.
d) relação entre o idioma e as políticas públicas na área de cultura.
e) diversidade étnica e linguística existente no território nacional.

20. (ENEM)

Quando os portugueses se instalaram no Brasil, o país era povoado de índios. Importaram, depois, da África, grande número de escravos. O Português, o Índio e o Negro constituem, durante o período colonial, as três bases da população brasileira. Mas no que se refere à cultura, a contribuição do Português foi de longe a mais notada.

Durante muito tempo o português e o tupi viveram lado a lado como línguas de comunicação. Era o tupi que utilizavam os bandeirantes nas suas expedições. Em 1694, dizia o Padre Antônio Vieira que "as famílias dos portugueses e índios em São Paulo estão tão ligadas hoje umas com as outras, que as mulheres e os filhos se criam mística e domesticamente, e a língua que nas ditas famílias se fala é a dos Índios, e a portuguesa a vão os meninos aprender à escola."

TEYSSIER, P. *História da língua portuguesa*. Lisboa: Livraria Sá da Costa, 1984 (adaptado).

A identidade de uma nação está diretamente ligada à cultura de seu povo. O texto mostra que, no período colonial brasileiro, o Português, o Índio e o Negro formaram a base da população e que o patrimônio linguístico brasileiro é resultado da:

a) contribuição dos índios na escolarização dos brasileiros.
b) diferença entre as línguas dos colonizadores e as dos indígenas.
c) importância do padre Antônio Vieira para a literatura de língua portuguesa.
d) origem das diferenças entre a língua portuguesa e as línguas tupi.
e) interação pacífica no uso da língua portuguesa e da língua tupi.

21. (ENEM)

Abatidos pelo fadinho harmonioso e nostálgico dos desterrados, iam todos, até mesmo os brasileiros, se concentrando e caindo em tristeza; mas, de repente, o cavaquinho de Porfiro, acompanhado pelo violão do Firmo, romperam vibrantemente com um chorado baiano. Nada mais que os primeiros acordes da música crioula para que o sangue de toda aquela gente despertasse logo, como se alguém lhe fustigasse o corpo com urtigas bravas. E seguiram-se outra notas, e outras, cada vez mais ardentes e mais delirantes. Já não eram dois instrumentos que soavam, eram lúbricos gemidos e suspiros soltos em torrente, a correrem serpenteando, como cobras numa floresta incendiada; eram ais convulsos, chorados em frenesi de amor: música feita de beijos e soluços gostosos; carícia de fera, carícia de doer, fazendo estalar de gozo.

AZEVEDO, A. *O cortiço*. São Paulo: Ática, 1983 (fragmento).

No romance *O cortiço* (1890), de Aluísio Azevedo, as personagens são observadas como elementos coletivos caracterizados por condicionantes de origem social, sexo e etnia. Na passagem transcrita, o confronto entre brasileiros e portugueses revela prevalência do elemento brasileiro, pois:

a) destaca o nome de personagens brasileiras e omite o de personagens portuguesas.
b) exalta a força do cenário natural brasileiro e considera o do português inexpressivo.
c) mostra o poder envolvente da música brasileira, que cala o fado português.
d) destaca o sentimentalismo brasileiro, contrário à tristeza dos portugueses.
e) atribui aos brasileiros uma habilidade maior com instrumentos musicais.

22. (ENEM)

Lépida e leve

Língua do meu Amor velosa e doce,
que me convences de que sou frase,
que me contornas, que me vestes quase,
como se o corpo meu de ti vindo me fosse.
Língua que me cativas, que me envolves
os surtos de ave estranha,
em linhas longas de invisíveis teias,
de que és, há tanto, habilidosa aranha...
[...]
Amo-te as sugestões gloriosas e funestas,
amo-te como todas as mulheres
te amam, ó língua-lama, ó língua-resplendor,
pela carne de som que à ideia emprestas
e pelas frases mudas que proferes
nos silêncios de Amor!...

MACHADO, G. In: MORICONI, I. (org.). *Os cem melhores poemas brasileiros do século*. Rio de Janeiro: Objetiva, 2001 (fragmento).

A poesia de Gilka Machado identifica-se com as concepções artísticas simbolistas. Entretanto, o texto selecionado incorpora referências temáticas e formais modernistas, já que, nele, a poeta:

a) procura desconstruir a visão metafórica do amor e abandona o cuidado formal.
b) concebe a mulher como um ser sem linguagem e questiona o poder da palavra.
c) questiona o trabalho intelectual da mulher e antecipa a construção do verso livre.
d) propõe um modelo novo de erotização na lírica amorosa e propõe a simplificação verbal.
e) explora a construção da essência feminina, a partir da polissemia de "língua", e inova o léxico.

23. (ENEM)

Não tem tradução

[...]
Lá no morro, se eu fizer uma falseta
A Risoleta desiste logo do francês e do
[inglês
A gíria que o nosso morro criou
Bem cedo a cidade aceitou e usou
[...]
Essa gente hoje em dia que tem mania de
[exibição
Não entende que o samba não tem tradução
[no idioma francês
Tudo aquilo que o malandro pronuncia
Com voz macia é brasileiro, já passou de
[português
Amor lá no morro é amor pra chuchu
As rimas do samba não são *I love you*
E esse negócio de *alô, alô boy* e *alô Johnny*
Só pode ser conversa de telefone

ROSA, N. In: SOBRAL, João J. V. A tradução dos bambas. Revista *Língua Portuguesa*. Ano 4, nº 54. São Paulo: Segmento, abr. 2010 (fragmento).

As canções de Noel Rosa, compositor brasileiro de Vila Isabel, apesar de revelarem uma aguçada preocupação do artista com seu tempo e com as mudanças político-culturais no Brasil, no início dos anos 1920, ainda são modernas. Nesse fragmento do samba *Não tem tradução*, por meio do recurso da metalinguagem, o poeta propõe:

a) incorporar novos costumes de origem francesa e americana, juntamente com vocábulos estrangeiros.
b) respeitar e preservar o português padrão como forma de fortalecimento do idioma do Brasil.
c) valorizar a fala popular brasileira como patrimônio linguístico e forma legítima de identidade nacional.
d) mudar os valores sociais vigentes à época, com o advento do novo e quente ritmo da música popular brasileira.
e) ironizar a malandragem carioca, aculturada pela invasão de valores étnicos de sociedades mais desenvolvidas.

INTERVALO

Sally Anscombe/Flickr Select/Getty Images

Thinkstock

Rick Gomez/Corbis Latinstock

Participe com seus colegas do projeto **Caia na rede!**, que consiste na realização de um debate regrado público e na montagem de uma mostra sobre a Internet.

Projeto

CAIA NA REDE!

Debate regrado público: Internet em discussão

Conversem com o professor a respeito de como realizar um debate regrado com a participação de alunos, professores e convidados sobre o tema: **Internet: para o bem ou para o mal?**.

Decidam primeiramente quantas pessoas participarão do debate. Depois escolham um ou dois colegas para representar os alunos da escola. Convidem um professor da escola e pessoas de fora, que podem ser pais de alunos, moradores ou profissionais do bairro. Vocês podem convidar, por exemplo, um psicólogo, um médico, um educador, um analista de sistemas, um jornalista ou profissionais de outras áreas.

Jeff Greenberg/AGE Fotostock/Grupo Keystone

Definam quais serão as regras do debate: o tempo máximo que cada participante terá para expor suas ideias, os direitos de réplica e tréplica, em que momento e de que modo o público poderá participar (manifestando-se oralmente, enviando perguntas e comentários à mesa, etc.). A seguir escolham um aluno para ser o moderador do debate.

Discutam e decidam também sobre como divulgar o evento: com cartazes, por *e-mail*, com mensagens em redes sociais, com entrega de folhetos na escola, etc.

Realizem o debate em um auditório ou anfiteatro, em uma sala de aula ampla ou no pátio da escola. Verifiquem as condições de som do local e, se necessário, providenciem e testem previamente microfones e alto-falantes.

Filmem o debate para que, posteriormente, ele possa ser revisto e avaliado, e, além disso, possa ser mostrado em anos subsequentes a outros estudantes da escola que estarão aprendendo a realizar um debate regrado.

Mostra: Internet em discussão

Reúnam os textos dissertativo-argumentativos que vocês produziram nos capítulos 2 e 3 desta unidade e montem com eles um painel.

Antonio Mo/Getty Images

Os textos devem estar digitados ou redigidos em letra legível, em bom tamanho, de modo que possam ser lidos sem muito esforço. O painel deve ser montado de preferência no local em que será realizado o debate regrado ou no entorno dele.

Deem um título à mostra, que pode ser **Internet em discussão**, ou outro que vocês prefiram. Se quiserem, distribuam pela escola cartazes convidando para a mostra de textos.

No dia da mostra, conversem com os visitantes a respeito do tema.

: *Bananas* (1970), de Antonio Henrique Abreu Amaral.

Pinacoteca do Estado de São Paulo

UNIDADE 4 A LITERATURA CONTEMPORÂNEA

Terminada a Segunda Guerra, o Brasil entrou em um novo período de sua história, marcado pelo desenvolvimento econômico, pela democratização política e pelo surgimento de novas tendências artísticas e culturais.

A primeira manifestação de mudança na literatura se deu com a geração de 1940-1950, cujo objetivo era renovar os meios de expressão a partir de uma pesquisa em torno da linguagem. No fim da década de 1950 e início da de 1960, esse movimento conviveu com o Concretismo, que, de certa forma, deu continuidade às pesquisas da geração de 1940-1950, porém acentuando seu aspecto formal. Esse foi o momento em que a Bossa Nova e o Cinema Novo ganharam seu espaço. No final da década de 1960, em meio à efervescência cultural refletida nos festivais de música da TV Record, surgiu o Tropicalismo, que representou a retomada de algumas propostas do Modernismo de 1922.

Com o fechamento político do país imposto pelo AI-5, em 1969, e com a onda de censura, prisões e exílios, a produção artística como um todo sofreu um refluxo. A partir daí, houve uma dispersão cultural, que teve como consequência o aparecimento de valores individuais em lugar de movimentos artísticos organizados. Esse quadro tem se mantido até o início do século XXI.

art at its best/Flickr/Getty Images

··INTERVALO··

Projeto:

Sarau: Poesia e música

Produção e apresentação de um *show* literomusical inspirado na poesia de Drummond, Vinícius de Morais, Cecília Meireles, João Cabral e de outros poetas brasileiros contemporâneos.

abstração

com pincéis e nanquim
esboças sôbre mim
uma obra sem fim

(Jandira Regina. In: *Haicaos*. São Paulo: Limiar, 2012. p. 43.)

tentativa de definição nº 1

amor
é essa porção
de batimentos acelerados

cercada de você

por todos os

lados

(Múcio Góes. In: *Haicaos*. cit. p. 22.)

Fique ligado! Pesquise!

Para saber mais sobre a produção cultural brasileira dos últimos tempos sugerimos:

- No bloco 13 do DVD *Literatura e outras linguagens* há declamações, entrevistas, depoimentos, trechos de músicas, filmes e espetáculos de dança e teatro relacionados com a produção literária e artística dos anos 1940-1960 e da atualidade. Converse com seu professor sobre a possibilidade de assistir a esse bloco.
- ***A hora da estrela***, de Suzana Amaral; ***Morte e vida severina***, de Walter Avancini; ***O pagador de promessas***, de Anselmo Duarte; ***Eles não usam black-tie***, de Leon Hirszman; ***A história oficial***, de Luis Puenzo; ***A terceira margem do rio***, de Nelson Pereira dos Santos; ***Lamarca***, de Sérgio Rezende; ***O que é isso, companheiro?***, de Bruno Barreto; ***As meninas***, de Emiliano Pereira; ***Central do Brasil***, de Walter Salles; ***Outras histórias***, de Pedro Bial; ***Benjamin***, de Monique Gardenberg; ***Cidade de Deus***, de Fernando Meirelles; ***Mutum***, de Sandra Kogut.

- ***Laços de família*** e ***A hora da estrela***, de Clarice Lispector (Rocco); ***Sagarana*** e ***Grande sertão: veredas***, de Guimarães Rosa (Nova Fronteira); ***Morte e vida severina*** e ***A educação pela pedra***, de João Cabral de Melo Neto (Nova Fronteira); ***Poesia***, de Mário Quintana (Global); ***Poema sujo***, de Ferreira Gullar (Civilização Brasileira); ***Sombra de reis barbudos***, de J. J. Veiga (Bertrand); ***Sargento Getúlio***, de João Ubaldo Ribeiro (Nova Fronteira); ***As meninas***, de Lygia Fagundes Telles (Rocco); ***Não verás país nenhum***, de Ignácio de Loyola Brandão (Global); ***Poesia concreta*** e ***Poesia jovem – Anos 70*** (coleção Literatura Comentada, Abril Educação); ***Vestido de noiva***, de Nelson Rodrigues (Companhia das Letras); ***Verdade tropical***, de Caetano Veloso (Companhia das Letras); ***Dois ou + corpos no mesmo lugar***, de Arnaldo Antunes (Perspectiva); ***Poesia indigesta*** (1974-2004), de Glauco Mattoso (Landy); ***Na virada do século – Poesia de invenção no Brasil***, organização de Claudio Daniel e Frederico Barbosa (Landy).

- Ouça o disco ***João Cabral de Melo Neto***, com música de Egberto Gismonti (Somlivre, 1984), e os CDs ***7 episódios do Grande sertão: veredas nas vozes de Antonio Candido, Davi Arrigucci Jr. e José Mindlin*** (coleção Ler e Ouvir), ***João Guimarães Rosa nas vozes dos contadores de estórias de Cordisburgo, com cinco contos de Primeiras estórias*** (coleção Ler e Ouvir), ***Clarice Lispector – Contos***, por Aracy Balabanian (Luz da Cidade).

- Pesquise sobre a "arte de resistência" que se fez no Brasil durante o regime militar e sobre a "poesia marginal", feita no país a partir da década de 1970.

LITERATURA

: *Flor*, (déc. de 1950), de Aldemir Martins.

Biblioteca Saraiva

CAPÍTULO 1

Os anos 1940-50. Clarice Lispector

A pesquisa estética e a renovação das formas de expressão literária, tanto na poesia quanto na prosa, são os traços distintivos da geração de 1940-50. Clarice Lispector, por exemplo, pondo em xeque os modelos narrativos tradicionais, revitalizou os limites entre a poesia e a prosa e obrigou a crítica literária a rever seus critérios de análise e avaliação da obra literária.

Nas décadas de 1940-50, surgiram no Brasil publicações que apontavam para uma nova direção da literatura. Sem propor uma ruptura com as conquistas do Modernismo das gerações de 1922 e 1930, mas também sem defender as propostas desses grupos, os novos escritores destacaram-se essencialmente pela maturidade literária e pelas pesquisas em torno da linguagem.

LEITURA

A seguir, você vai ler três textos, de autoria dos três principais escritores que surgiram nas décadas de 1940-50. Após a leitura, responda às questões propostas.

TEXTO I

O fragmento que segue se encontra nas primeiras páginas de *A paixão segundo G. H.*, de Clarice Lispector. Nelas o narrador dá início à história que vai ser contada.

Não tenho uma palavra a dizer. Por que não me calo, então? Mas se eu não forçar a palavra a mudez me engolfará para sempre em ondas. A palavra e a forma serão a tábua onde boiarei sobre vagalhões de mudez.

[...]

Vou criar o que me aconteceu. Só porque viver não é relatável. Viver não é vivível. Terei que criar sobre a vida. E sem mentir. Criar sim, mentir não. Criar não é imaginação, é correr o grande risco de se ter a realidade. Entender é uma criação, meu único modo. Precisarei com esforço traduzir sinais de telégrafo — traduzir o desconhecido para uma língua que desconheço, e sem sequer entender para que valem os sinais. Falarei nessa linguagem sonâmbula que se eu estivesse acordada não seria linguagem.

(São Paulo: ALLCA XX/Scipione Cultural, 1997. p. 14-5.)

Perfil e alma. Ismael Nery s.d.

Perfil e almas (s/d.), de Ismael Nery.

TEXTO II

O texto que segue é um fragmento do conto "O burrinho pedrês", que integra a obra *Sagarana*, de Guimarães Rosa. Nele, o narrador descreve os movimentos de uma boiada que está sendo conduzida.

As ancas balançam, e as vagas de dorsos, das vacas e touros, batendo com as caudas, mugindo no meio, na massa embolada, com atritos de couros, estralos de guampas, estrondos e baques, e o berro queixoso do gado Junqueira, de chifres imensos, com muita tristeza, saudade dos campos, querência dos pastos de lá do sertão...

"Um boi preto, um boi pintado,
cada um tem sua cor.
Cada coração um jeito
de mostrar o seu amor."

Boi bem bravo, bate baixo, bota baba, boi berrando... Dança doida, dá de duro, dá de dentro, dá direito... Vai, vem, volta, vem na vara, vai não volta, vai varando...

(25. ed. Rio de Janeiro: José Olympio, 1983. p. 24.)

guampa: corno, chifre

The Bridgeman Art Library/Grupo Keystone

Autumn Landscape (1931), de Werner Peiner.

TEXTO III

O texto que segue é um fragmento do poema "A palo seco", de João Cabral de Melo Neto, que integra a obra *Quaderna* (1960). Se possível, ouça a declamação que Arnaldo Antunes faz desses versos, encontrada no *site* www.tvcultura.com.br/aloescola/literatura/joaocabral/joaocabral1.htm.

A palo seco

Se diz *a palo seco*
o *cante* sem guitarra;
o *cante* sem; o *cante*;
o *cante* sem mais nada;

se diz *a palo seco*
a esse *cante* despido:
ao *cante* que se canta
sob o silêncio a pino.

O *cante a palo seco*
é o *cante* mais só:
é cantar num deserto
devassado de sol;

é o mesmo que cantar
num deserto sem sombra
em que a voz só dispõe
do que ela mesma ponha.

A palo seco existem
situações e objetos:
Graciliano Ramos,
desenho de arquiteto,

as paredes caiadas,
a elegância dos pregos,
a cidade de Córdoba,
o arame dos insetos.

Eis uns poucos exemplos
de ser a palo seco,
dos quais se retirar
higiene ou conselho:

não de aceitar o seco
por resignadamente,
mas de empregar o seco
porque é mais contundente.

[...]

(*Poesias completas*. 3. ed. Rio de Janeiro: José Olympio, 1979. p. 160-5.)

Stock vectors/Getty Images

Vertical guitar (s/d.), de John Woodcock.

a palo seco: expressão de origem espanhola que se refere a algo simples, sem floreios.

1. Leia a seguinte relação de procedimentos formais, linguísticos e temáticos observados na literatura produzida pela geração de 45.

- Metalinguagem, isto é, reflexão sobre o processo de criação literária.
- Postura racional, antissentimental.
- Linguagem metafórica ou poética, que relativiza os limites entre poesia e prosa.
- Invenção de palavras novas a partir de recursos disponíveis na língua.

a) Qual ou quais desses itens podem ser observados no texto I?

b) E no texto II?

c) E no texto III?

2. A literatura geralmente é vista como comunicação e como recriação de experiências vividas. Por que o texto de Clarice Lispector é surpreendente nesse aspecto?

3. O fragmento de Guimarães Rosa é um exemplo de como, na literatura da geração de 45, os limites entre poesia e prosa se diluem. Imagens, ritmo, aliterações, tudo contribui para a construção de uma prosa altamente poética.

a) Faça uma experiência: primeiramente, releia o primeiro parágrafo do texto em voz alta, percebendo o ritmo. Depois pegue o primeiro parágrafo e tente dividi-lo em versos, levando em conta o ritmo e a pontuação. Versos de quantas sílabas você obteve?

b) Quanto ao ritmo, qual é a posição das sílabas tônicas nesses "versos"?

c) Que aliterações se destacam no último parágrafo do texto II? Qual é a relação dessas aliterações com o assunto tratado?

4. Embora priorize a pesquisa estética, a geração de 45 não deixa de lado o interesse pela cultura popular – uma das marcas do movimento modernista de 22 e de 30. Identifique no texto II uma manifestação desse interesse.

5. Releia estes versos do poema "A palo seco", de João Cabral de Melo Neto:

> "Se diz *a palo seco*
> o *cante* sem guitarra;
> o *cante* sem; o *cante*;
> o *cante* sem mais nada;"

João Cabral, que viveu muitos anos na Espanha, emprega a expressão espanhola "a palo seco", que se refere a algo simples e direto, sem rodeios.

a) Aplicando esse conceito à poesia, o que seria um canto "a palo seco"?

b) Nesses versos, o poeta constrói um canto "a palo seco"? Por quê?

6. João Cabral cita em seu poema o escritor Graciliano Ramos. Considerando o que conhece sobre esse autor, você concorda com o poeta quando ele diz que o estilo de Graciliano pode ser considerado "a palo seco"? Por quê?

7. Na última estrofe do poema de João Cabral, há uma oposição entre "aceitar o seco" e "empregar o seco".

a) Explique essa diferença.

b) Segundo a perspectiva do texto, qual é a vantagem de escrever "a palo seco"?

A LITERATURA NOS ANOS 1940-50: A FASE DA MATURIDADE

Durante o período de 1930-45, tanto a literatura quanto as artes plásticas no Brasil foram essencialmente ideológicas, voltadas para a discussão dos problemas brasileiros.

Em 1945, terminou a Segunda Guerra Mundial e, no Brasil, a ditadura de Vargas. O mundo passou a viver a Guerra Fria, e o Brasil, um período democrático e desenvolvimentista, que chegaria à euforia no governo de Juscelino Kubitschek (1956-1961).

Menos exigidos social e politicamente, os artistas empreendiam uma pesquisa estética em busca de novas formas de expressão. Nas artes plásticas, por exemplo, a pintura figurativista, cujo centro é uma figura representativa da realidade, passou a dividir espaço com a pintura abstrata, antifigurativista, que não apresenta relação direta com a realidade.

Na literatura, ao lado de obras que mantinham certa preocupação social e davam continuidade até ao regionalismo, começaram a se destacar produções literárias em que a grande novidade era a pesquisa em torno da própria linguagem literária.

The Bridgeman Art Library/Grupo Keystone

Still Life (1950), de Ben Nicholson.

A poesia

A poesia dessa geração trouxe ao cenário das discussões literárias a seguinte proposição: *a poesia é a arte da palavra*. Esse princípio implicava a alteração de pontos de vista da poesia de 30, que já tinha sido social, política, religiosa, filosófica...

O desejo de renovar a forma poética era a principal meta dessa geração, que, por causa desse interesse formalista, chegou a ser chamada de neoparnasiana. Entre os poetas desse grupo, alguns tenderam mais ao estilo culto e elevado, de feição neoparnasiana; outros caminharam na direção da busca de uma linguagem essencial, sintética, precisa, concreta e racional, dando continuidade a algumas experiências feitas nesse sentido por Drummond e Murilo Mendes.

Panorama, a revista carioca em que foram divulgados os textos dessa geração, entre 1948 e 1953, anunciava: "Somos na realidade um novo estado poético, e muitos são os que buscam um novo caminho fora dos limites do modernismo". Foram publicadas nessa revista produções de dezenas de novos poetas, entre eles Alphonsus de Guimaraens Filho, Péricles Eugênio da Silva Ramos, Geir Campos, José Paulo Paes, Paulo Bonfim e João Cabral de Melo Neto, o poeta de maior destaque dessa geração.

A prosa

Várias obras significativas em prosa vieram a público nesse período, principalmente nos gêneros conto e romance.

Parte dessa prosa retoma e aprofunda a sondagem psicológica que já vinha sendo desenvolvida, especialmente por autores como Mário de Andrade e Graciliano Ramos. É o que se verifica, por exemplo, nos contos e romances de Clarice Lispector e Lygia Fagundes Telles.

O regionalismo, fartamente explorado pela geração de 30, também foi retomado, dedicando-se a esse tipo de produção João Guimarães Rosa, Mário Palmério e outros, que procuraram dar-lhe um tratamento renovado. O espaço urbano também foi objeto de enfoque, representado nas crônicas de Rubem Braga e nos contos e romances de Dalton Trevisan, Lygia Fagundes Telles, Clarice Lispector e Carlos Heitor Cony, entre outros.

CLARICE LISPECTOR: A ESCRITURA SELVAGEM

Carvall

: Charge de Clarice Lispector.

Clarice Lispector (1926-1977) é um dos três principais nomes da geração de 45 e uma das principais expressões da ficção brasileira de todos os tempos. Quando publicou sua primeira obra, *Perto do coração selvagem* (1944), a escritora provocou verdadeiro espanto na crítica e no público. Acostumada a certo tipo de romance, como o de 30, a crítica reconheceu o talento da jovem escritora (então com 17 anos), mas apontou-lhe inúmeras falhas, sobretudo de construção. Álvaro Lins, por exemplo, importante crítico da época, escreveu: "Li o romance duas vezes, e ao terminar só havia uma impressão: a de que ele não estava realizado, a de que estava incompleta e inacabada a sua estrutura como obra de ficção"*.

Clarice Lispector, na verdade, introduzia em nossa literatura novas técnicas de expressão, que obrigavam a uma revisão de critérios avaliativos. Sua narrativa subverte com frequência a estrutura dos tradicionais gêneros narrativos (o conto, a novela, o romance), quebra a sequência "começo, meio e fim", assim como a ordem cronológica, e funde a prosa à poesia ao fazer uso constante de imagens, metáforas, antíteses, paradoxos, símbolos, sonoridades, etc.

Minha liberdade é escrever

Deixemos que a própria Clarice Lispector fale de si mesma:

> Nasci na Ucrânia, terra de meus pais. Nasci numa aldeia chamada Tchetchelnik, que não figura no mapa de tão pequena e insignificante. Quando minha mãe estava grávida de mim, meus pais já estavam se encaminhando para os Estados Unidos ou Brasil, ainda não haviam decidido: pararam em Tchetchelnik para eu nascer, e prosseguiram viagem. Cheguei ao Brasil com apenas dois meses de idade.
>
> Sou brasileira naturalizada, quando, por uma questão de meses, poderia ser brasileira nata. Fiz da língua portuguesa a minha vida interior, o meu pensamento mais íntimo, usei-a para palavras de amor. Comecei a escrever pequenos contos logo que me alfabetizaram, e escrevi-os em português, é claro. Criei-me em Recife. [...] E nasci para escrever. Minha liberdade é escrever. A palavra é o meu domínio sobre o mundo.

(Apud Berta Waldman. *Clarice Lispector*. São Paulo: Brasiliense, 1983. p. 9-10.)

* *Os mortos de sobrecasaca*. Rio de Janeiro: Civilização Brasileira, 1963. p. 189.

Fluxo de consciência e epifania

Outro aspecto inovador da prosa de Clarice é o *fluxo de consciência*, uma experiência mais radical do que a introspecção psicológica, já praticada por vários escritores desde o Realismo no século XIX.

A introspecção psicológica tradicional procura desvendar o universo mental da personagem de forma linear, com espaços determinados e com marcadores temporais nítidos. O leitor tem pleno domínio da situação e distingue com facilidade momentos do passado – revividos pela personagem por meio da memória –, momentos do presente e momentos de imaginação.

A epifania na arte

Você já viveu alguma situação em que, ouvindo uma música ou assistindo a um filme ou a uma peça de teatro, tenha se sentido outro? Isto é, tenha se sentido mais leve, mais humano ou solidário, mais consciente ou algo assim? Isso ocorre com certa frequência, pois a arte sempre teve uma função epifânica. O russo Chklovski já dizia que a arte provoca no ser humano um *estranhamento* em face da realidade. É como se nós nos "desautomatizássemos" e passássemos a ver as coisas com outros olhos.

O fluxo de consciência quebra esses limites espaço-temporais que tornam a obra verossímil. Por meio dele, presente e passado, realidade e desejo se misturam. Como se fosse um painel de imagens captadas por uma câmera instalada no cérebro de uma personagem que deixa o pensamento solto, o fluxo de consciência cruza vários planos narrativos, sem preocupação com a lógica ou com a ordem narrativa.

Essas experiências já vinham sendo feitas no exterior pelos escritores Marcel Proust e James Joyce. No Brasil, foi Clarice quem as introduziu.

Muitas vezes, além do fluxo de consciência, as personagens de Clarice vivem também um *processo epifânico*. (O termo *epifania* tem sentido religioso, significando "revelação".) Esse processo pode ser irrompido a partir de fatos banais do cotidiano: um encontrão, um beijo, um olhar, um susto. A personagem, mergulhada num fluxo de consciência, passa a ver o mundo e a si mesma de outro modo. É como se tivesse tido, de fato, uma revelação e, a partir dela, passasse a ter uma visão mais aprofundada da vida, das pessoas, das relações humanas, etc.

De modo geral, esses momentos epifânicos são dilacerantes e dão origem a rupturas de valores, a questionamentos filosóficos e existenciais, permitindo a aproximação de realidades opostas, tais como nascimento e morte, bem e mal, amor e ódio, matar ou morrer por amor, seduzir e ser seduzido, etc.

Perfis femininos e universalismo

Clarice Lispector nunca aceitou o rótulo de escritora feminista. Apesar disso, muitos de seus romances e contos têm como protagonistas personagens femininas, quase sempre urbanas. A escritora, ao explicar sua vocação para a literatura, comenta:

> [...] talvez porque para as outras vocações eu precisaria de um longo aprendizado, enquanto que para escrever o aprendizado é a própria vida se vivendo em nós e ao redor de nós. É que não sei estudar. E, para escrever, o único estudo é mesmo escrever.
>
> (Apud Berta Waldman, op. cit., p. 11.)

Portanto, o ponto de partida da literatura de Clarice é o da experiência pessoal da mulher e o

Clarice: literatura participante?

É a escritora quem responde:

> Eu admito a literatura claramente participante. Se não faço isso é porque não é do meu temperamento. A gente só pode tentar fazer bem as coisas que sente realmente. Os meus livros não se preocupam com os fatos em si, porque para mim o importante não são os fatos em si, mas a repercussão dos fatos no indivíduo. Isso é que tem muita importância mesmo para mim. É o que eu faço. Acho que, sob esse ponto de vista, eu também faço livros comprometidos com o homem e a realidade do homem, porque realidade não é um fenômeno puramente externo.
>
> (*Cadernos de literatura brasileira – 10 anos*. Nº 22. Instituto Moreira Salles, 2007.)

seu ambiente familiar. Contudo, a escritora extrapola os limites desse universo. Seus temas, no conjunto, são essencialmente humanos e universais, como as relações entre o eu e o outro, a falsidade das relações humanas, a condição social da mulher, o esvaziamento das relações familiares e, sobretudo, a própria linguagem – única forma de comunicação com o mundo.

Clarice é considerada uma escritora intimista e psicológica. É dela esta explicação: "Algumas pessoas cosem para fora; eu coso para dentro". Mas, como toda boa literatura, sua produção acaba por envolver outros universos. Sua obra não deixa de ser também social, filosófica, existencial e metalinguística. O último livro que publicou, por exemplo, *A hora da estrela* (1977), é uma narrativa que, entre outros aspectos, aborda a condição social de uma migrante nordestina no Rio de Janeiro e faz reflexões existencialistas sobre o ser humano, a condição e o papel do escritor moderno e a história da própria escritura literária.

Clarice publicou romances, contos, crônicas e literatura infantil. De suas mais de vinte obras, destacam-se, além de *Perto do coração selvagem*, *O lustre* (romance, 1946), *Laços de família* (contos, 1960), *A paixão segundo G. H.* (romance, 1964), *Uma aprendizagem ou O livro dos prazeres* (romance, 1969), *Água viva* (prosa, 1973), *A hora da estrela* (romance, 1977), *A bela e a fera* (contos, 1979). No gênero infantil publicou, entre outros, os livros *O mistério do coelho pensante* (1967), *A mulher que matou os peixes* (1969), *A vida íntima de Laura* (1974).

LEITURA

O conto que você vai ler a seguir é um dos mais importantes que Clarice Lispector escreveu e integra a obra *Laços de família*.

Os laços de família

A mulher e a mãe acomodaram-se finalmente no táxi que as levaria à Estação. A mãe contava e recontava as duas malas tentando convencer-se de que ambas estavam no carro. A filha, com seus olhos escuros, a que um ligeiro estrabismo dava um contínuo brilho de zombaria e frieza assistia.

— Não esqueci de nada? perguntava pela terceira vez a mãe.

— Não, não, não esqueceu de nada, respondia a filha divertida, com paciência.

Coleção Rodolpho Ortenblad Filho, SP

A família (c. 1924), de Ismael Nery.

Ainda estava sob a impressão da cena meio cômica entre sua mãe e seu marido, na hora da despedida. Durante as duas semanas da visita da velha, os dois mal se haviam suportado; os bons-dias e as boas-tardes soavam a cada momento com uma delicadeza cautelosa que a fazia querer rir. Mas eis que na hora da despedida, antes de entrarem no táxi, a mãe se transformara em sogra exemplar e o marido se tornara o bom genro. "Perdoe alguma palavra mal dita", dissera a velha senhora, e Catarina, com alguma alegria, vira Antônio não saber o que fazer das malas nas mãos, a gaguejar — perturbado em ser o bom genro. "Se eu rio, eles pensam que estou louca", pensara Catarina franzindo as sobrancelhas. "Quem casa um filho perde um filho, quem casa uma filha ganha mais um", acrescentara a mãe, e Antônio aproveitara sua gripe para tossir. Catarina, de pé, observava com malícia o marido, cuja segurança se desvanecera para dar lugar a um homem moreno e miúdo, forçado a ser filho daquela

Thinkstock

mulherzinha grisalha... Foi então que a vontade de rir tornou-se mais forte. Felizmente nunca precisava rir de fato quando tinha vontade de rir: seus olhos tomavam uma expressão esperta e contida, tornavam-se mais estrábicos — e o riso saía pelos olhos. Sempre doía um pouco ser capaz de rir. Mas nada podia fazer contra: desde pequena rira pelos olhos, desde sempre fora estrábica.

[...]

— Não esqueci de nada..., recomeçou a mãe, quando uma freada súbita do carro lançou-as uma contra a outra e fez despencarem as malas. — Ah! ah! — exclamou a mãe como a um desastre irremediável, ah! dizia balançando a cabeça em surpresa, de repente envelhecida e pobre. E Catarina?

Catarina olhava a mãe, e a mãe olhava a filha, e também a Catarina acontecera um desastre? seus olhos piscaram surpreendidos, ela ajeitava depressa as malas, a bolsa, procurando o mais rapidamente possível remediar a catástrofe. Porque de fato sucedera alguma coisa, seria inútil esconder: Catarina fora lançada contra Severina, numa intimidade de corpo há muito esquecida, vinda do tempo em que se tem pai e mãe. Apesar de que nunca se haviam realmente abraçado ou beijado. Do pai, sim. Catarina sempre fora mais amiga. Quando a mãe enchia-lhes os pratos obrigando-os a comer demais, os dois se olhavam piscando em cumplicidade e a mãe nem notava. Mas depois do choque no táxi e depois de se ajeitarem, não tinham o que falar — por que não chegavam logo à Estação?

— Não esqueci de nada?, perguntou a mãe com voz resignada.

Catarina não queria mais fitá-la nem responder-lhe.

— Tome suas luvas! disse-lhe, recolhendo-as do chão.

— Ah! ah! minhas luvas! exclamava a mãe perplexa. Só se espiaram realmente quando as malas foram dispostas no trem, depois de trocados os beijos: a cabeça da mãe apareceu na janela.

Catarina viu então que sua mãe estava envelhecida e tinha os olhos brilhantes.

O trem não partia e ambas esperavam sem ter o que dizer. A mãe tirou o espelho da bolsa e examinou-se no seu chapéu novo, comprado no mesmo chapeleiro da filha. Olhava-se compondo um ar excessivamente severo onde não faltava alguma admiração por si mesma. A filha observava divertida. Ninguém mais pode te amar senão eu, pensou a mulher rindo pelos olhos; e o peso da responsabilidade deu-lhe à boca um gosto de sangue. Como se "mãe e filha" fosse vida e repugnância. Não, não se podia dizer que amava sua mãe. Sua mãe lhe doía, era isso. [...]

— ... Não esqueci de nada? perguntou a mãe.

Também a Catarina parecia que haviam esquecido de alguma coisa, e ambas se olhavam atônitas — porque se realmente haviam esquecido, agora era tarde demais. Uma mulher arrastava uma criança, a criança chorava, novamente a campainha da Estação soou... Mamãe, disse a mulher. Que coisa tinham esquecido de dizer uma a outra? e agora era tarde demais. Parecia-lhe que deveriam um dia ter dito assim: sou tua mãe, Catarina. E ela deveria ter respondido: e eu sou tua filha.

— Não vá pegar corrente de ar! gritou Catarina.

— Ora menina, sou lá criança, disse a mãe sem deixar porém de se preocupar com a própria aparência. A mão sardenta, um pouco trêmula, arranjava com delicadeza a aba do chapéu e Catarina teve subitamente vontade de lhe perguntar se fora feliz com seu pai:

— Dê lembranças a titia! gritou.

— Sim, sim!

— Mamãe, disse Catarina porque um longo apito se ouvira e no meio da fumaça as rodas já se moviam.

— Catarina! disse a velha de boca aberta e olhos espantados, e ao primeiro solavanco a filha viu-a levar as mãos ao chapéu: este caíra-lhe até o nariz, deixando aparecer apenas a nova dentadura. O trem já andava e Catarina acenava. O rosto da mãe desapareceu um instante e reapareceu já sem o chapéu, o coque dos cabelos desmanchado caindo em mechas brancas sobre os ombros como as de uma donzela — o rosto estava inclinado sem sorrir, talvez mesmo sem enxergar mais a filha distante.

[...]

O elevador zumbia no calor da praia. Abriu a porta do apartamento enquanto se libertava do chapeuzinho com a outra mão; parecia disposta a usufruir da largueza do mundo inteiro, caminho aberto pela sua mãe que lhe ardia no peito. Antônio mal levantou os olhos do livro. A tarde de sábado sempre fora "sua", e, logo depois da partida de Severina, ele a retomava com prazer, junto à escrivaninha.

— "Ela" foi?

— Foi sim, respondeu Catarina empurrando a porta do quarto de seu filho. Ah, sim, lá estava o menino, pensou com alívio súbito. Seu filho. Magro e nervoso. Desde que se pusera de pé caminhara firme; mas quase aos quatro anos falava como se desconhecesse verbos: constatava as coisas com frieza, não as ligando entre si. Lá estava ele mexendo na toalha molhada, exato e distante. A mulher sentia um calor bom e gostaria de prender o menino para sempre a este momento; puxou-lhe a toalha das mãos em censura: este menino! Mas o menino olhava indiferente para o ar, comunicando-se consigo mesmo. Estava sempre distraído. Ninguém conseguira ainda chamar-lhe verdadeiramente a atenção. A mãe sacudia a toalha no ar e impedia com sua forma a visão do quarto: mamãe, disse o menino. Catarina voltou-se rápida. Era a primeira vez que ele dizia "mamãe" nesse tom e sem pedir nada. Fora mais que uma constatação: mamãe! A mulher continuou a sacudir a toalha com violência e perguntou-se a quem poderia contar o que sucedera, mas não encontrou ninguém que entendesse o que ela não pudesse explicar. Desamarrotou a toalha com vigor antes de pendurá-la para secar. Talvez pudesse contar, se mudasse a forma. Contaria que o filho dissera: mamãe, quem é Deus. Não, talvez: mamãe, menino quer Deus. Talvez. Só em símbolos a verdade caberia, só em símbolos é que a receberiam. Com os olhos sorrindo de sua mentira necessária, e sobretudo da própria tolice, fugindo de Severina, a mulher inesperadamente riu de fato para o menino, não só com os olhos: o corpo todo riu quebrado, quebrado um invólucro, e uma aspereza aparecendo como uma rouquidão. Feia, disse então o menino examinando-a.

— Vamos passear! respondeu corando e pegando-o pela mão.

Passou pela sala, sem parar avisou ao marido: vamos sair! e bateu a porta do apartamento.

Antônio mal teve tempo de levantar os olhos do livro — e com surpresa espiava a sala já vazia. Catarina! chamou, mas já se ouvia o ruído do elevador descendo. Aonde foram? perguntou-se inquieto, tossindo e assoando o nariz. Porque sábado era seu, mas ele queria que sua mulher e seu filho estivessem em casa enquanto ele tomava o seu sábado. Catarina! chamou aborrecido embora soubesse que ela não poderia mais ouvi-lo.

[...]

(In: *Laços de família*. Editora Rocco, 1998.)

1. Severina passara quinze dias na casa da filha e do genro. Observe os diálogos entre a sogra e o genro.

a) Como se caracteriza a relação entre eles? Indique um trecho que comprove sua resposta.

b) Na hora da despedida, Catarina sente vontade de rir. Por quê?

2. Nos contos de Clarice Lispector, é comum um fato banal do cotidiano desencadear um processo de epifania, isto é, um processo de revelação, de tomada de consciência da personagem.

a) Que fato desencadeia um processo epifânico no relacionamento entre mãe e filha?

b) A partir desse momento, o que se revela à Catarina quanto ao relacionamento com a mãe? Por quê?

3. Releia este fragmento do conto:

> [...]
>
> A mãe tirou o espelho da bolsa e examinou-se no seu chapéu novo, comprado no mesmo chapeleiro da filha. Olhava-se compondo um ar excessivamente severo onde não faltava alguma admiração por si mesma. A filha observava divertida. Ninguém mais pode te amar senão eu, pensou a mulher rindo pelos olhos; e o peso da responsabilidade deu-lhe à boca um gosto de sangue. Como se "mãe e filha" fosse vida e repugnância. Não, não se podia dizer que amava sua mãe. Sua mãe lhe doía, era isso.

a) Na prosa de Clarice, é comum o emprego de metáforas ou de antíteses e paradoxos surpreendentes. Identifique nesse trecho um exemplo de um desses recursos.

b) Dê uma interpretação coerente à frase "Sua mãe lhe doía".

4. Há diferentes formas de o narrador inserir os pensamentos das personagens na narrativa. Ele pode fazê-lo, por exemplo, de modo linear, delimitando nitidamente a voz do narrador e o pensamento das personagens; pode também empregar o discurso indireto livre, misturando a fala do narrador com a fala das personagens; pode, ainda, inserir pensamentos das personagens simultaneamente ao acontecimento dos fatos. No fragmento reproduzido na questão anterior:

a) De que modo o narrador introduz o pensamento das personagens?

b) Que efeito esse recurso provoca no andamento da narrativa?

c) O que se destaca mais na literatura de Clarice Lispector: o enredo ou a introspecção psicológica das personagens? Por quê?

5. Os diálogos entre mãe e filha são repetitivos e vazios, evidenciando uma oposição entre o que é dito e o que é pensado.

a) Constantemente Severina diz "Não esqueci de nada...". Considerando o relacionamento das duas, o que elas realmente poderiam estar esquecendo?

b) Com base em elementos do texto, responda: O que as duas personagens efetivamente gostariam de ter dito? O que as impede de dizerem uma à outra o que realmente pensam e sentem?

6. Clarice, em vários de seus contos, retrata a condição da mulher na sociedade, o casamento sem amor e a vida alienada da mu-

A experiência interior em primeiro plano

Em *Perto do coração selvagem* o modo de apreensão artística da realidade se faz a partir de um centro que é a consciência individual; daí resultam características tais como o monólogo interior, a digressão, a fragmentação de episódios, que caracterizam a ficção moderna em geral, e inclui a totalidade da obra de Clarice Lispector.

Graças à escolha desse centro, a experiência interior passa para o primeiro plano da criação literária e com ela a temática da existência. Ao lado desse tema, a linguagem, a arte e a morte são, via de regra, os acionadores das digressões que retardam a narrativa [...]

(Berta Waldman, op. cit., p. 25-6.)

Um olhar lusitano sobre Clarice

Alguns leitores não conseguem ler uma obra de Clarice Lispector até o fim. Outros se apaixonam de tal forma por suas obras, que chegam a dedicar a vida a elas, como ocorreu com o professor e crítico português Carlos Mendes de Sousa.

Tendo conhecido por acaso uma das obras da escritora, Carlos Mendes se apaixonou pelos escritos de Clarice e chegou até a copiar na íntegra o romance *Paixão segundo G. H.* como uma forma de imersão no universo da autora.

O resultado dos estudos e vivências do professor e crítico foi a produção do livro *Clarice Lispector – Figuras da escrita* (Instituto Moreira Salles), considerado pela crítica como uma das mais importantes contribuições para o desvendamento dos processos da escrita de Clarice.

Instituto Moreira Salles

lher ao lado do marido. No conto "Os laços de família", o processo epifânico vivido por Catarina faz com que ela chegue a sua casa diferente, mudada. E a palavra que o filho lhe diz parece dar continuidade ao processo epifânico.

a) Que efeito tem sobre o marido a iniciativa de Catarina de sair do apartamento com o filho?

b) Considerando "os laços de família" (título do conto) observados entre Catarina e a mãe, troque ideias com os colegas e dê uma interpretação coerente: Por que Catarina toma a iniciativa de sair do apartamento com o filho?

c) Na sua opinião, Catarina vai voltar?

7. Com base no conto "Os laços de família", responda: Mesmo trabalhando com o universo da consciência individual de personagens, a literatura de Clarice Lispector consegue ser também social? Justifique sua resposta.

LITERATURA COMPARADA

DIÁLOGO ENTRE A FICÇÃO DE CLARICE LISPECTOR E A FICÇÃO DE VIRGINIA WOOLF

Você vai ler a seguir dois textos. O primeiro é a página inicial do romance *O quarto de Jacob*, da escritora inglesa Virginia Woolf (1882-1941); o segundo é um fragmento do romance *A paixão segundo G. H.*, da escritora brasileira Clarice Lispector. Leia e compare os textos.

TEXTO I

[...] "Assim, naturalmente", escreveu Betty Flanders enfiando os saltos dos sapatos mais fundo na areia, "não havia nada a fazer senão partir".

Brotando lentamente do bico da sua pena de ouro, a pálida tinta azul dissolveu o ponto final; pois sua caneta parou ali; seus olhos tornaram-se fixos, lágrimas inundaram-nos devagar. A baía inteira oscilou; o farol cambaleou; e ela teve a ilusão de que o mastro do pequeno iate do sr. Connor se inclinava, como uma vela de cera ao sol. A sra. Flanders pestanejou depressa. Acidentes eram coisas terríveis. Piscou de novo. O mastro estava ereto; as ondas, regulares; o farol, em pé; mas o pingo de tinta se espalhara.

— ... nada a fazer senão partir — leu ela.

— Bem, se Jacob não quer brincar — (a sombra de Archer, seu filho mais velho, caiu sobre o papel, e parecia azul na areia, e ela sentiu frio — já era três de setembro) — se Jacob não quer brincar... — Que borrão horrível! Devia estar ficando tarde.

— Mas *onde* está esse menino cansativo? — disse ela. — Não o vejo daqui. Corra e vá procurá-lo. Diga-lhe que venha já. — "... mas graças a Deus", rabiscou, ignorando o ponto final, "tudo parece satisfatoriamente arranjado, estamos empacotados como arenques numa barrica, e fomos obrigados a deixar de lado o carrinho de bebê, que naturalmente o senhorio não quer permitir...".

Jose Moya/AGE Fotostock/Grupo Keystone

Cornualha, na Inglaterra.

Eram assim as cartas de Betty Flanders ao capitão Barfoot — cartas de muitas páginas, manchadas de lágrimas. Scarborough fica a setecentas milhas da Cornualha: o capitão Barfoot está em Scarborough: Seabrook está morto. Lágrimas fizeram balouçar em ondas rubras todas as dálias do jardim e reverberar em seus olhos a estufa de vidro, e enfeitaram a cozinha de setas luminosas, e fizeram a sra. Jarvis, esposa do reitor, pensar, na igreja, enquanto os hinos ressoavam e a sra. Flanders se debruçava sobre as cabeças dos filhos pequenos, que o casamento é uma fortaleza, e que viúvas vagueiam solitárias por campos abertos, juntando pedras, respingando palhas douradas, sozinhas, desprotegidas, pobres criaturas. [...]

(Virginia Woolf. *O quarto de Jacob*. Trad. de Lya Luft. 2. ed. Rio de Janeiro: Nova Fronteira, 2003. p. 7-8.)

TEXTO II

Em *A paixão segundo G. H.*, a protagonista é uma escultora que mora num apartamento de cobertura no Rio de Janeiro. Nesse momento, ela atravessa a crise de uma separação amorosa e, após demitir a empregada, resolve ir ao quarto da moça para fazer ali uma limpeza. Eis que surge detrás da porta uma barata. O inseto desencadeia o processo epifânico vivido pela personagem. O fragmento que segue é o clímax dessa situação.

Estou adiando. Sei que tudo o que estou falando é só para adiar — adiar o momento em que terei que começar a dizer, sabendo que nada mais me resta a dizer. Estou adiando o meu silêncio. A vida toda adiei o silêncio? mas agora, por desprezo pela palavra, talvez enfim eu possa começar a falar.

[...]

Mas eu sabia que não era assim que eu deveria fazer. Sabia que teria que comer a massa da barata, mas eu toda comer, e também o meu próprio medo comê-lo. Só assim teria o que de repente me pareceu que seria o antipecado: comer a massa da barata é o antipecado, pecado seria a minha pureza fácil.

O antipecado. Mas a que preço.

Ao preço de atravessar uma sensação de morte.

Levantei-me e avancei de um passo, com a determinação não de uma suicida mas de uma assassina de mim mesma.

O suor agora recomeçara, eu estava agora suada da cabeça aos pés, os dedos melados dos pés escorregavam dentro do chinelo, e a raiz de meus cabelos amolecia àquela coisa viscosa que era o meu suor novo, um suor que eu não conhecia e que tinha um cheiro igual ao que sai de uma terra ressecada às primeiras chuvas. Aquele suor profundo era no entanto o que me vivificava, eu estava nadando lenta no meu mais antigo caldo de cultura, o suor era planctum e pneuma e plabum vitae, eu estava sendo, eu estava me sendo.

Não, meu amor, não era bom como o que se chama bom. Era o que se chama ruim. Muito, muito ruim mesmo. Pois minha raiz, que só agora eu experimentava, tinha gosto de batata-tubérculo, misturada com a terra de onde fora arrancada. No entanto esse gosto ruim tinha uma estranha graça de vida que só posso entender se a sentir de novo e só posso explicar de novo sentindo.

Avancei mais um passo. Mas em vez de ir adiante, de repente vomitei o leite e o pão que havia comido de manhã ao café.

Toda sacudida pelo vômito violento, que não fora sequer precedido pelo aviso de uma náusea, desiludida comigo mesma, espantada com minha falta de força de cumprir o gesto que me parecia ser o único a reunir meu corpo à minha alma.

A despeito de mim, depois de vomitar, eu ficara serena, com a testa refrescada, e fisicamente tranquila.

O que era pior: agora eu ia ter que comer a barata mas sem a ajuda da exaltação anterior, a exaltação que teria agido em mim como uma hipnose; eu havia vomitado a exaltação. E inesperadamente, depois da revolução que é vomitar, eu me sentia fisicamente simples como uma menina. Teria que ser assim, como uma menina que estava sem querer alegre, que eu ia comer a massa da barata.

Então avancei.

Minha alegria e minha vergonha foi ao acordar do desmaio. Não, não fora desmaio. Fora mais uma vertigem, pois que eu continuava de pé, apoiando a mão no guarda-roupa. Uma vertigem que me fizera perder conta dos momentos e do tempo. Mas eu sabia, antes mesmo de pensar, que, enquanto me ausentara na vertigem, "alguma coisa se tinha feito".

Eu não queria pensar mas sabia. Tinha medo de sentir na boca aquilo que estava sentindo, tinha medo de passar a mão pelos lábios e perceber vestígios. E tinha medo de olhar para a barata — que agora devia ter menos massa branca sobre o dorso opaco...

Eu tinha vergonha de me ter tornado vertiginosa e inconsciente para fazer aquilo que nunca mais eu ia saber como tinha feito — pois antes de fazê-lo eu havia tirado de mim a participação. Eu não tinha querido "saber".

Era assim então que se processava? "Não saber" — era assim então o que mais profundo acontecia? alguma coisa teria sempre, sempre, que estar aparentemente morta para que o vivo se processasse? eu tivera que não saber que estava viva? O segredo de jamais se escapar da vida maior era o de viver como um sonâmbulo?

Ou viver como um sonâmbulo era o maior ato de confiança? o de fechar os olhos em vertigem, e jamais saber o que se fez.

Como uma transcendência. Transcendência, que é a lembrança do passado ou do presente ou do futuro. A transcendência era em mim o único modo como eu podia alcançar a coisa? Pois mesmo ao ter comido da barata, eu fizera por transcender o próprio ato de comê-la. E agora só me restava a vaga lombrança de um horror, só me ficara a ideia.

Até que a lembrança ficou tão forte que meu corpo gritou todo em si mesmo.

Psonha

Crispei minhas unhas na parede: eu sentia agora o nojento na minha boca, e então comecei a cuspir, a cuspir furiosamente aquele gosto de coisa alguma, gosto de um nada que no entanto me parecia quase adocicado como o de certas pétalas de flor, gosto de mim mesma — eu cuspia a mim mesma, sem chegar jamais ao ponto de sentir que enfim tivesse cuspido minha alma toda.

(Clarice Lispector. *A paixão segundo G.H.* Edição crítica organizada por Benedito Nunes. São Paulo: Allca XX/Scipione Cultural, 1997. p. 15 e 106-107.)

1. Leia o boxe "O desafio do romance moderno" na página seguinte. Como é comum na narrativa moderna, há no texto de Virginia Woolf a sobreposição de dois planos. Quais são esses planos?

2. Outro aspecto que caracteriza a narrativa moderna é a explicitação do fazer literário. Sem se preocupar com uma narrativa coerente e verossímil, é comum o escritor deixar transparecer o próprio processo de escritura e de invenção do mundo narrado.

a) Há, no texto de Virginia Woolf, reflexões sobre o ato de escrever? Justifique sua resposta.

b) Identifique no texto de Clarice Lispector um parágrafo que deixe claro o processo de criação literária.

3. Outro traço característico da ficção moderna é o *fluxo de consciência*. Leia o boxe "Introspecção psicológica e fluxo de consciência" e, a seguir:

a) Identifique no último parágrafo do texto de Virginia Woolf um exemplo de fluxo de consciência.

b) Identifique no fragmento do texto I abaixo o trecho que corresponde ao pensamento da personagem, o trecho que corresponde à fala dela e o trecho que corresponde à fala do narrador.

> Bem, se Jacob não quer brincar — (a sombra de Archer, seu filho mais velho, caiu sobre o papel, e parecia azul na areia, e ela sentiu frio — já era três de setembro) — se Jacob não quer brincar... — Que borrão horrível! Devia estar ficando tarde.

c) Identifique no texto II um trecho que exemplifique o fluxo de consciência.

4. Observe as indicações de tempo e espaço nos dois textos.

a) Há marcas claras de definição temporal e espacial?

b) Que frase do penúltimo parágrafo do texto II comprova sua resposta anterior?

c) Que efeito de sentido a falta de precisão temporal proporciona ao texto?

5. A cena lida do romance de Clarice Lispector é um momento radical e epifânico na história da personagem. Troque ideias com os colegas e dê uma interpretação coerente a esse episódio: Que razões, conscientes e inconscientes, teriam levado a personagem a comer a barata?

O desafio do romance moderno

As obras de Virginia Woolf e James Joyce são consideradas pela crítica responsáveis pela criação do romance moderno, que rompeu com o modo realista de narrar.

Em vez da narrativa lógica e linear, com fatos bem-situados no tempo e no espaço, a narrativa desses autores costuma misturar diferentes planos, como o do passado e o do presente, o da fantasia e o da realidade, sem preocupação em ser verossímil.

O quarto de Jacob, por exemplo, de Virginia Woolf, é uma narrativa fragmentada e sem um enredo definido, que reúne impressões da infância, relatos de viagem, diálogos escritos, tudo disposto de forma não linear, à espera de um leitor participante, que organize e dê sentido a todo o material.

Introspecção psicológica e fluxo de consciência

A introspecção psicológica desvenda o universo mental da personagem de modo linear, com espaços determinados e marcadores temporais nítidos. O leitor tem pleno domínio da situação e faz com facilidade a distinção entre a fala do narrador e a fala ou pensamento da personagem, entre o momento passado (revivido pela personagem por meio da memória), o momento presente e momentos de imaginação.

O fluxo de consciência quebra esses limites espaço-temporais que tornam a obra verossímil. Por meio dele, presente e passado, realidade e desejo se misturam. Além disso, as digressões (desenvolvimento de assuntos paralelos ao tema principal) tornam o conteúdo da narrativa rarefeito, dificultando a apreensão de seu conteúdo global. O fluxo também pode ocorrer por meio de uma sucessão de pensamentos e imagens que surgem na mente da personagem, como se uma câmera instalada no cérebro dela captasse seus pensamentos fluidos e muitas vezes desconexos.

Para quem quer mais na Internet

Se você deseja ler outros textos de Clarice Lispector e conhecer mais a fundo o seu trabalho, sugerimos acessar os *sites*:

www.claricelispector.com.br/

www.releituras.com/clispector_menu.asp

www2.tvcultura.com.br/aloescola/literatura/claricelispector/index.htm

PRODUÇÃO DE TEXTO

Images.com/Corbis/Latinstock

CAPÍTULO 2

O texto dissertativo-argumentativo: como fazer a conclusão

TRABALHANDO O GÊNERO

Assim como há mais de uma maneira de introduzir e de desenvolver um texto dissertativo-argumentativo, há mais de uma maneira também de fazer a conclusão desse tipo de texto.

O texto a seguir está entre as melhores redações do vestibular da Fuvest de 2011. Com base nas ideias e sugestões presentes em uma imagem e numa coletânea de textos, os candidatos deveriam redigir uma dissertação argumentativa em prosa sobre o tema: *O altruísmo e o pensamento a longo prazo ainda têm lugar no mundo contemporâneo?*.

Leia o texto, reproduzido tal qual está no original:

A contemporaneidade do "Panis et circenses"

No período denominado "século de ouro", na Roma Antiga, instituiu-se o chamado "Panis et circenses". A população recebia o alimento, a diversão, e tudo estava resolvido. Posteriormente, com a Revolução Industrial, deu-se a ideia do imediatismo, da rapidez nas linhas de produção. A história expõe que as ações e os pensamentos a longo prazo são cada vez menos priorizados pelo ser humano, em decorrência de uma construção ideológica que preza pela síntese, pelo veloz. Mas por quais razões isso ocorre?

O tempo é tido — ou dado — como o agente condicionante da vida contemporânea. Ou melhor, a falta dele. Tornamo-nos escravos dos ponteiros, tornamo-nos vítimas de medidas que nós mesmos criamos. Esperar tornou-se uma tortura: deve-se viver — ou simplesmente "existir" — de acordo com o modelo *just-in-time*. Quando G. Lipovetsky afirma que a cultura do sacrifício está morta, é possível aplicar tal ideia ao fato de que a cultura do agora destruiu paulatinamente o poder do ser humano sobre o tempo, fazendo-o temer o passar dos dias, dos meses, do ano. Teme-se o envelhecimento, teme-se a morte.

Mas o que verdadeiramente morre, se morrer o homem? O legado humano reduz-se porque não há tempo para deixar registros. Deve-se ler o jornal, pegar o metrô, trabalhar. Práticas como a leitura vêm sendo abandonadas pelas novas gerações que nasceram com um cronômetro instalado em suas mentes. O altruísmo e o amor natural e desinteressado já não existem, pois vive-se em prol do individual, do singular, não havendo, portanto, o estabelecimento de um "todo" harmonioso e relativamente equilibrado que leva o nome de "coletivo". Levaria.

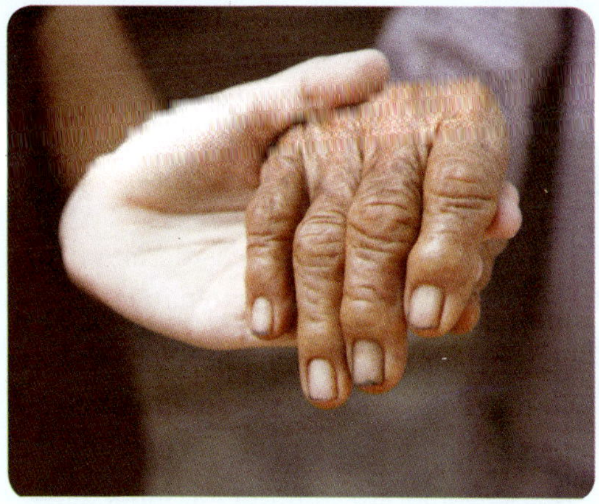
Derek E. Rothchild/Photodisc/Getty Images

Sucumbir ao paradoxo dos instantes, em prol da ascensão dos valores pregados por aqueles que defendem o estilo de vida que somos condicionados a levar, é anular a essência do ser humano como item imprescindível para o estabelecimento e disseminação da condição animal a que pertencemos. Exigir o veloz, o imediato e o sintético, sem ter a consciência de que estes valores são injetados em nossas mentes, é ter a confirmação de que o "Panis et circenses" da Roma Antiga é tão contemporâneo quanto o advento da globalização.

(Candidato da Fuvest. Disponível em: http://www.fuvest.br/vest2011/bestred/118731.jpg. Acesso em: 23/7/2012.)

altruísmo: interesse pelo bem-estar do próximo.
panem et circenses: expressão latina que significa "pão e espetáculos circenses".

1. A tese ou ideia principal desenvolvida no texto encontra-se no 1º parágrafo. Qual é ela?

2. Considere as seguintes formas de desenvolvimento do texto dissertativo-argumentativo: alusão histórica, provas concretas, argumentos de autoridade, enumeração, definição, citação ou testemunho, exemplificação, comparação e contraste, causa e consequência. Indique qual desses procedimentos foi utilizado nos seguintes trechos do texto:

a) "O tempo é tido – ou dado – como o agente condicionante da vida contemporânea."

b) "Tornamo-nos escravos dos ponteiros, tornamo-nos vítimas de medidas que nós mesmos criamos."

c) "Quando G. Lipovetsky afirma que a cultura do sacrifício está morta"

d) "O legado humano reduz-se porque não há tempo para deixar registros."

e) "O altruísmo e o amor natural já não existem, pois vive-se em prol do individual"

f) "vive-se em prol do individual, do singular, não havendo, portanto, o estabelecimento de um todo harmonioso e relativamente equilibrado que leva o nome de coletivo"

3. A conclusão do texto em estudo é feita no último parágrafo. Compare esse parágrafo com o 1º, o da introdução.
a) A ideia presente na conclusão coincide com as ideias expressas no parágrafo de introdução? Justifique sua resposta.
b) Os procedimentos mais utilizados para concluir um texto são de três tipos: *síntese*, *proposta* e *surpresa*. Com que tipo de conclusão o autor encerra o texto?

TIPOS DE CONCLUSÃO DO TEXTO DISSERTATIVO-ARGUMENTATIVO

A conclusão de um texto dissertativo-argumentativo geralmente ocupa o último ou os dois últimos parágrafos do texto. Ela pode ser construída a partir de pelo menos cinco procedimentos básicos, relacionados a seguir.

Síntese

Os frutos do programa são inegáveis hoje. A experiência já serviu de modelo para outras partes do mundo. As críticas de que não vingaria dado o seu cunho demagógico caíram por terra após um trabalho sistemático de combate aos desvios e irregularidades. E, em grande medida, por conta da iniciativa, o País viveu uma alavancagem econômica com a chegada ao mercado de milhões de novos compradores.

("Os emergentes do Bolsa Família". *IstoÉ*, 26/10/2011.)

Nesse parágrafo, o autor faz uma síntese dos aspectos que abordou no desenvolvimento do texto, salientando os resultados positivos do programa Bolsa Família. Observe que os argumentos não são retomados por inteiro, pois isso tornaria o texto repetitivo. A retomada, nesse caso, deve ser feita de forma sintética, evitando-se a mera repetição de palavras e frases.

Embora não seja obrigatório, é comum haver um elemento de coesão entre as demais partes do texto e a conclusão. Às vezes, esse elemento fica subentendido, como ocorreu no parágrafo acima, que poderia ter sido introduzido por um elemento coesivo, como *assim, portanto, desse modo, diante disso, nesse sentido*, entre outros.

Agregação

Bloomberg/Getty Images

Talvez o século XX tenha sido o que mais evidenciou o poder da imagem. Os meios de comunicação de massa serviram a interesses de governos autoritários. O nazismo lançou mão de todo um aparato de propaganda para insuflar a população e difundir suas crenças e ideias. Assim o fizeram tantos outros, como os EUA por meio de Disney, de Hollywood e do "american way of life". Assim o fazem as grandes corporações contemporâneas, elegendo e difundindo ícones e símbolos para gravar suas marcas em nossas cabeças. E assim, de imagem a imagem, caminha a humanidade.

(Candidato da Fuvest. Disponível em: http://www.fuvest.br/vest2010/bestred/106820.jpg. Acesso em: 23/7/2012.)

Nesse tipo de conclusão, finaliza-se com uma palavra ou frase que tenha um valor mais abrangente, isto é, apresenta-se uma ideia capaz de reunir todos os aspectos abordados anteriormente.

Na conclusão acima, o autor amplia sua análise sobre o poder da imagem no século XX, desmembrando sua ação em três frentes: a política, a ideológica e a do consumo.

Proposta

Privatizar a escola brasileira não resolve. O que precisamos fazer é torná-la efetivamente pública, de modo que ela passe a atender às necessidades do país e dos alunos que a frequentam. Precisamos parar de pensar nossa educação em termos ideológicos ou mágicos, acreditando em balas de prata, planos nacionais, cláusulas de financiamento ou outras soluções mirabolantes. Não há decreto que resolva. A máquina é complexa e cheia de enguiços. Ou arregaçamos as mangas e mexemos nas engrenagens defeituosas, ou continuaremos nos lamentando.

(Gustavo Ioschpe. "As escolas não são públicas". E privatizar não resolve. *Veja*, 27/6/2012.)

Nesse tipo de conclusão, o autor faz propostas ou sugestões para que o problema em análise seja resolvido. Quanto mais concretas forem as propostas, evitando-se sugestões vagas, como "É preciso que todos tomem consciência", ou "Somente quando cada um de nós fizer sua parte", mais persuasivo será o texto como um todo.

No texto acima, em que se discute a privatização das escolas públicas, o autor posiciona-se contra a adoção da medida e sugere que a escola pública deve, antes, tornar-se pública, ou seja, atender, de fato, às necessidades de pais e alunos, e complementa afirmando, de forma metafórica, que é necessário trabalhar com a realidade concreta da educação, sem planos fora da realidade.

Pergunta

Mas, se o futuro é a orientação ideal, não deve ser a única. É preciso valorizar as tradições, que nos fizeram quem somos. Também cabe um hedonismo: ao lado do acelerador está o freio, para que o dia tenha duas dúzias de horas e o ano não passe em branco. Falar nisso, o Natal já tá aí — como vai ser o seu?

(Emiliano Urbim. "Mercado do tempo". *Superinteressante*, nº 285.)

Nesse tipo de conclusão, a pergunta é puramente retórica, pois sua resposta, direta ou indiretamente, já foi apresentada ao longo do texto. No texto de que faz parte a conclusão acima, por exemplo, o leitor é orientado a viver com rapidez, estudando, poupando e planejando seu futuro. A conclusão, porém, faz uma ressalva, incentivando-o a ter, também, momentos de lazer, e, na pergunta, apresenta uma síntese dessa ideia.

Surpresa

Ou, numa mistura maligna de arrogância e ignorância — talvez simplesmente porque não temos nada melhor a fazer —, vamos deletar as palavras que nos incomodam, os costumes que nos irritam, as pessoas que nos atrapalham e, quem sabe, iniciar uma campanha de queima de livros. De autores, seria um segundo passo. E assim caminhará para trás, velozmente, o que temos de humanidade.

Laerte Silvino

(Lya Luft. "Vamos queimar os dicionários." *Veja*, 14/3/2012.)

Nesse texto, no qual é discutida a censura a um dicionário por trazer o sentido pejorativo da palavra *cigano*, a autora, de forma irônica, enumera uma série de ações para abolir tudo o que nos incomoda.

Na conclusão-surpresa, além da ironia e do humor, pode haver a citação de escritores, filósofos, estadistas, compositores e outros, de forma literal ou em forma de paródia. Pode haver também uma pequena história, uma piada, um pensamento que ilustre tudo o que se desenvolveu ou atribua novos sentidos ao texto.

PRODUZINDO O TEXTO DISSERTATIVO-ARGUMENTATIVO

O painel de textos que segue apresenta pontos de vista diferentes sobre a questão da redução da maioridade penal.

Leia os textos e prepare-se para também escrever sobre o assunto.

TEXTO I

Maioridade penal

[...]

O que é maioridade penal?

A maioridade penal fixada em 18 anos é definida pelo artigo 228 da Constituição. É a idade em que, diante da lei, um jovem passa a responder inteiramente por seus atos, como cidadão adulto. É a idade-limite para que alguém responda na Justiça de acordo com o Código Penal. Um menor é julgado pelo Estatuto da Criança e do Adolescente (ECA).

O que diz a legislação brasileira sobre infrações de quem não atingiu a maioridade penal?

Pela legislação brasileira, um menor infrator não pode ficar mais de três anos internado em instituição de reeducação [...]. É uma das questões mais polêmicas a respeito da maioridade penal. As penalidades previstas são chamadas de "medidas socioeducativas". Apenas crianças até 12 anos são inimputáveis, ou seja, não podem ser julgadas ou punidas pelo Estado. De 12 a 17 anos, o jovem infrator será levado a julgamento numa Vara da Infância e da Juventude e poderá receber punições como advertência, obrigação de reparar o dano, prestação de serviços à comunidade, liberdade assistida, inserção em regime de semiliberdade ou internação em estabelecimento educacional. Não poderá ser encaminhado ao sistema penitenciário.

Como é a legislação brasileira em relação a outros países?

Alexandre Tokitaka/Pulsar Imagens

A legislação brasileira sobre a maioridade penal entende que o menor deve receber tratamento diferenciado daquele aplicado ao adulto. Estabelece que o menor de 18 anos não possui desenvolvimento mental completo para compreender o caráter ilícito de seus atos. Adota o sistema biológico, em que é considerada somente a idade do jovem, independentemente de sua capacidade psíquica. Em países como Estados Unidos e Inglaterra não existe idade mínima para a aplicação de penas. Nesses países são levadas em conta a índole do criminoso, tenha a idade que tiver, e sua consciência a respeito da gravidade do ato que cometeu. Em Portugal e na Argentina o jovem atinge a maioridade penal aos 16 anos. Na Alemanha, a idade-limite é 14 anos e na Índia, 7 anos.

Quais os argumentos para reduzir a maioridade penal?

Os que defendem a redução da maioridade penal acreditam que os adolescentes infratores não recebem a punição devida. Para eles, o Estatuto da Criança e do Adolescente é muito tolerante com os infratores e não intimida os que pretendem transgredir a lei. Eles argumentam que, se a legislação eleitoral considera que o jovem de 16 anos tem discernimento para votar, ele deve ter também idade suficiente para responder diante da Justiça por seus crimes.

Quais mudanças são propostas em relação à maioridade penal?

Discute-se a redução da idade da responsabilidade criminal para o jovem. A maioria fala em 16 anos, mas há quem proponha até 12 anos como idade-limite. Propõe-se também punições mais severas aos infratores, que só poderiam deixar as instituições onde estão internados quando estivessem realmente "ressocializados". O tempo máximo de permanência de menores infratores em instituições não seria três anos, como determina hoje a legislação, mas até dez anos. Fala-se em reduzir a maioridade penal somente quando o caso envolver crime hediondo e também em imputabilidade penal quando o menor apresentar "idade psicológica" igual ou superior a 18 anos.

O que dizem os que são contra a redução da maioridade penal?

Os que combatem as mudanças na legislação para reduzir a maioridade penal acreditam que ela não traria resultados na diminuição da violência e só acentuaria a exclusão de parte da população. Como alternativa, eles propõem melhorar o sistema socioeducativo dos infratores, investir em educação de uma forma ampla e também mudar a forma de julgamento de menores muito violentos. Alguns defendem mudanças no Estatuto da Criança e do Adolescente para estabelecer regras mais rígidas. Outros dizem que já faria diferença a aplicação adequada da legislação vigente.

[...]

(Disponível em: http://veja.abril.com.br/idade/exclusivo/perguntas_respostas/maioridade_penal/index.shtml. Acesso em: 23/7/2012.)

TEXTO II

CNI-Ibope: maioria quer redução da maioridade penal

Ary Pimenta de Moraes Filho

Ao menos quatro entre cinco brasileiros concordam com a redução da maioridade penal para 16 anos, revela a pesquisa "Retratos da Sociedade Brasileira: Segurança Pública" feita pelo Ibope e divulgada hoje pela Confederação Nacional da Indústria (CNI). Mostram-se totalmente a favor da medida 75% dos entrevistados e parcialmente a favor, 11%. Os que são contrários total e parcialmente somam 9%.

"Os crimes praticados por menores é uma preocupação da população que também demanda ações mais severas nesses casos", afirma o documento. Além disso, os que acham que atribuição da responsabilidade penal somente a partir dos 18 anos incentiva a participação de menores de idade em crimes somam 83%, enquanto os que discordam são 9%.

Ao analisar os brasileiros a favor da redução da maioridade penal sob a perspectiva do nível de instrução, a pesquisa mostra que a concordância com a medida é generalizada — em todos os estratos os índices ficaram entre 73% e 76% que são totalmente a favor. O mesmo acontece na divisão por regiões — em todas a variação foi de 73% a 76%. As diferenças aparecem quando são levadas em consideração a questão da renda familiar e a idade do entrevistado.

Enquanto entre brasileiros com renda familiar de até dez salários mínimos os que são totalmente a favor da redução da maioridade penal oscilam entre 70% e 77%, entre aqueles que ganham mais do que dez salários mínimos o índice é de 63%. Na estratificação por idade, o maior porcentual aparece entre aqueles que estão nas faixas etárias de 25 a 29 anos (79%), 30 a 39 anos (também 79%) e de 50 anos ou mais (77%). Já entre os entrevistados que têm de 40 a 49 anos, 71% são totalmente a favor da medida, e entre os com 16 até 24 anos, esse índice é de 69%.

[...]

(Disponível em: http://www.em.com.br/app/noticia/nacional/2011/10/19/interna_nacional,256902/cni-ibope/maioria-quer-reducao-da-maioridade-penal.shtml. Acesso em: 23/7/2012.)

TEXTO III

10 razões da psicologia contra a redução da maioridade penal

> Se não vejo na criança, uma criança, é porque alguém a violentou antes;
> e o que vejo é o que sobrou de tudo o que lhe foi tirado.
>
> Herbert de Souza (Betinho)

[...]

1. A adolescência é uma das fases do desenvolvimento dos indivíduos e, por ser um período de grandes transformações, deve ser pensada pela perspectiva educativa. O desafio da sociedade é educar seus jovens, permitindo um desenvolvimento adequado tanto do ponto de vista emocional e social quanto físico;

2. É urgente garantir o tempo social de infância e juventude, com escola de qualidade, visando condições aos jovens para o exercício e vivência de cidadania, que permitirão a construção dos papéis sociais para a constituição da própria sociedade;

3. A adolescência é momento de passagem da infância para a vida adulta. A inserção do jovem no mundo adulto prevê, em nossa sociedade, ações que assegurem este ingresso, de modo a oferecer-lhe as condições sociais e legais, bem como as capacidades educacionais e emocionais necessárias. É preciso garantir essas condições para todos os adolescentes;

4. A adolescência é momento importante na construção de um projeto de vida adulta. Toda atuação da sociedade voltada para esta fase deve ser guiada pela perspectiva de orientação. Um projeto de vida não se constrói com segregação e, sim, pela orientação escolar e profissional ao longo da vida no sistema de educação e trabalho;

5. O Estatuto da Criança e do Adolescente (ECA) propõe a responsabilização do adolescente que comete ato infracional com aplicação de medidas socioeducativas. O ECA não propõe impunidade. É adequado, do ponto de vista da Psicologia, uma sociedade buscar corrigir a conduta dos seus cidadãos a partir de uma perspectiva educacional, principalmente em se tratando de adolescentes;

6. O critério de fixação da maioridade penal é social, cultural e político, sendo expressão da forma como uma sociedade lida com os conflitos e questões que caracterizam a juventude; implica a eleição de uma lógica que pode ser repressiva ou educativa. Os psicólogos sabem que a repressão não é uma forma adequada de conduta para a constituição de sujeitos sadios. Reduzir a idade penal reduz a igualdade social e não a violência – ameaça, não previne, e punição não corrige;

Rubberball/Mike Kemp/Getty Images

7. As decisões da sociedade, em todos os âmbitos, não devem jamais desviar a atenção, daqueles que nela vivem, das causas reais de seus problemas. Uma das causas da violência está na imensa desigualdade social e, consequentemente, nas péssimas condições de vida a que estão submetidos alguns cidadãos. O debate sobre a redução da maioridade penal é um recorte dos problemas sociais brasileiros que reduz e simplifica a questão;

8. A violência não é solucionada pela culpabilização e pela punição, antes pela ação nas instâncias psíquicas, sociais, políticas e econômicas que a produzem. Agir punindo e sem se preocupar em revelar os mecanismos produtores e mantenedores de violência tem como um de seus efeitos principais aumentar a violência;

9. Reduzir a maioridade penal é tratar o efeito, não a causa. É encarcerar mais cedo a população pobre jovem, apostando que ela não tem outro destino ou possibilidade;

10. Reduzir a maioridade penal isenta o Estado do compromisso com a construção de políticas educativas e de atenção para com a juventude. Nossa posição é de reforço a políticas públicas que tenham uma adolescência sadia como meta.

[...]

(Disponível em: http://www.crianca.caop.mp.pr.gov.br/modules/conteudo/conteudo.php?conteudo=280. Acesso em: 23/7/2012.)

E você, o que pensa dessa polêmica? Na sua opinião: *A redução da maioridade penal é uma solução para o problema do aumento da violência praticada por menores?*

Tome uma posição – sim ou não – e prepare-se para redigir um texto dissertativo-argumentativo sobre o assunto.

Planejamento do texto

- Tenha em vista o perfil dos leitores. Seu texto será divulgado no mural da sala e, portanto, será lido por seus colegas.
- Tome uma posição sobre o tema e deixe claro o seu ponto de vista já nos primeiros parágrafos.
- Selecione e organize em uma sequência os melhores argumentos.
- Observe se há argumentos de tipos variados, isto é, baseados em comparação, alusão histórica, provas concretas, exemplos, argumentos de autoridade, etc.
- Empregue o tipo de conclusão mais adequado para o seu texto: síntese, agregação, pergunta, proposta ou surpresa.
- Ao redigir, organize o texto em parágrafos. A introdução pode corresponder a um parágrafo ou, no máximo, dois. Cada um dos argumentos pode corresponder a um parágrafo. Se um argumento for amplo e envolver mais de um aspecto, é possível desenvolvê-lo em dois parágrafos. Para a conclusão, geralmente se destina o último parágrafo.
- Empregue uma linguagem de acordo com a norma-padrão, exigida nos exames vestibulares e no Enem.
- Dê um título sugestivo ao texto.

Revisão e reescrita

Antes de fazer a versão final de seu texto dissertativo-argumentativo, releia-o, observando:

- se você se ateve ao tema proposto e posicionou-se claramente sobre ele;
- se o texto apresenta uma tese, se ela resume seu ponto de vista e é fundamentada em argumentos claros, consistentes e bem-desenvolvidos;
- se a conclusão é coerente com o ponto de vista e com as ideias apresentadas;
- se o título dado ao texto é, além de sugestivo, coerente com as ideias desenvolvidas;
- se o texto como um todo é persuasivo;
- se a linguagem está de acordo com a norma-padrão da língua e com o grau de formalidade adequado à situação.

Faça as alterações necessárias e passe o texto a limpo.

A INFORMATIVIDADE E O SENSO COMUM

A informatividade

Observe estas pinturas:

Tsing Fang Cheng/Super Stock/Keystone

Jogadores de carta no café At Night (1989), de Tsing-Fang Chen.

Professor Hans R. Hahnlose-Collection, Burn, Switzerland

Café noturno (1888), de Van Gogh.

Musée d'Orsay, Paris. France

Os jogadores de cartas (1890-1892), de Paul Cézanne.

1. Com base nos elementos do quadro de Tsing-Fang Chen, responda:

a) O que as personagens estão fazendo?

b) Em que lugar elas estão?

c) O que a expressão das personagens conota?

2. Observe os quadros de Cézanne e de Van Gogh. Repare no nome de cada quadro e na data de sua criação. Que semelhanças o quadro de Tsing-Fang Chen tem:

a) com o quadro de Cézanne?

b) com o quadro de Van Gogh?

3. O quadro de Tsing-Fang Chen foi criado um século depois dos outros dois quadros e mantém com eles uma relação de intertextualidade, pois *cita* as outras duas obras. Levante hipóteses:

a) Para um observador que não conheça as obras de Cézanne e de Van Gogh, o quadro de Tsing-Fang apresenta coerência e unidade de sentido?

b) Se o observador conhecer as outras obras, essas informações alteram o sentido do quadro?

4. Agora leia estes versos de Adélia Prado:

Agora, ó José

É teu destino, ó José
a esta hora da tarde,
se encostar na parede,
as mãos para trás.
Teu paletó abotoado
de outro frio te guarda,
enfeita com três botões
tua paciência dura.
[...]

(*Poesia reunida*. São Paulo: Siciliano, 1991. p. [illegible].)

Fernando Botero

• *Os jogadores de cartas* (1991), do pintor colombiano Botero.

a) Esses versos citam um conhecido poema. Qual é o poema? Quem é seu autor?

b) Sem conhecer o poema citado por Adélia Prado, o leitor tem condições de alcançar o sentido global do texto?

Todo texto, verbal ou não verbal, é dotado de informatividade, isto é, tem a propriedade de mobilizar um conjunto de informações. O quadro de Tsing-Fang Chen tem um grau de informatividade alto, pois é restrito o número de pessoas que conhecem os quadros dos outros dois pintores citados por ele. O mesmo se dá com o poema de Adélia Prado: embora o poema "José", de Carlos Drummond de Andrade, seja um dos mais conhecidos da nossa literatura, nem todas as pessoas reconhecem o diálogo entre os dois textos e os sentidos criados a partir dele.

Se um grau de informatividade alto pode prejudicar a comunicação, uma vez que o interlocutor não percebe ou não identifica determinadas camadas de sentido do texto, um grau de informatividade baixo também pode ser prejudicial à comunicação, uma vez que, se o texto não apresenta informações novas, o leitor pode se desinteressar da leitura.

Compare os dois textos seguintes.

A bolsa de Nova York termina o semestre com alta de 5,42% no índice Dow Jones. A Nasdaq, em que são negociados papéis de tecnologia, subiu 10,66%.

As perdas da Bolsa poderiam ter sido maiores se não fosse, ontem, uma recuperação generalizada dos mercados com um acordo europeu para recapitalizar os bancos espanhóis e italianos.

(*Folha de S. Paulo*, 30/6/2012.)

Getty Images/iStockphoto

Há rivalidades até entre famílias, filhos matando pais para tomar o que lhes pertence, irmãos brigando entre si.

Brigas por posses de terras, causando guerras entre países como ocorreu há pouco tempo e continua acontecendo.

Por qualquer motivo se pratica a violência, uma simples discussão, ciúmes, um lugar em fila de ônibus, etc. [...]

(Redação de aluno. Apud Maria da Graça Costa Val. *Redação e textualidade*. São Paulo: Martins Fontes, 1994. p. 84.)

O primeiro texto foi publicado no caderno de economia de um grande jornal. Tem um grau de informatividade alto, pois se destina a leitores que atuam na área de negócios que envolvem ações na Bolsa de Valores.

O segundo texto foi produzido por um candidato no exame vestibular de uma universidade mineira, numa prova de redação cujo tema era violência. O texto tem um grau de informatividade muito baixo para a situação de exame. O primeiro parágrafo, por exemplo, é superficial e generalizante: que tipo de família é essa em que filhos matam pais para roubá-los? Que motivos os levam a proceder assim? No segundo parágrafo, a que guerras e países se refere o texto? Será que a violência popular realmente nasce "por qualquer motivo", como se afirma no terceiro parágrafo?

A baixa informatividade do texto, ao mesmo tempo que provoca o desinteresse do leitor, que tende a abandonar a leitura pelo fato de não encontrar nada de novo nela, também põe em dúvida o conhecimento do autor a respeito do assunto e a própria pertinência do texto.

A maior parte dos textos publicados em jornais e revistas apresenta um grau de informatividade médio, que é capaz de mobilizar o repertório cultural do leitor e, ao mesmo tempo, oferecer-lhe novas informações.

Nos exames e concursos em que se solicita a produção de um texto escrito, como o exame vestibular, também convém trabalhar com um grau de informatividade médio.

O senso comum

Além da baixa informatividade, também o emprego de argumentos baseados no senso comum pode comprometer a qualidade de um texto dissertativo-argumentativo. Esse tipo de argumento consiste em julgamentos que, embora não apresentem base científica, acabam sendo tomados como "verdades" sociais.

Leia o seguinte parágrafo de um texto dissertativo-argumentativo (transcrito tal qual foi produzido e, por isso, com diversos problemas gramaticais), escrito a propósito do tema *violência*:

> Muitas pessoas pobres, ficam muitas vezes indignadas ao ver, uma outra pessoa como ela, só que nao passa fomo como ela, ou seja, é rica e na maioria, ladrão, que rouba do povo e isso faz com que a população fiquo revoltada, o se manifestará em conflitos entre camadas sociais no qual um favelado odeie outro de uma classe superior, e tendo oportunidade para acabar com o outro não vai perder a chance.
>
> (Redação de aluno, 3º ano do ensino médio.)

O autor constrói seus argumentos a partir de ideias preconceituosas, segundo as quais o rico geralmente é ladrão e o pobre ou o favelado é violento.

Ideias como essas e outras também baseadas no senso comum, como "todos os políticos são corruptos", "o jovem é sempre rebelde por natureza", "o brasileiro é oportunista", "homem que é homem não chora", "as mulheres dirigem pior do que os homens", "futebol não é assunto para mulheres", "todo oriental é honesto e trabalhador", etc. devem ser evitadas, pois, além de não terem nenhum fundamento, tornam o texto fraco do ponto de vista argumentativo.

EXERCÍCIOS

Leia o texto seguinte (transcrito tal qual foi produzido), observando o grau de informatividade que apresenta.

Violência social

Atualmente, um dos grandes problemas que afetam a vida de uma sociedade, é a violência nela incerida. Violência essa que devido a vários fatores, segundo sociólogos, psicólogos e outros estudantes das ciências humanas, será praticamente impossível de ser eliminada.

A dificuldade na solução deste problema está na complexidade do mesmo. Várias são as suas causas e para cada uma se faz necessária uma medida especial, medidas essas que muitas vezes são impossíveis de serem colocadas em prática

Thinkstock

A violência pode ser gerada pela própria sociedade, por crises econômicas, por um problema mental do indivíduo, pelo grande número de adeptos ao uso de drogas, e por uma enorme série de outros fatores.

Devido as perspectivas quase que inexistentes em uma solução a curto ou médio prazo para a questão da violência, o melhor a fazer, é se precaver para não se tornar mais uma vítima de um dos problemas mais sérios da nossa sociedade.

(Redação de aluno. Apud Maria da Graça Costa Val, op. cit., p. 86.)

1. Com expressões como "um dos grandes problemas", "complexidade" e "problemas mais sérios", o autor parece dar grande importância ao problema da violência social. Deparar com elas em um texto cria a expectativa de que, no mínimo, serão apontadas as causas e as consequências de tal problema.
Observe os três primeiros parágrafos do texto. Em todos eles, o autor parece querer indicar as causas da violência, mas acaba por fazê-lo apenas num único parágrafo.

a) Em qual parágrafo as causas são efetivamente apontadas? Quais são essas causas?

b) Depois de apontadas, essas causas são explicadas, desenvolvidas?

c) No 1º parágrafo, o autor se refere às causas da violência por meio da expressão "vários fatores"; no 2º parágrafo, pela expressão "várias são as suas causas". As soluções são sugeridas pela expressão "medidas". O que essas expressões revelam quanto ao domínio que o autor tem do assunto?

2. Além das causas e consequências da violência, o leitor tem a expectativa de conhecer também eventuais propostas de solução para o problema.

a) O texto aponta saídas sociais para o problema da violência?

b) Que sugestão é feita no plano individual?

c) Na sua opinião, essa sugestão é satisfatória?

3. Para desenvolver o tema, o texto busca seguir o procedimento constituído por análise de causas e consequências e apresentação de propostas para a solução do problema enfocado.

a) Na sua opinião, depois de ler o texto o leitor se sente satisfeito? Por quê?

b) Que relação esse resultado tem com a informatividade do texto?

4. Observe a estrutura argumentativa do texto: a tese ou ideia principal, os argumentos e a conclusão.

a) O texto apresenta falhas quanto à estrutura?

b) A estrutura é suficiente para garantir a qualidade de um texto dissertativo-argumentativo? Justifique sua resposta.

Album/akg-images/Latinstock

LÍNGUA: USO E REFLEXÃO

CAPÍTULO 3

Autour du cercle (1940), de Wassily Kandinsky.

Regência verbal e regência nominal

CONSTRUINDO O CONCEITO

Leia a seguir a letra de uma canção de Tom Jobim. Se possível, ouça a canção.

Meditação

Quem acreditou
No amor, no sorriso, na flor
Então sonhou, sonhou...
E perdeu a paz
O amor, o sorriso e a flor
Se transformam depressa demais

Quem, no coração
Abrigou a tristeza de ver tudo isso
[se perder
E, na solidão
Procurou um caminho e seguiu,
Já descrente de um dia feliz

Quem chorou, chorou
E tanto que seu pranto já
[secou
Quem depois voltou
Ao amor, ao sorriso e à flor
Então tudo encontrou
E a própria dor
Revelou o caminho do amor
E a tristeza acabou

(Disponível em: http://letras.mus.br/tom-jobim/49049/. Acesso em: 24/7/2012.)

Coleção Adolpho Leirner, SP

Os namorados (s/d.), de Ismael Nery.

Na língua portuguesa, para construir sentido nos enunciados que produzimos, os verbos e nomes ligam-se a outros termos de diferentes formas.

1. Releia estes versos da canção:

"Procurou um caminho e seguiu,
Já descrente de um dia feliz"

a) O verbo *procurar*, no primeiro verso, é transitivo direto. Qual é o termo que completa o seu sentido?

b) O nome *descrente*, no segundo verso, também precisa de um termo para lhe completar o sentido. Qual é esse termo?

c) Observe suas respostas nos itens anteriores. Qual dos termos é introduzido por preposição?

2. Observe os seguintes pares de versos:

I. "Quem acreditou
No amor, no sorriso, na flor"

II. "*O amor, o sorriso e a flor*
Se transformam depressa demais"

III. "Quem depois voltou
Ao amor, ao sorriso e à flor"

a) Na oração que cada par de versos constitui, o termo em destaque:
- liga-se a qual termo?
- tem qual função sintática?

b) Em quais pares de versos o termo em destaque se liga ao verbo por meio de preposição?

3. Os substantivos *amor*, *sorriso* e *flor* se repetem ao longo da canção, vinculados aos verbos *acreditar*, *transformar-se* e *voltar*.

a) Que relação de sentido há entre o título da canção e a repetição desses substantivos, cada vez vinculados a um desses verbos?

b) Levante hipóteses: A que conclusão sobre o amor, o sorriso e a flor o eu lírico chega na última estrofe da canção?

CONCEITUANDO

Ao responder às questões anteriores, você certamente observou que há termos que exigem a presença de outro termo para construir sentido, como é o caso dos verbos *procurar*, *acreditar* e *voltar* e do adjetivo *descrente*. Na letra da canção, *procurar* precisou do termo *um caminho*; *acreditar*, do termo *no amor, no sorriso e na flor*; *voltar*, do termo *ao amor, ao sorriso e à flor*; *descrente*, do termo *de um dia feliz*.

Quando um termo – verbo ou nome – exige a presença de outro, ele se chama *regente* ou *subordinante*; os que completam a sua significação chamam-se *regidos* ou *subordinados*.

Observe a regência nestes versos da canção lida:

Quem *acreditou*	no amor, no sorriso, na flor
VTI termo regente	OI termo regido

Já *descrente*	de um dia feliz
adjetivo termo regente	termo regido

Quem depois *voltou*	ao amor, ao sorriso e à flor
VTI termo regente	OI termo regido

Coleção Adolpho Leirner, SP

No primeiro e no terceiro exemplos, os termos *no amor, no sorriso e na flor* e *ao amor, ao sorriso e à flor* completam o sentido dos verbos *acreditar* e *voltar*, respectivamente. No segundo exemplo, *de um dia feliz* completa o sentido do nome (adjetivo) *descrente*.

Assim:

> Quando o termo regente é um *verbo*, ocorre **regência verbal**.
> Quando o termo regente é um *nome* – substantivo, adjetivo, advérbio –, ocorre **regência nominal**.

REGÊNCIA VERBAL

Há verbos que admitem mais de uma regência. Geralmente a diversidade de regência corresponde a uma diversidade de significados do verbo. Por exemplo, o verbo *agradar*, no sentido de "acariciar", é *transitivo direto*, enquanto no sentido de "satisfazer, contentar" é *transitivo indireto*. Observe:

A mãe, comovida, *agradava* o filho choroso.
(*agradava*: VTD; *o filho choroso*: OD)

Suas palavras *agradaram* ao público.
(*agradaram*: VTI; *ao público*: OI)

Certos verbos, no entanto, são empregados em acepção semelhante com mais de uma regência. Veja um exemplo:

A voluntária *distribuía* leite às crianças.
(*distribuía*: VTDI; *leite*: OD; *às crianças*: OI)

A voluntária *distribuía* leite com as crianças.
(*distribuía*: VTD; *leite*: OD; *com as crianças*: adj. adverbial)

E há, ainda, verbos que podem ter vários significados e uma única regência. Por exemplo:

Este caso *carece* de importância. (*carecer* = não ter)
(*carece*: VTI; *de importância*: OI)

Este menino *carece* de um par de tênis novos. (*carecer* = precisar)
(*carece*: VTI; *de um par de tênis novos*: OI)

A identificação da regência de alguns verbos costuma apresentar dificuldade, seja devido à informalidade da língua falada, na qual muitas construções se mostram em desacordo com a norma-padrão, seja porque muitos verbos têm mais de um significado e, quase sempre, mais de uma regência. Em caso de dúvida, recomenda-se consultar o dicionário.

Eis um quadro com alguns verbos cuja regência costuma suscitar dúvidas:

VERBO	CLASSIFICAÇÃO	SIGNIFICADO	EXEMPLO
aspirar	VTD VTI	sorver, respirar pretender, desejar	Os atletas **aspiravam** *o ar das montanhas.* O vereador recém-eleito **aspirava** *a um alto cargo.*
assistir	VTI VTD ou VTI VI	estar presente, presenciar, ver, acompanhar, prestar assistência morar, residir (rege adjunto adverbial com a preposição *em*)	Ontem **assisti** *a um filme iraniano.* O médico **assiste** *o doente* (ou *ao doente*). Minha comadre **assiste** *em Santos.*
chamar	VTD VTI VTD ou VTI	convocar, fazer vir invocar (exige a preposição *por*) cognominar, qualificar, denominar + predicativo do objeto	**Chamem** *a polícia*! O pai **chamava** desesperadamente *pela filha.* **Chamava**-*o* irresponsável. **Chamava**-*o* de irresponsável. **Chamava**-*lhe* irresponsável. **Chamava**-*lhe* de irresponsável.
chegar e **ir**	VI	(exigem a preposição *a* quando indicam lugar)	**Cheguei** *ao cinema* vinte minutos atrasado. **Vou** *ao cinema* duas vezes por semana.
esquecer e **lembrar**	VTD VTI VTI	(quando não pronominais) (quando pronominais, exigem a preoposição *de*) cair no esquecimento/vir à lembrança	Que chateação! **Esqueci** *o nome dele.* **Lembrei** *o nome dele.* **Esqueci-me** *do livro.* **Lembrei-me** *do fato.* **Esqueceram**-*me* as chaves em casa.
informar	VTD VTDI	dar notícias, esclarecer (mesmo significado)	Os jornais **informaram** *o público consumidor.* A secretária **informou** *a nota ao aluno.* A secretária **informou** *o aluno da nota.*
morar e **residir**	VI	(exigem adjunto adverbial com a preposição *em*)	**Moro** *em São Paulo.* **Resido** *em Jundiaí.*
obedecer e **desobedecer**	VTI	(exigem a preposição *a*)	O bom motorista **obedece** *às leis do trânsito.* Felipe **desobedeceu** *a seus superiores.*
pagar e **perdoar**	VTD VTI VTDI	(quando o objeto é coisa) (quando o objeto é pessoa)	**Paguei** *a conta.* **Perdoei** *aos inimigos.* **Paguei** *a conta ao feirante.* **Perdoei** *a ofensa ao menino.*
preferir	VTDI VTD	querer antes, escolher entre duas ou várias coisas dar primazia a, determinar-se por	**Prefiro** *o amor à guerra.* **Preferimos** *a alegria*, nao aceitamos a dor.
querer	VTD VTI	desejar estimar, querer bem (exige a preposição *a*)	Ela **queria** *o disco da Gal*, mas não *o* **quer** mais. Eu **quero** *a meus amigos* e sempre *lhes* **quis**.
simpatizar e **antipatizar**	VTI	(exigem a preposição *com*; não são pronominais)	**Simpatizava** *com a ideia.* Ao sermos apresentados, **antipatizei** *com ele.*
visar	VTD VTI	mirar; pôr visto ter em vista, pretender (exige a preposição *a*)	**Visou** *o alvo* e atirou. O fiscal, aborrecido, **visava** *os passaportes.* Homem sem escrúpulos, só **visava** *a uma posição de destaque.*

Quando o uso muda a regra

Há alguns verbos, como *aspirar*, *atender*, *visar*, que, embora apresentem, tradicionalmente, diferentes regências para sentidos diferentes, na linguagem usual e na linguagem jornalística costumam ser empregados, indiferentemente, como transitivos diretos. Assim, tradicionalmente, o verbo *visar*, no sentido de "ter em vista, pretender", exige a preposição *a*, como se vê nesta frase, por exemplo:

A reunião com representantes estrangeiros visava **à** ampliação das exportações de soja.

Entretanto, é possível também encontrar esse verbo empregado assim:

A reunião com representantes estrangeiros visava **a** ampliação das exportações de soja.

REGÊNCIA NOMINAL

Leia o cartaz:

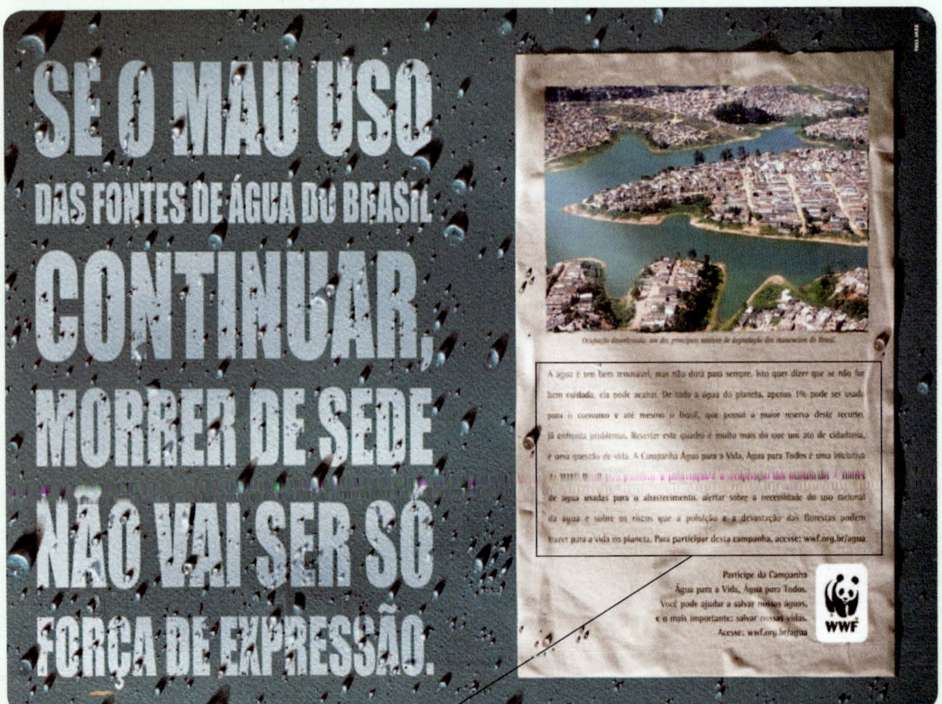

WWF-Brasil

A água é um bem renovável, mas não dura para sempre. Isto quer dizer que se não for bem cuidada, ela pode acabar. De toda a água do planeta, apenas 1% pode ser usada para o consumo e até mesmo o Brasil, que possui a maior reserva deste recurso, já enfrenta problemas. Reverter este quadro é muito mais do que um ato de cidadania, é uma questão de vida. A Campanha Água para a Vida, Água para Todos é uma iniciativa do WWF-Brasil para promover a preservação e a recuperação dos mananciais – fontes de água usadas para o abastecimento, alertar sobre a necessidade do uso racional da água e sobre os riscos que a poluição e a devastação das florestas podem trazer para a vida no planeta. Para participar desta campanha, acesse: wwf.org.br/agua

Na frase principal do cartaz, "Se o mau uso das fontes de água do Brasil continuar", observe que o substantivo *uso* exige o termo *das fontes de água* para completar seu sentido. Observe também que a relação entre o nome *uso* e seu complemento é estabelecida pela preposição *de*.

No texto da direita, o nome *usada* é completado por *para o consumo*; *reserva*, por *deste recurso*; *preservação e recuperação*, por *dos mananciais*; *necessidade*, por *do uso racional*; *poluição e devastação*, por *das florestas*.

Veja, a seguir, um quadro com alguns nomes e preposições que comumente eles exigem.

REGÊNCIAS DE ALGUNS NOMES	
a	acessível, adequado, alheio, análogo, apto, avesso, benéfico, cego, conforme, contíguo, desatento, desfavorável, desleal, equivalente, fiel, grato, guerra, hostil, idêntico, inacessível, inerente, indiferente, infiel, insensível, nocivo, obediente, odioso, oposto, peculiar, pernicioso, próximo (de), superior, surdo (de), visível
de	amante, amigo, ansioso, ávido, capaz, cobiçoso, comum, contemporâneo, [illegible], devoto, diferente, digno, dessemelhante, [illegible], estreito, fértil, fraco, incerto, indigno, inocente, menor, [illegible], nobre, orgulhoso, pálido, passível, pobre, pródigo (em), temeroso, vazio, vizinho
com	afável, amoroso, aparentado, compatível, conforme, cruel, cuidadoso, descontente, furioso (de), inconsequente, ingrato, intolerante, liberal, misericordioso, orgulhoso, parecido(a), rente (a, de)
contra	desrespeito, manifestação, queixa
em	constante, cúmplice, diligente, entendido, erudito, exato, fecundo, fértil, fraco, forte, hábil, impossibilidade (de), incansável, incerto, inconstante, indeciso, lento, morador, parco (de), perito, prático, sábio, sito, último (de, a), único
entre	convênio, união
para	apto, bom, diligente, disposição, essencial, idôneo, incapaz, inútil, odioso, pronto (em), próprio (de), útil
para com	afável, amoroso, capaz, cruel, intolerante, orgulhoso
por	ansioso, querido (de), responsável, respeito (a, de)
sobre	dúvida, influência, triunfo

EXERCÍCIOS

Leia a tira a seguir e responda [illegible] de 1 a 4

Garfield, Jim Davis © 2012 Paws, Inc. All Rights Reserved/Dist. Universal Uclick

(*Folha de S. Paulo*, 14/3/2012.)

1. Na frase do 1º quadrinho da tira:

a) Qual é o termo regente?

b) E qual é o termo regido?

c) Qual é a função sintática do termo regido?

2. Na frase do 2º quadrinho, há duas situações de regência.

a) Que termo complementa o nome *bem-vindo*?

b) Que termo complementa o verbo *contemplando*?

3. Troque ideias com os colegas: No último balão do 3º quadrinho, o termo *uma paz* é ou não regido pela forma verbal *dá*? Justifique sua resposta.

4. Considerando que Garfield é um gato que passa todo o tempo comendo ou dormindo, por que o pensamento dele, no último quadrinho, cria humor?

5. Reescreva as frases a seguir, substituindo os verbos destacados pelos verbos indicados para cada grupo de frases. Faça as adaptações necessárias.

- assistir

a) Você *viu* o jogo final do Mundial de Tênis?

b) O rapaz *socorreu* as vítimas do acidente.

c) Não *cabe* a você o direito de julgá-lo.

- preferir

d) *Gosto* mais de carnes do que de verduras.

- querer

e) O rapaz *desejava* uma moto mais moderna e potente.

f) Sempre o *estimei* como a um irmão.

- aspirar

g) Nas grandes cidades industriais, a população *respira* um ar poluído e insuportável.

h) *Desejo* sucesso e saúde.

- chamar

i) Desesperado, *invocava* Deus.

j) É necessário que *façam vir* à secretaria os aprovados na segunda fase.

k) Os inquilinos *qualificaram* o proprietário de ladrão.

- esquecer

l) *Perdi a lembrança* de algumas passagens de minha infância.

m) *Caíram-me no esquecimento* os nomes de meus colegas de faculdade.

- lembrar

n) O casal de velhinhos, de mãos dadas, *recordava-se* de seus tempos de namoro.

o) Sem querer, *veio-me à lembrança* seu doce perfume.

- simpatizar

p) *Gosto* muito de Maria Alice.

- perdoar

q) O juiz não *absolveu* o réu.

6. Leia o texto a seguir e depois complete-o, levando em conta a regência de verbos e nomes requerida pela norma-padrão.

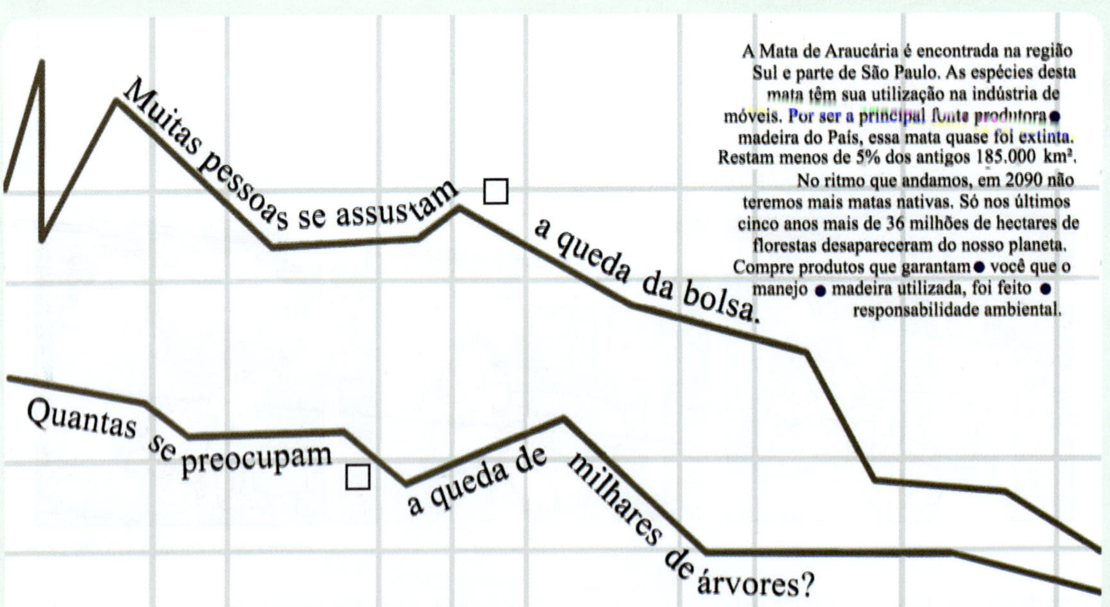

Publicidade sobre aquecimento global. Disponível em: http://kasimoes.wordpress.com/tag/aquecimento-global.

CRASE

Leia o cartaz:

MP Publicidade

Compare estas duas frases do cartaz, observando as palavras destacadas:

"É assim que o mosquito da dengue vê *a* água parada."
"Dia Nacional de Combate *à* Dengue."

Na primeira frase, é empregado o verbo *ver* (transitivo direto), que tem como objeto direto o termo *a água parada*. Como o verbo *ver* não exige preposição, a palavra *a* que precede o substantivo feminino *água* é artigo feminino.

Na segunda frase, o substantivo *combate* tem como complemento o termo *à dengue*, que é seu complemento nominal. O substantivo *combate* rege a preposição *a*, e o substantivo feminino *dengue* admite o artigo feminino *a*:

combate *a* *a* dengue
preposição — artigo

A preposição *a* e o artigo *a* se fundem em um único *a*, dando origem ao fenômeno chamado *crase*. Na escrita, marcamos a crase com o acento grave:

combate *à* dengue
a + a

Assim:

Crase é a fusão escrita e oral de duas vogais idênticas.

A palavra *crase* nomeia a contração ou fusão da preposição *a* exigida pela regência de um verbo ou um nome (substantivo, adjetivo ou advérbio) com:

- o artigo feminino *a*(*s*):

Exceto para quem é alérgico *à* qualidade.

- os pronomes demonstrativos *aquele*(*s*), *aquela*(*s*), *aquilo*:

Por favor, encaminhe-se *àquele* balcão.

- o pronome demonstrativo *a*(*s*):

Nossos atletas estão em condições semelhantes *às* dos americanos.

Portanto, excluindo-se os casos dos demonstrativos, *a crase ocorre apenas antes de palavra feminina*. Como a crase é um fenômeno fonético, ou seja, próprio da língua falada, o *acento grave* o assinala na escrita nos três casos.

Quando a crase é possível?

Diante de palavras femininas. Observe que, na frase do anúncio abaixo, por exemplo, ocorre crase porque o nome *alérgico* exige a preposição *a* e o substantivo *qualidade* é feminino e exige o artigo *a*.

Calazans/W. IMPAR

(*Casa Claudia*, ano 23, nº 6.)

Em caso de dúvida...

Existem dois procedimentos que auxiliam na identificação da crase:

- Verifique se a palavra admite o artigo *a*, colocando-a depois de um verbo que exige uma preposição diferente de *a*:

Vim *da* Itália. → Vou *à* Itália.
Vim *de* Recife. → Vou *a* Recife.

- Substitua a palavra feminina por uma masculina e observe se ocorre a combinação *ao* antes do nome masculino:

Seu discurso não fez referência *aos* candidatos. → Seu discurso não fez referência *às* candidatas.

EXERCÍCIOS

Embora empregar adequadamente o acento indicador de crase seja muito simples, há alguns casos que podem suscitar dúvidas. Os exercícios a seguir tratam da regra geral da crase e também de alguns casos especiais. Antes de realizá-los, leia os boxes.

Leia a tira a seguir, de Adão Iturrusgarai, e responda às questões 1 e 2.

(*Kiki – A primeira vez*. São Paulo: Devir, 2002. p. 31.)

1. Na frase do 1º quadrinho:

a) De acordo com o contexto, qual é o sentido do verbo *assistir*?

b) Como ficaria a frase, de acordo com a norma-padrão?

2. De acordo com a norma-padrão, qual palavra completa adequadamente a frase do último quadrinho: *as*, *à* ou *às*?

3. Reescreva as frases a seguir, completando-as com *a*, *à*, *as* ou *às*.

a) O supermercado vende ☐ atacadistas ☐ vista e ☐ prazo e ainda faz entrega em domicílio ☐ pedido do freguês.

b) Saboreamos um tutu ☐ mineira, num restaurante aconchegante ☐ pouca distância do hotel, mais ou menos ☐ sete horas.

c) Sentou-se ☐ máquina e pôs-se ☐ reescrever uma ☐ uma ☐ páginas do relatório.

d) Sua objeção ☐ contratação do novo funcionário restringia-se ☐ exigências salariais do candidato, e não ☐ sua capacidade profissional.

e) Garanto ☐ você que compete ☐ ela, pelo menos ☐ meu ver, tomar ☐ providências para resolver o caso, pois ☐ qualquer hora estará ☐ entrada do prédio ☐ comissão parlamentar.

4. Reescreva as frases a seguir, completando-as com *aquele*(*s*), *aquela*(*s*), *aquilo*, *àquele*(*s*), *àquela*(*s*), *àquilo*.

a) Preferimos isto ☐.

b) Precisamos verificar se temos ou não direito ☐ abono.

c) ☐ hora, sua atitude só agradou ☐ que não visavam ao lucro.

d) Abra, por favor, ☐ janelas: o calor está insuportável.

e) Seu espírito agressivo levou-o ☐ atitude extrema.

Casos especiais

Ocorre crase:

- em *locuções adverbiais* e *prepositivas* formadas por substantivos femininos: *À direita* ficava a sala.

  A rigor, não ocorre crase nas locuções adverbiais que indicam instrumento: bordar *a mão*, cortar *a faca*, escrever *a máquina*. Entretanto, alguns gramáticos defendem o uso do acento nessas expressões para assegurar maior clareza.

- antes de nomes de lugares determinados pelo artigo: O papa regressou *à Itália*.

  Os nomes de lugar que normalmente não admitem artigo passam a exigi-lo se seguidos de um termo especificador. Compare:

  Fiz uma excursão *a Roma*.   Fiz uma excursão *à Roma de meus avós*.

- nas expressões proporcionais *à medida que, à proporção que*:

  À proporção que se aproximava o dia da entrega do prêmio, mais ansiosos ficavam os atores.

- antes da palavra *casa*, se ela for determinada:

  Voltamos *à antiga casa de nossos pais* um dia destes.

  Quando indica residência, lar, morada, a palavra *casa* não admite artigo e, portanto, não ocorre crase. Compare:

  Vou a casa depois da aula de ginástica. Venho de casa. Estou em casa.

- antes da palavra *Terra*:

  A nave espacial russa já voltou *à Terra*.

  Quando se opõe a *bordo*, a palavra *terra* não admite artigo e, portanto, não ocorre crase:

  Os marinheiros, assim que o navio atracou no cais, desceram *a terra*.

- quando estão subentendidas as expressões *à moda de, à maneira de* ou palavras como *faculdade, empresa, companhia*, mesmo que seja diante de palavras masculinas:

  Refiro-me *à UFRJ*. (*à universidade*)

Leia o poema abaixo e responda às questões 5 e 6.

Moda de viola

Os olhos daquela ingrata as vezes
Me castigam as vezes me consolam
Mas sua boca nunca me beija.

(Antonio Carlos de Brito (Cacaso). *LeroLero*. Rio de Janeiro: 7 Letras, 2002. p. 91.)

5. No poema, os acentos foram retirados propositadamente. Qual(is) palavra(s) devem receber acento, de acordo com a norma-padrão? Explique a regra para essa(s) acentuação(ões).

6. O poema retrata um relacionamento amoroso, em que a mulher amada parece oscilar entre corresponder ou não a esse amor.

a) Qual é a expressão responsável pela conotação de indecisão?

b) Como você interpreta o verso "Mas sua boca nunca me beija"?

c) Levante hipóteses: Por que o poema intitula-se "Moda de viola"?

7. Leia este convite de casamento:

"Ainda que eu falasse a língua dos homens e falasse a língua dos anjos, sem amor eu nada seria." (I Cor. 13: 1)

Com a bênção de Deus e de nossos pais

Camila e Marcelo

Convidam à cerimônia religiosa de seu casamento, a realizar-se às dezoito horas do dia catorze de setembro próximo, na Igreja de Maria, à Rua Antártica, 235 – Santo Amaro – São Paulo

Ficaremos honrados com a sua presença.

Alberto Silva
Claudia Camargo

José Alencar
Maria Alencar

Tente explicar por que ocorre ou não a crase nas palavras destacadas nos seguintes casos:

a) "Com *a* bênção de Deus e de nossos pais"

b) "Convidam *à* cerimônia religiosa de seu casamento."

c) "a realizar-se *às* dezoito horas"

d) "*à* Rua Antártica, 235"

e) Caso o convite seja enviado a uma convidada de nome Maria, como o envelope deve ser preenchido: *À* Maria ou *A* Maria?

A crase é facultativa:

- diante de nomes próprios femininos:

  Procurou ser agradável *a* Lia (ou à Lia).

- diante de pronomes possessivos femininos:

  O diretor fez uma advertência *a* sua irmã. (ou *à* sua irmã).

- na locução prepositiva *até a*:

  Levou a discussão até *as* (ou até *às*) últimas consequências.

A REGÊNCIA VERBAL NA CONSTRUÇÃO DO TEXTO

Leia o texto:

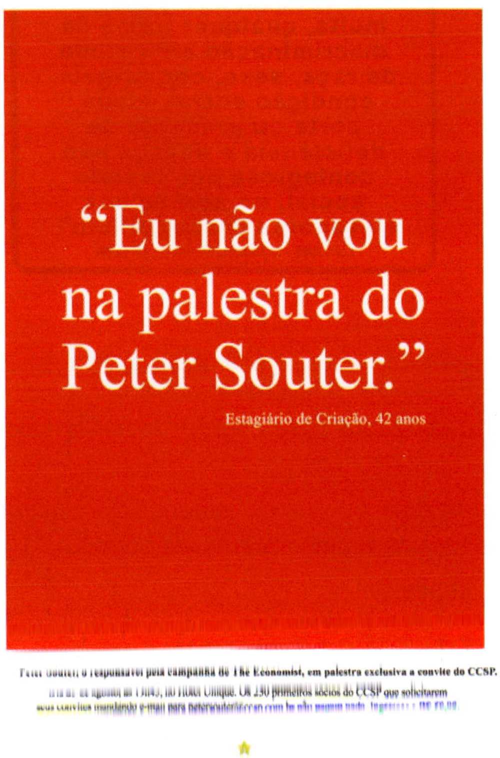

Mohallem Meirelles

1. Considerando que o texto cumpre uma função comunicativa, responda:

a) Quem é o produtor?

b) Quem são os destinatários?

c) A que gênero do discurso ele pertence?

2. As aspas do enunciado principal indicam discurso direto.

a) De quem é essa fala?

b) A indicação da idade, nessa situação, seria dispensável. Contudo, nesse contexto, essa indicação tem uma função importante. Por quê?

3. Observe a regência do verbo *ir* na fala reproduzida no texto.

a) Ela está de acordo com a norma-padrão? Justifique sua resposta.

b) Levante hipóteses: A escolha da preposição que rege o verbo *ir*, nesse contexto, cumpre algum propósito na construção de sentido do texto?

4. Releia o seguinte trecho do texto:

> "Peter Souter, o *responsável* pela campanha de The Economist, em palestra exclusiva a convite do CCSP."

a) Identifique o termo que é regido pelo nome em destaque no trecho.

b) Que sentido o nome em destaque, associado a seu complemento, agrega ao enunciado?

5. Tendo em vista suas respostas nas questões anteriores, conclua:

a) De que forma a fala entre aspas, a regência verbal e a descrição do palestrante contribuem para a construção de sentidos do texto?

b) Na sua opinião, esses recursos utilizados são persuasivos, considerando-se o público que o texto pretende atingir? Por quê?

6. No português brasileiro, especialmente em situações informais de fala, é comum as pessoas empregarem a preposição *em* no lugar de *a*: "Vou na feira", "fui no cinema", etc.

a) Levante hipóteses: Em que situações sociais seria necessário seguir estritamente a regência recomendada pela norma-padrão?

b) No texto, caso a regência tivesse sido empregada de acordo com a norma-padrão, o sentido dele seria o mesmo?

SEMÂNTICA E DISCURSO

Leia o aviso de elevador ao lado e responda às questões de 1 a 3.

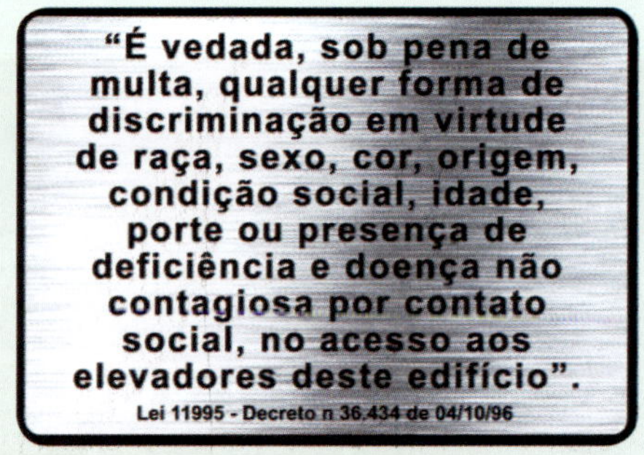

Thinkstock/Getty Images

1. Identifique no texto do aviso:

a) a única forma verbal que ele apresenta;

b) a voz em que essa forma está.

2. Apesar de conter apenas uma única forma verbal, o texto do aviso faz referência a ações diversas.

a) Quais são essas ações?

b) De que forma essas ações são referidas no texto?

3. A nominalização e a voz passiva são recursos muito utilizados para conferir maior impessoalidade aos textos.

a) Reescreva o texto do aviso, transformando em verbos os nomes *vedada, discriminação, porte, presença* e *acesso*. Faça a adaptação dos termos regidos por esses nomes.

b) Levante hipóteses: Por que o aviso adota o tom impessoal?

4. A nominalização é um recurso coesivo útil para eliminar repetições, reestruturar orações e retomar elementos de um texto. Reescreva o texto a seguir, empregando o recurso da nominalização dos termos em destaque. Fique atento(a) às diferenças entre a regência do verbo e a regência do nome que deriva dele.

Após anos *esperando* os resultados, *trabalhando* exaustivamente e *buscando* novas alternativas, cientistas anunciam *que descobriram* a partícula *que tem responsabilidade por* explicar *como se comportam* todos os componentes e forças *que existem* na natureza, salvo a gravidade (*que* a relatividade geral *explica*).

Descobrir essa partícula há anos era *o que principalmente motivava* o trabalho dos cientistas e *o que* os envolvidos *mais desejavam*. Agora que a partícula provavelmente foi encontrada, o grande público pode ficar *sentindo* um vazio. Mas o sentimento não é compartilhado pelos físicos.

(Disponível em: http://www1.folha.uol.com.br/ciencia/1114815-fisicos-encontram-provavel-particula-de-deus.shtml. Acesso em: 23/7/2012. Adaptado.)

LITERATURA

CAPÍTULO 4

João Guimarães Rosa retratado por Novaes.

Guimarães Rosa: a linguagem reinventada

Seguindo a tradição regionalista, já largamente explorada em nossa literatura por autores de diferentes épocas e gerações, Guimarães Rosa conseguiu não apenas realizar aquilo que era mais impossível — renovar essa tradição —, mas também levar a literatura brasileira a um de seus níveis mais altos.

João Guimarães Rosa (1908-1967), mineiro de Cordisburgo, desde cedo mostrou interesse por línguas e pelas coisas da natureza: bichos, plantas, insetos. Formou-se em Medicina e exerceu a profissão clinicando pelo interior de Minas, onde recolheu importante material para as suas obras. Em 1934, ingressou na carreira diplomática. No exercício de cargos diplomáticos, inclusive o de embaixador, viveu em vários países, sempre escrevendo e ampliando seu conhecimento sobre línguas e culturas diferentes. Morreu em 1967, três dias depois de tomar posse na Academia Brasileira de Letras.

Como escritor, Guimarães Rosa é uma das principais expressões da literatura brasileira. A genialidade de sua obra tem deslumbrado unanimemente as várias tendências da crítica e do público. Embora já tivesse ganhado, em 1936, com o livro *Magma*, o concurso de poesia promovido pela Academia Brasileira de Letras, Guimarães Rosa estreou somente em 1946, com o lançamento de *Sagarana* (contos). De cunho regionalista, a obra surpreendeu a crítica, em virtude da originalidade de sua linguagem e de suas técnicas narrativas, que apontavam uma mudança substancial na velha tradição regionalista. Dez anos depois, o autor confirmaria as expectativas, dando a público, de uma só vez, em 1956, duas obras-primas: *Corpo de baile* (novelas) e *Grande sertão: veredas* (romance). Publicou ainda *Primeiras estórias* (1962) e *Tutameia – Terceiras estórias* (1967). Atualmente a obra *Corpo de baile* é publicada em três partes: *Manuelzão e Miguilim*, *No Urubuquaquá, no Pinhém* e *Noites do sertão*.

Magma: espera de 70 anos

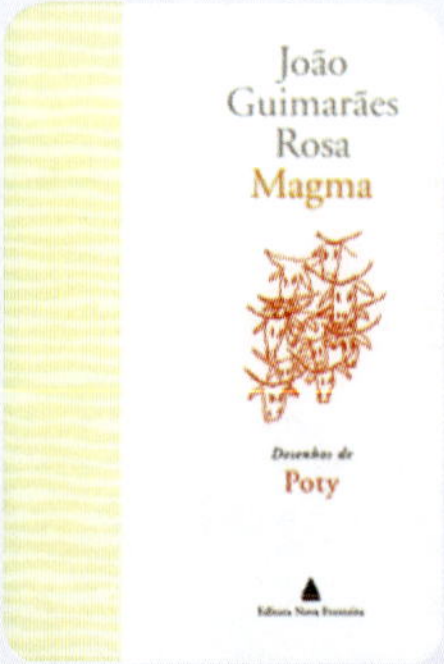

Editora Nova Fronteira/Desenhos de Poty

Embora *Magma* tenha vencido o concurso de poesia da Academia Brasileira de Letras, Guimarães Rosa, perfeccionista, não quis publicar a obra, por considerar que ela não tinha qualidade suficiente para isso. Depois de sua morte, a família manteve sua vontade, apesar dos protestos de leitores e críticos.

Em 2006, entretanto, setenta anos depois da realização do concurso, a família autorizou a publicação da obra.

A NOVIDADE DA LINGUAGEM

A tradição regionalista na literatura brasileira é antiga. Começa com os românticos Alencar e Taunay, passa pelos autores naturalistas e pré-modernistas, como Domingos Olímpio e Euclides da Cunha, e pelos modernistas da geração de 30, como Graciliano Ramos e José Lins do Rego.

Em todos esses momentos da prosa regionalista sempre se apresentou aos autores um problema de difícil solução: a linguagem a ser empregada. O autor deveria seguir a norma-padrão ou empregar uma variedade regional? Ou fazer uso de uma e outra? A solução para esse problema quase sempre foi a da mistura: o narrador empregava uma língua culta, com alguns termos regionais, e as personagens utilizavam a linguagem típica da região. O emprego da língua regional, nesse caso, quase sempre ficava no nível do vocabulário.

A grande novidade linguística introduzida pelo regionalismo de Guimarães Rosa foi recriar na literatura a fala do sertanejo tanto no plano do vocabulário como no da sintaxe (a construção das frases) e no da melodia da frase. Dando voz ao homem do sertão por meio de técnicas como o foco narrativo em

Machado ou Rosa?

O jornal *Folha de S. Paulo* fez uma pesquisa com escritores e críticos brasileiros, perguntando a eles quem era o melhor romancista brasileiro: se Machado de Assis ou se Guimarães Rosa.

Veja, como exemplo, a posição do escritor Moacyr Scliar:

> "Escolha dificílima, esta [...]. Estamos diante de dois gigantes de nossa literatura, e, ainda que haja entre ambos muitos pontos em comum, a originalidade de cada um dificulta tremendamente o cotejo. Machado [...] mergulhou profundamente na condição humana. Rosa, por outro lado, é um inovador, um escritor que revolucionou a maneira de narrar. [...] Mas, se eu, digamos que sob ameaça de um revólver, tivesse de escolher, ficaria com Machado de Assis (implorando perdão a Rosa), talvez mais por uma questão de afinidade pessoal do que por qualquer outra razão."
>
> (In: *Folha de S. Paulo*, 22/6/2008.)

Na soma final, venceu Machado.

1ª pessoa, o discurso direto e o discurso indireto livre, a língua falada no sertão está presente em toda a obra, como resultado de inúmeros anos de observação, anotações e pesquisa linguística. Observe no seguinte fragmento do conto "Sarapalha", de *Sagarana*, o conhecimento minucioso que o autor mostra ter da vegetação e da língua regionais:

> Aí a beldroega, em carreirinha indiscreta — ora-pro-nobis! ora-pro-nobis! — apontou caules ruivos no baixo das cercas das hortas, e, talo a talo, avançou. Mas o cabeça-de-boi e o capim-mulambo, já donos da rua, tangeram-na de volta; e nem pôde recuar, a coitadinha rasteira, porque no quintal os joás estavam brigando com o espinho-agulha e com o gervão em flor.

Guimarães Rosa, em caricatura de Carvall.

Observe a preocupação do autor com a construção sintática e melódica das frases neste fragmento inicial de *Grande sertão: veredas*:

> — Nonada. Tiros que o senhor ouviu foram de briga de homem não, Deus esteja. Alvejei mira em árvore, no quintal, no baixo do córrego. Por meu acerto. Todo dia isso faço, gosto; desde mal em mim mocidade. Daí, vieram me chamar. Causa dum bezerro: um bezerro branco erroso, os olhos de nem ser.

Contudo, a linguagem de Guimarães Rosa não tem a intenção de retratar realisticamente a língua do sertão mineiro. Ela vai além: tomando por base a língua regional, Guimarães recria a própria língua portuguesa, por meio do aproveitamento de termos em desuso, da criação de neologismos, do emprego de palavras tomadas de empréstimo a outras línguas e da exploração de novas estruturas sintáticas.

Além disso, sua narrativa faz uso de recursos mais comuns à poesia, tais como o ritmo, as aliterações, as metáforas e as imagens, obtendo, assim, uma prosa altamente poética, situada no limite entre a poesia e a prosa.

Veja este comentário do próprio Guimarães Rosa a propósito de sua linguagem literária:

> Meus romances e ciclos de romances são na realidade contos nos quais se unem a ficção poética e a realidade. Sei que daí pode facilmente nascer um filho ilegítimo, mas justamente o autor deve ter um aparelho de controle: sua cabeça. Escrevo, e creio que este é o meu aparelho de controle: o idioma português, tal como usamos no Brasil; entretanto, no fundo, enquanto vou escrevendo, extraio de muitos outros idiomas. Disso resultam meus livros escritos em um idioma próprio, meu, e pode-se deduzir daí que não me submeto à tirania da gramática e dos dicionários dos outros. A gramática e a chamada filologia, ciência linguística, foram inventadas pelos inimigos da poesia.
>
> (*Guimarães Rosa*. São Paulo: Abril Educação, 1982. p. 102. Literatura Comentada.)

Rosa no cinema e na tevê: o desafio da adaptação

Não é fácil transpor o universo roseano para as linguagens cinematográfica e televisiva. Apesar disso, várias experiências foram feitas. Uma das mais conhecidas foi a adaptação para tevê de *Grande sertão: veredas*, realizada por Walter Avancini, com Tony Ramos e Bruna Lombardi nos papéis principais.

No cinema, as mais recentes são *A terceira margem do rio* (1994), de Nelson Pereira dos Santos, que se baseia no conto homônimo de Guimarães e em outros quatro – "A menina de lá", "Fatalidade", "Sequência" e "Irmãos Dagobé" –, todos do livro *Primeiras estórias*; o documentário *Os nomes do Rosa* (1997) e o longa *Outras histórias* (1998), do jornalista Pedro Bial, que fez uma ampla pesquisa sobre o escritor, entrevistando catedráticos do Brasil e do exterior e contadores de história do sertão mineiro; e o filme *Mutum* (2007), de Sandra Kogut.

Tambellini Filmes

Cena do filme *Mutum*, de Sandra Kogut, baseado na novela *Campo geral*, de Guimarães Rosa.

Regionalismo e conservalismo

Outro aspecto de destaque da obra roseana é sua capacidade de transpor os limites do espaço regional em que quase sempre se situam seus textos e alcançar uma dimensão universal.

Em *Grande sertão*, o narrador Riobaldo afirma: "o sertão é o mundo". E é com base nesse pressuposto que a narrativa roseana vai nos envolvendo, como se também fôssemos sertanejos e jagunços e fizéssemos parte daquele mundo. Passamos então a lidar com os mais variados temas, conforme vamos nos identificando com as preocupações do homem sertanejo: o bem e o mal, Deus e o diabo, o amor, a violência, a morte, a traição, o sentido e o aprendizado da vida, a descoberta infantil do mundo, etc.

E notamos, então, que essas reflexões não são exclusivas do sertão mineiro, são também nossas, do homem urbano, e do homem do campo, do norte e do sul do país. Na verdade, Guimarães Rosa é um escritor universal, que consegue vasculhar as profundezas da alma humana e captar suas inquietações, conflitos e anseios, sem, contudo, perder o sabor da língua, dos valores e da psicologia do homem do sertão mineiro.

Enfim, Guimarães Rosa é um desses escritores que representam a síntese de toda uma trajetória de experiências formais e ideológicas da literatura de uma geração e, às vezes, da literatura de um século. Assim foi com Machado de Assis no século XIX; assim foi com Guimarães Rosa na prosa brasileira do século XX.

Grande sertão: veredas ou uma história de travessias

Grande sertão: veredas, a obra-prima de Guimarães Rosa, é considerada o mais importante romance brasileiro do século XX e uma das melhores obras de ficção da literatura universal de todos os tempos. Riobaldo, seu narrador-protagonista, um velho e pacato fazendeiro, faz um relato de sua vida a um interlocutor, um "doutor" que nunca aparece na história, mas cuja fala é sugerida pelas respostas de Riobaldo.

Assim, apesar do diálogo sugerido, a narração é um longo monólogo em que Riobaldo traz à tona suas lembranças em torno de lutas sangrentas de jagunços, perseguições e emboscadas nos sertões de Minas, Goiás e sul da Bahia, bem como suas aventuras amorosas.

Renata Falzoni/Folhapress

Bruna Lombardi em uma cena da série *Grande sertão: veredas*, que a Rede Globo levou ao ar em 1985.

Ao mesmo tempo, Riobaldo vai relatando as preocupações metafísicas que sempre marcaram a sua vida. Entre elas, destaca-se a questão da existência ou não do diabo. Pelo que se depreende da obra, ele provavelmente fizera um pacto com o demônio a fim de vencer Hermógenes, chefe do bando inimigo. Portanto, desse fator depende a sua salvação, e daí advêm as inquietações da personagem.

O paradoxo do nome

O título sugere um espaço vasto, contrastando com o termo veredas.

"Vereda", como se sabe, quer dizer caminho estreito, senda ou trilho, mas no livro é também o curso fluvial pequeno: "Rio é só o São Francisco, o Rio do Chico. O resto pequeno é vereda. E algum ribeirão". É terreno baixo, alagadiço, onde em geral há um curso d'água. Na topografia do sertão, dominam os tabuleiros, as chapadas, que se prolongam em chapadões; a encosta onde a umidade já se pressente é o resfriado; a parte baixa é a vereda. *Grande sertão: veredas* liga, pois, o pequeno ao grande, o espaço restrito ao espaço amplo, em justaposição. O título é o encontro desses dois espaços.

(Davi Arrigucci Jr. *Folha de S. Paulo*, 27/5/2006.)

O amor e suas ambiguidades

Riobaldo conhece e relata três amores na história: o envolvimento com Otacília, moça recatada que conheceu numa fazenda; o amor sensual de Nhorinhá, uma prostituta; o amor ambíguo e envolvente de Diadorim. Desses três, o último é o mais importante e, ao mesmo tempo, o amor impossível.

Diadorim é o nome íntimo (que só Riobaldo conhece) de Reinaldo, jagunço valente e o melhor amigo de Riobaldo. Ele entrara na guerra porque queria vingar a morte do pai, o chefe Joca Ramiro.

A descoberta do amor por Diadorim surpreende Riobaldo, que nunca tivera nenhum traço homossexual. Apesar disso, o amor crescia incontrolável:

Luandino e Guimarães Rosa

O escritor angolano Luandino Vieira, autor de livros como *A cidade e a infância* e *De rios velhos e guerrilheiros*, comenta sobre as influências que recebeu de Guimarães Rosa:

> Com Guimarães Rosa aprendi muito. O caráter lúdico, menos. Mas sobretudo a liberdade para criar uma linguagem literária a partir de materiais de outras linguagens. Aprendi que essa liberdade tem sempre em si o conhecimento, e não a ignorância, da língua em que escreve. E que implica ainda uma grande responsabilidade que só pode ser exclusivamente assumida por quem escreve. [...] Mas foi isso que o bom professor Guimarães Rosa ensinou a um mau aluno.
>
> (*Folha de S. Paulo*, 14/11/2007.)

Oswaldo Jurno/Agência Estado/AE

Luandino Vieira.

Mas Diadorim, conforme diante de mim estava parado, reluzia no rosto, com uma beleza ainda maior, fora de todo comum. Os olhos — vislumbre meu — que cresciam sem beira, dum verde dos outros verdes, como o de nenhum pasto. [...] De que jeito eu podia amar um homem, meu de natureza igual, macho em suas roupas e suas armas, espalhado rústico em suas ações?! Me franzi. Ele tinha a culpa? Eu tinha a culpa?

No término da obra, depois que Diadorim mata Hermógenes e é morto por ele no encontro final, os corpos são recolhidos para serem lavados. Então é que se descobre: Diadorim era mulher (Diadorina, seu verdadeiro nome), e se disfarçara de homem apenas para ser aceita no bando e vingar a morte do pai. A revelação leva Riobaldo ao desespero: "Uivei. Diadorim! Diadorim era uma mulher. Diadorim era mulher como o sol não acende a água do rio Urucuia, como eu solucei meu desespero".

A travessia

A travessia está presente em vários momentos da obra: uma difícil travessia que certa vez Riobaldo faz do rio São Francisco; a travessia do sertão, do amor e do medo; a travessia da morte e do diabo. E também a travessia que Riobaldo faz de sua própria vida, ao repassá-la na memória e contar sua história ao interlocutor.

Somente no final da narrativa é que as coisas fazem sentido para Riobaldo. E o sentido da vida também fica claro: "Porque aprender-a-viver é que é o viver mesmo". E chega a uma conclusão sobre sua dúvida inicial: "O diabo não há! É o que eu digo, se for... Existe é homem humano. Travessia".

LEITURA

No fragmento de *Grande sertão: veredas* a seguir, Riobaldo começa a contar sua história e a revelar ao interlocutor as inquietações que o afligem.

Rosa e a arte de ouvir

Leio muito pouco, quase não tenho tempo. [...] Gosto mesmo é de ouvir conversas. Com pessoas estranhas, de preferência. Ouvir a vida para poder transmiti-la. Se a gente lê muito, em demasia, acaba contando coisas que todo mundo já sabe. É preciso dar coisas novas, há milhares de coisas novas para dar. É descobri-las.

(Guimarães Rosa. In: *Cadernos de literatura brasileira – 10 anos*, cit., p. 264.)

De primeiro, eu fazia e mexia, e pensar não pensava. Não possuía os prazos. Vivi puxando difícil de difícel, peixe vivo no moquém: quem mói no asp'ro, não fantaseia. Mas, agora, feita a folga que me vem, e sem pequenos dessossegos, estou de range rede. E me inventei neste gosto, de especular ideias. O diabo existe e não existe? Dou o dito. Abrenúncio. Essas melancolias. O senhor vê: existe cachoeira; e pois? Mas cachoeira é barranco de chão, e água se caindo por ele, retombando; o senhor consome essa água, ou desfaz o barranco, sobra cachoeira alguma? Viver é negócio muito perigoso...

Explico ao senhor: o diabo vige dentro do homem, os crespos do homem — ou é o homem arruinado, ou o homem dos avessos. Solto, por si, cidadão, é que não tem diabo nenhum. Nenhum! — é o que digo. O senhor aprova? Me declare tudo, franco — é alta mercê que me faz;

e pedir posso, encarecido. Este caso — por estúrdio que me vejam — é de minha certa importância. Tomara não fosse... Mas, não diga que o senhor, assisado e instruído, que acredita na pessoa dele?! Não? Lhe agradeço! Sua alta opinião compõe minha valia. Já sabia, esperava por ela — já o campo! Ah, a gente, na velhice, carece de ter sua aragem de descanso. Lhe agradeço. Tem diabo nenhum. Nem espírito. Nunca vi. Alguém devia de ver, então era eu mesmo, este vosso servidor. Fosse lhe contar... Bem, o diabo regula seu estado preto, nas criaturas, nas mulheres, nos homens. Até: nas crianças — eu digo. Pois não é ditado: "menino — trem do diabo"? E nos usos, nas plantas, nas águas, na terra, no vento... Estrumes. ... O diabo na rua, no meio do redemunho...

Hem? Hem? Ah. Figuração minha, de pior pra trás, as certas lembranças. Mal haja-me! Sofro pena de contar não... Melhor, se arrepare: pois num chão, e com igual formato de ramos e folhas, não dá a mandioca mansa, que se come comum, e a mandioca-brava, que mata? Agora, o senhor já viu uma estranhez? A mandioca-doce pode de repente virar azangada — motivos não sei; às vezes se diz que é por replantada no terreno sempre com mudas seguidas, de manaíbas — vai em amargando, de tanto em tanto, de si mesma toma peçonhas. E, ora veja: a outra, a mandioca-brava, também é que às vezes pode ficar mansa, a esmo de se comer sem nenhum mal. E que isso é? Eh, o senhor já viu, por ver, a feiura de ódio franzido, carantonho, nas faces duma cobra cascavel? Observou porco gordo cada dia mais feliz bruto, capaz de, pudesse, roncar e engulir por sua suja comodidade o mundo todo? E gavião, corpo, alguns, as feições deles já representam a precisão de talhar para adiante, rasgar e estraçalhar a bico, parece uma quicé muito afiada por ruim desejo. Tudo. Tem até tortas raças de pedras, horrorosas, venenosas — que estragam mortal a água, se estão jazendo em fundo de poço; o diabo dentro delas dorme: são o demo. Se sabe? E o demo — que é só assim o significado dum azougue maligno — tem ordem de seguir o caminho dele, tem licença para campear?! Arre, ele está misturado em tudo.

Que o que gasta, vai gastando o diabo de dentro da gente, aos pouquinhos, é o razoável sofrer. E a alegria de amor — compadre meu Quelemém diz. Família. Deveras? É, e não é. O senhor ache e não ache. Tudo é e não é... Quase todo mais grave criminoso feroz, sempre é muito bom marido, bom filho, bom pai, e é bom amigo-de-seus-amigos! Sei desses. Só que tem os depois — e Deus, junto. Vi muitas nuvens.

(15. ed. Rio de Janeiro: José Olympio, 1982. p. 11-2.)

Esta é para pensar

Arlindo Daibert

A primeira palavra de *Grande sertão* é *nonada* (ninharia, insignificância) e a última é *travessia*. Depois dessa palavra, o autor desenha o símbolo matemático do infinito: ∞. Entre o nada e o infinito, estaria a travessia do sertão.

abrenúncio: do latim *abrenuntio*, interjeição que tem o sentido de "credo", "Deus me livre".

assisado: que tem siso, juízo; ajuizado.

azougue: do árabe, pessoa muito viva e esperta.

campear: andar pelo campo, procurar.

carantonho: cara grande e feia.

manaíba: do tupi, muda de mandioca.

moquém: grelha feita de varas usada para secar ou assar carne ou peixe.

peçonha: veneno.

quicé: do tupi, o mesmo que "faca velha".

1. Riobaldo, o narrador, conta sua história a um interlocutor que está presente, mas cuja voz não se manifesta explicitamente na narrativa.

a) Identifique um trecho do texto em que a fala de Riobaldo leva em conta a presença do interlocutor.

b) No trecho "Hem? Hem? Ah. Figuração minha [...]", o que o interlocutor deve ter perguntado a Riobaldo?

2. Riobaldo afirma que, antes, quando era jagunço, não tinha tempo para fantasiar, mas agora, aposentado (de "range rede"), dera para especular ideias. Qual é o assunto que lhe interessa?

3. O excerto lido, embora narrativo, apresenta uma estrutura dissertativo-argumentativa, isto é, o narrador desenvolve uma ideia central com argumentos e, no final, chega a uma conclusão.

a) Qual é a tese ou ideia central – apresentada no 2º parágrafo – que o narrador pretende desenvolver?

b) O exemplo da mandioca fundamenta a tese adequadamente? Por quê?

4. Segundo o 3º parágrafo, o mal está nas coisas: nas aves, nos animais, nas pedras, está misturado em tudo.

a) De acordo com o último parágrafo, o que pode combater o mal?

b) "Tudo é e não é...". Que sentido tem essa frase no contexto? Os argumentos expostos fundamentam essa afirmação?

c) Compare a conclusão com a tese. Há coincidência ou contradição entre elas?

5. Não chega a ficar claro em *Grande sertão* se Riobaldo fizera ou não um pacto com o demônio. A própria personagem tem dúvida se houve ou não o pacto.

a) Considerando a etapa da vida em que se encontra Riobaldo, por que essa questão lhe interessa tanto?

b) Pela conclusão a que chega, Riobaldo tem motivos para continuar se preocupando?

c) Na sua opinião, Riobaldo acredita em seus próprios argumentos?

Rosa na canção

Por ser considerado um dos reinventores da língua, ao lado de Camões e Fernando Pessoa, Guimarães Rosa já recebeu duas homenagens de Caetano Veloso. A primeira foi na canção "Língua", em que diz "Gosto do Pessoa na pessoa / Da rosa no Rosa". Alguns anos depois, em parceria com Milton Nascimento, Caetano prestou-lhe nova homenagem na canção *A terceira margem do rio*, cuja letra é baseada no conto homônimo do escritor mineiro.

6. A linguagem regionalista de Guimarães Rosa é um dos traços da originalidade da obra.

a) O excerto lido é uma narração oral ou escrita? Identifique no texto marcas que justifiquem sua resposta.

b) Com a ajuda do glossário apresentado no final do texto, comente a linguagem do autor, levando em conta a seleção vocabular, a estruturação sintática e a melodia das frases.

Para quem quer mais na Internet

Se você deseja conhecer outros textos de Guimarães Rosa, inclusive seus poemas, sugerimos acessar os seguintes *sites*:

www.releituras.com/guimarosa_menu.asp
www.vidaslusofonas.pt/joao_guimaraes_rosa.htm
www.academia.org.br/abl/cgi/cgilua.exe/sys/start.htm?infoid=682&sid=96
www.jornaldepoesia.jor.br/guimaraesrosa.html

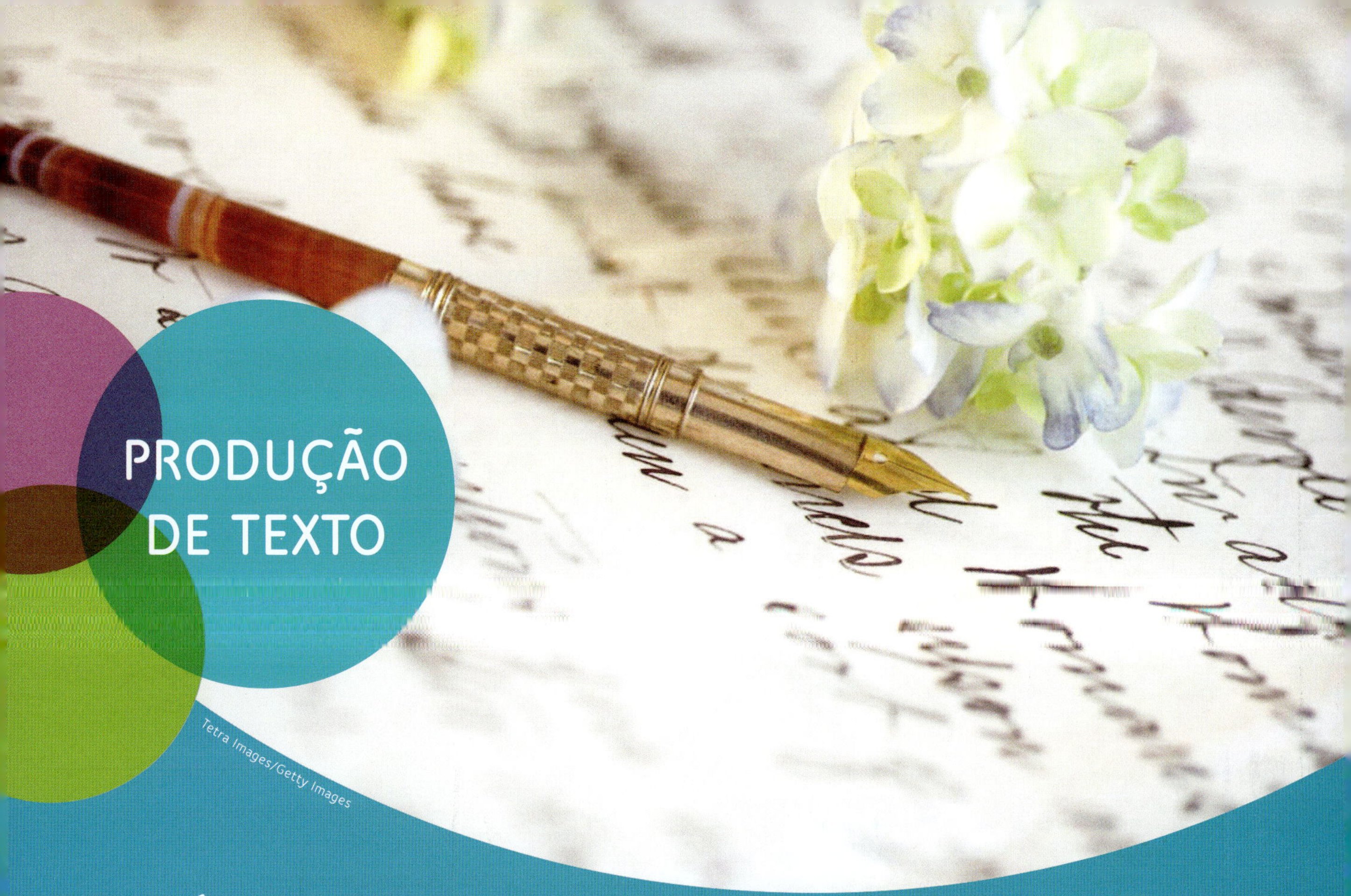

Tetra Images/Getty Images

PRODUÇÃO DE TEXTO

CAPÍTULO 5

A redação no Enem e nos vestibulares

TRABALHANDO O GÊNERO

Hoje, nas provas de redação do Enem e dos principais vestibulares do país, existem duas tendências quanto ao que solicitar aos alunos. Há os exames que pedem exclusivamente uma dissertação, ou um texto dissertativo-argumentativo, e há os que solicitam a produção de determinados gêneros do discurso, que podem variar de um ano para outro.

A exigência da dissertação é a mais tradicional. A prova de redação do Enem, por exemplo, invariavelmente tem solicitado a produção de um texto dissertativo desde que o exame foi criado, em 1988. Alguns vestibulares oferecem mais de uma opção; por exemplo, a produção de uma dissertação, de uma carta e de uma narrativa. E há outros exames, alinhados com as mais recentes teorias do ensino de produção textual, que solicitam a produção de gêneros do discurso, geralmente os argumentativos, como a carta de reclamação, a carta de solicitação, a carta aberta, o editorial, o artigo de opinião. Mas também tem havido a solicitação de resumo, de relato pessoal, de reportagem, entre outros gêneros.

A DISSERTAÇÃO E AS CINCO COMPETÊNCIAS AVALIADAS PELO ENEM NA PRODUÇÃO DE TEXTO

Veja, no quadro comparativo abaixo, a correspondência entre as competências gerais avaliadas pelo Enem e as avaliadas especificamente na produção de texto.

PARTE OBJETIVA	REDAÇÃO
I. Dominar a norma culta da Língua Portuguesa e fazer uso das linguagens matemática, artística e científica.	I. Demonstrar domínio da norma culta da língua escrita.
II. Construir e aplicar conceitos das várias áreas do conhecimento para a compreensão de fenômenos naturais, de processos histórico-geográficos, da produção tecnológica e das manifestações artísticas.	II. Compreender a proposta de redação e aplicar conceitos das várias áreas de conhecimento para desenvolver o tema, dentro dos limites estruturais do texto dissertativo-argumentativo.
III. Selecionar, organizar, relacionar, interpretar dados e informações representados de diferentes formas, para tomar decisões e enfrentar situações-problema.	III. Selecionar, relacionar, organizar e interpretar informações, fatos, opiniões e argumentos em defesa de um ponto de vista.
IV. Relacionar informações, representadas em diferentes formas, e conhecimentos disponíveis em situações concretas, para construir argumentação consistente.	IV. Demonstrar conhecimento dos mecanismos linguísticos necessários para a construção da argumentação.
V. Recorrer aos conhecimentos desenvolvidos na escola para elaboração de propostas de intervenção solidária na realidade, respeitando os valores humanos e considerando a diversidade sociocultural.	V. Elaborar proposta de solução para o problema abordado, mostrando respeito aos valores humanos e considerando a diversidade sociocultural.

(Disponível em: www.enem.inep.gov.br/index.php?option=com_content&task=view&id=18&Itemid=28.)

Você vai ler a seguir uma redação de aluno que obteve nota 10 no exame do Enem. Antes, porém, leia a proposta oferecida aos alunos.

Proposta de redação

Uma vez que nos tornamos leitores da palavra, invariavelmente estaremos lendo o mundo sob a influência dela, tenhamos consciência disso ou não. A partir de então, mundo e palavra permearão constantemente nossa leitura e inevitáveis serão as correlações, de modo intertextual, simbiótico, entre realidade e ficção.

Lemos porque a necessidade de desvendar caracteres, letreiros, números faz com que passemos a olhar, a questionar, a buscar decifrar o desconhecido. Antes mesmo de ler a palavra, já lemos o universo que nos permeia: um cartaz, uma imagem, um som, um olhar, um gesto. São muitas as razões para a leitura. Cada leitor tem a sua maneira de perceber e de atribuir significado ao que lê.

Inajá Martins de Almeida. "O ato de ler". Internet: <www.amigosdolivro.com.br> (com adaptações).

Jupiter Unlimited/Other Images

Minha mãe muito cedo me introduziu aos livros. Embora nos faltassem móveis e roupas, livros não poderiam faltar. E estava absolutamente certa.

Entrei na universidade e tornei-me escritor. Posso garantir: todo escritor é, antes de tudo, um leitor.

Moacyr Scliar. "O poder das letras". In: *TAM Magazine*, jul./2006, p. 70 (com adaptações).

Existem inúmeros universos coexistindo com o nosso, neste exato instante, e todos bem perto de nós. Eles são bidimensionais e, em geral, neles imperam o branco e o negro.

Estes universos bidimensionais que nos rodeiam guardam surpresas incríveis e inimagináveis! Viajamos instantaneamente aos mais remotos pontos da Terra ou do Universo; ficamos sabendo os segredos mais ocultos de vidas humanas e da natureza; atravessamos eras num piscar de olhos; conhecemos civilizações desaparecidas e outras que nunca foram vistas por olhos humanos.

Estou falando dos universos a que chamamos de livros. Por uns poucos reais podemos nos transportar a esses universos e sair deles muito mais ricos do que quando entramos.

<www.amigosdolivro.com.br> (com adaptações).

Considerando que os textos apresentados têm caráter apenas motivador, redija um texto dissertativo a respeito do seguinte tema:

O poder de transformação da leitura.

Ao desenvolver o tema proposto, procure utilizar os conhecimentos adquiridos e as reflexões feitas ao longo de sua formação. Selecione, organize e relacione argumentos, fatos e opiniões para defender seu ponto de vista e suas propostas, sem ferir os direitos humanos.

Observações:

- Seu texto deve ser escrito na modalidade padrão da língua portuguesa.
- O texto não deve ser escrito em forma de poema (versos) ou narração.
- O texto deve ter, no mínimo, 15 (quinze) linhas escritas.
- A redação deve ser desenvolvida na folha própria e apresentada a tinta.
- O rascunho pode ser feito na última página deste Caderno.

Quadro negro

Se para Monteiro Lobato um país se faz de homens e livros, para os governantes diferente não poderia ser. O papel da leitura na formação de um indivíduo é de notória importância. Basta-nos observar a relevância da escrita até mesmo na marcação histórica do homem, que destaca, por tal motivo, a pré-história.

Em uma esfera mais prática, pode-se perceber que nenhum grande pensador fez-se uma exceção e não deixou seu legado através da escrita, dos seus livros, das anotações. Exemplos não são escassos: de Aristóteles a Nietzsche, de Newton a Ohm, sejam pergaminhos fossilizados ou produções da imprensa de Gutenberg, muito devemos a esses escritos. Desta forma, iniciarmos o nosso processo de transforma-

Competência I – O texto apresenta um registro adequado a uma situação formal de produção de texto escrito. Apesar de alguns poucos deslizes quanto ao domínio da norma-padrão – por exemplo, a falta de paralelismo em "sejam pergaminhos fossilizados ou (sejam) produções..."; a seleção vocabular inadequada em "grande efeito colateral" (em vez de "uma importante consequência", por exemplo) e falta de revisão no uso da palavra *iniciarmos* em vez de *iniciamos* –, no geral o texto apresenta domínio da língua escrita quanto à sintaxe de concordância, regência e colocação, pontuação, flexão e ortografia.

Competência II – O texto aborda adequadamente o tema proposto, procurando mostrar o relevante papel da leitura na formação do indivíduo. Para isso utiliza informações de diferentes áreas do conhecimento, citando, por exemplo, um escritor (Monteiro Lobato), dois filósofos (Nietzsche e Descartes) e dois cientistas (Newton e Ohm). O texto foi produzido em prosa, do tipo dissertativo-argumentativo, conforme solicitado.

ção adquirindo tamanha produção intelectual que nos é disponibilizada.

A aquisição de ideias pelo ser humano apresenta um grande efeito colateral: a reflexão. A leitura é capaz de nos oferecer o poder de questionar, sendo a mesma frequente em nossas vidas. Outrossim, é impossível que a nossa visão do mundo ao redor não se modifique com essa capacidade adquirida.

Embora a questão e a dúvida sejam de extrema importância a um ser pensante, precisam ter um curto prazo de validade. A necessidade de resposta nos é intrínseca e gera novas ideias, fechando, assim, um círculo vicioso, o qual nos integra e nunca terminamos de transformar e sermos transformados.

A leitura é a base para o desenvolvimento e a integração na sociedade e na vida, porquanto viver não é apenas respirar. Se Descartes estiver certo, é preciso pensar. Pensando, poderemos mudar o quadro negro do país e construir o Brasil de Monteiro Lobato: quadro-negro apenas na sala de aula, repleto de ideias, pensamentos, autores, repleto de transformação e de vida.

http://www.enem.inep.gov.br/index.php?option=com_content&task=view&id=64&Itemid=99.

Competência III – O texto apresenta boa seleção de argumentos e organiza-os e relaciona-os adequadamente para defender o ponto de vista do autor. No 2º parágrafo, usa como argumento o legado cultural transmitido pela escrita; no 3º parágrafo, o argumento é a capacidade de reflexão, propiciada pela leitura; e, no 4º parágrafo, o argumento é o papel transformador da leitura. Esses argumentos estão de acordo com a tese proposta no 1º parágrafo e fundamentam-na adequadamente.

Competência IV – Utiliza recursos coesivos da modalidade escrita, com vistas à adequada articulação dos argumentos, fatos e opiniões. Utiliza mecanismos linguísticos responsáveis pela construção da argumentação: coesão, coerência, tempos verbais, etc. É o papel de palavras como *outrossim*, *embora*, *assim* e do emprego de conjunção condicional para abrir e para fechar o texto.

Competência V – Na conclusão do texto, a própria leitura afigura-se como um verdadeiro instrumento de intervenção e transformação social.

EXERCÍCIOS

Leia outra redação do Enem, que também recebeu nota 10, e reúna-se em grupo para responder às questões propostas.

Quando o sol da cultura está baixo, até os mais ínfimos seres emitem luz

Marcel Proust, grande escritor e exemplo máximo de uma vida dedicada unicamente à leitura e à literatura, disse em seus escritos “cada leitor, quando lê, é um leitor de si mesmo”. O que Proust evidencia nessa frase deixa em aberto uma série de interpretações que podem ser realizadas a partir do hábito entusiástico e não visto como uma obrigação, pela leitura.

Estar em contato com o universo das palavras e nele encontrar uma atividade prazerosa, ao mesmo tempo que nos leva a absorver todo o conhecimento exterior, também nos conduz a uma busca de tudo que representa algo de nós mesmos nesse conhecimento que chega até nós. Em cada nova leitura, ocorre algo semelhante a uma lapidação de nossos desejos e predileções.

Os livros constituem um tipo de transporte de conhecimento diferente da televisão por exemplo, onde as informações são transmitidas a todo o momento, e para tal, só precisa de nossa permissão para a passagem de suas imagens através de nosso córtex. O nível de saber que podemos extrair de um livro possui o mesmo limite de nossa vontade de fazê-lo. E, ao contrário das informações "prontas" da televisão, temos a total liberdade de interpretação, o que confere o aperfeiçoamento de nosso senso crítico e o melhoramento de como nos posicionamos diante do mundo.

O hábito da leitura não possui caráter elitista e nem está associado ao poder aquisitivo. Em qualquer cidade, por menor que seja, há uma biblioteca, basta que tenhamos interesse em desvendar todo o mistério contido nela. Ao ler, nos tornamos mais cultos, mais seguros de nossas convicções, nos expressamos e escrevemos melhor. Medidas públicas devem ser realizadas para garantir essa acessibilidade e assim, seus respectivos países possam brilhar, iluminados pelo sol da cultura.

(Disponível em: www.webvestibular.com.br/redacao/modelo_de_redacao_06.htm. Acesso em: 25/7/2012.)

1. O texto apresenta domínio da norma culta e está de acordo com o registro formal da língua escrita? Justifique a resposta com exemplos.

2. O tema foi compreendido e abordado adequadamente? Os dados foram analisados e inter-relacionados?

3. Qual é o ponto de vista defendido pelo autor? Os argumentos o fundamentam adequadamente?

4. O texto apresenta bons recursos coesivos próprios da modalidade escrita? Dê exemplos.

5. A conclusão apresenta proposta de caráter social?

6. A redação apresenta as cinco capacidades específicas avaliadas pelo Enem? Há alguma observação a fazer?

PAINEL DE TEXTOS COMO TEMA DE REDAÇÃO

No exame do Enem e nos vestibulares atuais, a proposta de produção de texto raramente é feita a partir de uma palavra ou de uma única frase, como ocorria nos exames vestibulares do passado.

Atualmente, o mais comum é ser oferecido ao estudante um painel de textos com diferentes pontos de vista sobre certo assunto e pedido a ele que escreva um texto com base nas ideias apresentadas no painel e em suas próprias ideias.

Nessas situações, é necessário que o estudante leia atentamente os textos, perceba qual o posicionamento de cada um dos autores a respeito do tema e reconheça os argumentos que sustentam o ponto de vista apresentado. Depois, ele próprio deverá se posicionar em relação ao tema, definindo o ponto de vista que vai defender, e reunir argumentos para sustentá-lo.

Veja, como exemplo, este tema de redação do Enem:

Leia com atenção os seguintes textos:

Caco Galhardo

Caco Galhardo, 2001.

Os programas sensacionalistas do rádio e os programas policiais de final da tarde em televisão saciam curiosidades perversas e até mórbidas tirando sua matéria-prima do drama de cidadãos humildes que aparecem nas delegacias como suspeitos de pequenos crimes. Ali, são entrevistados por intimidação. As câmeras invadem barracos e cortiços, e gravam sem pedir licença a estupefação de famílias de baixíssima renda que não sabem direito o que se passa: um parente é suspeito de estupro, ou o vizinho acaba de ser preso por tráfico, ou o primo morreu no massacre de fim de semana no bar da esquina. A polícia chega atirando; a mídia chega filmando.

Eugênio Bucci. *Sobre ética e imprensa*. São Paulo: Companhia das Letras, 2000.

Quem fiscaliza [a imprensa]? Trata-se de tema complexo porque remete para a questão da responsabilidade não só das empresas de comunicação como também dos jornalistas. Alguns países, como a Suécia e a Grã-Bretanha, vêm há anos tentando resolver o problema da responsabilidade do jornalismo por meio de mecanismos que incentivam a autorregulação da mídia.

http://www.eticanatv.org.br. Acesso em 30/5/2004.

No Brasil, entre outras organizações, existe o *Observatório da Imprensa* – entidade civil, não governamental e não partidária –, que pretende acompanhar o desempenho da mídia brasileira. Em sua página eletrônica, lê-se:

> Os meios de comunicação de massa são majoritariamente produzidos por empresas privadas cujas decisões atendem legitimamente aos desígnios de seus acionistas ou representantes. Mas o produto jornalístico é, inquestionavelmente, um serviço público, com garantias e privilégios específicos previstos na Constituição Federal, o que pressupõe contrapartidas em deveres e responsabilidades sociais.

http://www.observatorio.ultimosegundo.ig.com.br (adaptado). Acesso em 30/5/2004.

Incisos do Artigo 5º da Constituição Federal de 1988:

IX – é livre a expressão da atividade intelectual, artística, científica e de comunicação, independentemente de censura ou licença;

X – são invioláveis a intimidade, a vida privada, a honra e a imagem das pessoas, assegurado o direito a indenização pelo dano material ou moral decorrente de sua violação.

Com base nas ideias presentes nos textos acima, redija uma dissertação em prosa sobre o seguinte tema:

Como garantir a liberdade de informação e evitar abusos nos meios de comunicação?

Ao desenvolver o tema proposto, procure utilizar os conhecimentos adquiridos e as reflexões feitas ao longo de sua formação. Selecione, organize e relacione argumentos, fatos e opiniões para defender seu ponto de vista e suas propostas.

Observações:

- Seu texto deve ser escrito na modalidade culta da língua portuguesa.
- O texto não deve ser escrito em forma de poema (versos) ou narração.
- O texto deverá ter no mínimo 15 (quinze) linhas escritas.
- A redação deverá ser apresentada a tinta e desenvolvida na folha própria.
- O rascunho poderá ser feito na última folha deste Caderno.

O tema da redação é explicitado pela pergunta em negrito: "Como garantir a liberdade de informação e evitar abusos nos meios de comunicação?".

Os cinco textos apresentados no painel abordam o tema sob quatro aspectos:

- a baixa qualidade da tevê (cartum);
- a invasão da privacidade e a violação dos direitos do cidadão (texto 2);
- a necessidade de fiscalizar a atuação dos órgãos de comunicação, que, por um lado, prestam um serviço público, mas, por outro, como empresas privadas, atendem aos interesses de seus respectivos donos (textos 3 e 4);
- o que prescrevem as leis quanto à liberdade de imprensa e quanto aos direitos do cidadão em relação à sua privacidade, sua imagem pública, etc. (texto 5).

Para tomar uma posição própria sobre o tema, o aluno deve, nesse caso, levar em conta a competência de número 5 proposta pelo Enem:

> Elaborar proposta de solução para o problema abordado, mostrando respeito aos valores humanos e considerando a diversidade sociocultural.

Fabio R. Martins/Albany

Uma posição que respeite os direitos humanos não pode ser, evidentemente, contrária à liberdade de expressão. Logo, para ser coerente com uma posição cidadã e democrática e não ferir o que prescreve a própria Constituição, o estudante não poderia apresentar, por exemplo, uma proposta de censura prévia a todos os meios de comunicação. O posicionamento esperado, nesse caso, é aquele que aponta saídas ou soluções que garantam tanto a liberdade de imprensa quanto os direitos do cidadão.

No tema do Enem examinado, os textos apresentam ideias coincidentes. Mas nem sempre isso ocorre. Às vezes, o painel reúne textos com ideias opostas. Nesse caso, o estudante deve se posicionar diante do tema e, se for o caso, combater, com argumentos próprios, o ponto de vista defendido no texto de cujas ideias discorda.

OS GÊNEROS DO DISCURSO NA REDAÇÃO DO VESTIBULAR

A proposta de produção de determinado gênero do discurso nas provas de redação dos exames vestibulares está naturalmente vinculada a uma situação artificial própria de exames – isto é, o leitor do texto não será o destinatário real daquele tipo de gênero, mas um ou dois examinadores contratados para avaliar o texto. Mesmo assim, convém que o aluno leve em conta os aspectos verbais e extraverbais que caracterizam a *situação de produção* própria do gênero solicitado. Quer dizer, a linguagem deve estar de acordo com aquela que é utilizada nesse gênero (por exemplo, com menor ou maior grau de formalidade), com o perfil do leitor a que o texto se destina (por exemplo, uma autoridade, um membro da família, um amigo, etc.) e com o suporte em que ele vai ser veiculado (por exemplo, se vai ser lido na televisão ou publicado em um jornal jovem, etc.).

Veja, como exemplo, a seguinte proposta de produção de texto apresentada em exame da UFG-GO.

Instruções

A prova de redação apresenta três propostas de construção textual. Para produzir o seu texto, você deve escolher um dos gêneros indicados abaixo:

A – Discurso de formatura

B – Biografia

C – Carta de solicitação

O tema é único para os três gêneros e deve ser desenvolvido segundo a proposta escolhida. A fuga do tema anula a redação. A leitura da coletânea é obrigatória. Ao utilizá-la, você não deve copiar trechos ou frases sem que essa transcrição esteja a serviço do seu texto. Independentemente do gênero escolhido, o seu texto **não** deve ser assinado.

Tema

O papel da arte na vida cotidiana: utilitário e/ou estético?

Coletânea

1. Estética. S. f. 1. Estudo das condições e dos efeitos da criação artística. 2. Tradicionalmente, estudo racional do belo, quer quanto à possibilidade da sua conceituação, quer quanto à diversidade de emoções e sentimentos que ele suscita no homem. 3. Caráter estético; beleza.

Utilitário. Adj. 1. Relativo à utilidade. 2. Que tenha utilidade ou interesse, particular ou geral, como fim principal de seus atos.

FERREIRA, A. B. H. *Novo Aurélio Século XXI*: o dicionário da língua portuguesa. 3. ed. Rio de Janeiro: Nova Fronteira, 1999. p. 834 e 2030.

2. O universo da arte caracteriza um tipo particular de conhecimento que o ser humano produz a partir de perguntas fundamentais que desde sempre se fez com relação ao seu lugar no mundo. [...] Ciência e arte são, assim, produtos que expressam as representações imaginárias das distintas culturas, que se renovam através dos tempos, construindo o percurso da história humana. [...] Apenas o ensino criador, que favoreça a integração entre a aprendizagem racional e estética dos alunos, poderá contribuir para o exercício conjunto complementar da razão e do sonho, no qual conhecer é também maravilhar-se, divertir-se, brincar com o desconhecido, arriscar hipóteses ousadas, trabalhar duro, esforçar-se e alegrar-se com descobertas. [...] A obra de arte situa-se no ponto de encontro entre o particular e o universal da experiência humana.

"Até mesmo asa branca / Bateu asas do sertão / Então eu disse adeus Rosinha / Guarda contigo meu coração" (Luís Gonzaga e Humberto Teixeira).

No exemplo da canção "Asa Branca", o voo do pássaro (experiência humana universal) retrata a figura do retirante (experiência particular de algumas regiões). Cada obra de arte é, ao mesmo tempo, um produto cultural de uma determinada época e uma criação singular da imaginação humana cujo valor é universal. [...] Quando Guimarães Rosa escreveu: "Nuvens, fiapos de sorvete de coco", criou uma forma artística na qual a metáfora, uma maneira especial de utilização da linguagem, reuniu elementos que, na realidade, estavam separados, mas se juntaram numa frase poética pela ação criadora do artista. Nessa apreciação estética importa não apenas o exercício da habilidade intelectiva mas, principalmente, que o leitor seja capaz de se deixar tocar sensivelmente para poder perceber, por exemplo, as qualidades de peso, luz, textura, densidade e cor contidas nas imagens de nuvens e fiapos de sorvete de coco [...]. A significação não está, portanto, na obra, mas na interação complexa de natureza primordialmente imaginativa entre a obra e o expectador.

PARÂMETROS Curriculares Nacionais: arte. Secretaria de Educação Fundamental. Brasília: MEC-SEF, 1997. p. 32-40.

3. [...] a instalação de um objeto em museus transforma-o em arte. A colher de pau de minha avó, o porta-garrafas, a roda de bicicleta, o mictório de Duchamps, colocados em pedestal ou vitrina, permitem a eclosão de sentimentos de intuições evocadoras. [...] note-se que esses objetos perderam sua função utilitária: "artística", a colher de pau deixou de fazer sabão. Sua transformação em arte acarretou o gratuito: ela não faz mais parte de um sistema racional de utilidade. E, livre, o supérfluo emerge como essencial.

Mas, fruto de gesto gratuito, a arte possui uma existência frágil, pois não é necessária. Podemos constatar em nossa cultura dois registros diferentes que a alimentam. Num deles, o objeto artístico encontra-se instalado no interior de funções econômicas ou sociais: embora enquanto arte o objeto continue sendo não utilitário, enquanto elemento de um vasto mecanismo é empregado para outros fins. Esse emprego garante-lhe a sobrevivência. No outro registro, o objeto artístico reduz-se à gratuidade; esvaziado de toda função, ele depende de uma assistência ao mesmo tempo intencional e artificial, provocada unicamente pelo seu prestígio de ser arte.

COLI, J. *O que é arte*. São Paulo: Brasiliense, 1997. p. 88-90. (Coleção Primeiros Passos, n. 46).

4. Confesso que, espontaneamente, nunca me coloquei esta questão: para que serve a arte? Desde menino, quando vi as primeiras estampas coloridas no colégio (que estavam muito longe de serem obras de arte) deixei-me encantar por elas a ponto de querer copiá-las ou fazer alguma coisa parecida.

Não foi diferente minha reação quando li o primeiro conto, o primeiro poema e vi a primeira peça teatral. Não se tratava de nenhum Shakespeare, de nenhum Sófocles, mas fiquei encantado com aquilo. Posso deduzir daí que a arte me pareceu tacitamente necessária. Por que iria eu indagar para que serviria ela, se desde o primeiro momento me tocou, me deu prazer? [...] Na verdade, a arte – em si – não serve para nada. Claro, a arte dos vitrais servia para acentuar a atmosfera mística das igrejas e os afrescos as decoravam como também aos palácios. Mas não residia nesta função a razão fundamental dessas obras e, sim, na sua capacidade de deslumbrar e comover as pessoas. Portanto, se me perguntam para que serve a arte, respondo: para tornar o mundo mais belo, mais comovente e mais humano.

GULLAR, F. A beleza do humano, nada mais. Disponível em:<http://ondajovem.terra.com.br/arquivodowload/%7B42535240-caba>, p. 28. Acesso em: 7 maio. 2009.

5. Bem, e qual é o significado da arte? Para começar, podemos dizer que ela provoca, instiga, estimula nossos sentidos, de forma a descondicioná-los, isto é, a retirá-los de uma ordem preestabelecida, sugerindo ampliadas possibilidades de viver e de se organizar no mundo. Como escreve o poeta Manoel de Barros: "Para apalpar as intimidades do mundo é preciso saber: / a) que o esplendor da manhã não se abre com faca / b) o modo como as violetas preparam o dia para morrer / c) por que é que as borboletas de tarjas vermelhas têm devoção por túmulos / d) se o homem que toca de tarde sua existência num fagote tem salvação (...) Desaprender oito horas por dia ensina os princípios. [...] A arte ensina justamente a desaprender os princípios do óbvio que é atribuído aos objetos, às coisas. Ela parece esmiuçar o funcionamento das coisas da vida, desafiando-as, criando para elas novas possibilidades". [...]

A cena contemporânea

Com o passar do tempo, no entanto, a arte moderna sofreu um desgaste. Por um lado, ela tornou-se tão experimental que acabou por afastar-se do público, que passou a achar suas manifestações cada vez mais estranhas e de difícil compreensão. [...] Com a mudança global que se delineia a partir dos anos 80, torna-se mais gritante ainda a necessidade de uma modificação no conceito de arte. Mais do que isso: torna-se necessário que a arte se modifique para sobreviver. E é aí que sai de cena a arte moderna e sobe ao palco a contemporânea. [...] A importância dada à moda, às aparências e à "atitude", aliada a uma tecnologia sofisticada de cirurgias, implantes, aparelhos de ginástica e substâncias químicas, além das possibilidades genéticas que se abrem com os sequenciamentos cromossômicos, fazem do corpo um campo de experimentações futurísticas. A busca pela originalidade, que caracterizava a vanguarda modernista do século 20, é substituída pela atitude de busca de reconhecimento, de celebridade. Transfere-se o alvo das preocupações da produção para o produtor, da obra para o autor. [...] Se fosse convidada a reformular o ensino da arte no momento contemporâneo, eu substituiria o estudo dos movimentos que caracterizam a era moderna por esses grandes temas que acompanham a produção e o pensamento dos artistas contemporâneos, permitindo que a arte continue a fazer sentido e a ecoar nossa essência. [...] Em meio a múltiplas possibilidades de uso de materiais, espaços e tempos, a arte contemporânea não separa a rua e o museu. [...] Felizmente, a arte contemporânea tem a liberdade de apontar suas heranças e sua história sem precisar ir ao grau zero da originalidade e está cada vez mais infiltrada nas peles da vida. Assim ela permanece pulsando.

CANTON, K. *A pulsação do nosso tempo.* Disponível em: <http://ondajovem.terra.com.br/arquivodownload/%7B42535240-caba>. Acesso em: 7 maio 2009.

6. Alunos-luz

Estudar sempre foi para V. D. (Drago) uma fonte interminável de aborrecimentos e humilhações. Expulso na 5ª série, sofreu um baque em sua autoestima e, desde então, ganhou o rótulo de "aluno-problema". Chegaram a aconselhar sua mãe a matriculá-lo em colégios que recebessem portadores de deficiência mental, entre outros problemas – ele sofreria de falta de orientação espacial. "Sabia que alguns professores diziam que eu era retardado". Por isso, hoje é um dos melhores dias na vida de Drago. Nesta quarta-feira, Drago, 17 anos, vai inaugurar sua primeira exposição fotográfica.

Por várias semanas, ele fotografou diariamente estudantes de uma escola pública e fugiu do óbvio em seu enquadramento. Procurou cenas em que os alunos mostrassem os olhos brilhando – e não as previsíveis imagens sombrias da educação pública.

Sua proposta era garimpar cenas do prazer em aprender. [...] A evidente habilidade com a fotografia não era suficiente para que ele superasse a baixa autoestima desenvolvida em seu histórico escolar.

Mas a descoberta ajudou-o a construir um projeto: entrar numa faculdade para estudar fotografia. [...] À medida que as fotos eram reveladas e aparecia o brilho nos olhos dos alunos, decidiu-se que todo aquele material deveria virar uma exposição que transformasse as paredes do Colégio Max numa galeria.

Drago tirou o nome para sua exposição da raiz latina da palavra “aluno” que significa “sem luz”. “Foram os dias de mais luz da minha vida”.

DIMENSTEIN, G. Alunos-luz. *Folha de S. Paulo*, São Paulo, 24 set. 2008, Cotidiano, p. C2.

7. Shakespeare notava que, se acabarmos com os objetos de luxo, não teremos nada além de animalidade. O que o luxo diz é que o homem não se contenta apenas com a satisfação de suas necessidades naturais. Há, acima de tudo, uma busca de excesso, de ultrapassamento da simples naturalidade. Além disso, o luxo não é simplesmente uma demonstração de riqueza. Pode o ser, mas esse não parece o seu sentido. Há uma busca de beleza no luxo; uma busca de sensualidade. Há um gosto por tudo que é refinado. [...] Haveria, ainda, uma questão muito delicada: a arte faz parte do luxo ou não? Penso que sim. Costumamos deixar isso de lado, porque a arte tem uma dimensão espiritual, com referências ao sagrado, à Beleza, mas se consideramos o preço de uma obra de arte, vemos que estamos muito próximos de um objeto de luxo. Essa é a razão pela qual as pessoas mais ricas, hoje, estão se tornando colecionadoras de arte contemporânea. [...] para dar uma palavrinha sobre a Beleza, eu diria que, atualmente, ela se “democratizou”: a maior parte das pessoas vê mais coisas belas hoje em dia (na televisão, nas revistas, na publicidade etc.); nós consumimos beleza *non stop*.

LIPOVETSKY, G. *Cult*, São Paulo, n. 120, ano 10, p. 11 e 17, dez. 2007.

8. A utilização do produto culto visa a um consumo que nada tem a ver com a presunção de uma experiência estética; quando muito, o consumidor do produto, ao consumi-lo, entra em contato com modos estilísticos que conservaram algo da nobreza original, e cuja origem ele ignora. [...] Temos aqui produtos de massa que tendem para a provocação de efeitos, mas que não se apresentam como substitutos da arte.

ECO, U. *Apocalípticos e integrados*. São Paulo: Perspectiva, 2004, p. 81.

Propostas de redação

A – DISCURSO DE FORMATURA

O *discurso de formatura* é um gênero discursivo produzido para ser proferido oralmente a um auditório em um evento solene. Expressa formalmente a maneira de pensar e de agir do(s) locutor(es) e sua visão acerca dos interlocutores presentes na solenidade. Por se tratar de um texto construído com o objetivo de defender um ponto de vista sobre determinado assunto, buscando o convencimento do auditório e, logo, sua adesão às ideias defendidas, é um gênero com características predominantemente expositivo-argumentativas. Devido a essa forma de interação, o ponto de vista defendido deve ser fundamentado com explicações, razões, ilustrações, citações, etc.

Imagine que você esteja concluindo um curso da área de Artes e tenha sido eleito para ser o orador da turma na solenidade de formatura. Por isso, você deverá escrever o discurso em nome da turma e, considerando os interlocutores presentes, deverá dirigir-se a um auditório composto por autoridades, professores, familiares e amigos. Sua argumentação deve contemplar uma reflexão acerca do papel da arte na vida cotidiana. Defenda o ponto de vista da turma em relação a esse tema e explicite o posicionamento assumido diante das funções estética e utilitarista da arte.

B – BIOGRAFIA

O gênero discursivo *biografia* é composto por uma narração que busca reconstituir os fatos mais relevantes da vida de uma pessoa ou personagem, que, geralmente, alcançou a celebridade por meio de suas ações. A biografia tem como público, na maioria das vezes, pessoas curiosas que se interessam pelo lado mais humano da história e que, por meio da leitura, podem sentir-se mais próximas das personagens que admiram. Por se tratar de um texto de natureza narrativa, seu autor possui uma certa liberdade para se expressar, visto que as cenas criadas por ele são recriações de uma dada realidade, o que admite um componente ficcional, permitindo a exploração de recursos de linguagem para valorizar o texto. O texto biográfico objetiva proporcionar ao leitor a reconstituição, o mais real possível, de uma imagem da personalidade cuja vida está sendo contada. Por isso, as citações funcionam como um interessante recurso, porque permitem incorporar ao texto a "voz" daquela pessoa, associando-a a momentos importantes da sua vida.

Considerando as explicações acima, escreva a biografia de um artista (fictício ou real), cujas ações relativas ao reconhecimento e à difusão da arte no Brasil o tenham colocado no lugar de celebridade. Para justificar o registro da história do biografado, produza o texto destacando os principais acontecimentos e realizações do artista em uma área das artes. Conte a história da celebridade escolhida, demonstrando como sua obra propõe e reforça as funções estética e/ou utilitária da arte no cotidiano. Por meio de fatos ocorridos, de falas da personagem e de sua interação com outras personagens, explicite o ponto de vista do artista sobre o papel da arte na vida das pessoas.

C – CARTA DE SOLICITAÇÃO

O gênero *carta de solicitação* possui caráter predominantemente argumentativo-persuasivo. Tem por função apresentar a um interlocutor competente a solicitação de alguma medida que possa solucionar o problema apresentado pelo locutor. Após a apresentação do problema, os argumentos que fundamentam a solicitação devem ser selecionados e organizados de forma a comprovar as razões do remetente. A estratégia argumentativo-persuasiva busca convencer o destinatário por meio de explicações, relações de causa e efeito, comparações, exemplos, etc.

Suponha que você seja um artista e resolva concorrer a uma bolsa de estudos oferecida pelo Ministério da Cultura a artistas que ainda não tenham cursado o ensino superior. O edital de divulgação da bolsa prevê recursos financeiros, passagens e moradia em países da Europa aos selecionados no concurso. Para atender a uma das etapas da seleção, você deve escrever uma carta solicitando a bolsa de estudos na sua área de atuação artística, justificando os motivos pelos quais você merece ser selecionado. Os argumentos para comprovar suas razões e persuadir a comissão julgadora a atender seu pedido devem demonstrar e sustentar o seu ponto de vista quanto ao papel da arte no cotidiano e suas funções estética e/ou utilitária.

Para escrever sua carta, considere as características interlocutivas próprias desse gênero. O título, por exemplo, não é necessário.

PRODUZINDO REDAÇÃO A PARTIR DE TEMA DO ENEM OU DE VESTIBULARES

Neste capítulo, você tomou contato com duas propostas de produção de textos dissertativos do Enem – uma sobre leitura e outra sobre a liberdade de informação nos meios de comunicação – e outra de produção de gêneros do discurso – discurso de formatura, biografia e carta de solicitação – de um exame de vestibular (UFG-GO).

Agora, como meio de se preparar para o Enem e o vestibular, desenvolva uma ou duas dessas propostas.

Planejamento do texto

Masterfile/Other Images

- Lembre-se de que seu interlocutor será um avaliador da prova de Redação do Enem ou de um vestibular. Logo, seu texto deve atender às normas estabelecidas pelo exame. Geralmente é solicitado que o texto seja escrito a tinta, tenha de 20 a 30 linhas e não apresente, sob hipótese alguma, a identificação do candidato.
- Planeje seu texto, qualquer que seja a proposta escolhida. Anote as ideias que pretende desenvolver. Depois procure organizar essas anotações em parágrafos, tentando dar forma e estrutura ao texto.
- Identifique claramente o tema da redação.
- Se tiver optado pela dissertação, siga as orientações apresentadas nas páginas 334 e 360.
- Se tiver optado pela carta de solicitação, siga as orientações apresentadas na página 228.
- Se tiver optado pelo discurso de formatura ou pela biografia, esteja atento às orientações dadas na própria prova.

Revisão e reescrita

Antes de chegar à versão final do seu texto, releia-o, observando:

- se ele está de acordo com a proposta e a modalidade de redação escolhida, isto é, dissertação (propostas do Enem) ou discurso de formatura, biografia, ou carta de solicitação (proposta da UFG-GO).
- se ele está redigido e estruturado de acordo com a situação de comunicação. Lembre-se de que você está escrevendo para ser avaliado; logo, deve demonstrar domínio da língua escrita, do tipo de texto ou gênero do discurso escolhido e clareza quanto à situação interlocutiva.
- se ele revela domínio do tema, apresenta bom desenvolvimento de ideias e, no caso de dissertação e carta de solicitação, utiliza argumentos consistentes e persuasivos.
- se a linguagem está de acordo com a situação e com o gênero escolhido, ou seja, se ela corresponde à norma culta, que é a variedade linguística esperada.

Faça as alterações necessárias e passe seu texto a limpo.

LITERATURA

The Bridgeman Art Library/Grupo Keystone

Forgery of Painting (1934), de Joan Miró.

CAPÍTULO 6

João Cabral de Melo Neto: a linguagem objeto

Poderia a linguagem de um poema não apenas referir-se a um objeto, mas imitá-lo, sugeri-lo, a ponto de o sentirmos no próprio poema? Essa é uma das preocupações de João Cabral de Melo Neto, poeta que se interessou também pelos problemas sociais do Nordeste, por temas relacionados à arte e por futebol.

João Cabral de Melo Neto (1920-1999) é o mais importante poeta da geração de 1940-50. Nasceu em Recife, filho e neto de donos de engenho. Desde cedo mostrou interesse pela palavra, pela literatura de cordel nordestina e queria ser crítico literário. Era primo de Gilberto Freyre e Manuel Bandeira, com os quais teve estreita convivência. Aos 20 anos já lia no original os grandes poetas da literatura estrangeira, como Apollinaire, Valéry e outros. Em 1942, apenas com o curso secundário concluído, mudou-se para o Rio de Janeiro e, para sobreviver, ingressou no funcionalismo público. Três anos depois, por meio de concurso, transferiu-se para o Itamarati. Ocupando cargos diplomáticos, viveu a partir de então em várias cidades do mundo, como Barcelona, Londres, Sevilha, Marselha, Genebra, Berna.

Homero Sérgio/Folhapress

João Cabral de Melo Neto.

Cronologicamente, João Cabral situa-se entre os poetas da geração de 1940-50, mas trilhou caminhos próprios, dando continuidade a certos traços delineados na poesia de Drummond e Murilo Mendes, tais como a poesia substantiva, a objetividade e a precisão dos vocábulos.

Pedra do sono, sua primeira obra, publicada em 1942, em Recife, já apresenta uma inclinação para a objetividade (o lado "pedra" do título), embora esteja identificada com a orientação surrealista (o lado "sono"), como se observa nestes versos:

Os manequins

Os sonhos cobrem-se de pós.
Um último esforço de concentração
morre no meu peito de homem enforcado.
Tenho no meu quarto manequins corcundas
onde me reproduzo
e me contemplo em silêncio.

(João Cabral de Melo Neto. *Poesias completas*. 3. ed. Rio de Janeiro: José Olympio, 1979. p. 376.)

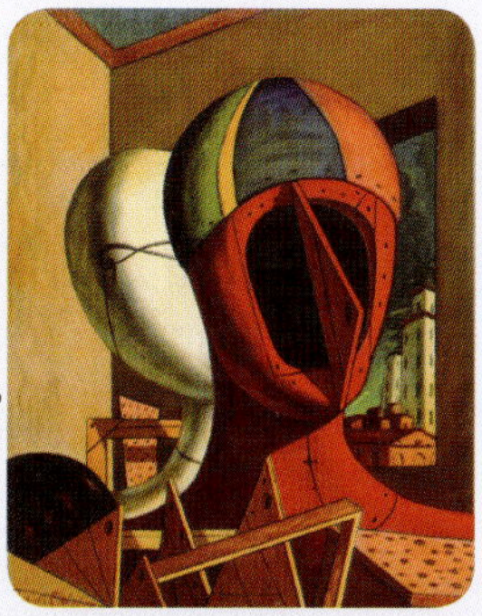

Fondazione Giorgio e Isa de Chirico, Roma, Itália

Le maschere (1973), de De Chirico. A atmosfera inusitada do poema de João Cabral se faz sentir também no surrealismo da obra do pintor.

O ENGENHEIRO DA PALAVRA

A partir de *O engenheiro* (1945), verifica-se na obra de João Cabral um afastamento da linha surrealista e uma tendência crescente à geometrização e à exatidão da linguagem, como se o poeta procurasse ter como exemplo o engenheiro. Observe a economia da linguagem e a tendência à substantivação neste poema.

O engenheiro

A Antônio B. Baltar

A luz, o sol, o ar livre
envolvem o sonho do engenheiro.
O engenheiro sonha coisas claras:
superfícies, tênis, um copo de água.

O lápis, o esquadro, o papel;
o desenho, o projeto, o número:
o engenheiro pensa o mundo justo,
mundo que nenhum véu encobre.

(Em certas tardes nós subíamos
ao edifício. A cidade diária,
como um jornal que todos liam,
ganhava um pulmão de cimento e vidro.)

A água, o vento, a claridade,
de um lado o rio, no alto as nuvens,
situavam na natureza o edifício
crescendo de suas forças simples.

(Idem, p. 344.)

Nas obras posteriores, essa tendência objetivante aprofunda-se e leva o poeta a criar um novo conceito de poesia, que dessacraliza a chamada "poesia profunda", isto é, os versos de sentimentos ou de abordagem introspectiva.

Em suas principais obras – entre elas *O cão sem plumas* (1950), *O rio* (1954), *Quaderna* (1960), *Morte e vida severina* (1965), *A educação pela pedra* (1966), *Museu de tudo* (1975), *A escola das facas* (1980), *Poesia crítica* (1982), *Agrestes* (1985) e *Andando Sevilha* (1990) – destacam-se três traços fundamentais: a preocupação cada vez maior com a realidade social, particularmente a do Nordeste brasileiro; a reflexão permanente sobre a criação artística; o aprimoramento da poética da linguagem objeto, isto é, a linguagem que, pela própria construção, procura sugerir o assunto de que trata. Observe como a secura da linguagem dos versos a seguir sugere a secura e a corrosão da paisagem.

A paisagem do canavial
não encerra quase metal.
Tudo parece encorajar
o cupim, de cana ou de mar.
....
Tudo carrega o seu caruncho.
Tudo: desde o vivo ao defunto,
Da embaúba das capoeiras
à economia canavieira.

(*Poesias completas*, cit., p. 148.)

As experiências formais do poeta e a pesquisa em torno de uma linguagem objeto transformaram-se numa das principais referências das gerações de poetas subsequentes, como é o caso do movimento concretista dos anos 1950-60 e de vários poetas nossos contemporâneos, como Arnaldo Antunes, por exemplo.

O fim da inspiração

O escritor brasileiro ainda acredita muito na inspiração. [...] Eu não acredito nisso.

Para mim, a poesia é uma construção, como uma casa. Isso eu aprendi com Le Corbusier. A poesia é uma composição. Quando digo composição, quero dizer uma coisa construída, planejada – de fora para dentro. Ninguém imagina que Picasso fez os quadros que fez porque estava inspirado. O problema dele era pegar a tela, estudar os espaços, os volumes. Eu só entendo o poético nesse sentido.

(João Cabral de Melo Neto. In: *Cadernos de literatura brasileira – 10 anos*. Rio de Janeiro: Instituto Moreira Salles, 2007. p. 26.)

O processo de criação de João Cabral

Eu parto de uma imagem, de um assunto, às vezes até de um ritmo. E aí fico trabalhando em cima. Assim, tenho poemas que demoram anos para serem escritos. É o caso de "Tecendo a manhã". Eu comecei a escrevê-lo em Sevilha, depois fui para Genebra e então para Berna, e só lá eu o terminei. Foram quatro anos. E tudo começou com a ideia de que o canto de um galo anuncia a aurora, mas que esse canto, para se dar de fato o anúncio, precisou se cruzar com outros cantos, formando assim o que me pareceu um tecido. É claro que eu não escrevi e reescrevi o poema todos os dias ao longo daqueles quatro anos. Mas, da ideia até a forma que considerei satisfatória, foi gasto todo esse tempo.

(João Cabral de Melo Neto. In: *Cadernos de literatura brasileira – 10 anos*, cit., p. 28.)

A MORTE DO EU LÍRICO

Talvez se possa afirmar que a poesia de João Cabral tenha sido a primeira a estabelecer um corte profundo entre a poesia romântica e a moderna. Para o poeta, a poesia não é fruto de inspiração nem de estados emocionais, como o amor, a alegria, etc.; ela resulta de um trabalho racional, árduo, que implica fazer e desfazer várias vezes o texto até que ele atinja sua forma mais adequada.

Ao tratar da mulher como tema amoroso, por exemplo, o poeta o faz de forma distanciada, sem sentimentalismo.

Observe como ele trata da sedução feminina nestes versos:

Tua sedução é menos
de mulher do que de casa:
pois vem de como é por dentro
ou por detrás da fachada.

Mesmo quando ela possui
tua plácida elegância,
esse teu reboco claro,
riso franco de varandas,
uma casa não é nunca
só para ser contemplada;
melhor: somente por dentro
é possível contemplá-la.

Seduz pelo que é dentro,
ou será, quando se abra:
pelo que pode ser dentro
de suas paredes fechadas.

(Idem, p. 153.)

Other Images/The Granger Collection

Composition (1913), de Piet Mondrian. Com a geometrização, o pintor levou o racionalismo na pintura às últimas consequências. Cabral, admirador de Mondrian, chegou a escrever um ensaio sobre a obra do artista.

MORTE E VIDA SEVERINA

Morte e vida severina é a obra mais conhecida de João Cabral e a responsável pela relativa popularidade do autor. Trata-se de um auto de Natal, que, seguindo a tradição dos autos medievais, faz uso da redondilha, do ritmo e da musicalidade, recursos de agrado popular. Sua primeira encenação, com música de Chico Buarque de Hollanda, realizada em 1966 no Tuca (Teatro da PUC de São Paulo), fez enorme sucesso – foi vista por mais de 100 mil pessoas e ganhou prêmios no Brasil e na França. Depois dessa montagem da peça, inúmeras outras vêm sendo feitas e houve uma adaptação para a tevê.

João Cabral e Graciliano: projeto em comum

João Cabral de Melo Neto é não apenas um dos maiores "poetas sociais" que a literatura brasileira já teve, como também um renovador consistente e original da dicção poética praticada antes, durante e depois de sua obra. Uma obra que é vasta, rica, talvez inexplorada [...].

A poesia de João Cabral estabelece o equivalente ético e artístico da prosa de Graciliano Ramos [...], que objetiva com precisão uma prática poética comum. Ambos concederam à paisagem do Nordeste, à miséria e à bravura do nordestino transformado em "pedra" ou "cabra" uma das dimensões estéticas mais fortes, cruéis e indiscutíveis que o Brasil conheceu.

(Modesto Carone. *Folha de S. Paulo*, 10/10/1999.)

Eis o enredo da obra: Severino, um lavrador do sertão pernambucano, foge da seca e da miséria e parte em busca de trabalho na capital, Recife. Trilha o leito seco do rio Capibaribe e, no caminho, só encontra fome, miséria e mortes, mortes de Severinos como ele.

Ao se aproximar do mar, vê campos verdejantes de cana, mas a miséria dos trabalhadores é a mesma. Já na capital, ouve a conversa de dois coveiros, por meio da qual fica sabendo que ali também, na capital, a miséria e a morte são irmãs. O que vê nos manguezais são homens misturados ao barro, vivendo em condições precárias. Desolado, o retirante aproxima-se de um dos cais do Capibaribe e pensa em suicídio. Mas aproxima-se de Severino um morador daquele mangue,

"Seu José, mestre carpina", que, com sua sabedoria de muitos anos de vida severina, desperta-lhe alguma esperança.

Logo depois, Seu José é chamado por uma vizinha, que lhe dá a notícia do nascimento do filho que ele aguardava. Severino os acompanha e presencia a homenagem que os vizinhos fazem à criança.

LEITURA

A seguir, você vai ler dois fragmentos de *Morte e vida severina*. O primeiro pertence ao início da obra, em que Severino se apresenta. O segundo pertence ao desfecho da obra, momento em que os vizinhos levam presentes humildes à casa de mestre carpina, em razão do nascimento de seu filho.

TEXTO I

— O meu nome é Severino,
como não tenho outro de pia.
Como há muitos Severinos,
que é santo de romaria,
deram então de me chamar
Severino de Maria
como há muitos Severinos
com mães chamadas Maria,
fiquei sendo o da Maria
do finado Zacarias.
[...]
Somos muitos Severinos
iguais em tudo na vida:
na mesma cabeça grande
que a custo é que se equilibra,
no mesmo ventre crescido
sobre as mesmas pernas finas
e iguais também porque o sangue,
que usamos tem pouca tinta.
E se somos Severinos
iguais em tudo na vida,
morremos de morte igual,
mesma morte severina:
que é a morte de que se morre
de velhice antes dos trinta,
de emboscada antes dos vinte
de fome um pouco por dia
(de fraqueza e de doença
é que a morte severina
ataca em qualquer idade,
e até gente não nascida).

(João Cabral de Melo Neto. *Poesias completas*, cit., p. 203-4.)

Eduardo Albarello/Editora Abril/Conteúdo

Cena da peça *Morte e Vida Severina*, com o grupo Tapa.

TEXTO II

Falam as duas ciganas que haviam aparecido com os vizinhos:

— Atenção peço, senhores,
para esta breve leitura:
somos ciganas do Egito,
lemos a sorte futura.
Vou dizer todas as coisas
que desde já posso ver
na vida desse menino
acabado de nascer:
aprenderá a engatinhar
por aí, com aratus,
aprenderá a caminhar
na lama, com goiamuns,
e a correr o ensinarão
os anfíbios caranguejos,
pelo que será anfíbio
como a gente daqui mesmo.
Cedo aprenderá a caçar:
primeiro, com as galinhas,
que é catando pelo chão
tudo o que cheira a comida;
depois, aprenderá com
outras espécies de bichos:
com os porcos nos monturos,
com os cachorros no lixo.
Vejo-o, uns anos mais tarde,
na ilha do Maruim,
vestido negro de lama,
voltar de pescar siris;
e vejo-o, ainda maior,
pelo imenso lamarão
fazendo dos dedos iscas
para pescar camarão.

— Atenção peço, senhores,
também para minha leitura:
também venho dos Egitos,
vou completar a figura.
Outras coisas que estou vendo
é necessário que eu diga:
não ficará a pescar
de jereré toda a vida.
Minha amiga se esqueceu
de dizer todas as linhas;
não pensem que a vida dele
há de ser sempre daninha.
Enxergo daqui a planura
que é a vida do homem de ofício,
bem mais sadia que os mangues,
tenha embora precipícios.
Não o vejo dentro dos mangues,
vejo-o dentro de uma fábrica:
se está negro não é lama,
é graxa de sua máquina,
coisa mais limpa que a lama
do pescador de maré
que vemos aqui, vestido
de lama da cara ao pé.
E mais: para que não pensem
que em sua vida tudo é triste,
vejo coisa que o trabalho
talvez até lhe conquiste:
que é mudar-se destes mangues
daqui do Capibaribe
para um mucambo melhor
nos mangues do Beberibe.

O carpina fala com o retirante que esteve de fora, sem tomar parte em nada.

— Severino retirante,
deixa agora que lhe diga:
eu não sei bem a resposta
da pergunta que fazia,
se não vale mais saltar
fora da ponte e da vida;
nem conheço essa resposta,
se quer mesmo que lhe diga;
é difícil defender,
só com palavras, a vida,
ainda mais quando ela é

Editora Sabiá

esta que vê, severina;
mas se responder não pude
à pergunta que fazia,
ela, a vida, a respondeu
com sua presença viva.
E não há melhor resposta
que o espetáculo da vida:
vê-la desfiar seu fio,
que também se chama vida,
ver a fábrica que ela mesma,
teimosamente, se fabrica,
vê-la brotar como há pouco
em nova vida explodida;
mesmo quando é assim pequena
a explosão, como a ocorrida;
mesmo quando é uma explosão
como a de há pouco, franzina;
mesmo quando é a explosão
de uma vida severina.

(*Poesias completas*, cit., p. 236-41.)

aratu: pequeno caranguejo de cabeça triangular.
carpina: carpinteiro.
goiamum: tipo de crustáceo que vive em lugares lamacentos, em tocas que ele mesmo cava.
jereré: aparelho feito de madeira e rede usado na pesca de siris, camarões e peixes pequenos.
monturo: grande quantidade de lixo.
mucambo: barraco.

1. *Severino* é um substantivo próprio, é o nome do retirante, protagonista da história. No entanto, a palavra *severina* é empregada como adjetivo nas expressões "morte severina" e "vida severina". Interprete: Qual é o sentido da palavra *severina* nessas situações?

2. De origem medieval, os autos são textos teatrais que representam um nascimento, quase sempre o de Cristo, encenado por ocasião das festas do Natal.
No fragmento lido de *Morte e vida severina*:
a) A presença de duas personagens confere ambientação mística à cena. Quais são essas personagens?
b) A que personagens da cena do nascimento de Cristo elas correspondem?
c) O que há em comum entre o bebê nascido e Cristo?

3. Ambas as ciganas fazem previsões quanto ao futuro do bebê.
a) Em que se diferenciam as previsões?
b) Em que se assemelham?

4. Na conversa entre Severino e mestre carpina, o retirante pergunta ao mestre "se não vale mais saltar / fora da ponte e da vida". De acordo com o texto:
a) Quem acaba respondendo a Severino?
b) Qual é a resposta dada?

5. Nos últimos versos, mestre carpina diz:

mesmo quando é uma explosão
como a de há pouco, franzina;
mesmo quando é a explosão
de uma vida severina.

O texto, no conjunto, faz uma forte crítica social. Contudo, pela ótica que ele apresenta, há esperança?

6. A explosão de mais "uma vida severina" parece dar continuidade a essa corrente de severinos. Eles não estão somente no sertão seco do Nordeste; estão em todo o país, severinamente lutando contra a "morte em vida".
a) Afinal, quem são os severinos deste país?
b) Como se justifica o título da obra: *Morte e vida severina*?

Balanço

Veja o comentário de João Cabral, em balanço de seu trabalho:

Acho que devo muito ao modernismo, como já deixei claro, mas depois de um Drummond, um Murilo, tentei fazer uma poesia construída, sem a espontaneidade do modernismo.

(In: *Cadernos de literatura brasileira – 10 anos*, cit., p. 28.)

Para quem quer mais

Se você deseja aprofundar seus conhecimentos sobre a poesia de João Cabral de Melo Neto e conhecer um pouco da poesia de José Paulo Paes, leia os textos a seguir e, depois, sozinho, em dupla ou em grupo, tente resolver as questões propostas no **Roteiro de estudo**.

João Cabral de Melo Neto

Tecendo a manhã

Um galo sozinho não tece uma manhã:
ele precisará sempre de outros galos.
De um que apanhe esse grito que ele
e o lance a outro; de um outro galo
que apanhe o grito que um galo antes
e o lance a outro; e de outros galos
que com muitos outros galos se cruzem
os fios de sol de seus gritos de galo,
para que a manhã, desde uma teia tênue,
se vá tecendo, entre todos os galos.

2

E se encorpando em tela, entre todos,
se erguendo tenda, onde entrem todos,
se entretendendo para todos, no toldo
(a manhã) que plana livre de armação.
A manhã, toldo de um tecido tão aéreo
que, tecido, se eleva por si: luz balão.

(*A educação pela pedra*. Rio de Janeiro: Editora Alfaguara. © by herdeiros de João Cabral de Melo Neto.)

Catar feijão

Catar feijão se limita com escrever:
joga-se os grãos na água do alguidar
e as palavras na folha de papel;
e depois, joga-se fora o que boiar.
Certo, toda palavra boiará no papel,
água congelada, por chumbo seu verbo:
pois para catar esse feijão, soprar nele,
e jogar fora o leve e o oco, palha eco,

2

Ora, nesse catar feijão entra um risco:
o de que entre os grãos pesados entre
um grão qualquer, pedra ou indigesto,
um grão imastigável, de quebra dente.
Certo não, quando ao catar palavras:
a pedra dá à frase seu grão mais vivo:
obstrui a leitura fluviante, flutual,
açula a atenção, isca-a com o risco.

(Idem.)

José Paulo Paes

O engenheiro

O homem trabalha
entre a rosa e o trânsito.
Ondas contínuas no seu dorso
de pedra e nuvem.
Martelos.
No papel intacto há linhas
fundamentos de aurora, estrutura
de um mundo pressentido, linhas.

As rosas se dividem
por canteiros iguais
e um pássaro
pousou no arranha-céu.

Quando o engenheiro terminar
o sentimento e a planta,
mãos frescas como folhas
virão sobre o meu corpo.

(*Poesia completa*. São Paulo: Companhia das Letras, 2008. p. 46.)

Antonio Milena/Abril Imagens/Conteúdo Expresso

José Paulo Paes.

José Paulo Paes: o poeta do epigrama

José Paulo Paes (1926-1998), paulista de Taquaritinga, publicou em 1947 seu primeiro livro, *O aluno*, que foi bem recebido pela crítica.

Cronologicamente ligado à geração de 1940-1950, o escritor traçou um percurso poético pessoal em que se incluem tanto as preocupações sociais, na defesa dos direitos do homem, quanto as preocupações estéticas e formais relacionadas à poesia, que, nas décadas de 1950 e 1960, o aproximaram das experiências concretistas.

Nos epigramas – poemas curtos, às vezes com certa dose de ironia, sátira ou crítica –, gênero em que era mestre, sua capacidade de síntese lembra a de Oswald de Andrade, observada em certos poemas-pílula.

Desenvolveu também uma vasta produção como ensaísta crítico e como tradutor do grego e do latim antigos, do holandês, do dinamarquês, do alemão, do inglês e do francês.

Seus livros mais significativos são *Anatomias* (1967), *Meia palavra* (1973), *Resíduo* (1980) e *A poesia está morta mas juro que não fui eu* (1988).

• Roteiro de estudo •

Ao concluir a leitura dos textos, você deverá ser capaz de:

- Discutir o poema "Tecendo a manhã" pela perspectiva da solidariedade. Além disso, explicar como a tessitura sintática do texto reforça, pela forma, as ideias do poema.
- Explicar a comparação entre a criação poética e a tarefa de catar feijão e comentar o que representam, no plano da escrita, a palha, o leve e oco e também a pedra.
- Comentar o efeito de sentido criado pela aproximação de elementos díspares como a natureza e a cidade no poema "O engenheiro", de José Paulo Paes.

Para quem quer mais na Internet

Se você deseja conhecer melhor a poesia de João Cabral de Melo Neto e José Paulo Paes, sugerimos acessar os *sites*:

João Cabral de Melo Neto

www.releituras.com/joaocabral_menu.asp
www2.tvcultura.com.br/aloescola/literatura/poesias/joaocabraldemeloneto_nummonumentoaaspirina.htm
www.academia.org.br/abl/cgi/cgilua.exe/sys/start.htm?sid=337
www.revista.agulha.nom.br/joao02.html

José Paulo Paes

www.jornaldepoesia.jor.br/jpaulo.html
www.tvcultura.com.br/aloescola/literatura/poesias/josepaulopaes_raridade.htm

LÍNGUA: USO E REFLEXÃO

Ron Waddams. Live Adventurously, 1998/The Bridgeman Art Library/Grupo Keystone

CAPÍTULO 7

A colocação. Colocação pronominal

CONSTRUINDO O CONCEITO

Leia o anúncio:

WWF-Brasil

(34º *Anuário do Clube de Criação de São Paulo*, p. 117.)

1. Observe o seguinte texto verbal do anúncio e os logotipos que o acompanham:

WWF-Brasil

> Saiba como diminuir o impacto ambiental da sua empresa em wwf.org.br e filie-se já. Ainda dá tempo de salvar o planeta.

a) Quem é locutor do anúncio?

b) A quem o anúncio é dirigido?

c) O que é oferecido ao destinatário?

2. Observe agora a parte não verbal do anúncio.

a) Que elementos a compõem?

b) Associe a imagem mostrada no anúncio ao enunciado principal: "Na natureza esta empresa ainda vai durar uns 100 anos". Que efeito de sentido resulta dessa associação?

c) No contexto, o pronome *esta* tem a função de identificar um objeto no espaço. Qual é esse objeto?

d) No enunciado principal do anúncio, foi empregada uma *metonímia*, figura de linguagem que consiste na substituição de uma palavra por outra em razão de haver entre elas uma relação de interdependência, de inclusão ou implicação. Explique como se dá, no anúncio, essa relação metonímica.

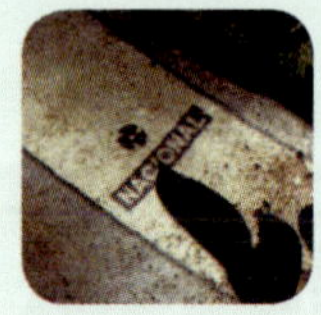

WWF-Brasil

e) Por que o locutor do texto afirma que na natureza a empresa "ainda vai durar uns 100 anos"?

3. Compare estes enunciados:

> "Na natureza esta empresa ainda vai durar uns 100 anos."
> Esta empresa ainda vai durar uns 100 anos na natureza.

a) Que diferença de sentido há entre os enunciados?

b) Qual é a função sintática do termo *na natureza* em cada um dos enunciados?

c) No primeiro enunciado, os termos não estão empregados na ordem direta. Levante hipóteses: Por que o locutor optou por uma ordem diferente da direta?

WWF-Brasil

CONCEITUANDO

Em todo texto, seja na linguagem verbal, seja na linguagem não verbal, há intenções argumentativas, explícitas ou implícitas. No anúncio, ressaltam-se elementos ambientais – parte da mata, tronco de árvore, vegetação –, um logotipo com a imagem de um urso panda (animal em extinção) e outro com as cores da bandeira brasileira e o desenho de um coração. Todos esses elementos funcionam como argumentos de sensibilização e persuasão para convencer o leitor da importância de diminuir os impactos ambientais provocados pela ação de empresas. Na linguagem verbal, mesmo havendo um princípio sintático que rege a combinação das palavras na frase, quando se quer dar um destaque a um termo ou um sentido diferente à oração, coloca-se o termo em primeiro plano, como ocorre com a expressão *na natureza*, que é intencionalmente destacada no enunciado principal do anúncio estudado.

Na língua portuguesa, chamamos de **ordem direta** àquela em que os termos da oração se dispõem na sequência sujeito + verbo + complemento (objeto direto, indireto), predicativo, adjuntos, etc.

Quando ocorre uma alteração nessa disposição dos termos, dizemos que a oração está na **ordem inversa**.

Colocação é o modo de dispor, na ordem direta ou inversa, os termos que compõem a oração.

Embora certas colocações sejam consagradas pelo uso, como o emprego do sujeito posposto ao verbo na voz passiva pronominal, na língua portuguesa a estrutura da oração admite bastante liberdade de colocação.

Há, entretanto, certos princípios básicos quanto à colocação que devem ser considerados na linguagem escrita e falada. Um desses princípios é o da colocação dos pronomes pessoais oblíquos átonos.

COLOCAÇÃO PRONOMINAL

Os pronomes pessoais oblíquos átonos *me, te, se, lhe(s), o(s), a(s), nos* e *vos* podem estar em três posições em relação ao verbo ao qual se ligam.

Leia o cartum a seguir e observe a colocação do pronome oblíquo.

(Laerte. *Folha de S. Paulo*, 13/3/2006.)

No cartum, foi empregado o pronome pessoal oblíquo átono *me*. Observe que ele está colocado depois do verbo. Nesse caso, dizemos que há ênclise. Se estivesse colocado antes do verbo, seria um caso de **próclise**.

O pronome oblíquo átono pode estar também no meio do verbo, colocação que é denominada **mesóclise**. Veja o exemplo:

> Recebê-*lo*-emos no próximo verão.

A colocação pronominal em relação ao verbo

Ênclise

É a colocação normal do pronome na norma culta:

> Deseje-*me* boa sorte.

Próclise

É a colocação do pronome quando antes do verbo há palavras que exercem atração sobre ele. Na frase a seguir, por exemplo, a conjunção subordinativa *que* exerce atração sobre o pronome.

> É verdade *que* ele se mudou?

Mesóclise

É a colocação do pronome quando o verbo se encontra no futuro do presente ou no futuro do pretérito do modo indicativo, desde que não haja condição de próclise:

> O torneio de xadrez realizar-*se*-á no início da primavera.
> Contar-*lhe*-ia o segredo, se pudesse.

Entre as três possibilidades de colocação do pronome pessoal oblíquo átono em relação ao verbo, a próclise merece atenção especial, pois há várias palavras e expressões que exercem atração sobre o pronome. Por isso, ao fazer os exercícios a seguir, leia os boxes laterais, que tratam desse assunto.

A colocação pronominal no português do Brasil e no português lusitano

Leia os textos abaixo. O primeiro é uma notícia de um jornal português; o segundo, uma tira do quadrinista brasileiro Caco Galhardo.

"Encostou-me a arma à cabeça"

"Atacou-me quando eu fechava a porta. Ainda tentei reagir, mas ele encostou-me a arma à cabeça e arrancou-me a mala", contou ao CM, ainda bastante abalada, a dona da pizaria La Fiamma, em Arcozelo, Barcelos. Anteontem foi assaltada quando fechava a porta do estabelecimento, cerca das 23h30. [...]

(Disponível em: http://www.cmjornal.xl.pt/detalhe/noticias/nacional/portugal/encostou-me-a--arma-a-cabeca. Correio da Manhã, Portugal. Acesso em: 20/6/2012.)

(Caco Galhardo. *Folha de S. Paulo*, 26/6/2012.)

A diferença de colocação pronominal decorre das diferenças eufônicas entre o português de Portugal e o do Brasil. Assim, para o falante português, é mais agradável dizer e ouvir: "atacou-me", "encostou-me", "arrancou-me". Já, para o falante brasileiro, é mais natural dizer e ouvir: "me dê".

Entretanto, as regras de colocação pronominal da norma-padrão de nossa língua ainda guardam fortes influências do português de Portugal, sendo orientadas pela entonação do falar lusitano.

EXERCÍCIOS

Leia o poema a seguir, de Mario Quintana, e responda às questões de 1 a 4:

A letra e a música

Quando nos encontramos
Dizemo-nos sempre as mesmas palavras
[que todos os amantes dizem...
Mas que nos importa que as nossas palavras
[sejam as mesmas de sempre!
A música é outra!

(*A cor do invisível.* Organização de Tania Franco Carvalhal. São Paulo: Globo, 2005. p. 113.)

1. O poema fala do amor de forma metafórica. A que é comparado o amor?

2. O eu lírico afirma que todos os amantes dizem sempre as mesmas palavras. O que diferencia, então, as situações amorosas?

3. Interprete: Nessa "canção de amor", a que corresponde:

a) a letra da canção?

b) a música?

4. Observe o emprego dos pronomes oblíquos átonos no poema. A colocação deles está de acordo com a norma-padrão? Justifique sua resposta.

5. Indique as frases em que a colocação pronominal está em desacordo com a norma-padrão. Em seguida, reescreva-as, adequando a colocação pronominal.

a) Nunca soubemos quem roubava-nos.

b) Pouco se sabe sobre este caso.

c) Que Deus acompanha-te!

d) Agora, se ajeite e durma bem.

e) Agora me convenci de que me enganavam.

f) Contaria-me tudo, se eu quisesse.

g) Em se tratando de conhecimentos de arte, podemos contar com ele.

h) Me levantei assim que chamou-me ao telefone.

Emprego da próclise

Exercem atração sobre o pronome:

- palavra negativa (*não, nem, nunca, ninguém, nenhum, nada, jamais,* etc.) não seguida de pausa:

Nunca *nos* revelou sua verdadeira identidade.

- advérbio não seguido de vírgula:

Depois *me* dirigi ao balcão de informações.

Havendo vírgula depois de palavra negativa ou de advérbio, usa-se ênclise:

Não, disse-*me* ele, não me devo mais nada.
Em seguida, despediu-*se* de todos gentilmente.

- pronomes relativos e indefinidos:

O rapaz que *me* procurou vendia enciclopédias.
Quem *te* acompanhou até aqui?

- conjunção subordinativa:

Pensei que *lhe* dariam o emprego.

Ocorre *próclise* também quando houver:

- preposição em seguida de gerúndio:

Em *se* tratando de brigas familiares, não me meto.

- infinitivo pessoal precedido de preposição:

Para *se* desculparem, enviaram à menina flores e bombons.

- orações exclamativas e interrogativas diretas:

Quanto *me* enganei!
Quando *me* devolverás o livro?

- orações optativas, exclamativas ou interrogativas diretas:

Deus *lhe* pague, moço!
Que *me* importa sua opinião?

Havendo entre o pronome oblíquo e a palavra que exerce atração um termo ou oração intercalados, a próclise continua sendo necessária:

Nunca, é bom saberem, *lhe* pedi dinheiro.

6. Reescreva as frases a seguir, fazendo as alterações indicadas entre parênteses e observando a colocação pronominal prescrita pela norma-padrão.

a) Emprestei-lhe todas as revistas de ciências. (Troque *emprestei* por *emprestarei.*)

b) Agora, deixe-me só, por favor. (Elimine a vírgula depois da palavra *agora*.)

c) Chamá-lo-ei para fazer parte da equipe de atletismo no próximo mês. (Coloque a frase na forma negativa.)

d) Conversei com o gerente. O gerente disse-me que não aceitava devolução de mercadoria. (Junte as frases, empregando o pronome relativo *que*.)

e) Márcia enviou-lhe essa carta de recomendação. (Troque *Márcia* por *quem* e coloque a frase na forma interrogativa.)

A colocação pronominal em relação aos tempos compostos e às locuções verbais

De acordo com a norma-padrão formal, o pronome oblíquo pode estar:

- enclítico em relação ao verbo principal se este estiver no infinitivo ou no gerúndio; *nunca* se estiver no particípio;
- proclítico ou enclítico em relação ao verbo auxiliar;
- mesoclítico em relação ao verbo auxiliar se este estiver no futuro do presente ou no futuro do pretérito.

Observe as posições do pronome nas frases:

Eu quero contar-*lhe* a verdade.
Eu *lhe* quero contar a verdade.
Eu quero-*lhe* contar a verdade.

Eu *lhe* tinha contado a verdade.
Eu tinha-*lhe* contado a verdade.
Ter-*lhe*-ia contado a verdade, se a soubesse.

Se houver fator de próclise, teremos:

Disse que *lhe* quero contar a verdade.
Disse que quero contar-*lhe* a verdade.

Já *lhe* estou contando a verdade.
Já estou contando-*lhe* a verdade.
Já *lhe* tinha contado a verdade.

No Brasil, mesmo na norma culta a preferência é por construções em que o pronome oblíquo aparece solto entre as formas verbais. Veja:

Quero *lhe* dizer o que sei.
Ele já tinha *me* decepcionado.

Estou *lhe* enviando notícias.

EXERCÍCIOS

Leia a tira:

(*Folha de S. Paulo*, 23/11/2011.)

1. No 1º e no 2º quadrinhos da tira, o pronome oblíquo átono *me* foi empregado em locuções verbais. A colocação dos pronomes está de acordo com a fala brasileira. Ela está de acordo também com a norma-padrão? Justifique sua resposta.

2. De acordo com a norma-padrão, que outras possibilidades haveria para a colocação dos pronomes oblíquos?

A COLOCAÇÃO PRONOMINAL NA CONSTRUÇÃO DO TEXTO

Leia a tira:

(Fernando Gonsales. *Níquel Náusea – A perereca da vizinha*. São Paulo: Devir, 2005. p. 38.)

1. Observe para onde apontam os balões dos três primeiros quadrinhos. Que surpresa ocorre no último quadrinho?

2. A linguagem utilizada pelas personagens foge ao que seria normal na situação.
   a) Como é essa linguagem?
   b) Levante hipóteses: Qual é a razão de ter sido utilizada uma linguagem desse tipo?

3. Buscando um grau elevado de sofisticação, as personagens misturam formas de tratamento da 2ª pessoa do singular e 2ª pessoa do plural. Na tira:
   a) Que marcas gramaticais indicam o tratamento em 2ª pessoa do singular (tu)?
   b) Que marcas indicam o tratamento em 2ª pessoa do plural (vós)?

4. Na busca de uma linguagem diferenciada, as personagens fazem uma verdadeira confusão quanto ao emprego de verbos, pronomes e sua posição na frase. Que situação absurda, do ponto de vista gramatical, pode ser observada:
   a) no 2º quadrinho?
   b) no 3º quadrinho?
   c) no 4º quadrinho?

5. No último quadrinho, o rato demonstra estar irritado com o jogo.
   a) A que se deve essa irritação?
   b) Você acha que o comentário dos três insetos vai acalmá-lo? Por quê?

Fernando Gonsales

6. Discuta com os colegas e o professor: Caso a escolha dos pronomes oblíquos estivesse adequada, a colocação deles nas frases também estaria de acordo com a norma-padrão? Por quê?

Para que servem as regras de colocação pronominal?

Enquanto as regras de colocação pronominal vigentes se mantêm distanciadas da prosódia brasileira, devemos conhecê-las e dominá-las a fim de empregar adequadamente os pronomes sempre que as situações de interação verbal exigirem a produção de um texto – oral ou escrito – na norma culta formal da língua. Fora dessa exigência, a colocação do pronome deve seguir os princípios do bom-senso e da eufonia.

SEMÂNTICA E DISCURSO

Leia o anúncio a seguir e responda às questões de 1 a 3.

(*Época – Edição histórica*, 4/6/2012, p. 94.)

1. O anúncio lido foi publicado na revista *Época* em 2012, em uma edição comemorativa dos 60 anos da Editora Globo. Nessa edição especial, a revista reproduzia reportagens e anúncios publicitários da década de 1950.

a) Que elementos do anúncio, verbais ou não verbais, revelam que ele não é atual?

b) Quem é o anunciante?

c) Quem é o destinatário do anúncio? Qual é o seu perfil?

2. No texto verbal em destaque, o emprego do pronome *ele* entre aspas cria uma ambiguidade. Leia o boxe "A mulher no mercado de trabalho" e, depois, considerando o contexto do anúncio, responda: Além de se referir ao liquidificador, que outro sentido pode ser atribuído ao pronome *ele*, no texto?

3. Observe a colocação pronominal neste enunciado:

> "O novo liquidificador da Blender te ajuda na copa e na cozinha."

a) A colocação proclítica do pronome oblíquo está rigorosamente de acordo com a norma-padrão? Justifique sua resposta.

b) Com que finalidade o anunciante optou por essa colocação do pronome oblíquo?

A mulher no mercado de trabalho

De acordo com dados do IBGE, na década de 1950 somente 14,6% das mulheres eram economicamente ativas, ou seja, atuavam no mercado de trabalho. Em 2011, o índice de mulheres economicamente ativas era de 46%.

Leia a tira a seguir, de Laerte, e responda às questões de 4 a 6.

Laerte

(*Folha de S. Paulo*, 28/2/2012.)

4. Observe a colocação dos pronomes oblíquos no 1º quadrinho da tira:

> "Procurei-vos..."
> "Explicar-mo-íeis?"
> "Banqueteamo-nos"

a) Em que posição os pronomes foram empregados?
b) Essa colocação está de acordo com a norma-padrão?
c) O que justifica o emprego de *mo* na posição em que se encontra?

5. A linguagem empregada nos quadrinhos revela indícios de que se trata de um português antigo. A palavra *debalde*, por exemplo, é rara no português moderno, e a forma pronominal *mo* – originada da contração dos pronomes oblíquos átonos *me* e *o* – só se encontra em textos literários antigos.
a) O que significa *debalde*?
b) A que se refere o pronome *o*, na contração *mo*?

6. As formas de tratamento e o nível de linguagem usados pelas personagens não são comuns no gênero história em quadrinhos. Considerando a finalidade principal da tira, o que justifica o emprego desses recursos linguísticos?

7. Certas palavras, dependendo da posição que ocupam na oração, podem mudar de significado. Dê o significado das palavras destacadas nos pares de frases a seguir.
a) Você tem que ir lá no dia *certo*.
Certo dia, eis que meu filho chega sem avisar.
b) Ana casou-se com um homem *grande*.
Paulo é um *grande* homem.
c) Dinheiro *algum* o fez mudar de ideia.
É bom ter sempre *algum* dinheiro de reserva.
d) *Todo* homem é mortal.
O homem *todo* era só alegria.

LITERATURA

Fotógrafo: José Manuel Costa Alves/Fundação Calouste Gulbenkian

As ruas de Lisboa (1977), da poetisa e artista plástica portuguesa Ana Hatherly.

CAPÍTULO 8

A literatura portuguesa contemporânea

Desde a década de 1960, convivem na literatura portuguesa várias tendências, como o Neorrealismo e o Surrealismo. Com a Revolução dos Cravos (1974), a produção literária em Portugal ganhou novos matizes, incorporando a literatura de guerra, o revisionismo histórico e o experimentalismo estético.

A PROSA

A Revolução dos Cravos (1974), que pôs fim a 48 anos de salazarismo, deu origem a uma literatura de extração revisionista, que busca reler os fatos históricos sob uma ótica crítica e social, contrapondo-se ao discurso oficial do Estado ditatorial salazarista.

Nessa produção destacam-se duas linhas: a literatura de guerra, criada por escritores que tiveram participação nos conflitos ocorridos nas colônias portuguesas na África, e a literatura de fundo histórico, que procura resgatar criticamente, de modo explícito ou alegórico, a história de Portugal.

Ao primeiro grupo pertencem escritores como Antônio Lobo Antunes, com o seu *Conhecimento do inferno*; Wanda Ramos, com *Percurso*; Francisco Assis Pacheco, com *Walt*; e Martins Garcia, com *A fome*; no segundo grupo situam-se, entre outros, José Saramago, com *História sobre o cerco de Lisboa* e *Memorial do convento*; José Cardoso Pires, com *Balada da praia dos cães*; Augusto Abelaira, com *Sem teto, entre ruínas*; e Jorge de Sena, com *Sinais de fogo*.

José Saramago: a utopia e a crítica da realidade

José Saramago (1922-2010) é o mais conhecido escritor da literatura portuguesa contemporânea e, depois de ganhar o prêmio Nobel de literatura, em 1998, tornou-se o mais conhecido escritor em língua portuguesa.

Alfaguara/handout/dpa/Corbis/Latinstock

José Saramago.

Filho de camponeses, o autor exerceu profissões como serralheiro, mecânico e desenhista técnico antes de se tornar funcionário público, jornalista e escritor. Ideologicamente, sempre se assumiu como homem de esquerda e ateu.

Saramago escreveu poesia, contos, peças teatrais, crônicas e romances, gênero com o qual ganhou notoriedade. Estreou na literatura com o romance *Terra do pecado* (1947), mas foi a partir de *Levantado do chão* (1980) que adotou um estilo particular em que, entre os sinais convencionais de pontuação, são utilizados exclusivamente a vírgula e o ponto. Com parágrafos que podem ter páginas inteiras, ele conduz a narrativa às vezes de forma ágil e leve, às vezes de forma lenta e intrincada, conforme sua intenção. A fala do narrador frequentemente se mistura à fala das personagens, isoladas apenas pela vírgula, o que exige uma leitura muito atenta.

Nos romances de Saramago encontra-se uma reflexão aguda a propósito da legitimidade das instituições oficiais (religiosas, governamentais e militares) e da condição humana no mundo contemporâneo. A proposta revisionista de romances como *Memorial do convento* (1982), *História do cerco de Lisboa* (1989) e *A viagem do elefante* (2008), por exemplo, oferece ao leitor uma análise crítica dos fatos históricos.

Cia. das Letras

Em várias das obras do escritor, há uma atmosfera onírica e surpreendente, que se aproxima das situações insólitas criadas pelo Surrealismo ou pelo realismo fantástico. Em *A jangada de pedra*, por exemplo, a península Ibérica se desprende do continente; em *Ensaio sobre a cegueira* (1995), um surto de cegueira se alastra entre os habitantes de uma cidade; em *Todos os nomes* (1997), uma obra de atmosfera kafkiana, um correto funcionário público da Conservadoria, o Sr. José – responsável pelos arquivos que guardam o registro das realizações de cada uma das pessoas da cidade –, passa a investigar, na vida real, o paradeiro de uma mulher cujos papéis desaparecem da Conservadoria.

Em *Ensaio sobre a lucidez* (2004), Saramago volta ao tema de *Ensaio sobre a cegueira*, retomando algumas personagens e a atmosfera de absurdo do livro anterior, só que agora transposto para uma nova situação insólita: durante as eleições de um país imaginário, os votos não vão nem para os partidos de esquerda, nem para os de centro, nem para os de direita; são todos votos em branco. O branco dos votos, nesse livro, substitui o branco da cegueira, do outro livro.

Cia. das Letras

Partindo de contextos que vão desde a Idade Média em Portugal até os conflitos do homem urbano contemporâneo na virada do milênio, Saramago propicia em seus livros profundas reflexões sobre temas universais e atemporais, como a dominação e a manipulação política por parte dos poderosos, a participação do povo na construção da História, as barreiras que se opõem aos mais profundos sentimentos humanos, como o amor e a solidariedade, a falta de consciência do homem, sua incomunicabilidade, a solidão, o sentido da vida e da morte.

Saramago, que também foi poeta e dramaturgo, escreveu ainda, entre outros, os romances *O ano da morte de Ricardo Reis* (1984) e *O evangelho segundo Jesus Cristo* (1991).

Ensaio sobre a cegueira ou o ensaio sobre a (des)razão

Diante do semáforo, vários motoristas esperam o sinal verde. Finalmente ele aparece, mas o carro que está à frente da fila não arranca. Depois de protestos e buzinadas, os motoristas saem de seus carros para ver o que está acontecendo. Surpreendem-se: o motorista daquele automóvel havia subitamente ficado cego.

Assim se inicia a intrigante narrativa de *Ensaio sobre a cegueira*. Depois desse episódio, muitos outros, sucessivamente, vão formando um cenário de caos e horror: os habitantes, um a um, vão ficando cegos, os serviços públicos vão sendo suspensos, começam a ocorrer assaltos a supermercados, as pessoas já não conseguem sair de casa, corpos se amontoam pela cidade, em estado de putrefação. Os valores e os papéis sociais caem por terra, e as pessoas passam a praticar atos e crimes os mais ignóbeis. Vive-se a ética da desrazão.

Saramago e Buñuel

A situação insólita criada em *Ensaio sobre a cegueira* assemelha-se à do filme surrealista *O anjo exterminador* (1962), de Luis Buñuel.

Depois de uma ópera, um grupo de pessoas da alta sociedade se reúne na casa de um milionário para jantar. Porém, no fim da noite, algo inexplicável os impede de sair da casa. Os dias vão passando, os alimentos vão acabando e, aos poucos, as pessoas vão se despindo das regras sociais e mostrando a face oculta de seu ser. Assassinato, estupro e traição são alguns dos comportamentos que afloram em meio à selvageria do grupo de seletos.

LEITURA

O texto que você vai ler a seguir retrata uma cena do cotidiano de um grupo de sete cegos, liderados pela mulher do médico, a única pessoa da cidade que não perdeu a visão. Neste episódio, ela acaba de ler um livro para os companheiros.

Nessa noite houve novamente leitura e audição, não tinham outra maneira de se distraírem, lástima que o médico não fosse, por exemplo, violinista amador, que doces serenatas poderiam então ouvir-se neste quinto andar, os vizinhos invejosos diriam, Aqueles, ou lhes corre bem a vida, ou são uns inconscientes e julgam poder fugir à desgraça rindo-se da desgraça dos mais. Agora não há outra música senão a das palavras, e essas, sobretudo as que estão nos livros, são discretas, ainda que a curiosidade trouxesse a escutar à porta alguém do prédio, não ouviria mais do que um murmúrio solitário, este longo fio de som que poderá infinitamente prolongar-se, porque os livros do mundo, todos juntos, são como dizem que é o universo, infinitos. Quando a leitura terminou, noite dentro, o velho da venda preta disse, A isto estamos reduzidos, a ouvir ler, Eu não me queixo, poderia ficar assim para sempre, disse a rapariga dos óculos escuros, Nem eu me estou a queixar, só digo que apenas servimos para isto, para ouvir ler a história de uma humanidade que antes de nós existiu, aproveitamos o acaso de haver aqui ainda uns olhos lúcidos, os últimos que restam, se um dia eles se apagarem, não quero nem pensar, então o fio que nos une a essa humanidade partir-se-á, será como se estivéssemos a afastar-nos uns dos outros no espaço, para sempre, e tão cegos eles como nós, Enquanto puder, disse a rapariga dos óculos escuros, manterei a esperança, a esperança de vir a encontrar os meus pais, a esperança de que a mãe deste rapaz apareça, Esqueceste-te de falar da esperança de todos, Qual, A de recuperar a vista, Há esperanças que é loucura ter, Pois eu digo-te que se não fossem essas já eu teria desistido da vida, Dá-me um exemplo, Voltar a ver, Esse já conhecemos, dá-me outro, Não dou, Porquê, Não te interessa, E como sabes que não me interessa, que julgas tu conhecer de mim para decidires, por tua conta, o que me interessa e o que não me interessa, Não te zangues, não tive intenção de magoar-te, Os homens são todos iguais, pensam que basta ter nascido de uma barriga de mulher para saber tudo de mulheres, Eu de mulheres sei pouco, de ti nada, e quanto a homem, para mim, ao tempo que isso vai, agora sou um velho, E zarolho, além de cego, não tens mais nada para dizeres contra ti, Muito mais, nem tu imaginas quanto a lista negra das autorrecriminações vai crescendo à medida que os anos passam, Nova sou eu, e já estou bem servida, Ainda não fizeste nada de verdadeiramente mau, Como podes sabê-lo, se nunca viveste comigo, Sim, nunca vivi contigo, Por que repetiste nesse tom as minhas palavras, Que tom, Esse, Só disse que nunca vivi contigo, O tom, o tom, não finjas que não compreendes, Não insista, peço-te, Insisto, preciso saber, Voltamos às esperanças, Pois voltemos, O outro exemplo de esperança que me recusei a dar era esse, Esse, qual, A última autorrecriminação da minha lista, Explica-te, por favor, não entendo de charadas, O monstruoso desejo de que não venhamos a recuperar a vista, Porquê, Para continuarmos a viver assim, Queres dizer, todos juntos ou tu comigo, Não me obrigues a responder, Se fosses só um homem poderias fugir à resposta, como todos fazem, mas tu mesmo disseste que és um velho, e um velho, se ter vivido tanto tem algum sentido, não deveria virar a cara à verdade, responde, Eu contigo, E por que queres tu viver comigo, Esperas que o diga diante de todos eles, Fizemos uns diante dos outros as coisas mais sujas, mais feias, mais repugnantes, com certeza não é pior o que tens para dizer-me, Já que o queres, então seja, porque o homem que eu ainda sou gosta da mulher que tu és, Custou assim tanto a fazer a declaração de amor, Na minha idade, o ridículo mete medo, Não foste ridículo, Esqueçamos isto, peço-te, Não tenciono esquecer nem deixar que esqueças, É um disparate, obrigaste-me a falar, e agora, E agora é a minha vez, Não digas nada de que te possas arrepender, lembra-te da lista negra, Se eu estiver a ser sincera hoje, que importa que tenha de arrepender-me amanhã, Cala-te, Tu queres viver comigo e eu quero viver

Blindness. Direção: Fernando Meirelles. 2008/Latinstock

Cena do filme *Ensaio sobre a cegueira*.

contigo, Estás doida, Passaremos a viver juntos aqui, como um casal, e juntos continuaremos a viver se tivermos de nos separar dos nossos amigos, dois cegos devem poder ver mais do que um, É uma loucura, tu não gostas de mim, Que é isso de gostar, eu nunca gostei de ninguém, só me deitei com homens, Estás a dar-me razão, Não estou, Falaste de sinceridade, responde-me então se é mesmo verdade gostares de mim, Gosto o suficiente para querer estar contigo, e isto é a primeira vez que o digo a alguém, Também não mo dirias a mim se me tivesse encontrado antes por aí, um homem de idade, meio calvo, de cabelos brancos, com uma pala num olho e uma catarata no outro, A mulher que eu então era não o diria, reconheço, quem o disse foi a mulher que sou hoje, Veremos então o que terá para dizer a mulher que serás amanhã, Põe-me à prova, Que ideia, quem seria eu para pôr-te à prova, a vida é que decide essas coisas, Uma já ela decidiu.

(*Ensaio sobre a cegueira*. São Paulo: Companhia das Letras, 1995. p. 289-92.)

1. Releia este trecho da narrativa: "Quando a leitura terminou, noite dentro, o velho da venda preta disse, A isto estamos reduzidos, a ouvir ler, Eu não me queixo, poderia ficar assim para sempre, disse a rapariga dos óculos escuros".

a) Identifique nesse trecho a fala do narrador e a das personagens.

b) De que recursos o autor se valeu para delimitar as falas de cada um?

2. No diálogo entre o velho da venda preta e a rapariga dos óculos escuros, o velho, referindo-se aos olhos da mulher do médico, que ainda podem ver, afirma: "se um dia eles se apagarem, não quero nem pensar, então o fio que nos une a essa humanidade partir-se-á, será como se estivéssemos a afastar-nos uns dos outros no espaço, para sempre, e tão cegos eles como nós".

a) Explique essa afirmação do velho.

b) A condição de cegueira absoluta, pela perspectiva do velho, pode ser vista como a era da desrazão? Por quê?

3. No diálogo das duas personagens, o velho diz que tem um monstruoso desejo: o de que as pessoas não recuperem a vista. Qual é a razão de tal desejo?

4. A cegueira de que quase todos são vítimas por um lado brutaliza o ser humano, levando-o à condição de animal irracional; por outro, pode aproximar as pessoas. Explique por que, com base no relacionamento entre o velho e a moça.

5. No final dessa obra, as personagens recuperam a visão, mas estão agora irremediavelmente modificadas, pois, depois daquela experiência, já não podem ver o mundo da mesma forma que antes.

a) Ao abrirmos a obra, deparamos com a seguinte epígrafe: "Se podes olhar, vê. Se podes ver, repara". Estabeleça diferenças entre *olhar*, *ver* e *reparar*.

b) A visão que se tem da realidade está associada diretamente à consciência de cada indivíduo. No poema "Tabacaria", Álvaro de Campos diz: "Se eu casasse com a filha da minha lavadeira / Talvez fosse feliz". Con-

Enigmas do olhar

A percepção visual da realidade, que tanto interessa a Saramago em *Ensaio sobre a cegueira*, também foi objeto de pesquisa de pintores de todos os tempos, como é o caso do surrealista Salvador Dalí.

No quadro abaixo, por exemplo, os cisnes e os tocos refletidos na água têm a aparência de elefantes, mas, se virarmos o quadro de cabeça para baixo, os cisnes se transformam em elefantes, e vice-versa.

Cavalieri Holding Co. Inc. Genebra

Cisnes refletindo elefantes (1937), de Salvador Dalí.

siderando esse dado, responda: Por que a mulher do médico é a personagem que mais sofre na obra?

c) As personagens, depois de recuperarem a visão, passam a perceber a realidade de modo diferente. O leitor da obra, por sua vez, é conduzido pelo narrador ao mundo da cegueira para emergir dele com uma visão cada vez mais clara e ampla da realidade. Com qual dos verbos mencionados na epígrafe (*olhar*, *ver* e *reparar*) essa visão se relaciona?

Lobo Antunes

Eric Robert/Sygma/Corbis/Latinstock

Lobo Antunes.

António Lobo Antunes (1941) é um dos mais importantes escritores portugueses vivos. Formado em Medicina e com especialização em Psiquiatria, viveu em Angola, na África, entre os anos de 1970 e 1973, onde participou da guerra colonial como médico do Exército português. Essa experiência está presente em livros como *Memória de elefante* (1979), *Os cus de Judas* (1979), *Fado alexandrino* (1983) e *Auto dos danados* (1985), que, além de discutir os horrores e a truculência da guerra, também abordam criticamente a situação de Portugal como país colonizador ao longo da História.

As narrativas de Lobo Antunes vão além das memórias do *front* de batalhas ou de relatos sobre a sociedade urbana burguesa. Em estilo denso e arrojado, apresentam mudanças abruptas de narrador e diálogos que fundem presente e passado, exigindo do leitor um esforço de atenção concentrado. A consciência crítica acerca da situação histórico-cultural contemporânea tem como foco tanto o contexto português como o homem europeu contemporâneo.

José Luís Peixoto

Ulf Andersen/Getty Images

José Luís Peixoto.

José Luís Peixoto é autor de peças de teatro, poesias, contos, textos para musicais, mas é no romance que tem se destacado no panorama mundial, tendo obras já traduzidas para vinte idiomas. Foi professor em várias cidades portuguesas e em Cabo Verde e estreou nas letras com o romance *Morreste-me* (2000). Seus romances *Nenhum olhar* (2000) e *Cemitério de pianos* (2006) são considerados exemplos ímpares da produção portuguesa atual.

A POESIA

O desenvolvimento da poesia portuguesa na segunda metade do século XX resultou em composições de grande diversidade estética, indo da poesia filosófica de Fernando Echevarría à poesia metalinguística de António Ramos Rosa; do experimentalismo de E. M. de Melo e Castro ao lirismo de Ruy Belo. Essa diversidade é a tônica da poesia portuguesa contemporânea.

As publicações coletivas: dos *Cadernos de Poesia* à poesia de 1961

Na década de 1940, escritores que não tinham vínculo nem com o grupo organizado em torno da revista *Presença* – cujo último número foi publicado em 1940 – nem com o grupo neorrealista, criaram a revista *Cadernos de Poesia*. Editada até 1952, a revista sustentava o lema "Poesia é uma só" e deixava explícito o compromisso de divulgar "poesia atual sem dependência de escolas ou grupos literários, estéticas ou doutrinas, fórmulas ou programas".

Participaram dessa publicação tanto escritores consagrados, vindos da *Presença*, quanto novos escritores, como Tomás Kim, Sophia de Mello Breyner Andersen e Eugénio de Andrade, que depois se tornaram grandes nomes da poesia portuguesa.

É de Jorge de Sena (1919-1978), um dos escritores mais atuantes dos *Cadernos*, este poema:

Independência

Recuso-me a aceitar o que me derem.
Recuso-me às verdades acabadas;
recuso-me, também, às que tiverem
pousadas no sem-fim as sete espadas.

Recuso-me às espadas que não ferem
e às que ferem por não serem dadas.
Recuso-me aos eus-próprios que vierem
e às almas que já foram conquistadas.

Recuso-me a estar lúcido ou comprado
e a estar sozinho ou estar acompanhado.
Recuso-me a morrer. Recuso a vida.

Recuso-me à inocência e ao pecado
como a ser livre ou ser predestinado.
Recuso tudo, ó Terra dividida!

(*Poesia 1*. 2. ed. Lisboa: Moraes, 1977. p. 114-5.)

No transcorrer dos anos 1950, começaram a circular em Portugal, em pequenas brochuras, várias publicações de poesia e crítica literária. Desse movimento editorial fizeram parte revistas como *Távola Redonda* (1950-1954), *Árvore* (1951-1953), *Sísifo* (1952), *Graal* (1956-1957) e *Tempo Presente* (1959-1961). Essas publicações foram responsáveis pela revelação de nomes importantes da poesia lusitana atual, entre os quais Egito Gonçalves, António Ramos Rosa, Sebastião Gama e David Mourão-Ferreira.

David Mourão-Ferreira

Biblioteca Saraiva

David Mourão-Ferreira (1927-1996) produziu prosa, ensaio e poesia, gênero em que mais se destacou.

Após a publicação de *A secreta viagem* (1950), seu primeiro livro de poesia, escreveu uma série de poemas para serem cantados como letras de fado pela cantora Amália Rodrigues (1920-1999). Dessa parceria nasceram obras primas do fado, como as canções "Maria Lisboa", "Madrugada de Alfama", "Primavera" e "Barco negro".

Um desses poemas, intitulado "Abandono", composto em 1962, é letra da canção que ficou conhecida como "Fado Peniche" e nele é feita referência à prisão de segurança máxima para onde eram levados os opositores da ditadura de Salazar. Leia-o.

Por teu livre pensamento
Foram-te longe encerrar.
Tão longe que o meu lamento
Não te consegue alcançar.
E apenas ouves o vento
E apenas ouves o mar.

Levaram-te, a meio da noite:
A treva tudo cobria.
Foi de noite, numa noite
De todas a mais sombria.
Foi de noite, foi de noite,
E nunca mais se fez dia.

Ai! Dessa noite o veneno
Persiste em me envenenar.
Oiço apenas o silêncio
Que ficou em teu lugar.
E ao menos ouves o vento
E ao menos ouves o mar.

(Disponível em: http://caminhosdamemoria.wordpress.com/2008/11/02/%C2%ABfado-peniche%C2%BB/. Acesso em: 24/7/2012.)

LEITURA

O poema que segue integra a obra *A secreta viagem*, de David Mourão-Ferreira.

Prelúdio

Tombam secretas madrugadas
e rios densos de pavor
de tuas pernas devassadas
por meu instinto e meu amor.

Em teus joelhos levantados
tocam as pontas de uma estrela.
(Quaisquer receios de pecados
empalidecem à luz dela...)

E as tuas ancas repousadas,
para que meu corpo se concentre,
esperam, cativas, — que as espadas
de amor se cravem no teu ventre.

Milton Rodrigues

(In: Maria Alberta Meneres e E. M. de Melo e Castro, orgs. *Antologia da novíssima poesia portuguesa*. Lisboa: Círculo de Poesia/Livraria Morais, 1961. p. 98.)

1. A palavra *prelúdio* tem vários sentidos, entre os quais se destacam: iniciação, primeiros passos, exercício prévio, prenúncio, ensaio da voz ou do instrumento.
Identifique qual ou quais desses sentidos a palavra assume no contexto do poema. Justifique sua resposta.

2. Que versos da segunda estrofe comprovam uma concepção profana do amor?

3. Retire da última estrofe do poema:
a) um exemplo de aliteração;
b) a palavra que representa um símbolo fálico;
c) a palavra que conota aprisionamento amoroso na relação dialética entre o eu e o outro.

Alexandre O'Neill e o grupo surrealista português

Em 1948, foi fundado em Portugal o Grupo Surrealista de Lisboa, do qual fizeram parte poetas e artistas plásticos como Alexandre O'Neill, Mário Cesariny, José-Augusto França, António Domingues, Fernando Azevedo, Moniz Pereira e António Pedro. O grupo sustentava ideias antirrealistas e buscava nas propostas de André Breton, como o automatismo psíquico, a escrita automática, a pesquisa em torno do desejo e do inconsciente, as bases para a elaboração de suas produções.

A obra paradigmática desse movimento foi o livro *A ampola miraculosa*, de Alexandre O'Neill, publicado em 1941. As quinze imagens legendadas que compõem o livro e aparentemente não têm relação umas com as outras levam o leitor a uma experiência quase onírica. Veja, a seguir, a reprodução de duas páginas da obra.

Antônio Pedro. *Intervenção romântica*. 1940.

Na década de 1960, procurando ir além das propostas do Surrealismo difundidas na década anterior, muitos poetas se envolveram com experiências formais arrojadas, inspiradas no Concretismo brasileiro. Em 1961, foi lançada a revista *Poesia 61*, que, editada pelos jovens poetas Casimiro de Brito, Luiz Neto Jorge, Fiama Hasse e Maria Teresa Horta, tinha em vista promover a poesia experimental e a exploração da potencialidade do signo como objeto. A partir dessa, outras publicações, como *Cadernos de Hoje* e *Poesia Experimental* (1965-1966), ajudaram a construir a variedade de experiências estéticas que hoje se vê na poesia portuguesa.

E. M. de Melo e Castro e a poesia experimental

E. M. de Melo e Castro (1932) é autor de prosa, poesia e ensaios e é o maior representante da poesia experimental portuguesa das décadas de 1950 e 1960. Sua produção incorpora elementos do Concretismo brasileiro e experimentos com outras linguagens, como o vídeo e as artes plásticas, e inclui também a realização de *happenings*, *performances* e espetáculos multimídia. Atualmente, dedica-se de modo especial ao estudo da infoarte.

Entre outras obras, produziu *Ideogramas* (1962), *Objeto poemático de efeito progressivo* (1962), *Ciclo queda livre* (1973), *Re-Camões* (1980) e *Corpos radiantes* (1983).

A poesia dos anos 1970 até hoje

A produção dos poetas que surgiriam a partir da década de 1970 revela opções estéticas variadas e muitas vezes pessoais, sem vínculo com plataformas de grupo ou de geração. Nela se fazem presentes desde influências de poetas do modernismo português, como

Fernando Pessoa e Almada Negreiros, e do Surrealismo até o experimentalismo que reúne à palavra elementos próprios da música, das artes plásticas, da teoria da comunicação, do cinema.

Representativos das principais linhas estéticas que compõem a multiplicidade de caminhos vista na poesia portuguesa contemporânea são poetas como Manuel Antonio Pina, António Osório, José Augusto Seabra, Mário Cláudio, Nuno Júdice, Al Berto, Orlando Neves, Margarida Vale de Gato e Filipa Leal.

Nuno Júdice e a reflexão

Poeta, ensaísta, ficcionista e professor, Nuno Júdice (1949) estreou na literatura em 1972, com o livro *A noção do poema*. Em sua obra estão presentes a reflexão sobre o fazer poético e a existência do homem contemporâneo, realizadas por meio da abordagem de temas como amor, metafísica, vida, morte, tempo.

Raphael Gaillarde/Gamma-Rapho/Getty Images

Nuno Júdice.

O poema ao lado é uma mostra da poesia reflexiva do autor.

Plano

Trabalho o poema sobre uma hipótese: o amor
que se despeja no copo da vida, até meio, como se
o pudéssemos beber de um trago. No fundo,
como o vinho turvo, deixa um gosto amargo na
boca. Pergunto onde está a transparência do
vidro, a pureza do líquido inicial, a energia
de quem procura esvaziar a garrafa; e a resposta
são estes cacos, que nos cortam as mãos, a mesa
da alma suja de restos, palavras espalhadas
num cansaço de sentidos. Volto, então, à primeira
hipótese. O amor. Mas sem o gastar de uma vez,
esperando que o tempo encha o copo até cima,
para que o possa erguer à luz do teu corpo
e veja, através dele, o teu rosto inteiro.

(Disponível em: www.citador.pt/poemas/plano-nuno-judice. Acesso em: 26/7/2012.)

Filipa Leal e o cotidiano

Filipa Leal (1979) estreou na literatura com *Talvez os lírios compreendam* (2004) e, em 2011, com *A inexistência de Eva* (2009), foi finalista do Prémio Literário Casino da Póvoa. De sua poesia, que reflete sobre o cotidiano e a vida contemporânea, é exemplo o poema ao lado.

Editora Deriva

Obra de Filipa Leal.

Quarto minguante

Os adolescentes da cidade
deitavam-se cada vez mais cedo.

Faltava-lhes o espaço para a música
desse lugar diminuto,
desse tédio
que só no quarto a sós
lhes denunciava a paixão.

Os adultos da cidade
deitavam-se cada vez mais tarde.

Não suportavam a náusea
desse lugar diminuto,
desse tédio
que no quarto só
lhes denunciava a solidão.

(Disponível em: http://quintasdeleitura.blogspot.com.br/2010/03/poesia-de-filipa-leal.html. Acesso em: 26/7/2012.)

O TEATRO

Grandes poetas e prosadores modernos portugueses concentraram sua força dramática na tentativa de proporcionar ao gênero teatral um pouco de modernismo. Empenharam-se nessa direção, entre outros, Almada Negreiros (*Deseja-se mulher*), Branquinho da Fonseca (*A grande estrela*), José Régio (*Jacob e o anjo*), Raul Brandão (*O doido e a morte*), Jorge de Sena (*O indesejado*) e José Cardoso Pires (*O render dos heróis*).

De acordo com Fernando Mendonça, estudioso do teatro português, a peça *O mundo começou às 5 e 47*, de Luís Francisco Rebello, encenada em 1946, marca o início da moderna literatura dramática portuguesa, uma vez que foi a partir de então que a produção de textos teatrais se revigorou, buscando novos temas e recursos cênicos.

Veja o comentário feito pelo estudioso a respeito da produção teatral portuguesa de 1946 a 1966:

> Duas tendências dominantes parecem dividir os dramaturgos dos últimos vinte anos: a temática do homem-só e em luta contra os grupos podres de convenções; a temática do homem como animal social, o cômico e o trágico dos seus desajustes, como vencido e como vencedor no esquema da vida que os outros lhe impõem ou que ele impõe aos outros. Problemas, pois, do homem ilhado e do arquipélago social.
>
> (*Para o estudo do teatro em Portugal* – 1946-1966. Assis: Faculdade de Filosofia, Ciências e Letras de Assis, 1971. p. 149.)

Nos últimos anos, escritores como José Saramago (*Don Giovani, O que farei com este livro?*), José Luís Peixoto (*Quando o inverno chegar*) e Eduarda Dionísio (*As histórias não têm fim*) também contribuíram para a revitalização do teatro português.

Para quem quer mais

Se você deseja conhecer melhor a literatura portuguesa contemporânea, leia os textos a seguir e, depois, sozinho, em dupla ou em grupo, tente responder às questões do **Roteiro de estudo**.

E. M. de Melo e Castro

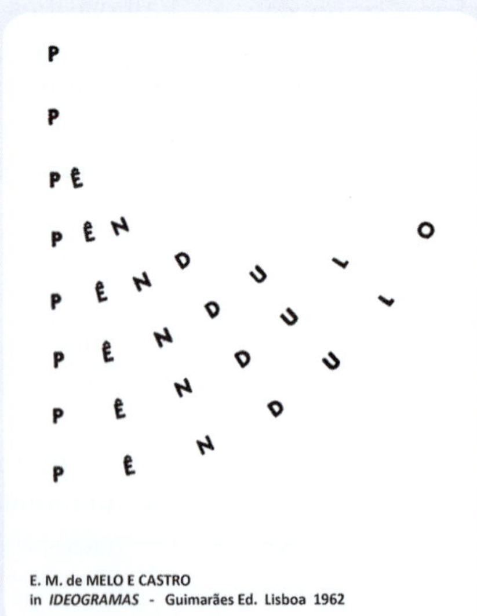

(In: K. D. Jackson et al. editores. *Experimental-visual-concrete avant-gard poetry since the 1960s – Critical studies.* Amsterdam: Rodopi; Atlanta, GA: Yale University, 1996. p. 144.)

Herberto Hélder

Sobre os cotovelos a água olha o dia sobre

os cotovelos. batem folhas da luz
um pouco abaixo do silêncio. Quero saber
o nome de quem morre: o vestido de ar
ardendo, os pés e movimento no meio
do meu coração. O nome: madeira que arqueja, seca desde o fundo
do seu tempo vegetal coarctado.
E, ao abrir-se a toalha viva, o
nome: a beleza a voltar-se para trás, com seus
pulmões de algodão queimando.
Uma serpente de ouro abraça os quadris
negros e molhados. E a água que se debruça
olha a loucura com seu nome: indecifrável cego.

(Disponível em: www.culturapara.art.br/opoema/herbertohelder/herbertohelder.htm. Acesso em: 26/7/2012.)

Gastão Cruz

Outro tempo

Ficávamos de tarde com a música
na escuridão dos quartos repassados
de secura
como se a luz atravessasse
sem claridade a casa

O corredor
alargava junto às salas
fechadas a maior acabava num
púlpito debaixo
do torreão em forma de coroa da casa

Durante horas a música lançava
obscuras vagas
o futuro
tão perto já cavava
covas nas salas nunca usadas

(Disponível em: http://poesiaseprosas.no.sapo.pt/gastao_cruz/poetas_gastaocruz_outrotempo01.htm. Acesso em: 27/7/2012.)

Hiroshi Yagi/Getty Images

Margarida Vale de Gato

Mulher ao mar

MAYDAY lanço, porque a guerra dura
e está vazio o vaso em que parti
e cede ao fundo onde a vaga fura,
suga a fissura, uma falta – não
um tarro de cortiça que vogasse;
especifico: é terracota e fractura,
e eu sou esparsa, e a liquidez maciça.

Tarde, sei, será, se vier socorro:
se transluz pouco ao escuro este sinal,
e a água não prevê qualquer escritura
se jazo aqui: rasura apenas, branda
a costura, fará a onda em ponto
lento um manto sobre o afogamento.

(Disponível em: http://casadospoetas.blogs.sapo.pt/24532.html. Acesso em: 27/7/2012.)

• Roteiro de estudo •

Ao final da leitura, você deverá ser capaz de:

- Reconhecer o experimentalismo estético no poema de E. M. de Melo e Castro e estabelecer relações entre forma e conteúdo.
- Buscar pontos de contato e/ou distanciamento entre os poemas de Herberto Hélder, Gastão Cruz e Margarida Vale de Gato.

Para quem quer mais na Internet

Se você deseja conhecer outros textos de poetas portugueses contemporâneos, sugerimos acessar os *sites*:

www.palavrarte.com/poesia_mundo/poepelomun_portugal_contemporanea.htm
http://cvc.instituto-camoes.pt/literatura/contemporaneos.htm
http://daliteratura.blogspot.com/2009/03/grandes-livros-na-rtp-2.html
http://cesariny.blogs.sapo.pt/
www.josesaramago.org

Tinho

LITERATURA

CAPÍTULO 9

Tendências da literatura brasileira contemporânea

A literatura da primeira metade do século XXI se apropria das tradições literárias desenvolvidas a partir da segunda metade do século XX. Metalinguagem, experimentalismo formal, engajamento social e mistura de tendências estéticas são alguns dos traços que marcam a produção contemporânea.

A POESIA

O crítico Manuel da Costa Pinto avalia assim o atual quadro da poesia brasileira:

Existem duas ideias sobre a poesia brasileira que são consensuais, a ponto de terem virado lugares-comuns. A primeira diz que um de seus traços predominantes é o diálogo cerrado com a tradição. Mas não qualquer tradição. O marco zero, por assim dizer, seria a poesia que emergiu com a Semana de Arte Moderna de 22. A segunda ideia, decorrente da primeira, é que essa linhagem modernista se bifurca em dois eixos principais: uma vertente mais lírica, subjetiva, articulada em torno de Mário de Andrade, Manuel Bandeira e Carlos Drummond de Andrade; e outra mais objetiva, experimental, formalista, representada por Oswald de Andrade, João Cabral de Melo Neto e a poesia concreta.

(*Literatura brasileira hoje*. São Paulo: Publifolha, 2004. p. 14.)

LEITURA

Você vai ler a seguir quatro poemas representativos de algumas das tendências da produção poética brasileira das últimas décadas. O texto I é de autoria de Ferreira Gullar e é um exemplo da poesia engajada da década de 1960; o texto II é de Paulo Miranda, representante da poesia visual da década de 1970; o texto III é de Paulo Leminski, poeta que fez parte da poesia marginal dos anos 1970-1980; e o texto IV é de autoria do poeta contemporâneo Donizete Galvão.

TEXTO I

Agosto 1964

Entre lojas de flores e de sapatos, bares,
mercados, butiques,
viajo
num ônibus Estrada de Ferro-Leblon
Volto do trabalho, a noite em meio,
fatigado de mentiras.

O ônibus sacoleja. Adeus, Rimbaud,
relógio de lilases, concretismo,
neoconcretismo, ficções da juventude, adeus,
que a vida
eu a compro à vista aos donos do mundo.
Ao peso dos impostos, o verso sufoca,
A poesia agora responde a inquérito policial-militar.

Digo adeus à ilusão
mas não ao mundo. Mas não à vida,
meu reduto e meu reino.
Do salário injusto,
da punição injusta,
da humilhação, da tortura,
do terror,
retiramos algo e com ele construímos um artefato

um poema
uma bandeira

(Ferreira Gullar. *Toda poesia*. Rio de Janeiro: José Olympio, 2001. p. 170.)

TEXTO II

Soneto 1m40cm

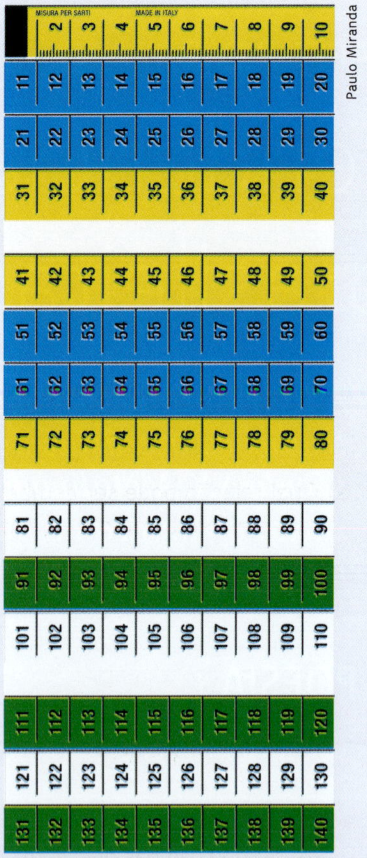

(Paulo Miranda. Disponível em: www.elsonfroes.com.br/sonetario/nsonetario.htm. Acesso em: 27/7/2012.)

TEXTO III

PRA QUE CARA FEIA?
NA VIDA
NINGUÉM PAGA MEIA.

(Paulo Leminski. Disponível em: http://cultalt.tripod.com/6.htm. Acesso em: 27/7/2012.)

Images.com/Corbis/Latinstock

TEXTO IV

Roedor

Parado no trânsito da Marginal
Vi você roendo as unhas com fúria.
Estava encostado no poste de esquina,
Ombros arqueados numa posição frouxa.
Você cuspia os tocos das unhas.
Arrancava lascas de **carne** dos dedos
E, depois, sugava o sangue dos cantos.
Ah, que triste figura você fazia, amigo!
Você era pouco mais que um rato.

(Donizete Galvão. *A carne e o tempo*. São Paulo: Nankin, 1997. p. 31.)

1. No texto I, o eu lírico reflete sobre a sua condição e sobre o destino de sua poesia. Levando em conta também o título do poema, responda:

a) Que fato histórico pode ter motivado essas reflexões?

b) O eu lírico se sente derrotado? Justifique.

c) De acordo com os últimos versos, de que modo o eu lírico pode contribuir para que a situação seja alterada?

2. O texto II é um exemplo do experimentalismo poético da década de 1970, na qual os poetas integram outras linguagens na construção do poema.

a) Qual relação pode ser estabelecida entre o título e a forma como o poema foi construído?

b) Quais são os sentidos que a palavra *métrica* traz ao poema?

c) Do ponto de vista formal, o que o corte da fita em catorze partes iguais, cada uma com dez centímetros, sugere?

d) A que se associam as cores utilizadas no poema?

e) Do ponto de vista formal, qual é o significado da distribuição das diferentes cores no poema?

3. O poema "Soneto (fita métrica)" foi publicado em 1976. Considerando essa informação, responda:

a) Qual era a situação política do Brasil nessa época?

b) Que relação pode ser estabelecida entre esse momento histórico brasileiro e o poema?

4. Levando em conta o contexto em que foram produzidos os textos I e II, compare-os e aponte semelhanças e diferenças entre eles.

5. O texto III, de Paulo Leminski, é inspirado no haicai, forma de poesia japonesa composta de três versos.

a) Quais são as marcas linguísticas e de estilo desse texto?

b) Que recursos empregados no poema podem favorecer sua memorização?

c) Esse texto tem semelhança com *slogans* publicitários? Justifique sua resposta.

6. Em relação ao texto IV, responda:

a) De que tipo é o espaço que ele menciona? Justifique sua resposta.

b) A que é associada a pessoa a quem o eu lírico se dirige?

7. Com base nos quatro textos estudados, como você caracterizaria a poesia contemporânea?

O Concretismo ou o "*rock'n'roll* da poesia"

O Concretismo é um movimento de vanguarda tardio, surgido no Brasil em meio à euforia desenvolvimentista da década de 1950. Com foco principal na poesia o movimento ganhou muita força e tornou-se uma referência importante no Brasil e em todo o mundo. Os experimentos estéticos dessa corrente artística exerceram grande influência sobre sucessivos grupos de poetas, artistas plásticos e compositores das décadas seguintes, o que reforça a ideia de que, em nossa cultura, foi o movimento de vanguarda mais importante.

Novaes

: Augusto de Campos, Décio Pignatari e Haroldo de Campos em caricatura do Novaes.

As ideias que serviram de base para o Concretismo começaram a ser divulgadas em 1952, na revista-livro *Noigandres*, editada pelos jovens poetas Décio Pignatari e os irmãos Augusto e Haroldo de Campos. Além de poemas de autoria dos integrantes do grupo, a publicação trazia também manifestos e textos teóricos.

Nos anos de 1956 e 1957, foi realizada em São Paulo e no Rio de Janeiro, respectivamente, a Exposição Nacional de Arte Concreta, que apresentou para o grande público, exibidos na forma de pôsteres, os poemas concretos dos integrantes do grupo que editava *Noiganderes* e dos poetas Ferreira Gullar, Wlademir Dias Pinto e Ronaldo Azeredo. A exposição, que contou também com obras de pintura e escultura, teve tamanha repercussão, que a revista *O Cruzeiro*, em uma manchete, chamava o movimento de "*rock'n'roll* da poesia", gênero musical que surgia naquele momento.

Os procedimentos radicais empregados na composição da poesia concreta foram influenciados pelo espírito revolucionário das vanguardas do início do século XX, como o Futurismo e o Cubismo. A proposta principal do Concretismo é a construção de poemas-objeto, trabalho que, à semelhança de um produto fabricado industrialmente, deixa de ter, no processo de sua composição, qualquer relação subjetiva ou psicológica com seu autor. Opondo-se ao que se considera poesia de expressão, os poetas concretos propõem o fim do eu lírico, a exemplo do que já fizera o poeta João Cabral de Melo Neto. Para eles, o poema deve falar por si, apresentando-se ao leitor como um objeto autônomo.

O manifesto Plano Piloto para Poesia Concreta, de 1958, que apresentava as ideias do movimento, dava por encerrado

O contexto dos anos 1950-1960

O Brasil viveu da década de 1950 até 1964 um período de euforia política e econômica. Essa foi a época do governo democrático-populista de Juscelino Kubitschek (1956-1961), que empreendeu uma eficiente política econômica industrial e desenvolvimentista.

A aplicação do Plano de Metas do governo, concebido para permitir que o Brasil se desenvolvesse "cinquenta anos em cinco", levou à abertura do país ao capital estrangeiro, que aqui instalou suas indústrias, aproveitando-se de nossa mão de obra barata. A construção de Brasília, a geração de novos empregos na indústria e no comércio, a ampliação do consumo, tudo isso criou uma atmosfera ingênua de euforia entre as pessoas.

No plano internacional, a vitória da Revolução Cubana fez surgir a discussão sobre as relações de força entre as grandes nações e aguçou nos países do Terceiro Mundo a consciência da necessidade de independência em relação aos Estados Unidos e à União Soviética.

A cultura brasileira acompanhava o ritmo das mudanças. Novas ideias surgiam nos diferentes domínios da arte, com a Bossa Nova, o Cinema Novo, o Teatro de Arena, as vanguardas concretas na poesia e nas artes plásticas, os festivais de música transmitidos pela televisão.

Após 1964, quando se iniciou o regime militar, a atividade cultural do país se manteve dinâmica ainda por mais alguns anos. Surgiu o Teatro Oficina, que encenou *O rei da vela*, de Oswald de Andrade; foram criados os CPCs (Centros Populares de Cultura), que visavam levar cultura para as ruas; o Tropicalismo ganhou as rádios e a televisão. Esse período efervescente teve fim com a decretação do AI-5, em 1968, o exílio de políticos e artistas e a instituição de uma censura prévia a eventos culturais.

"o fim do ciclo histórico do verso". Na concepção ali exposta, as palavras devem ocupar o espaço da página e, em detrimento da linearidade, estabelecer uma relação direta com elementos geométricos, gráficos e visuais.

Os recursos da poesia concreta são os mais variados; vão de experiências sonoras, com aliterações e paronomásias, até o emprego de caracteres tipográficos de diferentes formas e tamanhos; da diagramação do texto na página até a criação de neologismos. O poema assume a forma de cartografia, de cartaz, de cartão, de dobradura, de fotografia, de colagem, enfim, a forma de um objeto qualquer da produção industrial.

Observe este poema concreto:

Haroldo de Campos. Nasce/Morre. 1958

: *nasce/morre* (1958), Haroldo de Campos.

Décio Pignatari

: *beba coca cola* (1957), de Décio Pignatari.

O Concretismo foi o primeiro de vários movimentos de poesia visual no Brasil. A ele se seguiram o *Neoconcretismo,* com a participação de poetas e artistas plásticos como Ferreira Gullar, Hélio Oiticica e Lygia Clark; o movimento do *poema-processo*, liderado por Wladimir Dias Pinto; o do *poema-práxis*, liderado por Mário Chamie, e também os dos grupos que se dedicaram aos vários tipos de poesia visual nas décadas de 1970 e 1980, entre os quais se destacaram artistas como Philadelpho Menezes, Tadeu Jungle e João Bandeira.

Ferreira Gullar: poesia nos anos de chumbo

O poeta maranhense Ferreira Gullar (1930) tem uma produção extensa, que compreende, além de poesia, ensaio, dramaturgia, prosa e crítica de arte. Como poeta, foi um dos principais representantes da poesia social e engajada que se fez no Brasil principalmente nas décadas de 1960 e 1970, no contexto do regime militar no país e das ditaduras latino-americanas em geral.

Ferreira Gullar mudou-se para o Rio de Janeiro em 1951, onde trabalhou como revisor e depois como jornalista. Logo passou a ter participação ativa na cena cultural brasileira e, em 1956 e 1957, tomou parte da Exposição Nacional de Arte Concreta, realizada em São Paulo e no Rio de Janeiro. Em 1959, rompeu com o grupo que fazia a revista *Noigandres* e, junto com vários artistas, entre os quais Amílcar de Castro e Lygia Clark, fundou o grupo de arte Neoconcreto.

Letícia Moreira/Folhapress

: Ferreira Gullar.

O poema a seguir integra o livro-objeto *Formigueiro*, obra da fase neoconcretista do poeta.

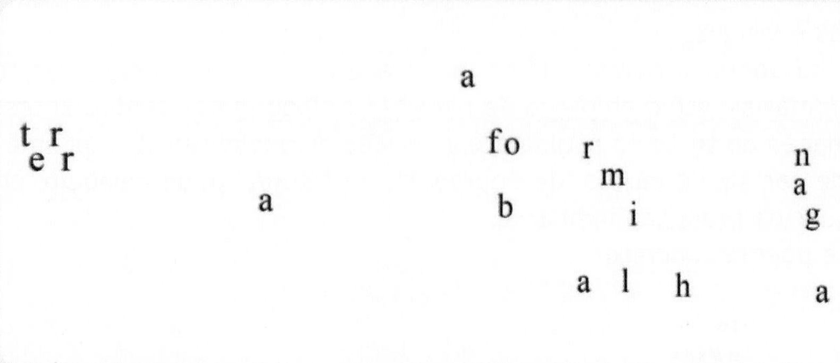

Ferreira Gullar

(Disponível em: http://www.antoniomiranda.com.br/poesia_visual/ferreira_gullar2_formigueiiro.html. Acesso em: 30/7/2012.)

Em 1962, Ferreira Gullar retomou o verso discursivo e, resgatando o uso do eu lírico, voltou a abordar temas de interesse social, como a fome, a Guerra Fria, a corrida atômica, o neocapitalismo, o Terceiro Mundo, etc.

Com a implantação do regime militar no Brasil, em 1964, e o recrudescimento do autoritarismo político em 1968, acentuou-se o engajamento do autor, que, ao lado de outros escritores, artistas e compositores, como Chico Buarque de Holanda, Caetano Veloso, Gianfrancesco Guarnieri, José Celso Martinez Correa, Thiago de Mello e Affonso Romano de Sant'anna, realizou a partir de então uma verdadeira poesia de resistência. São desse período as principais realizações de Ferreira Gullar na poesia: as obras *Dentro da noite Veloz* (1975) e *Poema sujo* (1976), esta escrita no exílio, em Buenos Aires.

Nos últimos anos, Ferreira Gullar tem escrito regularmente artigos para jornais do Rio de Janeiro e de São Paulo, e entre suas publicações em poesia mais recentes estão os livros *Muitas Vozes* (1999) e *Em alguma parte* (2010).

Veja um exemplo da poesia social do autor:

Não há vagas

O preço do feijão
não cabe no poema. O preço
do arroz
não cabe no poema.
Não cabem no poema o gás
a luz o telefone
a sonegação
do leite
da carne
do açúcar
do pão

O funcionário público
não cabe no poema
com seu salário de fome
sua vida fechada
em arquivos.

Como não cabe no poema
o operário
que esmerila seu dia de aço
e carvão
nas oficinas escuras

— porque o poema, senhores,
Está fechado:
"não há vagas"
Só cabe no poema
o homem sem estômago
a mulher de nuvens
a fruta sem preço

O poema, senhores,
não fede
não cheira

(*Toda poesia*. 18. ed. Rio de Janeiro: José Olympio, 2009. p. 162.)

Klaas Lingbeek van Kranen/Getty Images

A poesia marginal de 1970-1980

Os poetas das décadas de 1970-1980, principalmente os que faziam poesia social, tinham poucas opções diante do controle da censura: utilizar uma linguagem indireta, metafórica, e publicar nos meios editoriais convencionais, ou driblar a censura e cuidar eles mesmos da produção, divulgação e distribuição de seu trabalho.

Os que trilharam esse último caminho foram chamados de "poetas marginais" e se empenharam na criação de revistas e jornais literários, folhetos mimeografados, pôsteres poéticos, cartazes, caixas de poemas, antologias impressas em pequenas gráficas. Até uma "chuva de poesia" foi produzida em dezembro de 1980: partindo do alto do edifício Itália, papéis impressos tomaram os céus de São Paulo.

Um novo perfil de poeta começou a surgir. Deixando de ser um produtor cultural solitário, os poetas foram para as ruas, para os bares, para as portas de cinemas e teatros, onde expunham seu trabalho em forma de declamações, *happenings* e *shows* musicais e promoviam sua venda diretamente ao consumidor.

Ana Cristina César e os jogos de linguagem

Editora Ática

Livro de Ana Cristina César.

A poetisa, prosadora e tradutora Ana Cristina César (1952-1983) nasceu no Rio de Janeiro. Na década de 1970, escreveu para várias revistas e jornais literários e, em 1979, publicou os livros *Cenas de abril* e *Correspondência completa*.

Sua obra, de traço predominantemente confessional, oferece aos leitores jogos de linguagem em que os poemas, os fragmentos de prosa e as cartas misturam ficção e realidade.

O seguinte poema da autora pertence ao livro *A teus pés*, publicado em 1981.

Mocidade independente

Pela primeira vez infringi a regra de ouro e voei pra cima sem medir mais as consequências. Por que recusamos ser proféticas? E que dialeto é esse para a pequena audiência de serão? Voei pra cima: é agora, coração, no carro em fogo pelos ares, sem uma graça atravessando o Estado de São Paulo, de madrugada, por você, e furiosa: é agora, nesta contramão.

(Disponível em: www.antoniomiranda.com.br/poesia_brasis/rio_de_janeiro/ana_cristina_cesar.html#P. Acesso em: 30/7/2012.)

Na extensa lista de poetas desse período destacam-se: Waly Salomão, Torquato Neto, Chacal, Roberto Piva, Rodrigo Haro, Claudio Willer, Sebastião Leite Uchoa, Hilda Hilst.

Paulo Leminski: inovador na prosa e na poesia

O curitibano Paulo Leminski (1944-1989) foi poeta, compositor, professor, tradutor e ensaísta. Parceiro de músicos como Caetano Veloso, Morais Moreira e Itamar Assumpção, destacou-se como um dos principais poetas brasileiros dos anos 1970-1980. Algumas de suas produções são fundamentais para a literatura brasileira atual, como a prosa experimental do livro *Catatau* (1975) e os poemas dos livros *Caprichos e relaxos* (1983) e *Distraídos venceremos* (1987).

Luiz A. Novaes/Folhapress

Paulo Leminski.

Sua obra é marcada pelo experimentalismo, pelo humor, pela economia verbal e pela objetividade.

Os poemas abaixo são extraídos de *Caprichos e relaxos*:

Cansei da frase polida
Por anjos da cara pálida
Palmeiras batendo palmas
Ao passarem paradas
Agora eu quero a pedrada
Chuva de pedras palavras
distribuindo pauladas

dia
dai-me
a sabedoria de caetano
nunca ler jornais
a loucura de glauber
ter sempre uma cabeça cortada a mais
a fúria de décio
nunca fazer versinhos normais

Alguns críticos questionam a qualidade estética da produção poética desse período, marcada pela ausência de vínculo com projetos literários específicos. De modo geral, pode-se dizer que a poesia marginal caracteriza-se por um lirismo mais espontâneo e próximo do cotidiano, que, muitas vezes, deixa de lado o trabalho com a palavra, dando lugar à pura expressão. Os modelos literários retomados pelos autores dessa poesia foram os experimentos do Concretismo, os *beatniks* norte-americanos, como Allen Ginsberg e Jack Kerouac, e principalmente os modernistas da geração de 1922 (Bandeira e Oswald, em especial).

Observe, ao lado, a influência do poema-piada de Oswald de Andrade nestes poemas do poeta mineiro Francisco Alvim.

Argumento

Mas se todos fazem

(*Passatempo*. Rio: Frenesi, 1974.)

Descartável

Vontade de me jogar fora

(Idem.)

A poesia do fim do século XX à década atual

O grupo de poetas que surgiram nas décadas de 1990 e 2000 revela em sua produção influência tanto da poesia marginal, pela apropriação do lirismo espontâneo, quanto de grandes referências do passado recente da literatura brasileira, como Drummond, João Cabral e Manuel Bandeira. A pesquisa sobre as formas poéticas e o apuro da linguagem conferem uma marca de qualidade à produção de alguns desses poetas, enquanto outros se destacam pela realização de experimentos que envolvem o cruzamento da poesia com outras linguagens, como o vídeo, a fotografia e sobretudo a música.

Os temas dessa poesia brasileira atual são os mais variados possíveis, indo da vida nos grandes centros urbanos à discussão metalinguística.

Poesia e música

Nos dias atuais, cresce o interesse dos poetas pela música popular, em razão de sua penetração entre o grande público. Waly Salomão, Capinam, Torquato Neto, Cacaso, Paulo Leminski, Antônio Cícero e Fabrício Corsaletti, por exemplo, são coautores de composições que fizeram sucesso no rádio e na televisão. E compositores como Caetano Veloso, Chico Buarque, Milton Nascimento, Cazuza, Paulinho Moska, Lenine, Rômulo Fróes, Mano Brown, Emicida e Criolo apresentam nas letras de suas canções uma sofisticação que as aproxima do literário.

Ricardo B. Labastier/JC Imagem/Folhapress

Criolo.

Fabrício Corsaletti e a poesia lírica

O poeta, prosador, compositor, editor e articulista Fabrício Corsaletti (1978) nasceu em Santo Anastácio, no Estado de São Paulo. Estreou na literatura em 2001, com o livro *Movediço*, e depois publicou mais sete livros, entre os quais obras de poemas, contos, novela e literatura infantil.

Sua poesia, de tom confessional, faz reflexões sobre a infância, o cotidiano e o amor. Do livro *História das demolições*, de 2007, é o poema que segue.

Poema de amor

Agora o meu amor envolve o seu rosto.
Você projeta a cidade de homens livres.
Tento aproximá-la do pássaro branco.
Você só quer que eu me concentre.
Percebo a cidade de homens livres.

Começo a existir e a você me dirijo.
Meus poemas fazem você nascer mais um pouco.
Mas você abandona a cidade de homens livres;
Em direção a porta de saída,
Seu passo aperfeiçoa o amor.

(In: *Estudos para seu corpo*. São Paulo: Cia. das Letras, 2007. p. 122.)

Observe estes dois poemas de poetas contemporâneos:

O encantador de serpentes

Por entre as linhas incautas da leitura
ideia insidiosa se insinua,

como se sugerisse um outro texto
mais vivo, extremo, e verdadeiro

de uma verdade esguia e peçonhenta
a recobrir de visgo tua página

já quase impenetrável —
felizmente

resta o recuo derradeiro:
Para. Volta atrás. Faz do palimpsesto

papel vulgar. Agora continua,
retoma a doce flauta da literatura.

(Paulo Henriques Britto. *Trovar claro*, São Paulo: Cia. das Letras, 2006. p. 13.)

A cidade

Por mais que insistas em recusar,
esta é, sim, a tua cidade concreta
onde tantos te ofereceram amizade
e o amigo partiu pela porta secreta.

Andaste cabisbaixo pelas calçadas
remoendo as humilhações do trabalho.
Marcaste este chão com teus passos,
dores recolhidas como um rebotalho.

Aqui nasceram os filhos, a epifania
das infâncias que sumiram passageiras.
Abriste envelopes com muito medo,
receoso daquelas notícias derradeiras.

Tu que amas a simetria permanente
viste a barriga da cidade arregaçada.
Como nas telas de Anselm Kiefer,
tens nela tuas perplexidades retratadas.

(Donizete Galvão. *O homem inacabado*. São Paulo: Portal, 2010. p. 59.)

Entre os poetas da atualidade destacam-se Carlito Azevedo, Fernando Paixão, Frederico Barbosa, Tarso de Melo, Antônio Risério, Angélica Freitas, Alberto Martins, Marcos Siscar, Antônio Cícero e Fabrício Carpinejar.

Arnaldo Antunes: poesia multimídia

Lucas Lacaz Ruiz/Folhapress

Arnaldo Antunes.

Nos últimos vinte anos, vários poetas incorporaram em sua produção o uso da tecnologia. O mais conhecido deles é Arnaldo Antunes.

Nascido em São Paulo, em 1960, Arnaldo Antunes ficou famoso no Brasil inteiro por sua participação como letrista e músico na banda Titãs, no período de 1983 a 1992.

Na literatura, o autor encontrou na poesia experimental o seu caminho. Desde suas primeiras produções, faz uso de um cruzamento entre linguagens, resultando em um trabalho que reúne elementos do Concretismo, experimentos com videopoemas e instalações.

Observe, a seguir, dois exemplos de experimentos de Arnaldo Antunes com a poesia visual, extraídos do livro *Et eu tu* (2003), no qual o texto poético tem como suporte a fotografia.

A literatura na era da tecnologia digital

O poeta e compositor Arnaldo Antunes comenta sobre o assunto:

Quando a cultura de massas não estava tão incorporada, essas coisas [erudito e popular] eram mais separadas. Literatura era uma coisa, música outra, música popular uma terceira, a arte era considerada representação da realidade. Muito disso foi posto de lado pelas vanguardas do século 20, pela modernidade em geral, e chegou à nossa época, com a tecnologia digital, a um trânsito muito mais fluente entre as linguagens, o que permite que os repertórios se misturem mais.

(Revista *Língua Portuguesa*, nº 13.)

Arnaldo Antunes

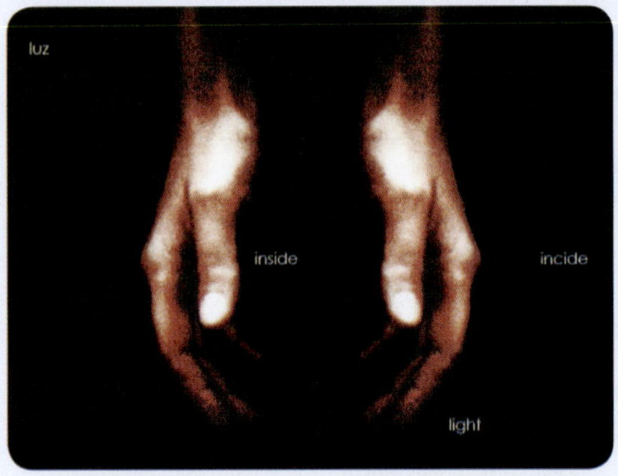

Arnaldo Antunes

(Disponível em: www.arnaldoantunes.com.br/new/sec_livros_list.php?view=10. Acesso em: 30/7/2012.)

A PROSA

A partir da década de 1960 a ficção brasileira consolidou a tendência, já apontada pela geração de 1940-1950, de abandonar a abordagem realista. A visão de um mundo complexo e fragmentado manifestou-se na prosa de ficção com a ruptura da narrativa linear e totalizante e com a construção de uma narração desordenada, fragmentária, sem um foco narrativo claramente definido.

Nesse período, a crônica e o conto, mais do que a poesia, ganharam novos representantes. A crônica, amplamente difundida em jornais e revistas semanais, revelou ou confirmou autores como Luis Fernando Verissimo, Jô Soares, Marcos Rey, Walcyr Carrasco, Moacyr Scliar, Carlos Heitor Cony, Mário Prata, entre outros. O romance desdobra-se em diferentes linhas, como o romance policial, o psicológico, o histórico e o memorialista.

Luis Fernando Verissimo

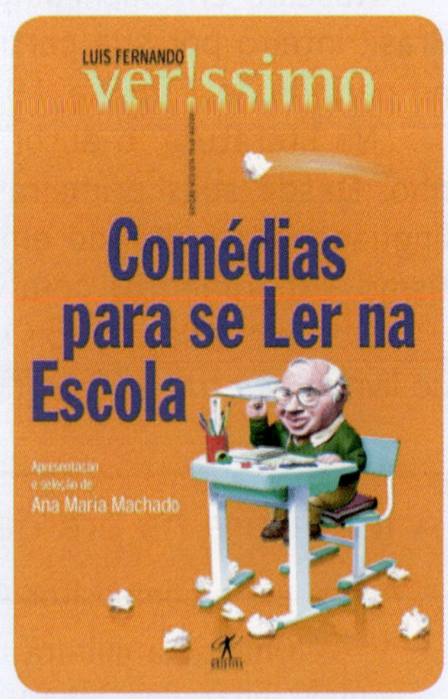

Editora Objetiva

Filho de Érico Veríssimo, o escritor gaúcho Luis Fernando Verissimo (1936) é um dos autores brasileiros mais lidos nos últimos tempos. Consagrou-se como cronista explorando com muito humor temas banais do cotidiano, o relacionamento amoroso, a infidelidade conjugal, a culinária, a política, o comportamento de gerações, o preconceito, a desigualdade social, etc.

Autor de obras como *O analista de Bagé* (1981) e *Comédias da vida privada* (1994), Verissimo é, segundo o crítico Manuel da Costa Pinto, "o grande retratista dos absurdos e das irrealidades de nossa realidade cotidiana".

Comenta o crítico Manuel da Costa Pinto a respeito da ficção mais recente:

> A ficção brasileira contemporânea está concentrada em solo urbano. E, assim como acontece com as grandes metrópoles, é difícil encontrar um eixo que a defina. Não existe homogeneidade de estilos, no máximo uma afinidade temática — que às vezes pode ser surpreendente. Assim, se os autores da chamada Geração 90 frequentam os mesmos lugares inóspitos que os escritores da periferia — ruas deterioradas, botecos esquálidos, casas traumatizadas pelo desemprego, pela violência e pela loucura —, há uma percepção geral do isolamento e da vulnerabilidade do sujeito moderno (e urbano). Essa percepção pode tomar a forma dos fragmentos de Dalton Trevisan, das narrativas "instáveis" do Bernardo Carvalho e Chico Buarque ou dos nomadismos de João Gilberto Noll. Em todos eles, permanece como experiência de fundo o descentramento proporcionado pela cidade.
>
> (*Literatura brasileira*, cit., p. 82.)

Editora Planeta

LEITURA

Você vai ler a seguir dois contos. O primeiro é de autoria de Dalton Trevisan, um dos mais importantes escritores da literatura brasileira atual; o segundo, de Fernando Bonassi, escritor revelação dos últimos anos.

TEXTO I

Sem fôlego, descansa. Fuma um cigarro, delicado. Já é manhã. Pedala devagar para a casa da mãe. Uma garoa fina. Repete o café, três pães, cata as migalhas: Puxa, que fome. Exausto, dorme na cama. De tardezinha, dorme ainda, chegam os tiras. Na delegacia bate a cabeça na parede: "...eu amava, sim... ela me traiu... só fiz por amor...".

(Dalton Trevisan. *234*. Rio de Janeiro: Rocco, 1997. p. 99.)

TEXTO II

094 paisagem com remédios

Na Baixada do Glicério um prédio inacabado foi conquistado por sofás velhos, encerados puídos, cachorros e pessoas vira-latas. Muito perto, o entreposto do Inamps bafeja uma fumaça de remédios vencidos. Filas e filas de receitas médicas encardidas, empunhadas as orações. Gosmentos de vergonha das suas sujeiras, os engenheiros cobrem o Tamanduateí com placas de concreto. Deixarão correr uma autoestrada moderníssima por cima. Os meninos vão rachar a cabeça nessas pistas lisinhas. Quem viver verá na TV.

(São Paulo – Brasil – 1993)

(Fernando Bonassi. *Passaporte*. São Paulo: Cosac & Naify, 2001. p. 94.)

1. No conto de Dalton Trevisan:

a) Quem é a personagem principal?

b) Levante hipóteses: Qual o motivo de a personagem ter sido conduzida à delegacia?

2. Como pode ser caracterizada a linguagem de Dalton Trevisan no conto lido?

3. No conto de Fernando Bonassi:

a) Que adjetivo é empregado para caracterizar as pessoas?

b) Por meio do painel de imagens apresentadas no texto, que caracterização é feita do espaço focalizado na narrativa? Justifique sua resposta com elementos do texto.

4. Compare os dois contos lidos. O que eles têm em comum quanto à linguagem e ao tema?

O conto

Com a estética modernista, o conto foi submetido a radicais transformações, sendo uma delas o enriquecimento temático proporcionado pela contribuição da literatura regionalista. Do ponto de vista técnico, o relato objetivo e linear, com sua estrutura de começo, meio e fim, e a narrativa em crescendo, mantida pelo suspense, deu pouco a pouco lugar à simples evocação, ao instantâneo fotográfico, aos episódios ricos de sugestão, aos flagrantes de atmosferas intensamente poéticas, aos casos densos de significação humana. São representantes do gênero, entre outros, Lygia Fagundes Telles, Osman Lins, Murilo Rubião, Moacyr Scliar, Otto Lara Rezende, Dalton Trevisan, José J. Veiga, Rubem Fonseca, João Antônio, Hilda Hilst, Milton Hatoum, Sérgio Sant'anna, Caio Fernando Abreu, Fernando Bonassi, Marcelino Freire, André Sant'anna, Veronica Stigger.

Dalton Trevisan: o lirismo da perversão

Os contos do curitibano Dalton Trevisan (1925) são a síntese do desenvolvimento da prosa urbana na literatura brasileira. Suas personagens, a maioria das quais em situação de marginalidade, são porta-vozes dos dilemas morais e sociais do homem moderno, e sua narrativa brutal mostra o lado obscuro das cidades.

Marcelino Freire e o miniconto

Uma das formas narrativas surgidas nos últimos anos é o miniconto. Experiência narrativa difundida na década de 1990, o miniconto propõe ao leitor um instantâneo de uma situação.

O escritor Marcelino Freire é um conhecido autor de minicontos. Leia dois deles:

CONTO NANICO NÚMERO 97: Só para o corpo, boiando morto, parou de chover.

CONTO NANICO NÚMERO 99: Subiu aos céus. Depois que o avião caiu.

(Disponível em: www.twitter.com/marcelinofreire. Acesso em: 30/7/2012.)

A crônica

A crônica tem assumido na literatura brasileira um papel cada vez mais relevante, destacando-se como o gênero literário mais lido pelo grande público. Veiculada geralmente em jornais diários ou em revistas periódicas, a crônica foi aos poucos abandonando o caráter exclusivamente jornalístico, voltado apenas para os fatos ocorridos no dia a dia, e penetrando lentamente o universo da ficção.

Hoje, o gênero é diversificado, apresentando feições que vão do comentário do fato jornalístico à ficção, do humor à crítica social, da reflexão filosófica à defesa de ideias, mas tendo sempre como base um olhar crítico sobre a vida presente e cotidiana.

Entre os cronistas que se destacaram nos últimos anos, estão: Fernando Sabino, Luis Fernando Verissimo, Millôr Fernandes, Moacyr Scliar, Carlos Heitor Cony, Fernando Bonassi, Affonso Romano Sant'anna, Walcyr Carrasco, Mario Prata, Antonio Prata, Marcelo Rubens Paiva, Ruy Castro e Xico Sá.

Icon Images

O romance

Em linhas gerais, o romance contemporâneo seguiu as direções mais tradicionais de nossa ficção – a do Realismo, em várias de suas vertentes, e a intimista. Contudo, ganhou novos matizes, representados pela adoção de novos temas, como a violência nas grandes cidades; ou por uma abordagem mais realista e crua de temas já gastos; ou pela introdução de personagens dos chamados grupos marginalizados; ou pela incorporação do fantástico, do simbólico, do absurdo; ou pelo uso de novas técnicas narrativas, originárias tanto da apropriação de técnicas da linguagem cinematográfica e pictórica quanto do resgate de procedimentos narrativos das vanguardas do início do século XX, como os utilizados por James Joyce e Virginia Woolf.

A ficção regionalista, que focaliza principalmente o homem no ambiente das zonas rurais, com os seus problemas geográficos e sociais, é representada por autores como João Ubaldo Ribeiro (*Sargento Getúlio*), Márcio de Souza (*Galvez, imperador do Acre*), Francisco Dantas (*Os desvalidos*), José Clemente Pozenato (*O quatrilho*), Nélida Piñon (*A república dos sonhos*), Antônio Callado (*Quarup*), José Cândido de Carvalho (*O coronel e o lobisomen*) e Milton Hatoum (*Cinzas do Norte*).

A ficção intimista desenvolve-se no sentido da indagação interior, da introspecção psicológica, dos problemas da alma, do destino, da consciência, da conduta da personalidade humana diante de si mesma ou diante dos outros homens. Preocupa-se com problemas psicológicos, religiosos, morais, metafísicos, mas também com os de convivência. Entre outros, integram essa linha: Fernando Sabino (*O encontro marcado*), Aníbal Machado (*João Ternura*), Lygia Fagundes Telles (*As meninas*), Raduan Nassar (*Lavoura arcaica*), Chico Buarque de Hollanda (*Budapeste*), Cristovão Tezza (*O filho eterno*), Bernardo de Carvalho (*O sol se põe em São Paulo*), Ronaldo Correia de Brito (*Galileia*), Daniel Galera (*Mãos de cavalo*), João Gilberto Noll (*Harmada*), Santiago Nazarian (*Feriado em mim mesmo*) e Andrea del Fuego (*Os Malaquias*).

O romance policial é uma vertente bastante difundida na literatura atual. Rubem Fonseca, autor de *O caso Morel* (1973), *A grande arte* (1983), *Buffo & Spallanzani* (1986), é referência obrigatória para os leitores do gênero, fortalecido no Brasil também por obras como *O matador* (1995), de Patrícia Melo, *O silêncio da chuva* (1997), de Luiz Alfredo Garcia-Roza, *Bellini e a esfinge* (1995), *Bellini e o demônio* (1997) e *Bellini e os espíritos* (2007), do escritor e músico Tony Bellotto.

Luiz Ruffato: uma visão realista de São Paulo

Adriana Vichi

O contista e romancista mineiro Luiz Ruffato (1961) é um dos nomes mais celebrados da literatura brasileira contemporânea. Sua estreia na literatura se deu com os livros de contos *Histórias de remorsos e rancores* (1998) e *Os sobreviventes* (2000). Mas foi com o romance *Eles eram muitos cavalos* (2001) que ele ganhou notoriedade. Em uma narrativa estilhaçada, composta por 70 pequenos textos, o escritor dá voz a personagens de rua, trabalhadores, mendigos, donas de casa, empresários, construindo uma visão realista da cidade de São Paulo.

Joca Reiners Terron: novas formas de narrar

O cuiabano Joca Reiners Terron (1968) é poeta, prosador, artista gráfico e editor. Reconhecido como um dos principais talentos de sua geração, estreou na literatura com o livro de poemas *Eletrocefalodrama* (1998). Sua obra apresenta novas formas de narrar, integrando diferentes gêneros. Em *Não há nada lá* (2011), por exemplo, mistura prosa e ensaio, e em *Guias de ruas sem saída* (2012), a narrativa incorpora a linguagem dos quadrinhos.

Rubem Fonseca e a marginalidade

O escritor mineiro Rubem Fonseca (1925) situa-se entre os mais influentes autores da literatura brasileira contemporânea. Seus contos e romances retratam, com uma linguagem direta e objetiva, a marginalidade das grandes cidades. Entre suas personagens – detetives, assassinos, ladrões e prostitutas –, Mandrake é uma das mais emblemáticas. Mulherengo e cínico, é um detetive que usa a sagacidade para desvendar os mais misteriosos crimes, em obras como *Lúcia McCartney* (1967) e *Mandrake, a bíblia e a bengala* (2005).

Carvall

: Caricatura de Rubem Fonseca.

Da década de 1980, há uma vasta produção de romances que misturam ficção com memórias, prosas autobiográficas, relatos de viagem, testemunhos e documentários, dos quais são exemplo *O que é isso, companheiro?* (1979), de Fernando Gabeira, e *Sangue de coca-cola* (1980), de Roberto Drummond. Nos últimos anos, uma nova safra de escritores ligados a essa vertente tem surgido, dando voz aos marginalizados pela sociedade e propondo uma reflexão sobre a vida nas periferias das grandes cidades, sobre os detentos e a situação do sistema penitenciário brasileiro, entre outras. Obras como *Estação Carandiru* (2001), de Dráuzio Varella, *Memórias de um sobrevivente* (2001), de Luiz Alberto Mendes, *Abusado*, de Caco Barcelos, *Cabeça de porco* (2005), escrito por Celso Athayde, MV Bill e Luís Eduardo, além de *Cidade de Deus* (1997), de Paulo Lins, e *Capão pecado* (2000), de Ferréz, são representativas desse universo.

No romance histórico têm se destacado escritores como Ana Miranda, com *Boca do inferno*, que narra as aventuras políticas e amorosas de figuras que viveram na Bahia no século XVII; José Roberto Torero, com *O Chalaça*, que retrata os bastidores da vida política brasileira durante o Império; Rubem Fonseca, com *O Selvagem da Ópera*, que narra a trajetória pessoal e artística do compositor Carlos Gomes; Moacyr Scliar, com *Sonhos tropicais*, que resgata o mundo da medicina no Rio de Janeiro no início do século XX; Fernando Morais, com *Olga*, que conta a vida política dos comunistas brasileiros perseguidos na década de 1930 pelo governo getulista.

Há ainda inúmeros autores cujas obras ora se engajam em uma das linhas mencionadas, ora em outra, como a do realismo fantástico, a do surrealismo, a do novo romance, a da paródia. Esse é o caso dos escritores Josué Guimarães (*A ferro e fogo*), José J. Veiga (*A hora dos ruminantes*), Osman Lins (*Avalovara*), Ignácio Loyola Brandão (*Não verás país nenhum*), João Ubaldo Ribeiro (*Viva o povo brasileiro*), Antonio Torres (*Pelo fundo da agulha*), entre outros.

Milton Hatoum e o universo da cultura amazonense

Nascido em Manaus, em 1952, Milton Hatoum é escritor, crítico, professor e tradutor. Suas obras, como *Relato de um certo Oriente* (1990), *Dois irmãos* (2000), *Cinzas do Norte* (2005) e *Órfãos do Eldorado* (2008), focalizam o universo da cultura amazonense no contexto da exploração econômica e da industrialização dos tempos atuais. O regionalismo livre de excessos descritivos mostrado em sua produção ficcional ajuda a compor um retrato da diversidade cultural brasileira.

Editora Cia das Letras

Para quem quer mais

Se você deseja conhecer melhor a produção literária contemporânea, leia os textos a seguir e, depois, sozinho, em dupla ou em grupo, tente responder às questões do **Roteiro de estudo**.

Cacaso

Sinais de progresso

A mão certeira cai como guilhotina
E racha a nuca do inimigo.
A câmara focaliza o punho do matador:
"Homens de verdade não usam relógio
de outra marca."
Tudo legal.
Tudo legalizado.

(*Lero-lero.* Rio de Janeiro: 7Letras/São Paulo: Cosac & Naify, 2002. p. 155.)

Cacaso (Antônio Carlos Ferreira de Brito) nasceu em Uberaba (MG), em 1944, e morreu em 1987, no Rio de Janeiro, onde viveu desde os 12 anos. Foi desenhista, compositor e poeta. Como compositor, foi letrista de parceiros ilustres da MPB, como Edu Lobo, Tom Jobim, Francis Hime, Sivuca e outros. Como poeta, foi uma das principais vozes da poesia marginal dos anos 1970-1980. O crítico Davi Arrigucci Jr. comenta sobre ele e os poetas marginais:

> Eles [os poetas marginais] estavam muito próximos dos primeiros modernistas. Havia uma graça, a novidade do cotidiano brasileiro, porque eram poetas militantes. Mas, nos versos de Cacaso, há ainda o gosto pela oralidade. E isso aparece nas letras de canções.

Orides Fontela

Fala

Tudo
será difícil de dizer:
a palavra real
nunca é suave.

Tudo será duro:
luz impiedosa
excessiva vivência
consciência demais do ser.

Tudo será
capaz de ferir. Será
agressivamente real.
Tão real que nos despedaça.

Não há piedade nos signos
e nem no amor: o ser
é excessivamente lúcido
e a palavra é densa e nos fere.

(Toda palavra é crueldade.)

(*Poesia reunida.* Rio de Janeiro: 7Letras/São Paulo: Cosac & Naify, 2006. p. 31.)

Orides Fontela (1940-1998) nasceu na cidade de São João da Boa Vista (SP) e estudou filosofia em São Paulo. Seu primeiro livro de poesia, *Transposição*, foi publicado em 1969. Trabalhou como professora primária e bibliotecária na rede estadual de educação de São Paulo. Em 1983, seu terceiro livro, *Alba*, ganhou o prêmio Jabuti. Com dificuldades financeiras e de personalidade difícil, acabou sendo internada em um sanatório, onde morreu em 1998.

Sobre a obra de Orides Fontela, o escritor Fabrício Carpinejar comenta:

> Fontela conceitua a poesia como uma gramática. Poucos adjetivos, uma conduta de observação pura e imanente, protegida da transcendência. Com um repertório coloquial, nunca perde a realeza ou esbarra em facilidades expressivas. É comunicativa dentro de sua densidade, urde a complexidade das mais simples figuras.

Fernando Bonassi

Fernando Bonassi (1962), paulistano, tem uma vasta produção como dramaturgo, roteirista, cronista e escritor. A partir da década de 1990, ganhou projeção nacional com seu segundo livro, *Subúrbio* (1994), que definiu não apenas seu próprio projeto literário, mas também um dos rumos tomados pela ficção brasileira nas últimas décadas: o da vertente que se ocupa da realidade brutal das grandes cidades, da violência e da denúncia das desigualdades sociais.

Sua prosa é inovadora do ponto de vista formal, principalmente quanto ao modo como insere na narrativa as diferentes vozes que representam os discursos da periferia das grandes cidades.

Além de se dedicar ao romance e à crônica, o autor ganhou notoriedade como roteirista de filmes como *Carandiru* (2003) e *Cazuza – O tempo não para* (2004).

Viatura

Armada até os dentes cariados dos ocupantes fardados e cheia de autoridade delegada, cruza a cidade em ruínas a viatura. Nos bairros chiques será vista apressada, trafegando pela esquerda, esnobando os importados mais velozes. Mas não se iludam os comunistas, que a revolução terá no camburão o cassetete que merece. E onde os faróis alcançam, penetrando recônditas periferias, abre as sirenes sobre nós, cidadãos civilizados por carteiras profissionais e salários criminosos (estes sim, nossas piores condenações). Aliás, quase mortos, quase porcos, acabamos no chiqueirinho.

Voz de prisão

Mãos pra cima! Você está preso em nome da lei. Tem todo o direito de ficar quieto. Qualquer coisa que você disser pode ser usada contra você. Tudo o que você disser será usado contra você. Se você não disser nada, seu silêncio será usado contra você. Se você se mover, seu gesto poderá ser interpretado como desacato à autoridade ou agressão. Se você ficar imóvel, sua imobilidade poderá ser interpretada como resistência à prisão. No distrito você poderá usar o telefone pra chamar advogado. Odiamos advogado no distrito que não seja o próprio delegado. O telefone do distrito não funciona.

Hooligans

Vinte e dois milionários suando perfumado numa arena ajardinada e nós aqui, dando as maiores bandeiras, difíceis de carregar por esses ônibus lotados de inimigos acotovelados. Debaixo do boné, três copos dos piores pensamentos é o mínimo. Sangue eu quero mais. Alguém vai me pagar por isso? Nada. Uma semana da mesma coisa (quando tenho o que fazer) só por esse ingresso malhado nos guichês mal educados. Encho meu saco de derrotas. Entro em dividida na porrada, ortopedistas que se virem nas próteses. Um passe em falso e cabeças vão rolar às garrafadas.

(*100 coisas*. São Paulo: Angra, 2000.)

• Roteiro de estudo •

Ao final da leitura você deverá ser capaz de:

- Identificar no poema de Cacaso elementos típicos da poesia marginal feita no Brasil nos anos 1970.
- Comentar o teor metalinguístico do poema de Orides Fontela.
- Caracterizar a linguagem e identificar a temática explorada nos contos de Fernando Bonassi.

Werner Forman Archive/Glow Images

LITERATURA

CAPÍTULO 10

Panorama das literaturas africanas de língua portuguesa

Cultivada muitas vezes por portugueses ou por filhos de portugueses que viviam na África, a literatura produzida nos países africanos de língua portuguesa foi durante muito tempo considerada mera extensão da literatura portuguesa.
Contudo, embora seja difícil traçar a linha divisória entre a literatura portuguesa e as literaturas africanas em nossa língua, pode-se dizer que o florescimento dessas literaturas se deu concomitantemente ao início da discussão sobre a identidade nacional.

A crise política instaurada pela Revolução dos Cravos (1974), que pôs fim à ditadura salazarista em Portugal, era o elemento que faltava para que o processo de libertação das colônias portuguesas na África fosse consumado.

Tal qual ocorrera no Brasil-Colônia durante o século XVIII, há muito vinha se consolidando nessas colônias um forte sentimento antilusitano e o interesse de intelectuais e artistas em valorizar a paisagem local, os dialetos nativos e a busca de uma identidade própria de seu povo.

ORATURA E LITERATURA

Em 1975, quando as colônias africanas alcançaram sua independência política, apenas 10% dos angolanos eram alfabetizados. Esse dado dá uma ideia de como a maior parte da população dessas colônias desconhecia a produção literária escrita, restrita a uma elite.

Portanto, ainda estavam distantes as condições essenciais para se considerar a produção literária desses países um sistema literário, conceito criado pelo teórico Antonio Candido. Segundo o estudioso, um sistema literário passa a existir quando há um grupo de escritores que, ancorados na tradição, produz obras para um público cuja recepção acaba por influenciar os escritores e a produção de novas obras, e assim por diante.

Apesar disso, havia e ainda há nesses países uma rica tradição literária oral, composta por poemas, lendas e narrativas, provérbios e músicas. A respeito dessa peculiaridade, comenta o crítico angolano Luís Kandjimbo:

> A literatura angolana sob a forma escrita sedimenta-se apenas no século XIX. Porém, a criação verbal oral é bem mais antiga. Remonta aos primórdios da própria comunicação humana. Por isso, qualquer definição de literatura angolana hoje não pode perder de vista aquele segmento a que se chama oratura ou literatura oral. Trata-se de um acervo de textos orais que podem, presentemente, ser conservados com recurso à escrita.
>
> (Apud Tania Macêdo e Rita Chaves. *Literaturas de língua portuguesa: marcos e marcas – Angola.* São Paulo: Arte & Ciência, 2007. p. 18.)

No processo de construção da literatura desses países, a contraposição entre oratura (literatura oral) e literatura (escrita) equivalia, num primeiro momento, à oposição tradições africanas × modelos literários europeus. Entretanto – tal como ocorreu no Brasil com nossos escritores românticos em relação às tradições culturais indígenas –, coube às primeiras gerações de escritores africanos superar essa oposição e, na busca da construção de uma literatura nacional, extrair da tradição oral o material necessário para criar/recriar a literatura escrita.

Conto oral angolano

Veja o registro de parte de um conto oral angolano, que se assemelha aos contos e fábulas que conhecemos:

O leão e o chacal

O leão tinha um bode. O chacal possuía uma cabra. O chacal vai ao leão e diz:

— Majestade, empresta-me o teu bode para fazer criação com a minha cabra. Quando esta tiver parido, eu virei trazer-te o bode com o respectivo pagamento.

Passado algum tempo, a cabra pariu dois cabritinhos — uma fêmea e um macho. Então o chacal agarra no bode e na cabrinha, leva-os ao leão e diz:

[...]

(In: Tania Macêdo e Rita Chaves. *Literaturas de língua portuguesa: marcos e marcas – Angola*, cit., p. 28.)

LITERATURA E JORNALISMO

No Brasil do século XIX, a imprensa e a literatura estiveram muito próximas. Não sendo possível aos escritores literários sobreviver exclusivamente de suas obras, o jornalismo era para eles uma alternativa profissional, e, muitas vezes, a própria imprensa lhes servia como meio de difundir seus escritos literários, como ocorreu com José de Alencar e Machado de Assis.

Michele Falzone/JAI/Corbis/Latinstock

: Vista da cidade de Mindelo, Cabo verde.

Nas colônias portuguesas africanas não foi diferente. Desde a década de 1840, já havia em Moçambique, Angola e Cabo Verde uma imprensa oficial (isto é, controlada pela metrópole portuguesa), que cada vez mais estava em simbiose com a literatura. Os periódicos eram o meio de difusão de textos e folhetins produzidos por escritores africanos e também o meio de expressão e contestação de intelectuais e escritores subjugados pelo colonialismo português.

Em Moçambique, por exemplo, importantes escritores, como José Craveirinha, Rui Nogar e Virgílio de Lemos, entre outros, publicaram seus textos em *O brado literário*, periódico que circulou naquele país entre 1918 e 1974.

Assim, jornalismo, literatura e resistência política caminharam juntos no processo de construção e consolidação da identidade cultural das colônias portuguesas na África.

A FORMAÇÃO DAS LITERATURAS AFRICANAS E A IDENTIDADE NACIONAL

Tanto no Brasil quanto nas colônias africanas de língua portuguesa, a busca de uma identidade nacional teve início no contexto das lutas contra o colonialismo português, uma vez que identidade cultural de uma *nação* diz respeito a país independente, com autonomia política, econômica, cultural, linguística, religiosa.

O Modernismo brasileiro – que, com a Semana de Arte Moderna, em 1922, comemorava o centenário da Independência do Brasil e retomava a discussão empreendida pelos primeiros românticos a respeito da necessidade de criar uma literatura de identidade nacional – exerceu forte influência sobre os escritores africanos de língua portuguesa, impulsionando-os a buscar também uma literatura própria, de libertação política e renovação estética. Veja um exemplo dessa influência:

> Aqui onde estou, no outro lado do mesmo mar,
> tu me preocupas, Manuel Bandeira,
> meu irmão atlântico.
>
> (Jorge Barbosa. "Carta a Manuel Bandeira". In: Maria Aparecida Santili. *Literaturas de língua portuguesa: marcos e marcas – Cabo Verde*. São Paulo: Arte & Ciência, 2007. p. 27.)

Vejamos, agora, algumas particularidades da literatura de três países africanos de língua portuguesa: Angola, Moçambique e Cabo Verde.

LITERATURA EM ANGOLA

No texto a seguir, o escritor angolano Pepetela é quem comenta como foi o processo de formação da literatura angolana:

As primeiras obras literárias escritas por angolanos e publicadas em Angola datam da segunda metade do século XIX. (...) Alguns pesquisadores lançam a hipótese de antes de 1849, ano em que foi editado o livro de poemas *Espontanei dades da minha alma*, de Maia Ferreira, iniciando a edição de obras de autores angolanos, ter havido outros patrícios a escrever, mas até hoje ainda não conseguiram mostrar-nos as evidências. Por isso se tem considerado ser esse o ano do início. E para curiosidade poderei acrescentar que a primeira obra de ficção publicada se trata do romance "Scenas d'África" de Pedro Félix Machado, em 1880. Esta geração da segunda metade do século XIX produzia poesia, ficção, relatos de viagem, mas sobretudo textos jornalísticos.

(Apud Tania Macêdo e Rita Chaves. *Literaturas de língua portuguesa: marcos e marcas – Angola*, cit., p. 37.)

The Bridgeman Art Library/Grupo Keystone

As propostas estéticas do Modernismo brasileiro de 1922 e as discussões em torno da nacionalidade, como já foi dito, exerceram forte influência sobre os escritores angolanos, para quem a literatura era uma forma de resistência política e cultural à opressão em que viviam.

O surgimento no Brasil de obras como as de Jorge Amado, nas quais muitas vezes o negro figura como protagonista, teve forte impacto sobre o imaginário dos escritores angolanos, acentuando o seu desejo de libertação política e estética em relação ao colonizador português.

No final da década de 1940 e início da de 1950, quando sopravam na Europa os ventos democráticos do pós-guerra, a literatura de Angola viveu um momento produtivo, de afirmação. Em 1948, Antônio Jacinto, Viriato da Cruz e Agostinho Neto lançaram o movimento Vamos Descobrir Angola, que novamente punha em discussão a questão da identidade nacional e valorizava a redescoberta do país por meio do resgate de suas lendas, provérbios e adivinhas.

Embora a produção desse período tenha mantido o caráter de crítica e resistência política ao colonialismo português, ela não deixou de lado a preocupação estética, alcançando um bom equilíbrio entre forma e conteúdo.

Com a Revolução dos Cravos (1974), em Portugal, e a eclosão de guerras nas colônias africanas, os escritores africanos passaram a cultivar uma literatura nitidamente social e engajada. Alguns, inclusive, envolveram-se diretamente na política e chegaram a participar da guerra de libertação. Em Angola, por exemplo, os escritores Antônio Jacinto, Agostinho Neto e Viriato da Cruz fizeram parte do Movimento Popular de Libertação de Angola. Os versos a seguir, de Agostinho Neto, que se tornou o primeiro presidente da nação angolana, traduzem o espírito desse momento.

[...]
Não esperemos os heróis
sejamos nós os heróis
unindo as nossas vozes e os nossos braços
cada um no seu dever
e defendamos palmo a palmo a nossa terra
escorracemos o inimigo
e cantemos numa luta viva e heroica
desde já
a independência real da nossa pátria.

("Depressa". In: Tania Macêdo e Rita Chaves, op. cit., p. 86.)

Dominique Aubert/Sygma/Corbis/Latinstock

Parada Militar da Unita (União Nacional para a Total Independência de Angola), em 1987.

Além de Viriato da Cruz, Antônio Jacinto e Agostinho Neto, já mencionados, destacam-se na literatura angolana João Melo, Arlindo Barbeiros, José Luandino Vieira, Boaventura Cardoso, Manuel Rui e Rui Duarte de Carvalho.

LEITURA

Leia o poema a seguir, de Maurício Gomes, poeta que integrou o movimento Vamos Descobrir Angola, nos anos 1950.

Exortação

Ribeiro Couto e Manuel Bandeira,
poetas do brasil,
do brasil, nosso irmão,
disseram:
"— É preciso criar a poesia brasileira,
de versos quentes, fortes, como o Brasil,
sem macaquear a literatura lusíada."

Angola grita pela minha voz,
pedindo a seus filhos nova poesia!

Deixemos moldes arcaicos,
ponhamos de lado,
corajosamente, suaves endeixas,
brandas queixas,
e cantemos a nossa terra
e toda a sua beleza.

Angola, grande promessa do futuro,
forte realidade do presente,
inspira novos ideais
encerra ricos motivos

É preciso inventar a poesia de Angola!

[...]

Essa nova poesia,
forte, terna, nova e bela,
Amálgama de lágrimas e sangue,
[sublimação de muito sofrimento,
Afirmação duma certeza.

Poesia inconformista,
diferente,
será revolucionária,
como arte revolucionária,
desprezando regras estabelecidas,
ideias feitas, pieguices, transcendências...

Poesia nossa, única, inconfundível,
diferente,
quente, que lembre o nosso sol,
suave, lembrando nosso luar...
que cheire o cheiro do mato,
tenha as cores do nosso céu,
o nervosismo do nosso mar,
o paroxismo das queimadas,
o cantar das nossas aves,
rugir de feras, gritos de negros,
gritos de há muitos anos,
de escravos, de engenhos das roças,
no espaço vibrando, vibrando...

Sons magoados, tristíssimos, enervantes,
de quissanges e marimbas...
versos que encerrem e expliquem
todo o mistério desta terra,
versos nossos, úmidos, diferentes,
que, quando recitados, nos façam
[reviver o drama negro
e suavizem corações,
iluminem consciências,
e evoquem paisagens
e mostrem caminhos,
rumos
[illegible]

Uma poesia nossa, nossa, nossa!
— cântico, reza, salmo, sinfonia,
que uma vez cantada,
rezada,
escutada,
faça toda a gente sentir
faça toda gente dizer:
— É a poesia de Angola!

(In: Tania Macêdo e Rita Chaves. *Literatura de língua portuguesa: marcos e marcas – Angola*, cit., p. 61-66.)

almálgama: reunião, mistura, ajuntamento. **marimba**: tambor. **quissange**: música.

Intertextualidade com Bandeira

O poema "Exortação", de Maurício Gomes, mantém intertextualidade com o poema "Evocação do Recife", de Manuel Bandeira. Veja:

[...]
A vida não me chegava pelos jornais nem pelos livros
Vinha da boca do povo na língua errada do povo
Língua certa do povo
Porque ele é que fala gostoso o português do Brasil
Ao passo que nós
O que fazemos
É macaquear
A sintaxe lusíada
[...]

(*Estrela da vida inteira*. 2. ed. Rio de Janeiro: José Olympio, 1970. p. 116-7.)

1. A primeira estrofe do poema cita nominalmente dois escritores brasileiros, Ribeiro Couto e Manuel Bandeira, que pertenceram à primeira geração do nosso Modernismo. Sabendo que essa geração empenhava-se, entre outras coisas, pelo resgate das tradições da cultura popular brasileira e pela definição de uma identidade nacional, responda: O que justifica a citação desses poetas no poema de Maurício Gomes?

2. O título do poema é "Exortação". O que o poema procura exortar?

3. Observe estes versos do poema:

Deixemos moldes arcaicos,
ponhamos de lado,
corajosamente, suaves endeixas,
brandas queixas,
[...]
desprezando regras estabelecidas,
ideias feitas, pieguices,
[transcendências...

a) De acordo com esses versos, o que a nova "poesia de Angola" deve desprezar? Comprove sua resposta com palavras e expressões do texto.

b) Portanto, qual é a visão do poeta sobre a função da nova "poesia de Angola"?

4. Observe as duas últimas estrofes do poema.

a) A partir de que elementos – temas, assuntos – deve ser feita a nova "poesia de Angola"? Comprove sua resposta.

b) Considerando o contexto em que o poema foi escrito, é possível dizer que ele tem um caráter anticolonialista? Por quê? Justifique sua resposta.

5. Releia estes versos finais do poema.

Uma poesia nossa, nossa, nossa!
— cântico, reza, salmo, sinfonia,
que uma vez cantada,
rezada,
escutada,
faça toda a gente sentir
faça toda gente dizer:
— É a poesia de Angola!

a) O que justifica a repetição da palavra *nossa* no 1º verso desse fragmento?

b) Por que o poeta mistura elementos de diferentes naturezas, como *cântico*, *reza*, *salmo* e *sinfonia* para caracterizar a nova "poesia de Angola"?

LITERATURA EM MOÇAMBIQUE

Em Moçambique, como nas demais colônias portuguesas na África, as primeiras manifestações literárias ocorreram na imprensa e deram início a uma fase da literatura moçambicana que vai, segundo a pesquisadora Fátima Mendonça, da década de 1920 até o final da década de 1940. Durante esse período, os escritores lidaram com o problema da aculturação portuguesa e com a questão da diversidade linguística que caracterizava o país. Afinal, em que língua o escritor deveria registrar seus escritos? Na língua do colonizador português ou em uma das várias línguas nativas de Moçambique?

Nos anos 1950, surgiu um movimento que tinha o intuito de criar um espaço literário nacional capaz de captar o espírito de *moçambicanidade* do país, ou seja, levar à definição de uma identidade nacional. Desse movimento, destacam-se importantes escritores e obras, como *Godido e outros contos*, de João Dias; *Nós matamos o cão tinhoso*, de Luis Bernardo Honwana; *Portagem*, de Orlando Mendes; e a poesia de José Craveirinha, Noémia de Souza, Rui Nogar, Rui Guerra e Rui Knopfli, entre outros.

Rua de Mindelo, Cabo Verde.

Robert Harding Picture Library/Grupo Keystone

Em 1964, teve início a luta armada de libertação nacional. Até 1975, ano em que Moçambique conquistou sua independência política a literatura voltou-se para os fatos históricos, cantando a luta armada e a revolução. *Chigubo* (cujo significado em dialeto local é "grito de guerra"), por exemplo, de Craveirinha, foi publicada em 1964.

Nesse período, era natural que alguns escritores, por motivos de nascimento, por laços familiares ou por ideologia, ficassem divididos entre a colônia e a metrópole. Mia Couto, Leite Vasconcelos e outros escritores, porém, assumiram definitivamente sua cidadania moçambicana.

Terminado o período de guerras de libertação nacional, surgiu um grande número de obras de qualidade. Entre elas, *Silêncio escancarado* (1982), de Rui Nogar, e *Terra sonâmbula* (1992), de Mia Couto, que, certamente, têm partes escritas ainda durante a guerra.

Mia Couto

Mia Couto.

Ulf Andersen/Getty images

Mia Couto (1955) é o escritor moçambicano mais conhecido no exterior. Iniciou sua carreira com uma obra de poemas, *Raiz de orvalho* (1983), e, posteriormente, passou a publicar contos, crônicas e romances. Recriador da linguagem, frequentemente suas obras são comparadas às do escritor brasileiro Guimarães Rosa.

Depois de José Craveirinha (1922-2003) – aclamado por alguns como o maior poeta moçambicano de todos os tempos e um dos responsáveis pela construção da moçambicanidade na literatura –, destacam-se na atual literatura moçambicana Mia Couto, autor de poesia, contos e romances, com vários livros publicados, entre eles *O último voo do flamingo*, *Venenos de Deus, remédios do diabo*, além de *Terra sonâmbula*; Paulina Chiziane, autora dos romances *Balada de amor ao vento* e *Ventos do apocalipse*; Ungulani Ba Ka Khosa, autor de *Ualalapi*; e os poetas Eduardo White e Luís Carlos Patraquim.

LEITURA

A seguir, você vai ler um texto de Mia Couto, publicado no livro de contos *Histórias abensonhadas* (1994).

Nas águas do tempo

Meu avô, nesses dias, me levava rio abaixo, enfilado em seu pequeno concho. Ele remava, devagaroso, somente raspando o remo na correnteza. O barquito cabecinhava, onda cá, onda lá, parecendo ir mais sozinho que um tronco desabandonado.

— *Mas vocês vão aonde?*

Ricardo Dantas

Era a aflição de minha mãe. O velho sorria. Os dentes, nele, eram um artigo indefinido. Vovô era dos que se calam por saber e conversam mesmo sem nada falarem.

— *Voltamos antes de um agorinha*, respondia.

Nem eu sabia o que ele perseguia. Peixe não era. Porque a rede ficava amolecendo o assento. Garantido era que, chegada a incerta hora, o dia já crepusculando, ele me segurava a mão e me puxava para a margem. A maneira como me apertava era a de um cego desbengalado. No entanto, era ele quem me conduzia, um passo à frente de mim. Eu me admirava da sua magreza direita, todo ele musculíneo. O avô era um homem em flagrante infância, sempre arrebatado pela novidade de viver.

[...]

De repente, meu avô se erguia no concho. Com o balanço quase o barco nos deitava fora. O velho, excitado, acenava. Tirava seu pano vermelho e agitava-o com decisão. A quem acenava ele? Talvez a ninguém. Nunca, nem por um instante, vislumbrei por ali alma deste ou de outro mundo. Mas o avô acenava seu pano.

— *Você não vê lá, na margem? Por trás do cacimbo?*

Eu não via. Mas ele insistia, desabotoando os nervos.

— *Não é lá. É láááá. Não vê o pano branco a dançar-se?*

Para mim havia era a completa neblina e os receáveis aléns, onde o horizonte se perde. Meu velho, depois, perdia a miragem e se recolhia, encolhido no seu silêncio. E regressávamos, viajando sem companhia de palavra.

[...]

Certa vez, no lago proibido, eu e vovô aguardávamos o habitual surgimento dos ditos panos. Estávamos na margem onde os verdes se encaniçam, aflautinados. Dizem: o primeiro homem nasceu de uma dessas canas. O primeiro homem? Para mim não podia haver homem mais antigo que meu avô. Acontece que, dessa vez, me apeteceu espreitar os pântanos. Queria subir à margem, colocar pé em terra não firme.

— *Nunca! Nunca faça isso!*

O ar dele era de maiores gravidades. Eu jamais assistira a um semblante tão bravio em meu velho. Desculpe-me: que estava descendo do barco mas era só um pedacito de tempo. Mas ele ripostou:

— *Neste lugar, não há pedacitos. Todo o tempo, a partir daqui, são eternidades.*

Eu tinha um pé meio-fora do barco, procurando o fundo lodoso da margem. Decidi me equilibrar, busquei chão para assentar o pé. Sucedeu-me então que não encontrei nenhum fundo, minha perna descia engolida pelo abismo. O velho acorreu-me e me puxou. Mas a força que me sugava era maior que o nosso esforço. Com a agitação, o barco virou e fomos dar com as costas posteriores na água. Ficamos assim, lutando dentro do lago, agarrados às abas da canoa.

De repente, meu avô retirou o seu pano do barco e começou a agitá-lo sobre a cabeça.

— *Cumprimenta também, você!*

[...]

Nessa noite, ele me explicou suas escondidas razões. Meus ouvidos se arregalavam para lhe decifrar a voz rouca. Nem tudo entendi. No mais ou menos, ele falou assim:

— *nós temos olhos que se abrem para dentro, esses que usamos para ver os sonhos. O que acontece, meu filho, é que quase todos estão cegos, deixaram de ver esses outros que nos visitam. Os outros? Sim, esses que nos acenam da outra margem. E assim lhes causamos uma total tristeza. Eu levo-lhe lá nos pântanos para que você aprenda a ver. Não posso ser o último a ser visitado pelos panos.*

— *Me entende?*

Menti que sim. Na tarde seguinte, o avô me levou uma vez mais ao lago. Chegados à beira do poente ele ficou a espreitar. Mas o tempo passou em desabitual demora. O avô se inquietava, erguido na proa do barco, palma da mão apurando as vistas. Do outro lado, havia menos que ninguém. Desta vez, também o avô não via mais que a enevoada solidão dos pântanos. De súbito, ele interrompeu o nada:

— *Fique aqui!*

E saltou para a margem, me roubando o peito no susto. O avô pisava os interditos territórios? Sim, frente ao meu espanto, ele seguia um passo sabido. A canoa ficou balançando, em desequilibrismo com meu peso ímpar. Presenciei o velho a alonjar-se com a discrição de uma nuvem. Até que, entre a neblina, ele se declinou em sonho, na margem da miragem. Fiquei ali, com muito espanto, tremendo de um frio arrepioso.

Pela primeira vez, eu coincidia com meu avô na visão do pano. Enquanto ainda me duvidava foi surgindo, mesmo ao lado da aparição, o aceno do pano vermelho do meu avô. Fiquei indeciso, barafundido. Então, lentamente, tirei a camisa e agitei-a nos ares. E vi: o vermelho do pano dele se branqueando, em desmaio de cor. Meus olhos se neblinaram até que se poentaram as visões.

Enquanto remava um demorado regresso, me vinham à lembrança as velhas palavras de meu avô: a água e o tempo são irmãos gêmeos, nascidos do mesmo ventre. E eu acabava de descobrir em mim um rio que não haveria nunca de morrer. A esse rio volto agora a conduzir meu filho, lhe ensinando a vislumbrar os brancos panos da outra margem.

(In: Tania Macêdo e Rita Chaves. *Literaturas de língua portuguesa: marcos e marcas – Moçambique.* São Paulo: Arte & Ciência, 2007. p. 136-40.)

1. Mia Couto é um escritor inventivo, que recria a linguagem, obtendo sentidos inusitados.

a) Identifique no texto alguns neologismos, ou seja, palavras inventadas pelo autor.

b) Você teve dificuldade para compreender o sentido desses neologismos? Por que você acha que isso acontece?

2. O avô frequentemente navega com o menino próximo às margens do rio.

a) O que ele pretende com isso?

b) Como o avô explica ao neto sua capacidade de ver "os panos"?

3. As ações das personagens, somadas ao uso de expressões como "receáveis aléns", "olhos que se abrem para dentro", "solidão dos pântanos" e "interditos territórios", entre outras, criam certa atmosfera no conto. Como é essa atmosfera?

4. Já quase no final do conto, o avô desce do barco e pisa "os interditos territórios". Nesse momento, o neto consegue ver os panos na margem, inclusive o pano vermelho de seu avô, que começa a mudar de cor.

a) Interprete a mudança de cor do pano do avô.

b) O avô conseguiu atingir seu objetivo? Por quê?

5. O conto tem por título "Nas águas do tempo". Segundo o avô, "a água e o tempo são irmãos gêmeos, nascidos do mesmo ventre".

a) Considerando o desfecho do conto, dê uma interpretação coerente à frase do avô.

b) O que representa o rio que o narrador, no último parágrafo do texto, diz ter dentro de si?

c) Que relação existe entre a metáfora do rio e o ensinamento que o narrador transmite a seu filho?

6. Você diria que o texto apresenta um fundo filosófico? Por quê?

Moçambique descobre o Brasil

Em entrevista à professora Vera Maquêa, Mia Couto comenta:

Uma das vias pelas quais chegou o Brasil [a Moçambique] foi uma revista chamada *O Cruzeiro*. *O Cruzeiro* chega com desenhos do Ziraldo... com a Raquel de Queiroz. De repente, os nossos escritores descobrem o Brasil. E aí foi uma relação fascinante em que escritores como Jorge Amado, Graciliano Ramos, Lins do Rego, toda essa gente, mas também poetas como Manuel Bandeira, exercem uma influência determinante em Moçambique. Há então uma espécie de redescoberta de nós próprios por via desse desafio às potencialidades do idioma comum.

(Apud Tania Macêdo e Vera Maquêa. *Literaturas de língua portuguesa: marcos e marcas – Moçambique*, cit., p. 199.)

LITERATURA EM CABO VERDE

O surgimento de uma literatura própria em Cabo Verde está diretamente relacionado, como nas demais ex-colônias portuguesas na África, com a questão da identidade nacional. A crítica aponta a obra *Arquipélago* (1935), de Jorge Barbosa (1902-1971), como o marco da literatura cabo-verdiana propriamente dita e o despertar de uma consciência nacional no país.

Peter Sebera/Getty Images

"Ilhas perdidas / no meio do mar, / esquecidas / num canto do mundo / – que as ondas embalam, / maltratam, / abraçam..." (versos do poeta Jorge Barbosa sobre o arquipélago que forma seu país, Cabo Verde).

Em 1936, foi lançada *Claridade*, revista de arte e letras que se propunha a redescobrir Cabo Verde, em busca de uma identidade nacional. Em torno dessa revista e de outras publicações que surgiram mais tarde, como *Certeza* (1944) e o *Suplemento cultural* da revista *Cabo Verde* (1958), *Raízes* (1977) e *Ponto e vírgula* (1983), é que se têm organizado os escritores literários do país.

Tal qual ocorrera com as demais colônias portuguesas na África, também em Cabo Verde o Modernismo brasileiro exerceu forte influência sobre os escritores locais, especialmente em relação às questões de identidade, como mostra o seguinte poema de Jorge Barbosa.

Carta para o Brasil

Eu gosto de você, Brasil,
porque Você é parecido com a minha terra
[...]
É o seu povo que se parece com o meu,
É o seu falar português
que se parece com o nosso,
ambos cheios de um sotaque vagaroso,
de sílabas na ponta da língua,
de alongamentos timbrados nos lábios
e de expressões ternníssimas e desconcertantes.

(In: Maria Aparecida Santilli. *Literaturas de língua portuguesa: marcos e marcas – Cabo Verde*. São Paulo: Arte & Ciência, 2007. p. 28.)

Tiveram participação na revista *Claridade*, entre outros, os escritores Baltasar Lopes, Manuel Lopes, Ovídio Martins e Arnaldo França.

A revista *Certeza*, lançada em 1944, reuniu escritores da "nova geração". Opondo-se ao tom pessimista cultivado por alguns participantes de *Claridade*, o grupo de *Certeza* discutia o

Neorrealismo em voga em Portugal naquele momento e se voltava às questões políticas e sociais. Fizeram parte desse grupo Arnaldo França, Teixeira de Sousa, Orlanda Amarílis, Teobaldo Virgínio, Antônio Aurélio Gonçalves e o escritor neorrealista português Manuel Ferreira, que, em virtude de seu envolvimento com a causa e a cultura cabo-verdiana, conquistou dupla cidadania literária.

No contexto da literatura cabo-verdiana contemporânea, também se destacam os escritores Osvaldo Osório, Armênio Vieira, Germano Almeida, Daniel Felipe, Vera Duarte e Davi Hopffer.

LEITURA

Você vai ler a seguir um poema de Onésimo Silveira (1935), que integra o primeiro livro do autor, *Hora grande*, publicado em 1962.

Hora grande

1

O mar sairá
Das nossas ilhas,
Das nossas ruas
Das nossas casas
Das nossas almas...

O mar irá para o mar
E limpos finalmente do lodo das algas
E libertos do sal de nosso sorriso de enteados
Seremos frutos de nós mesmos
Nascendo da barriga negra da terra...

2

Os náufragos
Do lago da nossa quietação
Erguerão os seus braços de todas as cores
E as suas mãos se fartarão
Da luz de um poente maduro!

3

Nas feridas do seu parto
As raízes do nosso umbigo beberão a seiva
E no ventre da "mamãe terra"
Germinarão as sementes das nossas certezas
E nos embriagaremos da carne dos
[seus frutos...

As crianças nascerão sem metas nos olhos
E as suas mãos sujar-se-ão
Do mel do nosso olhar...
As crianças serão as crianças!
Negras e loiras e brancas
Serão pétalas da mesma flor...

(In: Maria Aparecida Santilli. *Literaturas de língua portuguesa: marcos e marcas – Cabo Verde*, cit., p. 80-1.)

1. O poema está organizado em cinco estrofes e três partes numeradas. Observe o tempo verbal utilizado em todo o poema. Conclua: A que tempo o eu lírico se refere: ao presente, ao passado ou ao futuro?

2. Há, no poema, várias imagens relacionadas a parto.

a) O que representa o parto de um novo Cabo Verde?

b) Por que se enfatiza, na parte 1, a "barriga negra da terra"?

3. Na parte 2, o que os "náufragos" representam?

Cabo Verde: uma história de dominação

Cabo Verde é um arquipélago formado por dez ilhas situadas na costa ocidental da África. Conquistadas pelos navegantes portugueses em 1456, as ilhas, um importante ponto estratégico nas rotas que ligavam Portugal ao Brasil e aos demais países africanos, chegaram a ser invadidas por ingleses no século XVI e por piratas franceses no século XVIII.

4. A parte 3 descreve como será esse tempo imaginário.

a) Dê uma interpretação coerente a estes versos: "As crianças nascerão sem metas nos olhos", "As crianças serão crianças".

b) Nesse tempo imaginário, como deverá se colocar a questão étnica?

5. Dê uma interpretação coerente ao título do poema, "Hora grande".

Para quem quer mais

Se você deseja aprofundar os seus conhecimentos sobre as literaturas africanas de língua portuguesa, leia os textos a seguir e depois, sozinho, em dupla ou em grupo, tente responder às questões propostas no **Roteiro de estudo**.

Angola

José Luandino Vieira

Ubiratan Brasil/Agência Estado/AE

José Luandino Vieira.

Até que, em hora de já cozinhar, chegaram as desejadas, quem que tudo muda — comida vira pitéu na simples soma desses verdes: os tomates — berridados os europeus, de coração-de-boi ou maçã, só quindas dos de-quimbundo. Eles, com suas cebolas iguais, frutos pequenos, tímidos, humílimos, onde a sapiência da terra escondeu só sumos e gostos, sem desperdício de águas. Essenciais: — *"sem tomate de quimbundo, um molho é só um molho..."*, sentença aplaudida de sá Kaveia ka Usudi, ex-quitandeira, Sousa saída no Dondo, raptada lá vivia por casamento enviuvado já, hábitos. As todas abóboras, verdadeiras e falsas, as de mapupo até, quando ninguém que lembrava sementes de muteta e foi um grito e bater de palmas. As dinhanguas, orgulhosas, e suas folhas: diá-kimbuango, riscada, a que dá supimpa quizaca; diá-kasódio, alegria das crianças queimando os dedos nas brasas das cinzas para lhes tirarem, assada é que é; a amelanciada diá-kimbuatata, e dos guisados. E dinhungos, ferrenhos dos funje, caríssimos — mas que dá para tudo. *"Muteta dela com ovos e carne..."* — sá Kaveia recusou contra nga Mabunda e venceu porém: que o almoço devia de seguir a linha do simples, não funguisar. *"Kiakudikila, kiazanga..."* — sabedorias.

("Lourentinho Dona Antónia de Sousa & Eu". In: Cremilda de Araújo Medina. *Sonha Mamana África*. São Paulo: Epopeia, 1987. p. 246.)

Pepetela

Eu, o narrador, sou muatiânvua

Meu pai era um trabalhador bailundo da Diamang, minha mãe uma kimbundo do Songo.

O meu pai morreu tuberculoso com o trabalho das minas, um ano depois de eu nascer. Nasci na Lunda, no centro do diamante. O meu pai cavou com a picareta a terra virgem, carregou vagões de terra, que ia ser separada para dela se libertarem os diamantes. Morreu num hospital da Companhia, tuberculoso. O meu pai pegou com as mãos rudes milhares de escudos de diamantes. A nós não deixou um só, nem sequer o salário de um mês. O diamante entrou-lhe no peito, chupou-lhe a força, chupou, até que ele morreu.

O brilho do diamante são as lágrimas dos trabalhadores da Companhia. A dureza do diamante é ilusão: não é mais que gotas de suor esmagadas pelas toneladas de terra que o cobrem.

Nasci no meio de diamantes, sem os ver. Talvez porque nasci no meio de diamantes, ainda jovem senti atração pelas gotas do mar imenso, aquelas gotas-diamante que chocam contra o casco dos navios e saltam para o ar, aos milhares, com o brilho leitoso das lágrimas escondidas.

Werner Forman Archive/Glow Images

O mar foi por mim percorrido durante anos, de norte para sul, até à Namíbia, onde o deserto vem misturar-se com a areia da praia, até ao Gabão e ao Ghana, e ao Senegal, onde o verde das praias vai amarelecendo, até de novo se confundir com elas na Mauritânia, juntando a África do Norte à África Austral, no amarelo das suas praias. Marinheiro do Atlântico, e mesmo do Índico eu fui. Cheguei até à Arábia, e de novo encontrei as praias amarelas de Moçâmedes e Benguela, onde cresci. Praias de Benguela, praias da Mauritânia, praias da Arábia, não são as amarelas praias de todo o Mundo?

Em todos os portos tive uma mulher, em cada porto uma maka. Até que, um dia, estava eu nos Camarões, ouvi na rádio o ataque às prisões, no 4 de Fevereiro. O meu barco voltava para o sul e não cheguei a Angola. Fiquei em Matadi, ex-Congo Belga. Lumumba tinha morrido, a ferida sangrava ainda, a ferida só ficou sarada quando o 4 de Fevereiro estalou.

Onde eu nasci, havia homens de todas as línguas vivendo nas casas comuns e miseráveis da Companhia. Onde eu cresci, Bairro Benfica, em Benguela, havia homens de todas as línguas sofrendo as mesmas amarguras. O primeiro bando a que pertenci tinha mesmo meninos brancos, e tinha miúdos nascidos de pai umbundo, tchokue, kímbundo, fiote, kuanhama.

As mulheres que eu amei eram de todas as tribos, desde as Reguibat do Marrocos às Zulu da África do Sul. Todas eram belas e sabiam fazer amor, melhor umas que outras, é certo. Qual a diferença entre a mulher que esconde a face com um véu ou a que o deforma com escarificações?

Querem hoje que eu seja tribalista!

De que tribo?, pergunto eu. De que tribo, se eu sou de todas as tribos, não só de Angola, como de África? Não falo eu o swahili, não aprendi eu o huassa com um nigeriano? Qual é a minha língua, eu, que não dizia uma frase sem empregar palavras de línguas diferentes? E agora, que utilizo para falar com os camaradas, para deles ser compreendido? O português. A que tribo angolana pertence a língua portuguesa?

Eu sou o que é posto de lado, porque não seguiu o caminho da mãe kimbundo ou o caminho do pai umbundo. Também Sem Medo, também Teoria, também Comissário, e tantos outros mais.

A imensidão do mar que nada pode modificar ensinou-me a paciência. O mar une, o mar estreita, o mar liga. Nós também temos o nosso mar interior, que não é o Kuanza, nem o Loje, nem o Kunene. O nosso mar, feito de gotas-diamante, suores e lágrimas esmagados, o nosso mar é o brilho da arma bem oleada que faísca no meio da verdura do Mayombe, lançando fulgurações de diamante ao sol da Lunda.

Eu, Muatiânvua, de nome de rei, eu que escolhi a minha rota no meio dos caminhos do Mundo, eu, ladrão, marinheiro, contrabandista, guerrilheiro, sempre à margem de tudo (mas não é a praia uma margem?), eu não preciso de me apoiar numa tribo para sentir a minha força. A minha força vem da terra que chupou a força de outros homens, a minha força vem do esforço de puxar cabos e dar à manivela e de dar murros na mesa duma taberna situada algures no Mundo, à margem da rota dos grandes transatlânticos que passam, indiferentes, sem nada compreenderem do que é o brilho-diamante da areia duma praia.

("Mayombe". In: Cremilda de Araújo Medina, op. cit., p. 342-3.)

Antônio Jacinto

Poema da alienação

Não é este ainda o meu poema
o poema da minha alma e do meu sangue
não
Eu ainda não sei nem posso escrever o meu poema
o grande poema que sinto já circular em mim

O meu poema anda por aí vadio
no mato ou na cidade
na voz do vento
no marulhar do mar
no Gesto e no Ser

O meu poema anda por aí afora
envolto em panos garridos
vendendo-se
vendendo
"malimonje malimonjééé"

O meu poema corre nas ruas
com um quibalo podre à cabeça
oferecendo-se
oferecendo
"carapau sardinha matona
jiferrera jiferreréééé..."

[...]

O meu poema vem do Musseque
ao sábado traz a roupa
à segunda leva a roupa
ao sábado entrega a roupa e entrega-se
à segunda entrega-se e leva a roupa

O meu poema está na aflição
da filha da lavadeira
esquiva
no quarto fechado
do patrão nuinho a passear
a fazer apetite a querer violar
[...]

O meu poema anda na praça trabalha [na cozinha
vai à oficina
enche a taberna e a cadeia
é pobre roto e sujo
vive na noite da ignorância
o meu poema nada sabe de si
nem sabe pedir

O meu poema foi feito para se dar
para se entregar
sem nada exigir

Mas o meu poema não é fatalista
o meu poema é um poema que já quer
e já sabe
o meu poema seu eu-branco
montado em mim-preto
a cavalgar pela vida.

(In: Cremilda de Araújo Medina, op. cit., p. 381-3.)

Moçambique

José Craveirinha

Quero ser tambor

Tambor está velho de gritar
ó velho Deus dos homens
deixa-me ser tambor
só tambor gritando na noite quente dos trópicos.

E nem flor nascida no mato do desespero.
Nem rio correndo para o mar do desespero.
Nem zagaia temperada no lume vivo do desespero.
Nem mesmo poesia forjada na dor rubra do desespero.

Nem nada!

Africa Media Online/Other Images

Só tambor velho de gritar na lua cheia da minha terra.
Só tambor de pele curtida ao sol da minha terra.
Só tambor cavado nos troncos duros da minha terra!

Eu!
Só tambor rebentando o silêncio amargo da Mafalala.
Só tambor velho de sangrar no batuque do meu povo.
Só tambor perdido na escuridão da noite perdida.

Ó velho Deus dos homens
eu quero ser tambor.
E nem rio
e nem flor
e nem zagaia por enquanto
e nem mesmo poesia
Só tambor ecoando a canção da força e da vida
só tambor noite e dia
dia e noite só tambor
até à consumação da grande festa do batuque!

Oh, velho Deus dos homens
deixa-me ser tambor
só tambor!

(In: Cremilda de Araújo Medina, op. cit., p. 160.)

Cabo Verde

Ovídio Martins

Chuva em Cabo Verde

Choveu
Festa na terra
Festa nas ilhas
Soluçam os violinos choram os violões
nos dedos rápidos dos tocadores
"Dança mulata
dança mulata
menininha sabe como vocês não tem
E elas sabinhas
dão co'as cadeiras
dão co'as cadeiras
Choveu
Festa na terra
Festa nas ilhas
Já tem milho pa cachupa
Já tem milho pa cuscus
Nas ruas nos terreiros
por toda banda
as mornas unem os pares
nos bailes nacionais
Mornas e sambas
mornas e marchas
mornas e mornadas

Choveu
Festa na terra
Festa nas ilhas
que cantam e dançam
e riem e choram de contentamento
Soluçam os violinos, choram os violões
nos dedos rápidos dos tocadores
"Dança mulata
dança mulata
menininha sabe como vocês não tem
E elas sabinhas
dão co'as cadeiras
dão co'as cadeiras
dão co'as cadeiras

(Idem, p. 475-6.)

Manuel Lopes

Marcos

Aos companheiros da Claridade que lançaram os alicerces da independência literária das ilhas crioulas de Cabo Verde.

Onde sombras se acumulam
renascerão outras imagens
e hão-de calar-se vozes que ululam
suas improvisadas mensagens.

Falsos demiurgos de gestos inseguros
cada palavra em seus lábios morrerá
nos ritmos prematuros
que em vãos tumultos vão se pagando já.

Sobre os farrapos de verdes panos
esquálidas e frias mãos
semeiam medos e lançam dados...

Que restará irmãos
dos velhos enganos
nestes caminhos de mortos sismos
e espaço fechados?

Nas escarpas do mar gemendo a cada [impulso
atónito e severo à beira dos abismos
galgando pulso a pulso
em chaga os pés
de joelhos
invocarei a raiva de Moisés
para rasgar novos mares vermelhos...

(Idem, p. 443.)

• Roteiro de estudo •

Ao final da leitura, você deverá ser capaz de:

- Reconhecer os textos que estão voltados ao experimentalismo estético, sobretudo na linguagem.
- Identificar os textos cujo tema são questões relacionadas à história do povo africano ou a problemas sociais.
- Identificar em quais textos se manifesta o nativismo ou o nacionalismo, seja no uso de palavras provenientes de dialetos africanos, seja na citação e no reconhecimento de elementos típicos da paisagem local.

Para quem quer mais na Internet

Se você deseja conhecer outros textos de escritores e poetas africanos da atualidade, sugerimos acessar os *sites*:

- http://pt.scribd.com/doc/58632639/Antologia-de-Autores-Africanos
- www.ueangola.com/index.php/criticas-e-ensaios/item/294-as-literaturas-africanas-e-o-jornalismo-no-per%C3%ADodo-colonial.html

Science Photo Library/Easypix

CAPÍTULO 11

Competências e habilidades do Enem (III)

Nas duas unidades anteriores, você aprendeu o que são competências e habilidades e conheceu também seis competências e suas respectivas habilidades específicas da área de Linguagens, códigos e suas tecnologias avaliadas no exame do Enem. Neste capítulo, você vai conhecer mais três competências e suas respectivas habilidades e observar como elas são avaliadas nesse exame.

COMPETÊNCIAS DE ÁREA 7, 8 E 9 REFERENTES A LINGUAGENS, CÓDIGOS E SUAS TECNOLOGIAS

A seguir, apresentamos as competências 7, 8 e 9 e suas respectivas habilidades indicadas pela Matriz de referência de Linguagens, códigos e suas tecnologias.

COMPETÊNCIA DE ÁREA 7 – Confrontar opiniões e pontos de vista sobre as diferentes linguagens e suas manifestações específicas.	
H21	Reconhecer em textos de diferentes gêneros, recursos verbais e não verbais utilizados com a finalidade de criar e mudar comportamentos e hábitos.
H22	Relacionar, em diferentes textos, opiniões, temas, assuntos e recursos linguísticos.
H23	Inferir em um texto quais são os objetivos de seu produtor e quem é seu público alvo, pela análise dos procedimentos argumentativos utilizados.
H24	Reconhecer no texto estratégias argumentativas empregadas para o convencimento do público, tais como a intimidação, sedução, comoção, chantagem, entre outras.

COMPETÊNCIA DE ÁREA 8 – Compreender e usar a língua portuguesa como língua materna, geradora de significação e integradora da organização do mundo e da própria identidade.	
H25	Identificar, em textos de diferentes gêneros, as marcas linguísticas que singularizam as variedades linguísticas sociais, regionais e de registro.
H26	Relacionar as variedades linguísticas a situações específicas de uso social.
H27	Reconhecer os usos da norma-padrão da língua portuguesa nas diferentes situações de comunicação.

COMPETÊNCIA DE ÁREA 9 – Entender os princípios, a natureza, a função e o impacto das tecnologias da comunicação e da informação na sua vida pessoal e social, no desenvolvimento do conhecimento, associando-o aos conhecimentos científicos, às linguagens que lhes dão suporte, às demais tecnologias, aos processos de produção e aos problemas que se propõem solucionar.	
H28	Reconhecer a função e o impacto social das diferentes tecnologias da comunicação e informação.
H29	Identificar pela análise de suas linguagens, as tecnologias da comunicação e informação.
H30	Relacionar as tecnologias de comunicação e informação ao desenvolvimento das sociedades e ao conhecimento que elas produzem.

Agora leia e tente resolver estas questões de provas do Enem:

1.

Sarel Van Staden/Glowimages

Disponível em: http://www.wordinfo.info. Acesso em: 27 abr. 2010.

O homem evoluiu. Independentemente de teoria, essa evolução ocorreu de várias formas. No que concerne à evolução digital, o homem percorreu longo trajeto da pedra lascada ao mundo virtual. Tal fato culminou em um problema físico habitual, ilustrado na imagem, que propicia uma piora na qualidade de vida do usuário, uma vez que:

a) a evolução ocorreu e com ela evoluíram as dores de cabeça, o estresse e a falta de atenção à família.

b) a vida sem computador tornou-se quase inviável, mas se tem diminuído problemas de visão cansada.

c) a utilização em demasiada do computador tem proporcionado o surgimento de cientistas que apresentam lesão por esforço repetitivo.

d) o homem criou o computador, que evoluiu, e hoje opera várias ações antes feitas pelas pessoas, tornando-as sedentárias ou obesas.

e) o uso contínuo do computador de forma inadequada tem ocasionado má postura corporal.

2.

O Conar existe para coibir os exageros na propaganda.
E ele é 100% eficiente nesta missão.

Nós adoraríamos dizer que somos perfeitos. Que somos infalíveis. Que não cometemos nem mesmo o menor deslize. E só não falamos isso por um pequeno detalhe: seria uma mentira. Aliás, em vez de usar a palavra "mentira", como acabamos de fazer, poderíamos optar por um eufemismo. "Meia-verdade", por exemplo, seria um termo muito menos agressivo. Mas nós não usamos esta palavra simplesmente porque não acreditamos que exista uma "Meia-verdade". Para o Conar, Conselho Nacional de Autorregulamentação Publicitária, existem a verdade e a mentira. Existem a honestidade e a desonestidade. Absolutamente nada no meio. O Conar nasceu há 29 anos (viu só? não arredondamos para 30) com a missão de zelar pela ética na publicidade. Não fazemos isso porque somos bonzinhos (gostaríamos de dizer isso, mas, mais uma vez, seria mentira). Fazemos isso porque é a única forma da propaganda ter o máximo de credibilidade. E, cá entre nós, para que serviria a propaganda se o consumidor não acreditasse nela?

Qualquer pessoa que se sinta enganada por uma peça publicitária pode fazer uma reclamação ao Conar. Ele analisa cuidadosamente todas as denúncias e, quando é o caso, aplica a punição.

CONAR

Conar

Anúncio veiculado na Revista *Veja*. São Paulo: Abril. Ed. 2120, ano 42, nº 27, 8 jul. 2009.

Considerando a autoria e a seleção lexical desse texto, bem como os argumentos nele mobilizados, constata-se que o objetivo do autor do texto é:

a) informar os consumidores em geral sobre a atuação do Conar.

b) conscientizar publicitários do compromisso ético ao elaborar suas peças publicitárias.

c) alertar chefes de família, para que eles fiscalizem o conteúdo das propagandas veiculadas pela mídia.

d) chamar a atenção de empresários e anunciantes em geral para suas responsabilidades ao contratarem publicitários sem ética.

e) chamar a atenção de empresas para os efeitos nocivos que elas podem causar à sociedade, se compactuarem com propagandas enganosas.

3. Há certos usos consagrados na fala, e até mesmo na escrita, que, a depender do estrato social e do nível de escolaridade do falante, são, sem dúvida, previsíveis. Ocorrem até mesmo em falantes que dominam a variedade padrão, pois, na verdade, revelam tendências existentes na língua em seu processo de mudança que não podem ser bloqueadas em nome de um "ideal linguístico" que estaria representado pelas regras da gramática normativa. Usos como *ter* por *haver* em construções existenciais (*tem* muitos livros na estante), o do pronome objeto na posição de sujeito (para *mim* fazer o trabalho), a não concordância das passivas com *se* (*aluga-se* casas) são indícios da existência, não de uma norma única, mas de uma pluralidade de normas, entendida, mais uma vez, norma como conjunto de hábitos linguísticos, sem implicar juízo de valor.

CALLOU, D. Gramática, variação e normas. In: VIEIRA, S. R.; BRANDÃO, S. (orgs.). *Ensino de gramática*: descrição e uso. São Paulo: Contexto, 2007 (fragmento).

Considerando a reflexão trazida no texto a respeito da multiplicidade do discurso, verifica-se que:

a) estudantes que não conhecem as diferenças entre língua escrita e língua falada empregam, indistintamente, usos aceitos na conversa com amigos quando vão elaborar um texto escrito.

b) falantes que dominam a variedade padrão do português do Brasil demonstram usos que confirmam a diferença entre a norma idealizada e a efetivamente praticada, mesmo por falantes mais escolarizados.

c) moradores de diversas regiões do país que enfrentam dificuldades ao se expressar na escrita revelam a constante modificação das regras de emprego de pronomes e os casos especiais de concordância.

d) pessoas que se julgam no direito de contrariar a gramática ensinada na escola gostam de apresentar usos não aceitos socialmente para esconderem seu desconhecimento da norma-padrão.

e) usuários que desvendam os mistérios e sutilezas da língua portuguesa empregam forma do verbo *ter* quando, na verdade, deveriam usar formas do verbo *haver*, contrariando as regras gramaticais.

Thinkstock

Confronte as questões lidas às três competências de área 7, 8 e 9 e suas respectivas habilidades indicadas pela Matriz de referências de Linguagens, códigos e suas tecnologias definidas pelo Enem. Depois responda:

1. Em relação à questão 1:

a) Qual é a competência de área avaliada? Por quê?

b) Que habilidade(s) está(ão) sendo avaliada(s)? Por quê?

2. Em relação à questão 2:

a) Qual é a competência de área avaliada? Por quê?

b) Que habilidade(s) está(ão) sendo avaliada(s)? Por quê?

3. Em relação à questão 3:

a) Qual é a competência de área avaliada? Por quê?

b) Que habilidade(s) está(ão) sendo avaliada(s)? Por quê?

EM DIA COM O ENEM E O VESTIBULAR

Literatura e estudos de linguagem

(FUVEST-SP) Texto para as questões de 1 a 3:

> Vestindo água, só saído o cimo do pescoço, o burrinho tinha de se enqueixar para o alto, a salvar também de fora o focinho. Uma peitada. Outro tacar de patas. Chu-áa! Chu-áa... — ruge o rio, como chuva deitada no chão. Nenhuma pressa! Outra remada, vagarosa. No fim de tudo, tem o pátio, com os cochos, muito milho, na Fazenda; e depois o pasto: sombra, capim e sossego...
>
> Nenhuma pressa. Aqui, por ora, este poço doido, que barulha como um fogo, e faz medo, não é novo: tudo é ruim e uma só coisa, no caminho: como os homens e os seus modos, costumeira confusão. É só fechar os olhos. Como sempre. Outra passada, na massa fria. E ir sem afã, à voga surda, amigo da água, bem com o escuro, filho do fundo, poupando forças para o fim. Nada mais, nada de graça; nem um arranco, fora de hora. Assim.
>
> João Guimarães Rosa. O burrinho pedrês, *Sagarana*.

1. Em trecho anterior do mesmo conto, o narrador chama Sete-de-Ouros de "sábio". No excerto, a *sabedoria* do burrinho consiste, principalmente, em

a) procurar adaptar-se o melhor possível às forças adversas, que busca utilizar em benefício próprio.
b) firmar um pacto com as potências mágicas que se ocultam atrás das aparências do mundo natural.
c) combater frontalmente e sem concessões as atitudes dos homens, que considera confusas e desarrazoadas.
d) ignorar os perigos que o mundo apresenta, agindo como se eles não existissem.
e) escolher a inação e a inércia, confiando inteiramente seu destino às forças do puro acaso e da sorte.

2. Quando nos apresentam os homens vistos pelos olhos dos animais, as narrativas em que aparecem o burrinho pedrês, do conto homônimo (*Sagarana*), os bois de "Conversa de bois" (*Sagarana*) e a cachorra Baleia (*Vidas secas*) produzem um efeito de

a) indignação, uma vez que cada um desses animais é morto por algozes humanos.
b) infantilização, uma vez que esses animais pensantes são exclusivos da literatura infantil.
c) maravilhamento, na medida em que os respectivos narradores servem-se de sortilégios e de magia para penetrar na mente desses animais.
d) estranhamento, pois nos fazem enxergar de um ponto de vista inusitado o que antes parecia natural e familiar.
e) inverossimilhança, pois não conseguem dar credibilidade a esses animais dotados de interioridade.

3. Como exemplos da expressividade sonora presente neste excerto, podemos citar a onomatopeia, em "Chu-áa! Chu-áa...", e a fusão de onomatopeia com aliteração, em

a) "vestindo água".
b) "ruge o rio".
c) "poço doido".
d) "filho do fundo".
e) "fora de hora".

4. [illegible] to "Felicidade clandestina", do livro com o mesmo nome, escrito por Clarice Lispector:

> "Mas que talento tinha para a crueldade. Ela toda era pura vingança, chupando balas com barulho. E como essa menina devia nos odiar, nós que éramos imperdoavelmente bonitinhas, esguias, altinhas, de cabelos livres. Comigo exerceu com calma ferocidade o seu sadismo. Na minha ânsia de ler, eu nem notava as humilhações a que ela me submetia: continuava a implorar-lhe emprestados os livros que ela não lia.
>
> Até que veio para ela o magno dia de começar a exercer sobre mim uma tortura chinesa. Como casualmente, informou-me que possuía *As Reinações de Narizinho*, de Monteiro Lobato. Era um livro grande, meu Deus, era um livro pra se ficar vivendo com ele, comendo-o, dormindo-o. E completamente acima de minhas posses. Disse-me que eu passasse pela sua casa no dia seguinte e que ela o emprestaria".
>
> LISPECTOR, C. Felicidade Clandestina. Rio de Janeiro: Rocco, 1998.

Na relação entre as personagens se verificam as seguintes temáticas presentes no todo da obra de Clarice Lispector:

a) A desigualdade social, presente no fato de não se dividir um bem material, o livro, e a competitividade entre as mulheres.
b) A importância da leitura como fator de inclusão social, já que, entre as personagens, a mais rica impede o acesso da mais pobre ao livro desejado.
c) A complexidade e as contradições dos relacionamentos humanos, que envolvem, no caso da narradora, a servidão voluntária em nome de um benefício eventual e, no caso da antagonista, a compensação dos traumas de sua "inferioridade" pelo exercício do poder.

d) A agressividade natural das crianças e a intertextualidade com a obra de Monteiro Lobato, principal influência literária sofrida por Clarice Lispector.
e) A religiosidade - presente na expressão "era um livro grosso, meu Deus" - e a crença nos valores cristãos como o perdão, que, ao final, a narradora dirigirá à sua antagonista

5. (UEM-MA) Assinale o que for **correto** sobre o poema a seguir e sobre seu autor, João Cabral de Melo Neto.

Autocrítica

Só duas coisas conseguiram
(des)feri-lo até a poesia:
o Pernambuco de onde veio
e o aonde foi, a Andaluzia.
Um, o vacinou do falar rico
e deu-lhe a outra, fêmea e viva,
desafio demente: em verso
dar a ver Sertão e Sevilha.

a) O poema "Autocrítica", por meio de seu próprio título, aponta para algumas das principais características da poética de João Cabral de Melo Neto: o rigor, a reflexão e a autoconsciência do fazer literário por parte do poeta.
b) A presença das duas referências geográficas no poema (o sertão pernambucano e a região da Andaluzia, na Espanha) marcam dois aspectos importantes da primeira geração modernista, da qual João Cabral de Melo Neto foi um dos expoentes: a abordagem crítica de elementos da realidade nacional brasileira e a deglutição antropofágica do elemento estrangeiro.
c) A referência ao sertão, embora importante no poema reproduzido, não encontra, contudo, espaço significativo na obra de João Cabral de Melo Neto como um todo. O ambiente urbano é o elemento de comparação e inspiração de sua produção lírica pautada pela postura do "poeta engenheiro".
d) O rigor e a severidade em termos formais conduzem a lírica cabralina a construções sóbrias, evitando ao máximo arroubos de emoção gratuitos. No poema "Autocrítica", mesmo a lembrança de lugares importantes para o poeta é traduzida por meio de versos que atrelam sua significação ao pensamento metaliterário.
e) A consciência arquitetural e a noção da poesia como composição, elementos que levaram a produção cabralina a um patamar destacado em termos de articulação de forma e conteúdo, influenciaram poetas posteriores, fazendo de João Cabral de Melo Neto um dos precursores do concretismo no Brasil.

6. (ENEM)

O açúcar

O branco açúcar que adoçará meu café
nesta manhã de Ipanema
não foi produzido por mim
nem surgiu dentro do açucareiro por milagre.

Vejo-o puro
e afável ao paladar
como beijo de moça, água
na pele, flor
que se dissolve na boca. Mas este açúcar
não foi feito por mim.

Este açúcar veio
da mercearia da esquina e tampouco o fez
[o Oliveira, dono da mercearia.

Este açúcar veio
de uma usina de açúcar em Pernambuco
ou no Estado do Rio
e tampouco o fez o dono da usina.

Este açúcar era cana
e veio dos canaviais extensos
que não nascem por acaso
no regaço do vale.

(...)

Em usinas escuras,
homens de vida amarga
e dura
produziram este açúcar
branco e puro
com que adoço meu café esta manhã
[em Ipanema.

Ferreira Gullar. *Toda poesia.* Rio de Janeiro: Civilização Brasileira, 1980. p. 227-8.

A antítese que configura uma imagem da divisão social do trabalho na sociedade brasileira é expressa poeticamente na oposição entre a doçura do branco açúcar e

a) o trabalho do dono da mercearia de onde veio o açúcar.
b) o beijo de moça, a água na pele e a flor que se dissolve na boca.
c) o trabalho do dono do engenho em Pernambuco, onde se produz o açúcar.
d) a beleza dos extensos canaviais que nascem no regaço do vale.
e) o trabalho dos homens de vida amarga em usinas escuras.

7. (PUC-MG)

"No princípio,/ a casa foi sagrada/ isto é, habitada/ não só por homens e vivos/ como também por mortos e deuses"

(Sophia de Mello Breyner)

A epígrafe inicial de *Um rio chamado tempo, uma casa chamada terra*, de Mia Couto, revela uma característica marcante no livro: a memória ligada à ancestralidade.

Assinale o fragmento do romance em que essa característica se faz presente:

a) "Abstinêncio Mariano despendera a vida inteira na sombra da repartição. A penumbra adentrou-se nele como um bolor e acabou ficando saudoso de um tempo nunca havido, viúvo mesmo sem nunca ter casado."

b) "Por fim, avisto a nossa casa grande, a maior de toda a Ilha. Chamamo-lhe Nyumba-Kaya, para satisfazer familiares do Norte e do Sul. 'Nyumba' é a palavra para nomear 'casa' nas línguas nortenhas. Nos idiomas do Sul, casa se diz 'kaya'."

c) "Ainda bem que chegou, Mariano. Você vai enfrentar desafios maiores que as suas forças. Aprenderá como se diz aqui: cada homem é todos os outros. Esses outros não são apenas os viventes."

d) "A cozinha me transporta para distantes doçuras. Como se, no embaciado dos seus vapores, se fabricasse não o alimento, mas o próprio tempo. Foi naquele chão que inventei brinquedo e rabisquei os meus primeiros desenhos."

8. (FGV-RJ) A única frase que está redigida de acordo com a norma escrita padrão é:

a) Os resultados da tendência de redução do índice de natalidade só poderá ser sentido dentro de aproximadamente vinte anos.

b) Com o aumento das pessoas com mais de 60 anos aumentou consideravelmente as despesas de nosso sistema previdenciário.

c) A queda nas taxas de fecundidade de vários países costuma ser reflexo de seu desenvolvimento econômico e social.

d) Inúmeros fatores modificaram a pirâmide etária brasileira e pode causarem uma séria consequência, caso seja mantida.

e) Em países onde os problemas do controle da natalidade já se tornou realidade, propõe-se incentivos econômicos para o aumento de filhos.

9. (FGV-RJ) A frase que está correta, tendo em vista a sintaxe de regência, é:

a) Os jovens não veem a hora de inserir-se ao mercado de trabalho.

b) A falta de informações econômicas seguras nos induz a que planejemos nosso futuro.

c) Lia, com frequência, textos barrocos, estilo que ele era um fervoroso adepto.

d) Há políticos que têm tendência por aderir sempre pelos partidos que estão no poder.

e) Nota-se uma melhoria nos serviços de saúde pelos quais a população carente não tinha acesso.

(FGV-SP) Leia os textos para responder às questões 10 e 11:

> O físico britânico Stephen Hawking (...) já não duvida que aliens existem.
>
> (*Planeta*, julho de 2010.)

> O que se imagina que circula no nosso Congresso agora se torna um fato: deputados assinam projetos sem saber do que se tratam. Depois de desmascarados, nossos representantes cometem, ainda, a ousadia de mostrarem-se dispostos a cercear o direito de a sociedade se manifestar na "casa do povo".
>
> (*IstoÉ*, 14.07.2010.)

10. Examinando os trechos *não duvida que aliens existem* (revista *Planeta*) e *sem saber do que se tratam* (revista *IstoÉ*), em face da norma-padrão da língua, pode-se afirmar que

a) ambos apresentam um desvio de concordância verbal, localizados respectivamente nas palavras *existem* e *tratam*.

b) somente no primeiro é que ocorre um desvio de concordância verbal, representado pela forma *existem*.

c) apenas no segundo é que se observa um desvio de regência verbal, pelo emprego do termo *do que se tratam*.

d) ambos exibem um desvio de regência verbal, verificados respectivamente nas expressões *não duvida que* e *do que se tratam*.

e) há tanto desvio de regência, em *não duvida que*, quanto de concordância, em *do que se tratam*.

11. A construção *não duvida que aliens existem* exige, de acordo com a norma-padrão da língua, o uso de um modo verbal distinto do utilizado em *existem*. O modo verbal adequado para essa construção e a forma devidamente flexionada são, respectivamente,

a) imperativo – existissem.

b) subjuntivo – existam.

c) indicativo – existiriam.

d) subjuntivo – existirão.

e) imperativo – existam.

12. (UFAL-AL) Assinale a alternativa na qual a regência nominal segue as regras da norma-padrão.

a) A tese de que a mídia é um quarto poder não é compatível ao pensamento do autor.

b) Algumas informações que são postas à disposição aos usuários da Internet nem sempre são confiáveis.

c) O gigantismo da internet perde no poder de concentração e análise, devido ao acúmulo de informações.

d) Pesquisas indicam que a mídia impressa ainda é preferível do que a Internet.

e) Há sites não confiáveis, que são propensos em darem informações apressadas.

(FGV-SP) Examine o texto para responder à questão 13.

As viagens dos turistas para lá despontaram com o final do *apartheid* (termo referente □ leis que impunham a segregação racial, separando brancos de negros). Em 1994, quando aconteceram □ primeiras eleições democráticas no país, apenas 3,9 milhões de estrangeiros tinham chegado oficialmente □ África do Sul.

(*Planeta*, julho de 2010. Adaptado.)

13. Levando-se em conta a necessidade ou não de se utilizar a crase, a alternativa que preenche corretamente as lacunas do texto é

a) as ... às ... a
b) as ... as ... à
c) às ... às ... à
d) às ... as ... à
e) as ... as ... a

14. (FGV-SP) Assinale a alternativa que completa, correta e respectivamente, de acordo com a norma culta, as frases:

Entretanto a estabilidade não deve levar □.
A expansão do segundo trimestre foi de 4,9%, maior que □.
A economia brasileira conseguiu crescer a uma taxa próxima □.
Na verdade, aspiramos □.

a) a uma estagnação / à do mesmo período de 2006 / à da economia mundial / a estabilidade da moeda
b) à uma estagnação / a do mesmo período de 2006 / a da economia mundial / pela estabilidade da moeda
c) a uma estagnação / a do mesmo período de 2006 / à da economia mundial / à estabilidade da moeda
d) a uma estagnação / à do mesmo período de 2006 / a da economia mundial / estabilidade da moeda
e) a uma estagnação / a do mesmo período de 2006 / a da economia mundial / na estabilidade da moeda

15. (FGV-SP) Assinale a alternativa que completa corretamente as lacunas das frases.

- São pouquíssimas as empresas que se propõem □ fazer mudanças significativas.
- Os níveis de consumo excedem □ capacidade de regeneração dos sistemas naturais.
- Embora as empresas venham fazendo alusões □ palavra sustentabilidade...

a) à ... à ... a
b) a ... a ... à
c) à ... a ... a
d) a ... à ... à
e) à ... à ... à

16 (FATEC-SP)

É indispensável, qualquer que seja o fim a que se destine a couve-flor, prepará-la, antes, da seguinte forma (...)

O emprego da palavra **a** no trecho "... qualquer que seja o fim **a** que se destine a couve-flor..." justifica-se da seguinte forma:

a) classifica-se como parte da locução conjuntiva *a que*.
b) funciona como uma preposição regida pelo verbo *destinar-se*.
c) trata-se de um artigo feminino que acompanha a palavra *que*.
d) é empregada com um valor redundante, daí ser uma partícula expletiva.
e) atua como um pronome pessoal oblíquo que substitui a palavra *couve-flor*.

Produção de textos

17. (UnB-DF)

Texto 1

Os trotes começaram ainda na Idade Média, quando os calouros eram colocados nos vestíbulos (daí a origem da palavra vestibular), que antecediam a sala de aula. Ali, eles tinham os cabelos raspados por medida profilática, pois havia a possibilidade de propagação de doenças, sobretudo da peste.

Eduardo Anizell/Folhapress

Internet: <www.kaneoya.com.br>

Texto 2

A lógica que sustenta o trote — a dominação de um sujeito "mais instruído" sobre outro "menos instruído" — começa nos primeiros dias de universidade, mas não acaba na formatura. O sujeito que sofre e depois aplica o trote, durante todo o período universitário, termina o curso convencido dessa "verdade natural" e continua aplicando-o nos calouros da vida.

Aquelas pessoas que nunca conseguirão concluir sequer o ensino fundamental serão os eternos calouros desse exército de veteranos. Quem mandou ser analfabeto? Como se vê, é trágica a primeira lição aprendida na universidade: os que sabem mais têm o direito natural de subjugar os que sabem menos.

M. A. S. Reis. *Calouro humano*. Internet: <www2.uol.com.br> (com adaptações).

Texto 3

O trote é uma atividade lúdica em que deveriam sempre ser preservadas a intimidade e a honra dos calouros. Os abusos que, esporadicamente, ocorrem não podem justificar que se estabeleça uma norma rígida para coibir essa prática tradicional nas universidades.

Os que desejam acabar com o trote nas universidades esquecem que ele promove, pelas brincadeiras, a integração entre calouros e veteranos, criando um ambiente de confraternização e solidariedade entre os alunos. A brincadeira não pode ser varrida do meio acadêmico.

Internet: <pessoas.hsw.uol.com.br>

Considerando que os fragmentos acima apresentam [illegible] texto dissertativo-argumentativo posicionando-se acerca do trote nas universidades e respondendo à seguinte pergunta:

Trote nas universidades: uma brincadeira inocente ou um castigo sem crime?

No seu texto, aborde, necessariamente, os seguintes aspectos:

- natureza ambígua do trote;
- consequências para aqueles que passam pelo trote.

Interpretação de textos

18. (ENEM)

Fora da ordem

Em 1588, o engenheiro militar italiano Agostinho Romelli publicou *Le Diverse et Artificiose Machine*, no qual descrevia uma máquina de ler livros. Montada para girar verticalmente como uma roda de hamster, a invenção permitia que o leitor fosse de um texto ao outro sem se levantar de sua cadeira.

Hoje podemos alternar entre documentos com muito mais facilidade — um clique no mouse é suficiente para acessarmos imagens, textos, vídeos e sons instantaneamente. Para isso, usamos o computador, e principalmente a internet — tecnologias que não estavam disponíveis no Renascimento, época em que Romelli viveu.

BERCITTO, D. Revista *Língua Portuguesa*. Ano II. Nº 14.

O inventor italiano antecipou, no século XVI, um dos princípios definidores do hipertexto: a quebra de linearidade na leitura e a possibilidade de acesso ao texto conforme o interesse do leitor. Além de ser característica essencial da internet, do ponto de vista da produção do texto, a hipertextualidade se manifesta também em textos impressos, como:

a) dicionários, pois a forma do texto dá liberdade de acesso à informação.
b) documentários, pois o autor faz uma seleção dos fatos e das imagens.
c) relatos pessoais, pois o narrador apresenta sua percepção dos fatos.
d) editoriais, pois o editorialista faz uma abordagem detalhada dos fatos.
e) romances românticos, pois os eventos ocorrem em diversos cenários.

19. (ENEM)

A gentileza é algo difícil de ser ensinado e vai muito além da palavra educação. Ela é difícil de ser encontrada, mas fácil de ser identificada, e acompanha pessoas generosas e desprendidas, que se interessam em contribuir para o bem do outro e da sociedade. É uma atitude desobrigada, que se manifesta nas situações cotidianas e das maneiras mais prosaicas.

SIMURRO, S. A. B. *Ser gentil é ser saudável.* Disponível em: http://www.abqv.org.br. Acesso em: 22 jun. 2006 (adaptado).

No texto, menciona-se que a gentileza extrapola as regras de boa educação. A argumentação construída:

a) apresenta fatos que estabelecem entre si relações de causa e de consequência.
b) descreve condições para a ocorrência de atitudes educadas.
c) indica a finalidade pela qual a gentileza pode ser praticada.
d) enumera fatos sucessivos em uma relação temporal.
e) mostra oposição e acrescenta ideias.

20. (ENEM)

A biosfera, que reúne todos os ambientes onde se desenvolvem os seres vivos, se divide em unidades menores chamadas ecossistemas, que podem ser uma floresta, um deserto e até um lago. Um ecossistema tem múltiplos mecanismos que regulam o número de organismos dentro dele, controlando sua reprodução, crescimento e migrações.

DUARTE, M. *O guia dos curiosos*. São Paulo: Companhia das Letras, 1995.

Predomina no texto a função da linguagem

a) emotiva, porque o autor expressa seu sentimento em relação à ecologia.
b) fática, porque o texto testa o funcionamento do canal de comunicação.
c) poética, porque o texto chama a atenção para os recursos de linguagem.
d) conativa, porque o texto procura orientar comportamentos do leitor.
e) referencial, porque o texto trata de noções e informações conceituais.

21. (ENEM)

O Flamengo começou a partida no ataque, **enquanto** o Botafogo procurava fazer uma forte marcação no meio campo e tentar lançamentos para Victor Simões, isolado entre os zagueiros rubro-negros. **Mesmo** com mais posse de bola, o time dirigido por Cuca tinha grande dificuldade de chegar à área alvinegra **por causa do** bloqueio montado pelo Botafogo na frente da sua área.

No entanto, na primeira chance rubro-negra, saiu o gol. **Após** cruzamento da direita de Ibson, a zaga alvinegra rebateu a bola de cabeça para o meio da área. Kléberson apareceu na jogada e cabeceou por cima do goleiro Renan. Ronaldo Angelim apareceu nas costas da defesa e empurrou para o fundo da rede quase que em cima da linha: Flamengo 1 a 0.

Disponível em: http://momentodofutebol.blogspot.com (adaptado).

O texto, que narra uma parte do jogo final do Campeonato Carioca de futebol, realizado em 2009, contém vários conectivos, sendo que

a) **após** é conectivo de causa, já que apresenta o motivo de a zaga alvinegra ter rebatido a bola de cabeça.
b) **enquanto** tem um significado alternativo, porque conecta duas opções possíveis para serem aplicadas no jogo.
c) **no entanto** tem significado de tempo, porque ordena os fatos observados no jogo em ordem cronológica de ocorrência.
d) **mesmo** traz ideia de concessão, já que "com mais posse de bola", ter dificuldade não é algo naturalmente esperado.
e) **por causa de** indica consequência, porque as tentativas de ataque do Flamengo motivaram o Botafogo a fazer um bloqueio.

22. (ENEM)

Soneto

Já da morte o palor me cobre o rosto,
Nos lábios meus o alento desfalece,
Surda agonia o coração fenece,
E devora meu ser mortal desgosto!

Do leito embalde no macio encosto
Tento o sono reter!... já esmorece
O corpo exausto que o repouso esquece...
Eis o estado em que a mágoa me tem posto!

O adeus, o teu adeus, minha saudade,
Fazem que insano do viver me prive
E tenha os olhos meus na escuridade.

Dá-me a esperança com que o ser mantive!
Volve ao amante os olhos por piedade,
Olhos por quem viveu quem já não vive!

AZEVEDO, A. *Obra completa*. Rio de Janeiro: Nova Aguilar, 2000.

O núcleo temático do soneto citado é típico da segunda geração romântica, porém configura um lirismo que o projeta para além desse momento específico. O fundamento desse lirismo é

a) a angústia alimentada pela constatação da irreversibilidade da morte.
b) a melancolia que frustra a possibilidade de reação diante da perda.
c) o descontrole das emoções provocado pela autopiedade.
d) o desejo de morrer como alívio para a desilusão amorosa.
e) o gosto pela escuridão como solução para o sofrimento.

23. (ENEM)

Capítulo III

Um criado trouxe o café. Rubião pegou na xícara e, enquanto lhe deitava açúcar, ia disfarçadamente mirando a bandeja, que era de prata lavrada. Prata, ouro, eram os metais que amava de coração; não gostava de bronze, mas o amigo Palha disse-lhe que era matéria de preço, e assim se explica este par de figuras que aqui está na sala: um Mefistófeles e um Fausto. Tivesse, porém, de escolher, escolheria a bandeja, — primor de argentaria, execução fina e acabada. O criado esperava teso e sério. Era espanhol; e não foi sem resistência que Rubião o aceitou das mãos de Cristiano; por mais que lhe dissesse que estava acostumado aos seus crioulos de Minas, e não queria línguas estrangeiras em casa, o amigo Palha insistiu, demonstrando-lhe a necessidade de ter criados brancos. Rubião cedeu com pena. O seu bom pajem, que ele queria pôr na sala, como um pedaço da província, nem o pôde deixar na cozinha, onde reinava um francês, Jean; foi degradado a outros serviços.

ASSIS, M. Quincas Borba. In: *Obra completa*. V. 1. Rio de Janeiro: Nova Aguilar, 1993 (fragmento).

Quincas Borba situa-se entre as obras-primas do autor e da literatura brasileira. No fragmento apresentado, a peculiaridade do texto que garante a universalização de sua abordagem reside:

a) no conflito entre o passado pobre e o presente rico, que simboliza o triunfo da aparência sobre a essência.
b) no sentimento de nostalgia do passado devido à substituição da mão de obra escrava pela dos imigrantes.
c) na referencia a Fausto e Mefistófeles, que representam o desejo de eternização de Rubião.
d) na admiração dos metais por parte de Rubião, que metaforicamente representam a durabilidade dos bens produzidos pelo trabalho.
e) na resistência de Rubião aos criados estrangeiros, que reproduz o sentimento de xenofobia.

INTERVALO

Toquinho, o quarteto MPB4 e Chico Buarque no festival da Música Popular Brasileira, em 1968.

Arquivo/Agência Estado/AE

Participe com seus colegas, em dupla ou em grupo, da preparação e realização de um sarau literomusical, intitulado **Poesia e música** ou com outro nome, se a classe preferir.

Escolham uma das propostas a seguir e, para realizá-la, busquem informações complementares em livros, enciclopédias e revistas especializadas no assunto escolhido e também em livros e filmes indicados na seção **Fique ligado! Pesquise!**, na abertura da unidade. No dia combinado com o professor, apresentem seus trabalhos.

Convidem outras classes, professores, funcionários, amigos e familiares para participar do evento.

Projeto

SARAU: POESIA E MÚSICA

Preparando o sarau

1. Poesia em cena

Escolham poemas de poetas da geração de 1930, da geração de 1945 ou das últimas décadas como Drummond, Jorge de Lima, Cecília Meireles, Vinícius de Morais, João Cabral de Melo Neto, Cacaso, entre outros.

Memorizem o poema escolhido e preparem sua declamação. Em caso de trabalho em dupla, um aluno pode declamar o poema e outro fazer comentários, situando-o na obra do poeta. Para todas as declamações é possível utilizar fundo musical, gravado ou ao vivo.

Estúdio Ampla Arena

2. Jogral

Preparem o jogral do poema a seguir. Procurem declamá-lo de forma expressiva, enfatizando as ideias, e com a entonação adequada. Sigam a orientação sugerida quanto ao revezamento ou criem outras formas de ler o poema.

Amar

René Magritte. *Les amants.* 1928/Album/akg-images/Latinstock

(Aluno 1) Que pode uma criatura senão,
entre criaturas, amar?
(Aluno 2) amar e esquecer,
(Aluno 3) amar e malamar,
(Aluno 4) amar, desamar, amar?
(Aluno 5) Que pode, pergunto, o ser amoroso,
sozinho, em rotação universal, senão
rodar também, e amar?
(Aluno 6) amar o que o mar traz à praia
(Aluno 7) o que ele sepulta, (Aluno 8) e o que, na brisa marinha é sal, (Aluno 9) ou precisão de amor, (Aluno 10) ou simples ânsia?

(Aluno 1) Amar solenemente as palmas do deserto,
(Aluno 2) o que é entrega ou adoração expectante,
(Aluno 3) e amar o inóspito, o áspero,
(Aluno 4) um vaso sem flor, um chão de ferro,
(Aluno 5) e o peito inerte, e a rua vista em sonho, e uma ave de rapina.
(Todos) Este é o nosso destino: (Aluno 6) amor sem conta,
(Aluno 7) distribuído pelas coisas pérfidas ou nulas,
(Aluno 8) doação ilimitada a uma completa ingratidão,
(Aluno 9) e na concha vazia do amor a procura medrosa,
paciente, de mais e mais amor.
(Aluno 10) Amar a nossa falta mesma de amor, (Todos) e na secura nossa
(Aluno 1) amar a água implícita, (Aluno 2) e o beijo tácito, (Todos) e a sede infinita.

(*Carlos Drummond de Andrade – Poesia completa e prosa.* Rio de Janeiro: José Aguilar, 1973. p. 247.)

3. *Morte e vida severina*

Em grupo, escolham um trecho da obra *Morte e vida severina*, de João Cabral de Melo Neto, e preparem sua leitura dramática ou, de preferência, sua encenação.

Para terem uma referência, assistam a uma parte do filme *Morte e vida severina*, de Zelito Viana, ou da minissérie com o mesmo nome produzida pela TV Globo, disponíveis no YouTube.

Se possível, apresentem-se com roupas típicas do sertanejo.

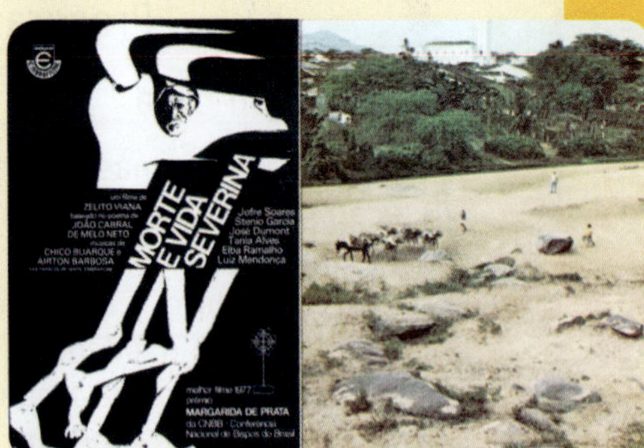

Acervo Cinemateca Brasileira

Morte e Vida Severina (1977). Direção: Zelito Viana.

4. "Olha que coisa mais linda / mais cheia de graça / É ela menina"

O "poetinha" Vinícius de Morais (como ele gostava de ser chamado) cantou o amor e a mulher em versos e músicas que embalaram danças "coladinhas" e namoros de mais de uma geração. Foi parceiro de músicos e compositores e deixou um repertório admirável de canções.

Pesquisem sobre a vida musical do poeta, seus parceiros, os movimentos musicais de que ele participou. Consultem, se necessário, os livros do autor, especialmente *Vinicius de Moraes – Obra poética* (Editora Aguilar) e *Vinicius de Moraes – Todas as letras* (Companhia das Letras). Escolham as músicas de que mais gostarem, ensaiem com acompanhamento de violão ou outros instrumentos e apresentem-nas no sarau. Se não for possível a execução ao vivo dessas composições, promovam sua audição.

Sugerimos as seguintes: "Garota de Ipanema", "Chega de saudade", "Felicidade", "Minha namorada", "Se todos fossem iguais a você".

Novaes

Caricatura de Vinícius de Morais.

5. Contracultura: a cultura do "contra"

Philips Records

"Proibido proibir" – nome de uma canção que Caetano Veloso apresentou sob vaias em um festival de MPB em 1968 – é um ícone da efervescência cultural dos anos finais da década de 1960. Conviviam nas rádios canções da Bossa Nova, como "Chega de saudade" e "Garota de Ipanema", de Tom Jobim e Vinícius de Morais; o *rock'n'roll* de Celly Campello com "Estúpido cupido"; músicas de protesto, como "Pra não dizer que não falei das flores", de Geraldo Vandré; canções do Tropicalismo – principal manifestação brasileira do movimento da contracultura, com a participação de Os Mutantes, Caetano Veloso, Gilberto Gil, Tom Zé e outros –, como "Panis et circencis", "Alegria, alegria" e "Tropicália". Havia também as músicas de outro movimento artístico, a Jovem Guarda, formada por Roberto Carlos, Erasmo Carlos e Wanderléa, sem contar as de uma série de outros compositores, como Chico Buarque de Holanda, com "A banda"; Nara Leão, com "Opinião"; Jorge Ben Jor, com "País tropical"; Trio Esperança, com "Filme triste". Entre os cantores ou grupos estrangeiros que faziam sucesso, destacavam-se Chubby Checker, com "The twist"; The Beatles, com "Help"; Rolling Stones, com "Satisfaction", e Bob Dylan, com "Blowin'in the Wind".

Escolham algumas dessas canções e apresentem-nas ao vivo ou coreografadas.

6. Os anos 1960 no cinema

Para quem quer conhecer melhor o que foram os anos 1960, sugerimos preparar um vídeo com trechos de filmes que retratam a época, como *Apocalypse now*, de Francis Ford Coppolla; *Anos incríveis*, de Steve Miner e Neal Marlens; *O ano em que meus pais saíram de férias*, de Cao Hamburguer; *Quase dois irmãos*, de Lúcia Murat; *Zuzu Angel* e *Lamarca*, de Sérgio Rezende; *Cabra marcado para morrer*, de Eduardo Coutinho; *O que é isso, companheiro?*, de Bruno Barreto; *Violeta foi para o céu*, de Andrés Wood.

Apresentem o vídeo e falem sobre os filmes com o público.

Para leitura, recomendamos *1968 - O ano que não terminou* e *1968 - O que fizemos de nós*, de Zuenir Ventura.

Apocalyse Now. Direção: Francis Ford Coppola. 1979/ Archivesdu7eArt/ZoetropeFilms/Photo 12/Glow Images

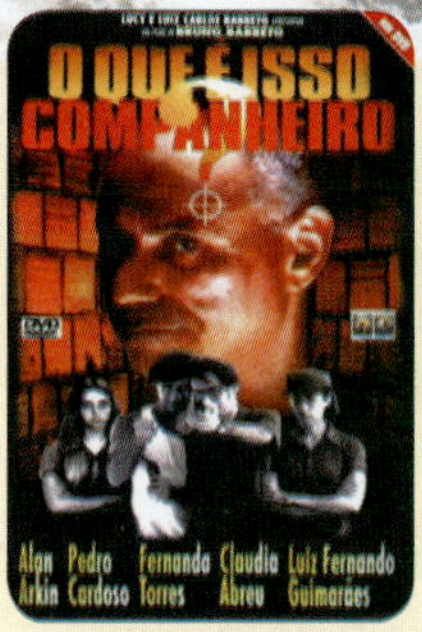

O que é isso, companheiro?/Bruno Barreto. 1997/Columbia Pictures

Apresentando o sarau

Escolham um colega para ser o apresentador do sarau. Ele deve apoiar o professor na organização dos trabalhos e, na realização do evento, deverá ter em mãos a lista com o nome de cada trabalho, o tema e a relação de seus participantes.

A ele cabe fazer a abertura do sarau, cumprimentar o público, chamar os grupos e apresentar pelo nome cada um dos participantes, além de encerrar o evento e agradecer a presença do público.

Divulguem o sarau em cartazes, destacando a data, o horário e o local do evento. Se quiserem, façam também convites e distribuam-nos a colegas de outras classes, à direção, aos professores e funcionários da escola, a amigos, familiares e pessoas da comunidade.

Filmem o sarau, para terem o registro do evento.

O público participa

Na plateia de um sarau, sempre há pessoas que sabem de cor algum poema ou alguma canção. Por isso, o apresentador, no final do sarau, deve convidar as pessoas da plateia para declamar seus textos preferidos ou cantar ao som de algum instrumento.

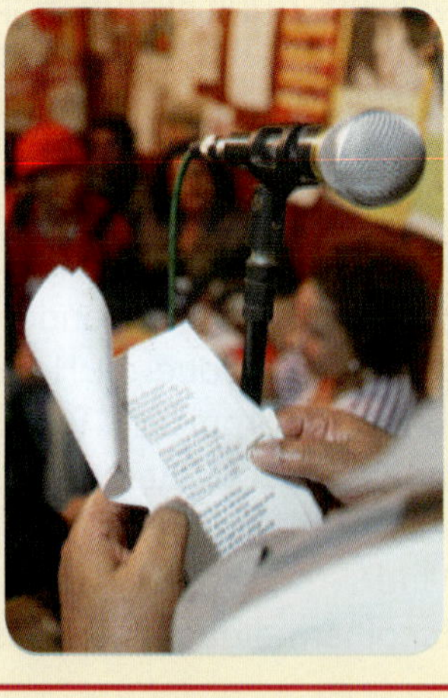

Tiago Queiroz/Agência Estado/AE